Annual of Renmin University of China

中国人民大學年鉴 2015

《中国人民大学年鉴》编辑委员会

中国人民大学出版社
·北京·

▲ 2014 年 1 月 15 日，首届北京高校党委书记论坛在北京师范大学举行，中国人民大学党委书记靳诺应邀出席并做主题发言。

▲ 2014 年 2 月 26 日，中国人民大学公共外交研究院揭牌成立。

▲ 2014 年 2 月 28 日，中国人民大学与福建省人民政府共同推进新型城镇化战略合作协议签订仪式在福建福州举行，中国人民大学校长陈雨露和福建省副省长陈冬分别代表双方签订战略合作协议。

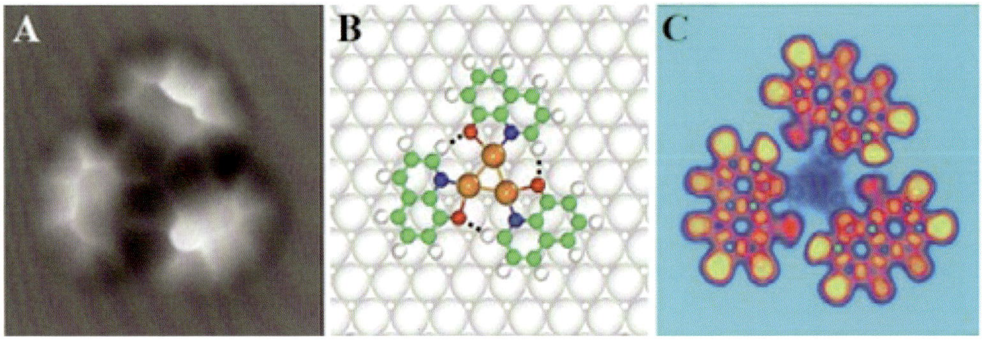

▲ 2014年2月，中国人民大学物理学系季威副教授与国家纳米科学中心裘晓辉研究员、程志海副研究员合作研究的“利用原子力显微镜直接观测到分子间氢键”入选2013年度“中国科学十大进展”。

▲ 2014 年 3 月 25 日，荷兰前首相维姆·科克一行访问中国人民大学，发表题为《荷兰在贸易、金融和环保领域的创新》的演讲，并见证中国人民大学与荷兰奈耶诺德工商管理大学校际合作协议的签字仪式。

▲ 2014 年 4 月 1 日，中国人民大学同复旦大学、四川大学一道与欧洲学院签署战略合作伙伴关系协议。

▲ 2014 年 4 月 2 日，教育部在中国人民大学召开“985 工程”高校章程建设工作交流会。《中国人民大学章程》是我国首批由教育部核准的大学章程之一。

▲ 2014年4月11日，中国人民大学在海南博鳌承办“博鳌对话：公共外交与国家形象”博鳌亚洲2014年年会分论坛。

▲ 2014年4月14日，中国人民大学举行“2014年助推女大学生就业创业行动”发布式。该行动由中华全国妇女联合会、教育部、人力资源和社会保障部主办，中国人民大学承办，旨在寻找和展示女大学生就业创业榜样、提升女大学生求职能力、开展女大学生就业创业指导，为女大学生平等就业和发展进步营造良好氛围。

▲ 2014年4月22日，中国人民大学正式聘任首届10名本科生招生社会监督员。社会监督员受聘于学校，但不受学校任何部门制约，独立自主地开展工作，成为上级主管部门监督、学校内部系统监督以外的重要补充，将会极大地加强对学校招生工作的监督力度，促进招生工作的公平、公正、公开。

▲ 2014 年 5 月 15—18 日，首都高等学校第 52 届学生田径运动会在中国人民大学举行，这是中国人民大学时隔 57 年后第二次承办该项赛事。

▲ 2014 年 5 月 19 日，中国人民大学正式启动大数据分析硕士培养协同创新平台。

▲ 2014 年 5 月 23 日，中国人民大学首期学生生涯引领计划（LEAD 计划）正式启动。

▲ 2014年5月30日，"核心价值观百场讲坛"首场活动在中国人民大学举行。中共十八届中央委员，中央社会主义学院党组书记、第一副院长叶小文以《民族复兴中国梦的文化根基与价值支撑》为题做了首讲，首都高校师生代表400余人参加活动。

▲ 2014年5月31日，北京市高等教育学会研究生思想政治理论课研究会在中国人民大学正式成立。这是全国首个研究生思想政治理论课研究会。

▲ 2014年5月，中国人民大学文学院教授、著名作家阎连科获得2014年度弗兰茨·卡夫卡（Franz Kafka）文学奖。这是中国作家首次获得该奖项。

▲ 2014年6月6日，北京巧女公益基金会向学校捐赠2 500万元人民币，支持设立中国首个生态金融智库。陈雨露校长向北京东方园林股份有限公司董事长何巧女女士颁发捐赠证书。

▲ 2014 年 6 月 12 日，中国人民大学举行"百名海归挂职计划"首批签约派出仪式。

▲ 2014 年 6 月 13 日，中共中央政治局委员、国务院副总理刘延东观看在国家博物馆举办的“中国梦 · 少年梦”人大附小师生美术作品展。

▲ 2014 年 6 月 27 日，“丝绸之路经济带的建设与未来”十二国智库论坛在中国人民大学开幕。这是习近平主席在 2013 年 9 月提出共同建设“丝绸之路经济带”倡议后，中国智库首次召集经济带沿线国家智库参与的研讨会。

▲ 2014年7月10日，中国人民大学与中国电信集团公司签署战略合作框架协议，在企业发展、人才培养、智慧校园等领域进行广泛合作。

▲ 2014年，中国人民大学录取通知书采用全新设计，在“中国人民大学”六字上加盖“国民表率 社会栋梁”八字方印，背面下端为江山社稷图案，顶端是万花簇拥的中国人民大学校徽，封面中缝是一方中国传统建筑梁柱，体现人大学子争做国民表率，敢为社会栋梁。7月16日，学校发出第一份新版录取通知书。

[HONOR CERTIFICATE]

中国人民大学：

你校申报的《“千人百村”社会调研》荣获2012-2013年北京高校党的建设和思想政治工作优秀成果一等奖。

特颁此证。

中共北京市委教育工作委员会

二〇一四年七月

▲ 2014 年 7 月，中共北京市委教育工作委员会公布了 2012—2013 年北京高校党的建设和思想政治工作优秀成果、创新成果表彰名单，中国人民大学“千人百村”社会调研活动荣获北京高校党的建设和思想政治工作优秀成果一等奖。

▲ 2014年9月2日，中国人民大学文学院教授、作家劳马（马俊杰）获得2014年蒙古国最高文学奖。这是该奖项首次授予中国作家，劳马也是第三位获此殊荣的亚洲作家。

▲ 2014年9月2日，由中国人民大学法学院、牛津大学法学院和英中协会共同发起的中国人民大学普通法中心正式成立。

▲ 2014年9月3日，美国前总统吉米·卡特一行访问中国人民大学，参加第二届“大金融与综合增长的世界”国际智库研讨会并做主旨演讲。

▲ 2014年9月3—4日，第二届“大金融与综合增长的世界”国际智库研讨会在中国人民大学举行。这是继2013年人大智库领衔通过全球首份G20智库共同声明之后，中国真正实现了共同声明中所倡议的全球首个“G20智库年会机制”。

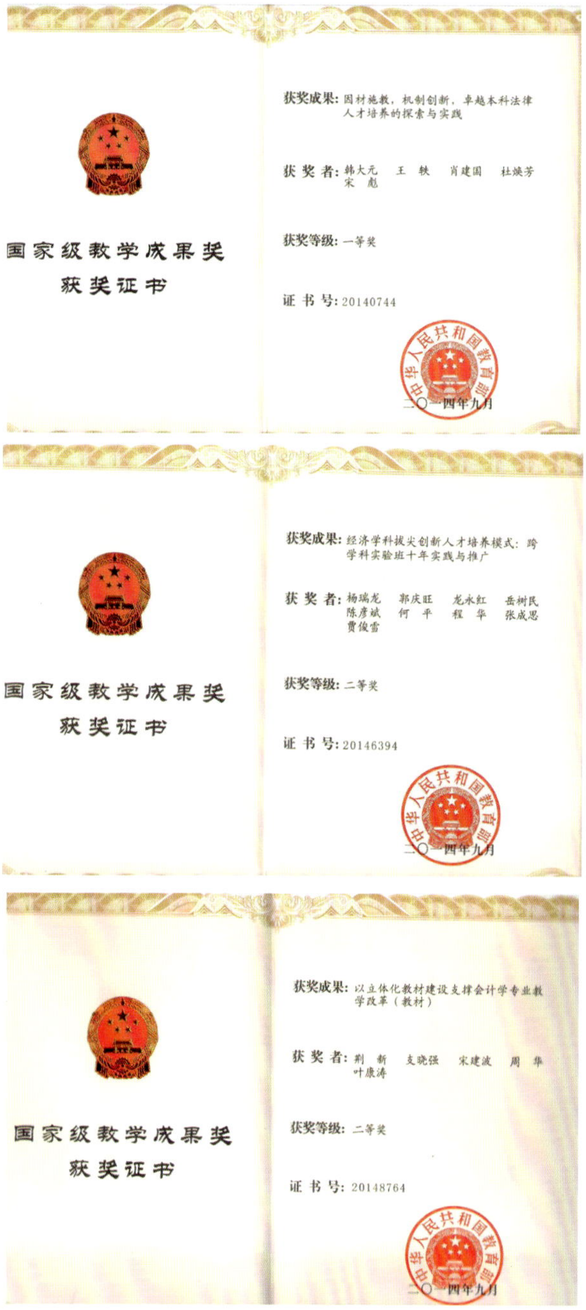

▲ 2014年9月4日，中国人民大学《因材施教，机制创新，卓越本科法律人才培养的探索与实践》《经济学科拔尖创新人才培养模式：跨学科实验班十年实践与推广》《以立体化教材建设支撑会计学专业教学改革（教材）》3项教学成果荣获第七届国家级教学成果奖。

▲ 2014年9月6日，第四届世界汉学大会在中国人民大学开幕，中共中央政治局委员、国务院副总理刘延东出席并致辞。

▲ 2014年9月6日，在中欧高级别人文交流对话机制第二次会议上，由中国人民大学、复旦大学、四川大学与比利时布鲁塞尔自由大学共建的布鲁塞尔中国与欧洲问题研究院揭牌成立。

▲ 2014 年 9 月 11 日，“百位共产党人百篇小传”朗诵首场活动在中国人民大学举办。该项活动由中宣部、教育部、共青团中央主办，旨在在大学生中唱响“共产党好”的主旋律。

▲ 2014年10月12日，“人大老博士论坛”正式成立，毕业于20世纪80年代后期及90年代初期的博士校友会聚首届论坛，以“中国经济：反思与前瞻”为主题展开研讨。

▲ 2014 年 10 月 12 日，中俄大学生艺术联欢节（2014 中国）开幕式暨文艺演出在中国人民大学举行，来自校内外的 400 余名师生观看演出。

▲ 2014 年 10 月 26 日，捷克共和国总统米洛什·泽曼访问中国人民大学，并发表题为《经济转型以及捷欧与捷中在政治、文化和经济方面的经验分享》的演讲。

▲ “部长进校园”首都大学生系列形势政策报告会在中国人民大学举行。2014 年 10 月 31 日，中共中央委员、国家统计局局长马建堂做了题为《当前我国的统计工作》的主题报告（上图）。11 月 20 日，中共中央委员、农业部部长、中国人民大学兼职教授韩长赋在中国人民大学做学术报告，畅谈深入推进新一轮农村改革（下图）。

▲ 2014 年 11 月 19 日，由中宣部和全国老龄工作委员会办公室联合评选的“最美老有所为人物”名单揭晓，93 岁高龄的中国人民大学荣誉一级教授邬沧萍名列其中，也是唯一来自高校的获奖者。

▲ 2014年11月23日，中国人文社会科学论坛2014在中国人民大学开幕。本次论坛的主题为“法治中国：推进国家治理体系和治理能力现代化”。

▲ 2014年11月25日，德国前总统、国际货币基金组织前总裁霍斯特·克勒一行访问中国人民大学，参加中国人民大学生态金融研究中心成立仪式暨2014年生态金融讨论会。

▲ 2014年11月27日，中国人民大学举行“马克思主义发展的历史、现实和未来”主题论坛，纪念中国人民大学马列主义发展史研究所成立50周年。

▲ 2014年11月28日，中国人民大学应急志愿服务队成立，标志着全国首支“高校应急管理师队伍”正式诞生。

▲ 2014 年 12 月 1 日，中国人民大学青年教师张世明独著的五卷本《法律、资源与时空建构：1644—1945 年的中国》荣获北京市第十三届哲学社会科学优秀成果特等奖。

▲ 2014年12月18日，第三届吴玉章人文社会科学终身成就奖在中国人民大学颁奖。著名伦理学家、中国人民大学罗国杰教授，著名教育学家、北京师范大学顾明远教授，著名经济学家、中国人民大学黄达教授获奖。中共中央政治局委员、国务院副总理、吴玉章基金委员会主任马凯为获奖者颁奖并讲话。

▲ 著名伦理学家、中国人民大学罗国杰教授（上），著名教育学家、北京师范大学顾明远教授（中），著名经济学家、中国人民大学黄达教授（下）。

▲ 2014 年 12 月 21 日，中国法学会律师法学研究会在中国人民大学成立。

▲2014年，中国人民大学信息学院龙永红教授（上）、法学院黄京平教授（中）、财政金融学院瞿强教授（下）获第十届北京市高等学校教学名师奖。

《中国人民大学年鉴（2015）》编辑委员会

《中国人民大学年鉴（2015）》编辑部

党委宣传部：张　强
党委统战部：郝　丽
纪委办公室：何文静
高教研究室：胡莉芳
研究生院：任　兵
发展规划处：冯鹏达
教务处：蒋香仙
科研处：谷曙光
人才领导小组办公室：滕文芳
人事处：曹吉星
学生处：高梅红
招生就业处：尚晓莉
国际交流处：李恋敬　王　铮
财务处：宋炜旸
保卫处：魏巍巍
资产与后勤管理处：宋雪飞
实验室建设与设备管理处：杨　敏
校园建设管理处：曹辉林
审计处：袁　瑔
产业管理处：李春霞
离退休工作处：张铭勇
校工会：王东辉
校团委：范维晨
校友工作办公室：孟繁颖
教育基金会：刘丽娅
文学院：吴壹香
历史学院：李　静
哲学院：李科林
国学院：刘永强
经济学院：陆美贺
财政金融学院：倪　巽
汉青经济与金融高级研究院：曾　妍
统计学院：张　云
农业与农村发展学院：刘　婷
法学院：路　磊
马克思主义学院：朱胜利
社会与人口学院：闫玉蕊
国际关系学院：李佳伟

新闻学院：甘光千
艺术学院：钱　军
外国语学院：严晓霞
环境学院：张煦昀
信息学院：张国富
理学院：臧　虹
商学院：干静文
公共管理学院：陈　夏
劳动人事学院：张石磊
信息资源管理学院：梁继红
教育学院：王亚敏
继续教育学院：罗　京
培训学院：王　菲
苏州校区（国际学院、中法学院）：王华贝
深圳研究院：赵　玲
体育部：布　超
图书馆：袁　园
信息技术中心：王斌斌
档案馆：杨文娜
校医院：耿晓琛
后勤集团：陆　婷
文化科技园：徐　洋
出版社：张锁平
书报资料中心：高　寒
附属中学：邓丕来
附属小学：李会然

（图片由图片与视频中心等提供）

《中国人民大学年鉴（2015）》编辑说明

近年来，我校师生在学校领导班子的带领下，高举中国特色社会主义伟大旗帜，以邓小平理论、“三个代表”重要思想和科学发展观为指导，认真学习贯彻习近平总书记系列重要讲话精神，解放思想，实事求是，与时俱进，开拓创新，弘扬“立学为民、治学报国”的办学宗旨，贯彻“人民、人本、人文”的办学理念，全面推进人才培养体系改革、“思想库”建设、国际性提升、学校形象建设和美丽校园建设“五大战略”，努力创建“人民满意、世界一流”大学，取得了令人瞩目的成就。

我校已成功编辑出版了《中国人民大学年鉴》2002 版、2003 版、2004 版、2005 版、2006 版、2007 版、2008 版、2009 版、2010 版、2011 版、2012 版、2013 版、2014 版，总字数达 1 041 万字，记录了学校发展，积累了重要资料，为校史研究提供了重要参考，受到了各级领导、各有关单位和兄弟院校的一致好评。2015 版《年鉴》在继承 2014 版《年鉴》整体框架、体例和风格的基础上，进一步深入细节，进行了调整和创新，力求全面、真实反映 2014 年学校各方面工作、各项事业发展的基本情况。

一、宗旨

忠实记录学校一年内各方面工作、各项事业发展的基本情况，为学校各项事业进一步发展提供基础资料，促进学校对外交流与宣传，推动学校管理水平不断提高，为全校师生员工服务。

二、定位

《年鉴》是一部逐年编辑、出版的兼具我校工作公报和编年史料性质的工具书。

三、选编的原则和内容

（一）原则

1. 客观、真实地反映学校发展全局。

2. 详略适度，前后统一。

3. 大事不漏，小事不收。

（二）内容

本版《年鉴》全面收录反映 2014 年度内（1 月 1 日—12 月 31 日）学校各方面工作状况的资料，包括学校改革、建设和发展过程中的重要事件、重大活动、重要人物、基本数据等。除特别标注外，全部统计数据截至 2014 年 12 月 31 日。

2015 版《年鉴》对部分篇章的标题及相关内容进行了凝练、精简，根据学校发展，提升了部分条目的规格层次，并将大事记作为一个相对独立、完整的单元，力求反映 2014 年各项重要工作。

四、编写的组织

本版《年鉴》由年鉴编辑部（挂靠于学校办公室）组织编写。所刊登内容由各单位确定专人负责提供，并经本单位负责人审定。

对于编写过程中各有关部门和单位给予的大力支持，在此谨表衷心感谢。

《中国人民大学年鉴》编辑部

2015 年 7 月

目 录

人大年鉴(2015)
RENDA NIANJIAN

人大年鉴(2015)
RENDA NIANJIAN

Contents

Featured Articles

Institution and Administrators ······ 112

Introduction to All Schools (Departments) ······ 122

Appendix …… 436

中国人民大学简介

中国人民大学（Renmin University of China）是一所以人文社会科学为主的综合性研究型全国重点大学，直属于教育部，由教育部与北京市共建。学校的前身是1937年诞生于抗日战争烽火中的陕北公学，以及后来的华北联合大学和华北大学。1949年12月16日，中央人民政府政务院第十一次政务会议根据中共中央政治局的建议，通过了《关于成立中国人民大学的决定》。1950年10月3日，以华北大学为基础合并组建的中国人民大学隆重举行开学典礼，成为新中国创办的第一所新型正规大学。著名教育家吴玉章、成仿吾、袁宝华、黄达、李文海、纪宝成先后担任校长。现任党委书记为靳诺教授，校长为陈雨露教授。

在长期的办学实践中，中国人民大学广大师生秉持“立学为民、治学报国”的办学宗旨，始终奋进在时代前列，始终与党和国家同呼吸、共命运，勤俭办学，艰苦奋斗，积极探索，求真务实，形成了“人民共和国建设者的摇篮”、我国人文社会科学高等教育的重镇和马克思主义教学与研究的高地三大办学特色，被誉为“我国人文社会科学高等教育领域的一面旗帜”，为我国哲学社会科学的发展和繁荣，为社会主义革命、建设和改革事业做出了重要的贡献。从1950年至今，国家历次确立重点大学，中国人民大学均位居其中。目前学校是国家“985工程”和“211工程”重点建设的大学之一。

中国人民大学早已形成以本科教育为基础、研究生教育为重点、继续教育为辅助的全方位、多层次的办学格局，形成了“主干的文科、精干的理工科”的学科发展体系。学校是我国首批设立研究生院的高校之一，现有26个学院、25个跨学院研究机构，另设有体育部、继续教育学院、培训学院、深圳研究院等。学校设有学士学位专业 75 个，第二学士学位专业 4 个，硕士学位学科点 187 个（其中自主专业 37 个、交叉学科 9 个、专业学位 22 个），博士学位学科点 125 个（其中自主专业 33 个、交叉学科 7 个）。学校拥有硕士学位一级学科授权点 35 个，博士学位一级学科授权点 20 个，博士后流动站 19 个。

学校拥有 8 个国家重点一级学科，8 个国家重点二级学科，在人文社会科学领域均居全国第一；拥有 5 个北京市重点一级学科，1 个北京市重点交叉学科，4 个北京市重点二级学科；拥有 13 个教育部人文社会科学重点研究基地，名列全国高校第一；拥有 5 个国家基础学科人才培养和科学研究基地和 1 个大学生文化素质教育基地；拥有 2 个教育部工程研究中心、重点实验室，4 个国家级实验教学示范中心，1 个北京市重点实验室，3 个北京市哲学社会科学研究基地。在连续十五届全国百篇优秀博士论文评选中，中国人民大学获选 29 篇，占全国已入选人文社科优秀博士论文总数的 12%，在所有高校和科研院所中位居第一。在教育部学位评估中心 2013 年初公布的新一轮全国一级学科评估结果中，中国人民大学的理论经济学、应用经济学、法学、政治学、社会学、新闻传播学、统计学、工商管理、公共管理 9 个学科排名第一，在人文社会科学领域位居全国高校首位，排名第一的学科总数位居全国高校第三位。

截至 2014 年 12 月，学校有专任教师 1 888 人，其中教授 611 人，副教授 729 人。学校拥有 18 名第七届国务院学位委员会委员和学科评议组成员，有 14 名教授入选教育部社会科学委员会，人数居全国高校前列；有 2 人担任教育部高等学校教学指导委员会主任委员，11 人担任副主任委员；先后有 446 人享受国务院颁发的“政府特殊津贴”；有 25 位专家入选中央第一批“马克思主义理论研究和建设工程”课题组首席专家或主要成员，是全国入选人数最多的高校。

中国人民大学名师辈出，俊彦云集，已故名家大师吴玉章、成仿吾、范文澜、艾思奇、何思敬、何干之、何洛、胡华、尚钺、吴景超、李景汉、庞景仁、石峻、缪朗山、李秀林、徐禾、塞风、许孟雄、孟氧、佟柔、戴世光、刘铮、查瑞传、苗力田、吴大琨、萧前、林文益、阎达五、阎金锷、方生、高鸿业、钟契夫、吴宝康、彭明、彦奇、萨师煊、曾宪义、宋涛、刘佩弦、蓝鸿文、王思治、王传纶、李文海、许崇德、周诚、方立天、郑杭生、夏甄陶等为学校的学科发展、学术繁荣和人才培养做出了奠基性、开创性的贡献。老一辈著名学者黄达、戴逸、罗国杰、黄顺基、卫兴华、胡钧、周升业、陈共、严瑞珍、高铭暄、孙国华、王作富、许征帆、庄福龄、何沁、高放、方汉奇、甘惜分、李占祥、赵履宽、邬沧萍、陈先达、张立文、钟宇人、吴易风、胡乃武、周新城、赵中孚等成就卓著，耕耘不辍，为学校的学科建设、人才培养和科学研究奠定了坚实基础。一大批中青年学者学术精湛、锐意创新，成为国内外具有重要影响的著名学者和学术带头人，其中 10 人入选“千人计划”项目，5 人入选“青年千人计划”项目，11 人入选“万人计划”项目，在人文社会科学领域当中位居全国高校首位。12 人入选“长江学者”讲座教授，22 人入选“长江学者”特聘教授，5 人被评为国家级教学名师，21 人入选“跨世纪百千万人才工程”和“新世纪百千万人才工程”国家级人选，8 人获得国家杰出青年科学基金，17 人荣获国家“有突出贡献的中青年专家”的称号，18 人入选教育部哲学社会科学“跨世纪优秀人才培养计划工程”，10 人荣获教育部“高校青年教师奖”，187 人入选教育部“新世纪优秀人才支持计划”（其中海外人选 19 位），61 人入选首批“北京高校青年英才计划”。

截至 2014 年 12 月，中国人民大学共有全日制在校生 24 859 人，其中本科生 11 497 人，硕士研究生 8 327 人，博士生 3 567 人，外国留学生 1 468 人，留学生人数在全国高校中位居前茅。此外，学校还有在职攻读硕士学位学生 2 627 人，成人高等教育学生 6 825 人，网络教育注册生 56 834 人。学校以“国民表率、社会栋梁”为人才培养目标，充分发挥人文社会科学学科在全国高校数量多、门类全、综合水平高的优势，积极培养高素质、高层次的理论型、管理型优秀人才，培养“人民共和国的建设者”。从陕北公学至今，学校共培养了 20 多万名高水平的优秀建设者和各行各业、各个层面的领袖人才，其中既有许多成就卓著的专家学者，又有许多闻名遐迩的企业家、政绩斐然的党政军高级领导干部，以及卓有建树的新闻、法律、文学艺术和科学技术工作者。

中国人民大学始终注重发挥人文社会科学认识世界、传承文明、创新理论、资政育人、服务社会的作用，在不断发展学术、繁荣学术的同时，积极发挥“思想库”“智囊团”的作用，研究重大政治、经济、文化和社会问题，为国家经济建设和社会发展提供强大的理论保证和有力的智力支持。党的十六大以来，学校已有许崇德、王利明、曾湘泉、黄卫平、史际春、秦宣、李景治、翟振武、杨凤城、郭湛等教授 11 次为中央政治局集体学习做报告；自许崇德教授为第九届全国人大常委会首次法制讲座做报告以来，学校已有高铭暄、龙翼飞、郭寿康、王利明、林嘉、刘春田、朱信凯、吴晓求等教授 10 次为全国人大常委会做专题讲座：分别都是参加学者最多的高校。一大批教师为中央领导和中央国家机关提供决策咨询。学校先后承担或参与了“马克思主义理论研究与建设工程”“国家清史纂修工程”“北京 2008 年奥运会总体影响评估（OGGI）”等特大、重大项目。2001 年以来学校共获得省部级以上科研成果奖 340 余项，国家社会科学基金项目、国家自然科学基金项目、教育部人文社会科学规划项目、北京市社会科学规划项目等各级各类项目 1.3 万余项，共获得经费 21.6 亿余元，其中国家社会科学基金重大项目、教育部人文社会科学重大攻关项目立项数居全国高校第一位。学校教师发表的学术论文数量逐年增加，中文社会科学引文索引（CSSCI）收录我校论文数量 2001 年、2002 年、2003 年均居全国第二，2004—2013 年连续 10 年保持全国第一。在 2014 年北京市第十三届哲学社会科学优秀成果奖评奖中取得优异成绩，共有 27 项成果获奖，其中特等奖 1 项，一等奖 5 项，二等奖 21 项。获奖总数与北京大学并列第一。

中国人民大学是国内外学术文化交流的重要平台，先后同美国哈佛大学、耶鲁大学、哥伦比亚大学、密歇根大学，英国剑桥大学，日本早稻田大学，丹麦哥本哈根大学，瑞典斯德哥尔摩大学，奥地利维也纳大学，法国巴黎第一大学等 54 个国家和地区的 219 所大学建立了学术交流关系，与港澳台地区 25 所高校（研究机构）签订了合作协议。截至 2014 年 12 月底，作为中方合作伙伴，学校共参与了海外 13 所孔子学院的建设，其中欧洲 6 家，美洲 5 家，非洲 1 家，亚洲 1 家。学校自 2009 年始，每年举办暑期学校（国际小学期）。学校还引进、翻译出版了大量适应我国改革开放需要的教科书和学术著作，开展了一系列重要的交流合作项目，主办或承办了包括世界汉学大会在内的一系列高水平的国际学术会议。授予哥斯达黎加总统索利斯，玻利维亚总统莫拉莱斯，世界知识产权组织总干事弗朗西斯·加利，诺贝尔奖获得者、著名经济学家约翰·哈桑尼、罗伯特·蒙代尔，阿根廷前总统费尔南多·德·拉·鲁阿，日本前首相竹下登等 13 位国际著名人士名誉博士称号，聘请诺贝尔奖获得者、著名经济学家约瑟夫·斯蒂格利茨、米切尔·斯宾思、约翰·纳什、莱因哈德·泽尔腾、托马斯·谢林，联合国经济政策特别顾问、著名经济学家贾格迪什·巴格沃蒂，世界银行高级副行长尼克拉斯·斯特恩，著名思想家、教育家池田大作，台湾宗教界知名人士、佛光山开山宗长星云大师，欧洲专利局局长伯努瓦·巴蒂斯泰利等 69 位知名专家为名誉教授。

中国人民大学是我国重要的人文社会科学资料中心、信息中心和图书出版中心。学校图书馆共有藏书 450.3 万册（包括线装古籍 40 余万册），电子图书 18 173GB，并设有“教育部文科文献信息中心”。中国人民大学书报资料中心是新中国最早从事人文社会科学文献搜集、整理、编辑、发布的信息资料提供机构，公开出版发行人文社会科学领域 148 种期刊和六大系列数据库产品，编辑的年度报刊资料索引是中国四大文献检索索引之一。中国人民大学出版社是新中国成立以后建立的第一家大学出版社，是我国高等学校文科教材和人文社会科学学术、理论著作的重要出版基地。

近年来，中国人民大学先后获得“全国‘五一’劳动奖状”、“全国模范职工之家”、“北京市高校党建与思想政治工作先进单位”、“首都劳动奖状”、“北京市教育创新先进单位”、“首都文明单位标兵”、“2001—2005 年北京市法制宣传教育先进集体”、“北京市依法治校示范校”、“首都绿化美化花园式单位”、“对口支援西部地区高等学校先进集体”、“北京奥运会、残奥会先进集体”、“北京奥运会、残奥会志愿者工作优秀组织单位”、“北京奥运培训优秀组织奖”、“首都教育系统奥运工作先进单位”、北京高校“十佳美丽校园”等奖项和荣誉称号。

新世纪以来，中国人民大学“十年基础”“固本强基、重塑形象”的阶段性目标已圆满实现，并已成功开启“十年腾飞”、建设世界一流大学的新阶段。中国人民大学全体师生员工正高举中国特色社会主义伟大旗帜，以邓小平理论、“三个代表”重要思想和科学发展观为指导，认真学习贯彻习近平总书记系列重要讲话精神，解放思想，实事求是，与时俱进，开拓创新，弘扬“立学为民、治学报国”的办学宗旨，贯彻“人民、人本、人文”的办学理念，全面推进人才培养体系改革、“思想库”建设、国际性提升、学校形象建设和美丽校园建设“五大战略”，为把学校建成“人民满意、世界一流”大学而努力奋斗。

（除标注外，全部统计数据截至 2014 年 12 月 31 日）

特　载

中国人民大学全面开展党的群众路线教育实践活动深化整改工作

自 2014 年 2 月 15 日学校召开教育实践活动总结大会后，虽然集中教育暂告一个段落，但学校党委始终坚持认真学习贯彻习近平总书记系列重要讲话，特别是习近平总书记在党的群众路线教育实践活动总结大会上的重要讲话精神，按照“教育实践活动有期限，但贯彻群众路线没有休止符，作风建设永远在路上”的要求，始终强调要把教育实践活动深化整改、专项整治和建章立制工作一抓到底、贯彻始终。

一、深化整改工作的整体情况

1. 积极落实中央要求，逐步推进深化整改工作

在深化整改阶段，学校党委始终保持高度重视，牢牢把整改工作抓在手里。党委常委会第一时间学习习近平总书记系列重要讲话和中央有关文件、会议精神，及时研究部署深化整改工作。特别是针对第二批活动期间中央的新部署新要求，学校党委认真检视自身工作，及时跟进补课，努力做到严格要求、严肃对待、严于律己。

2. 对照整改台账排查问题，巩固整改成果

在第一批教育实践活动中，学校制定了《中国人民大学教育实践活动整改落实、建章立制工作实施台账》《中国人民大学党的群众路线教育实

践活动专项整治任务实施台账》和《中国人民大学党的群众路线教育制度建设计划实施台账》，并基本完成了整改任务。在深化整改阶段，学校党委认真对照台账排查问题，对尚未完成的任务，根据措施要求、完成时限和责任分工，坚持不懈地一项一项推动整改；对已经基本完成的任务，一件一件抓好落实，努力做到整改标准更高一层，整改措施更严一些，整改进度更快一些；学校还根据实际情况，对整改台账进行了补充完善，确保深化整改工作不留死角，巩固和加强了整改成果。

3. 紧密结合巡视整改工作，建立长效机制

深化落实中央巡视组反馈意见，是与党的群众路线教育实践活动同步的又一项重要工作。在深化整改阶段，学校紧密结合中央巡视工作，坚持教育实践活动整改和巡视整改“两个整改方案一起抓、两本整改台账抓到底”。教育实践活动整改工作台账中14大类、37项具体问题整改完成的同时，巡视整改工作台账中5大类、11小类共计32个方面具体问题也已整改完成。在加强中国特色现代大学制度建设，科学贯彻执行好民主集中制，实施好党委领导下的校长负责制，加强马克思主义学科建设，去行政化，加强经费管理，加强干部队伍建设等共通问题上，统筹学校资源，让两项整改相互促动、形成合力，建立健全各项制度和长效机制，确保整改实现常态化。

二、专项整治任务推进情况

深化整改以来，中国人民大学党委认真学习贯彻习近平总书记等中央领导同志要求，严格贯彻落实中央各项部署，持续用力推进“四风”突出问题专项整治，在第一批活动成效的基础上，进一步推进专项整治工作，取得了良好的效果。在《中国人民大学党的群众路线教育实践活动专项整治方案》的基础上，学校将原有的17项专项整治任务增加至21项，且都取得了重要进展，进一步巩固了整改成果，有效防止不良作风反弹。

三、建章立制工作完成情况

在第一批教育实践活动中，学校党委制定了《中国人民大学党的群众路线教育实践活动制度建设计划》，共列出8个方面37项制度建设计划，并全部出台。活动结束后，学校党委按照中央的要求，把建章立制贯穿始终，不断健全完善有关制度体系。在完成37项制度建设计划的基础上，学校党委又根据中央相关文件制定了5项校级层面的配套制度，根据学校发展的实际情况出台了17项新的制度，共计59项，推动形成了抓作风建设的长效机制。

1. 健全科学民主决策机制

学校修订了《中国人民大学学术委员会章程》，遵循“教授治学”原则，新章程明确规定校长、院长原则上不再担任校、院两级学术委员会主任职务。

学校印发《中国人民大学教职工代表大会规定》，致力于依法保障教职工参与学校民主管理和监督，完善现代大学制度，促进学校依法治校。

学校印发《中共中国人民大学委员会关于加强和改进新形势下党外代表人士队伍建设的意见》，着力培养一支政治坚定、业绩突出、群众认同的党外代表人士队伍。

2. 健全干部选拔任用和管理体系

健全干部选拔任用体系。根据中央新颁布的《党政领导干部选拔任用工作条例》精神，学校正式出台了《中国人民大学学院（系）行政正职负责人遴选工作实施办法（试行）》，完善学校中层党政领导干部选拔任用制度；出台了《中国人民大学中层党政正职职务任期暂行规定》，落实干部任期制，加大关键岗位干部轮岗交流力度；通过了《领导干部谈心谈话工作实施办法》，对新上任的中层正职及重要部门副职干部，增加了校领导谈话的环节；出台了《中国人民大学关于进一步加强管理干部队伍建设的意见》，对加强和改进管理干部队伍建设、选拔更多更好优秀青年干部做出了总体部署；制定了《中国人民大学教职工退休管理办法》《中国人民大学离退休工作责任制实施细则》，规范教职工

退休工作，保障教职工队伍新老交替有序进行。

健全干部审计监督体系。学校印发了《关于进一步规范我校中层以上领导干部兼职问题的通知》《中国人民大学中层领导干部经济责任审计实施办法》《中国人民大学审计结果运用管理办法》《中国人民大学领导干部问责实施办法（试行）》《中国人民大学建立健全惩治和预防腐败体系2013—2017年实施细则》等，以促进领导干部准确履行经济责任，加强管理监督，建立健全惩治和预防腐败体系，推进我校党风廉政建设。

健全出国管理制度。学校印发了《中国人民大学领导干部因私出国（境）管理办法（试行）》《中国人民大学领导干部因公出国（境）管理办法（试行）》，修订了《学院外事工作联系人制度》，进一步加强对学校领导干部因私、因公出国（境）的管理。

3. 改变机关工作作风，完善“三公经费”管理制度

切实贯彻八项规定、严格控制“三公经费”。学校陆续发布了《中国人民大学贯彻落实中央改进工作作风、密切联系群众〈八项规定〉和〈实施细则〉的实施办法》《关于落实中央八项规定，厉行勤俭节约，严格开支标准，控制经费支出的通知》《关于贯彻落实〈中央和国家机关会议费管理办法〉的通知》等，要求各单位坚持厉行节约，严格支出管理，严格执行国家财经纪律，从严管理公务接待费、因公出国（境）费、公务用车运行经费，实现“三公经费”逐年下降的目标。

加强监督检查，反对铺张浪费。学校陆续发布了《中国人民大学贯彻执行中央八项规定精神情况的整改方案》《关于对深入开展贯彻执行中央八项规定严肃财经纪律和“小金库”专项治理工作进行自查自纠的紧急通知》等，加强自我监督和检查力度，以实际行动厉行节约，反对铺张浪费。

4. 完善招生管理制度和教学管理制度。

进一步加强阳光招生，着力开展制度建设。先后制定《本科生招生工作章程》等8个文件，规范学校招生工作，保证学校招生工作科学、持续、健康发展。制定《中国人民大学本科生招生信息公开公示办法》，做到阳光招生。

制定《中国人民大学研究生教育综合改革方案》《中国人民大学本科新生研讨课课程规范（修订）》等系列文件，以培养厚重人才为目标，回归大学本位，树立现代教育理念，全面提高人才培养水平。

5. 完善科研管理制度

按照整改要求，学校继续加强科研管理。学校陆续发布《科研项目经费管理办法》等7个文件，对横向科研项目、国家社会科学基金项目、北京市哲学社会科学规划项目、科学研究基金项目（理工类）及其经费管理分别做出规定，通过加强学校科研项目经费管理，提高科研项目经费使用效益，规范学校教职工开展科研项目的行为，促进学校科研事业持续健康发展。

6. 加强教师队伍建设的制度规定

加强马克思主义阵地建设。学校研究制定了《关于加强马克思主义学科教师队伍建设的若干意见》，提出了12条针对性强的实施意见；研究制定了《关于成立中国人民大学马克思主义理论学科建设领导小组的决定》，加强了领导力量。

推进教师职务评聘制度改革。学校制定了《教师职务评审和岗位聘用组织工作规程》《非教师序列人员转为教师序列人员暂行办法》《教师职务任职条件》《副教授职务评审权限移至学院（系）实施指导意见》等系列文件，进一步规范了教师职务评聘工作。

7. 建立健全二级单位管理制度

建章立制过程中，除了制定和修订校级层面的制度外，为加强学校二级单位的制度执行力度，确保制度执行的效果，学校专门制定了一系列二级单位管理制度，对二级教职工代表大会和二级单位财务管理、经济责任制、津补贴管理、财务决策、财务公开、财务审批、支出管理等做出规定，结合学校基层单位的实际情况，充分发挥基层单位的能动性，确保学校各项工作顺利开展。

四、校级领导班子专题民主生活会情况

根据中央关于开好领导班子专题民主生活会的要求和中央督导组的工作部署，中国人民大学集中一天时间召开了2014年度校级领导班子民主生活会。中纪委驻教育部纪检组组长、党组成员王立英，中央第42督导组组长李延保和中央纪委监察部驻教育部纪检组监察局正局级纪律检查员、监察专员李耀建，教育部思想政治工作司副巡视员俞亚东，教育部人事司副司长廖舒力，北京市委教育工委常务副书记张雪，党建专家、北京邮电大学原党委书记王德宠等到会指导。会议以“深入学习贯彻习近平总书记系列重要讲话精神，严格党内生活、严守党的纪律、深化作风建设”为主题，以“严明党的政治纪律和政治规矩、落实中央八项规定精神、坚决反对‘四风’、持续抓好整改”为聚焦点，按照“三严三实”的要求，对照检查了在贯彻执行民主集中制，遵守党的政治纪律、组织纪律、廉政纪律，落实中央八项规定精神、坚决反对“四风”，履职尽责、攻坚克难等方面存在的主要问题，分析了产生问题的原因，提出了今后的努力方向和改进措施。

1. 民主生活会准备工作情况

为确保本年度民主生活会开出高质量，学校党委精心做好前期准备工作。学校领导班子成员紧扣民主生活会主题，认真学习贯彻党的十八大和十八届三中、四中全会精神，仔细研读了《习近平总书记系列重要讲话读本》，深入学习了习近平总书记在党的群众路线教育实践活动总结大会上的重要讲话。围绕“严格党内生活、严守党的纪律、深化作风建设”这一主题，紧密结合学校实际，从适应国家高等教育改革发展需要、师生员工的期盼、建设中国特色现代大学制度的要求中查摆问题。通过“面对面”和“背靠背”相结合的方式广泛听取意见，召开学校层面征求意见会10场，直接听取140余名师生的意见，汇总形成了11个方面总计52条意见和建议。领导班子成员专门安排时间，逐一开展了谈心谈话，做到“三必谈”，即党委主要负责人同班子成员之间必谈、班子成员相互之间必谈、班子成员和分管部门主要负责同志之间必谈，每位领导同志都形成了问题清单。按照从严从实的要求，学校党委书记带头撰写个人对照检查材料，同时督促班子成员撰写对照检查材料并逐一审阅把关，几易其稿，最终完成。中央教育实践活动领导小组办公室和中央第42督导组对学校领导班子和成员的对照检查材料进行了严格审核把关。这些都为专题民主生活会的成功召开奠定了坚实基础。

2. 民主生活会召开情况

靳诺书记代表学校领导班子通报了教育实践活动整改落实情况并代表学校领导班子进行对照检查发言，深入分析检查了学校党委和班子成员在贯彻执行民主集中制，遵守党的政治纪律、组织纪律、廉政纪律，落实中央八项规定精神、坚决反对“四风”，履职尽责、攻坚克难等方面存在的主要问题和原因，提出了今后的努力方向和改进措施：一是加强领导班子思想政治建设，坚决同党中央保持一致；二是加强中国特色现代大学制度建设，贯彻执行好民主集中制；三是加强党风廉政建设和反腐败工作；四是持之以恒深入落实中央八项规定精神，切实转变工作作风；五是坚持攻坚克难，真抓实干，着力解决好关系广大师生员工切身利益的民生热点问题；六是继续抓好整改落实，深化综合改革，全面推进学校各项工作。

学校领导班子成员逐一做对照检查，相互之间坦诚地开展了批评。班子成员本着对自己、对班子、对党的教育事业高度负责的精神，紧密联系思想实际、岗位职责和工作经历，紧密结合征求到的意见建议，认真开展批评和自我批评。靳诺书记和陈雨露校长带头发言，深入剖析自身存在问题并诚恳请其他同志提出批评意见。大家从思想认识上找差距，从工作生活中找短板，既直言不讳地提出别人的问题，又扪心自问自身应担的责任；既联系分管工作，又积极分担班子责任。班子成员之间实事求是、开门见山、直奔主题，在思想交流中深化了认识、凝聚了共识，进一步明确了今后的努力方向和改进措施。

中央第42督导组组长李延保对学校领导班子专题民主生活会进行了评价。督导组认为，本次领导班子专题民主生活会主题鲜明、突出重点，贴近实际、深入查摆，剖析到位、发现病灶，批评坦诚、态度认真，注重实效、着眼整改，为进一步整改落实、共同提高打下了坚实基础。同时，也提出了四点期望和建议：学习贯彻中央精神，特别是习近平总书记系列重要讲话精神不能放松；严明党的政治纪律和政治规矩不能放松；持续加强作风建设、坚决反对“四风”不能放松；坚持问题导向推动整改、狠抓落实不能放松。

中纪委驻教育部纪检组组长、党组成员王立英对中央第42督导组所做评价表示完全同意。她认为，这次领导班子专题民主生活会准备充分、针对性强、求真务实，希望学校领导班子注意运用好教育实践活动的经验抓实整改，继续抓好建章立制，强化责任落实和监督检查。王立英同志代表教育部党组提出了三点意见：深刻认识新形势下坚持从严治党的新要求，不断提高从严治党的自觉性和坚定性；坚持把从严治党要求贯穿于班子建设始终，不断提高班子的创造力凝聚力战斗力；巩固扩大领导班子民主生活会成果，持续推进学校改革发展稳定各项工作。

附：中国人民大学召开党的群众路线教育实践活动总结大会

2月15日，中国人民大学党的群众路线教育实践活动总结大会在逸夫会议中心第一报告厅举行。中央第42督导组组长、中山大学原党委书记李延保同志，督导组副组长、教育部思想政治工作司副巡视员俞亚东同志，以及来自中央纪委、中央组织部、教育部、工信部的5位督导组成员出席会议。校党委书记、中国人民大学党的群众路线教育实践活动领导小组组长靳诺代表学校党委做总结报告，校长、中国人民大学党的群众路线教育实践活动领导小组组长陈雨露主持大会。

靳诺书记在总结报告中指出，根据中央部署，在中央第42督导组的具体指导下，中国人民大学从2013年7月初至今，历经半年多时间，深入开展了党的群众路线教育实践活动。在教育实践活动过程中，学校党委坚持协调好教育实践活动与促进学校事业发展的关系，凝练活动主题为“践行群众路线、弘扬优良作风、凝聚发展力量，加快建设‘人民满意、世界一流’大学”；协调好教育实践活动与接受中央巡视的关系，充分运用巡视工作成果，推动教育实践活动取得实效，为加快建设“人民满意、世界一流”大学提供坚强保证。

靳诺书记首先从5个方面回顾了中国人民大学教育实践活动的具体做法：一是创新学习教育方式方法，提高学习教育的实效性。二是坚持开门搞活动，充分听取群众意见。三是找准突出问题，广泛谈心谈话。四是对照检查深刻，用好批评和自我批评的有力武器。五是以好的作风抓整改，结合实际解决突出问题。

靳诺书记指出，教育实践活动取得了良好成效：一是党员干部受到一次深刻的思想政治洗礼，增强了理想信念，加强了理论武装。二是“四风”问题得到有效遏制，促进了党风政风明显好转。三是切实解决一批实际问题，师生员工利益得到了更好维护。四是制度建设得到加强，推动了作风建设常态化长效化。

靳诺书记指出，群众路线是永葆党的青春活力和战斗力的重要传家宝，必须牢牢贯彻到学校改革发展的全部工作中；批评和自我批评是清除党内不良风气的有力武器，必须以整风精神严格党内生活；作风建设是保持党同人民群众血肉联系的有效途径，必须长期坚持，不可懈怠。

对于下一步工作，靳诺书记强调，教育实践活动有期限，但贯彻群众路线没有休止符，作风建设永远在路上。一是继续抓好整改后续工作，把活动成果落实到各项工作之中。要对照整改方案和台账，一项一项对照检查，确保教育实践活动善始善终、善做善成。二是牢牢坚持共产党人的政治立场，切实严格党内组织生活。要以教育实践活动为契机，用好加强党的自身建设的“四大法宝”，严明党的组织纪律，增强组织纪律性。三是突出制度建设常态化长效化，以大学章程的制定、颁布、实施为契机，推进中国特色现代大学制度建设。四是深入学习习近平总书记系列重要讲话精神，进一步激发建设“人民满意、世界一流”大学的信心和动力。学校领导班子将发挥带头和表率作用，进一步树立正确的政绩观，坚定“功成不必在我”的信念，坚持“一张蓝图绘到底”，为建设“人民满意、世界一流”大学，为实现中华民族伟大复兴的中国梦而不懈奋斗。

李延保同志在会议上讲话，对中国人民大学教育实践活动开展情况给予了充分肯定和高度评价。他指出，在这次教育实践活动过程中，中国人民大学党委严格按照中央的部署，认真贯彻落实“照镜子、正衣冠、洗洗澡、治治病”的总要求，精心组织，扎实推进，圆满完成了各个环节的任务，取得了重要的阶段性成果。校领导班子始终把学习教育贯彻始终，在强化宗旨意识、群众观点上下功夫，思想认识得到了普遍提高。认真细致梳理征求到的11个方面37项百余条具体意见和建议。深入开展立体式谈心谈话，认真撰写对照检查材料，民主生活会上查摆出来的问题都比较有针对性，体现了整风精神，达到了照镜整容、洗澡除尘、祛病健身的效果。学校党委针对查摆出来的问题，研究制定了整改方案、专项整治方案和制度建设计划，并建立台账切实抓好落实，已经针对师生员工反映的一些具体问题完成了整改，整改工作卓有成效，真切地让广大师生员工看得见、感受得到。在充分肯定活动取得显著成效的同时，李延保同志希望学校领导班子认真学习领会并坚决贯彻落实习近平总书记在党的群众路线教育实践活动第一批总结暨第二批部署会议上的重要讲话精神，做到收尾不收场，总结不结束，锲而不舍地反对“四风”、改进作风。一是认真贯彻《党政机关厉行节约反对浪费条例》，抓好专项整治；二是开门整改，要把整改的全过程置于师生员工监督之下，始终把师生员工满意不满意作为衡量工作成效的重要标准；三是抓实建章立制，要本着于法周延、于事简便的原则，抓紧建立健全便于遵循、便于落实、便于检查的制度体系；四是继承和弘扬学校优良传统，加强领导班子建设，深化和巩固教育实践活动的成果，加快推进中国特色世界一流大学建设，办好人民满意的高等教育。

陈雨露校长代表学校对中央第42督导组对中国人民大学党的教育实践活动的精心指导和热情帮助表示衷心的感谢。他指出，开展总结工作，并不意味着整改落实任务的结束，更不是纠正“四风”任务的完成。“四风”问题具有很强的传染性和变异性，我们仍然要绷紧作风建设这根弦，以良好的党风政风促进清正的学风校风，凝聚起推动学校改革发展的正能量。下一步，全校上下要紧紧围绕贯彻落实党的十八大和十八届三中全会精神，聚焦全面深化改革的重点任务，以改革创新精神推动学校党的建设和各项事业发展，为建设“人民满意、世界一流”大学提供坚强的思想政治和组织保障。

根据中央督导组的安排，与会人员对校领导班子及成员教育实践活动开展情况进行了民主评议。

全体校领导，近期退出学校领导班子的老同志，学校党委委员、纪委委员，全体中层干部，一、二级教授，教代会主席团成员，民主党派负责人，无党派人士代表，各学院党支部书记代表等300余人参加了总结大会。

（摘自人大新闻网2014年2月20日）

■ 第三届吴玉章终身成就奖颁奖　罗国杰顾明远黄达获奖

2014年12月18日下午，第三届吴玉章人文社会科学终身成就奖在中国人民大学世纪馆颁奖。本届终身成就奖分别授予著名伦理学家、中国人民大学罗国杰教授，著名教育学家、北京师范大学顾明远教授，著名经济学家、中国人民大学黄达教授。

会上，吴玉章基金会还对原中共中央顾问委员会委员、中国人民大学老校长袁宝华予以特别贡献表彰。

中共中央政治局委员、国务院副总理、吴玉章基金委员会主任马凯为获奖者颁奖、宣读特别贡献表彰决定并讲话。

中国人民大学党委书记靳诺宣读颁奖决定，校长陈雨露致辞，常务副校长王利明主持典礼。吴玉章基金委员会委员刘大椿、中国人民大学教育学院党总支书记兼代理院长秦惠民和中国社会科学院副院长李扬宣读颁奖词。

教育部副部长李卫红，中国社会科学院副院长李扬、李培林，教育部社会科学司司长张东刚，北京市社会科学界联合会党组书记、常务副主席韩凯，中央财经大学校长王广谦，吴玉章基金委员会委员程天权、马绍孟、方汉奇，学者代表邬沧萍、张卓元，中国社会科学院、北京师范大学等高校、科研机构代表出席典礼。中国人民大学党委常务副书记张建明，副校长查显友、伊志宏，党委副书记吴付来及相关院系、机关部处代表出席典礼，共同见证这一时刻。

罗国杰教授开创了新中国社会主义道德理论体系，创立了马克思主义德性伦理学，是新中国伦理教育事业的开拓者，对马克思主义伦理思想做了中国特色的当代创新。

顾明远教授开创了中国的比较教育学科，领导建立了特殊教育学科的课程体系与教学方法，深度参与了新中国教育改革的若干重大决策的咨询，是充满爱的教育家。

黄达教授是新中国金融学理论体系与教学体系的开拓者和引领者，是新中国经济学领域综合平衡理论的系统论证者，构建了中国特色大金融学科体系的基本框架，提出宏观经济领域综合平衡理论，积极参与了新中国货币政策体系的建设和改革，是中国货币政策体系中的高级智囊。

袁宝华是吴玉章基金的创立者，曾担任吴玉章基金委员会第二届至第五届主任委员，在基金30多年的发展中，不畏年高、不辞辛劳，为吴玉章基金的建设与发展倾注了巨大心血，做出了特别贡献。

马凯副总理对获奖者表示祝贺，对袁宝华同志表示感谢。他指出，罗国杰、顾明远、黄达三位教授高山仰止、垂范后人，获此殊荣是众望所归、当之无愧。他们信念坚定、矢志不渝的品格，热爱学术、追求正义的风骨，淡泊名利、潜心向学的精神，求真务实、严谨治学的态度，值得永远汲取并发扬光大。吴玉章人文社会科学终身成就奖正因这样一批获奖者的学术水平和精神风范而显得格外厚重。

马凯副总理指出，经过多年的发展和积累，吴玉章基金和吴玉章人文社会科学奖已经成为目前全国人文社会科学领域内，历时长久、分量厚重、影响深远的非政府组织奖项之一。尤其是近年来增设的“吴玉章人文社会科学终身成就奖”，从某种程度而言，就是我国人文社会科学领域的最高奖项。袁宝华老校长作为基金的创立者，30年如一日，为基金发展和繁荣发展人文社会科学做出了重要贡献。

马凯副总理指出，吴玉章基金会要站在时代前列，关注中国经济社会的发展现实，发挥好人文社会科学的引领作用，努力破解改革发展中的问题难点。广大人文社会科学工作者要认清使命、把准方向，找到中国改革发展的真问题，提出解决问题的真思路，发挥好党和政府思想库的作用，为中国经济社会发展做出更多贡献。

李卫红副部长指出，长期以来，吴玉章人文社会科学奖的设置和评选对激发学者的研究热情、涵育厚重的研究成果起到了积极的推动作用。特别是自2012年以来设立的“终身成就奖”，已经成为国内社科领域的崇高荣誉，产生了广泛的社会影响。获奖的3位教授立场坚定、治学为民的济世情怀，坚持真理、实事求是的科学精神，面向现实、勇于创新的理论气魄，一丝不苟、勤奋自律的治学态度，值得广大人文社会科学工作者认真学习并不断发扬光大。

李培林副院长指出，吴玉章基金以弘扬优良学术传统和学术精神、繁荣发展我国人文社会科学为宗旨，通过人文社会科学奖、人文社会科学终身成就奖等形式激励具有重大影响的人文社会科学优秀成果，表彰在人文社会科学领域做出卓越贡献的优秀学者，扶持人文社会科学研究和教学工作，对激发我国人文社会科学工作者的研究热情，涵育厚重的学术成果和推动理论创新发挥了引领作用。获得吴玉章终身成就奖的专家学者为广大哲学社会科学工作者树立了学术和道德榜样。

陈雨露校长代表学校对出席典礼的嘉宾表示感谢，对获奖者表示敬意。他指出，民族的复兴，取决于这个民族思想的高度。学术是一个国家的良心、一所大学的灵魂。评选“吴玉章人文社会科学终身成就奖”，是贯彻和落实习近平同志视察人民大学时提出的，关于不断提升中国的学术自觉和学术自信重要指示的一项重大举措。作为中国人文社会科学领域最重要的综合奖项之一，吴玉章终身成就奖的设立就是期盼通过表彰老一辈学术大家，宣扬他们为社会进步、文化传承所做的重要贡献，使社会更加关注、重视人文社会科学，更加尊重人文社会科学学者的成就和贡献。同时，通过颁奖，弘扬各位前辈高尚的学德学风，让他们的风范感召和激励代代的青年学者。

由于身体原因，罗国杰教授委托家属代其领奖并宣读获奖感言。他表示，获奖是对其相关学术研究和教育工作的莫大鼓励，作为一名老共产党员和知识分子，将更加努力，为建设富强民主文明和谐的现代化国家做贡献。

顾明远教授对获奖表示感谢。他说，多年来，中国的教育事业取得了巨大成就，但与我国经济社会发展的形势和人民群众接受良好教育的期望相比，还有不相适应的地方。今后，要继续为我国教育事业改革发展尽心尽力、做出贡献。

黄达教授回忆了与吴玉章老校长相处的往事，追忆了吴玉章老校长的坚定信念和高贵品格，对获奖表示感谢。他指出，人民大学当前发展势头良好，前景必将更加辉煌。金融学研究教育要坚定正确的方向，同时注意汲取中华民族的优秀传统文化，在东西方优秀文化成果的互补和结合中开拓新境界。

吴玉章人文社会科学终身成就奖是吴玉章基金委员会为表彰人文科学、社会科学领域做出卓越贡献的学者设立的专门奖项，于2012年首次颁发。该奖项面向全国，经专家提名、工作小组初选、遴选委员会遴选和基金委员会投票通过。每年表彰2～3位卓有成就的学者，每人奖励100万元奖金。该奖项力争成为与“国家自然科学奖”“国家技术发明奖”“国家科技进步奖”齐名的、中国人文社科领域的最高荣誉。前两届分别授予人口学家邬沧萍、红学家冯其庸、哲学家汤一介、历史学家戴逸和经济学家张卓元。

吴玉章基金于1983年创立，以我国杰出的革命家、教育家、历史学家和语言文字学家，中国人民大学首任校长吴玉章的名字命名，主要奖励我国人文社会科学领域的优秀成果和学者。经过30余年的努力和发展，吴玉章基金在繁荣发展哲学社会科学、推动社会主义精神文明建设等方面取得较大成绩和良好的社会影响。

除了吴玉章人文社会科学终身成就奖，吴玉章基金委员会还面向教育界、人文社会科学界设立吴玉章人文社会科学奖、吴玉章奖教学金，举办吴玉章学术讲座、青年学术沙龙等学术活动。

（摘自人大新闻网2014年12月25日）

■ 第四届世界汉学大会在人大举行　共话“东学西学·四百年”

孔子学院总部和中国人民大学共同主办的第四届世界汉学大会9月6日在中国人民大学开幕，中共中央政治局委员、国务院副总理刘延东出席开幕式并会见海外汉学家代表。在孔子学院成立十周年之际，来自 38 个国家和地区的 200 多名专家学者从多学科视角就东西文化交流展开对话。

刘延东指出，中外文化交流源远流长，特别是近 400 年来，中外商贸往来互惠互利，文化典籍互相传播，风土人情互鉴交融，一批批卓有建树的汉学家为促进中外文化交流、人类文明包容共生贡献了智慧和力量。新的时期，中国将把文化繁荣发展放在更加突出的战略地位，将以更加开放包容的胸怀吸收世界文化优长，贡献中华文化精华，让世界文化多样性更加精彩。

刘延东说，当今时代，各国相互联系、相互依存空前加深，汉学发挥着沟通中外文化、深化理解、增进友谊的重要作用。她希望各位专家学者加强中外合作研究，积极参与孔子新汉学计划，加强优秀中国作品翻译，联合培养青年人才，传播分享中华优秀文化。深化人文交流，推动更多外国民众了解中国，传承发展中外友谊。促进包容互鉴，帮助人们理解不同文明的内涵和价值，消除偏见和误解，增进共识和认同，为建设持久和平、共同繁荣的和谐世界做出积极贡献。

教育部部长袁贵仁、国务院副秘书长江小涓、教育部副部长郝平、孔子学院总部总干事许琳、中国人民大学校务委员会主任靳诺、国际哲学协会联合会主席德莫特·莫兰教授、国际比较文学学会主席汉斯·伯顿斯教授、法国索邦大学校长巴泰雷米·若贝尔教授、美国哈佛大学傅高义教授、俄罗斯国家科学院米亚斯尼科夫教授、德国杜塞尔多夫海因里希·海涅大学原校长阿冯斯·腊碧士教授等，以及 30 多位驻华使节代表出席开幕式。中国人民大学校长陈雨露主持开幕式。

若贝尔教授在致辞中说，汉学研究者都和中国有着个人的故事和个人的关系，这些个人的故事实际上就是汉学的基础，从事汉学研究不仅要与专家对话，还必须面向公众。他表示，中国是世界上最重要的国家之一，中华文明是世界上最古老的文明之一。研究东方、研究中国，同时也是在理解西方、理解自身，汉学家的一个使命就是要促进各国人民能够更好地相互理解，最终能够更好地理解自身。

傅高义教授致辞指出，目前孔子学院等文化机构在世界各地开设，为外国人学习中文、中国文化提供了良好的机会和环境，这是一件非常好的事情。他本人也将以“活到老，学到老”的态度继续开展汉学研究和交流。他表示，海外学者也有一个汉学梦，希望能进一步发挥中国学者的作用，加强和海外汉学家的交流，从而更好地促进世界了解中国、中国了解世界。

第四届世界汉学大会主题为“东学西学·四百年”，设有元典互释与东西文明：思想对话的“中国主题”、文化沟通与双向影响：历史钩沉的“中国记忆”、文化塑成与经典翻译：域外变迁的“中国形象”、文化传统与制度选择：当今世界的“中国角色”等议题。继第三届大会提出“新汉学”与“大汉学”的构想后，本届大会意在继续扩展汉学的外延，跨越传统文化和政治经济等学科主题，从多角度回顾东西方交流 400 多年的学术传统。

据介绍，参加本届大会的境外学者规模和与会学者专业跨度均超过往届，研究领域包括传统汉学和新兴中国学，涵盖文史哲、典籍翻译、国际政治、外交关系、中西方经济等多个学科。大会还设立了青年汉学博士生论坛，来自海外的 60 多名“孔子新汉学计划”青年学者与会交流。

大会期间，作为世界汉学大会法定代表机构，世界汉学大会理事会宣布成立，常设在中国人民大学。世界各国从事研究的专家、学者，递交申请并通过理事会审核后，可以成为大会成员。

汉学（sinology，或称中国学），是一门研究中国人和中国文化的学科，作为一个植根于中国、发展在海外的研究领域，历经游记汉学、传教士汉学、学院汉学、中国研究等多个阶段。从 1814 年法兰西学院设立第一个汉学教席算起，学院式、专业化的中国研究至今走过了整整 200 年，已从传统的人文学研究扩展到政治、经济、社会等各个方面。

长期以来，海外汉学在世界范围内营构中国图像，并以此影响到世界各国对中国文化观念的认识乃至国家政策的制定，已经逐渐成为中国学界面对的一个重大问题领域。

2007 年，中国国家汉办与中国人民大学发起举办第一届世界汉学大会，这是新中国成立以来在中国内地首次举办的高水平、高规格的世界性汉学大会。在至今于中国人民大学举办的四届大会上，从“文明对话与和谐世界”“汉学与跨文化交流”“汉学与当今世界”到“东学西学·四百年”，主题设定始终体现着汉学发展趋势，追随着社会形势变化。在2012年举办的第三届大会上，提出了“新汉学”与“大汉学”的构想，即面对当今最新的世界形势，扩展传统汉学研究领域。

2012年，孔子学院总部设立“孔子新汉学计划”，以支持世界各国优秀青年深入了解中国和中华文化，繁荣汉学研究，增进中国与各国人民之间的友好关系。作为进入该计划的14所中方高校之一，中国人民大学已先后承办了海外13所孔子学院，分布在亚、非、欧、美四大洲10个国家。近年来，中国人民大学还率先承办博鳌亚洲论坛分论坛，成立公共外交研究院，开办“国际小学期”，推出“百部中国京剧经典剧目英译系列”等研究成果，从多层面推动跨文化交流。

（摘自人大新闻网2014年9月7日）

■ 中国人民大学承办博鳌亚洲论坛“公共外交与国家形象”分论坛

4月11日下午，由中国人民大学承办的“博鳌对话：公共外交与国家形象”博鳌亚洲2014年年会分论坛活动在海南博鳌举行。这是中国人民大学继2013年4月承办论坛历史上首个由高校领衔的“公共外交与跨文化交流”分论坛后，第二次承办分论坛活动。

分论坛由中国人民大学公共外交研究院院长、新闻学院院长赵启正主持，中国人民大学校长陈雨露，澳大利亚前总理鲍勃·霍克（Bob Hawke），中国外交部前部长李肇星，纽约证券交易所亚洲区副主席、AEA投资亚洲区主席比尔·欧文斯（Bill Owens），剑桥大学政治和国际研究系高级研究员、《当中国统治世界》作者马丁·雅克（Martin Jacques），世界华人协会主席胡智荣等担任嘉宾，就“公共外交与国家形象”议题展开交流与讨论。

澳大利亚前总理鲍勃·霍克由论坛议题“公共外交与国家形象”的含义展开发言。他认为，发展国家软实力、推进公共外交的核心是要打造国家形象。霍克从自己在中国的亲身经历出发，指出在中国国力逐步增强、经济社会日益繁荣发展的过程中，中国的公共外交也日渐发展成熟，为中国在世界舞台上展示国家形象发挥了重要作用。

中国外交部前部长李肇星通过讲述多个生动的外交故事，强调了树立良好国家形象的重要性，并阐释了国家形象的组成因素。李肇星说，公民个人形象影响着国家形象的塑造，谦虚好学、平等待人等美德都是国家形象的组成因素。每个公民在日常生活与对外交往中都需要注重细节，为塑造良好的国民形象和国家形象做出贡献。

纽约证券交易所亚洲区副主席、AEA投资亚洲区主席比尔·欧文斯谈了自己在中国的体验与感受，认为信任是开展对外交往的基础。他说，在座的嘉宾朋友都是一家人，都能够感受到彼此的热情与友谊，因此才能够以开放、包容的心态克服文化差异，相互信任并展开合作，这些正是公共外交的坚实基础。“各国人民应该团结在一起，共同庆祝开放的精神。”

“人文交流将成为影响国家关系的重要因素”，剑桥大学政治和国际研究系高级研究员马丁·雅克在发言中表示。由于各国发展受到外部因素的影响日益增多，中国的国家形象很大程度上会受到中国公民在其他国家的行为影响。因此中国需要与时俱进的外交政策与公共政策，以良好的公民形象促进国家形象的塑造，推动中国的国际交往。

世界华人协会主席胡智荣就企业在公共外交中的角色做了发言。他指出，中国企业走出去是中国发展公共外交的一个重要着力点，为推动中国企业在公共外交中发挥更加积极的作用，要吸取过去的经验教训，根据个案制定企业公共外交策略，使其在实现自身发展的同时推动国家形象的提升。

陈雨露校长指出，青年学生是中国走入世界文明体系核心圈的重要力量，随着他们参与跨文化交流活动的机会日益增多，中国高校需要顺应这一趋势进行人才培养体系和学术体系改革。他表示，中国人民大学成立公共外交研究院、承办公共外交论坛活动等亦是应时而动，今后人民大学也将继续发挥学科优势，促进人文外交，推动中国公共外交事业的发展。

讨论阶段结束后，现场嘉宾回答了在场观众的提问，就“促进了解加强沟通”“当前中国的国家形象”“国内外信息融合”等问题发表了自己的见解。

博鳌亚洲论坛成立于2001年2月，目前已成为亚洲以及其他大洲有关国家政府、工商界和学术界领袖就亚洲以及全球重要事务进行对话的高层次平台，也是中国近年来开辟的公共外交与国家形象建设的平台。今年年会主题为：“亚洲的新未来：寻找和释放新的发展动力”。

中国人民大学一直是公共外交与跨文化交流积极的实践者、推动者与支持者，并一直致力于培养具有全球视野、责任意识、跨文化沟通能力的“国民表率、社会栋梁”。学校每年都与国外著名大学的学者、学生有大量的国际学术交流；在全球范围内承建了13家海外孔子学院，增进世界各国人民对中国文化的理解；2014年2月26日，在中国人民大学公共外交研究中心的基础上，成立公共外交研究院，这是国内高校首个以公共外交为研究主题的研究院，将以公共外交为核心推动协同创新，促进高校内部学科融合，提供具有战略性、基础性、综合性的理论支撑和政策建议，为社会各界提供公共外交咨询服务，致力打造成为中国公共外交的重要智库和公共外交领域的研究基地、培训基地。

中国人民大学连续两年承办博鳌亚洲论坛分论坛，将继续以高度的学术自信与文化自信，以及在人文、艺术、社会科学方面的深厚积淀，促进社会各界对公共外交及国家形象理解的交流和共享，倡导全国各大高校及普通民众，加大对公共外交与国家形象领域的关注与投入。

（摘自人大新闻网2014年4月13日）

■ 国内首家生态金融智库在中国人民大学成立促进跨学科研究

11月25日晚，2014年生态金融讨论会暨中国人民大学生态金融研究中心成立仪式在中国人民大学举行，中国首家生态金融智库正式诞生。

仪式由中国人民大学副校长伊志宏主持。德国前总统、国际货币基金组织（IMF）前总裁霍斯特·克勒，中国人民大学校长、央行货币政策委员会委员陈雨露，中国人民银行副行长、中国金融学会副会长潘功胜，罗马俱乐部前秘书长、联合国前助理秘书长、中国人民大学重阳金融研究院外籍高级研究员马丁·李斯，北京东方园林股份有限公司董事长、北京巧女公益基金会理事长何巧女致开幕词。

中国人民大学校长陈雨露指出，生态金融研究中心是一个横跨环境学科和金融学科的智库机构。要使政策建议能够解决问题，充分发挥金融杠杆在环境治理中的作用，首先需要从逻辑上厘清生态与金融的价值联系，否则生态文明建设的顶层设计无法深入下去，只能停留在器的工具层面，而非道的价值层面。就本质而言，生态保护的行为主体追求公益，而金融的行为主体则是趋于逐利的。要让这两类原本相悖的价值理念有机融合在一起，生态金融的研究与推进才有希望。因此，只有在生态文明建设的大框架下，出台囊括生态文明的金融改革方案，金融才能服务于公众利益。必须设计合理的市场机制，协调好金融与生态文明产业之间的结构性关系，从而促使整个国家的经济结构转换升级。

陈雨露校长引用“问渠那得清如许，为有源头活水来”的诗句指出，活水是市场资金，顺着生态金融体系的渠，流向生态文明企业的价值洼地；活水也是具有创新思维的睿思，通过思想交流平台，流向虚怀若谷的决策者心中。

德国前总统霍斯特·克勒认为，地球的生态系统正面临崩溃的危险。他说，在本世纪，贫穷和环境保护的问题不再是纯粹的道德问题，而是整个人类的生存问题。经济、生态、政治，所有这些相关联的事务必须要有所改变。他指出，我们生活在一个无法摆脱相互关联的世界，地球那端出现的困境和苦难迟早也会影响到地球这端。无论一个国家有多么富有或强大，都不可以长期忽视其他民族和国家的看法与需求。克勒强调，不希望那些不环保的产业消失，而是希望让它们从环保的角度变得更好。改变经济增长方式需要社会付出巨大的代价。世界各国都面临同样的问题，德国正试图解决这些问题，中国也在做同样的事情，“让我们做得更好!”

仪式最后，嘉宾共同为中国人民大学生态金融研究中心揭牌，并在“中国人民大学生态金融研究中心”书法长卷前合影留念，共同见证了中国第一家生态金融智库花落中国人民大学。

2014 年生态金融讨论会的主题是“生态金融的发展与未来”，会议由中国人民大学与中国金融学会主办，中国人民大学重阳金融研究院与中国人民大学生态金融研究中心、绿色金融工作小组三家机构联合承办。11 月 26 日，三个主旨论坛举行，分别探讨了“生态金融的现实意义”“生态金融：政府的作用”和“生态金融：金融机构与产品创新的作用”。

有分析人士认为，在党中央把生态文明建设提升到前所未有的高度之后，这次会议的举办具有强烈的现实意义。在生态文明建设的宏伟蓝图中，在资源配置中发挥着基础性作用的金融体系必须主动求变，去适应社会公众对美好环境的殷殷期盼，让各种资源包括技术工艺流入那些对环境友好的产业、企业，迫使资金有序退出高能耗、高污染、高排放的生产领域。最终，金融体系将转型为一个对环境友好的、有益于生态保护的绿色金融体系。但与国家这种迫切的需要相比，生态金融理论发展却严重滞后，原因之一就是过去的环境学家与金融学家囿于各自学科分割，往往各自为政，今后应当形成合力，共同推动生态金融事业的进一步发展。

中国人民大学生态金融研究中心是由北京巧女公益基金会支持中国人民大学智库建设、指定用于推进生态金融领域政策研究与传播的中国首个生态金融智库项目。中国人民大学在环境学科与金融学科领域内积累了大量的学术资源和师资力量，中国人民大学生态金融研究中心诞生并由新型智库中国人民大学重阳金融研究院运营管理，将围绕生态金融产业等课题展开研究，探索如何促进金融体系与绿色、可持续经济的融合，制定利于实现生态文明建设目标的金融政策和法规。

（摘自人大新闻网 2014 年 11 月 28 日）

■ 中国人民大学重大国际交流活动

2014 年，学校全球合作伙伴网络更趋完善、中外合作办学稳步推进、学生国际性项目和派出人数大幅度提高，外国政要频繁来访，提升了学校的国际影响力，推进了学校的学科建设。

2 月至 10 月，荷兰前首相维姆·科克，美国前总统吉米·卡特，捷克共和国总统米洛什·泽曼，俄罗斯教育科技部副部长亚历山大·克里莫夫，诺贝尔经济学奖得主、耶鲁大学席勒教授，卢森堡新任驻华大使石泰嵋，伊朗前外交部长、伊朗国家利益委员会战略研究中心主任、伊朗最高领袖阿里·哈梅内伊国际事务顾问阿里·阿克巴尔·韦拉亚提博士先后来校访问。

附 1：捷克总统泽曼访问人民大学　受赠卡夫卡奖作家阎连科作品

10 月 26 日下午，捷克共和国总统米洛什·泽曼访问中国人民大学并发表演讲，与师生就捷克、欧洲与中国在政治、文化和经济方面的经验分享进行交流。

在演讲中，泽曼总统借用凯恩斯的理论分析了亚欧经济行为在投资和消费上的不同倾向。他指出，造成投资倾向主要在于，周期性、多层面的选举活动往往导致短视行为，政治家缺乏长远考量，使得投资难以具有延续性。他提出，人类不同的行为反应是基于感受上的差异而非国家，因此要让人民持续地对生活水平提升感到满足，就要寻求长期投资，使国家的经济增长具有长期性。“消费当然很好，但是种苹果树是更好的事。”泽曼总统建议。

中国人民大学校长陈雨露主持交流会，代表全校师生欢迎米洛什·泽曼总统的到来。他表示，中捷建交 65 年来，两国在经济、科技和教育等领域的合作全面快速发展，两国的民间交流从未停歇，中国人民大学与捷克高等教育界的联系也日益密切。此次泽曼总统访华并到访中国人民大学必将产生深远的影响，进一步推动中捷两国人民，特别是两国人文教育界的密切交流和良好合作。

来自国际关系学院、外国语学院、公共管理学院、经济学院、农业与农村发展学院、重阳金融研究院的师生向泽曼总统提问，就如何学以致用、捷克的文化软实力、中捷两国未来可能的合作空间、如何看待中捷关系的发展、如何看待人民币国际化、捷克跨越“中等收入陷阱”的经验、捷克的经济转型等问题做了交流。泽曼总统表示，65 年来，中捷两国外交关系虽有起伏但日益深化，希望双方秉持孔子“和而不同”的理念，寻求共同话题，保持长期合作，推动两国关系和谐发展，走上更加光明的道路。

交流会后，陈雨露校长与泽曼总统会见，代表学校向泽曼总统赠送中国人民大学校徽标志锡盘、以艺术学院学生绘画作品设计的纪念品，以及文学院教授阎连科的捷克文版小说。泽曼总统对画作所绘荷花展现出的生命力表示赞赏，向阎连科教授获得卡夫卡文学奖表示祝贺，希望两国在人文社会科学领域的交流合作能够继续深入下去。

中国人民大学副校长伊志宏，党委副书记吴付来，副校长洪大用，校长助理、学校办公室主任郑水泉，国际交流处处长张晓京，俄罗斯东欧中亚研究所所长许勤华教授等参加会见。捷克总统府礼宾司司长尹得利赫·弗瑞特、捷克共和国驻华大使利博尔·塞奇卡、捷克共和国驻华公使衔参赞兹别内克·诺哈、捷克共和国驻华三等秘书马金、捷克共和国驻华二等秘书丽塔茨卡·史黛贝喀、中国驻捷克共和国大使马克卿等陪同来访。

在纪念中捷建交 65 周年之际，米洛什·泽曼此次是应中国国家主席习近平邀请，于 24 日至 27 日对中国进行国事访问。

成立于 50 年前的中国人民大学俄罗斯东欧中亚研究所（前苏联东欧研究所）是国内最早的研究东欧问题的学术机构之一。1998 年，中国人民大学与捷克布拉格查理大学建立校级合作关系。近年来，中国人民大学与捷克高等教育界的联系更为密切，在 2010 年以来参加中国人民大学国际小学期的捷克高校学生中，有 9 名学生就来自泽曼总统的母校——布拉格经济大学。目前，有 3 名捷克留学生在中国人民大学就读。

北京时间 10 月 22 日晚，中国人民大学教授阎连科在捷克布拉格市政大厅正式被授予 2014 年卡夫卡文学奖。为纪念捷克作家弗兰兹·卡夫卡而设立的这一奖项 14 年来首次授予中国作家。

米洛什·泽曼 1944 年 9 月 28 日出生于捷克科林市，1969 年毕业于捷克布拉格经济大学；1993 年至 2001 年，任捷克社会民主党主席，1996 年至 1998 年任捷克议会众议院议长，1998 年至 2002 年出任政府总理。2013 年 3 月，就任捷克总统。

（摘自人大新闻网 2014 年 10 月 28 日）

附 2：陈雨露校长会见美国前总统吉米·卡特

9月3日下午，中国人民大学校长陈雨露在学校世纪馆会见美国前总统吉米·卡特和夫人一行，双方就人民大学举行第二届20国智库论坛交换意见。

陈雨露校长代表学校全体师生对卡特总统和夫人的到来表示欢迎，并对卡特先生随后在20国智库论坛的演讲表示期待。他指出，中国人民大学拥有70余年的历史，其间经历了抗日战争和“文革”停办两个不平凡的“八年”，1978年邓小平同志与卡特总统推动实现中美关系正常化的时候，也正是中国人民大学复校之时。今年正值邓小平同志诞辰110周年，30多年前两位领导人对中国未来发展的预期如今都已变成了现实，此次卡特先生以90岁高龄到访人民大学具有重要历史意义。

卡特对于受邀访问中国人民大学表示感谢，对学校取得的学术成就和社会影响力表示祝贺，并祝愿中国人民大学早日建设成为世界一流大学。在回顾了与邓小平推动实现中美关系正常化的历程后，卡特说，现在有100多万国际学生在美国求学，其中中国留学生占25%，“这也是当时邓小平先生和我议定的教育交流内容”。卡特表示，中美两国当前在政治、经济、文化等领域和谐共处，两国之间的联结要远远大于两国的分隔，自己以及卡特中心将努力推动这种合作共赢的趋势走向长远。

会见结束后，卡特在第二届20国智库论坛开幕式上发表了主旨演讲。

全球中小企业联盟主席、联合国工业发展组织前总干事、中国人民大学重阳金融研究院外籍高级研究员卡洛斯·马格里诺斯，中国人民大学校领导张建明、王利明、查显友、伊志宏、洪大用，商务部原副部长孙振宇，中国银行原副行长、国际商会执行理事张燕玲，中国驻国际货币基金执行董事魏本华等出席会见。中国人民大学校长助理郑水泉等相关部门负责人参加会见活动。

（摘自人大新闻网2014年9月4日）

附 3：荷兰前首相维姆·科克访问人民大学并发表演讲

3月25日，荷兰前首相维姆·科克（Wim Kok）先生、荷兰奈耶诺德工商管理大学副校长高思睿（Désirée van Gorp）女士等一行五人访问中国人民大学，商谈与人民大学在金融、MBA项目等方面的校际合作事宜。其间，维姆·科克先生做了题为《荷兰在贸易、金融和环保领域的创新》的演讲。

维姆·科克先生强调了创新文化对于荷兰成为国际金融中心的重要作用，并建议中国需要提高在全球价值链中的地位，由中国制造向中国创造转型。他说，荷兰也曾经历过高度工业化阶段空气污染、经济风险等严峻问题，但如今的荷兰已经实现了环境保护、能源结构调整等综合平衡发展。他还表示，荷兰可以更好地与中国互补，并为中国经济提供更好的服务支持。

演讲前，中国人民大学校长陈雨露教授会见了维姆·科克先生，并向他介绍了人民大学在中国教育与高校体系中的成就。维姆·科克先生盛赞中国人民大学的金融与经济研究为国家做出的贡献，并表达了希望向国际社会推介中国人民大学的意愿。作为荷兰奈耶诺德工商管理大学的校友，维姆·科克先生、陈雨露校长及有关嘉宾见证了中国人民大学与荷兰奈耶诺德工商管理大学校际合作协议的签字仪式。

陈雨露校长授予了荷兰奈耶诺德工商管理大学副校长高思睿中国人民大学客座教授证书。

副校长伊志宏教授、商学院执行院长毛基业教授、商学院党委书记荆新教授、财政金融学院副院长赵锡军教授、国际交流处处长张晓京博士、重阳金融研究院执行副院长王文等参加了上述活动。

维姆·科克先生，1939年出生，毕业于荷兰奈耶诺德工商管理大学，并获该校荣誉博士和德国明斯特大学哲学荣誉博士。曾先后担任欧洲工会联合会主席（1979—1982年）、荷兰副总理兼财政部部长（1986—1994年）、荷兰工党领袖（1986—2002年），1994—2002年连续两届担任荷兰首相。卸任后，维姆·科克先生曾在荷兰皇家壳牌集团、荷兰国际集团、荷兰TNT快递公司、荷兰邮政集团及荷兰皇家航空公司等多家大型国际公司担任非执行董事。自2009年至2013年12月，维姆·科克先生出任由前国家元首或政府首脑组成的马德里俱乐部主席。

荷兰奈耶诺德工商管理大学成立于1946年，坐落在阿姆斯特丹郊区的布鲁克林小镇，是荷兰第一家也是唯一一家由荷兰皇室以及大型企业财团合资创建的大学，是欧洲最古老的工商管理名校之一，得到EQUIS和AMBA双认证。学校以“培养性格，传授习惯”为办学方针，以“创新思维、缜密思考、尊重他人、社会责任”为校训，培养出包括荷兰前首相维姆·科克、联合利华前总裁安东尼·伯格曼斯、古驰集团前总裁罗伯特·波雷特等在内的多位杰出校友。

（摘自人大新闻网2014年3月27日）

专 文

■ 重要讲话、文章

在后勤保障系统精细化管理中期总结会上的讲话

中国人民大学校长 陈雨露
(2014 年 1 月 6 日)

我也和各位教授一样一起讲短话。首先我想热烈地祝贺我们的后勤保障系统精细化管理试点工作取得了巨大的成果，同时也热烈地祝贺获得了标兵称号、在这次工作中表现出色的同志们。年终岁尾，学校需要总结的地方有很多，以前我们会开很多的年终总结会，但是今年我们根据中央的精神，大大地精简了许多年终的会议，不过我们觉得这个会应该开。而且今天我们来了这么多的同志，书记、校长还有我们很多的大专家，同时来参加这个会议。这个会议实际上的意义是非常深刻的。那么在书记做最后的总结讲话之前，我想重点说这么两句话：

第一句话是对于试点工作应该给予充分的肯定。刚才海兵教授已经说了几个好，我想这个可能代表了在座的绝大多数人的意见，这个不在于我们书记、校长和许多专家说好，而在于很多同志都是这么想的。对师生满意度的调查，可以看得出来大家是发自内心地认同这项工作，对于我们后勤保障系统六大部门一年来所做的努力，是表示高度认同的。

我想，一是大家认同的是坚定性，这是我们在向兵校长的主持下，我们后勤保障系统贯彻学校战略意图的坚定性。大家共同认识到精细化管理的工作，它的意义首先在于它是要回归到大学本位的这样一个非常重要的表现。大学的本位就是学术为本、育人为本、师生为本。一流的大学一定会有一流的服务，另外还有很多其他的体现，但是一流的服务是它非常核心的标志，它的服务就是要体现在大学的本位上。我们的精细化管理和服务会提高整个学校运行效率，提高教职员工的工作效率和学生学习的效率，但最重要的一点在于它是体现一个大学是不是在本位上体现自身的价值。所以走进一个大学转一圈就能看出这是不是一个有着一流品质的大学，就能够感受出它是不是有着一流的后勤保障和服务。

精细化管理和服务也是体现我们群众路线教育实践活动是否能够落实到位，而且是不是有一个长效机制的保障。群众路线教育活动说到底就是要体现核心价值，体现为人民服务的核心价值追求，人民大学尤其要体现。群众路线就是要为人民服务，最终的目的就是要体现为群众服务。所以我想在人民大学的群众路线教育当中，我们可以看到各个书记以及我们党的各个系统，靳书记和我们一块，都在投入到学校管理工作的方方面面。实际上包括我们的信息服务一张表工程等等，都是基于我们的精细化管理，是我们群众路线教育活动的一个非常核心的组成部分。真正落到实处，让我们的师生满意，让满意度提升，让我们的师生对人民大学的忠诚度提升，拧成一股绳，学校才能够腾飞。

第二个大家认同的就是我们找问题的精确性。精细化服务是要找准靶子的，我们可以看到大家凝练出来的问题和找到的靶子是准确的。只有做到这一点，师生的贴心度才能够上升，大家最终打分的时候才能够发自内心地打满意。广开言路，把各种各样的问题汇集起来，而且把最有针对性的问题给找出来，这是很重要的。

第三个大家认同的就是方法的科学性。一个是把人民大学的组织优势发挥出来。人民大学是一个有着战斗力的队伍，关键是如何把这个组织优势更加充分地发挥出来，把这个积极性给调动出来。我们可以看到，同志们刚才的发言能够充分反映出大家的积极性是可以一步一步调动起来的。同时我们还把技术优势发挥得很好。新时期的精细化管理需要有很好的理念，很好的技术支撑。大家对微博、微信的评价很高，满意度很高，从中可以看得出来，我们与时俱进地利用新的沟通手段、新的解决问题的方法，把信息技术运用得很充分。第三个是把人民大学的学科优势结合进来，包括我们今天在座的管理学科一流的教授们的智慧，还有我们其他的相关的学院，比如说艺术学院的教授们，在我们校园设计，教室、博物馆设计等方面给予了很大的支持。这些方法的科学性就是保障我们精细化管理取得如此丰硕成果的非常重要的方法论。

第二句话就是希望大家再接再厉。这个会叫中期总结，对于后勤保障系统，希望你们能够在中期总结的基础上，能够继续深化，能够向纵深发展，取得更好的成绩。同时我们精细化管理和服务的试点工作还要向外拓展。在满意度调查里面我们可以看到教师、职工的感知度还有待提高，我想这里面可能食、住、行、医这些方面在第一阶段为同学服务的比较多，老师这边占有很大面的就是我们的教辅机关和我们的教学辅助单位的精细化管理还没有全面展开，而这些可能跟我们的教职员工的密切度更高一点。所以在总结的基础上，2014 年我们要拓展，要在我们这两个领域里面有序地展开。今天，包括我们各个院系，刚才我们的专家也讲到，教辅机关、教辅单位和各个学院的办公室主任等今天都来了，就是为了下一步要做好这个准备。那么总的来说，我们最重要的一个核心目标就是要共同开创精细化管理和服务的人大模式，我们有信心做到这一点，人民大学也有条件在这个领域里面发挥引领作用。希望大家能够发挥总书记讲的“政贵有恒”和“钉钉子”的精神，能够把这项工作作为我们学校“五大战略”的发展重点，把它持之以恒地做好。我们的节约型校园是一个很大的挑战，但是必须要做。因为通过精细化管理和服务，我们要发挥它育人的功能。同学们在这个校园里要待两年、三年、四年甚至更长的时间，这就是一个很大的育人的文化环境，精细化管理的好的模式出来本身就是一种育人的文化，必须把它作为学校的一个主干工作做好。

最后，再次向大家取得的成绩表示祝贺，向各位在座的专家表示感谢，同时在新年到来之际、春节到来之际，祝我们在座的各位同志和后勤保障系统的全体同志新年快乐、全家幸福。谢谢大家！

在2014年新年报告会上的讲话

中国人民大学党委书记　靳诺
（2014年1月8日）

刚才，雨露校长做了一个很好的报告，向大家汇报了2013年学校开展的主要工作和2014年工作的初步设想，我都赞同。

从去年4月我来到人民大学担任党委书记到现在，只有8个多月的时间，但却经历了人民大学发展过程中不平凡的一段时间。过去的一年，是学校改革发展和“十年腾飞”建设取得标志性成果的一年，也是学校发展进程中经历重大考验、具有深远意义的一年。今天借这个机会，我主要想谈几点感受和思考。

学校2013年的一个热词就是“整改”。这是与巡视工作和群众路线教育实践活动相关联的。2013年下半年，学校根据深入开展党的群众路线教育实践活动的要求，根据中央巡视组对人民大学巡视反馈的要求，以为民、务实、清廉为主要内容，通过进一步完善制度建设，推动中国人民大学向中国特色现代大学迈进。学校领导班子成员同全校师生员工一道，共同努力，把实施“五大战略”与健全民主管理制度、落实党风廉政建设责任制、健全并改进作风使之常态化、创新高校人才培养机制等相联系，把巡视意见和中央深化教育综合改革的最新精神贯穿整改工作始终，从六个方面认真抓好整改工作：一是切实贯彻落实好党委领导下的校长负责制，认真执行民主集中制；二是进一步加强党风廉政建设和反腐败工作，加大对重要部门、关键岗位的监督力度；三是结合正在开展的党的群众路线教育实践活动，深入查摆、梳理领导班子和领导干部在“四风”方面存在的突出问题，认真贯彻落实中央八项规定；四是进一步加强干部队伍建设，严格落实干部任期制，改革职称评聘制度；五是采取有效措施解决招生、出国出访、财务管理、领导干部薪酬管理等方面存在的突出问题；六是认真研究、分步分期解决学校在发展和管理中存在的问题。整改工作从整体上看是由中央领导、教育部党组指导、校党委主导的组织行为，但实际上更反映了广大师生员工的期待。在这个问题上，学校领导班子与中央高度一致，与教育部党组高度一致，也与全校广大师生员工的共同利益、与学校改革发展提升核心竞争力的核心利益高度一致。对于全校上下关心的问题，学校领导班子本着凡是能尽快解决的就及早解决的态度，对于一时难以解决的，一方面向教职员工做说明，另一方面积极创新思路、创造条件努力解决好。

集中整改阶段中，学校在有些工作方面也曾面临比较大的困难，领导班子和全校上下齐心协力，努力克服遇到的困难。这期间，我们要感谢中央对学校的高度重视和信任以及巡视组对学校给予的理解、关心、悉心指导和帮助，感谢教育部党组对学校整改工作给予的极大的支持。在此期间，学校领导班子表现出了高度的政治责任感和团结精神，学校全体师生员工的大局意识更是整改工作取得成效的关键因素。应该说，整改工作给学校传递了正能量，有力地促进了全校上下的团结，有力地促进了各项工作的发展。

对于学校工作，我个人有这样几点体会，与大家交流：

第一，整改的本质是制度建设。

就我个人的理解，整改的本质是促进制度建设，在总结学校前面发展历程的基础上，进一步完善和推进制度建设。集中整改期间，学校制定或修改校级规章制度28项，正在研究或起草过程中的校级规章制度30余项，制定或修订部门级规章制度47项，主要涉及这样几个方面：

一是发布《中国人民大学章程》，修订《校务委员会章程》，促进加强中国特色现代大学制度建设。

二是加强党风廉政建设工作，制定了《中层领导干部经济责任审计实施办法》、加强财务管理和对二级单位的财务监督的一系列制度，以及《校级领导干部薪酬管理办法（试行）》等。

三是在严格执行中央八项规定方面，加强了出国计划制定、审批和管理，并且坚决遏制公款吃喝和送礼的不正之风。

四是正确处理好行政权力与学术权力的关系，修订了《学术委员会章程》，积极探索改革教师职务评聘工作，加强非教师转教师系列管理，发挥教代会民主管理、民主监督的职能，加强离退休工作制度化建设。

五是进一步加强干部队伍建设，体现正确用人导向，进一步加强干部选拔任用工作，制定了《中层党政正职职务任期暂行规定》，落实干部任期制。

六是践行群众路线，切实改变工作作风，形成了《校部机关加强勤政建设，提高工作效能的相关规定》，更加体现为广大师生员工服务的精神。

七是采取有效措施，解决突出问题，包括健全本科招生工作决策机制与工作办法，提高自主招生等特殊类型招生公开性和透明度，严格管理推免研究生招生工作；加强科研经费和科研项目管理，制定了《科研项目经费管理办法》等规章，强化马克思主义学科的传统优势、办学特色等。

截至目前，在全校干部师生员工的共同努力下，《整改工作台账》列明的32项具体问题已有24项如期解决，其余8项列入中长期解决的问题，也正在抓紧落实当中。整改结果目前已经初见成效，大家应该已经从不同程度初步感受到了某种变化，我们深深感谢广大师生以及包括社会各方面的广泛认同与支持。

第二，制度建设的目标是建立现代大学制度。

制度性问题带有根本性、稳定性和长期性。一个国家、一个政党是如此，一个学校也是如此。大学的核心竞争力在于大学文化，在于大学精神，从某种意义上讲，好的制度就是大学文化和大学精神的完美体现。一个学校的学术创新力和竞争力，要求长远之治，一定要有好的制度支撑。学校总结几十年办学经验，经过几年时间制定、修改、完善，于去年11月正式发布了《中国人民大学章程》，这是学校建立现代大学制度的一项重大举措，是学校制度建设的重要标志性成果。我们要通过大学章程建设来更好地推进学校内部治理结构的改革；更好地加强学术组织的建设，让教授们通过这些学术组织来更好地行使学术权力；更好地拓展民主管理的渠道，让更多的师生员工参与到学校的管理中来。

在制度建设的环节中，院系的地位十分重要。无论是校一级或院系一级，行政负责人在学校民主管理中的作用举足轻重，尤其是学校各个学院或系的院长、系主任基本上都是某一学科领域的学术权威，构建一个充满和谐民主的氛围，调动广大教职员工对于教学、科研、管理的积极性，大家的作用不可替代。另外，主编、主审、评委、学术委员会、首席专家等，也都拥有学术权力，掌握学术资源。在学术职务评定、学位授予、学术成果鉴定、重大课题评审、学术资源配置中，拥有举足轻重的话语权和影响力。如果我们每一个相关的学者都能充分发挥作用，通过高效率的学术、行政管理，科学合理地配置教学、科研等资源，把落脚点放在凸显为学术发展服务的核心内容上，一定会为整个学校的学术民主氛围的构建奠定一个非常好的基础。

第三，中国特色现代大学制度建设的核心是处理好党委领导、校长负责、教授治学、民主管理的关系。

什么是中国特色现代大学制度？不管目前学术界和实际工作中有多少观点，但有一点是比较一致的，这就是普遍认为中国特色现代大学制度的核心是要理解并实践好“党委领导、校长负责、教授治学、民主管理”的关系，这十六个字揭示了中国特色现代大学制度最根本最重大的问题，涉及党政关系、学科建设、资源配置、教授治学、民主管理等问题。在实际工作中，我们深刻体会到大学章程的实施目的是为体现大学精神，回归大学本位。大学行政管理的最终目的是体现在服务上，体现在调动一切积极因素并优化资源配置，保证并促进学科建设这个内涵发展的龙头。所以大学去行政化不是不要行政管理，而是如何改进行政管理，体现服务。我们强调要以学术为重，以师生为本，行政工作要围绕教学科研，服务于教学科研，最终目的就是促进学科发展，提升学校核心竞争力。

第四，现代大学制度建设任重道远，领导干部要有“功成不必在我”的境界。

建设现代大学制度是一个过程，建成现代大学制度是一个长期的课题和任务。目前我们只是点了题，更多的工作还在后面，关键是要方向正确，不贪一时之功，不图一时之名，一张蓝图绘到底，一茬接着一茬干。大学是人类创造的最具生命力的组织。现代意义上最早的大学是始建于1088年的意大利博洛尼亚大学，距今已有近千年的历史。英国牛津大学创办于1167年，有900年历史，剑桥大学创办于1209年，有800多年历史。美国的哈佛大学、耶鲁大学等也有300多年的历史。而在我们国家，现代大学不过百余年历史。历史告诉我们，办大学一定要致力于长远，要静下心来，要有定力，一代一代办学者要甘做铺垫工作，甘抓未成之事。

当然，在今天中国的大背景下，要静下心来不容易。随着我国社会转型以及高等教育体制改革的推进，大学的生存与发展的环境发生了深刻的变化。学校内部的办学理念、办学定位、办学模式发生了深刻改变。大学价值的多样性和大学主体及其需求的复杂性决定了大学无论在理论上还是实践中都正在面临着前所未有的矛盾、问题、挑战和选择。如何正确地认识矛盾、解决问题、应对挑战、做出选择，将关系到我国大学包括我们人民大学的未来发展，关系到大学能否适应社会发展的需要，能否在现代化进程中发挥更加积极的作用。

目前对大学有多种多样的评价体系，大学的评价让人才培养和教学科研变得数据化。在以数据评估办学的环境下，面对困惑，我们应该干什么？可以干什么？在经济社会发展问题上，GDP导向影响正确的政绩观，在大学改革发展中，论文导向、评估排名导向等也容易将学校发展引入误区。最近，教育部发布了《关于深化高等学校科技评价改革的意见》，明确提出，对高校、教师的科研评价，将实施分类评价，不搞一刀切。过分依赖论文、项目专利等指标对教师进行评定的情况将得到改变。相信对人文社会科学的认识以及评价也将有所改变。而如何通过积极地参与制定合理的评价模式范式，促进对以人文社科为特色的学科和学校的评估体系的完善，值得我们思考。

对于人民大学而言，我们当前更要静下心来，逐步稳妥推进各项工作。《大学》中有一句话：“知止而后有定，定而后能静，静而后能安，安而后能虑，虑而后能得。”意思就是说我们知道应达到的境界才能够志向坚定，志向坚定才能够镇静不躁，镇静不躁才能够心安理得，心安理得才能够思虑周详，思虑周详才能够有所收获。这也是我们在学校工作和处理问题应具有的一种态度，要用静气除躁气。

在76年的发展历程中，学校难得有一个长期稳定的发展时期，复校后，我们已持续稳定发展了近36年。我们处在一个宝贵的宽松自由的学术环境中，拥有宝贵的尊重人才尊重知识的社会氛围。社会转型快速发展需要科学决策、民主决策，这正是人文社会科学发挥作用难得的大好时机，我们要倍加珍惜、倍加维护。我们要靠每位师生员工和专家学者的努力，还要有制度保障，同时还需要具备求同存异的智慧。“春兰秋菊各有时，同留秀色在人间”，“文无第一，武无第二”。每个学科、每位学者都在为人文社会科学的大发展大繁荣做贡献，为学校的科学发展做贡献。

通过中央巡视和开展教育实践活动，我们对学校当前存在的各种问题有了更清醒的认识和更深入的了解。面对学校发展过程中反映出来的各种矛盾，一是不能急，二是不能等，必须历史地客观辩证地认识，科学合理地进行规划和定位，认真总结，科学分析内外部环境以及自身优势，制定切实可行的政策，落实改进。

十八大以后，习近平总书记多次在讲话中提到“历史接力棒”的概念，强调要有“功成不必在我”的思想境界。我们办大学，是育人，是做文化，我们要建成“人民满意、世界一流”大学，只有路线图，没有规定哪一届一任要实现，更没有实现的具体时间表。要有“功成不必在我”的思想境界，要一张蓝图、一个目标一代一代干到底。

第五，家和万事兴，全校师生要拧成一股绳，共同为学校实现奋斗目标而努力。

当前，学校事业发展面临新的机遇。特别是党的十八届三中全会做出了全面深化改革的部署，2014年中国改革将进入新阶段，国家的政治、经济、文化和社会生活各方面将发生深刻变化，教育综合改革也将步入快车道。作为我们党亲手创办的第一所新型大学，作为中国人文社会科学的一面旗帜，作为反映执政党主流意识形态的中国马克思主义理论教学与研究的重要基地，中国人民大学必将承担重要的职责和使命。光荣的传统，独特的地位，特殊的使命，使得人民大学必将在全面深化改革的大背景下发挥更大更重要的作用。

我们在座的每个人都有两个出身，一个是家庭，一个是大学。特别是大多数教职员工与我们的学校有着师承的学缘关系。大家与学校同呼吸共命运。家和万事兴。去年一年，学校遇到了比较严峻的考验，学校声誉因个别人的问题受到了极大的冲击，广大师生员工，包括我们的校友以及关心人民大学的各位领导和朋友都很痛心，都很关心，都在努力维护学校良好的形象和声誉。雨露校长和我都很感动，我们和广大师生都深切感受到人大不仅是我们每个人大人学习、工作的地方，更是我们每个人大人安身立命的精神家园，“兄弟阋于墙，外御其侮”。维护学校的形象和声誉，人人有责任有义务。这次整改，学校各方面受到震动，也促进了学校更好地推进现代大学制度建设，使我们更加认识到了制度建设对学校的重要性。通过整改，我们既看到了学校良好的基础以及师生员工良好的素质，也看到了反映广大师生员工期待的民心、信心和决心，深刻体会到了全体教职工的拥护和支持。无论困难多大，学校教学、科研等各项工作都在有条不紊地进行，校园各项工作的秩序、节奏都没有打乱。这些都让我深切感受到作为我们党亲手创办的第一所新型正规大学应有的品质，也进一步促进了学校领导班子带领广大师生员工共谋学校发展的使命感和责任感。我们希望也相信全校师生同心同德，团结一心，把智慧和力量凝聚到学校事业发展上来，一定会不断加快我们迈向世界一流大学的步伐。

当前正值学期末，学校党的群众路线教育实践活动已进入到了最后的总结环节，整改落实工作虽然取得了一些进展，但还仅仅是学校改革发展整体工作改进的一个阶段。相信在未来的发展道路上，我们一定会不断遇到各种各样的新问题，在解决当前突出问题的同时，学校领导班子一定会继续坚持统筹兼顾，着眼长远，把整改落实的成果积极转化为作风建设和制度建设的长效机制，转化为促进学校科学发展，提升学校综合实力和核心竞争力的强大推动力。相信2014年，全校上下一定会以更加积极的姿态、更加饱满的热情投入到学校的事业发展当中。

站在学校改革发展的新的历史起点上，我们要勇于攻坚克难，敢于迎难而上，抓住机遇，经受住考验，通过持之以恒的努力，奋力开拓学校事业发展更加广阔的前景。

寒假即将开始，春节将至，祝愿大家在新的一年里身体健康、工作顺利、家庭幸福安康！谢谢大家。

注重“五个结合”积极践行群众路线——在首届北京高校党委书记论坛上的发言

中国人民大学党委书记　靳诺
（2014年1月15日）

开展党的群众路线教育实践活动是新形势下坚持党要管党、从严治党的重大决策。从2013年下半年开始，中国人民大学党委在中央第42督导组及教育部党组的领导和指导下，紧密结合学校工作实际，注重将开展党的群众路线教育实践活动与弘扬学校光荣办学传统相结合、与推进中国特色现代大学制度建设相结合、与深化人才培养模式改革相结合、与加强干部队伍建设相结合、与建设优良校风学风教风相结合，取得了显著成效。

第一，充分利用独特的校史资源，将教育实践活动与弘扬学校光荣办学传统相结合。延安时期，毛泽东同志对红军时期开展群众工作所积累的经验进行理论上的总结和升华，将“密切联系群众”概括为党的三大优良作风之一，形成了党的群众路线理论。西柏坡时期，在中国革命即将取得胜利的前夜，毛泽东同志思考最多的问题就是：我们党取得执政地位后如何牢记“两个务必”、始终保持与人民群众血肉联系。中国人民大学是中国共产党亲手创办的第一所新型正规大学，其前身是抗日战争期间诞生于延安的陕北公学、解放战争期间诞生于西柏坡附近的华北大学。作为以培养解放全中国和建设新中国的革命干部为己任的学校，陕北公学、华北大学在办学过程中，始终把“深入群众生活、接受群众教育、树立群众观点、培养群众感情、全心全意为人民服务”的办学理念贯穿于教学育人的全过程，在中国共产党的高等教育史上谱写了辉煌的篇章。在开展党的群众路线教育实践活动过程中，中国人民大学利用学校分别位于陕西延安、河北正定的校史教育基地开展党史、国史、校史教育。去年7月，学校党委组织了第20期新上岗处级干部培训班学员前往延安，通过参访革命圣地、聆听群众路线和为人民服务等专题讲座，接受了理想信念、党性党风党纪、道德品行和群众路线教育。去年8月下旬，学校在河北正定举行了“弘扬华北大学光荣传统”群众路线教育实践主题活动，将开展教育实践活动与党史、国史、校史教育有机结合起来，有效实现了“教育”与“实践”的双促进。

第二，注重建章立制，将教育实践活动与推进中国特色现代大学制度建设相结合。建章立制，是教育实践活动取得实效的关键环节，是形成践行党的群众路线的长效机制，确保教育实践活动善始善终、取信于民的根本举措。制度带有根本性、全局性、稳定性和长期性。一个国家、一个政党是如此，一个学校也是如此。大学的核心竞争力在于制度，有好的制度，才有好的文化，才有持久的学术创新力和竞争力，才有大学的长远之治。在整改落实阶段，中国人民大学党委以大学章程建设为抓手，制定或修改校级规章制度28项，正在研究或起草过程中的校级规章制度30余项，制定或修订部门级规章制度47项，大力推进中国特色现代大学制度建设。去年11月底，《中国人民大学章程》经教育部核准发布，成为首批由国家主管部门核准发布的大学章程之一，这对于学校更好地坚持党委领导、校长负责、教授治学、民主管理，更好地贯彻党委领导下的校长负责制、推进学校内部治理结构的改革，更好地加强学术组织的建设、让教授们通过这些学术组织来更好地行使学术权力，更好地拓展民主管理的渠道、让更多的师生员工参与到学校的管理中来，将起到重要的推动作用。依据《章程》，学校还初步拟定《“三重一大”制度规定》和《党务、政务会议制度》等一系列制度的修订方案，通过加强顶层设计和制度建设为“党委领导下的校长负责制”和“民主集中制”的贯彻实施提供坚实保障。

第三，积极调动学生党员的积极性，将教育实践活动与深化人才培养模式改革相结合。高校在深入开展教育实践活动时，校院两级领导班子和处级党员领导干部是重点，但在具体实施过程中不能忽略学生党员这个群体。我校素有“共和国建设者和领袖人才培养摇篮”之誉，广大学生党员大都学习成绩优秀，综合素质高，社会工作能力突出。但是，作为“90后”的新生代，他们身上普遍存在着书本知识与社会实践脱节，对社区、企业、农村基层缺乏深刻认识，对群众观点相对淡薄等“短板”。因此，中国人民大学把开展教育实践活动与深化人才培养模式改革相结合，推进“红船领航”新生党员先进性熔铸计划，引导广大学生特别是学生党员在深入基层、了解国情、服务社会的实践中受到了马克思主义群众观点和群众路线的教育与洗礼。2013年暑期，学校组织了1 200余名学生在全国162个行政村开展了“千人百村”社会调研活动。同学们怀揣着对中国乡村和农民的满腔热情，深入田间地头、了解乡村风貌、调研基层民生、体悟农民生活，展开了一场与中国农村和农民零距离接触的大型社会实践活动。他们在“接地气”的调研中，用智慧和汗水书写的高质量调研报告——《2013中国农村民生状况调查》，赢得了社会各界的广泛赞誉。“千人百村”调研活动立足于打造人才培养新模式，架起了学术研究与社会现实的桥梁，让人大学子在学科知识的指导下投身农村实践，以专业素质去思考解决农村实际问题，为引导他们坚定信仰、磨炼意志、掌握理论联系实际、密切联系群众的方法论搭建了坚实平台。

第四，坚持正确选人用人导向，将教育实践活动与加强干部队伍建设相结合。树立和坚持什么样的用人导向，决定着党的事业兴衰成败。践行党的群众路线，把作风建设与选人用人结合起来，把群众公认与党管干部结合起来，把充分发扬民主与组织酝酿结合起来，树立正确的选人用人导向，大力选拔一批“信念坚定、为民服务、勤政务实、敢于担当、清正廉洁”的好干部，党的事业和学校的事业才能充满蓬勃生机和强大活力。学校党委贯彻党管干部的原则，进一步完善了干部选拔任用制度，制定了《学院（系）行政正职负责人遴选工作实施办法（试行）》等文件，充分发挥党组织的领导和把关作用，更加严格地执行干部选任工作制度和程序，提高民主推荐、民主测评的科学性，发挥教职工在选人用人方面的作用，体现重视实干的用人导向。学校党委坚决落实干部任期制，制定了《中层党政正职职务任期暂行规定》，对长期未交流的干部尽快安排交流，加强重要部门关键岗位主要负责人定期轮岗工作。学校党委高度重视干部基层挂职锻炼工作，去年组织了 34 名青年教师和机关干部赴北京、安徽、广西、云南等地基层挂职锻炼。2013 年暑期，学校组织了数批教授考察团深入河北、福建等地，深入一线开展调查研究，与地方党委政府和有关部门共同探讨发展大计，发挥学校智库和决策咨询作用，教育引导了广大干部、教师坚定理想、提高素质、增强能力。下一步，学校还将组织海归青年教师到实际工作部门挂职，帮助海归青年教师更快地了解熟悉国情，更好地把学术研究与服务现实结合起来。

第五，倡导“回归大学本位”理念，将教育实践活动与建设优良校风学风教风相结合。这次教育实践活动的主要任务聚焦到作风建设上，集中解决形式主义、官僚主义、享乐主义和奢靡之风这“四风”问题。“四风”问题在高校也有不同程度的体现，如：过于注重指标排名，对推动内涵式发展重视不够；理念规划不落地，分类指导不到位；联系师生不紧密，对解决师生困难重视不足；听取意见不够广泛，决策民主化程度不高；管理机制不完善，存在行政化倾向，没有体现全心全意为师生服务；勤俭办学意识不强，存在铺张浪费现象；等等。我们认为，行政化色彩较浓是产生高校“四风”问题一个重要原因。中国人民大学倡导“回归大学本位”的理念，以颁布《中国人民大学章程》为契机，落实“党委领导、校长负责、教授治学、民主管理”，下大力气纠正学校管理中的行政化倾向。学校通过健全校务委员会、教代会等组织的工作机制，真正在思想观念、实际措施上体现以学术为中心，以师生为中心，充分发挥教授治学在学术民主中的作用，充分调动师生员工参与学校民主管理的积极性。倡导开短会，讲短话，力戒空话、套话。严格控制各类剪彩、庆典活动和纪念会、表彰会，进一步加强校内设置标语宣传品的审批和管理，减少条幅、海报、展板等一次性宣传品的使用，等等，以工作作风的转变来建设优良的校风学风教风。

中国人民大学党的群众路线教育实践活动取得了阶段性成果，是新时期高校党建工作创新的一次成功尝试。下一步，我们要认真贯彻落实十八届三中全会精神，深化教育综合改革，推进党建工作创新，把群众路线教育实践活动的成果积极转化为作风建设和制度建设的成果，并进一步转化为建设“人民满意、世界一流”大学的强大推动力。

在中国人民大学公共外交研究院成立大会上的讲话

中国人民大学党委书记　靳诺
（2014 年 2 月 26 日）

尊敬的戴秉国同志、赵启正同志，
各位领导、各位来宾，
老师、同学们：

今天，我们在这里隆重举行中国人民大学公共外交研究院成立大会，这将是载入人民大学史册的一件大事、喜事。首先，我谨代表学校向出席会议的各位领导、各位专家表示热烈的欢迎！向戴秉国同志一直以来对中国公共外交事业的深情关怀和鼎力支持致以崇高的敬意！向赵启正同志领导下的团队为发展公共外交研究事业和筹建公共外交研究院所付出的辛勤劳动致以崇高的敬意！

在全球化背景下，公共外交的发展和凸显成为新时代大国外交的重要特色。在发展公共外交事业的过程中，大学拥有独特的学科优势和人才优势，有责任承担起公共外交的概念普及、理论建构、基础研究和政策咨询等重要使命。在这个过程中，高校可凸显自身在社会资源整合机制中的优势，充分发挥在公共外交“产学研用”链条中的核心作用。

作为一所以人文社会科学为主的综合性研究型大学，中国人民大学一直秉持“立学为民、治学报国”的办学宗旨，始终高度重视人文社会科学在认识世界、传承文明、创新理论、资政育人、服务社会和国际交流中的重要作用，积极研究重大政治、经济、文化和社会问题，为国家建设和社会发展不断提供强大理论保障和有力智力支持。成立公共外交研究院，正是人民大学全面贯彻落实党的十八大关于扎实推进公共外交事业相关部署的有力举措。研究院将依托学校新闻学院、国际关系学院和国剧研究中心，以项目为载体组建跨学科和跨院系的研究团队，着力于国家规划、战略发展以及操作实务方面的跨学科研究与创新，通过出版教材、开展培训、参与主导重大国际论坛等方式，促进更广泛的国际产学研合作，不断提出具有战略性、基础性、综合性的公共外交理论支撑和政策建议。

今天，来自外交、文化战线以及学术界、媒体界的各位嘉宾济济一堂，共同见证中国人民大学公共外交研究院的成立。我们期待着各位领导和专家学者之间的互动争鸣，期待各位把真知灼见留在人大，为国家研究公共外交理论、制定公共外交政策、推进公共外交实践，提出卓有实效的观点和建议。

自始至终，我们都将举全校之力支持研究院的发展。我们也真诚地希望各位领导和专家能够一如既往地关心、支持人民大学，关心、支持公共外交研究院，继续在政策解读、专项规划、重大课题、宏观信息等方面支持研究院的建设和发展。我们相信，在戴秉国同志的关怀下、在赵启正同志的领导下，研究院一定会大力推动学术交流、理论创新和政策咨询，将自身打造成公共外交领域的一流智库，为国家治理体系和治理能力的现代化建设做出贡献。

谢谢大家！

在2014年党风廉政建设工作会上的讲话

中国人民大学党委书记　靳诺
（2014年3月21日）

同志们：

大家上午好！

刚才马俊杰同志就去年党风廉政建设工作做了总结，并对今年的工作进行了具体部署。我想，要全面实现今年党风廉政建设的各项目标，最重要的还是在座的每位同志抓党风廉政建设的意识要进一步增强，带头执行制度的意识要进一步增强，民主决策、接受监督的意识要进一步增强。在这里，我再提出三点要求。

第一，从领导班子做起，从自身做起。

党的各项工作，所有党组织和领导干部都有责任。党风廉政工作，从校领导班子到全体中层干部，都要做到守土有责、守土尽责，要一级带着一级干，一级做给一级看，层层落实。现在，在社会上曝光的腐败问题，很多“窝案”“串案”都是因为风气不正，要么是彼此之间有默契，要么是碍于面子默许。我想，要营造廉洁清正的风气，首先要明确告诉大家哪些是作为党员领导干部应该做的，哪些是坚决不能做的。从我和雨露校长到在座的每位干部，我们既要抓好工作，又要带好队伍，要从自身做起，做廉洁自律、勤政为民的表率。对党风廉政建设工作领导不力、失职渎职，特别是有问题不报告、不反映、不处理、发生严重腐败问题的，我们要严格追究相关领导责任。

二要在强化措施、狠抓落实上下功夫，确保每项工作无论在学校层面还是在各单位内部都始终有人抓、有人管。比如科研经费问题，学校已制定了相关办法，学校层面上，科研、财务、审计和监察部门要认真履行管理、监督和检查职责，学院层面也要针对各自学科特点、项目的特殊性等，认真分析本学院科研经费使用中可能出现的问题，落实责任到人，配合学校相关职能部门，对本学院经费使用情况严格管理，严格把关。

在这里我再强调一下，党风廉政建设责任制不仅仅是分党委书记一个人的事，领导班子全体成员要齐抓共管。违反财经纪律问题，干部违规兼职问题，招生中的泄题事件，推荐保研、学生奖励、师资评聘等方面的问题，都是违规违纪行为。而要完全杜绝这些问题单靠党委书记一人之力是无法完成的，需要党政合力推进。简而言之，要确保学校事业发展风清气正的良好氛围，就必须在人才培养、科学研究、经费管理、师德师风、选人用人等各项工作中全面加强反腐倡廉的宣传教育和制度建设，做到党风廉政建设与学校中心任务一起部署、一起落实、一起检查。

第二，突出重点，明确主要任务。

一是抓好制度的建设和落实。

去年，针对中央巡视反馈意见中提到的问题，学校共制定和完善院级制度 47 项，制定和修订校级制度 28 项。今年学校将制定落实中央《建立健全惩治和预防腐败体系 2013—2017 年工作规划》的《实施方案》。实事求是地说，目前我们的制度体系还存在需要进一步完善的地方，一些部门和学院制度漏洞还一定程度地存在。例如，最近学校在处理一些事的时候发现没有现成制度但又要做，很纠结，比如留人问题，又比如换届工作，等等。怎样遵循现代大学发展的内在规律，不断健全和完善现有制度，我们要有所研究，有所主张，有所创新。我们要以推进大学章程建设为契机，进一步处理好高校党委、行政、学术委员会之间的关系，要明确权力清单，进一步规范权力运行，使党委权力、行政权力和学术权力各行其道、各尽其职、各得其所。

刚才马俊杰副书记提到的廉政风险防控“三个体系”，其内容就是明确权力清单、优化权力运行、加强对权力运行过程的监督，其核心是聚焦权力运行。我想，推进这项工作时要注意两点：第一点是职能部门和学院要发挥主体作用，从各自工作实际出发，实现廉政风险防控管理要求与具体工作的有效结合，避免实际工作与权力清单、权力运行图“两张皮”问题。第二点是希望各单位始终坚持实事求是、务求实效的原则，针对本单位权力运行中存在的问题，做到不回避，不遮掩，研究权力运行的优化方案并明确完成时限，要真正实现“制度规定的说法”与“权力实际运行的做法”相统一。

当然，再好的制度如果得不到严格执行就等于零。在中央巡视组反馈意见中，我们有的问题就是由于制度执行不到位，监管措施不落实而造成的。我们下一步的工作重点不但要看整改问题是否形成了制度保障，而且要特别关注整改期间制定的制度能否不折不扣得到严格执行。大家可能也注意到了，现在有章不循、有禁不止的现象依然存在。比如各单位都制定了“三重一大”实施细则，但落实情况差别很大。有的单位“三重一大”具体事项的标准不够明确，例如公用经费需上会讨论的具体标准还未确定；有的单位会议决策的形式难以实现，以电话、邮件等形式代替集体讨论；还有个别单位决策事项不够全面，重要事项往往不上会；另外还有极少数单位一把手用人一言堂、花钱一支笔、办事一人定的现象依然存在。我想提醒大家一句，权和责是一致的，有多大权力、有多大责任，就有多大风险。学校纪委今年将制定《中国人民大学党政领导干部问责的实施办法》，对不作为和乱作为的，都将依照相关规定严肃追究责任。希望大家怀着敬畏之心，正确履职，规范用权，谨慎用权。

二是深化群众路线教育实践活动的成果，以党风促廉政。

一年来，中央向全党全社会释放了违纪必究、执纪必严的强烈信号，月饼、贺卡、年货、会所禁令频出，对出现的问题点名道姓通报曝光，决不手软。我们学校也先后制定了禁止公款消费、严格出国出境管理、改进文风会风等相关规定，希望在座的党员干部把自己摆进去，紧密联系日常工作和生活实际，在思想上高度重视，在行动上严格遵守。

今年作风建设要与巡视反馈意见整改工作以及群众路线教育实践活动的整改工作结合起来，坚持聚焦问题，前后衔接，全面推进。要针对脱离群众、脱离师生员工的具体问题，认真抓好整改。要健全密切联系师生员工的常态化机制，尤其是对师生反应强烈的突出问题，我们要发扬“钉钉子精神”，持之以恒地深化作风建设，钉牢一颗再钉下一颗，不断钉下去，久久为功，持之以恒。上学期，我们制定完善了《教师职务评聘组织工作规程》，在成员组成、议事程序、回避原则、保密原则等方面都做出了具体的规定。我想，像师资评聘、干部任用、招生录取等事关师生利益的工作，永远是大家关注的热点，也是我们工作的难点。只要我们始终秉持公心，按制度办事，坚持原则，细致耐心地去做工作，肯定能得到大家的认可。我们要眼睛向下，把师生放在心上，无论推进任何一项重大改革和工作，都要从师生的利益出发去谋划思路、制定举措，最大可能地得到师生的支持和参与，这是学校发展的宝贵资源和取得成功的重要保障。

三是以零容忍的态度惩治腐败。

坚决反对腐败，防止在长期执政条件下腐化变质，是我们党当前的重大政治任务。我们要以零容忍的态度惩治腐败，做到有腐必反、有贪必肃，绝不姑息、绝不手软。违纪违法的案子，有一个就查一个，一个都不能漏；败坏道德、破坏规矩的歪风，冒一股就刹一股，绝不放纵。要通过查信办案树正气、培育正能量。对于信访举报，有事说事，无事还清白，要做到件件有落实，事事有回音。对举报问题情况不实、诬告乱告的，坚持澄清事实，扶正祛邪。

第三，严明组织纪律，增强组织纪律性。

目前，党内还仍有极少数党员干部目无组织纪律，自由散漫、我行我素、信口开河；有的奉行好人主义，不敢担当、不愿负责。高校是一个思想活跃的地方，我们要时刻提高警惕，要把党的纪律贯彻到立德树人根本任务和教育改革的各项措施之中。在习近平同志在十八届中央纪委三次全会上的讲话中，“组织纪律”作为一个关键词、高频词出现多达几十次。习近平强调：

一要严明纪律。党要管党、从严治党，靠什么管，凭什么治？就要靠严明纪律。不能合意的就执行，不合意的就不执行，不能把纪律作为一个软约束或者束之高阁的一纸空文。当前，我们有的领导班子既有民主不够、个人说了算的问题，也有集中不够的问题，班子里各自为政，把分管领域当成“私人领地”，互不买账，互不服气，内耗严重；有的只对领导个人负责而不对组织负责，把上下级关系搞成人身依附关系；有的办事不靠组织而靠熟人、靠关系，形形色色的关系网越织越密，方方面面的潜规则越用越灵；有的党组织对党员、干部疏于管理，缺乏严肃认真的组织生活；等等。组织纪律松弛已经成为党的一大忧患。

二要切实加强组织管理。领导干部包括主要负责同志，要准确表达组织意图和个人意图，该集体研究就不要擅自表态，该征求意见就不要省略程序，该请示报告就不要闪烁其词。党员要言行一致、表里如一，讲真话、讲实话，讲心里话。严格遵守党的组织制度，特别是请示报告制度，认真听取组织意见，很多问题就不会发生。一个人什么时候容易犯错误？就是以为自己万物皆备、一切顺利的时候，得心应手了就容易随心所欲，随心所欲又不能做到不逾矩，就要出问题了。党员干部特别是领导干部，在涉及重大问题、重要事项时按规定向组织请示报告，这是必须遵守的规矩。领导干部要有组织观念、程序观念，该请示的必须请示，该报告的必须报告，绝不能我行我素，绝不能遮遮掩掩甚至隐瞒不报。该请示报告的不请示报告，或者不如实请示报告，那就是违纪，那就要严肃处理，问题严重的就不能当领导干部。

同志们，今天的会议是每年一次的例会，希望大家高度重视。我们不要等犯了大错误才批评，平常有小问题就要提提醒、敲打敲打，没有问题也要做到警钟长鸣。当前，中央自上而下的反腐倡廉的态度和要求、社会对高校反腐倡廉的关注和期待，都要求我们要时刻保持做好党风廉政建设工作的紧迫感。今天会上发了学习材料，各单位回去后要认真组织学习，认真研究、切实做好职责范围内的党风廉政建设工作，以党风廉政建设的扎实成效为学校建设“人民满意、世界一流”大学提供坚实保障。

在中国人民大学第三十一次学生代表大会上的讲话

中国人民大学校长　陈雨露
（2014 年 4 月 20 日）

各位来宾、各位代表、同学们：

今天，中国人民大学第三十一次学生代表大会隆重召开，是我校学生政治生活中的一件大事。在此，我代表学校，代表靳诺书记、张建明常务副书记、各位校领导和老师们，向大会的召开表示热烈的祝贺，向出席大会的各位来宾表示衷心感谢，向全体与会代表并通过大家向全校同学们致以春天的问候！

中国人民大学是新中国我们党创办的第一所新型大学，有着光荣的历史传统和深厚的文化底蕴，始终秉持立学为民、治学报国的宗旨，与党和国家同呼吸、共命运，奋进在时代前列。七十多年来，数以万计的人大学子前赴后继投身到中国革命、建设、改革发展的事业当中，以崇高的使命感和责任感在各自的岗位上为民族复兴的事业做出了巨大的贡献。

过去两年，学生会在学校党委和上级学联组织的领导下，在学校团委的指导下，紧密围绕学校中心工作，充分地把握学生特点，认真履行组织职能，在积极引领思想潮流、贴心服务广大同学、创新丰富校园文化等方面取得了显著的成绩，以规范合理的制度、细致扎实的工作和异彩纷呈的亮点在校园内外获得了广泛的好评。学生会的各项工作体现了“来自同学、服务同学”的组织本质，充分履行了“自我教育、自我管理、自我服务”的组织职能，发挥了“学生之家、师生之桥、干部之校”的组织作用，为优化学校育人环境、服务学生成长成才发挥了重要作用。

刚才，王蒙同学代表第三十届学生会委员会向大会做了工作报告，全面总结了上一届学生会的工作，我表示完全赞同。我代表学校，向长期以来关心、指导和支持学生会工作的各位老师和奋斗在学生工作一线的各位学生干部表示衷心的感谢和诚挚的问候！

同学们，即将选举产生的新一届学生会是在党的十八大之后诞生的。2014 年又是深入贯彻落实党的十八届三中全会精神、全面深化改革的开局之年，也是我校完善中国特色现代大学制度，实施人才培养体系改革、“思想库”建设、国际性提升、大学形象建设和美丽校园建设“五大战略”的关键之年。新一届学生会委员会将团结带领全校广大同学，肩负起时代所赋予人大学子的历史使命，积极投身实现中国梦的伟大事业，投身创建“人民满意、世界一流”大学的生动实践，实现新作为，创造新业绩。

希望新一届学生会能够加强自身建设、大兴务实之风、勇于开拓创新。新一届学生会要从学校长久发展的角度认识加强自身组织建设的必要性和重要性，坚持学生的主体地位不动摇、坚持团委的指导地位不动摇、坚持党委的领导地位不动摇，紧密围绕学校中心工作和发展大局，把自身打造成一个有影响力和公信力、凝聚力和战斗力的坚强集体。要紧紧抓住《中国人民大学章程》颁布的重要机遇，进一步完善校、院学生代表大会制度，认真配合学校开展中国特色的大学治理。

新一届学生会需要紧扣时代主题、弘扬时代精神，正确把握青年学生思想活跃、需求多样的新特点，积极地面对网络新媒体的冲击，勇于开拓创新，坚持“贴近学生、贴近生活、贴近时代”的原则，以更广阔的平台、更新颖的形式、更具吸引力的内容努力丰富广大同学的生活、推动校园文化建设。

希望广大学生干部能够坚定理想信念、增强服务意识，自己要首先学习成绩优异，首先练就过硬的本领，在同学们心目中树立起威信。

希望广大同学能够传承人大光荣传统，积极参与社会实践，深深扎根祖国文明沃壤，支持学生会组织开展的各种社会实践活动。

三十年前，习近平同志在正定与人大社会实践团亲切座谈了两个半天，语重心长地希望广大同学要在搞好自身学习的同时，积极地、深入地参与社会实践，在活动当中了解国情、拓宽视野、磨炼意志、增长才干。

希望学校各部门更加关心学生会工作、优化学校育人环境。学校各部处尤其是涉及学生事务较多的部门要密切关注和积极回应学生会和广大同学提出的意见建议，了解和掌握同学诉求，最大限度地解决好同学们反映的问题，为同学们学习生活创造良好的条件。

各学院党委、团委要重视学生会的建设工作，进一步完善学院学生代表大会制度，加强对学院学生会工作的投入和支持力度，加强学生基层组织建设。

学校团委作为学生会工作的指导单位，要充分发挥好指导职能，在保证学生会发展正确方向的基础上最大限度地给予学生会工作自主权，鼓励“学生工作学生做、学生活动学生办”，同时扎实做好骨干学生干部的培养工作。

各位代表，同学们！

习近平总书记在去年五四青年节同全国各界优秀青年代表座谈时指出：“广大青年要有敢为人先的锐气，勇于解放思想、与时俱进，敢于上下求索、开拓进取……现在，青春是用来奋斗的；将来，青春是用来回忆的……只有进行了激情奋斗的青春，只有进行了顽强拼搏的青春，只有为人民作出了奉献的青春，才会留下充实、温暖、持久、无悔的青春回忆。”

希望大家牢记总书记的话，奋发进取，在建设“人民满意、世界一流”的中国人民大学的征程上，绽放青春的绚丽色彩，谱写伟大中国梦想的精彩华章！

谢谢大家！

在中国人民大学首届本科生招生社会监督员聘任仪式上的讲话

中国人民大学校长　陈雨露
（2014 年 4 月 22 日）

尊敬的各位监督员、同志们：

大家上午好！

欢迎大家参加中国人民大学首届本科生招生社会监督员聘任仪式。当前，国家深化高考招生录取制度改革方案即将出台。高考招生工作涉及千家万户，关系着高校人才选拔的质量，备受社会各界的高度关注。作为我国人文社会科学高等教育领域的一面旗帜，中国人民大学在国家高考招生录取制度改革的过程中，理应率先探索，走在前列。

为此，学校采取了一系列有力举措来改革创新、完善制度、强化监督。前些时候，我们完善内部决策机制，重建了招生领导和组织机构；加大公开公示力度，凡是不涉及必须保密的信息全部公开，构建了网络、电话、微信三位一体的阳光招生信息平台。今天，我们发布的社会监督员制度是学校对本科生招生工作的又一大改革，是学校主动接受社会监督的一项重要举措。社会监督员受聘于人民大学，但不受学校任何部门制约，独立自主地开展工作，成为上级主管部门监督、学校内部系统监督以外的重要补充，将会极大地加强对我校招生工作的监督力度，促进招生工作的公平、公正、公开。

今天，我们正式聘任刘彭芝校长等 10 名同志为中国人民大学首届本科生招生社会监督员，他们有着高度的社会公信力和广泛的社会代表性，学校将会积极主动地配合各位监督员开展工作，主动向他们报告学校本科生招生工作的主要政策、工作开展情况，主动邀请他们参与到招生工作的各个环节当中去，自觉接受监督，积极为他们开展工作提供条件。

在此，我也代表学校衷心感谢各位监督员欣然接受我们的邀请，感谢你们对人民大学的关爱。真诚欢迎各位在开展监督工作的同时，多向我们提宝贵意见，对于大家的批评和建议我们将虚心接受、认真研究、坚决改进。在今后的工作中，我们将继续以开放的心态，接受社会监督、回应公众关切，力争在高校构建完善招生监督体系方面率先做出表率。

谢谢大家！

在“百名海归挂职计划”首批签约派出仪式上的讲话

中国人民大学校长　陈雨露
（2014年6月12日）

合作单位的各位领导、同志们：

“百名海归挂职计划”今天正式启动了！这是一项制度的创新，也是一项教师队伍建设的战略安排，在全国的高校当中也是第一家。在这个过程当中，得到了兄弟合作单位的领导大力的支持，他们以强烈的国家发展的责任感和对人民大学的感情，给了我们及时的帮助。在学校这个计划迅速形成了共识，并且迅速开展行动，在王利明常务副校长的领导下，我们学校的人才工作领导小组办公室和相关的部门合作努力，在不长的时间内，就形成了行动的方案，并且我们首批参加这个计划的海归教师给予了热烈的响应。所以在这里我想首先代表学校，也代表靳诺书记，向合作单位的各位领导给予的鼎力支持，还有为这个计划的顺利启动付出心血和努力的同志们，表示衷心的感谢。

这个计划之所以迅速形成共识并得到社会各界包括我们新闻界的同志们的关注，主要是基于这样三点：第一点，海归教师队伍在中国高等教育的发展当中，在人民大学的发展当中，确实是非常重要的组成部分，他们在中国走向世界舞台中央的过程当中，在中国改革开放的大时代的进程当中，是一个必然的选项，不仅在自然科学领域，在人文社会科学领域，都同等重要。他们经过海外系统的学术训练，掌握了学科前沿的知识、先进的研究的方法、广阔的国际视野以及丰厚的国际学术的人脉联系，这些对中国的学术走向世界，对人民大学的提升国际性战略的实施，都起到了极大的支撑作用，所以我们非常重视。来自世界名校的到人民大学工作的有三百多名海归教师，这个比例还在稳步增加，所以我们对这批教师在未来人民大学的国际化发展当中所起到的作用寄予厚望，所以我们必须要用心来打造这支队伍、淬炼这支队伍，让他们迅速成长为在各个学科、各个学科方向骨干的人才、领军的人才。第二点是海归之归。海归归来，那就要立足于中国文化文明的沃壤之中，有一个再本土化的过程，所以我们这些海归的教师要成为核心的力量、要成为领军的人才，那就是两手必须都得硬。现在我们在海归之海这边已经有了非常好的基础，人民大学的国际发展、人民大学在国际擂台上的身影、人民大学的国际学术交流、人民大学开展上百门的英文课程和其他外文的课程，骨干都是我们这一批的海归教师队伍。而另外一手现在显得短，也就是说，对中国国情的了解、对改革一线实践的了解、对中国发展模式的深刻理解，包括在国内的我们人脉的关系、对学术人脉的关系，和实践一线的同志们的这种必不可少的理论和实践之间联系的渠道的建立，是一个短板，存在这个短板不能达到两手都硬，那就很难站到更高的位置，很难有更深的理解，也就很难实现我们自己的自我超越。人民大学作为中国人文社会科学发展的一个旗舰，我们说有九大一级学科排在全国高校的第一名，所以跟北京大学、清华大学一起形成了各具特色同时又学科互补的第一团队的学科优势。人民大学以本土化见长，与本土学派有比较优势，屹立于我们中国的高等学校之林。这样的一个优势，应当迅速转化到我们海归队伍的同志们身上。同时，我们还要继续弘扬和光大海归挂职，就是说让我们这些海归教师回到人民大学，经过一段时间，已经感受到了人民大学的学术传统的比较优势之后，再深一步到中国火热改革开放一线去。人民大学发展的历史上有一批熠熠生辉的海归大师，如吴大琨教授、王传纶教授、高鸿业教授等等，虽然这些大师级的海归教师都已经离我们而去，但是他们每每谈到自己的成长经历的时候，非常深刻的体会之一就是，他们曾经参与新中国发展的生产一线的实践。王传纶教授多次跟我谈到他在中国银行，跟咱们中国银行的同志一起下分行、下支行、到企业去调查等等，这么一段经历在我们做学术研究、在我们把苏联的知识体系中国化本土化的过程当中起到了巨大的作用。而他们站在讲台上讲中国实践的时候敢于一句话说到底，一竿子插到底，这就是实践的功劳，这就是实践的支撑。所以我们一定要归到位，一定要把这一手做起来、硬起来。第三点，就是面向整个高等教育的未来，中国需要在世界舞台上的学术话语权，特别是在人文社会科学领域。在国际主流的学术舞台上，从中央到整个学术界全体国民都希望能够有中国的规则，能够有中国的标准，能够有中国的主流的话语权，在世界舞台上唱响。谁去完成这个任务？没有一支强有力的队伍，是很难的。换句话讲，就是谁能够用西方人听得懂的也能够顺畅地听明白的这样一些方法、方式来讲中国的故事。我想我们海归队伍理所应当是主力军，因为这支队伍没有语言的障碍，也熟悉西方人可能能够听懂中国故事的方式。如果再能够对中国的故事有深刻的理解，同时又充分自信，那么我想，随着中国在世界舞台上的崛起，在不远的将来就会成为世界经济舞台上的第一名，到时候全球都希望能够听中国的故事，了解中国变成世界第一的诀窍和方法论，那我们就会大有可为。但是我们要早行动，要从现在开始就快速行动。所以，如果在这样一个广阔的时代舞台上有声的力量是以人民大学的海归队伍为主体，那么人民大学不光在国内，在世界学术舞台上，一定会有更大的学术影响力。着眼于这样一种战略安排，我们设计策划启动了这个项目，希望我们大家能够了解到自己身上所肩负的责任。

今天我们是第一批，接下来我们马上就要启动第二批、第三批，作为一种制度安排，所有的海归教师都要参加这个计划，因为它既涉及个人的成长，也涉及人民大学发展的未来，还涉及我们对国家的发展和崛起的担当。所以，在这里，我想再一次表达对我们海归教师寄予的厚望，同时也再一次代表学校对我们合作单位的领导给予的大力支持表示我们衷心的感谢！

深化教育综合改革　推进一流大学建设
——中国人民大学2014年学院工作会议主报告

中国人民大学校长　陈雨露
（2014年7月23日）

各位同事：

今年学院工作会议的主题是“深化教育综合改革　推进一流大学建设”。其中教育综合改革是手段，一流大学建设是目标。要以教育综合改革来促进一流大学的建设，同时通过一流大学建设来带动教育综合改革的深化，二者相辅相成，缺一不可。我们必须深刻地意识到，无论是“教育综合改革”还是“一流大学建设”都有着特定的语境和丰富的内涵。下面我分三个部分谈谈自己的想法。

一、深化学校综合改革是国家建设中国特色世界一流大学的宏观战略要求

（一）关于综合改革

我们有一个判断，世界强国崛起的关键在于成功的战略性改革，而世界一流大学兴起的关键在于把握国家崛起的关键机遇期，同样进行战略性的改革，实现与国家的共同腾飞发展。近代世界历史上几次强国崛起的过程中，我们都可以看到其中伴随着一些大学抓住机遇，在变革中兴起，并在强国崛起过程中扮演重要角色。

在普鲁士兴起和以普鲁士为核心重整构建德国，以及德国继续崛起为世界强国的过程中，柏林洪

堡大学进行了高等教育史上划时代的改革，即以“研究教学合一”的理念创新大学体制，开创性地使研究成为大学的主要职能之一，这样的改革使它在德国崛起的过程中迅速发展，在20世纪初成为欧洲乃至世界的学术中心，在柏林洪堡大学的影响带动下，德国科技发展成为世界领先，到二战前，德国都一直是诺贝尔奖获得者最多的国家。

美国借二战参战和战胜之势崛起，并进行重大变革，从专注自身的孤立主义政策，转变为努力关注和主导国际事务，努力保持经济、科技、军事等重要领域的全球领先，从而成为领导西方世界，一直保持至今的世界强国。在这个过程中，美国的大学也进行了战略性的改革，它们把从英国大学继承而来的精英化、厚重化人才培养模式和从德国大学学习借鉴的研究教学合一的理念结合在一起，又进一步发扬光大，从而一举超过欧洲的老牌大学，成为世界一流大学的新标杆，同时也成为美国占据和保持世界领先优势的重要支柱之一。

强国崛起的舞台现在转到了中国，全世界都在关注中国如何表现。中国从十一届三中全会启动至今的改革，毫无疑问是成功的战略性改革，使得中国初步达到小康，初步成为世界上有重要影响的大国。十八届三中全会启动的全面深化改革则是中国又一次的战略性改革，这次改革的成功将使中国真正成为世界大国、世界强国。未来十年是我们国家全面深化改革的关键期、攻坚期，对于中国的大学来说，这也是历史性的机遇期。能够抓住这个历史机遇期的大学就有机会与国家一起腾飞发展，在中华民族的伟大复兴当中书写浓墨重彩的一笔。

抓住这样的历史机遇期，既需要大学有足够的实力基础，更需要大学进行成功的战略性综合改革，就像柏林洪堡大学，就像美国的大学一样。这样的改革需要充分借鉴已有的经验，更需要扣准国家崛起的核心需求。人民大学有基础、有条件、有传统，也必须抓住这样的历史机遇。人民大学有着“立学为民、治学报国”的优良传统，始终与党和国家同呼吸、共命运；人民大学是中国人文社会科学高等教育领域的一面旗帜，是要走在时代前列发挥引领作用的。社会科学是与国家社会发展紧密结合的学科，大改革时期正是社会科学难得的机遇期。在国家全面深化改革的关键十年，作为国内人文社会科学领域的领军高校，人民大学当仁不让地要在其中发挥关键性作用，不论是国家治理体系和治理能力现代化、社会主义核心价值体系的构建，还是社会主义文化大发展大繁荣，人民大学都有能力，也应当在其中发挥关键性作用。

袁贵仁部长去年底在十八届三中全会后发表了题为《深化教育领域综合改革》的文章。未来一段时间，高等教育领域即将启动一系列关键性的改革，包括建立健全大学法人治理结构、扩大和落实大学办学自主权、去行政化、改革考试招生制度等等。各个高校也都在积极准备全面启动综合改革，有的高校已经制定了学校综合改革方案。机遇千载难逢。所以，人民大学需要凝聚大家的智慧，启动战略性的综合改革，瞄准国家改革的核心需求，瞄准更高远的目标，通过综合改革大胆探索创新办学模式，抓住这个关键的机遇期，在中国的进一步崛起当中实现人民大学的腾飞发展。

（二）关于一流大学

这次会议主题的另一个关键词是“一流大学”。我们有一个判断，未来20年或者更长一些的时间，中国将有不止几所，而是一批大学进入世界一流大学。同时，还会有少数几所大学有机会成为世界超一流大学。

未来10～20年，全球经济格局的最大变化将是中国因素。根据不同的预测，如果按照购买力平价计算，未来几年甚至一两年中国经济规模就将超越美国；如果按照实际汇率，未来10～20年中国也将超越美国成为全球经济规模最大的国家。同样，未来10～20年，全球高等教育格局的最大变化也将是中国因素，中国将有一批大学跻身世界一流大学。

历史经验表明，伴随着一流大国的出现，必然涌现出一批一流大学。对于中小国家来说，能有一两所大学跻身世界一流大学已经是了不起的成就，但对于全球数一数二的大国来说，情形就完全不同了。因为，一流大国的强大实力有条件促成一批大学成长为一流大学；同时，一流大国也从多个方面需要一批一流大学的支撑来形成和保持领先优势。美国在19世纪末成为全球经济规模最大的国家，并在二战后确立霸主地位后，美国的大学也逐渐在世界一流大学群体中越来越居于领先甚至垄断地位，在各类世界大学排行榜中，美国大学都常年占据前100名中的半数以上甚至三分之二。根据教育专家的预测，随着中国经济规模超越美国，未来20年或者更长一些时间，中国也将有不止几所，而将有几十所大学跻身世界一流大学，在世界大学排行榜前100名中占有20～30个席位。

历史经验同样表明，一流大国所拥有的一批世界一流大学必然是不同层次的，中国未来的这样一批世界一流大学也将是不同层次的。当前美国的50～70所世界一流大学并非都处在同一层次。有一些大学如哈佛、耶鲁、普林斯顿、斯坦福、麻省理工等是处于更高层次的超一流大学。这些大学不仅具有一流的影响力，更有一流的思想力，它们主导着学术思想的框架，也主导着最关键的学术创新的方向。另外的一流大学则在既定的学术思想框架、学术创新方向上追随超一流大学，并在这些框架和方向内贡献自己的创新。中国未来的一批世界一流大学也将会是这样分层次的，其中的超一流大学将直接参与到全球学术思想框架的辩论和创新当中，参与到全球学术创新方向的探索当中，并贡献出受到全球公认的关键学术创新。

因此，伴随着中国成为全球经济规模最大的国家，并逐渐在更多领域达到全球领先，成为地位日益稳固的一流大国，中国高等教育的未来发展图景将会是，也需要是：几所大学跻身世界超一流大学行列，代表中国在全球学界不断开创性地工作，并示范带动中国二三十所大学一起跻身世界一流大学。这几所超一流大学不仅将以一流的思想力、关键的学术创新与当今世界上的超一流大学进行同台平等对话，也将在中国的进一步崛起当中发挥关键性作用。其中，以理工医学科见长的一两所超一流大学将在知识发现、科技创新方面发挥引领作用，推动中国成为科技强国和创新型国家；以社会科学见长的一两所超一流大学将在国家治理体系和治理能力现代化方面发挥关键作用，推动中国建设成为富强民主文明和谐的社会主义现代化强国；以人文艺术见长的一两所超一流大学将在构建社会主义核心价值体系，在推动社会主义文化大发展大繁荣方面发挥先导作用，推动中国建设成为社会主义文化强国。

这就是我们面临的发展形势和机遇。虽然当前人民大学在很多指标上跟世界一流大学还有不小的差距，我们需要承认和正视这些差距，需要进行扎扎实实的工作去缩小差距，但是，我们的目标却不应止于此，我们的长远目标是成为世界超一流大学。对于这样的长远目标，大家一定不要妄自菲薄，要有信心。我想用几个数据来提醒大家，在1995年的时候，世界500强企业里面，中国大陆的企业还只有3家，过了20年，到2014年，世界500强企业里面，中国的企业已经达到100家，其中中国大陆的企业有90多家。

一流大学建设是目标，综合改革是手段。我们就是要定准了世界超一流大学作为我们的长远目标，抓住中国进一步崛起的关键机遇期，来启动我们现在的综合改革，来启动我们的顶层设计。

二、我校单项改革和局部改革的成果为全面深化综合改革奠定了坚实的基础

《国家中长期教育改革和发展规划纲要（2010—2020年）》颁布以来特别是十八大以来，我校在完善中国特色现代大学制度、人才培养模式改革、科研管理体制改革、人事制度改革以及精细化管理模式改革等方面实施了一系列举措，取得了一定的成绩和长足的进步。在这一过程中，现代大学制度改革是各项改革的中心，在其中发挥着关键作用，决定着一所大学的职能、使命、办学模式、奋斗目标，也是我们推进改革的重要保障。同时，人才培养、队伍建设、科学研究、社会服务是大学建设的核心内容，这几个方面是我们推进改革的重点领域。

（一）制定《中国人民大学章程》，建设中国特色现代大学制度

《中国人民大学章程》的制定是我们推进现代大学制度建设的一项重要内容。早在2006年，我们就开始了章程的制定工作，随后在2010年，人民大学成为教育部“完善中国特色现代大学制度，完善治理结构改革试点”项目的试点高校之一，经过上下反复几易其稿，我们在今年向全社会公布了人

民大学的章程。可以说章程的制定是人民大学在探索完善中国特色现代大学制度道路上的一个里程碑。《章程》注重制度创新，着力落实办学自主权；注重去行政化，着力完善内部治理结构；注重历史传承，着力彰显特色和凝聚共识；注重以人为本，着力保护师生的各项权利。

《章程》是学校各项制度建设的龙头，围绕《章程》我们配套和完善适应学校发展的其他各项大学制度如《学术委员会章程》，同时进一步清理全校各类规章制度。下一步的工作就是要借鉴国际先进的教育理念、方法和规则，围绕学校章程来建立和完善全新的现代大学制度和治理体系，我们将在人员聘用、职务评聘、收入分配、后勤保障等方面大胆改革，着力激发所有参与因素的活力，为学校快速、稳定、可持续发展提供坚强的制度保证和源源不断的动力。

（二）贯彻落实人才培养路线图，推进人才培养模式改革

人才培养是大学的基础性功能，是大学各项工作的核心。我校已将全面推进人才培养体系改革定为“五大战略”之首，积极推动人才培养路线图的实施，努力提高人才培养质量。

针对本科人才培养综合改革，自开展国家教改试点项目“改革经济管理类创新人才培养模式”和“人文基础学科拔尖创新人才培养试验计划”以后，我校正式启动了本科人才培养路线图，面向本科教育教学推进研究型学习制度体系建设，并以此为核心开展了一系列可操作、可观测、可评估的具体改革，包括：修订本科生培养方案，实施双选认证制度；开展“读史读经典”活动，帮助学生打造厚重的基础；开展“党员先锋营”活动，加强对学生核心价值观的培育；加快建设教师教学发展中心，引导教师教学改革，培育教学社区及建设教学学术平台；等等。

研究生人才培养综合改革主要根据研究生综合教育改革方案，围绕招生、培养、博导核准机制等方面展开，包括完善博士研究生选拔体系，改革学术型研究生、专业学位研究生培养方式，实行博士生导师资格备案制，加强和改进研究生思想政治教育工作等。这些举措充分体现了我校人才培养路线图“立德树人”的核心理念，同时又体现了研究型大学培养领军人才的特殊使命，为提升我校人才培养质量，实现培养“国民表率、社会栋梁”的目标奠定了坚实的基础。

（三）以提升科研质量为导向，推进科研管理体制改革

科研是研究型大学的强校之本。虽然我们的科研经费和科研成果都保持了持续的增长，智库建设也初显成效，但仍然存在高水平学术成果质量偏低、科研管理体系落后等问题，科研综合改革势在必行。

一直以来，我们都十分重视以提升科研质量为导向的科研体制改革。2011 年，学校系统推出繁荣发展哲学社会科学的八大措施，其中一项基本性的变革就是科研考核评价体系的全面改革。针对学术评价中普遍存在的过度重视量化、科研风气浮躁等问题，把“松绑”和激励有机结合，弱化量化功能，实行分类管理，强化质量导向，鼓励多出精品、上品和传世之作。2012 年，刘延东副总理对人民大学科研评价体系改革的做法做出了重要批示。

现在，科研处制定了新的科研综合改革方案。内容包括修订核心期刊目录，修订《科研工作考核办法》，构建包括全新科研奖励制度在内的考评与激励体系；优化科研项目管理体系，切实解决科研项目研究面临的各种瓶颈问题；推动学术委员会工作的规范化、制度化和常态化，全面推进教授治学、民主管理等。学校希望通过这些改革举措，能够进一步提升人民大学的科研质量，继续保持纵向项目立项数量在全国高校的领先地位；能够有助于培养一批科研领军人物，打造一批具有国际影响力的科研团队，构建数个“国内一流、世界领先”的中国特色新型高校智库；能够全面重构科研管理体系，建立起适应现代科研创新发展的制度体系。

（四）坚持以人为本，推进人事制度改革

打造一流的师资队伍是建设一流大学的关键，是产出领先学术成就、培养卓越人才的根本。在全面深化综合改革进程中开展队伍人事制度改革，是我校推进一流大学建设的重要环节，是保障综合改革顺利进行的根本需要。

长期以来，学校高度重视人事队伍建设工作。人事部门在人才培养和引进、师资队伍管理、人事

考核评聘等方面都进行了积极的探索和改革，取得了一定的成效。在人才引进和队伍建设方面，通过落实“3231”人才计划、加强对海归人才的本土化培养和对本土教师的国际化培养等改革办法，努力实现高层次人才引进与青年人才发现相结合的、老中青三代人才合理布局的学科队伍建设目标；在职务评聘制度改革方面，通过完善评价机制，提高评聘质量，规范评聘程序，强化激励约束，注重学术诚信，下移评审权限等改革办法，实现了“重岗位、重水平、重贡献”职务评聘风气，发挥了职务评聘对于鼓励学术创新，关注科研精品，提高人才培养质量的导向作用；此外在师资管理方面，通过制定、执行《中国人民大学教职工退休管理办法》明确了退休条件、退休程序等事宜，有效保障了教职工队伍新老交替有序进行。

我们在上述领域推进的单项改革和局部改革的成果为全面深化综合改革奠定了坚实的基础，但同时我们也要看到，一方面，与世界一流大学特别是世界顶尖大学相比，我们在人才培养、科学研究、队伍建设、管理模式等方面还存在巨大的差距；另一方面，面对愈发紧迫的任务要求和错综复杂的利益格局，仅靠原来的单项改革和局部改革，已无法解决人民大学跨越式发展的根本问题。因此，我们必须在过去单项改革、局部改革有所突破的基础上，通过系统性、整体性、协同性、前瞻性的变革，着力推进体制机制创新，全面深化学校综合改革，加快转变发展方式，让所有办学要素的活力竞相迸发，让全体师生员工的创造性充分涌流，为建设“人民满意、世界一流”大学的目标提供可靠的制度保证和源源不断的动力。

三、通过全面深化综合改革助力人民大学崇高办学目标的实现

人民大学要建设成为“人民满意、世界一流”的大学，必须处理好改革、发展与稳定的关系。而要解决在建设中国特色世界一流大学进程中出现的各种体制机制问题，必须坚持不懈地推进改革，特别是要全面深化综合改革。当前，教育部会同四部委制定的深化高校综合改革的指导意见已上报国务院，不久即将下发。作为“两校一市”试点的北京大学和清华大学已经制定出了各自的综合改革方案，同时成立了相应的改革领导小组和工作班子负责顶层设计和统筹协调。对于人民大学的综合改革工作，时间紧迫，意义重大，我们必须充分认识到人民大学在未来中国超一流大学建设中的战略地位和历史机遇，以高度的责任感和使命感，以“敢于啃硬骨头、敢于涉险滩”的精神去推进。在此，我想提四个方面的想法：

（一）要建立“世界一流、中国特色、人大风格”的综合改革体系

纵观世界各国一流大学的发展历史，这些大学的成长路径和发展模式尽管千差万别，但核心要素是一致的，那就是无不遵循依法治校、学术自治、民主管理、社会参与的现代大学发展规律，建立并不断完善现代大学制度和现代治理体系。制度和治理体系在世界一流大学建设中具有根本性、全局性、稳定性和长期性的决定作用，建立完善中国特色的现代大学制度和治理体系不仅是推动高等教育现代化的迫切需要，更是迈向世界一流大学的内在需求。大学发展模式是大学制度的集中体现。如何在发展中大国和现有的社会历史条件下实现质量提升、内涵发展，探索有别于西方一流大学的具有鲜明特色的发展模式成为我国一流大学建设必须解决的根本性问题，也是人民大学深化综合改革所要解决的核心问题。

因此，在人民大学的综合改革体系中，我们必须将建立完善中国特色的现代大学制度和治理体系、探索与人民大学自身发展目标和办学特色相适应的发展模式作为综合改革的主要目标。下一步，我们要以《章程》的实施为龙头，围绕《章程》抓好学校其他各项制度的配套和完善，进一步推动学校管理体制改革和治理体系的完善，以此统领学校的综合改革。

（二）综合改革应当与学校发展的“五大战略”一脉相承

在开启“十年腾飞”、建设世界一流大学的新阶段，学校提出了全面推进人才培养体系改革、“思想库”建设、学科国际性提升、学校形象建设和美丽校园建设的“五大战略”。“五大战略”是我们建

设“人民满意、世界一流”大学的重要发展举措，在当前发展与改革并重的新时期，我们要将综合改革与“五大战略”有机地衔接起来，通过全面深化综合改革更好促进“五大战略”的实施。

综合改革的具体环节包括完善现代大学制度改革、人才培养模式改革、科研管理体制改革、人事制度改革、资源配置体制机制改革和管理服务体系改革等。其中人才培养模式改革与“五大战略”中的内容是一致的，是学校工作的核心，体现了大学办学的根本任务。科研管理体制改革的落实将有效地促进“思想库”建设，在新的科研综合改革方案中，也专门提出了“思想库”建设改革的具体举措。人事制度改革的深化则将在学科国际性提升方面发挥更加重要的作用，特别是高水平海外人才引进方面的改革举措能够为学科国际性提升提供有效保障。此外，资源配置体制机制改革和管理服务体系改革将进一步服务于学校形象建设和美丽校园建设，也将为“五大战略”的推进提供基础性的保障。

（三）要处理好整体推进和重点突破相结合的关系

创新改革、探索发展一直是中国高校建设的主旋律，但以往的改革多以专项改革为主，存在着相关政策不配套、部分机制不顺畅等改革不彻底、不深入的问题。高校工作是一个有机整体，任何一方面的工作都要受到其他方面的制约，这种相互制约不仅表现在宏观的连接上，也表现在微观的相互渗透上，并且形成一定形式的内部循环，如人才培养改革的实施就需要人事、科研、教学改革的支撑。因此，综合改革已经成为推动高校发展的必经之路，它不是单项改革的简单相加，而是综合运用各种改革手段和各方力量，实现 1＋1＞2 的综合效果。

同时，综合改革的推进必须找准落点和突破口，为综合改革的深化提供基础，综合改革和专项改革二者必须相互促进。一方面要做好整体推进，使各项具体的举措在实际操作中有机配套，要使大学制度、人才培养、科学研究、人事队伍、资源配置以及后勤服务等领域产生综合联动效应。另一方面要做好重点突破，选取一两个关键领域，以点带面，带动综合改革的深入。北大的综合改革以优先实施“卓越育人计划”“博雅大师计划”“科技珠峰计划”专项改革为突破带动各项改革的实施，“卓越育人计划”改革就带动了课程体系改革、教学改革和教学评价机制改革、本科生科研制度和教学公共平台管理制度等多项制度的联动改革。清华的综合改革以深化人事制度改革为关键点，对改革的核心内容、改革背景、改革措施、改革进程、风险分析、审批程序和需要的国家政策支持进行了全方位的分析，并将其贯穿于整个改革方案之中，与人才培养模式改革、科研管理体制改革等形成环环相扣、互为支撑的特点。过去几年，我们的重点改革领域是人才培养模式改革，在一定程度上带动了教学、科研、人事等领域的改革。在新的改革时期，我们的综合改革可以以人才培养模式改革和科研管理体制改革为双突破口，基于人才培养和科学研究这两个大学最基本的职能，全面带动整体综合改革。

（四）要加强组织领导并设计好综合改革的路线图和时间表

深化学校综合改革是一项涉及长远、牵动全局的重大任务，具有复杂性、系统性、艰巨性、长期性，必须加强领导、科学统筹、抓好落实、持续推进，必须认真设计好综合改革的路线图和时间表。

改革既要有顶层设计，也要有分层对接，还要有具体策略。首先，对于综合改革要有一个总体性的把握，要制定改革的总体路线图和全景框架图，以宏观的视野总揽各项改革之间的联系；其次，对于每一个特定的改革领域和具体的改革举措都要制定详细的改革时间进程表，明确改革的关键环节和具体策略；再次，要在学校层面加强对改革的组织领导，同时加强各部门之间、部门和学院之间、各学院之间的统筹协调，明确各个环节相关的责任人；最后，要积极争取中央和有关部门的政策支持，特别是在制约学校发展的体制机制约束和政策制度障碍方面，加强与有关部门的沟通协调，为学校综合改革创造更加有利的政策环境。

各位同事，人民大学综合改革的“开场哨”已经吹响。对于“始终奋进在时代前列”的人民大学而言，在建设中国特色世界一流大学的国家战略下，我们面临的竞争将会愈发激烈。我们能否在这场激烈的比赛中最终胜出取决于我们有多大的决心去推动综合改革的真正落实。让我们集中力量、团结一致、上下联动、协力破题，通过综合改革的实施，不断提高办学水平和教育质量，早日建成“人民满意、世界一流”大学！

谢谢大家！

第二届“大金融与综合增长的世界”国际智库研讨会开幕式致辞

中国人民大学校长　陈雨露
（2014 年 9 月 3 日）

尊敬的卡特总统，
尊敬的马格里诺斯主席，
尊敬的各位嘉宾，
女士们，先生们：

今天，由中国人民大学主办、中国人民大学重阳金融研究院承办的第二届“大金融与综合增长的世界”国际智库研讨会在这里召开，来自二十国集团成员重要智库以及有关国际组织的学者们，以及政界、商界、学界的朋友们共聚一堂，为全球经济增长的可持续路径以及全球治理目标的实现献计献策。在此，我谨代表中国人民大学，向各位致以诚挚的欢迎！

今天，尊敬的美国前总统吉米·卡特先生也来到了我们的会议现场。卡特总统是 2002 年的诺贝尔和平奖获得者，多年来一直活跃在国际舞台，为推动世界和平与发展做出了巨大贡献。卡特总统莅临“大金融与综合增长的世界”国际智库研讨会是一个有历史意义的时刻，激励我们延续国际治理合作的优良传统，持之以恒地推进人类共同的事业走向未来！

今天，全球中小企业联盟主席卡洛斯·马格里诺斯先生再次参加我们的会议。马格里诺斯先生是联合国工业发展组织前总干事，曾为应对全球性的金融危机以及国际治理机构的改革做出过重要贡献。在马格里诺斯先生的支持帮助下，人民大学去年成功召开第一届 G20 智库会议，通过了有史以来第一份 G20 智库共同声明，为随后在俄罗斯召开的 G20 首脑峰会发挥了重要的作用。在此，我也要对马格里诺斯先生表示感谢！

G20 机制诞生于全球治理的迫切需要，各成员方之间通过相互分享智慧，寻求全球治理问题的解决方案。而智库交流是国与国之间沟通与合作的重要桥梁，对各国的决策选择有着重要影响。智库层次建立常规化沟通协调网络将有助于全球治理目标的实现。去年共同声明中的 G20 智库年会机制，就是一个很好的成果。今后五年，全球经济将进入迈向可持续增长的关键期，G20 形成良好传统需要延续、发扬，而避免中断、后退。

中国有句古话，“万人操弓，共射一招，招无不中”。只要 G20 各成员方智库为全球治理的共同目标而凝聚共识、群策群力，则没有不能克服的困难。当前，全球治理体系改革处在重要时刻，重建可持续增长之路需要新的金融价值观以及合作框架，这次会议的意义将十分重大。所以再次感谢大家莅临中国人民大学。

最后，祝各位身体健康，工作愉快。谢谢。

让实事求是成为你们的精神底色
——在中国人民大学 2014—2015 学年开学典礼暨教师节表彰大会上的讲话

中国人民大学党委书记　靳诺
（2014 年 9 月 10 日）

亲爱的 2014 级同学们，
各位老师、各位家长、各位来宾：

大家下午好！

金秋9月，北京一年中最美好的季节，中国人民大学又一次迎来了来自全国的青年才俊。同学们满怀着高考成功的喜悦，承载着家人朋友的祝福，带着对大学生活的美好憧憬，走进了人民大学的校园，开始了你们人生的又一个新起点。你们的到来，为学校注入了新的生机与活力。在此，我代表全校师生员工欢迎大家。多年来学校形成了一个惯例，就是由党委书记在开学典礼上欢迎大家，由校长在毕业典礼上为大家送行。在这期间，包括我俩在内的所有老师们，都会密切关注着你们的成长进步。今天恰逢第三十个教师节，在此向所有的老师致以节日的问候和衷心的祝福！今天的开学典礼上，学校安排了对获得全国模范教师和北京市优秀教师等荣誉称号的老师们和从事教育工作三十年的教职工进行表彰，为我们今天的开学典礼增加了喜庆的气氛，也为同学们了解我们的老师创造了一个很好的形式。昨天，习近平总书记在人民大会堂亲切会见了全国教师代表，并赴北京师范大学与师生代表进行座谈，发表了题为《做党和人民满意的好老师》的重要讲话，对全国的教师们提出了要有理想信念、有道德情操、有扎实学识、有仁爱之心的要求。相信同学们在未来几年的学习和生活中，会切身感受到总书记的嘱咐和要求在我们学校老师身上的充分体现，切身感受到我们的老师既“授业”“解惑”，更“传道”“育人”，既做“经师”，更做“人师”；切身感受到我们的老师教同学们求真，教你们如何学做真人；切身感受到我们的老师把知识的传授和灵魂的塑造结合起来，以渊博的学识帮助同学打开知识之门，以高尚的人格帮助同学滋润心灵之花；切身感受到我们的老师给同学潜移默化的影响和熏陶，为同学们成长成才做指导者和引路人。

昨天，在报到现场看到同学们年轻而充满朝气、充满憧憬的面孔，由衷地感到了“得天下英才而育之”的喜悦。在此，我谨代表学校全体教职员工对大家成为一名光荣的“人大人”表示诚挚的祝贺，对含辛茹苦哺育和培养你们的家长们表示深深的敬意和谢意！

刚才，教师代表中国人民大学一级教授哲学院陈先达老师、在校学生代表马克思主义学院2011级本科生张冬冬同学、新生代表许卓然同学、“圆梦”计划家长代表常思浩同学的父亲常征先生分别做了很好的发言，表达了作为教师、同学和家长的心情与感受，都讲得很好，感谢你们！

同学们，跨入大学校门，意味着你们就要告别父母，独立生活，以更加成熟的眼光和思维来审视并设计自己的人生之路。在你们的大学生活开始之际，我想借此机会围绕我们实事求是的校训，和大家分享三点体悟，以期共勉。

首先我谈第一点体悟。这要从我们的校训说起。校训是一所学校的精神标示，认识人民大学要从认识“实事求是”开始。

当你们第一次从东门进入学校的时候，首先映入眼帘的是那块镌刻着“实事求是”四个大字的校训石。那是中国人民大学的一个具有代表性的地标性景物。校训凝聚着一所大学的精神特质，反映着这所大学最本质的价值追求和校风学风。“实事求是”一词源自《汉书·河间献王传》的“修学好古，实事求是”。“实事求是”承载了中华优秀传统文化的标识和基因。中国人民大学把“实事求是”确立为学校的校训，一是因为实事求是反映了学校的历史积淀与传统。实事求是的校训与中国人民大学独特的办学历史密不可分，反映了中国人民大学与执政的中国共产党精神血脉相连的品格。中国人民大学是中国共产党亲手创办的第一所新型正规大学，其办学历史与中国共产党领导中国革命、建设和改革开放的历史紧密联系，其前身为1937年诞生于抗日烽火中的延安陕北公学，后历经华北联合大学、华北大学。1949年新中国成立后，政务院正式命名组建中国人民大学。“实事求是”作为我们党和国家指导思想的精髓，也是重要的思想路线和优良传统，这一思想也对中国人民大学产生了深刻影响，成为中国人民大学长期坚持和倡导的精神传统。可以说，“实事求是”既是中国人民大学在不平凡的征程中始终追求真理，始终与国家和民族同呼吸、共命运的真实写照，也是学校面对时代的挑战和机遇，勇于坚守、敢于创新的生动缩影。二是因为实事求是与人民大学的学科特色和校风高度契合。实事求是的校训与中国人民大学独特的学科特色密不可分，反映了中国人民大学独特的学风和校风。中国人民大学是一所以人文社会科学为主的大学，在长期的办学过程中确立了人文社会科学的特色和优势，在2012年教育部学科评估中其中理论经济学、应用经济学、法学、政治学、社会学、新闻传播学、统计学、工商管理、公共管理9个学科排名全国第一，在人文社会科学领域位居全国高校首位，被誉为我国人文社会科学高等教育领域的一面旗帜。“实事求是”是一种理论联系实际、务实求真的学风。坚持实事求是，理论联系实际，也是人文社会科学发展的内在要求和价值体现。对中国人民大学来说，坚持实事求是，是学科自身健康发展的内在需要，是遵循学术规律，繁荣学术的必然要求。

70多年来，“实事求是”的校训影响了一代又一代的人大人，他们不哗众取宠、不沽名钓誉，认真做人、踏实做事。从胡福明校友以一篇《实践是检验真理的唯一标准》掀起真理标准大讨论，到陈锡添校友撰写小平同志南方谈话通讯《东方风来满眼春》，在共和国每一个重要的历史节点上都可以找到人大人的身影。同学们，能来到这样一所大学继续求学深造，是你们正确的选择；而人民大学也将因为拥有你们而自豪。你们的前辈和师长以他们的辛勤和智慧书写了这所学校独特的历史。现在，也期待2014级的同学们作为学校的新主人，作为新一代的“人大人”，一代代地持续书写学校新的篇章。

现在我讲第二点体悟，从读书的重要性谈起。实事求是说易行难，做到实事求是首先就是要多读书。

宋代文学家欧阳修曾说过：“立身以立学为先，立学以读书为本。”读书对一个学子来讲是天职，更是一生的修行。同学们已是大学生，再讲读书的重要性是否多余？我们的很多教师以及社会各界关于读书的一个普遍的看法，认为由于当前网络快餐文化等负面因素的存在，目前社会上读书的风气受到影响；认为这不仅是社会普遍存在的问题，它已或多或少对大学校园产生了影响，已经成为中国大学教育中引起各方面关注的一个大问题。

书山有路，读书是求知的需要，是做学问的基础。在科学领域并没有什么捷径，时间的付出是成功的最基本因素。自然科学如此，人文社会科学也是如此。人类有两个传承高贵的圣殿，一是优秀老师的课堂，二是摆满大师作品的图书馆。两个月前，学校一级教授方立天溘然仙逝，方先生是著名的哲学史家、宗教学家，是人文社会科学领域德高望重的著名学者，但鲜有人知道，在人民大学图书馆地下一层的库本阅览室，曾专门为他备有一张桌子。当年，因为看到方立天教授每天都早早等候开馆直至晚间闭馆方才离开，工作人员特意在他常去借书的书库配了一套桌椅，这样他就不用把沉重的库本搬来搬去。而且工作人员下班后，他仍可以留在书库，独享空间。这是人大图书馆迄今为止唯一享有如此“礼遇”的人。方老在这里把一个“坐冷板凳、泡图书馆”的背影永远留在了人民大学的记忆中，也把一个“新中国培育的能够矗立在学术史上的学者”这样的背影永远留在了中国学术界的历史中。

读书不仅是求知的需要，更是生命完整的需要。人受限于时空，我们的躯体和感知能够到达的范围极为有限，打破这种约束，读书是重要的一条途径。进了大学，我们不仅要读专业教材，而且要尽可能多阅读帮助我们感悟生命、感悟世界、感悟人生的书籍。我校著名校友、《人民日报》原副总编梁衡先生就说过：“人为什么要读书？一句话，为了生命的完整。或者说是为了追回另一半的生命。”人生命的一半是物质，一半是精神。读书是对精神的那一半生命的能量补充。在地球上所有物种中，除物质之外还需要精神滋养的就是人类。

读书不仅有助于生命的完整，而且有助于精神的美容。读书养心，读书修德，读书可以滋润我们的人格，高尚我们的气质。虽然我们已进入高等教育大众化时代，但大学毕竟不仅仅是职业养成所，特别是人民大学的学生肯定不是把目标定位为毕业以后找一个条件好、待遇高、收入稳定的职业，而应当尽可能努力成为一个精神高尚、志向远大、气质优雅的读书人，应当有一种“书卷气”。“书卷气”是对一个人的文化修养最完美、最直接的诠释，“腹有诗书气自华”。在书香潜移默化的熏陶下，书卷之气会不请自来，自然会有一种脱俗的风致，一种高雅的品位。

从高中到大学，你们会发现自己突然“自由”了，自己可以掌握的时间多了起来。但要提醒的是，四年的大学生活总共也就1 460多天，希望同学们在享受色彩丰富的大学生活的同时，还要把读书作为一种良好的学习习惯，一种优雅的生活方式。一所好的大学，一是要有一批好老师，有高质量的课堂讲授，二是要给学生留出自由时间，鼓励和引导同学们进行高质量的深层次阅读。在人生最美好的年华，安静地读些书，是一种美好的人生享受。相信，多花点时间看书，一定会让你的生命增色，为你的精神美容，使你今后的人生有更大的收获。

我谈的第三点感悟，是带着问题去读书，在实践中求学问，这是实事求是的内在要求。

所有的学问都始于问题。同学们成长在当代中国社会急速转型并且蒸蒸日上的时代，周围的世界充满变数，能够提出问题是做好学问的基础。大家进入的是一所以人文社会科学为鲜明特色的研究型大学，定位是“主干的文科、精干的理工科”，学校承担着人才培养、科学研究、社会服务、文化传承的重要使命，在为社会服务的过程中，要为国家提供决策咨询、理论创新，要发挥国家智库的作用。你们在读书学习的过程中要善于提出问题、分析问题，开阔眼界，拓宽思路，活跃思想，思考解决问题之道。希望你们都能养成带着问题去读书的习惯，你们接受新知都能从读书思考开始。

京东商城创始人、现任 CEO 刘强东是我校 1992 级社会学系的校友。考上人大后，他曾立志从政。然而他后来的发展却没有按既定轨道走。当时计算机是一个新事物，他在接触计算机的过程中渐渐对编程产生了极大的兴趣，就开始自学编程。大学期间，他在圆满完成本专业学习的同时，几乎将所有课余时间都用来学习编程。毕业后他很快便开始了艰苦的创业，最终当初所学的计算机知识将他引入了电子商务领域。十年砥砺之后，今天的京东商城已经成为电商巨头。刘强东的故事告诉我们，在人的一生中，一两个关键点的爆发就能决定其所能达到的高度，而在这些为数稀少却极为宝贵的爆发到来之前，需要不懈的积累。其中，对实际生活中遇到问题的了解、把握、思考是实现人生飞跃的重要环节。

中国人民大学立志培养“国民表率、社会栋梁”，始终注重理论联系实际，注重实践型教学，为学生搭建良好的实践平台。就在今年暑假，学校有超过五千名学生在全国 29 个省份的 162 个自然行政村开展暑期社会实践及“千人百村”社会调研活动。学生们带着理想，深入基层开展社会调研，在大漠边陲，在雪域高原，在深山林莽，在遍布中华大地的乡村，以田野调查和入户社会调查为主要形式，考察农业生产、农民物质与文化生活及农村社会管理，用一份份报告记录自己的所见所闻，凝练出对中国农村社会现实的深刻、理性的思考。

真的学问源于深入生活，真的本事在于解决问题，真的情怀处于人民之中。实事求是要求人民之是，求社会之是，求国家和民族之是。歌德说，“理论是灰色的，而生命之树常青”。只有双脚才可以感受和丈量大地的宽广，只有善于感知时代和现实生活的脉搏，才能感知人类社会的规律，才能形成真正有现实生命力的理论。希望在日新月异的世界里，在你们心中种下的这颗种子，有一天能破土而出，茁壮生长，支撑你们走向更宽广的天地。

同学们，还想对你们强调的，就是读书并非只为稻粱谋。在踏入大学殿堂之后，请保持一份纯粹，一份高贵。许许多多的人大人为此做出了表率。他们之中，无论是身处书斋、甘守清寂的博学鸿儒，抑或是叱咤职场、领袖群伦的业界精英，都恪守着实事求是的准则，从厚重大气的内心涵养、格物致知的个人修为而生发出胸怀天下、道济苍生的家国之思。他们躬行义理，学以致用，以一个大写的“人”字为“实事求是”的校训做了最好的注解。这是一个伟大而可以有所作为的时代，这个时代正召唤着你们，召唤着更多的“国民表率、社会栋梁”。进入大学是人生的新起点，我和全校的老师们一起，在未来四年里与你们携手同行，期待着你们的成功。

最后，祝愿每一位新同学在人民大学学业进步，身体健康，生活快乐！

祝各位老师教师节快乐！

祝各位家长万事如意！

谢谢大家！

努力成为具有济世情怀、学术理想、社会担当的“厚重”之才
——在2014级博士生新生大会上的讲话

中国人民大学校长　陈雨露
（2014年9月24日）

各位老师、博士生同学们：

今天，我们在这里隆重举行2014级博士生新生大会，首先欢迎同学们来到人民大学学习，对你们来到中国人民大学攻读博士学位表示由衷的祝贺和热烈的欢迎。

有机会进入博士教育是非常幸福的一件事情，因为博士教育是国际上公认的正规教育的最高端和最顶层，其质量高低代表了整个国家的人才培养水平，是衡量一个国家高等教育发达程度和科学文化发展水平的核心标志之一。在全球的经济、政治格局发生大演变的背景之下，我们也都在思考，人民大学应该在这个进程当中扮演什么样的角色，应该培养什么样的人才，应该培养什么样的学术高端人才。刚才袁校长和晓求院长都发表了非常深刻的见解，我都深有同感。2012年6月19日，习近平同志考察学校时提出，人民大学应该为我们国家建设有中国特色的社会主义事业培养更多的“厚重”人才。我们认为，就博士生层面而言，“厚重”人才应当包含这么三层意思。

第一，人民大学的博士承载着国家的厚望，其“厚重”首先应该表现在一种强烈的济世情怀。自古以来知识分子对于社会的承担就义不容辞。越是优秀的知识分子，人们对其社会承担的期望就越大。人民大学的人才培养目标是“国民表率、社会栋梁”，一代又一代人大人也始终在证明着这一点。77年前的中国社会，面临着历史前进道路的抉择，在关乎中华民族存亡的关键时刻，人民大学的源头陕北公学应运而生，在黄土高原的窑洞中将新文化运动的民主思想，将马克思主义和中国革命的实践结合在一起，造就了一大批有抱负、有文化的进步知识分子。新中国成立后，从胡福明校友以一篇《实践是检验真理的唯一标准》掀起真理标准大讨论，到陈锡添校友率先发表小平同志南方谈话长篇通讯《东方风来满眼春》，在国家进步的每一个重大历史节点上都可以找到人大人追求学术真谛、追求真理的身影。而今天，社会转型的深入推进、科学规范的深刻变革和知识体系的快速创新，让我们的国家再一次处于历史发展的关键节点之上，也让我们的博士生同学们处于了一个可以大有作为的历史空间中。因此，我热切地期望在座的同学们，不管是在攻读博士学位期间，还是在博士毕业之后的人生道路上，都能始终持有这样一种强烈的济世情怀。唯有如此，才能更好地实现人生的价值。

第二，博士是一个崇高的学术学位，人民大学博士生的“厚重”应该表现在崇高的学术理想，要立志在中国的学术发展史上留下自己哪怕一点点印记。同学们来到人民大学攻读博士学位，我想应该都有各自的理想和目标。博士教育的意义是要帮助同学们首先成为具有崇高的理想和永不衰竭的学术精神的人。作为博士生，应该将冷静理性的思考和自省作为一种不断自我完善的生活方式，以知识分子的骨气与坚守，不止于眼前所见，而是力图看到更远，做一个在精神上不断提升的思想者。唯其如此，博士才能称其为博士。攻读博士学位意味着向学术高峰发起冲击，在这个过程中的一个重要任务，就是撰写一篇有创见、有独特学术贡献的学位论文。我们不应该把完成博士论文看作只是取得学位的一种手段，而更应该把它看成自己对于推动中国学术发展和科学进步的重要尝试和重要贡献，是一次值得为之深切付出的重大的机会。

第三，理论联系实际是人民大学的优良校风，人民大学博士生的“厚重”还应该表现在社会担当，要立志研究破解中国发展当中的“真问题”。人类文明的发展从来不是一帆风顺，人类社会的进步总是充满着矛盾、反复和波折。当前，中国社会已经进入改革的“深水区”，遍布难关和需要逾越的障碍。必须破解这些难题才能走向崛起和复兴。我们看到自欧洲启蒙运动以来，还没有哪个国家在崛起成为世界大国之后不进行对外扩张，而我们要理想做第一个国强而不霸的国家。在过去的400年世界经济史当中，曾经发生过68次重大的金融危机，但是还没有哪个国家在出现过全国性的房地产

泡沫之后不通过金融危机的硬性调整就能够实现再增长，而中国必须要实现软着陆，否则必定会终止国家复兴的进程。这些都是中国发展中面临的“真问题”和“大问题”。人民大学希望培养更多的真学问家和有能力从事顶层设计的人。而在这样一个理想目标下，人民大学的博士生理所应当成为一支生力军。无论是基础理论学科还是应用性的学科，同学们都要带着强烈的担当意识去进行学习和深入的研究，把最优秀的思想与最紧迫的现实问题对接起来，在公共理性的指引之下，破解这些发展的难题。毫无夸张地说，为一个一流的国家的崛起，去解决一流的发展的难题，做出过理论思想贡献的博士生，一定是一流的博士生。

总书记的“厚重”二字，既是对人民大学提出的，也是对人民大学和整个高等教育的同学们提出的。希望在座各位博士生同学经过在人民大学的几年锤炼和洗礼，能够具备读书人的学识、胸怀、矜持和气节；拥有人大人求真务实的精神和理论联系实际的学风，始终把“人民”作为自己的核心价值追求，带着人民情怀奋斗在学术前列。

最后祝大家学业有成，让我们为人民大学早日成为世界一流的大学共同努力！谢谢同学们！

在中国人民大学“平安校园”创建工作动员部署会上的讲话

中国人民大学党委书记　靳诺
（2014 年 9 月 29 日）

同志们：

刚才，付来副书记代表学校党委部署了我校“平安校园”创建工作的目标任务、时间安排和工作要求等，我完全同意。保卫处对具体工作做了说明，商学院和后勤集团也做了很好的发言。暑假期间，学校党委常委会专题研究了“平安校园”创建达标申报和检查验收工作。下一步主要是全校各单位要深刻认识“平安校园”创建工作的重要意义，真正将各项工作任务抓实抓好，建立起维护校园安全稳定工作长效机制。下面我就学校“平安校园”创建工作讲三点意见。

一、统一思想、提高认识，深刻领会开展“平安校园”创建工作的重要意义

北京市委教育工委、市教委从维护首都安全稳定、维护广大师生利益的角度出发，从 2011 年开始，有计划有步骤地推进了首都高校“平安校园”创建工作。创建“平安校园”有力地促进了各高校的安全稳定工作，为高校构建“防护墙”起到了重要作用。安全稳定是学校改革和发展的基本前提，改革、发展、稳定同等重要。长期以来，我们面临的形势一直是表面平静，实则背后的压力非常大，需要始终绷紧这根弦，一刻也不能松懈。

所以全校各单位首先要始终认识和领会“稳定压倒一切”和“安全第一”的中心思想，始终认识到安全稳定无小事，安全稳定工作怎么强调也不过分。这也就是为什么今天要召集这么多人参加会议的原因。目的就是让大家知道为什么要开展“平安校园”创建、创建什么、怎么创建、各单位在“平安校园”创建工作中的具体职责和任务是什么。在后面的工作中，各单位要把“平安校园”创建工作与党建和思想政治建设工作紧密结合，与本部门整体工作同部署、同落实。

二、明确责任、狠抓落实，确保“平安校园”创建工作的各项任务落实到位

开展“平安校园”创建工作是一项关乎每个教职工切身利益的大事，是一项实实在在的工作任务。我和雨露校长担任学校安全稳定领导小组组长，是第一责任人，其他校领导各负其责，负责指导分管和联系单位的相关工作。各学院书记和院长及各部门一把手为本单位“平安校园”创建活动的第一责任人，各单位要明确工作职责和任务，责任到人，确保“平安校园”创建工作的各项任务落实到位。

广大师生员工既是创建“平安校园”的受益者，也是工作主体。我们要充分依靠广大师生员工，把创建“平安校园”建立在广泛的群众性基础之上。学校“平安校园”任务分解表共100多个小项，涉及学校大多数单位，各单位要认真对照任务分解表，抓紧制定本单位的工作方案和时间进度表，充分发动师生员工，逐项落实。没有列入的单位也不代表没有工作任务，也要利用此次机会，认真梳理本单位涉及安全稳定的工作事项，做好相关工作。

三、夯实基础、善于创新，建立和完善维护校园安全稳定工作长效机制

创建“平安校园”是学校安全稳定工作的基础性和保障性工程，应该成为学校的一项常规性工作，要常抓不懈。对学校改革发展过程中出现的一些新情况和新问题，我们要用创新的思维和发展的眼光对待和解决。针对意识形态领域渗透、校园传教、互联网维稳等重点难点问题，我们要不断创新理念思路、体制机制、方式方法，在加强和创新管理和服务过程中加以破解。各学院、各部门要善于总结、善于创新，把工作中的闪光点及时总结和推广，固化好做法，传播好经验，开拓新思路，努力建立健全安全稳定工作长效机制。

同志们，创建“平安校园”是学校“十二五”时期的一项重要工作，是一项长期而艰巨的任务。希望各学院、各部门进一步统一思想、提高认识、精心组织、狠抓落实，不断提升学校安全稳定工作水平，早日建成“平安校园”，为学校改革和发展保驾护航。

值此建国六十五周年之年，祝各位老师国庆假期愉快，也让我们的安全警钟长鸣！谢谢大家！

在2014年全校博士生导师大会上的讲话

中国人民大学党委书记　靳诺
（2014年10月22日）

各位博士生导师：

今天我们在明德堂隆重召开全校博士生导师大会。晓求院长介绍了一些基本情况，雨露校长做了强调，讲到了我们还存在的一些问题与不足，并且从岗位意识、责任意识和师德意识三个方面对大家提出了要求，我都完全赞同。首先，借此机会，我代表学校党委向一直奋斗在教育一线的全体博士生导师致以诚挚的问候！

今年的教师节前夕，习近平总书记在人民大会堂亲切会见全国教师代表，并赴北京师范大学与师生代表座谈，就教育发展、教师队伍等问题发表重要讲话，从国家繁荣、民族振兴、教育发展的大局出发，深刻阐释了教育工作和教师工作的极端重要性，充分体现了党中央、国务院对教育事业的高度重视，充分宣示了党中央、国务院落实教育优先发展战略的坚强决心。对我国教育事业来说，这是莫大的福音；对我们广大教育工作者来说，这是莫大的鼓舞和激励。

“善之本在教，教之本在师”。博士生导师承担着为国家培养高层次创新人才的重大使命。多年来，我校始终继承和发扬“立学为民、治学报国”的优良传统，在艰苦的办学条件下奋发图强，开拓创新，造就的一支学术水平高、业务能力强、甘于奉献、爱校荣校的博士生导师队伍，已经成为中国人民大学强大的核心竞争力和学术声誉的重要保障，是人民大学最宝贵的财富。

在过去很长一段时间内，包括人民大学在内，我们国家的博士生教育取得了巨大的进步，但同时也暴露出一些问题，面临着一系列新的挑战。对此，国家一直在强调提高质量的问题，对整个高等教育特别是研究生教育明确提出了综合改革的任务。与此同时，中央也专门发文，针对高校的宣传思想工作提出了一些要求。高校作为意识形态工作的前沿和重镇，肩负着培育和弘扬社会主义核心价值观、建构话语体系、掌握话语权和网络舆论主动权、保障学术安全的重要使命，落实好立德树人的根本任务非常紧迫。所以我想这是一项战略工程、固本工程、铸魂工程。

在今天这样的一个重要场合，我也讲三点，大家一起努力。

第一，中国人民大学是中国人文社会科学的学术重镇，作为人民大学的博士生导师，我们首先要把握好人文社会科学学术研究中的导向问题。我们知道，意识形态是一个社会最核心的政治资源，人文社会科学必定与所处时代的意识形态高度关联。而且我们当前正面临着纷繁复杂的国际形势和社会因素，受各种思潮影响，人们的内心很难保持恒定，青年学生更是如此。因此，我们的人文社会科学肩负着推动社会主义核心价值体系建设和正确引导社会思想潮流的关键导向作用，其育人功能和学术话语体系的建设需要不断加强。人文社会科学首先也要解决在自身的学术研究过程中的导向问题。我想，我们的博导们在指导学生做研究、写论文时首要地要把握好这一点。学校也要加强教师的思想政治工作，把各类优秀人才团结凝聚在党的周围。

第二，人民大学从诞生的那一刻起，就树立了“立学为民、治学报国”的精神传统，作为人民大学的博士生导师，我们理应引导学生养成“行为精英、心为平民”的情怀。作为一所能以“人民”命名的大学，始终与党和国家同呼吸、共命运是我们学校的优良传统。习近平同志曾多次讲道，“我们党的根基在人民、血脉在人民、力量在人民”。我想这一点既是对领导干部讲的，对我们的知识精英也是适用的。我们在内心深处要有着人民的情怀，要认识到只有来自人民又服务于人民的知识，才是真正有力量和价值的。我们要将这种情怀和精神代代传承给我们的博士生，为国家和民族培养出一批胸怀人民、心系祖国的高端人才和思想精英，“为天地立心，为生民立命，为往圣继绝学，为万世开太平”。

第三，实事求是是中国人民大学的文化基因和精神标识，作为人民大学的博士生导师，我们应该更好地把握为学之道，引导博士生养成潜心研究、严谨笃学的学术品格。实事求是与中国人民大学的精神传统高度契合，反映了中国人民大学独特的学科特色、学风和校风。希望各位导师能够帮助同学们把实事求是的人大传统和精神内化成为自己优秀学术品质的重要组成部分。近年来我们真正在学界有重大影响的研究成果屈指可数，传世之作更是少之甚少。我想非常重要的一个原因就是缺乏那种“板凳甘坐十年冷，文章不写半句空”的修炼和定力，无法做到静心专一、严格度己、实事求是。希望各位导师能够从自身做起，引导博士生们树立起求真务实和严谨自律的治学态度，让人民大学实事求是的学风和校风一代代地传承下去。

同志们，刚才陈校长讲到了师德问题，我觉得这个问题确实值得重视。作为中国当代知识分子中的精英，我觉得大家具有一个艰巨而光荣的集体使命，就是要帮助国家度过当前这段现代化的关键期，为民族赢得这几百年一遇的伟大复兴机会。可以说，国家和民族未来何种命运，都有我们在座的一份；大家也都将共享或共担国家和民族命运所带来的现实结果。所以，作为知识的传授者和发展者、学术独立和学术尊严的坚持者，我们必须以自己的庄重、自律、理性和责任，以自己的崇真、向善、求美和务实，去引导他人，引导社会。这是对博士生最生动、最具体、最深入、最直接的也是最有效的教育。

同志们，建设“人民满意、世界一流”大学，为实现中华民族伟大复兴的中国梦培养精英，靠的是在座的各位。每一个岗位，都汇聚着万众期待的目光；每一副肩膀，都担负着社会赋予的使命；每一双手，都在谱写着教育强国的乐章。为了新的成绩与荣光，让我们一路同行，携手共进！

谢谢大家！

在中国人民大学传达学习十八届四中全会精神部署会上的发言

中国人民大学党委书记　靳诺
（2014年10月30日）

下面，针对这次会议上我们传达学习的四项内容，我谈以下几点体会：

第一，关于十八届四中全会精神。

首先，我们要充分认识到十八届四中全会的重大意义。

党的十八届四中全会深刻回答了建设一个什么样的社会主义法治国家、怎样建设社会主义法治国家的重大理论和实践问题，体现了我们党对全面推进依法治国的高度自觉、鲜明态度和坚强决心。十八届四中全会第一次在党的中央全会上专题研究依法治国问题，全会决定提出，全面推进依法治国，总目标是建设中国特色社会主义法治体系，建设社会主义法治国家。把法治落实到国家治理、政党执政、政府行政各个层面，这是推进国家治理体系和治理能力现代化的必然要求，是事业长治久安、人民幸福安康的根本保障。

会议通过的《决定》，提出了全面推进依法治国的指导思想、总体目标、基本原则和重大任务，明确了法治建设的性质、方向、道路、抓手。突出强调了坚持党的领导和依法治国的统一，强调了依法治国和依规治党的统一；强调了法治建设整体推进与重点突破的统一，充分体现了我们党对执政规律、社会主义建设规律以及社会主义法治建设规律的深刻认识和准确把握，是指导和推动全面推进依法治国的纲领性文件，标志着法治中国建设进入一个新时代，必将对法治中国建设和中国特色社会主义事业产生重大影响，具有里程碑的意义。

党的十八届四中全会不但将对推动中国特色社会主义事业产生重大而深远的影响，对于人民大学来说，也对学校发展提出了新使命、新要求和新契机。我们将认真学习、贯彻、落实十八届四中全会精神，用全会精神来指导人民大学的各项工作。

一是精心组织全会精神的学习，准确把握全会精神。中国人民大学是一所以人文社会科学为主的综合性研究型大学，我校法学学科很强，在当代中国的依法治国的进程中发挥了重要作用，做出了积极贡献。我们要认识到人民大学在建设法治中国过程中应当担负的重要使命，要发挥学校的学科优势，在学习贯彻四中全会精神方面走在全国高校前列。上周五，学校党委理论学习中心组召开了扩大会议，传达学习党的十八届四中全会精神。会议上进行了学习和热烈的讨论，取得了良好的效果。下一步，各级党组织要根据要求，迅速传达学习，且要全文传达到每位教职员工，我们要针对不同学科和干部、教师与学生的不同情况，分层次组织开展学习、宣传、培训，党员领导干部、专家学者要带头学，深入准确理解和把握十八届四中全会精神。

二是认真部署全会精神的贯彻，全面推进依法治校。依法治国对于高校而言，就是要坚持依法办学、依法治校。去年，我们学校在全国高校中首批颁布《大学章程》。下一步学校要按照《高等教育法》和《关于坚持和完善普通高等学校党委领导下的校长负责制的实施意见》等法律、法规和规章规定，按照《中国人民大学章程》，认真贯彻党委领导下的校长负责制，继续完善“党委领导、校长负责、教授治学、民主办学、依法治校”。在人才培养、资政育人、决策咨询、理论创新、社会服务、智库建设中，大力推进依法治校工作。

三是深入推进全会精神的研究，为依法治国提供智力支持。依法治国的全面推进，迫切需要包括法学学科在内的整个哲学社会科学提供思想理论支持。习近平同志本周一在中央全面深化改革领导小组第六次会议上发表重要讲话强调，智力资源是一个国家、一个民族最宝贵的资源，改革发展任务越是艰巨繁重，越需要强大的智力支持。近些年来，我国智库发展很快，在出思想、出成果、出人才方面取得了很大成绩，为推动改革开放和现代化建设做出了重要贡献。同时，随着形势发展，智库建设跟不上、不适应的问题也越来越突出，尤其是缺乏具有较大影响力和国际知名度的高质量智库。要从推动科学决策、民主决策，推进国家治理体系和治理能力现代化、增强国家软实力的战略高度，把中国特色新型智库建设作为一项重大而紧迫的任务切实抓好。要统筹推进党政部门、社科院、党校行政学院、高校、军队、科技和企业、社会智库协调发展，形成定位明晰、特色鲜明、规模适度、布局合理的中国特色新型智库体系，重点建设一批具有较大影响和国际影响力的高端智库，重视专业化智库建设。

作为中国人文社会科学高等教育领域的旗帜，学校要借此契机，努力发挥学科和人才优势，聚焦法治中国建设的重大理论和实践问题，提出高质量的研究成果，培养优秀人才，为法治中国建设提供智力支持。

第二，关于习近平总书记在教育实践活动总结大会上的讲话精神。

我们要认真领会以下几方面：一是“从严治党再出发”。教育实践活动虽然已经收尾，但并不是收场，作风建设是执政党要长期坚持的一项工作，从严治党才刚刚开始。从一年多前的观望、犹疑，到今天的自主、自动、自觉，很多人都有了一种脱胎换骨之感。活动收尾绝不意味着作风建设收场，正风肃纪的螺丝只能越拧越牢，联系群众的发条只会越上越紧。

去年，我们经历中央巡视和教育实践活动两项重要任务的洗礼，这一年来，我们坚持巡视整改和教育实践活动整改“两个整改方案一起抓、两本整改台账抓到底”。在加强中国特色现代大学制度建设，科学贯彻执行好民主集中制，实施好党委领导下的校长负责制，加强马克思主义学科建设，去行政化，加强经费管理，加强干部队伍建设等问题上，统筹学校资源，让两项整改相互促动、形成合力，巩固和加强了整改成果。广大党员教职员工必须主动调整，早日适应从严治党的新常态。只有自觉与人民心脉相连，跟群众同坐一条板凳，才能守护好永不褪色的人民政党生命线。

二是要扫除“四风”，把作风建设不断引向深入。以解决问题开局亮相，以正风肃纪先声夺人，以专项整治寻求突破。教育实践活动以来，学校持续推进“四风”突出问题专项整治，将原有的17项专项整治任务增加至21项，且都取得了重要进展，进一步巩固了整改成果，有效防止不良作风反弹。2014年上半年，压缩全校性工作会议20个，同比减少22%，压缩各类文件52个，同比减少26%，清理评比达标表彰项目（以学校名义开展的项目）5个，减少比例为30%；减少各类专项工作领导小组和专门委员会2个，减少比例为10%。在2013年大幅压缩公务接待费用的基础上，学校2014年全年公务接待费预算约为176万元，比上年又减少24万元，减少12%。2014年1月1日至8月31日，校部机关因公出国（境）55人次，同比减少31%；学院教职工因公出国（境）621人次，同比减少19%；校领导因公出国（境）9人次，同比减少47%。在巡视整改和教育实践活动整改期间，学校积极改变机关工作作风，设置管理干部交流岗位27个，解决或答复教代会、学代会提案372份，解决2013年全校师生最关心的实事20件，推出2014年解决全校师生最关心的实事20件。

在第一批教育实践活动中，学校党委制定了《中国人民大学党的群众路线教育实践活动制度建设计划》，共列出8个方面37项制度建设计划，并全部出台。活动结束后，学校党委按照中央的要求，把建章立制贯穿始终，不断健全完善有关制度体系。在完成37项制度建设计划的基础上，学校党委又根据中央相关文件制定了5项校级层面的配套制度，根据学校发展的实际情况出台了17项新的制度，共计59项，推动形成了抓作风建设的长效机制。

“活动收尾绝不是作风建设收场，必须以锲而不舍、驰而不息的决心和毅力，把作风建设不断引向深入”，这是对我们全体党员的警醒，也是对全校师生员工的承诺。以教育实践活动为起点，把反对“四风”、改进作风的决心坚持下去、力度保持下去，绵绵用力、久久为功，才能最终兑现这一郑重承诺。

三是坚持党性修养，补好党内生活课。过去很长一段时间我们很多同志听不到批评、看不到缺点，一个重要原因，就是党内政治生活不经常、不认真、不严肃，使得党风政风变质、政治生态恶化。可以说，这一年多时间的教育实践活动是一次政治补课，让广大党员干部明白了党内政治生活是什么样、该怎么过；又是一场灵魂革命，用党性修养把无数党员干部重新黏合在一起，完成了一次思想上的“政党再造”。实践证明，“严肃党内生活，是解决党内存在问题的重要途径”。在群众路线教育实践活动总结大会上，习近平总书记要求继续扩大活动成果，使“党内政治生活在全党严肃认真开展起来”。有什么样的党内政治生活，就有什么样的党风政风。党内政治生活贵在经常、重在认真、要在细节，牢牢把握“严”字诀，才能增强其政治性、原则性、战斗性，真正起到教育改造提高党员干部的作用。今天，共产党人朝着民族复兴的伟大目标前行，正需要用严肃的党内政治生活加把火，把党性纯一纯、把思想炼一炼。

四是严肃党内政治生活将成为从严治党新常态。这次教育实践活动表明，或从一定程度上证明了，有什么样的党内政治生活，就有什么样的党员和党风。在中纪委三次全会上，习近平总书记严厉指出：“党内不能搞人身依附关系”，“干部都是党的干部，不是哪个人的家臣”。我们党有一条非常成熟的干部路线，长期实践中形成了“个人努力、组织培养”的好传统。作为世界上规模最大的执政党，要不断增强创造力、战斗力、凝聚力，党内生活就必须讲政治、讲原则、讲规矩，决不能搞假大空，不能随意化、平淡化，更不能娱乐化、庸俗化。

党的十八大以后这两年来，在新一届中央领导集体的主动营造下，我们党和国家各方面正在形成以下十个方面趋势性的新常态：第一，在坚持和发展中国特色社会主义方面形成新常态；第二，在推动全面深化改革方面形成新常态；第三，在促进经济持续健康发展方面形成新常态；第四，在发展社会主义民主政治和依法治国方面形成新常态；第五，在建设社会主义文化强国方面形成新常态；第六，在改善民生和创新社会治理方面形成新常态；第七，在大力推进生态文明建设方面形成新常态；第八，在加强国防和军队建设方面形成新常态；第九，在国际关系和我国外交战略方面形成新常态；第十，在党要管党、从严治党方面形成新常态。严肃党内政治生活贵在经常、重在认真、要在细节。每个党员、干部都增强角色意识和政治担当，在严格的党内生活中，锻造政治品格、坚定做人准则、激发信念精神，我们的党就一定能够成为领导伟大事业的坚强核心。

第三，关于加强意识形态工作和进一步加强和改进新形势下的高校宣传思想工作。

十八大以来，总书记曾多次做出重要批示，并有“8·19”重要讲话，要求我们要有清醒的认识。意识形态是一个社会最重要的政治资源，“意识形态”的主体在社会发展和青年学生群体的组织引导中具有特殊的重要性，历朝历代都是如此。

我们看到，十八大以来，意识形态工作是积极主动的，阵地是旗帜鲜明的，主旋律是响亮的，正能量更强劲。同时，我们也必须意识到，意识形态领域的内外环境更趋复杂，境外敌对势力不断加大渗透和西化，境内一些组织和个人不断变换手法，制造思想混乱，与我争夺人心。中央也批评我们一些单位和党政干部，政治敏锐性不强，责任感不强，在一些重要的意识形态领域的问题上，遮遮掩掩，助长了错误思想的泛滥和扩散。因此，我们更要充分认识到意识形态工作的重要性，意识形态关乎旗帜，关乎道路，关乎国家政治安全。学校各级党委、宣传思想工作部门、组织部门、学工部门、各学院要切实加强对意识形态工作的领导和管理，以及对校报、校刊、校园网络的管理等。学校各级党政干部、党组织都要强化政治意识、责任意识，在重大问题上与中央保持一致，绝不允许与中央唱反调。我们要高度重视打主动仗，重视那些苗头性、倾向性的问题，防患于未然。要进一步弘扬主旋律，加强正面引导，用中国特色社会主义的成果引导舆论，用社会主义核心价值观凝聚人心。要高度重视校园网络、论坛、微博、微信等，让网络空间成为激发正能量的坚强阵地。

人民大学作为高校人文社会科学的重镇，要进一步深入学习领会中央和习近平总书记十八大以来关于宣传思想工作的重要指示精神，巩固马克思主义在意识形态领域的指导地位。把握宣传思想工作的核心：就是坚持正确政治方向，站稳政治立场。遵循坚持团结稳定鼓劲、正面宣传为主的重要方针。香港“占中”问题给了我们很深的警觉，我们一定要重视和强调教师队伍建设，重视对知识分子的引导。要切实树立政治意识、忧患意识和主动作为的意识，更加全面客观地认识当代中国、看待外部世界，从我们国家和民族的根本利益出发，切实牢牢把握正确的方向。

学校班子成员还要有主体意识，按照中央的要求，解决“想不想做，会不会做，敢不敢做”的问题，建立起高校意识形态工作良好的氛围和机制。用中国特色社会主义理论引导学校的舆论，用社会主义核心价值观凝聚师生人心，要认真调研分析如何进一步搞好思想政治理论课，如何更好地发挥人民大学在人才培养、传承文明、创新理论、政策咨询、社会服务等方面的重要作用，积极研究现代社会治理中重大的政治、经济、文化和社会问题，源源不断地提供有力的智力支持。

第四，关于坚持和完善高校党委领导下的校长负责制。

党的十三届四中全会以后，党中央确定高等学校全面实行党委领导下的校长负责制。实践证明，这一制度符合我国国情和高等教育发展规律，是高等学校坚持社会主义办学方向的重要保证，必须毫不动摇、长期坚持并不断完善。要坚持党委的领导核心地位，保证校长依法行使职权，建立健全党委统一领导、党政分工合作、协调运行的工作机制；认真贯彻执行民主集中制，坚持集体领导和个人分工负责相结合，集体决定了的事情，领导班子成员要按照分工分头落实；严肃党内组织生活，反对独断专行和软弱涣散两种倾向。

同时，要加强学校基层党组织建设，完善院（系）党政联席会议制度，集体讨论决定重大事项。完善教职工党支部和学生党支部设置形式，创新党支部活动方式。提高发展党员质量，加强党员教育管理。大力创建基层服务型党组织，不断提高基层党组织的创造力凝聚力战斗力，保证党的路线方针政策和学校各项决定的贯彻落实。

要加强和改进思想政治工作，深入开展中国特色社会主义和中国梦宣传教育，引导师生员工坚持正确的政治方向，坚定中国特色社会主义道路自信、理论自信、制度自信。深入开展坚持中国共产党的领导的教育，进一步深化师生员工对党委领导下的校长负责制的理解和认同，增强坚持和完善这一制度的自觉性和坚定性。

今天的学习是一个良好的开局，下一步，全校各级党组织和党员干部要把学习贯彻十八届四中全会精神作为一项重要的政治任务，传达好、学习好、贯彻好。要深刻领会《决定》的重大意义，深入学习，全面推进依法治国的总目标和各项重大任务。要坚持把学习贯彻四中全会精神与学习贯彻习近平总书记在教育实践活动总结大会上的讲话精神特别是关于从严治党的要求精神结合起来，与加强意识形态工作和坚持和完善党委领导下的校长负责制结合起来，深入贯彻落实到学校的具体工作中，坚持从严治党，依法治校，全面深化学校各项工作，推进“人民满意、世界一流”大学建设。

今天的会议到此结束，谢谢！

在校友会第六届理事会第一次会议上的讲话

中国人民大学校长　陈雨露
（2014 年 12 月 29 日）

尊敬的各位理事、各位代表：

在 2015 年元旦在即、辞旧迎新的时刻，中国人民大学校友会迎来了新一届理事会。衷心感谢各位理事推选本人担任新一届校友会会长。自从 2011 年 11 月担任校长以来，为了学校的发展，我已经多次劳烦各位校友鼎力相助，校友们为母校的发展倾情投入、义无反顾，令我常常感动不已。担任新一届会长，能够为广大校友服务，我感到巨大的信任，同时也深感重任在肩。

借这个机会，我首先要感谢第五届理事会，他们为人民大学的校友工作打下了坚实的基础，使我们前进的道路格外开阔，方向格外清晰。感谢纪宝成老会长和各位副会长为校友工作所做的开创性贡献。感谢国内外人大校友会组织的志愿服务，是你们拉近了全球人大人和母校的距离，使校友们感受到大家庭的温暖，感受到我们在一起的力量。

今天，中国人民大学校友会第六届理事会正式成立，在这个继往开来、承前启后的重要时刻，我有以下想法与在座的校友们和同志们分享：

第一，我们一要更加深刻地认识校友工作的重要性，把校友工作放到学校工作更加重要的位置上来。

校友是大学的精神财富和特有资源，校友工作是大学整体工作的核心组成部分。检验一所大学人才培养质量高低，决定一所大学社会声誉好坏的重要指标就是看其培养的学生在社会上的表现、成就与贡献。可以说，校友的表现，是对大学教育质量无声而有力的诠释。当校友在岗位上有所建树，在事业上有所成就，他所树立的不仅是他个人的形象，更是培养他的母校在社会上的公众形象；他获取的不仅是他个人的声誉，更为母校带来莫大的社会赞誉。因此，做好校友工作、整合校友资源对于学校事业发展有着不可替代的重要意义。长期以来，以校友会为载体的各类校友组织和活动，在为广大校友提供抒发情怀、增进友谊良好平台的同时，更推动广大校友纷纷回馈母校，为母校发展注入了源源不尽的动力。广大校友不仅在学校最关键的时候给予极大的精神鼓励和支撑，而且给予巨大的物质支持。近年来，在校友总会、基金会和各地校友会的辛勤工作下，人民大学，包括叶澄海老校友和几位著名青年企业家校友在内的众多的校友为母校捐赠高达7.07亿元，位列中国大学校友捐赠排行榜第三位。特别是随着中国经济的连续增长，国民收入水平的快速提高，越来越多的校友有意愿也有能力为母校的发展贡献力量；而随着高等教育改革的不断深化，大学也越来越需要校友的精神和物质支持。特别是面向未来，高等教育国际与国内的竞争越来越激烈，除了政府的教育投入外，我想如何更多地争取广大校友和社会各界支持，更多地筹集到事业发展资金，对于提升学校办学质量和核心竞争力有着至关重要的作用。这一点在中国进入经济发展新常态、高等教育领域大力推进综合改革和人民大学加快创建“人民满意、世界一流”大学之际，显得尤为重要。因此，我们的确要更加深刻地认识校友工作的重要性。

第二，要创新工作理念和方式，进一步提升校友工作的专业化水平。

中国最早的校友会是上海圣约翰大学校友会，成立于1900年，清华大学校友会的前身留美同学会成立于1913年，北京师范大学校友会则成立于1915年。我们学校的校友会工作起步比较晚。人民大学校友会的前身是中国延安陕北公学华北联合大学校友会，成立于1995年；2009年，在民政部领导和民政部的校友们鼎力支持下，在第五届会员代表大会召开之际正式更名成立中国人民大学校友会。但是正如刚才第五届理事会报告中所讲，我们虽然起步晚，但是在理事会和伊志宏校长的领导下，我们抓住人大校友这个特殊群体的鲜明特征，做了很多赶超性的工作，在方法论上有了重大的突破，人大校友会办公室和大家一起都做出了突出的贡献，例如，我们利用新媒体开设了校友会短信、微博、微信平台，打造了毕业10周年、20周年、30周年返校等品牌活动，成立了金融、新闻、房地产、教育等专业校友会，积极成功地推动了校地合作，等等，取得了跨越式的发展。在看到成绩的同时，我们也充分认识到未来巨大的校友工作发展空间。与广大校友的期待、学校事业发展的要求相比，我们在创新校友会运行机制、强化校友会效能、争取更多资源支持、搭建校友活动平台、拓宽联络和服务校友渠道等等方面都还有很大的发展空间，还大有文章可做。人民大学将校友总会会址放在了学校最中央的位置，体现了学校对校友工作的高度重视和校友在学校发展当中的极端重要性。如何进一步提升校友工作的专业化水平使校友工作更好地融入母校事业发展当中，更好地回应社会各界的期待、更好地满足广大校友的需求，需要以更加开放的理念、更加现代的方式做好各项工作。在王利明常务副校长主持下，综合改革邀请校友们广泛参与其中，实际上就是现代理念很好的举措。接下来希望通过大家的共同努力，我们能够尽快制定出人民大学校友工作的战略定位、长远目标、实施计划和所需要的政策支持等。我们要学习借鉴国外一流大学的先进经验，学习借鉴国内兄弟高校成功的经验，继续坚持“服务校友、服务母校、服务社会”的“三服务”宗旨，拓展校友工作内涵，延伸校友工作层面，提升校友工作的专业化水平。我想，校友工作确实应该是全方位、全过程、全天候的，应该在校友们还未走出校门时就已经开始，应该在校友刚刚毕业、尚未站稳脚跟时更多地给予来自母校的关注和支持，应该关注每一位校友的成长，应该陪伴每一位校友的人生，应该努力创造母校和校友为国家富强、民族振兴、人民幸福贡献力量的良好条件和环境。

第三，要健全校友工作网络，更加充分地发挥各级、各地、各类校友会的重要作用。

目前，我们学校有20多万校友，分布在世界各地。做好校友工作，仅靠校友总会，靠校友办公室的几个人是远远不够的，必须很好地发挥大家共同的作用。经过近年来的工作，我们已经建立了比较完备的校友会工作网络，现已有学院校友组织28家、国内地方校友会35家、海外校友会17家，还有以年级、专业、行业为纽带的校友组织30多家，而且都开展了有特色、有成效的活动，发挥了很好的作用。下一步，我们要很好地总结经验，查找不足。对于一些还没有建立校友会的地方，要尽快建立；对于一些工作薄弱、活动开展不够的校友组织，要加以指导并改进；对于一些工作基础较好、力量较强的校友组织要给予鼓励，进一步提升。要进一步加强校友总会对各级、各地、各类校友会的指导，加强相互之间的交流；要充分利用学院、部门与学生接触更紧密、掌握校友信息更全面的优势，铺设一张能涵盖全体校友的工作网络；要加强校友工作队伍建设，健全完善工作制度，整合校内资源，加强政策扶持，更好地为校友工作提供保障，更好地为各地校友会工作提供支持。

各位理事、各位校友：

校友工作是一项厚积薄发的工作，是学校通过与广大校友建立和保持经常的、大量的沟通、联络、交流等关系，增进、积累感情，不断合作，最终达到互相促进、共同提高、推进事业发展目标的一个系统工程。因而，学校部门对校友的工作还是要稳扎稳打，应该从战略上着眼，在战术上着手，不能急于求成，从日常做起，从点滴做起，坚持不懈，久久为功。

广大校友是母校厚重历史的见证者、优秀传统的传承者和未来发展的参与者。在学校事业不断发展的进程中，未来的五年，对于中国是极具挑战性的五年，对于人民大学来说亦是如此；而挑战之中又蕴藏着巨大的机遇和无限的可能性。中国人民大学校友会新一届理事会今天正式成立了，既然历史赋予重任在我们肩上，就让我们发扬始终与党和国家同呼吸、共命运，始终奋进在时代前列的人大精神，紧密团结遍布世界各地的全体人大人，为母校创建“人民满意、世界一流”大学、为我们这个民族复兴中国梦的实现努力贡献人大人应有的力量！

最后，祝愿大家新年快乐、工作顺利、幸福安康！谢谢！

■ 重要文件

关于印发《中国人民大学领导干部谈心谈话工作实施办法》的通知

（人大校党字〔2014〕14号）

各分党委、党总支：

现将《中国人民大学领导干部谈心谈话工作实施办法》印发给你们，请遵照执行。

附件：中国人民大学领导干部谈心谈话工作实施办法

中共中国人民大学委员会

2014年3月12日

附件

中国人民大学领导干部谈心谈话工作实施办法

第一条 为深入了解干部，关心爱护干部，准确评价干部，教育激励干部，促进对干部的日常教育、管理和监督，根据《党政领导干部选拔任用工作条例》《中国共产党党内监督条例（试行）》等有关文件精神，结合我校实际，制定本办法。

第二条 各级领导班子成员之间要经常开展谈心谈话活动。党政正职负责人之间要经常交流思想、沟通情况、交换意见。党政正职负责人要定期同领导班子其他成员谈心，每年至少一次。

第三条 谈心谈话的形式根据事由和对象确定，坚持集体谈话与个别谈话相结合、组织约谈与个人约谈相结合。原则上在中层党政领导干部一个任期（4 年）内，组织约谈不少于一次。

第四条 谈心谈话的类型和要求：

1. 日常谈话。利用日常工作联系，随时随地进行谈话。了解干部表现情况，了解单位工作状况，提出要求，帮助解决问题。

2. 任免谈话。在组织决定干部任免后进行谈话。结合考察了解的情况，肯定成绩，指出不足，提出要求和需要注意的问题。

对于因年龄原因退出领导岗位的干部，在办理退休手续前进行谈话。对干部作出全面评价，肯定成绩，听取意见建议。

3. 诫勉谈话。通过群众来信来访或其他渠道发现干部在政治思想、履行职责、工作作风、道德品质、廉政勤政等方面存在苗头性问题时，要进行谈话。向干部本人通报问题，听取其所作的说明，进行诫勉，要求限期整改。

4. 反馈谈话。在考核测评后进行谈话。向中层党政领导班子主要负责人反馈考核结果，根据考核结果约谈有关干部，予以表扬或督促整改。

5. 重要工作谈话。对承担学校重要工作任务、参加上级重要调训的干部，要进行谈话。了解工作进展情况和干部表现，提出要求。

第五条 中层党政正职及部分中层岗位副职负责人的任免谈话、诫勉谈话一般由党委书记、校长主谈。

与中层党政领导干部开展的其他类型谈话一般由主管组织工作的校领导、分管工作的校领导主谈；或由校领导委托党委组织部负责人主谈。

涉及廉政谈话的，按照学校纪委的有关文件规定执行。

第六条 党委组织部负责向校党委提出建议约谈名单、建议谈话重点，并在谈心谈话前提供相关材料，在谈心谈话后及时整理情况。

谈心谈话内容应注意保密，有关书面记录由党委组织部留存。

第七条 本办法自颁布之日起施行，由党委组织部负责解释。

关于印发《中国人民大学 2014 年党风廉政建设和反腐败工作主要任务分工》的通知

（人大校党字〔2014〕15 号）

各分党委、党总支：

现将《中国人民大学 2014 年党风廉政建设和反腐败工作主要任务分工》印发给你们，请遵照执行。

附件： 中国人民大学 2014 年党风廉政建设和反腐败工作主要任务分工

中共中国人民大学委员会

2014 年 3 月 17 日

附件

中国人民大学2014年党风廉政建设和反腐败工作主要任务分工

为认真落实2014年学校反腐倡廉各项工作任务，按照党风廉政建设责任制相关规定和“谁主管、谁负责”的原则，现对全校党风廉政建设和反腐败工作作如下分工安排。

一、坚决落实中央关于反腐倡廉的决策部署，凝心聚力推动工作顺利开展

（一）加强对落实中央和教育部重要决策部署情况的监督检查

不折不扣地贯彻落实党的十八届三中全会和十八届中央纪委第三次全会精神，以及教育系统党风廉政建设工作会议反腐倡廉建设有关工作部署，深刻领会党中央和教育部对高等学校党风廉政建设的要求，牢固树立坚决抓好反腐倡廉建设的主动意识，强化反腐倡廉制度建设和保障机制建设。

（二）全面落实党风廉政建设责任制

认真贯彻上级部门关于党风廉政建设责任制的部署和要求，围绕学校教学科研工作任务，进一步明确各单位党风廉政建设责任制目标，确保党风廉政建设责任制真正落实到人，发挥党风廉政建设责任制在反腐倡廉建设中的龙头作用。

（三）坚决克服组织涣散，纪律松弛现象

严格执行党的政治纪律、组织纪律、财经纪律、工作纪律和生活纪律等各项纪律，认真贯彻执行“三重一大”制度，坚持和完善民主集中制，克服领导班子组织涣散、纪律松弛现象，纠正无组织无纪律、自由主义、好人主义。

（四）建立健全党风廉政建设协调机制

切实发挥纪检监察部门的组织协调作用，建立完善纪检监察部门与其他业务部门合力推动工作机制，加强组织、人事、财务、审计、纪检监察等部门的协作配合，完善信息交流、情况通报及工作衔接机制，共同推进党风廉政建设和反腐败工作。

牵头部门：学校办公室、纪委办公室、监察处

协办部门：党委组织部、各分党委

主管领导：校党委书记靳诺、校长陈雨露

协助领导：校党委常务副书记张建明、校党委副书记马俊杰

二、深入落实中央八项规定，强化领导干部作风建设

（一）加强领导干部作风建设

巩固群众路线教育实践活动成果，着力解决认识不到位、执行不坚决、工作不持续等问题。严格执行《中国人民大学贯彻落实中央改进工作作风、密切联系群众〈八项规定〉和〈实施细则〉的实施办法》（人大校党字〔2013〕16号）等各项制度，从机关抓起，从基层抓起，从突出问题抓起，从具体事项抓起。党委组织部门会同纪检监察部门加强监督检查，严肃查处顶风违纪问题，对于违反八项规定、损害群众利益的问题，发现一起、查处一起，绝不姑息。

（二）加强对领导干部的管理与监督

完善监督机制，严格执行领导干部述职述廉、廉政谈话、诫勉谈话、函询等制度，完成对中层领导干部兼职问题的清理工作，全面落实对领导干部的经济责任审计制度，积极探索经济责任审计结果公告制度。认真做好党员领导干部重大事项报告制度，凡无正当理由不按时报告、选择性报告、隐瞒不报的，要依规依纪作出严肃处理。深入开展社会主义核心价值观、理想信念和宗旨意识教育，引导党员领导干部牢固树立正确的世界观、人生观和价值观，筑牢拒腐防变的思想道德防线。

（三）建立健全领导干部问责制度

根据中共中央《关于实行党政领导干部问责的暂行规定》等有关党纪政纪和法律法规，制定学校

党政领导干部问责实施办法，加强对学校党政领导干部的管理和监督，增强党政领导干部的政治意识、责任意识、大局意识和组织纪律意识，促进党政领导干部深入贯彻落实科学发展观，正确履行职责，严格遵守组织纪律，改进工作作风，提高工作效率。

牵头部门：党委组织部、纪委办公室、审计处

协办部门：各分党委

主管领导：校党委常务副书记张建明

协助领导：校党委副书记马俊杰

三、全面深化惩治和预防腐败体系建设，强化权力制约和监督

（一）抓好惩治和预防腐败体系规划制定与落实工作

《建立健全惩治和预防腐败体系 2013—2017 年工作规划》是开展党风廉政建设和反腐败工作的指导性文件。依据中央有关文件精神，结合实际，尽快研究制定出我校贯彻落实《工作规划》的实施细则。在此基础上，着力做好惩防体系建设责任分解，完善督查机制，提高制度执行力。

（二）深入开展廉政风险防控管理“三个体系”建设工作

在第一阶段试点工作的基础上，认真总结经验教训，在继续做好试点单位的整改完善和成果巩固工作的同时，在更大范围内继续深入开展廉政风险防控管理“三个体系”建设工作，确保廉政风险防控工作扎实推进，并取得实效。

（三）大力推进校务公开工作

加强干部选拔任用、职称评聘、领导干部兼职兼薪、出国（境）、财务、招生等重要信息领域的信息公开工作，不断提高公开性和实效性。

牵头部门：学校办公室、纪委办公室、校工会

协办部门：党委宣传部、网络与教育技术中心、各分党委

主管领导：校党委副书记马俊杰

协助领导：副校长查显友

四、加强反腐倡廉教育，强化廉洁自律意识

（一）把反腐倡廉教育列入党委理论中心组学习内容和干部教育培训计划。建立健全领导干部反腐倡廉学习教育的督促检查制度

（二）进一步加强学术诚信机制建设

积极探索建立学术诚信监督机制，加强对学科带头人、科研项目负责人、评审专家的教育管理，完善各类评审、评估、评选、评奖活动的监督机制。建立教师科研诚信档案。加大对学术不端行为的查处力度。

加强师德师风建设。

把师德师风建设放在教师队伍建设的重要位置，建立教育、考核、监督与奖惩相结合的师德师风建设工作机制，引导教师潜心教书育人。深化科学道德和学风建设宣讲活动，宣传先进典型，弘扬良好师风。

继续推进校园廉洁文化建设。

结合思想政治理论课和学科专业建设，深化廉洁教育进教材、进课堂、进学生头脑工作，继续深入开展校园廉洁文化创建活动，营造风清气正的育人环境。

积极推进廉政理论研究。

加强反腐倡廉建设重大理论问题和现实问题的研究，注重反腐倡廉工作实践创新、制度创新、方法创新，理论与实践相结合，进一步提高从源头上有效防治腐败的能力。

牵头部门：学校党风廉政建设宣传教育工作领导小组

协办部门：各分党委

主管领导：校党委副书记马俊杰

协助领导：副校长杨慧林

五、强化对重点部门和关键环节的监督，推进源头治理

（一）加强财务管理和监督

加强财务预算管理，严格执行各项财经纪律和相关制度规定，优化经费支出结构，建设节约型校园。加强成本与效益分析，重视预算执行效果，推进财务信息公开，坚持“三公经费”向教代会报告制度。积极推进制度建设，梳理业务工作流程，开展信息化建设，优化财务管理手段。加强财务队伍建设，开展各类财务培训，提高财务管理水平。

（二）认真做好对科研经费使用和管理情况的监督检查

贯彻落实教育部、财政部关于加强科研经费管理的有关文件精神，按照学校《关于进一步加强科研经费监管工作的若干意见》，充分发挥科研经费管理联席会议的功能作用，严格落实对科研项目、科研经费和科研行为管理的监督检查，积极配合教育部对高校科研经费管理工作的专项检查。监督落实科研人员科研政策和制度法规的宣讲教育工作，进一步探索建立科研经费监管的长效机制，完善监督保障机制。

规范校办企业管理和监督。

结合转职能、转方式、转作风和事业单位分类改革，理顺校办企业产权关系，完善管理体制，明确监管责任，认真履行出资人管理职责，依法对投资效益进行考评，做好风险防控和跟踪管理，防止国有资产流失。按照现代企业制度要求，完善法人治理结构，建立健全科学民主的决策程序和有效的激励、监督、约束机制。规范校办企业重大经济行为决策程序，加强对重大投资、企业改制、兼并重组、资产评估、产权交易等经济行为的监管。加强校办企业年度审计工作，预警和规避经营风险。

加强基建（修缮）工程的管理和监督。

完善学校基建工程领域招投标制度，全面加强对基建工程项目的管理和监督，抓好项目决策、招标投标、投资控制、变更洽商等重点环节的监督工作，推进工程建设项目信息公开，预防并坚决打击商业贿赂和腐败行为。

深化“阳光招生”工作。

完善组织领导，推进招生“阳光工程”，建立健全本科生招生工作社会监督员制度，规范工作程序，严肃考风考纪。加强对招生录取环节的有效监督，确保招生公平公正。

（三）加强教育收费管理和监督

认真落实国家相关部委和北京市教委的有关规定，规范教育收费。严格执行国家教育收费政策和收费标准，坚持教育收费报批和公示制度。组织学校财务处、附属中学、附属小学和其他各有关收费单位开展自查自纠，及时发现和解决各类教育收费工作中存在的问题，进一步规范收费行为，严格落实收费审批制度，杜绝各种违规高收费、乱收费行为。

牵头部门：财务处、监察处、科研处、审计处

协办部门：实验室建设与设备管理处、招生就业处、
资产与后勤管理处、校园建设管理处、
产业管理处、附属中学、附属小学、后勤集团

主管领导：校党委副书记马俊杰

协助领导：副校长查显友、副校长杨慧林

六、严肃查处违法乱纪行为，切实发挥办案治本功能

（一）重视信访工作，畅通民意反映渠道

及时修订纪检监察部门信访工作办法，完善工作程序，加大直查力度，提高信访办结率的同时，认真排查案件线索，发挥信访举报作为案件来源主渠道的作用。

（二）坚持有案必查、有腐必惩

严肃查处违反政治纪律和人事财经纪律的案件。

（三）充分发挥信件举报及办案工作的治本功能

对于来信来访举报问题查证属实的，要依纪依法进行处理；对于举报问题情况不实的，要在一定范围内同步情况，及时澄清事实，扶正祛邪。

牵头部门：学校办公室、纪委办公室、监察处

协办部门：党委组织部、人事处

主管领导：校党委书记靳诺

协助领导：校党委常务副书记张建明、常务副校长王利明、
校党委副书记马俊杰

承担各项任务的牵头部门、协办部门要加强联系，齐心协力抓好工作落实。各牵头单位要积极发挥组织协调和监督检查作用，把贯彻落实本单位牵头的工作同业务工作紧密结合起来，各责任单位要树立大局意识，增强全局观念，按照每项工作的总体要求和具体安排，以认真负责的态度完成好职责范围内的工作。

纪检监察机关要严格履行监督责任，协助党委加强党风建设和组织协调反腐败工作，督促检查相关部门落实惩治和预防腐败工作任务，执好纪、把好关、问好责。对职责范围内党风廉政建设工作领导不力、失职渎职，特别是有问题不报告、不反映、不处理、发生严重腐败问题的，要分清责任，既要追究当事人责任，也要追究相关领导责任。

关于印发《中国人民大学关于深入推进廉政风险防控管理“三个体系”建设工作的实施方案》的通知

（人大校党字〔2014〕16号）

各分党委、党总支：

现将《中国人民大学关于深入推进廉政风险防控管理“三个体系”建设工作的实施方案》印发给你们，请遵照执行。

附件：中国人民大学关于深入推进廉政风险防控管理“三个体系”建设工作的实施方案

中共中国人民大学委员会

2014年3月14日

附件

中国人民大学关于深入推进廉政风险防控管理“三个体系”建设工作的实施方案

为进一步加强我校廉政风险防控管理工作，扎实推进权力结构科学化配置、权力运行规范化监督和廉政风险信息化防控建设（以下简称“三个体系”建设），根据北京市纪委监察局、北京市预防腐败局《〈关于进一步加强廉政风险防控管理的意见〉实施方案》（京纪发〔2012〕5号）的精神，按照《中国人民大学关于进一步加强廉政风险防控管理的工作方案》（人大校党字〔2012〕56号）的安排，我校于2013年4月至12月组织开展了“三个体系”建设试点工作，参加试点工作的学校办公室、科研处、人事处、财务处、招生就业处、公共管理学院、图书馆和体育部等8家单位，认真按照学校党

委的统一部署，完成了试点工作任务。为深入推进我校廉政风险防控管理“三个体系”建设，现就下一步工作提出如下实施方案。

一、总体要求

根据上级有关要求，在学校廉政风险防控管理领导小组的统一领导下，由学校党政主要领导负总责、纪委积极协调推进，相关部门共同参与，在综合运用试点工作经验的基础上，加强分类指导，注重与实际业务相结合，进一步增强廉政风险防控管理“三个体系”建设工作的科学性和实效性。

二、主要内容和实施范围

本次深入推进工作的实施范围确定为：经济学院、历史学院、文学院、哲学院、国学院、财政金融学院、统计学院、农业与农村发展学院、法学院、马克思主义学院等10个学院，国际交流处、研究生院、教务处、资产与后勤管理处、校园建设管理处、实验室建设与设备管理处等6个职能部门。

主要工作内容是全面推进权力结构科学化配置、权力运行规范化监督和廉政风险信息化防控这“三个体系”的建设工作。学校职能部门重点聚焦所承担的全校性职能，认真梳理权力事项并绘制权力运行流程图，做到全面覆盖、无一遗漏，汇总形成《中国人民大学重点领域权力事项目录》，对重要权力事项严格内外部监督，条件成熟的单位，要探索权力网上运行与监督，实现权力运行信息化防控体系建设任务。学院要聚焦教学科研等核心工作中的经费分配、职称评聘、保研推荐、人事选留、干部任用等师生关心关切的重要事项，切实规范和优化权力运行流程，做到科学决策、民主决策，并通过信息化技术手段增强廉政风险过程化监督。

三、工作步骤和时间安排

按照突出重点、分步实施、扎实推进、务求实效的原则，本次深入推进工作共分为六个阶段：

第一阶段：正式启动（2014年3月底前完成）

根据对试点单位工作经验的分析总结，按照学校制定的深入推进工作的实施方案，各有关单位要成立廉政风险防控工作领导小组，制定本单位任务表、时间进度和责任人并上报廉政风险防控领导小组办公室，正式启动此项工作。

第二阶段：清权确权（2014年5月底前完成）

按照“职权法定、权责一致”的原则，开展清理和确认权力事项工作。编制出本单位权力目录，列出涉权事项清单。

第三阶段：规范和优化权力运行（2014年9月底前完成）

在清理涉权事项的基础上，结合现有领导班子分工，在兼顾效率的同时，加大科学配权的力度，绘制出优化后的权力运行流程图。

第四阶段：监督体系和信息化防控体系建设（2014年11月底前完成）

加大信息公开力度，推进权力公开透明运行，保证师生员工的知情权和监督权。依托现有校园内部办公网络等平台，逐步实现相关业务权网上运行，并在已有的业务管理系统中搭载监督模块，实现业务管理与监督工作同步。

第五阶段：检查考核（2014年12月底前完成）

各单位要对廉政风险防控管理“三个体系”建设落实情况进行自查，客观总结实施效果，对没有实现预定目标的，要重新分析查找原因并制定对策，直至达标。学校廉政风险防控管理工作领导小组要制定检查和考核的标准，以一定方式对各单位开展工作的情况进行检查考核。

第六阶段：反馈整改（2015年2月前）

学校廉政风险防控管理工作领导小组办公室将考核结果反馈各单位，对考核不合格的单位及检查中发现的具体问题，督促相关单位限期进行整改。

四、工作要求

（一）加强领导，落实责任

学校廉政风险防控管理工作领导小组由校党委书记和校长任双组长。各单位廉政风险防控管理工作要由党政主要领导负总责、直接抓，主管副职具体抓落实。各单位领导班子要把推进廉政风险防控管理工作作为一项重要任务，列入重要议事日程，加强组织领导，周密安排部署，认真组织实施。

（二）突出重点，务求实效

各单位要以推进“三个体系”建设为契机，针对权力结构和运行机制中存在的廉政风险，加强制约和监督机制建设，规范权力运行和监督，构建和完善符合各单位业务实际的具有高校特点的廉政风险防控管理机制。

（三）强化考核，严肃责任追究

学校廉政风险防控管理工作领导小组在年底开展检查考核，对工作开展不力、廉政风险防控管理工作完成后存在的严重问题仍无改观的极个别单位的领导要实行责任追究。

开展深入推进“三个体系”建设工作是我校廉政风险防控管理工作的重要组成部分，也是学校未来几年加强惩防体系建设的一项关键内容。各相关单位要高度重视，并以此项工作为契机，进一步推动单位内部管理机制的科学化、民主化和规范化，为学校事业持续健康发展提供可靠保障。

附件： 1. 廉政风险防控管理权力事项清单

2. 中国人民大学校级决策权力运行流程图（样表）

附件1

廉政风险防控管理权力事项清单

单位：　　　　　　　　　　　　　　　　　　　　　　　　负责人：

序号	权力名称	行使依据	承办处（科）室	公开形式

填表人：　　　　　　　　　　填表时间：

附件 2

中国人民大学校级决策权力运行流程图

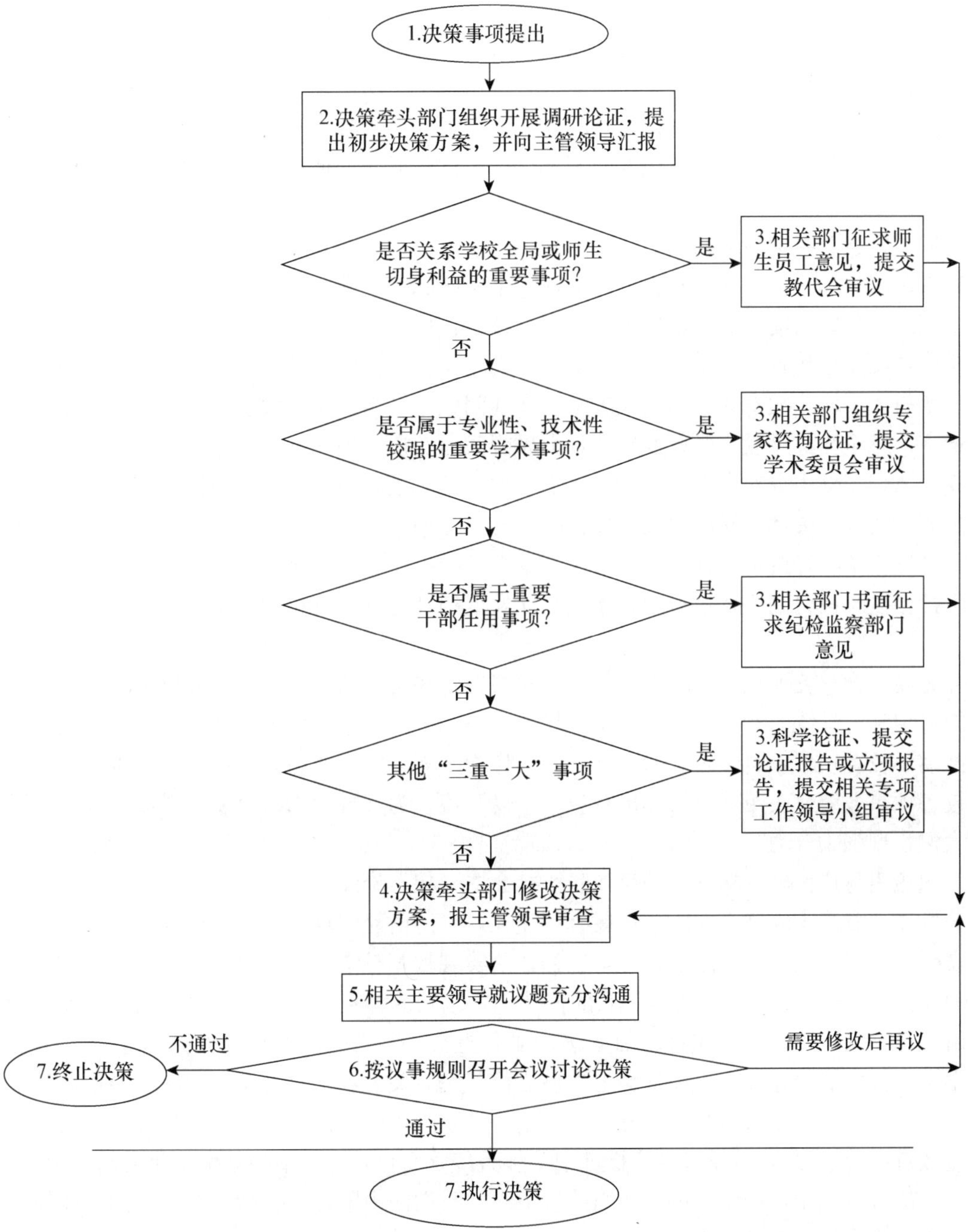

关于学习贯彻习近平总书记五四重要讲话精神的通知

（人大校党字〔2014〕33号）

各分党委、党总支：

今年五四青年节，习近平总书记到北京大学考察，出席师生座谈会并发表重要讲话，对广大青年树立和培育社会主义核心价值观、深化高等教育改革提出了明确要求。深入学习领会、全面贯彻落实习近平总书记这一重要讲话精神，是当前和今后一个时期全校各级党组织的重大政治任务。根据教育部党组《关于学习贯彻习近平总书记五四重要讲话精神的通知》精神，结合学校实际，现就有关要求通知如下：

一、深刻领会总书记重要讲话的重大意义

习近平总书记的重要讲话，站在建设富强民主文明和谐的社会主义现代化国家、实现中华民族伟大复兴中国梦的战略高度，深入论述了社会主义核心价值观的重大意义、丰富内涵、历史渊源和实践要求，深刻指出了当代青年大学生树立和培育社会主义核心价值观的时代责任和努力方向，鲜明回答了坚持立德树人、深化教育改革的重大理论和实践问题，是当代青年大学生健康成长、建功立业的科学行动指南，是全面推进教育改革发展的强大思想武器。讲话内涵丰富、思想深刻，语重心长、情真意切，充分体现了党中央对广大青年大学生自觉践行社会主义核心价值观的殷切期望，对广大青年大学生成长成才的亲切关怀，对深化教育综合改革特别是办好中国特色、世界一流大学的高度重视。学习好、贯彻好、落实好讲话精神，对于落实立德树人根本任务、深化教育领域综合改革、完善和发展中国特色社会主义教育制度、培养德智体美全面发展的社会主义建设者和接班人，具有重大而深远的意义。

各分党委、党总支要认真学习贯彻习近平总书记重要讲话精神，准确把握讲话的精神实质和丰富内涵，把思想和行动统一到党中央对青年一代的希望和要求上来。要把培育和践行社会主义核心价值观作为推动学校各项事业科学发展的基础工程，作为全面落实立德树人根本任务的重要方面。要全面深化学校各项事业综合改革，努力办出特色、争创一流，为实现中国教育梦、建设“人民满意、世界一流”大学积聚强大合力。

二、积极引导广大学生树立、培育和践行社会主义核心价值观

各分党委、党总支要联系实际，拓展有效途径，坚持由易到难、由近及远，把培育和践行社会主义核心观融入学校党建和思想政治教育全过程，落实到教育教学和管理服务各环节。

（一）教育引导广大学生要勤学，下得苦功夫，求得真学问。要促进学生勤于学习、敏于求知，注重把所学知识内化于心，形成自己的见解，学会担当社会责任。要充分发挥课堂教学的主渠道作用，把学生全面发展的总体要求和社会主义核心价值观有关内容细化为学生发展核心素养和学业质量标准，推动社会主义核心价值观进教材、进课堂、进学生头脑。认真贯彻落实教育部《完善中华优秀传统文化教育指导纲要》，分学段有序推进中华优秀传统文化教育，增强学生文化自信和价值观自信。推进教学方法改革创新，组织开展“我们的价值观　我们的中国梦——精彩课堂”网上展播活动，推广社会主义核心价值观教育教学的好经验好做法。

（二）教育引导广大学生要修德，加强道德修养，注重道德实践。要抓好理想信念教育这个核心任务，采取理论学习、主题宣讲和校园文化特别是网络文化活动等多种形式，引导学生立志报效祖国、服务人民。把我们所提倡的与学生的学习生活联系起来，形成爱学习、爱劳动、爱祖国活动的有效形式和长效机制，不断深化节粮、节水、节电活动，广泛开展学雷锋、学习道德模范等道德实践活动，组织参与“全国大学生道德实践成果网络巡礼”活动、“礼敬中华优秀传统文化”系列活动，引导学生从做好小事、管好小节开始。大力开展诚信教育，将学生诚信表现纳入学校教育质量综合评价体系，记进学生成长记录。

（三）教育引导广大学生要明辨，善于明辨是非，善于决断选择。要教育学生学会思考、善于分析、正确抉择，做到稳重自持、从容自信、坚定自励。要加强对青年学生关注的热点问题的理论引导，帮助他们提高观察事物、辨别是非、把握方向的本领。广泛开展形势政策宣传教育活动，继续举办“共和国部长将军论坛”“人大代表人大行”“明德讲堂”等论坛，邀请领导干部和模范人物到学校做报告。进一步加强辅导员班主任队伍建设，充分发挥辅导员班主任队伍在引导学生明辨是非中的重要作用。

（四）教育引导广大学生要笃实，扎扎实实干事，踏踏实实做人。要引导学生把艰苦环境作为磨炼自己的机遇，把小事当作大事干，一步一个脚印往前走。要建立一批青少年社会主义核心价值观实践基地，推动学校阵地与社会基地、校内课程与校外实践、校内教师与校外导师之间的衔接互动。积极参与“农村教师特岗计划”“西部计划”“三支一扶计划”和“到村任职”等基层项目，引导和鼓励毕业生到基层和中西部就业创业，为当地经济社会发展、民族团结进步作出贡献。精心组织好2014年中国人民大学“千人百村”社会调研活动，引导学生深入基层、体验农村、观察社会。

三、围绕立德树人的根本任务全面深化学校各项事业改革

全校上下要以总书记重要讲话为指导，紧紧围绕立德树人的根本任务，全面深化学校各项事业改革，加快构建充满活力、富有效率、更加开放、有利于学校科学发展的体制机制。

（一）凝聚改革共识，关心爱护学生成长。中国人民大学作为中国共产党亲手创办的第一所新型大学，在人文社会领域发挥着领军作用，党和国家对于学校的发展给予高度重视，学校要顺势而为，继续走在高等教育改革前列，努力发挥引领作用。要坚定改革信心，以更大的政治勇气和智慧、更有力的措施和办法，不失时机深化学校各项事业改革。要关心爱护学生成长，营造公平公正环境，不断激发广大学生的活力和创造力。要强化就业创业服务体系建设，经常到学生们中去、同他们交朋友、听取他们的意见建议，支持帮助学生们迈好走向社会的第一步。

（二）争创一流业绩，争当教育改革排头兵。要认真吸收世界上先进的办学治学经验，遵循教育规律，扎根中国大地办学。要始终把“人民满意”作为办学的价值尺度，把立德树人作为教育的根本任务，落实人才培养体系路线图，推进人才培养机制改革，切实增强学生社会责任感、创造精神、实践能力；要充分发挥我校学科优势，依托“马克思主义与中国道路协同创新中心”“社会转型与社会管理协同创新中心”“国家发展与战略研究院”和13个教育部人文社会科学重点研究基地，聚焦全面深化改革中的重大理论与实践问题，加强思想库建设，建设中国一流大学智库；要深化国际交流与合作，大力提升国际性，增强国际影响力；要统筹协调海淀中关村校区、通州校区、苏州校区、铁一号老校区等校园建设，建设美丽校园；要适应全媒体时代新形势，加强对内对外宣传，推进大学形象建设，塑造良好的社会形象。

（三）时刻铭记教书育人的使命，做学生健康成长的指导者和引路人。要把培育和践行社会主义核心价值观纳入教师队伍建设体系，融入教师职前培养和准入、职后培训和管理的全过程，充分调动广大教师的积极性、主动性和创造性。完善师德建设长效机制，落实教师职业道德规范。要进一步落实学校师资队伍建设各项重要举措，坚持人才强校战略，集聚高端人才，切实加强师德师风建设，端正学术风气，引导教师以高尚师德、人格魅力、学识风范教育感染学生，做青年学生健康成长的指导者和引路人；要切实改进工作作风和管理服务水平，积极主动地为广大教职工办实事、办好事、解难题，努力建设一支师德高尚、业务精湛、结构合理、充满活力的高素质专业化教师队伍。

四、迅速掀起学习贯彻总书记重要讲话精神的热潮

学习宣传贯彻讲话精神是当前和今后一个时期的重要政治任务，全校各级党组织要迅速行动，把师生员工的思想统一到讲话精神上来，精心组织、周密安排、广泛宣传、务求实效，掀起学习宣传贯彻讲话精神的热潮。

（一）加强组织领导。要联系实际，把学习贯彻习近平总书记重要讲话精神与学习贯彻习近平总书记系列讲话精神特别是关于教育工作重要论述紧密结合起来，与中国特色社会主义理论和中国梦宣传教育结合起来，与党的群众路线教育实践活动结合起来。各学院、机关部处及直附属单位领导班子和党员干部要带头学习、先学一步、学深学透。要通过学习培训、座谈研讨、专家解读等多种方式，切实提高学习效果。

（二）深入开展宣传。要多措并举，充分运用报刊、广播、网络等各类媒体开设专栏、专版，迅速形成学习宣传习近平总书记重要讲话精神的强大声势，帮助全校广大干部师生全面理解和准确把握讲话的丰富内涵、精神实质。要积极与新闻媒体合作，充分利用人大新闻网、校报、电子显示屏等校内宣传阵地，大力宣传讲话精神和中国梦教育活动开展情况；要善于发现和树立我校优秀师生典型，开展身边典型宣传学习活动，传播凝聚正能量，营造良好氛围。

（三）强化理论研究。要发挥我校人文社会科学学科齐全、智力密集、人才荟萃的独特优势，把五四讲话精神的研究与习近平总书记系列重要讲话、社会主义核心价值观的研究结合起来，深入研究培育和践行社会主义核心价值观的重大意义、科学内涵、基本要素和实践途径，为在新时期弘扬五四精神、培育和践行社会主义核心价值观、深化中国梦宣传教育提供理论支撑和智慧贡献。

各分党委、党总支要按照学校党委的统一安排和要求，制定具体的学习计划，统筹安排，精心组织，扎实推进。各单位学习贯彻习近平总书记五四重要讲话精神的情况要及时报党委宣传部。

中共中国人民大学委员会
2014 年 5 月 21 日

关于印发《中国人民大学研究生支教团管理办法》的通知

（人大校党字〔2014〕34 号）

各分党委、党总支：

《中国人民大学研究生支教团管理办法》经中共中国人民大学第十三届委员会第 103 次常委会议讨论通过，现印发给你们，请遵照执行。

附件：中国人民大学研究生支教团管理办法

中共中国人民大学委员会
2014 年 5 月 4 日

附件

中国人民大学研究生支教团管理办法

第一章 总 则

第一条 为了进一步加强和规范中国人民大学研究生支教团管理，根据共青团中央、教育部、财政部、人力资源和社会保障部联合印发的《关于印发〈大学生志愿服务西部计划志愿者管理办法〉及〈大学生志愿服务西部计划各级项目办和服务单位职责〉的通知》（中青联发〔2009〕19 号）、全国大学生志愿服务西部计划项目管理办公室（以下简称“全国项目办”）印发的《关于印发〈中国青年志愿者研究生支教团管理细则〉》（全国项目办发〔2014〕1 号）等有关规定，结合教育部《全国普通高等学校推荐优秀应届本科毕业生免试攻读硕士学位研究生工作管理办法（试行）》（教学〔2006〕14

号）和我校工作实际，特制定本办法。

第二条 研究生支教团项目由共青团中央、教育部自1999年起组织实施，目前纳入共青团中央、教育部、财政部、人力资源和社会保障部联合实施的大学生志愿服务西部计划基础教育专项统筹实施。

第三条 中国人民大学每年在全校招募一定数量具备推荐免试攻读硕士研究生资格的应届本科毕业生和在读研究生组建研究生支教团，到中西部贫困地区中小学开展为期一年的支教志愿服务。根据服务地团组织及基层团青工作需要，支教团志愿者可兼任乡镇团委副书记，并开展力所能及的扶贫工作。

第二章 组织管理

第四条 学校设立中国人民大学研究生支教团工作领导小组，由主管团学工作的党委领导任组长，校团委、学生工作部、教务处、研究生院、招生就业处、组织部、纪委办公室等部门负责人为成员。

第五条 学校研究生支教团工作领导小组在校团委设立中国人民大学研究生支教团项目管理办公室（以下简称“学校项目办”），由校团委负责人担任学校项目办主任。学校项目办在全国项目办的指导下，与招募省项目办、服务省项目办和服务县（市、区）项目办（以下简称“服务地项目办”）紧密合作，负责研究生支教团的日常管理和突发事件处置等工作。

第六条 学校项目办根据全国项目办工作要求安排专人担任研究生支教团督导员，负责组织开展支教团志愿者培训派遣、考核激励、跟踪培养等工作。

第七条 研究生支教团服务地原则上保持稳定，确需调整、新增服务地的，由学校项目办与服务省项目办和服务地项目办协调、确定，并报全国项目办备案。

第八条 每个服务地设研究生支教团长1名，从在当地开展支教工作的志愿者中产生。研究生支教团团长负责协助学校项目办做好研究生支教团的联系、管理和服务工作。

第三章 志愿者招募选拔

第九条 研究生支教团志愿者招募选拔坚持公开、公平、公正的原则，实行公开招募、自愿报名、综合考察、择优选拔。

第十条 研究生支教团志愿者报名基本条件如下：

（一）必须是具有中国人民大学学籍的应届本科毕业生或在读研究生。

（二）具备良好的思想政治素质和奉献精神，热爱祖国，拥护党的路线方针政策，具有社会责任感和历史使命感，品行端正，无任何违法违纪受处分记录。

（三）身心健康，体检符合全国项目办制定的标准。

（四）学习成绩优良，学术研究兴趣浓厚，有较强的创新意识和专业能力。应届本科毕业生在校1～6学期全校共同课、学科基础课和专业必修课的平均学分绩点不低于2.8。自愿赴新疆、西藏支教的学生可适当放宽平均学分绩点要求。

（五）热爱教育教学工作，具有良好的表达能力。

（六）征得父母等主要家庭成员的同意和支持。

第十一条 研究生支教团志愿者招募选拔程序如下：

（一）发布通知。学校项目办根据全国项目办文件和学校本科生推荐免试攻读硕士学位研究生（以下简称“推免”）工作安排，面向全校发布关于组建研究生支教团的通知。

（二）自愿报名。符合条件的学生在规定时间内按照要求向学校项目办提交报名材料进行报名。

本科应届毕业生还需要根据学校推免工作要求和日程安排，在“数字人大”信息平台推免系统中提交报名申请，推荐生类别应选择“支教生”，并从系统中打印《中国人民大学推荐免试攻读硕士研究生申请表》作为报名材料。

所有报名材料须由报名学生所在学院进行真实性审查，由学院相关工作负责人签字并加盖公章。

（三）支教资格测评。学校项目办组织对报名学生进行支教资格测评，主要包括综合素质测评和面试。

综合素质测评满分为100分，主要由学校项目办根据《中国人民大学研究生支教团候选志愿者综合素质测评表》进行评分，并将结果及评分支撑材料向所有报名学生进行公示。该测评表的各项指标及权重主要根据团中央、教育部和全国项目办相关文件精神，由学校研究生支教团工作领导小组确定。

面试满分为100分，主要考察时政知识、团学工作知识、动机与支教志愿者岗位的匹配性、教育理论、综合分析能力、言语表达与沟通能力、应变能力、计划组织协调能力、自我情绪控制和举止仪表。面试采用匿名结构化面试，题目统一，面试顺序在面试开始前抽签决定，面试人在面试过程中不得透露自己的姓名、学院等个人信息。面试官由学校研究生支教团工作领导小组成员或具有高级职称的专业教师组成，在面试前一天确定，不少于7人。面试分数统计过程中，去掉1个最高分和1个最低分。

（四）确定通过支教资格测评的学生名单。学校项目办按照不低于招募指标120%的数量，根据支教资格测评总分从高到低的顺序，确定通过支教资格测评的学生名单，并公示3天。

公示内容应包括姓名、学院、支教资格测评得分。公示期结束后，学校项目办将通过支教资格测评的本科应届毕业生名单向相关学院予以通报，相关学生可以以“支教生”类别向所在学院提出推免申请。

没有通过支教资格测评的本科应届毕业生，仍可以以一般类别申请推免。

（五）组织参与专业复试。通过支教资格测评的本科应届毕业生须参加由推免接收学院组织的专业复试。

复试成绩不及格者（绩点1.0以下），按照“未通过复试”处理，不再具有申请推免的资格。

通过支教资格测评的在读研究生不需要参加本环节的考察。

（六）组织体检。学校项目办组织通过支教资格测评和专业复试的同学按照全国项目办提供的体检标准进行体检。

体检不合格者，不再具有入选研究生支教团的资格。

（七）确定支教团拟入选人员名单。学校项目办根据专业复试和体检结果，根据招募指标数量，按照支教资格测评总分从高到低的顺序等额确定支教团拟入选人员名单，报学校研究生支教团工作领导小组和学校推免工作委员会审核。

（八）确定支教团志愿者人选。学校研究生支教团工作领导小组对支教团拟入选人员名单进行审核批准后，学校推免工作委员会、研究生招生工作委员会将对拟入选应届毕业生的推免资格进行审批和公示，全国项目办将对拟入选人员名单进行公示。公示结束后，正式确定支教团志愿者人选。

第十二条 研究生支教团志愿者选拔过程中，符合以下条件的在同等情况下优先考虑：

（一）中国共产党党员；

（二）热心为同学服务，在全校性学生组织担任主要学生干部并做出突出贡献；

（三）积极参与社会实践和志愿服务活动并取得突出成绩；

（四）具有半年以上专职中小学教育教学经历；

（五）在校期间获得国家级、省部级奖励或荣誉称号。

第四章 培训与派遣

第十三条 支教团志愿者在赴服务地之前，必须按要求参加学校项目办组织的各类培训。

第十四条 学校项目办组织的培训旨在提升支教团志愿者的思想认识水平、教育教学能力、团学工作能力、团队意识和生活适应能力。

第十五条 学校项目办组织的培训形式包括但不限于党团支部组织生活、理论学习、专题讲座、教学实习、支教经验交流会、团学工作见习、团队熔炼和体能训练。

第十六条 学校项目办组织的培训活动由督导员组织实施，并进行考勤监督。对于多次无故不参加培训活动的支教团志愿者，学校研究生支教团工作领导小组可以取消其支教资格。

第十七条 学校项目办结合各服务地的支教岗位需求，适当考虑志愿者本人意愿，在每年 6 月底以前确定各服务地志愿者人选。支教志愿者必须服从学校项目办的安排，否则学校研究生支教团工作领导小组有权取消其支教资格。

第十八条 学校项目办每年根据工作实际，通过授旗仪式、座谈会、欢送会、谈话等方式为支教团送行，强化志愿者的荣誉感、使命感和责任感。

第十九条 各服务地项目办结合地方实际需求和条件，安排支教团志愿者的具体工作岗位。支教团志愿者必须服从服务地项目办的安排，否则学校研究生支教团工作领导小组有权取消其支教资格。

第五章　志愿者管理

第二十条 研究生支教团志愿者一经入选，须按照全国项目办要求与学校项目办签订《招募协议书》，明确服务任务，且不得自行放弃支教资格。

第二十一条 入选研究生支教团的本科应届毕业生在四年级期间因受处分、延期毕业、未达到研究生招生工作体检和政审标准等原因丧失研究生录取资格的，取消支教资格。

第二十二条 支教服务时间从支教团志愿者抵达服务地开始，至服务学校正式放暑假为止。志愿者完成支教服务后经服务学校、服务地项目办和学校项目办同意后，方可离开服务地。

第二十三条 支教团志愿者必须严格按照团中央、全国项目办相关工作要求在服务地教学一线开展服务，不得以任何理由参加非教育教学岗位的工作。学校任何机构和个人不能在支教服务时间内选留支教团志愿者在校从事管理服务工作。

第二十四条 支教志愿者应按照各级项目办要求认真履行以下职责和义务：

（一）认真学习领会大学生志愿服务西部计划及研究生支教团项目有关政策和文件精神，遵守法律法规和全国项目办、服务地项目办、学校项目办制定的规章制度，自觉践行中国人民大学的光荣传统和中国青年志愿者的使命。

（二）自觉服从服务地教学一线岗位安排，遵守日常管理规定，对服务地项目办、服务单位安排的非教学一线岗位应主动要求调换，对不予调换的应及时向学校项目办汇报。

爱岗敬业，为人师表，不断提升教育教学能力，保质保量地完成教育教育任务。

积极参与公益活动，努力为服务单位和服务地经济、社会和文化发展做出贡献。

第二十五条 支教志愿者在服务期间不得擅自离开服务学校所在县（区）。寒假返乡或者因其他特殊原因需要离开的，必须事先经所在服务地支教团团长向服务学校、服务地项目办提出申请，获批准后方可离开，且必须严格按照批准时限返回服务地。支教团团长应做好记录并及时报学校项目办备案。

支教团志愿者因出游、访友、参加考试等个人事务出行发生意外的，服务学校、服务地项目办和学校项目办不承担相关责任。

第二十六条 支教团团长应定期组织志愿者进行工作总结和研讨，做好文字、图像、影像等资料的整理和保存，及时向学校项目办反馈。

第二十七条 对于支教服务期间出现违法犯罪行为、不遵守各级项目办规章制度、不履行研究生支教团志愿者职责和义务，以及擅自离开服务学校所在县（区）的志愿者，学校项目办将进行严肃处理直至取消其支教资格。

第二十八条 以本科应届毕业生身份报名参加研究生支教团的志愿者如果放弃支教资格或者被取消支教资格，学校将同时取消其研究生入学资格，且参照就业违约处理，不得在京就业，学校也不提供用于就业或出国的成绩证明。以在读研究生身份报名参加研究生支教团的志愿者如果放弃支教资格或者被取消支教资格，学校将取消其参评学校各类奖学金和荣誉称号的资格。

第二十九条 支教服务期满，志愿者在进行支教扶贫工作总结的基础上填写全国项目办统一制定的服务鉴定表。服务地项目办会同服务学校对志愿者进行考核，出具鉴定意见并加盖公章。鉴定表由支教团团长统一带回学校，学校项目办协调相关学院将其记入学生档案。

第六章 政策保障

第三十条 应届本科毕业生在支教服务期间保留研究生入学资格一年，按入学年度教育部和学校有关规定入学。在读研究生在支教服务期间保留学籍一年。

第三十一条 支教团志愿者服务期间人事档案关系挂靠在中国人民大学，户口为中国人民大学集体户口，继续学业时仍记为原户口所在地生源。

第三十二条 支教团志愿者在赴服务地前一个月或者到达服务地一个月内与派出学院党团组织联系，开具转党、团组织关系介绍信，转移组织关系。

第三十三条 支教团志愿者享有国家相关法律、法规规定的休息（假）权，志愿者请（休）假按照全国项目办相关文件执行。

第三十四条 支教团志愿者的生活补贴、交通补贴、保险，以及在就业等方面的优惠政策，按照全国项目办相关政策文件执行。

第三十五条 学校每年下拨一定数量的支教团工作管理经费，并积极整合社会资源，支持研究生支教团在服务地开展的教育教学工作和公益活动。

第三十六条 学校通过建立支教志愿者之家、推荐担任辅导员、组织学习培训和社会实践活动、提供团学工作兼职岗位等方式，对完成支教服务返校的志愿者进行后续培养。

第三十七条 研究生支教团工作纳入学校共青团系统评优表彰体系和相关奖学金评定体系。在服务期间表现突出的支教志愿者个人及集体，可以参评相关奖项。对于特别优秀的，由学校项目办向上级推荐申报市级、国家级相关荣誉。

第七章 附 则

第三十八条 本办法最终解释权归中国人民大学研究生支教团工作领导小组所有。

关于印发《关于加强关心下一代工作委员会工作的意见》的通知

（人大校党字〔2014〕35 号）

各分党委、党总支：

《关于加强关心下一代工作委员会工作的意见》经中共中国人民大学第十三届委员会第 105 次常委会议讨论通过，现印发给你们，请遵照执行。

附件：关于加强关心下一代工作委员会工作的意见

中共中国人民大学委员会
2014 年 6 月 6 日

附件

关于加强关心下一代工作委员会工作的意见

为全面贯彻落实党的十八大和《中共中央国务院关于进一步加强和改进未成年人思想道德建设的若干意见》（中发〔2004〕8号）、《中共中央国务院关于进一步加强和改进大学生思想政治教育的意见》（中发〔2004〕16号）、《中共中央组织部　中共中央宣传部　中共教育部党组关于加强和改进高校青年教师思想政治工作的若干意见》（教党〔2013〕12号）精神，进一步发挥高校离退休教职工在培养教育青少年工作中的作用，根据《中共教育部党组关于加强全国教育系统关心下一代工作委员会建设的意见》（教党〔2009〕20号）、《中共北京市委教育工作委员会北京市教育委员会关于贯彻落实〈中共教育部党组关于加强全国教育系统关心下一代工作委员会建设的意见〉的通知》（京教工〔2009〕48号）等文件精神，结合我校实际，现就进一步加强学校关心下一代工作委员会（以下简称"关工委"）工作提出以下意见：

一、深刻认识关工委在学校人才培养工作中的地位和作用，增强使命感和责任感

我校关工委是遵照上级教育主管部门的要求于1991年经校务委员会决定成立的，是在校党委领导下，以离退休老同志为主体、有党政相关部门和群团组织负责人参加的，以关心、教育、培养学生和青年教职员工健康成长为目的的群众性工作组织，在学校培养高层次人才的系统工程中承担着独特的历史责任。

人才培养是大学的核心使命。我校以"国民表率、社会栋梁"为人才培养目标，充分发挥和调动全校各方面优势，积极培养高素质高层次的理论型、管理型优秀人才，培养中国特色社会主义事业的合格建设者和可靠接班人。

人才培养，德育为先，需要全校各部门关心、支持和配合，做到统一思想、集中智慧、形成合力。广大离退休教职工是党的教育方针政策的忠实执行者，是我校光荣历史和优良传统的见证者、传承者，他们对人才培养、对青年教师和学生的思想政治和道德品质教育有着独特的优势和重要作用。学校各级党组织要切实加强关工委建设，组织、指导离退休老同志积极参与人才培养工作，建立一支以老党员、老教师、老专家、老干部、老模范等为主体，有在职同志参加的关心下一代工作队伍，通过各种有效方式搭建工作平台，进一步发挥老同志的政治、经验、威望、时空、亲情等特殊优势，弘扬他们忠诚敬业、关爱后代、务实创新、无私奉献的精神，促使他们成为人才培养工作不可替代的补充力量。

二、切实加强领导，建立并完善校内各级关工委组织机构和工作机制

关工委工作重点在基层，活力在基层，经验来自基层，效果体现在基层。在学校关工委指导下，各学院、附中、附小应分别成立二级关工委，务必把关心下一代的工作做深做实。各级关工委在同级党委领导下开展工作并接受上级关工委的指导。学校关工委由校党委分管学生工作的副书记兼任主任，由退出学校领导岗位的老同志任常务副主任。日常工作由关工委办公室（秘书处）负责。二级关工委由本单位分管学生工作的领导担任主任，并确定一名工作人员负责日常工作。

校党委定期召开专题会议听取关工委工作汇报，研究关工委工作，提出工作任务，及时向关工委传达通报有关文件、会议精神，请关工委负责人参加德育、思想政治教育及学生党建等与关心下一代工作有关的会议。学生工作部、校团委等部门和学院党委在计划部署、活动开展、工作总结时，要把关心下一代工作纳入视野，主动与关工委联系、沟通、交流，围绕立德树人的人才培养目标，协调工作任务，并积极搭建平台，建立以关工委老同志为主体的"围绕中心、配合补充"工作机制。

三、准确把握关工委工作方针，着力加强关工委队伍建设，提高工作水平

教育部党组《关于加强全国教育系统关心下一代工作委员会建设的意见》中明确指出："教育系

统关工委的工作方针是围绕中心、配合补充，因地制宜、量力而为，立足基层、注重实效”。各级关工委应在党委领导下，紧紧围绕学校人才培养的核心使命，积极配合组织部门、宣传部门、教务部门、学生工作部门、校工会等单位，以当代青年喜闻乐见的活动方式，引导他们牢固树立社会主义核心价值观，增强道路自信、理论自信、制度自信，在培养社会主义合格建设者和可靠接班人的伟大系统工程中彰显工作价值。

在工作中要高度重视关工委队伍建设。各级党委要宣传、动员、组织引导老同志，特别是新退休的老同志参加关心下一代工作。进行干部、教师退休谈话时，要把动员老同志参加关心下一代活动列为谈话内容。要尊重老同志的意愿，发挥老同志的优势和专长，逐步建设一支素质高、乐于奉献的老年志愿者队伍，为关心下一代事业的持续发展奠定坚实基础。

要加强各级关工委领导班子建设。各级党委要根据工作需要，结合在职领导的人事变动、老同志年龄及身体状况等，及时调整关工委领导班子；动员、选配组织能力强、理论水平高、有热情和威望、身体健康的低龄老同志充实领导班子；特别要选配好领导班子主要负责同志。

要发挥、保护好参与关心下一代工作老同志的积极性。各级党政领导要从政治上、思想上和生活上关心老同志，为他们开展工作提供学习培训机会和学习材料，传达有关文件，通报有关情况，使他们跟上形势的发展。对工作成绩突出的老同志要给予表扬和奖励。

四、提供必要条件，保障关工委工作顺利开展

各级组织要及时解决关工委工作中遇到的困难和问题，为关工委开展工作提供必要的工作条件和经费支持，将关工委活动经费列入年度预算，做到专款专用。对承担具体工作任务且坚持日常工作的离退休老同志个人给予适当补助；对因工作需要并经领导批准返聘的办公室工作人员，应执行本单位返聘人员的有关规定。关工委经费的使用要坚持勤俭节约的原则，遵守学校财务制度。

五、注重制度建设，积极探索逐步建立关工委工作的长效机制

根据工作实际，关工委要逐步建立会议制度、学习制度、调研制度、培训制度、总结汇报制度、工作交流制度、财务管理制度、文书档案制度等必要的规章制度，提高工作的科学化、制度化、规范化水平，保证关工委工作健康、持续进行。

关于印发《中国人民大学关心下一代工作委员会工作规定（试行）》的通知

（人大校党字〔2014〕36 号）

各分党委、党总支：

《中国人民大学关心下一代工作委员会工作规定（试行）》经中共中国人民大学第十三届委员会第105 次常委会议讨论通过，现印发给你们，请遵照执行。

附件：中国人民大学关心下一代工作委员会工作规定（试行）

中共中国人民大学委员会

2014 年 6 月 6 日

附件

中国人民大学关心下一代工作委员会工作规定（试行）

第一章　总　则

第一条　为进一步加强我校关心下一代工作委员会（以下简称“关工委”）的制度化、规范化建设，全面深入推动我校关心下一代工作，根据中国关工委、教育部党组、教育部关工委、中共北京市委教育工委、北京教育系统关工委等上级有关文件精神，结合我校实际，制定本规定。

第二条 我校关工委是在学校党委领导下，在教育部关工委和北京教育系统关工委指导下，以离退休老同志为主体、有党政相关部门和群团组织负责人参加的，以关心、教育、培养学生和青年教职员工健康成长为目的的群众性工作组织，是学校思想政治工作的重要力量。

第三条 关工委工作的指导思想是：高举中国特色社会主义伟大旗帜，以马克思主义、毛泽东思想、中国特色社会主义理论体系为指导，全面践行社会主义核心价值观，全面贯彻落实党的教育方针，实施素质教育，推进学校教育、家庭教育、社会教育紧密结合，努力把青年一代培养成为中国特色社会主义事业合格建设者和可靠接班人。

第四条 关工委工作的方针是：坚持以德育工作为主线，围绕中心、配合补充，因地制宜、量力而为，立足基层、注重实效。广泛团结热心下一代教育的老同志自愿参与工作；发扬忠诚敬业、关爱后代、务实创新、无私奉献的精神。在学校党委领导下，紧密围绕立德树人和我校建设“人民满意、世界一流”大学的总任务、总目标，与相关部门密切配合开展工作。

第五条 关工委工作的原则是：以现职党政领导为主导，提出工作任务，以老同志为工作主体，从老同志的实际情况出发，坚持“因人制宜、发挥所长、志愿参加、量力而为”的原则开展工作。

第二章　工作任务

第六条 组织、指导我校离退休老同志，配合学校有关部门，全面贯彻党的教育方针，开展思想政治工作。着力对本校学生和青年教职员工进行马克思主义、毛泽东思想、中国特色社会主义理论体系教育，社会主义核心价值观教育，帮助他们增强道路自信、理论自信、制度自信，成为中国特色社会主义事业合格建设者和可靠接班人。

第七条 紧密围绕党和国家及学校各时期的中心工作，服务大局，配合有关方面积极开展内容丰富、思想健康、形式多样的教育活动。

第八条 主动配合学校有关部门开展校园文化建设，营造和谐优良的教书育人环境，传承优秀文化。

第九条 积极参与党建工作，协助培养入党积极分子，对新党员进行教育。

第十条 积极开展帮困助学活动。帮助学习、生活、心理方面有困难和问题的学生健康成长，顺利完成学业。

第十一条 围绕学校重点、难点、热点工作，开展调查研究，深入了解学生的思想特点和心理状态，发挥老同志的独特优势和热情，探索思想政治教育的新方法、新途径。以多种方式向校党委提供信息和建议，充分发挥参谋、协助、配合作用。

第三章　组织机构

第十二条 学校建立校、院两级关工委，分别受同级党组织领导。校关工委与院关工委之间是联系、配合和业务指导关系。学校关工委设办公室（秘书处），挂靠离退休工作处，负责贯彻落实上级党组织和校党委工作部署，完成上呈下达、组织活动、起草文件、了解情况、推动工作、调研总结等日常工作。学院关工委在本院党组织领导下，在校关工委指导下开展、落实有关工作。

第十三条 校关工委原则上每五年为一届，遇有特殊情况，经同级党委批准，可提前或延迟换届。主任由学校党委分管学生工作的领导兼任；常务副主任、副主任、秘书长及委员由离退休老同志和有关部门的在职干部担任。

第十四条 学院关工委主任一般由分管学生工作的院领导兼任；委员 5 人左右，由离退休同志和本院在职教师、干部组成。各学院关工委应确定一名联系人，负责与校关工委办公室的日常工作联系。

第四章　制度建设

第十五条　学习制度。关工委全体成员每学期至少集中学习一次。主要内容是政治理论、形势政策、上级关工委有关文件和指示精神、关工委工作经验以及工作必需的业务知识。可采取学习培训、专题报告、参观考察、理论研讨、总结交流等方式。

第十六条　工作例会制度。关工委工作会议每年定期召开或根据工作需要随时召开，一般每学年至少召开两次会议，确定全年工作计划，研究、决定重要事项。校关工委建立主任例会制度，沟通信息，研究工作，处理日常事宜。

第十七条　计划、检查、汇报制度。各级关工委应制定年度工作计划。校关工委每年对各学院关工委的工作进行一次检查，包括工作进展、经验和问题等，并将检查情况向学校党委和上级关工委汇报。

第十八条　总结表彰制度。各级关工委都要建立总结表彰制度，对成绩突出的集体和个人，要适时予以表彰奖励。学校关工委综合性表彰一般两年一次。

第十九条　文书档案制度。各级关工委的有关文件、图片影像等资料要有专人负责收存管理，并进行分类整理，列出目录，妥为保管。

第二十条　宣传、信息工作制度。利用工作简报、网络信息平台和有关会议等形式，及时沟通情况，交流推广工作经验，促进相互学习，引导和推动关工委工作深入开展。及时上报有关工作信息。建立离退休高级专家技术人员数据库。

第二十一条　根据新形势和工作发展情况逐步建立健全其他有关制度。

第五章　附　则

第二十二条　本规定适用于校、院两级关工委。各二级关工委可依据本规定，结合本单位实际，制定相应的工作规定。

第二十三条　本规定自发布之日起试行，由中国人民大学关工委负责解释。

中共中国人民大学委员会关于加强和改进新形势下党外代表人士队伍建设的意见

（人大校党字〔2014〕57号）

各分党委、党总支：

为贯彻党的十八大精神，落实《中共中央关于加强新形势下党外代表人士队伍建设的意见》（中发〔2012〕4号）、《中共北京市委关于贯彻落实〈中共中央关于加强新形势下党外代表人士队伍建设的意见〉的实施意见》（京发〔2012〕7号），以及《中共北京市委教育工作委员会关于加强新形势下北京高校党外代表人士队伍建设工作的意见》（京教工〔2013〕3号）有关精神，现结合我校实际情况，就进一步加强和改进我校党外代表人士队伍建设提出以下意见：

一、充分认识加强和改进我校党外代表人士队伍建设的重要意义

党外代表人士队伍建设是坚持和完善中国共产党领导的多党合作和政治协商制度的一项基础工程。加强党外代表人士队伍建设是党和国家事业发展、统一战线巩固壮大的必然要求。

中国人民大学是中国共产党在高校统一战线工作的一个重要阵地和重要窗口，在长期的奋斗历程中，积淀了深厚的基础，形成了优良的传统，涌现出一大批与中国共产党风雨同舟、真诚合作、贡献卓著的著名党外代表人士。当前，国家和社会正处于改革发展的重要战略机遇期，中国人民大学创建“人民满意、世界一流”大学的进程也进入了关键阶段。在新形势下充分发挥中国人民大学的历史传

统和学科与人才队伍优势，培养一大批高素质、有影响、作用突出的党外代表人士，是时代赋予中国人民大学的神圣职责和历史使命。

各级党组织要从战略高度认识新形势下做好党外代表人士队伍建设的重要意义，进一步增强使命感、责任感和紧迫感，把培养党外代表人士作为我校各级党组织的政治责任，科学规划、重点突破、整体推进党外代表人士队伍建设，不断开创人才辈出、人尽其才的新局面，为创建“人民满意、世界一流”大学的“人大梦”和实现中华民族伟大复兴的“中国梦”做出新贡献。

二、加强和改进我校党外代表人士队伍建设的总体要求

（一）指导思想

高举中国特色社会主义伟大旗帜，以邓小平理论、“三个代表”重要思想和科学发展观为指导，贯彻落实中共十八大和中共十八届三中全会精神，贯彻落实习近平总书记系列重要讲话精神，严格按照中央和北京市委关于党外代表人士队伍建设的各项工作要求，紧紧围绕加快创建“人民满意、世界一流”大学的奋斗目标和学校中心任务，加大工作力度，创新工作机制，提高工作水平，着力培养一支政治坚定、业绩突出、群众认同的党外代表人士队伍，为巩固和壮大新时期统一战线、加快创建“人民满意、世界一流”大学以及服务党和国家现代化建设大局提供坚实的党外人才保障，做出新的贡献。

（二）工作原则

党外代表人士队伍建设必须始终坚持党管干部、党管人才与发扬民主相统一，进步性与代表性相统一，政治教育与实践锻炼相统一，加强培养与注重使用相统一，组织培养与自我提升相统一，统筹推进与突出重点相统一，发挥骨干作用与发挥群体作用相统一的原则。

（三）涵盖范围

高校党外代表人士是指与中国共产党团结合作、做出较大贡献、有一定社会影响的高校非中共人士。主要包括：各级人大代表、政协委员中的非中共人士，民主党派各级组织负责人；在有关社会团体担任一定职务并发挥较大作用的非中共人士；处级及处级以上的党外干部；无党派代表人士；其他有代表性的党外知识分子等。

（四）工作目标

适应新形势下坚持和完善中国特色社会主义政治制度、巩固和壮大爱国统一战线的要求，按照“人才充足、涵盖齐全，素质优良、业务突出，加强培养、适时推荐”的工作方针，拓宽视野、整合资源、健全机制、创新方法，努力建设一支数量充足、结构合理、素质优良、作用突出的党外代表人士队伍。

1. 总量适度增长。在现有基础上，进一步加强党外代表人士培养，壮大党外代表人士队伍。实施党外代表人士培养“234”计划，以高层次党外代表人士为重点，培养选拔20名以上的领军型党外代表人士、30名左右的党外代表人士、40名左右的党外代表人士后备队伍。

2. 结构合理优化。稳步提高高层次党外代表人士比例，注意选拔不同类别、不同层次、不同学科的代表充实党外队伍，统筹考虑年龄性别结构，形成层次合理、分布均衡、衔接有序的人才梯队。

3. 素质不断增强。从适应中国特色社会主义事业的需要出发，进一步提高党外代表人士的政治把握能力、参政议政能力、组织协调能力、合作共事能力。

4. 作用更加显著。为党外代表人士创造更为有利的条件，支持和协助党外代表人士在国家事务以及新形势下创建“人民满意、世界一流”大学工作中充分发挥政治参与作用、议政建言作用、示范带动作用。

三、加强和改进我校党外代表人士队伍建设的具体措施

（一）明确领导责任

党外代表人士队伍建设是一项系统工程，涉及到学校各级党组织、多个部门。学校党委领导要带头学习、深刻领会中央和市委有关文件精神实质、基本要求和具体措施，加强对工作的统一领导和统筹协调；统战、组织、人事及其他相关职能部门要在干部队伍建设和人才队伍建设中切实贯彻上级要求，明确并具体落实在党外代表人士队伍建设中应负的职责。

加强和改进党外代表人士队伍建设，尤其要重视基层党组织作用的发挥。基层党委（党总支）要高度重视、专题研究党外代表人士工作，关注党外代表人士思想、工作、生活等方面状况，及时发现、培养党外代表人士后备人选，积极发挥在党外代表人士发现储备、教育培养、选拔任用等工作中的重要作用。

（二）健全体制机制

统战工作是全党的工作，党委部门、行政部门以及基层党组织都负有做好统战工作的职责。要不断完善学校党委统一领导，行政部门积极参与，党委统战部牵头协调，组织、人事及其他职能部门和基层党组织各司其职、紧密配合的党外代表人士队伍建设工作机制。

成立党外代表人士工作办公室。建立健全党外代表人士协商制度，加强同党外代表人士的协商，把民主协商切实纳入“三重一大”决策程序，增强协商的实效性。进一步完善党外代表人士沟通机制，及时向党外代表人士通报情况、传达文件、征求意见，邀请党外代表人士参加和列席重要会议。建立民主党派与党外代表人士提案办理、回复制度，进一步拓宽党外代表人士参与学校各种事务的渠道。

建立党委组织部、党委统战部党外干部工作联席会议制度，每学年召开一至二次，专门研讨党外干部队伍及其后备队伍建设的有关问题，为党委决策提供建议。

（三）重视发现储备

从基层抓起，做好党外代表人士培养工作，健全党外人才的发现机制，加强学校有关职能部门与基层单位间的沟通联系与协调，扩大选人视野，通过多种方式、多种渠道挖掘、发现人才。

严把选人用人的政治标准，按照“用一届、备一届、培养一届、动态管理”的工作原则，储备人才，形成全方位、多层次的党外代表人士人才库。在党外代表人士人才库的建设上，采取组织推荐、领导干部推荐和个人自荐等方式进行入库人选的民主推荐工作，由党委统战部会同组织部、人事部等有关部门对推荐人选情况进行汇总、审核，并以适当方式听取各方意见、进行考察了解，根据组织考察情况，进入党外代表人士人才库。原则上每二至三年对党外代表人士人才库进行一次阶段性调整，每五年进行一次较为集中的调整充实，为中央、北京市及学校的各类安排做好充分的人才储备。动态更新党外代表人士人才库人员信息，及时核对、整理、补充入库人员参政议政、社会工作、教学科研成果等方面的情况。

（四）加强教育培养

重视培育适合党外代表人士成长的土壤，形成良好的生态环境，使之能够树木成林，培育出栋梁之材。目前，改革开放以后成长起来的新一代党外代表人士已经成为党外代表人士队伍的主体，他们成长的社会环境和自身状况呈现出鲜明的时代特征。在新形势下加强教育培训对于培养与中国共产党同心同德、亲密合作的党外代表人士具有重要意义。

设立专门的党外人士教育培训经费，党外高级知识分子人均教育培训经费不低于每年 300 元标准。建立系统的党外代表人士培养教育机制，分层次组织开展政治理论学习、考察调研等活动，有效提高党外代表人士的政治素质、责任意识、管理协调能力和参政议政能力，增加他们对国情社情的了解。积极选送和大力支持党外代表人士参加中央统战部、北京市委统战部、北京市委教育工作委员会等上级部门举办的学习培训和实践锻炼。把党外人士教育培训列入学校干部教育培训总体规划，根据我校党外代表人士队伍实际，每年举办党外人士培训班，分期分批安排党外人士骨干进行学习。

（五）重视联谊交友

建立健全学校党员领导干部、学校各职能部门党员领导干部、各学院和直属机构党员领导干部与党外代表人士联谊交友制度。学校领导班子、学校各职能部门领导班子、各学院和直属机构领导班子中的党员领导干部要重点联系若干名党外代表人士，各级党员领导干部都要强化联谊交友意识，做好联谊交友工作，经常沟通思想、解疑释惑、相互学习、增进感情。要把联谊交友工作贯穿于党外代表人士发现、培养、使用和管理的各个环节。发挥联谊交友的引导作用，宣传党的方针政策，使党外代表人士更加准确深入地了解党的主张；发挥联谊交友的沟通作用，认真倾听党外代表人士的意见建议；发挥联谊交友的纽带作用，增进相互信任和感情，不断巩固党与党外代表人士的联盟。

（六）注重日常管理

统战、组织、人事等相关职能部门与党外代表人士所在单位要做到工作一盘棋，定期研究党外人才的培养情况，增强培养使用的针对性。加强对党外优秀人才成长过程的引导工作，根据其自身特点和工作需要，考虑是否适合做政治安排、实职安排、社会安排等，形成个性化的培养方案。对党外代表人士人才库实行动态管理，建立能进能出、能上能下的管理机制。

建立党外代表人士综合评价工作机制，对党外代表人士的政治素质、专业成就、工作业绩、群众基础等方面进行综合评价，评价结果作为推荐使用的重要依据。党委统战部牵头协调，加强与党外代表人士所在单位、所属党派团体和人大、政协的联系。全面了解和掌握党外代表人士的政治表现、思想状况、履行职责和廉洁自律情况，特别是在重大原则问题上的立场和态度，帮助党外代表人士坚定政治共识，增强大局意识、责任意识和自律意识，不断提高自身素质。

党委组织部在各级领导班子和干部队伍建设中，要会同党委统战部，针对党外代表人士特点，探索运用民主评议、述职述学述德述廉、定期考核等形式对党外干部进行管理考核，促进党外干部健康成长。

（七）加大选任力度

着眼于党外代表人士队伍的新老交替和政治交接，把党外代表人士队伍建设纳入学校人才和干部队伍建设总体规划，进一步健全党外干部选拔任用机制。积极研究探索建立健全党外干部岗位锻炼机制，按照政治坚定、业绩突出、群众认可的标准，对一些党外骨干适时安排适当行政领导岗位，通过工作实践培养和提高其应对复杂情况、解决实际问题的能力。

在上级领导部门的支持下，在校、院两级领导班子中逐步增加民主党派或无党派人士的名额。积极选配符合条件的党外代表人士进入学校领导班子。校级后备干部和一些重要行政岗位中要有适当数量的党外代表人士。根据行政职能部门、学院行政班子建设和工作需要，选配符合条件的党外代表人士进入领导班子。设置党外干部挂职锻炼岗位。党外干部在学校处级干部中比例不低于15%，党外干部在处级后备干部中比例不低于15%，每年安排党外干部挂职锻炼人数不低于挂职锻炼干部总数的15%。

党外代表人士选拔任用既要坚持标准和条件，遵循人才成长的规律，又要充分考虑统战工作实际需要，防止求全责备。要为党外代表人士的成长搭台阶、建平台，创造更多的锻炼和施展才华的机会，提高他们履行职责的素质和能力。

（八）充分发挥作用

积极支持、鼓励党外代表人士参政议政，努力为党外代表人士参政议政、建言献策创造良好的条件，不断增强党外代表人士参与社会工作的意识和积极性，增强他们为国家和社会服务的责任感和能力，支持他们围绕全面建成小康社会、促进经济社会发展和改善民生，开展调查研究，积极建言献策。

积极支持党外代表人士在学校民主管理、民主监督中发挥作用，支持他们参与学校重大问题的决策及教代会、职代会工作。切实落实向党外代表人士定期通报情况、重大事项征求党外代表人士意见、向党外代表人士传达有关文件精神、邀请党外代表人士参加重要会议的制度，更好地利用现代信息技术与新媒体，创新党外代表人士参与学校民主管理、民主监督的途径与方式，鼓励和支持他们为学校建设和发展献策出力。为党外代表人士的调研活动提供必要的条件。积极支持党外代表人士在校内外实职、挂职岗位上开展工作。

基层党组织要重视发挥党外代表人士在本单位发展建设中的作用。

（九）加强推荐输送

加大向外推荐输送党外代表人士的工作力度。努力为党外代表人士提供更好更多的发展平台，为他们服务国家社会创造更加有利的条件。积极推荐党外代表人士在各级人大、政协，党派中央、市级组织中任职；积极推荐党外干部到政府部门、高等院校、科研院所、国有企业和有关社会团体任职、挂职锻炼；积极推荐党外代表人士担任政府参事、文史研究馆馆员、司法机关和政府部门特约人员等职务。

（十）做好典型宣传

注意发现和树立党外代表人士典型，大力宣传优秀党外代表人士先进事迹，将典型宣传与党的统战理论、方针、政策宣传有机结合，发挥典型的示范引领作用，为党外代表人士健康成长和脱颖而出营造良好的舆论氛围和环境。

中共中国人民大学委员会
2014 年 7 月 18 日

关于印发《中国人民大学建立健全惩治和预防腐败体系 2013—2017 年实施细则》的通知

（人大校党字〔2014〕62 号）

各分党委、党总支：

《中国人民大学建立健全惩治和预防腐败体系 2013—2017 年实施细则》经中共中国人民大学第十三届委员会第 108 次常委会议讨论通过，现印发给你们，请遵照执行。

附件：中国人民大学建立健全惩治和预防腐败体系 2013—2017 年实施细则

中共中国人民大学委员会
2014 年 7 月 24 日

附件

中国人民大学建立健全惩治和预防腐败体系 2013—2017 年实施细则

为深入贯彻落实党的十八大和十八届三中全会精神，认真贯彻执行中共中央《建立健全惩治和预防腐败体系 2013—2017 年工作规划》（中发〔2013〕14 号）和《北京市贯彻落实〈建立健全惩治和预防腐败体系 2013—2017 年工作规划〉的实施意见》（京发〔2014〕13 号），持续推进具有学校特色的惩治和预防腐败体系建设，结合学校实际和新的形势变化加强党风廉政建设，制定本实施细则。

一、总体要求

（一）指导思想

高举中国特色社会主义伟大旗帜，以“三个代表”重要思想、科学发展观为指导，深入贯彻落实党的十八大、十八届三中全会精神和习近平同志系列重要讲话精神，按照党章要求，紧紧围绕学校全面建设“人民满意、世界一流”大学的战略目标，紧紧围绕学校教育事业发展的总体部署和中心工作，以勇于担当和务求实效的精神加强反腐败体制机制创新和制度保障，坚定不移转变作风，坚定不移反对腐败，科学有效预防腐败，建设廉洁校园，努力营造风清气正的校园文化氛围，为推动学校各项事业的持续快速发展提供坚强保证。

（二）工作原则

坚持围绕中心、服务大局，把强化党风廉政建设、推动学校事业科学发展作为惩防体系建设的出发点；坚持党风廉政建设责任制，全面落实学校各级党组织在党风廉政建设中的主体责任，认真执行领导干部“一岗双责”，做到业务工作与党风廉政建设两手抓、两手都要硬；坚持标本兼治、惩防并举，正确处理惩治与预防、治标与治本的关系，既加大惩治力度，坚决遏制腐败蔓延的势头，又不断强化教育、完善制度、加强监督，努力提高有效预防腐败的能力；坚持深化改革和体制机制创新，实现纪检监察部门转职能、转方式、转作风的工作要求，不断健全完善从源头上防治腐败的体制机制和制度，铲除腐败滋生的土壤；坚持突出重点、系统推进，抓住腐败易发多发的重点领域、关键环节，以规范和制约权力为核心，综合发挥教育、制度、监督、改革、纠风、惩处的作用，着眼全局、统筹兼顾、分类指导，不断增强惩防体系建设的系统性、科学性。

（三）工作目标

经过今后5年的努力，有效预防腐败案件的发生，学校惩治和预防腐败体系得到进一步巩固和完善，取得师生员工比较满意的进展和成效。领导干部作风建设深入推进，“四风”问题得到认真治理，党风政风和师德师风进一步好转；惩治腐败的力度进一步加大，纪律约束和法律制裁的警戒作用有效发挥；预防腐败工作扎实开展，党员干部廉洁自律意识和拒腐防变能力显著增强，权力运行制约和监督体系不断健全，反腐倡廉规章制度更加完善，体制机制改革逐步深化，推动形成契合学校实际的不敢腐的惩戒机制、不能腐的防范机制、不易腐的保障机制。

二、坚持不懈抓好党的作风建设

深入贯彻中央八项规定精神和一系列禁止性规定，严格执行《中国人民大学贯彻落实中央改进工作作风、密切联系群众〈八项规定〉和〈实施细则〉的实施办法》《关于落实中央八项规定，厉行勤俭节约，严格开支标准，控制经费支出的通知》《中国人民大学领导干部出国（境）管理办法（试行）》等制度文件，提高“三公”经费预算约束力，规范和控制“三公”经费支出，以实际行动和有效措施巩固党的群众路线教育实践活动成果，以集中解决形式主义、官僚主义、享乐主义和奢靡之风方面存在的突出问题为重点，以提高行政管理和服务水平为支撑，进一步树立党员干部务实清廉的形象，密切党组织和师生员工的血肉联系。

（一）坚持党组织从严抓党风

要把管党治党作为主要职责和根本任务，贯彻于党的思想建设、组织建设、作风建设、反腐倡廉建设、制度建设之中，弘扬理论联系实际、密切联系群众、批评和自我批评以及艰苦奋斗、求真务实的优良作风，以领导干部个人重大事项申报、民主生活会、党员干部培训为抓手，严格执行《中国人民大学领导干部问责实施办法（试行）》，始终坚持对党员干部严格要求、严格教育、严格管理、严格监督。认真落实抓党风建设的工作责任，严格按照《中国人民大学党风廉政建设责任制实施细则》相关规定进行考核和责任追究，努力形成一级管好一级、一级带动一级的工作体系。

（二）持之以恒深入落实中央八项规定精神

坚持不懈地落实中央八项规定精神，建立健全改进作风常态化制度，在现有基础上进一步改进文风会风，强化效能监察，下大力气整治“机关病”，落实“精细化管理、人性化服务”的要求，彻底消除“门难进、脸难看、事难办”现象。从实际业务工作出发，加强日常管理，纠正打折扣、搞变通行为，推进财务管理、会议管理、公务车辆使用、办公用房分配等领域的改革创新，从源头上遏制铺张浪费等行为的发生，坚决防止反弹，坚决反对以形式主义反“四风”。领导干部要以身作则、率先垂范，严格遵守国家和学校的相关财务管理、会议管理、公务车辆使用管理等制度规定，带头落实中央八项规定精神和学校的相关实施办法，并承担起本部门、本单位的监督管理职责。学校办公室、党委组织部门、纪检监察部门要加大检查监督力度，及时发现问题，督促整改，对于违规行为在严肃查处的同时，点名道姓通报批评。

（三）严明党的纪律

各级党组织和广大党员干部要自觉学习党章、遵守党章、贯彻党章、维护党章，自觉加强党性修养，严格按照党的组织原则和党内政治生活准则办事，牢固树立党的意识和组织纪律观念。严格执行党的政治纪律、组织纪律、财经纪律、工作纪律和生活纪律等各项纪律，坚决克服组织涣散、纪律松弛问题，坚决纠正无组织无纪律、好人主义等问题，在思想上政治上行动上同党中央保持高度一致，自觉维护党的团结统一，决不允许“上有政策、下有对策”，决不允许有令不行、有禁不止。加强执纪监督，严肃查处违反党的纪律的行为，以严明的纪律为党的作风建设提供保证。

三、坚决惩治腐败

要把坚决惩治腐败作为遏制腐败蔓延势头的重要工作，始终保持惩治腐败的高压态势。

（一）坚决查办违纪违法案件

学校党委要加强对反腐败工作的领导，把坚决遏制腐败蔓延势头作为重要任务来抓紧抓好，加大惩治腐败力度。建立健全查办案件组织协调机制，形成反腐败合力。始终保持惩治腐败的高压态势，既坚决查处领导干部违纪违法案件，又切实解决发生在师生身边的腐败问题。严肃查办领导干部贪污贿赂、权钱交易、腐化堕落、失职渎职和损害群众合法权益的案件；严肃查办教师严重违反学术道德、侵占科研经费、严重背离教师职业道德和社会主义道德的案件，加大对失职渎职、不作为行为的惩处力度。严格责任追究、实行“一案双查”，对发生重大腐败案件和严重违纪问题不制止、不查处、不报告的，既追究当事人责任，又倒查追究相关人员的领导责任。

充分发挥中国人民大学信访监督联席会议的作用，畅通信访举报渠道，严格落实问题线索集中管理和集体排查制度，健全腐败案件揭露、查处机制，对瞒案不报、压案不查的行为实行严格问责。不断提高初核比例，加大初核力度，减少暂存、存查类线索，严格办案程序和工作流程，提高办案质量和办案效率。加强对办案工作的管理和监督，严明办案纪律，确保依纪依法安全文明办案。发挥查办案件的治本功能，推进惩防一体化建设，加强对典型案件的剖析，建章立制，堵塞漏洞。推进办案队伍专业化建设，提高突破重要复杂案件的能力。

本着对党的事业负责、对干部负责的态度，对党员干部身上的问题要早发现、早教育、早查处，防止小问题变成大问题。对反映的问题线索，及时采取约谈、函询等方式向本人和其所在党组织核实，充分运用诫勉谈话等方式，早打招呼早提醒。对疏于监督管理、致使领导班子成员或直接管辖的下属发生严重违纪违法问题的，要严肃追究领导责任。对反映失实的问题要予以澄清，消除误会，化解矛盾，保护党员干部干事创业的积极性。

（二）严肃查处用人上的腐败问题

要坚持正确用人导向，选好用好干部。严格执行《中国人民大学中层党政领导干部选拔任用工作办法》《中国人民大学公开选拔中层党政领导干部工作实施细则（试行）》《学院（系）行政正职负责人遴选工作实施办法（试行）》等各项规定，不断完善从动议、民主推荐测评、考察到征求意见、讨论决定的整套工作程序，加强对干部选任工作的监督，严格执行提任处级领导干部事前书面征求纪检部门意见的制度，进一步明确在选任工作中党委和组织部门的责任，增强选任工作的公信度和透明度。对于群众举报的选人用人方面的不正之风和腐败问题，由组织部门会同纪检监察部门、人事部门认真核查，依纪依规严肃处理，并将处理结果向学校党委常委会报告，切实匡正选人用人风气，形成风清气正的用人环境。

严格执行《中层党政正职职务任期暂行规定》，落实干部任期制，加大关键岗位干部轮岗交流力度。强化后备干部的培养和教育工作，使后备干部队伍建设工作进一步制度化和规范化。

（三）坚决查纠损害群众利益的不正之风

认真梳理学校各类收费项目，坚决查处教育乱收费行为，认真贯彻落实领导干部廉洁自律规定，严肃查处违规收受礼金、有价证券、会员卡、商业预付卡等问题。综合运用来信来访、书记信箱、校长信箱、校长接待日等方式，进一步畅通投诉渠道，及时解决群众反映强烈的问题。

四、科学有效预防腐败

加强理想信念教育，增强宗旨意识，使领导干部不想腐；加强体制机制创新和制度建设，强化监督管理，严肃纪律，使领导干部不能腐；坚持有腐必惩、有贪必肃，使领导干部不敢腐。

（一）深化党风廉政教育

加强党员干部特别是领导干部廉政教育。学校党委理论学习中心组每学期至少安排一次廉洁从政专题学习，坚持领导干部讲廉政党课制度，校级领导每年至少给分管部门或单位讲一次主题党课。学校组织部门要把廉洁从政教育作为必修内容，纳入干部培训工作之中。

加强校园廉政文化建设。按照教育部和北京市的部署，扎实推进校园廉政文化建设。利用学校资源优势和学科优势，深入开展廉政文化建设理论研究，探索新形势下校园廉政文化建设的有效途径。

把党风廉政建设和腐败宣传教育工作纳入党的宣传教育工作总体部署和年度安排，大力宣传党风廉政建设和反腐败工作的方针政策、决策部署和工作成效。

（二）加强反腐倡廉制度建设

健全完善党内监督各项制度，研究制定防止利益冲突相关制度，继续深入做好校内党员领导干部兼职的清理工作。结合校办企业管理制度的现代化建设，推动学校管理体制的改革创新。加大制度宣传力度，教育引导党员领导干部带头学习制度、严格执行制度、自觉维护制度。加强对制度执行情况的监督检查，完善制度执行问责机制，健全制度执行综合考评体系。加大对违反制度行为的查处力度，坚决维护制度的严肃性和权威性。

（三）强化对权力运行的监督

强化对民主集中制、“三重一大”制度执行情况的检查监督。认真落实集体领导和分工负责、重要情况通报和报告、述职述廉、民主生活会、信访处理、谈话和诫勉、询问和质询等监督制度，加强和改进对主要领导干部行使权力的制约和监督。加强对财务管理、领导干部薪酬、科研经费、自主招生等方面的监管，提高自主招生等特殊类型招生的公开性和透明度，严格规范研究生推免工作，全面加强中层以上领导干部因私出国（境）管理，落实出入境证件集中保管制度和因私出国（境）报告制度。

（四）加强廉政风险防控机制建设

继续深化廉政风险防控“三个体系”建设，以优化权力结构为基础，以规范权力运行为核心，以加强制度建设为重点，以现代信息技术为支撑，形成科学有效的权力运行制约和协调机制。

五、加强对党风廉政建设和反腐败工作的统一领导

（一）学校党委要承担起党风廉政建设和反腐败工作的主体责任

学校党委要严格落实党风廉政建设责任制，把主体责任落实到学校各项重要工作决策和执行的全过程，将贯彻落实本实施细则列入重要议事日程，与学校事业发展同部署、同落实、同检查。支持和保证纪检监察部门认真履行职责，发挥监督执纪的作用。学校领导班子主要负责同志要认真履行党风廉政建设和反腐败工作第一责任人的职责，做到重要工作亲自部署、重大问题亲自过问、重点环节亲自协调、重要案件亲自督办。领导班子其他成员要坚持“一岗双责”，根据分工抓好职责范围内的党风廉政建设和反腐败工作。

（二）纪检监察部门要进一步明确监督执纪的职责定位

纪检监察部门要加快工作职能、工作方式和工作作风的转变，推进反腐败治理能力现代化，真正承担起党风廉政建设监督责任。明确监督执纪职责，履行协助党委加强党风廉政建设和组织协调反腐败工作的职责，把不该牵头或参与的协调工作交还给主要责任部门，整合资源，集中精力抓好党风廉政建设和反腐败工作。加强对职能部门履行监管职责情况的监督检查，建立约谈制度，督促各职能部门正确履职，更好地发挥党内监督专门机关的作用。加强和改进行政监察工作，带头改进工作作风，切实解决形式主义、官僚主义问题。

加强纪检监察专职干部队伍建设，将纪检监察部门人员编制调整到7人。制定实施《纪检监察干部教育培训工作2013—2017年规划》，通过系统的业务工作培训，提高纪检监察干部查信办案的工作能力。

（三）增强惩治和预防腐败体系建设工作合力

按照党风廉政建设和反腐败工作任务分工，各牵头单位和协办单位要落实责任，相互支持，相互配合，真正形成工作合力，增强党风廉政建设和反腐败工作的综合效果。

（四）狠抓任务落实

要结合学校实际抓好本实施细则的贯彻落实工作，强化责任分解和任务分工，每年对工作提出明确要求、做出具体部署。对于阶段性任务，要在规定时间内高质量完成；对于持续性工作，结合新情况、新问题推进提高；对于根据新形势新要求需充实的工作，及时研究落实。

每年对工作进展情况进行检查和考核，把考核结果作为领导干部业绩评定、奖励惩处、选拔任用的重要依据。强化责任追究，对抓党风廉政建设和反腐败工作不力、造成不良影响的，要严肃追究领导责任。

关于印发《中国人民大学特邀党建组织员管理办法》的通知

（人大校党字〔2014〕66号）

各分党委、党总支：

现将《中国人民大学特邀党建组织员管理办法》印发给你们，请遵照执行。

附件：中国人民大学特邀党建组织员管理办法

中共中国人民大学委员会
2014年9月17日

附件

中国人民大学特邀党建组织员管理办法

第一章 总 则

第一条 为了加强基层党务工作者队伍建设，按照《中共中央组织部 中共中央宣传部 中共教育部党组关于进一步加强高校学生党员发展和教育管理服务工作的若干意见》（教党〔2013〕22号）和《教育部办公厅关于在高等学校聘请离退休老同志担任特邀党建组织员的意见》（教思政厅〔2010〕2号）等有关文件精神，结合我校具体情况，制定本办法。

第二条 本办法适用于学校特邀党建组织员的管理。

第二章 岗位设置和职责

第三条 特邀党建组织员设置由党委组织部、学校关心下一代工作委员会（以下简称“关工委”）根据实际需要予以设置。

第四条 特邀党建组织员的主要职责是在学校党委领导下负责学院（系）党员发展、基层党组织建设和党员管理教育等方面的工作。具体职责内容由党委组织部根据有关文件要求制定，另行颁发。

第三章 任职条件和待遇

第五条 特邀党建组织员一般从我校退休的六级以上职员中选聘，退休前应从事学生党员发展、学校党务等工作，且政治坚定、精通业务、敬业奉献、身体健康。

第六条 学校为特邀党建组织员提供办公用房，保证必要的工作条件，提供适当补助。

第四章 聘任和考核管理

第七条 关工委、离退休工作处根据任职条件提出初步人选，党委组织部召开部务会讨论特邀党建组织员的评聘问题，并将结果送人事处备案。特邀党建组织员聘期两年，根据需要可以续聘。

第八条 党委组织部、关工委、离退休工作处适时开展特邀党建组织员培训。建立特邀党建组织员联席会议制度，原则上每学期召开1～2次。

第九条 特邀党建组织员不要求坐班，但需按照党委组织部要求按时保质完成相关工作任务。

第十条 党委组织部、关工委、离退休工作处按照公布的工作职责进行考核。

第五章 附 则

第十一条 本办法自颁布之日起施行，由党委组织部负责解释。

关于印发《中国人民大学关于进一步加强管理人才队伍建设的意见》的通知

（人大校党字〔2014〕69号）

各分党委、党总支：

《中国人民大学关于进一步加强管理人才队伍建设的意见》经中共中国人民大学第十三届委员会第108次常委会议讨论通过，现印发给你们，请遵照执行。

附件：中国人民大学关于进一步加强管理人才队伍建设的意见

中共中国人民大学委员会

2014年10月10日

附件

中国人民大学关于进一步加强管理人才队伍建设的意见

一、宗旨和目标

以中国特色社会主义理论体系为指导，深入贯彻落实党的十八大关于推动高等教育内涵式发展的精神，牢牢把握加强执政能力建设、先进性和纯洁性建设这条主线，通过有针对性的系统培养，实现管理人才的职业发展与学校事业需要相统一、自我学习与组织培养相统一，造就一支层次分明、结构合理、富有战斗力的管理人才队伍，为教学科研、社会服务等提供有力支撑，为建设世界一流大学提供坚强的组织保障。

二、工作思路

结合建设现代大学制度的需要和高校管理工作实际，秉承学校优良传统，树立正确的用人导向、丰富干部经历、提升干部能力、优化职业生涯设计，从五个方面着手构建完整的管理人才培养体系：

一要分类管理。统筹考虑不同层次、不同类型干部的发展需要，搭建好锻炼平台，为教师、专职干部等各类群体选择相适应的培养路径。

二要坚持吐故纳新。严把德才标准，重视发现和储备人才，及时调整更新，实现动态管理。

三要眼光向下。引导干部自觉充实基层工作经验，深入了解校情实际，为培养治校理教的“多面手”打好基础。

四要突出能力导向。重点培养干部自主学习与研究创新能力、团队合作与组织协调能力、运筹决策与驾驭调度能力、思维表达与沟通交流能力、心理调适与压力管理能力。

五要促进人才合理流动。根据组织需要和个人意愿积极向社会输送优秀干部。

三、工作体系和机制

进一步营造有利于管理人才成长的环境，不断完善党委统一领导，有关职能部门各司其职，全校各单位紧密配合的人才工作体系，建立健全工作机制：

（一）建立人才开发机制

强化组织培养在管理人才成长中的作用。创新人才培养模式，坚持必要台阶的历练和培养，全面推进实践教育，推动干部深入基层、深入实际、深入群众，砥砺品质、提高本领。分类制定面向不同群体的培养办法，提高人才培养质量。注重从年轻教职工中发现有潜力、有发展前途的人才，有计划地安排他们去经受锻炼。

（二）完善工作沟通协调机制

促进职能部门之间的业务协同和信息共享，充分发挥基层党组织发现推荐人才的作用，拓宽广大教职工了解和参与人才培养工作的渠道。

（三）构建发展保障机制

将管理人才队伍建设纳入学校人才工作整体框架，将各个人才项目的任务分解落实到有关责任单位制定的中长期发展规划和年度工作计划中。切实加强组织领导，不断强化政策导向，保证必要的投入。

四、人才工程和项目

在做好干部日常教育培训工作的基础上，从提升增量、优化存量的角度出发，分别面向学生骨干和新入职人员、中青年骨干、中层干部等不同群体实施“入职熔炼工程”“骨干陶铸工程”“先锋引领工程”，固本强基，促进发展，打造一支精干的管理队伍。

（一）“入职熔炼工程”

从源头开始，探索构建符合青年管理人才成长规律的培养体系。

1. 学生骨干培养项目

培养对象	应届本科毕业生中的优秀学生骨干
目　　的	为学校发展储备一批青年管理人才
负责单位	党委学生工作部（处）、党委组织部、研究生院、教务处、人事处、招生就业处、校团委
工作要点	★优秀学生骨干在本科毕业后保留学籍留校工作两年，之后再免试攻读研究生。 ★一般在党团学工作系统内部设置岗位。 ★建立与现有其他人才培养项目的互通机制。

2. 新入职人员锻炼项目

培养对象	管理岗位新入职的应届毕业生
目　　的	促进新入职干部深入一线单位了解校情实际
负责单位	人事处
工作要点	★管理岗位新入职的应届毕业生先在学院（系）、教辅和直附属单位服务两年，再根据工作需要和适应情况调配确定具体岗位。 ★鼓励机关部处在出现岗位空缺时从院系、教辅和直附属单位选调工作人员。

3. 研究生校外基层挂职项目

培养对象	在校研究生、博士后
目　　的	帮助青年学生认知国情，提升能力；考察培养有潜力的苗子
负责单位	党委组织部、人才工作领导小组办公室、研究生院、党委学生工作部（处）、校团委
工作要点	★根据校地协议等选派若干名高年级研究生和博士后到地方党政机关挂职一年。 ★探索建立有利于推荐优秀毕业生到地方工作的机制。

（二）“骨干陶铸工程”

对有潜力的教职工进行有针对性的培养锻炼，树立重视基层的工作导向。通过推荐参加挂职锻炼、轮岗交流、培训等方式全面提高教职工综合素质和能力，掌握一批优秀的教师、干部作为学校中层管理队伍的人才储备。

1. 青年教师校内挂职项目

培养对象	青年教师
目　　的	解决青年教师缺少管理经验的问题
负责单位	党委组织部、人才工作领导小组办公室、人事处
工作要点	★从学院（系）遴选若干名具有副教授以上职称的教师（以中层后备干部为主）到机关部处挂职任副处长一年（不占中层干部职数编制）。挂职结束后，经考核合格、工作需要的，可转为正式任职。

2. 管理干部校内岗位交流项目

培养对象	科级及以下的管理干部
目　　的	帮助干部丰富工作经历、了解学校全局情况，适应机关与院系、党务工作与行政工作、综合部门与业务部门等不同岗位的需要，成为高校工作中的全才、通才
负责单位	党委组织部、人事处
工作要点	★组织机关干部和学院（系）、教辅及其他单位干部进行轮岗交流。 ★岗位交流一般以一年为期，主要面向缺少院系工作经历的机关干部，提倡机关部处和基层单位双向交流。

3. 教职工校外挂职锻炼项目

培养对象	教职工
目　　的	帮助教职工提升能力、丰富经历
负责单位	党委组织部、人才工作领导小组办公室、人事处
工作要点	★根据上级要求、校地协议、援派计划等每年选派若干名教师（其中海归教师应占一定比例）和管理干部到中央部委、地方党政机关等挂职、借调。 ★有计划地安排缺乏基层经历的教职工参加挂职，建设好挂职人才储备库。

4. 百名“海归”挂职项目

培养对象	海外留学归国教师
目　　的	帮助海外留学归国教师加强对国情、社情、民情的了解，实现国际化与本土化相结合
负责单位	人才工作领导小组办公室、党委组织部
工作要点	★面向在海外取得博士学位或具有长期海外工作经历的在岗教师，分为“海归学术带头人挂职实践计划”和“青年海归教师挂职锻炼计划”。 ★选派规模为100人，分批实施。 ★挂职形式分为两种：(1) 以联合培养博士后身份（不脱产）赴合作单位挂职；(2) 脱产一年赴合作单位和有关地方挂职（与“教职工校外挂职锻炼项目”相衔接）。

5. 中青年骨干培训班项目

培养对象	中层后备干部
目　　的	引导后备干部聚焦学校管理实际，强化学习意识
负责单位	党委组织部
工作要点	★定期组织中青年骨干培训班，对中层后备干部进行轮训。 ★按照“模块化”方式，设计“形势政策教育”“领导者能力与素质”“学校工作实务”“研讨交流”“实践活动”等不同模块，开发适应后备干部需要的课程。

（三）“先锋引领工程”

认真落实上级有关做好处级以上干部教育培训工作的指导意见，抓实抓好中层干部培训。重点提升中层干部的科学理论水平和把握工作规律的能力，培育世界眼光，培养创新精神，确保中层干部队伍在各方面始终保持先进性。

1. 党政主要负责人培训项目

培养对象	各单位主要负责人
目　　的	强化一把手的“责任人”“带头人”意识
负责单位	党委组织部
工作要点	★定期组织各单位党政主要负责人集中培训。 ★突出党性信念作风教育、形势政策教育。 ★以到红色教育基地和生产建设一线参观考察为主要形式。

2. 新上岗中层干部培训项目

培养对象	新上岗中层干部
目　　的	提高新上岗干部的岗位适应能力
负责单位	党委组织部
工作要点	★定期组织新上岗干部培训班，及时对新任职一年以内的中层干部进行培训。 ★综合运用自学、选学、在线学习、集中培训等方式。

3. 海外培训考察项目

培养对象	中层干部及中层后备干部
目　　的	培养干部国际视野，提升管理工作国际性
负责单位	党委组织部、人事处、国际交流处、人才工作领导小组办公室
工作要点	★以“影子处长”形式派出专职干部到海外知名高校对口管理部门实习三个月。 ★以“考察培训团”形式派出干部团组到海外知名高校学习管理知识。

4. 优秀人才校外输送项目

培养对象	中层干部及中层后备干部
目　　的	拓宽干部职业发展空间、促进人才合理流动
负责单位	党委组织部
工作要点	★结合公开选拔、人才交流、上级选调等契机，输送业已培养成熟、适应工作需要的中层干部到中央单位或地方任职。 ★以推荐干部到上级部门借调、到合作单位锻炼、参加社会公选等方式，积极为有意愿的干部创造到校外交流的机会。

关于调整党委学生工作部（学生处）与招生就业处职能的决定

（2013—2014 学年校政字 15 号）

为进一步规范和加强学生学籍管理工作，经研究决定，将学籍管理职能由招生就业处调整到党委学生工作部（学生处）。调整后，党委学生工作部（学生处）负责在校生的思想政治教育、奖助学金、学籍管理、学生军训、军事教研等工作。招生就业处负责本科和第二学士学位招生、所有在校生的就业工作以及与招生、就业相关的研究工作。

撤销招生就业处学籍管理办公室，在党委学生工作部（学生处）增设学籍管理办公室。原招生就业处学籍管理办公室的人员和编制整体划归党委学生工作部（学生处）。

中国人民大学

2014 年 1 月 14 日

关于成立中国人民大学数学科学研究院的决定

（2013—2014 学年校政字 18 号）

为推动我校数学学科快速发展、提升数学学科国际性水准、创新数学学科科研和人才培养模式，经学校研究，决定成立中国人民大学数学科学研究院。

数学科学研究院为学校学术特区，在内部管理序列上挂靠信息学院，数学科学研究院的管理模式按照《中国人民大学数学科学研究院管理实施方案》执行。

数学科学研究院应以建设国际一流数学学科为目标，以应用数学为主导，以基础数学为支撑，按照“高起点，高水平，入主流”的发展方针，抓住前沿，凝聚力量，创建亮点，为学校建设世界一流大学做出应有的贡献。

中国人民大学

2014 年 1 月 7 日

关于成立中国人民大学公共外交研究院的决定

（2013—2014 学年校政字 20 号）

为加强有中国特色的公共外交研究，建设国内领先并具有重要国际影响力的公共外交研究基地、决策咨询重镇，经学校研究，决定在公共外交研究中心基础上组建成立中国人民大学公共外交研究院，依托于新闻学院与国际关系学院。

中国人民大学

2014 年 2 月 24 日

关于印发《中国人民大学“1420 行动计划”工作方案》的通知

（2013—2014 学年校政字 23 号）

各学院（系），机关各部、处及直（附）属单位：

《中国人民大学“1420 行动计划”工作方案》已经 2013—2014 学年第 3 次校长办公会研究通过，

现印发给你们，请遵照执行。方案同时在网上公布以便广大师生进行监督，学校也将分别开展中期检查和年终检查，请结合工作实际按期完成。

附件：中国人民大学“1420 行动计划”工作方案

中国人民大学
2014 年 3 月 21 日

附件

中国人民大学“1420 行动计划”工作方案

序号	事项	工作内容	主责部门	协同部门
1	加强校内体育场地和设施管理，为师生提供更优质服务	1. 修缮世纪馆等各运动场地的老旧设施，改善环境 2. 世纪馆等各运动场地、设施优先师生预约和租用 3. 大操场除上课和训练之外的时间全部开放 4. 在校园东部增设健身场地与设施 5. 在运动场地提供储物箱，方便师生财物的随存随取 6. 所有场地、设施的预订情况和预订方式及时在网上公示	明德物业公司 体育部 资产与后勤管理处	信息技术中心 实验室建设与设备管理处
2	改善学生公寓设施与服务	1. 5 月 31 日前完成学生公寓空调安装工程 2. 在女生宿舍楼安装温水器 3. 增设安全用电区域 4. 增设晾衣场地 5. 探索在各楼层安装热水器 6. 在学生公寓及附近区域加装 ATM	后勤集团 资产与后勤管理处	实验室建设与设备管理处 财务处
3	进一步改善食堂服务	1. 稳定价格，着力提高大伙食堂的饭菜质量 2. 推出经典菜品，打造各区大伙食堂的特色风味 3. 探索精细化、人性化的餐饮配置，如小馒头、半份菜等 4. 逐步在各学生食堂增加夜宵服务	后勤集团	
4	建设“微人大”课程中心，解决选课难等问题	1. 系统性地重构排课、选课、排考、评师、评课等功能，确保高并发时期“微人大”课程平台的快速稳定访问 2. 充分引入互联网应用思维，鼓励更为灵活、开放的在线课程组织形式，在网络空间、互动功能上给予充分保障 3. 发布 8～10 门全新的数字在线课程，探索学生网上学习的新模式	信息技术中心 教务处	
5	改善校园无线网访问体验	1. 适当提高校园网出口带宽 2. 大幅降低群体范围故障率 3. 合理调整计费策略和设备数限制	信息技术中心	

序号	事项	工作内容	主责部门	协同部门
6	为师生提供更加便捷流畅的出国（境）手续办理服务	1. 梳理相关部门办事流程和审核机制，为师生提供完整的出国（境）手续办理流程图 2. 充分利用“微人大”服务平台，设立出国（境）手续办理模块，实现部分手续在线完成 3. 尝试建立师生出国（境）手续办理服务中心	国际交流处 信息技术中心	教务处 研究生院 学生处 后勤集团 财务处
7	完善英文成绩系统，提供规范高效的学历、学位和成绩认证服务	1. 完善本科生、研究生课程名称、专业名称及个人资料的英文信息，建立完备的英文成绩系统，为学生提供标准、规范的英文成绩单 2. 增加成绩单自助打印机，在校本科生英文成绩单实现自助打印，减少人工认证环节，提高认证效率 3. 改善服务流程，逐步为全体学生提供包括成绩单、在读证明、学历学位证明等在内的出国材料一站式认证服务	档案馆 教务处 研究生院	学生处 信息技术中心
8	优化对国际暨港澳台学生的支持与服务	1. 扩大国际暨港澳台学生辅导员队伍，将国际学生辅导员人数增加至 80 人，港澳台学生辅导员人数增加至 50 人 2. 设立面向国际暨港澳台学生的语言、数学类朋辈学业辅导项目 3. 通过调整与更新国际交流处网站结构与信息，并新编中、英、韩多语种对照的国际暨港澳台学生《学生手册》《交换生校园学习生活指南》等各类材料，提供精细化服务 4. 在国际学生住宿区适当设置学生辅导室或活动室，促进学生交流	国际交流处	学生处 后勤集团
9	继续加强学校英文网页建设	1. 在保证新版英文网页 3 月份上线的基础上，进一步丰富学校英文网页内容，并确保实时更新 2. 年内实现全校英文网页全覆盖，确保所有学院均建有英文网页 3. 定期开展学院英文网页建设情况评估 4. 不断健全校院两级英文网页建设工作机制	国际交流处 信息技术中心	
10	实现全校公文流转无纸化	1. 3 月 24 日至 4 月 4 日完成各项培训工作 2. 4 月 8 日至 5 月 9 日完成试运行 3. 5 月 12 日正式在全校范围内实施 4. 在新版公文处理系统中设置规章制度板块，实现全校各类规章制度信息化可查询	学校办公室 信息技术中心	全校各单位
11	改善明德楼等教学楼宇的设施与环境	1. 对明德楼教室进行粉刷，改善教学区域环境，更新教室多媒体设备和课桌椅，更新窗帘 2. 修缮明德楼教学区域的卫生间 3. 在明德楼入口安装门禁刷卡系统 4. 在明德楼加装教室资源使用安排电子显示屏 5. 改善各教学楼内教师休息室环境 6. 改革现有铃声系统	资产与后勤管理处 明德物业公司 后勤集团	实验室建设与设备管理处
12	加强图书馆及其他楼宇阅览室、自习室的综合管理	1. 图书馆全面实施座位管理系统，减少占座现象，提高座位使用率 2. 考试月在校园西部增设新的通宵自习室	图书馆 明德物业公司 招生就业处	后勤集团

序号	事项	工作内容	主责部门	协同部门
13	改革硕士、学士学位授予仪式，增强归属感	1. 研究和实施硕士、学士学位授予仪式授权由学院举办的具体办法 2. 做好导师服装设计、学位授予名册和学位绶带的发放等配套服务工作 3. 做好仪式期间的各项管理和服务工作	研究生院 教务处 明德物业公司	学校办公室 相关学院
14	继续实施教师健康关爱计划	1. 继续实施师生员工全员健身计划 2. 丰富职工健康体检服务项目 3. 将海淀医院、四季青医院列入医疗定点医院	校工会 体育部 校医院	
15	加强和改进对新入职教师的服务	1. 通过“微人大”搭建新入职教师报到、培训服务交流平台，及时了解新入职教师需求，发布信息，做好交流与服务 2. 新教师入职时印发《办理人事事务手册》，面向全校教职工制定并实施“办理人事事务网络导引20项”服务 3. 加强和改进新入职教师岗前培训，完善培训内容，丰富培训形式，提升服务质量，提高培训效果	人事处	
16	继续推进美丽校园建设	1. 完成教学四楼、理工楼、北园实验室、中区食堂、北区食堂等楼宇的改造工程 2. 加强校内绿地规划、建设和维护工作，美化、绿化校园环境，做精致人大	资产与后勤管理处 后勤集团	
17	推进节约型校园规划与建设	1. 推进节能监管平台建设，进一步提高能源使用效率 2. 推进节水、节电、节气的机制建设 3. 推进以节粮为重点的“光盘行动”常态化 4. 推进校园路灯改造工程，换用无极灯并实行夜间隔灯控制 5. 推进校内垃圾分类处理工作，逐步扩大试点范围 6. 推进无纸化办公系统建设	资产与后勤管理处 后勤集团 学校办公室 信息技术中心	明德物业公司
18	推进校园环境综合治理	1. 着力解决校园环境治理难题，规范经营，疏堵结合，继续清理校园内群租、游商、私搭乱建、无照经营等现象 2. 清理校园内小广告和废旧自行车 3. 改善家属区环境与设施，完善家属区物业管理	资产与后勤管理处 后勤集团 保卫处	
19	升级校园交通安全管理系统	1. 实施“汉王智能电子收费管理系统”，提升校园车辆管理技术水平 2. 完善校园交通指示系统，进一步提高服务水平 3. 完善校园交通安全管理办法，为进一步加强管理提供制度依据	保卫处	
20	建设“平安校园”	1. 建设“平安校园”综合指挥平台系统 2. 开展“平安校园”创建工作，通过“平安校园”达标验收 3. 加强针对学生的自主安全教育	保卫处	

关于印发《中国人民大学招生工作领导小组章程》等文件的通知

(2013—2014 学年校政字 24 号)

各学院（系），机关各部、处及直（附）属单位：

《中国人民大学招生工作领导小组章程》《中国人民大学研究生招生工作规则》《中国人民大学本科生招生工作规则》《中国人民大学国际学生招生工作规则》经学校研究通过，现予以印发，请遵照执行。

附件： 1. 中国人民大学招生工作领导小组章程
2. 中国人民大学本科生招生工作规则
3. 中国人民大学研究生招生工作规则
4. 中国人民大学国际学生招生工作规则

中国人民大学
2014 年 4 月 4 日

附件 1

中国人民大学招生工作领导小组章程

第一章　总　则

第一条　为规范学校招生工作，保证学校招生工作科学、持续、健康发展，根据教育部普通高校招生工作规定和《中国人民大学章程》等文件规定，制定本章程。

第二条　本章程所指招生工作包括本科生招生工作、研究生招生工作和国际学生招生工作。

第二章　组织机构

第三条　招生工作领导小组是学校坚持党委领导下的校长负责制，开展招生工作的最高决策机构，统一领导学校本科生、研究生、留学生招生工作，组长为校长，副组长为学校纪委书记和分管本科生招生、研究生招生、国际学生招生和学生工作的校级领导。

第四条　学校本科生招生工作组织机构由招生工作领导小组、本科生招生工作委员会、招生就业处三级机构组成，本科生招生工作小组是本科生招生工作委员会的常设机构；研究生招生工作组织机构由招生工作领导小组、研究生招生工作委员会、研究生院、各学院四级机构组成；国际学生招生工作组织机构由招生工作领导小组、国际学生招生委员会、国际交流处三级机构组成，国际学生招生工作小组是国际学生招生委员会的常设机构。

第三章　工作职责

第五条　招生工作领导小组在本科生招生工作方面的主要职责：

（一）主持召开学校招生工作领导小组会议，听取本科生招生工作委员会的意见和建议；

（二）领导学校本科生招生相关职能部门开展本科生招生政策制定、宣传和录取等工作；

（三）审定本科生招生章程和网上录取、高水平运动员招生、艺术特长生招生、艺术类招生等分项工作管理办法；

（四）审定本科生招生年度总计划、分专业计划、分省计划和专项计划；

（五）审定本科生招生工作方案、招生宣传工作方案、各特殊类型招生工作方案；
（六）审定各特殊类型招生资格名单；
（七）确定各省（区、市）录取分数线和机动计划调整，审定各特殊类型录取名单；
（八）审定新生专业调整原则和名单；
（九）审定本科生招生工作委员会主任、副主任和委员名单；
（十）授权本科生招生工作小组决策本科生招生工作紧急事项；
（十一）其他需要招生工作领导小组决策的事项。

第六条 招生工作领导小组在研究生招生工作方面的主要职责：
（一）主持召开学校招生工作领导小组会议，听取研究生招生工作委员会的工作汇报；
（二）领导学校研究生招生相关职能部门和各学院开展研究生招生政策制定、初试、复试、录取等工作；
（三）审定研究生招生章程和研究生招生分项工作管理办法；
（四）审定各级各类研究生招生计划、招生简章等工作方案；
（五）审定硕士生、博士生、在职人员攻读硕士专业学位三大国考的组考工作方案；
（六）审定各级各类研究生录取名单；
（七）审定研究生招生工作委员会主任、副主任和委员名单；
（八）授权研究生招生工作委员会决策研究生招生工作紧急事项；
（九）其他需要招生工作领导小组决策的事项。

第七条 招生工作领导小组在国际学生招生工作方面的主要职责：
（一）主持召开学校招生工作领导小组会议，听取国际学生招生委员会的意见和建议；
（二）领导学校国际学生招生相关部门开展国际学生招生政策制定、宣传和录取等工作；
（三）审定国际学生招生计划、招生简章、录取流程和录取名单；
（四）审定国际学生招生委员会主任、副主任和委员名单；
（五）授权国际学生招生工作小组决策国际学生招生工作中的紧急事项；
（六）其他需要招生工作领导小组决策的事项。

第四章 工作规程

第八条 招生工作领导小组组长为招生工作领导小组会议召集人并主持会议；重大事项、重要决策的文件报批由招生工作领导小组组长审批及签发，其他具体工作事项由各分管校领导负责审批及签发，由学校办公室统筹协调。

第九条 本科生招生工作小组、研究生招生工作委员会、国际学生招生工作小组根据工作进度提出年度招生工作领导小组会议计划，报招生工作领导小组同意后实施。

第十条 招生就业处处长、研究生院常务副院长、国际交流处处长负责向招生工作领导小组汇报提交议题的相关情况，记录会议内容和决策事项，形成会议纪要，由招生工作领导小组组长审批及签发。

第十一条 遇有紧急事项，招生工作领导小组组长可临时召开招生工作领导小组会议。

第五章 附 则

第十二条 本章程由招生工作领导小组负责解释。

第十三条 本章程自发布之日起施行。

附件 2

中国人民大学本科生招生工作规则

第一章 总 则

第一条 为规范学校本科生招生工作，保证学校本科生招生工作科学、持续、健康发展，根据教育部普通高校招生工作规定和《中国人民大学章程》，制定本章程。

第二条 本章程所指本科生招生工作包括内地统招本科生招生工作和台港澳侨本科生招生工作。

第二章 组织机构及职责

第三条 学校本科生招生工作组织机构由招生工作领导小组、本科生招生工作委员会、招生就业处三级机构组成。

第四条 招生工作领导小组是本科生招生工作的最高决策机构，统一领导学校本科生招生工作，组长为校长，副组长为学校纪委书记和分管研究生招生、本科生招生、国际学生招生和学生工作的校级领导。其在本科生招生工作方面的主要职责是：

（一）主持召开学校招生工作领导小组会议，听取本科生招生工作委员会的意见和建议；

（二）领导学校本科生招生相关职能部门开展本科生招生政策制定、宣传和录取等工作；

（三）审定本科生招生章程和网上录取、高水平运动员招生、艺术特长生招生、艺术类招生等分项工作管理办法；

（四）审定本科生招生年度总计划、分专业计划、分省计划和专项计划；

（五）审定本科生招生工作方案、招生宣传工作方案、各特殊类型招生工作方案；

（六）审定各特殊类型招生资格名单；

（七）确定各省（区、市）录取分数线和机动计划调整，审定各特殊类型录取名单；

（八）审定新生专业调整原则和名单；

（九）审定本科生招生工作委员会主任、副主任和委员名单；

（十）授权本科生招生工作委员会工作小组决策本科生招生工作紧急事项，授权招生就业处按照国家本科生招生相关规定和学校招生工作领导小组决议具体实施本科生招生工作；

（十一）其他需要招生工作领导小组决策的事项。

第五条 本科生招生工作委员会作为学校本科生招生工作的咨询机构，负责为招生工作领导小组提供决策咨询和指导学校相关职能部门开展本科生招生工作。

第六条 本科生招生工作委员会主任为主管本科生招生工作的副校长，副主任为监察处处长、招生就业处处长，委员由学校办公室、党委宣传部、发展规划处、教务处、学生处、国际交流处、保卫处、校团委、体育部、后勤集团等部门负责人，各学院主管本科教学的副院长组成。

第七条 本科生招生工作委员会的具体职责是：

（一）听取本科生招生工作情况汇报；

（二）讨论本科生招生工作方案和招生宣传工作方案；

（三）讨论本科生招生总计划和分专业计划；

（四）讨论本科生招生章程和各分项工作招生政策；

（五）对本科生招生各项工作，向招生工作领导小组提出意见和建议。

第八条 招生工作小组是本科生招生工作委员会的常设机构。组长为本科生招生工作委员会主任，成员为监察处处长、招生就业处处长。涉及相关部门工作时，可根据需要请部门负责人列席会议。

第九条 招生工作小组的具体职责是：

（一）根据本科生招生工作进度，建议召开本科生招生工作委员会会议或通过正式途径征求本科生招生工作委员会委员意见、建议；

（二）根据本科生招生工作委员会会议或征求本科生招生工作委员会委员意见、建议情况，向招生工作领导小组提交意见和建议；

（三）根据招生工作领导小组决议和本科生招生工作委员会（委员）意见、建议，指导学校本科生招生相关职能部门开展本科生招生工作；

（四）根据招生工作领导小组决议和本科生招生工作委员会（委员）意见、建议，指导学校本科生招生相关职能部门起草需要提交招生工作领导小组决策的本科生招生工作事项；

（五）指导学校本科生招生相关职能部门开展本科生招生研究工作；

（六）根据招生工作领导小组授权，决策相关本科生招生工作事项。

第十条 招生就业处为学校本科生招生工作的执行机构。其具体职责是：

（一）负责执行教育部有关本科生招生工作的相关规定和有关省级招委会的补充规定或实施细则，衔接教育部本科生招生主管部门；负责执行招生工作领导小组和招生工作小组的决议。

（二）向本科生招生工作委员会汇报本科生招生工作进展，向本科生招生工作委员会委员通报招生工作领导小组的决策事项。

（三）起草本科生招生重大事项初步解决方案，收集、统计决策本科生招生重大事项所需信息。

（四）根据国家核准的年度招生规模及有关规定、招生工作领导小组确定的原则，编制并报送学校分省分专业招生计划。

（五）起草、报批和公布本科生招生章程。

（六）组织开展招生咨询宣传工作，根据需要组建赴各省（区、市）招生组。

（七）组织实施普通本科生和第二学士学位生的录取工作，负责协调和处理本校录取工作中的有关问题。

（八）对录取的新生进行复查。

（九）受权组织学校本科生单独招生考试工作，依据《国家教育考试违规处理办法》对违规考生进行认定、处理，并将违规事实处理结果报生源所在省级招办。

（十）履行高校招生信息公开相应职责。

（九）支持有关招生管理部门完成本科生招生方面的其他工作。

第十一条 本科生招生工作全面接受中共中国人民大学纪律检查委员会的监督、检查。监察处负责具体执行，其主要职责是：

（一）制定和完善本科生招生工作监察制度；

（二）根据本科生招生工作需要，成立招生监察办公室；

（三）全程监督、检查本科生招生宣传、网上录取、特殊类型招生和信息公开等工作；

（四）参与网上录取工作，检查网上录取名单；

（五）做好本科生招生工作人员的招生纪律培训工作；

（六）督促和指导招生就业处及时妥善地处理本科生招生录取工作的遗留问题；

（七）其他需要监察处参与的本科生招生工作。

第三章 工作规程

第十二条 招生工作领导小组组长为招生工作领导小组会议召集人，负责主持召开招生工作领导小组会议。招生工作小组根据工作进度提出年度招生工作领导小组会议计划，报招生工作领导小组同意后实施。招生就业处处长负责向招生工作领导小组汇报提交议题的相关情况，记录会议内容和决策事项，形成会议纪要。遇有紧急事项，招生工作领导小组组长也可临时召开招生工作领导小组会议。

第十三条 本科生招生工作委员会主任为本科生招生工作委员会会议召集人，负责主持召开本科生招生工作委员会会议。本科生招生工作委员会原则上每学期召开两次。本科生招生工作委员会主任可根据实际情况临时召集本科生招生工作委员会会议。

第十四条 招生工作小组组长为招生工作小组会议召集人，会议时间可根据本科生招生工作进度安排。本科生招生办公室主任负责记录招生工作小组会议讨论内容和决策事项，并形成会议纪要。

第十五条 招生工作小组决策本科生招生工作事项时，需小组全体成员参会，原则上要求全体成员一致通过，决策事项方能生效。招生工作小组决策时如有不同意见，提交招生工作领导小组进行决策。

第十六条 招生就业处负责起草本科生招生重大事项初步解决方案，收集、统计决策本科生招生重大事项所需信息，提交招生工作小组研究。

第十七条 招生工作小组根据招生就业处提供的材料提出修改意见。需要进一步审议决策的，提交给招生工作领导小组审议，其他返回招生就业处进行处理。

第十八条 会议纪要由招生就业处按照学校公文办理程序起草、报批，形成学校正式文件；未形成学校正式文件的会议纪要由招生工作领导小组组长或招生工作小组组长签字后，留存招生就业处。

第四章 附 则

第十九条 本章程由本科生招生工作委员会负责解释。

第二十条 本章程自发布之日起施行。

附件3

中国人民大学研究生招生工作规则

第一章 总 则

第一条 为进一步规范学校研究生招生工作，保证学校研究生招生工作科学、持续、健康发展，根据教育部普通高校研究生招生工作规定和《中国人民大学章程》，制定本章程。

第二条 本章程所指研究生招生工作包括内地硕士生、内地博士生招生工作和港澳台地区研究生招生工作。

第二章 组织机构及职责

第三条 学校研究生招生工作组织机构由招生工作领导小组、研究生招生工作委员会、研究生院、各学院四级机构组成。

第四条 招生工作领导小组是研究生招生工作的最高决策机构，统一领导学校研究生招生工作，组长为校长，副组长为学校纪委书记和分管研究生招生、本科生招生、留学生招生和学生工作的校级领导。其在研究生招生工作方面的主要职责是：

（一）主持召开学校招生工作领导小组会议，听取研究生招生工作委员会的工作汇报；

（二）领导学校研究生招生相关职能部门和各学院开展研究生招生政策制定、初试、复试、录取等工作；

（三）审定研究生招生章程和研究生招生分项工作管理办法；

（四）审定各级各类研究生招生计划、招生简章等工作方案；

（五）审定硕士生、博士生、在职人员攻读硕士专业学位三大国考的组考工作方案；

（六）审定各级各类研究生录取名单；

（七）审定研究生招生工作委员会主任、副主任和委员名单；

（八）授权研究生招生工作委员会决策研究生招生工作紧急事项；

（九）其他需要招生工作领导小组决策的事项。

第五条 研究生招生工作委员会作为学校研究生招生工作的咨询机构，负责为招生工作领导小组提供决策咨询和指导学校相关职能部门、各学院开展研究生招生工作。

第六条 研究生招生工作委员会主任为主管研究生招生工作的副校长，副主任为主管学生工作的校级领导、监察处处长、研究生院常务副院长，委员由研究生院、财务处、人事处、教务处、招生就业处、学生处、国际交流处、后勤集团等部门负责人，各学院主管研究生教育的副院长组成。

第七条 研究生招生工作委员会的具体职责是：

（一）听取各级各类研究生招生工作情况汇报；

（二）讨论各级各类研究生招生工作方案；

（三）讨论各级各类研究生招生总计划和分专业计划；

（四）讨论研究生招生章程和各项工作管理办法；

（五）指导开展各级各类研究生招生各项工作；

（六）指导开展各级各类研究生招生初试、复试、录取工作；

（七）指导开展各级各类研究生招生其他工作。

第八条 研究生院和学院为研究生招生工作的执行机构。研究生院负责向学校研究生招生委员会汇报各级各类研究生招生工作情况，组织、管理、协调研究生招生工作；学院具体负责研究生招生工作的实施。

第九条 研究生院研究生招生工作的具体职责是：

（一）负责执行教育部有关研究生招生工作的相关规定，沟通教育部研究生招生主管部门；负责执行招生工作领导小组和招生工作委员会的决议。

（二）向研究生招生工作委员会汇报研究生招生工作进展。

（三）起草研究生招生重大事项初步解决方案，收集、整理研究生招生重大事项所需材料。

（四）负责对各学院研究生教务老师开展规章制度、工作程序、安全保密及研究生招生系统应用培训。

（五）根据国家下达的年度招生规模及有关规定编制分专业招生计划，组织实施各级各类研究生的招生咨询、招生简章制定、报名、资格审查等工作。

（六）组织安排各学院制定研究生专业学位招生简章、专业介绍、导师介绍、专业目录、考试科目，推荐免试硕士生复试接收以及各级各类研究生初试、复试、录取相关工作。

（七）组织实施硕士生、博士生、在职人员攻读硕士专业学位三大国考及其他各级各类研究生初试、复试相关考务工作。

（八）组织实施各级各类研究生复试基本要求（复试分数线）划定工作。

（九）协调有关管理部门组织实施各级各类研究生复试、录取阶段的体检、复试巡考、协议书制定、政审等工作；负责协调和处理各学院录取工作中的有关问题。

（十）负责完成研究生招生方面的其他工作。

第十条 学院研究生招生工作的具体职责是：

（一）学院成立研究生招生工作领导小组，组长为学院院长或主管研究生招生工作的副院长，成员为各学科负责人、博士生导师和硕士生导师代表等。

（二）负责执行教育部及我校有关研究生招生工作的相关规定；负责执行招生工作领导小组和招生工作委员会的决议。

(三)负责成立学院各级各类研究生招生入学考试的命题小组、审题小组、评卷工作小组、复试工作小组，并确定学院的保密人员名单。

(四)负责对本学院所有研究生招生相关涉密人员开展规章制度培训及安全保密教育。

(五)组织制定本学院研究生专业学位招生简章、专业介绍、导师介绍、专业目录、考试科目等。

(六)组织实施本学院研究生招生咨询、资格审查等工作。

(七)组织实施本学院推荐免试硕士生的复试接收工作。

(八)组织实施本学院各级各类研究生初试、复试、协议书签订、录取、新生复查等工作。

(九)负责审核本学院各级各类研究生的复试材料(含复试笔试试卷、面试记录、面试情况表，推免生还须审查《申请免试攻读中国人民大学硕士学位研究生登记表》)，并妥善备存。

(十)协助完成研究生招生方面的其他工作。

第十一条 中共中国人民大学纪律检查委员会全面监督、检查研究生招生工作。纪委办公室(监察处)负责执行，其主要职责是：

(一)制定和完善研究生招生工作监察制度；

(二)根据研究生招生工作需要成立招生监察办公室；

(三)全程监督、检查研究生招生命题、初试、评卷、复试、录取等工作；

(四)做好研究生招生工作人员的招生纪律培训工作；

(五)督促和指导研究生院和学院及时妥善地处理研究生招生录取工作的遗留问题；

(六)其他需要纪委办公室(监察处)参与的研究生招生工作。

第十二条 教务处负责在学校招生工作领导小组的领导下，根据学校本科生推荐免试攻读硕士学位研究生工作委员会(以下简称“推免工作委员会”)的工作要求开展具体工作。其职责包括：

(一)召集本校推荐免试攻读硕士学位研究生工作委员会的各项日常工作会议；

(二)起草、报批和公布本校推荐免试攻读硕士学位研究生工作的实施办法；

(三)根据教育部文件规定编制分学院推免生名额；

(四)组织实施本校推荐免试硕士生的报名、审核、推荐等相关工作；

(五)召集本校推免工作会议，审核、批准和公示推免名单；

(六)向招生工作领导小组汇报本校推荐免试硕士生推荐工作进展，向研究生招生工作委员会提交经公示后确认的本校推免生名单；

(七)协调纪律检查委员会开展推免工作各相关环节的监督检查工作；

(八)支持有关管理部门完成有关本校推荐免试硕士生的其他工作。

第三章 工作规程

第十三条 招生工作领导小组组长为招生工作领导小组会议召集人，负责主持召开招生工作领导小组会议。招生工作委员会根据工作进度提出年度招生工作领导小组会议计划，报招生工作领导小组同意后实施。研究生院常务副院长负责向招生工作领导小组汇报提交议题的相关情况，记录会议内容和决策事项，形成会议纪要。遇有紧急事项，招生工作领导小组组长也可临时召开招生工作领导小组会议。

第十四条 研究生招生工作委员会主任为研究生招生工作委员会会议召集人，负责主持召开研究生招生工作委员会会议。研究生招生工作委员会依据研究生招生工作的日程安排召开会议。研究生招生工作委员会主任可根据实际情况临时召集研究生招生工作委员会会议。

第十五条 研究生院负责起草研究生招生重大事项初步解决方案，收集、整理研究生招生重大事项所需材料，提交招生工作委员会研究。

第十六条 各学院研究生招生工作领导小组负责起草本学院相关的研究生招生重大事项初步解决

方案，收集、整理本学院相关的研究生招生重大事项所需材料，提交研究生招生工作委员会研究。

第十七条 研究生招生工作委员会根据研究生院汇总、整理的各学院材料提出修改意见。需要进一步审议决策的，提交给招生工作领导小组审议，其他返回研究生院进行处理。

第十八条 会议纪要由研究生院按照学校公文办理程序起草、报批，形成学校正式文件；未形成学校正式文件的会议纪要由招生工作领导小组组长或研究生招生工作委员会主任签字后，留存研究生院。

第四章　附　则

第十九条 本章程由研究生招生工作委员会负责解释。

第二十条 本章程自发布之日起施行。

附件 4

中国人民大学国际学生招生工作规则

第一章　总　则

第一条 为规范学校国际学生招生工作，保证学校国际学生招生工作科学、持续、健康发展，根据教育部普通高校招生工作规定、《学校招收和培养国际学生规定》、《中国人民大学章程》和《关于成立中国人民大学国际学生招生委员会的通知》（2010—2011 学年校政字 34 号），制定本章程。

第二条 本章程所指国际学生为来校攻读学士、硕士和博士学位的外国国际学生。

第二章　组织机构及职责

第三条 学校国际学生招生工作组织机构由招生工作领导小组、国际学生招生委员会、国际交流处三级机构组成。

第四条 招生工作领导小组是国际学生招生工作的最高决策机构，统一领导学校国际学生招生工作，组长为校长，副组长为学校纪委书记和分管本科生招生、研究生招生、国际学生招生和学生工作的校级领导。招生工作领导小组在国际学生招生工作方面的主要职责是：

（一）主持召开学校招生工作领导小组会议，听取国际学生招生委员会的意见和建议；

（二）领导学校相关部门开展国际学生招生政策制定、宣传和录取等工作；

（三）审定国际学生招生计划、招生简章、录取流程和录取名单；

（四）审定国际学生招生委员会主任、副主任和委员名单；

（五）授权国际学生招生委员会决策国际学生招生工作中遇到的紧急事项；

（六）其他需要领导小组决策的事项。

第五条 国际学生招生委员会作为学校国际学生招生工作的咨询机构和执行机构，负责为领导小组提供决策咨询和指导学校相关部门开展国际学生招生工作。

第六条 国际学生招生委员会主任为主管国际交流工作的副校长，副主任为研究生院常务副院长、国际交流处处长、教务处处长和监察处处长，委员由国际交流处、研究生院、招生就业处、发展规划处、后勤集团、文学院、经济学院、法学院、国际关系学院、新闻学院、商学院等部门和学院的相关负责人组成。

第七条 国际学生招生委员会的具体职责是：

（一）听取国际交流处关于国际学生招生工作情况汇报；

（二）讨论国际学生招生工作方案和招生宣传工作方案；

（三）讨论国际学生招生总计划和分专业计划；

（四）讨论国际学生招生简章和录取流程；

（五）指导开展国际学生招生咨询宣传工作；

（六）指导开展国际学生招生其他工作。

第八条 国际交流处具体负责实施学校国际学生的招生工作。其具体职责是：

（一）负责执行教育部有关国际学生招生工作的相关规定，衔接教育部、地方教委主管国际学生招生的行政部门；负责执行领导小组和国际学生招生委员会的决议。

（二）向国际学生招生委员会汇报国际学生招生工作进展，通报领导小组的决策事项。

（三）起草国际学生招生重大事项初步解决方案，收集、整理、分析涉及国际学生招生重大事项决策所需的材料。

（四）根据学校发展规划及学院发展需要确定并报送学校分专业招生计划。

（五）起草、报批和公布国际学生招生简章。

（六）开展招生咨询宣传工作，根据需要组团赴各国开展招生宣传工作。

（七）对录取的新生进行复查。

（八）支持相关部门完成国际学生招生方面的其他工作。

第九条 中共中国人民大学纪律检查委员会全面监督、检查国际学生招生工作。纪委办公室（监察处）负责具体执行，其主要职责是：

（一）制定和完善国际学生招生工作监察制度；

（二）根据国际学生招生工作需要成立招生监察办公室；

（三）全程监督、检查国际学生招生宣传、录取程序和信息公开等工作；

（四）参与录取工作，检查录取名单；

（五）做好国际学生招生工作人员的招生纪律培训工作；

（六）督促和指导国际交流处、研究生院、各相关学院及时妥善地处理国际学生招生录取工作的遗留问题；

（七）其他需要参与的国际学生招生工作。

第三章　工作规程

第十条 招生工作领导小组组长为招生工作领导小组会议召集人，负责主持召开招生工作领导小组会议。国际学生招生委员会根据工作进度提出领导小组年度会议计划，报领导小组同意后实施。国际交流处负责向国际学生招生委员会汇报提交议题的相关情况，记录会议内容和决策事项，形成会议纪要。遇有紧急事项，招生工作领导小组组长也可临时召开招生工作领导小组会议。

第十一条 国际学生招生委员会主任为国际学生招生委员会会议召集人，负责主持召开国际学生招生委员会会议。国际学生招生委员会原则上每学年召开两次。第一次会议确定第二年的招生计划和招生专业，审定招生简章；第二次会议报告当年国际学生的录取情况。如在国际学生招生过程中遇到重大事项，国际学生招生委员会主任可根据实际情况临时召集国际学生招生委员会会议讨论决定解决方案，上报领导小组决策。

第十二条 国际学生招生委员会讨论国际学生招生工作事项时，需至少 3/4 小组成员参会，原则上要求至少 1/2 小组成员通过并上报领导小组同意后决策事项方能生效。国际交流处负责记录国际学生招生委员会会议内容和决策事项，并形成会议纪要。会议纪要由国际交流处按照学校公文办理程序起草、报批，形成学校正式文件；未形成学校正式文件的会议纪要由国际学生招生委员会主任签字后，留存国际交流处。

第十三条 国际交流处负责起草国际学生招生重大事项初步解决方案，收集、整理、分析涉及国际学生招生重大事项所需材料，提交国际学生招生委员会研究。国际学生招生委员会根据国际交流处提供的材料提出具体修改意见。需要进一步审议决策的，提交给学校招生工作领导小组审议，其他返回国际交流处，由其协调相关部门和学院进行处理。

第四章　附　则

第十四条　本章程由国际学生招生委员会负责解释。

第十五条　本章程自发布之日起施行。

关于印发《中国人民大学本科生学籍管理规定（修订）》的通知

（2014—2015 学年校政字 3 号）

各学院（系），机关各部、处及直（附）属单位：

《中国人民大学本科生学籍管理规定（修订）》经 2013—2014 学年第 6 次校长办公会议讨论通过，现予以印发，请遵照执行。

附件：中国人民大学本科生学籍管理规定（修订）

中国人民大学

2014 年 7 月 11 日

附件

中国人民大学本科生学籍管理规定（修订）

第一章　总　则

第一条　为贯彻党和国家的教育方针，维护学校正常的教学秩序，提升本科生的培养质量，保障学生的合法权益，根据《中华人民共和国高等教育法》和教育部《普通高等学校学生管理规定》（教育部令第 21 号）等相关法律法规和行政规章，结合我校实际情况，制定本规定。

第二条　本规定适用于我校按照国家招生规定录取的本科生，包括第二学士学位生和接受本科学历教育的国际学生。

第三条　学生处负责本科生学籍管理工作，各学院（系）负责本学院本科生新生复查和学籍变动的初审工作。

第二章　入学与注册

第四条　按照国家招生规定被我校录取的新生，应持《中国人民大学入学通知书》和身份证件，按期到校办理入学手续。因故不能按期入学者，应向所在学院提出书面申请，并附原单位或者所在街道、乡镇证明，由学院报学生处备案。假期一般不得超过两周。未经请假或者请假逾期者，除因不可抗力等正当事由外，由学院报学生处，按放弃入学资格处理。

第五条　招生就业处及国际交流处于每年 8 月 15 日前将本年度录取数据提供给学生处，用以制作新生名册及其他新生材料。各学院（系）在新生报到时依据学生处提供的新生名册、录取通知书、身份证明对新生进行初查，并将新生报到情况报送学生处。

新生入学后，各学院（系）在三个月内按照招生规定进行复查，校医院对新生进行身体检查。按照《教育部关于明确高等学校新生复查内容的意见》（教学函〔2014〕2 号），复查主要通过对新生名册、学生人事档案资料、身份证件等材料的审核、比对、检测完成，复查内容包括但不限于：

（一）身份信息，包括姓名、性别、身份证件号码、出生日期、照片等是否为同一人；

（二）考录信息，包括考试报名信息、志愿填报信息、考试过程及成绩、录取资格等各环节信息是否真实、准确。

经复查合格者，准予注册，取得学籍。复查不合格者，根据具体情况予以处理，直至取消入学资格。凡属弄虚作假、徇私舞弊取得学籍者，由所在学院提出意见，学生处报请学校主管领导取消其学籍。情节恶劣者，由学校报请有关部门予以查究。

取消入学资格或取消学籍者，由所在学院提出意见，学生处报学校主管领导批准，档案、户口退回其家庭户籍所在地。

第六条 新生有下列情况之一，可以保留入学资格一年：

（一）因身体原因经医院诊断，不宜在校学习的；

（二）因其他原因，不宜在校学习的。

保留入学资格，需由本人申请，经所在学院同意，报学生处批准，办理相关手续。因身体原因保留入学资格者，还应出具医院诊断证明。保留入学资格者不享受在校生待遇，不参评奖助学金，不享受校内生活补贴。

保留入学资格者，应在下学年开学前三个月内提出入学申请，经所在学院同意，报学生处批准，按规定时间办理入学手续。因身体原因保留入学资格者在保留入学资格期内康复的，同时应持医院诊断证明，经校医院入学体检合格后，办理相关手续。如原录取专业未招生，由本科生招生办公室和留学生办公室指定编入相近专业学习，并报学生处。

复查不合格或逾期不办理入学手续者，取消其入学资格。

第七条 每学期开学时，在校学生（含延期毕业学生）应按学校规定时间办理注册手续。因故不能如期注册者，应当事先请假并履行暂缓注册手续。未履行暂缓注册手续逾期两周不注册者，按自动退学处理。

未按学校规定交纳学费或者其他不符合注册条件的学生不予注册。家庭经济困难的学生可以申请贷款或者其他形式资助，办理有关手续后注册。学生注册按照《中国人民大学学生注册管理办法》（2014—2015 学年校办字 5 号）执行。

第三章 转专业与转学

第八条 学校允许本科生在适当情况下，申请转入新专业学习。学生转专业，按《中国人民大学本科生转专业实施办法》（2005—2006 学年校政字 14 号）执行。

第九条 学生一般不得转学。如患病或者确有特殊困难，无法在我校继续学习的，可以申请转学。

第十条 学生转学由本人向所在学院申请，经教务处审核同意，上报学校主管领导审批后，按下列办法办理：

（一）学生转学到本市范围内其他学校，经转入学校同意，由学生处报北京市教委批准后，可办理转学手续；

（二）学生转学到外省（市、区）学校，经转入学校同意，由学生处报北京市教委，北京市教委商转入学校所在省（市、区）教育主管部门批准后，由学生到学生处办理转学手续。转学者，户籍和档案应随本人同时迁出。

第十一条 学生有下列情况之一，不得转学：

（一）入学未满一学期的；

（二）由招生时所在地的下一批次录取学校转入上一批次学校、由低学历层次转为高学历层次的；

（三）招生时确定为定向、委托培养的；

（四）应予退学的；

（五）其他无正当理由的。

第四章　休学与复学

第十二条　学生有下列情况之一，应予休学：

（一）因身体原因经医院诊断，须停课治疗、休养，时间占一学期总学时三分之一以上的；

（二）因其他原因，本人申请或者学校认为应当休学的。

第十三条　学生休学一般以一年为期，累计不得超过两年。休学不计入在读时间，但计入最长学习年限。

第十四条　申请休学的学生，应填写《本科生学籍变动申请表》，因身体原因休学应附有医院诊断证明，经所在学院审查同意，报学生处批准，并办理离校手续。

第十五条　学生休学期间，户口不迁出学校，不享受在校学生待遇，不参评奖助学金，不享受校内生活补贴。学生休学期间发生的行为由学生自行负责。

第十六条　学生复学按下列规定办理：

（一）学生应于休学期满之日起 15 日内（如遇假期自动顺延）向学校提出书面复学申请，经所在学院审查同意后，持复学申请材料到学生处办理复学手续；因身体原因休学的学生同时应持医院诊断证明，方可办理复学手续。

（二）学生休学期间，如有严重违法违纪行为，学校可按相关规定取消其复学资格。

（三）复学的学生原则上按原培养方案随下一年级学习，如原专业该年级没有招生，由所在学院提出意见，经教务处批准，转到相近专业学习。

第五章　保留学籍与恢复学籍

第十七条　学生有下列情况之一，应办理保留学籍手续：

（一）参军入伍，包括国内学生应征参加中国人民解放军（含中国人民武装警察部队）和国际学生服兵役的；

（二）公派出国（境）90 日（含）以上的；

（三）因参加社会实践、因私出境等原因离校 90 日（含）以上的。

第十八条　保留学籍不计入在读时间，但计入最长学习年限。学生因参军入伍保留学籍的时长原则上应与实际服役期一致。公派出国（境）保留学籍时长与公派时长一致。因参加社会实践或因私出境等原因保留学籍的时间最长为一年。

第十九条　申请保留学籍的学生，应填写《本科生学籍变动申请表》，附相应证明材料，经所在学院（系）审查同意，报学生处批准，并办理离校手续。

第二十条　学生保留学籍期间，户口不迁出学校，不享受在校学生待遇，不享受校内生活补贴。原则上不参评奖助学金，具体操作办法按《中国人民大学学生奖励管理办法》（2005—2006 学年校政字 24 号）执行。学生保留学籍期间发生的行为由学生自行负责。

第二十一条　学生恢复学籍按下列规定办理：

（一）学生应于保留学籍期满之日起 15 日内（如遇假期自动顺延）向学校提出书面申请，经所在学院审查同意后，持恢复学籍申请材料到学生处办理恢复学籍手续；

（二）学生保留学籍期间，如有严重违法违纪行为，学校可按相关规定取消其恢复学籍资格；

（三）恢复学籍的学生按原培养方案随相应年级学习。

第二十二条　根据《普通高等学校学生管理规定》，国内学生参军入伍的，学籍可保留至服役期满后一年。恢复学籍时，学生应于服役期满后一年内提出书面申请。

第六章 退 学

第二十三条 学生有下列情形之一，应予退学：

（一）必修课程（包括教学环节）学分按门次累计超过20学分（含20学分）以上不及格的。

（二）申请延长学习年限但在学校规定的最长学习年限内未完成学业的；或未申请延长学习年限在规定的学制年限内未完成学业的。

（三）艺术特长生、体育特长生连续两个学期未能达到学校主管部门的训练要求的，具体要求分别按照校团委和体育部的相关规定执行。

（四）休学或保留学籍期满，超过30日未提出复学、恢复学籍申请或者申请复学经复查不合格的。

（五）经医院诊断，患有疾病或者意外伤残无法继续在校学习的。

（六）未请假离校连续两周未参加学校规定的教学活动的。

（七）超过学校规定时间未注册又无正当事由的。

（八）本人申请退学的。

第二十四条 因学习成绩或学习年限原因退学的，由学院提出建议，报教务处出具意见；艺术特长生、体育特长生因未达到学校主管部门训练要求退学的，分别由校团委和体育部提出建议，报教务处出具意见；本人申请退学的，同时应由其父母在退学申请上签署意见。

本规定第二十三条第（一）、（二）、（三）、（六）款的学生退学事宜，由学生处报校长办公会议研究决定。其他情形，由学生处报主管领导批示。

对退学的学生，由学校出具退学决定书并送达本人，无法送达本人的，在校内公告即视为送达，同时报北京市教育委员会备案。

第二十五条 退学学生应于退学决定送达或公告之后60日内办理退学和离校手续，档案、户口退回其家庭户籍所在地。

已缴学费的退学学生，将学费收据交回财务处后，可按学校规定按月计退学费。

第七章 毕业、结业与肄业

第二十六条 学生在学校规定的学习年限内，按照教学方案的要求修满学分，德、智、体、美达到毕业要求，准予毕业，由学校颁发毕业证书。

第二十七条 按照教学方案要求提前修满学分者，可以提前毕业。拟提前毕业者应在毕业前一学期向所在学院（系）提出申请，经审查同意后，报教务处批准。

第二十八条 学生在最长学习年限内，按照教学方案的规定修读全部课程并完成相应的教学环节，但未修满学分者，可以申请结业，由学校颁发结业证书。申请结业的学生，可以在结业后、最长学习年限届满前，以旁听的方式修读未通过的课程（或者教学环节），成绩合格，符合毕业要求者可换发毕业证书。结业学生若在返校重修课程（或者教学环节）考试中有违反考试纪律或弄虚作假的行为，取消其换发毕业证书资格。

第二十九条 本科生可申请延长学习期限，但不得超过最长学习年限（申请延长的学习期限内学生住宿自理，同时应按规定缴纳有关费用）。最长学习年限内修满学分的按毕业办理，仍未修满学分的按结业办理。

第三十条 取得本科毕业资格，且符合国家学位授予条件者，学校颁发学位证书。

第三十一条 学满一学年以上退学的学生，学校颁发肄业证书。

第三十二条 对完成本专业学业同时副修其他专业并达到副修该专业第二专业或第二学士学位要

求者，由学校颁发相应的辅修证书。

第三十三条 对违反国家招生规定入学者，学校不发给学历证书、学位证书；已发的学历证书、学位证书，学校予以追回，并报教育行政部门宣布证书无效。

第三十四条 毕业、结业、肄业证书和学位证书遗失或者损坏，经本人申请，学校核实后出具相应的证明书。证明书与原证书具有同等效力。

第八章 申 诉

第三十五条 学生对学校的学籍处理决定有异议的，可在学校书面决定送达之日起5个工作日内，向学校学生申诉处理委员会提出书面申诉。

第三十六条 学生申诉处理委员会对学生提出的申诉进行复查，在接到书面申诉之日起15个工作日内，作出复查结论并告知申诉人。

需要改变原处理决定的，由学生申诉处理委员会将处理意见提交校长办公会议研究决定。

第三十七条 对学校复查决定仍有异议的，可在学校复查决定书送达之日起15个工作日，向北京市教育委员会提出书面申诉。

第九章 附 则

第三十八条 本规定中的“医院”，除明确为“校医院”的以外，均为二级甲等以上医院。

第三十九条 本规定中的“最长学习年限”，学制四年专业的最长学习年限为六年，学制五年专业的最长学习年限为七年，第二学士学位专业的最长学习年限为四年。

第四十条 本规定自发布之日起施行，由学生处负责解释，《中国人民大学本科生学籍管理规定》（2005—2006学年校政字21号）同时废止。其他文件规定与本规定不一致的，以本规定为准。

关于印发《中国人民大学研究生学籍管理规定（修订）》的通知

（2014—2015学年校政字4号）

各学院（系），机关各部、处及直（附）属单位：

《中国人民大学研究生学籍管理规定（修订）》经2013—2014学年第6次校长办公会研究通过，现予以印发，请遵照执行。

附件：中国人民大学研究生学籍管理规定（修订）

中国人民大学

2014年7月11日

附件

中国人民大学研究生学籍管理规定（修订）

第一章 总 则

第一条 为贯彻党和国家的教育方针，维护学校正常的教学秩序，保证研究生的培养质量，保障学生的合法权益，根据《中华人民共和国高等教育法》和教育部《普通高等学校学生管理规定》（教育部令第21号）等相关法律法规和行政规章，结合我校实际情况，制定本规定。

第二条 本规定适用于我校按照国家招生规定录取的研究生，包括接受研究生学历教育的国际学生。其他接受学历教育的研究生参照执行。

第三条 学生处负责研究生学籍管理工作，各学院（系）负责本院（系）研究生新生复查和学籍变动的初审工作。

第二章 入学与注册

第四条 按照国家招生规定被我校录取的新生，应持《中国人民大学研究生录取通知书》和身份证件，按期到校办理入学手续。因故不能按期入学者，应以书面形式向所在学院（系）请假，并附原单位或者所在街道、乡镇证明，由学院（系）报学生处备案。假期一般不得超过两周。未经请假或者请假逾期者，除因不可抗力等正当事由以外，由学院（系）报学生处，按放弃入学资格处理，并报研究生院备案。

第五条 研究生院及国际交流处于每年8月15日前将本年度录取数据提供给学生处，用以制作新生名册及其他新生材料。各学院（系）在新生报到时依据学生处提供的新生名册、录取通知书、身份证明对新生进行初查，并将新生报到情况报送学生处。

新生入学后，各学院（系）在三个月内按照招生规定进行复查，校医院对新生进行身体检查。按照《教育部关于明确高等学校新生复查内容的意见》（教学函〔2014〕2号），复查主要通过对新生名册、学生人事档案资料、身份证件等材料的审核、比对、检测完成，复查内容包括但不限于：

（一）身份信息，包括姓名、性别、身份证件号码、出生日期、照片等是否为同一人；

（二）考录信息，包括考试报名信息、志愿填报信息、考试过程及成绩、录取资格等各环节信息是否真实、准确。

经复查合格者，准予注册，取得学籍。复查不合格者，根据具体情况予以处理，直至取消入学资格。凡属弄虚作假、徇私舞弊取得学籍者，由所在学院（系）提出意见，学生处报请学校主管领导取消其学籍。情节恶劣者，由学校报请有关部门予以查究。

取消入学资格或取消学籍者，由所在学院（系）提出意见，学生处报学校主管领导批准，档案、户口退回其家庭户籍所在地。

第六条 新生有下列情况之一，可以保留入学资格一年：

（一）因身体原因经医院诊断，不宜在校学习的；

（二）在职人员因原单位公派短期（一年内）出境不能到校学习的；

（三）因其他原因，不宜在校学习的。

保留入学资格者，需由本人申请，导师、所在学院（系）和研究生院同意，报学生处批准，办理相关手续。因第（一）种情况保留入学资格者，应出具学校指定医院证明；因第（二）种情况保留入学资格者，应出具原单位证明。保留入学资格者不享受在校生待遇，不参评奖助学金，不享受校内生活补贴。

保留入学资格者，应在下学年开学前三个月内提出入学申请，经导师、所在学院（系）和研究生院同意，报学生处批准，按规定时间办理入学手续。因身体原因保留入学资格者在保留入学资格期内康复的，同时应持学校指定医院证明，经校医院入学体检合格后，办理相关手续。

复查不合格或者逾期不办理入学手续者，取消其入学资格。

第七条 每学期开学时，在校学生（含延期毕业学生）应按学校规定时间办理注册手续。因故不能如期注册者，应当事先请假并履行暂缓注册手续。未履行暂缓注册手续逾期两周不注册者，按自动退学处理。

未按学校规定交纳学费或者其他不符合注册条件者，不予注册。家庭经济困难学生可以申请贷款或者其他形式资助，办理有关手续后注册。学生注册按照《中国人民大学学生注册管理办法》（2014—2015学年校办字5号）执行。

第三章 转专业与转学

第八条 研究生原则上不允许转专业、转学。如因专业调整、导师变动等致使本单位（专业）无法继续培养，经接收单位考核合格者，可以申请转学院（系）、转专业或转学。

（一）在本学院（系）同一专业转研究方向或转导师的，经导师和学院（系）主管负责人同意后，报研究生院审批。

（二）转专业者，由本人提出申请，导师和所在学院（系）主管负责人同意，同时征得拟转入专业导师和学院（系）主管负责人的同意并考核后，与培养计划一起，报研究生院批准，到学生处办理手续。

（三）研究生转学，由本人提出申请，经所在学院（系）和导师同意，研究生院批准后，按下列办法办理：

1. 学生转学到本市范围内其他学校，经转入学校同意，由学生处报北京市教委批准后，办理转学手续。

2. 学生转学到外省（市、区）学校，经转入学校同意，由学生处报北京市教委，北京市教委商转入学校所在省（市、区）教育主管部门批准后，由学生到学生处办理转学手续。转学者，户籍和档案应随本人同时迁出。

第九条 研究生有下列情况之一，不得转学：

（一）入学未满一学期的；

（二）由低学历层次转为高学历层次的；

（三）招生时确定为定向、委托培养、在职培养的；

（四）应予退学的；

（五）其他无正当理由的。

第四章 休学与复学

第十条 研究生有下列情况之一，应予休学：

（一）因身体原因经医院诊断，应停课治疗、休养，时间占一学期总学时三分之一以上的；

（二）因其他原因，本人申请或者学校认为应当休学者。

第十一条 研究生休学一般以一年为期，累计不得超过两年。休学期间保留学籍，不计入在读时间，但计入最长学习年限。

第十二条 申请休学的研究生，应填写《研究生学籍变动申请表》，因病休学应附有校医院证明，经导师和所在学院（系）审查同意，报学生处批准，并办理离校手续。

第十三条 研究生休学期间，户口不迁出学校，不享受在校学生待遇，不得参加考试、开题、答辩等教学培养活动，不参评奖助学金，不享受校内生活补助。学生休学期间发生的行为由学生自行负责。

第十四条 研究生复学按下列规定办理：

（一）研究生应于休学期满之日起 15 日内（如遇假期自动顺延）向学校提出书面复学申请，经导师和所在学院（系）审查同意，持复学申请材料到学生处办理复学手续；因身体原因休学的研究生应同时持医院诊断证明，方可办理复学手续。

（二）研究生休学期间，如有严重违法违纪行为，学校可按相关规定取消其复学资格。

（三）复学研究生原则上执行入学当年培养方案。

第五章　保留学籍与恢复学籍

第十五条　学生有下列情况之一，应办理保留学籍手续：

（一）参军入伍，包括国内学生应征参加中国人民解放军（含中国人民武装警察部队）和国际学生服兵役的；

（二）公派出国（境）三个月（含）以上的；

（三）因参加社会实践、因私出境等原因离校三个月（含）以上的。

第十六条　保留学籍不计入在读时间，但计入最长学习年限。学生因参军入伍的保留学籍时长原则上应与实际服役期一致。公派出境保留学籍时长与公派时长一致。因参加社会实践、因私出境等原因保留学籍最长为一年。

第十七条　申请保留学籍的学生，应填写《研究生学籍变动申请表》，附相应证明材料，经导师和所在学院（系）审查同意，报学生处批准，并办理离校手续。

第十八条　学生保留学籍期间，户口不迁出学校，不享受校内生活补助。原则上不参评奖助学金，具体操作办法按照《中国人民大学学生奖励管理办法》（2005—2006 学年校政字 24 号）执行。学生保留学籍期间发生的行为由学生自行负责。

第十九条　学生恢复学籍按下列规定办理：

（一）学生应于保留学籍期满之日起 15 日内（如遇假期自动顺延）向学校提出书面申请，经导师和所在学院（系）审查同意后，持恢复学籍申请材料到学生处办理恢复学籍手续；

（二）学生保留学籍期间，如有严重违法违纪行为，学校可按相关规定取消其恢复学籍资格；

（三）恢复学籍的学生原则上执行入学当年研究生培养方案。

第二十条　根据《普通高等学校学生管理规定》，国内学生应征入伍的，学籍可保留至服役期满后一年。恢复学籍时，学生应于服役期满后一年内提出书面申请。

第六章　退　学

第二十一条　研究生有下列情形之一，应予退学：

（一）在学校规定学习年限内未完成学业，或者学业成绩未达到学校要求的；

（二）经学校指定医院诊断，患有疾病或者意外伤残无法继续在校学习的；

（三）休学或保留学籍期满，超过 30 日未提出复学、恢复学籍申请或者申请复学经复查不合格的；

（四）未请假离校连续两周未参加学校规定的教学活动的；

（五）超过学校规定时间未注册而又无正当事由的；

（六）本人申请退学的。

第二十二条　研究生退学，需由导师和学院（系）出具意见，再报学生处。因学习年限或学业成绩原因退学的，还需报研究生院处出具意见。

本规定第二十一条第（一）、（四）款的学生退学事宜，由学生处报校长办公会议研究决定。其他情形，由学生处报主管领导批示。

对退学的研究生，由学校出具退学决定书并送达本人，无法送达的，在校内公告即视为送达，同时报北京市教育委员会备案。

第二十三条　退学的研究生于退学决定送达或公告起 60 日内办理离校手续；在学校规定期限内按已有毕业学历和就业政策能够找到聘用单位的，由学校报北京市教育委员会办理相关手续；在学校规定期限内没有聘用单位的，档案、户口退回其家庭户籍所在地。

已缴学费的退学学生，在将学费收据交回财务处后，可按学校规定按月计退学费。

第七章　毕业、结业和肄业

第二十四条　研究生的学习年限以入学当年的研究生培养方案为准。

硕士研究生最长学习年限可以延长至4年，博士研究生最长学习年限可以延长至6年，硕博连读研究生最长学习年限可以延长至7年。

研究生在规定的最长学习年限内未能完成学业者，原则上不再予以延期。

研究生在基本学习年限之后的延长期内，学校不划拨培养经费，不安排其住宿等；学生不参评奖助学金，不享受校内生活补助。

第二十五条　研究生符合下列条件，准予毕业：

（一）在规定学习年限内，完成培养方案规定的全部培养环节要求，考核通过，学位论文答辩通过的；

（二）在规定学习年限内，完成培养方案规定的全部培养环节要求，考核通过，学位论文答辩未通过，答辩委员会认为该论文达到毕业水平建议准予毕业的。

第二十六条　研究生不符合毕业条件但符合下列条件的，准予结业：

（一）在规定学习年限内，完成培养方案规定的全部培养环节要求，考核通过，学位论文答辩未通过，答辩委员会认为该论文未达到毕业水平，建议按结业处理；

（二）在规定学习年限内，完成培养方案规定的全部培养环节要求，考核通过，未完成学位论文，或者导师认为未达到硕士或者博士学位水平不予推荐答辩，或者论文评阅意见返回认为未达到硕士或者博士学位水平不予推荐答辩，培养单位建议按结业处理；

（三）在规定学习年限内，完成培养方案规定的全部培养环节要求，考核通过，符合申请答辩条件，但未在规定时限内按规定程序提出答辩申请。

第二十七条　在规定学习年限内未完成培养方案规定的培养环节要求，或者学习期满时仍有课程考试或者其他培养环节考核不通过，但在校学习时间满一学年者，予以肄业。

在校学习时间满一年的已退学学生，可以发给肄业证书。

第二十八条　凡未达到肄业条件者，学习时间未满一学年的，发给学习证明。

第二十九条　研究生提前完成培养方案中规定的全部培养环节要求，符合申请提前毕业条件的，可以申请提前毕业。两年制硕士研究生和同等学力考入者，不得申请提前毕业。

提前毕业的申请，由研究生本人提出，经导师同意，所在学院（系）主管负责人批准，于预计毕业时间前三个月报研究生院审核，并报学生处办理相关手续。

第三十条　研究生完成学位论文写作，导师认为未达到相应学位论文水平不予推荐的或者学位论文评阅未通过，培养单位批准延期答辩的，可以申请适当延长学习年限。

延长学习年限的申请，由研究生本人提出，经导师同意，所在学院（系）主管负责人批准，于原预计毕业时间前三个月报送研究生院审批，并报学生处办理相关手续。

第三十一条　对违反国家招生规定入学者，学校不发给学历证书、学位证书；已发的学历证书、学位证书，学校予以追回，并报教育行政部门宣布证书无效。

第三十二条　毕业证书、结业证书、肄业证书和学位证书遗失或者损坏，经本人申请，学校相关部门核实后可出具相应的证明书。证明书与原证书具有同等效力。

第八章　申　诉

第三十三条　学生对学校的学籍处理决定有异议的，可在学校书面决定送达之日起5个工作日内，向学校学生申诉处理委员会提出书面申诉。

第三十四条　学生申诉处理委员会对学生提出的申诉进行复查，在接到书面申诉之日起15个工作日内，作出复查结论并告知申诉人。

需要改变原处理决定的，由学生申诉处理委员会将处理意见提交校长办公会议研究决定。

第三十五条 对学校复查决定仍有异议的，可在学校复查决定书送达之日起15个工作日内，向北京市教育委员会提出书面申诉。

第九章 附 则

第三十六条 本规定中的“医院”，除明确为“校医院”的以外，均为二级甲等以上医院。

第三十七条 本规定自发布之日起施行，由学生处负责解释，《中国人民大学研究生学籍管理规定》(2005—2006学年校政字18号）同时废止。其他文件规定与本规定不一致的，以本规定为准。

关于设立中国人民大学学生资助管理中心的通知

(2014—2015学年校政字7号）

各学院（系），机关各部、处及直（附）属单位：

为进一步深化我校学生资助工作，提升学生资助工作服务学生成长成才精细化水平，经学校研究，决定成立中国人民大学学生资助管理中心，挂靠党委学生工作部（处）。学生资助管理中心主任由党委学生工作部（处）分管此项工作的领导兼任。

学生资助管理中心主要负责统筹管理全体在校生的资助和奖励工作，承担家庭经济困难学生和少数民族学生的综合素质培养工作，并为学生提供各类奖励资助有关服务。

中国人民大学

2014年12月17日

2014年统计资料

表一　　教职员工人员构成一览表　　单位：人

项目＼类别	合计	专任教师	行政人员	教辅人员	工勤人员	科研机构人员	校办企业职工	其他附设机构人员
总计	3 580	1 888	672	402	161	274	7	176
其中：女性	1 531	672	354	292	27	79	5	102
正高级	648	611	8	17	0	0	1	11
副高级	936	729	45	112	0	0	1	49
中级	832	543	0	222	0	0	1	66
初级	49	5	0	37	0	0	0	7
未定职级	1 115	0	619	14	161	274	4	43

表二　　专任教师学历构成一览表　　单位：人

项目	合计	研究生毕业		本科毕业	专科毕业及以下
		博士	硕士		
总计	1 888	1 543	260	82	3
其中：女性	672	538	110	24	0
正高级	611	535	55	20	1
副高级	729	610	82	36	1
中级	543	398	119	25	1
初级	5	0	4	1	0
未定职级	0	0	0	0	0

表三　　本科生分学科学生数一览表　　单位：人

学科	毕业生数	招生数	在校生数
总计	2 768	2 513	11 497
哲学	63	28	166
经济学	721	802	3 143
法学	422	326	1 574
文学	383	330	1 547
历史学	69	57	284
理学	260	285	1 386
工学	59	28	173
管理学	688	533	2 684
艺术学	103	124	540

表四　　研究生学生数一览表　　单位：人

	毕业生数	授予学位生数	招生数	在校研究生数			
				合计	一年级	二年级	三年级及以上
总计	4 056	4 056	4 554	11 894	4 554	4 544	2 796
其中：女生	2 343	2 344	2 631	6 539	2 631	2 581	1 327
博士生	734	734	897	3 567	897	897	1 773
硕士生	3 322	3 322	3 657	8 327	3 657	3 647	1 023
国家任务小计	3 259	3 257	4 554	10 689	4 554	3 625	2 510
博士生	706	706	897	3 398	897	869	1 632
硕士生	2 553	2 551	3 657	7 291	3 657	2 756	878
委托培养小计	167	168	0	163	0	90	73
博士生	13	13	0	34	0	0	34
硕士生	154	155	0	129	0	90	39
自筹经费小计	630	631	0	1042	0	829	213
博士生	15	15	0	135	0	28	107
硕士生	615	616	0	907	0	801	106

注：另有在职人员攻读硕士学位在校学生 2 627 人。

表五　　留学生情况一览表　　单位：人

	当年毕业生	授予学位数	当年招生数	在校学生数
总计	906	325	959	1 468
博士生	20	20	18	95
硕士生	76	76	73	177
本科生	245	229	148	859
培训生	565	—	720	337

表六　　成人教育、网络教育学生数一览表　　单位：人

	当年毕业生数			招生数			在校学生数		
	合计	本科	专科	合计	本科	专科	合计	本科	专科
总计	16 377	10 607	5 770	21 963	12 180	9 783	63 659	40 456	23 203
成人教育	1 789	1 779	10	2 358	1 908	450	6 825	6 375	450
其中：函授	86	86	0	0	0	0	0	0	0
业余	1 703	1 693	10	2 358	1 908	450	6 825	6 375	450
脱产	0	0	0	0	0	0	0	0	0
网络教育	14 588	8 828	5 760	19 605	10 272	9 333	56 834	34 081	22 753

表七 **校园与校舍面积、固定资产一览表**

全校占地面积（平方米）	757 729
校舍面积（平方米）	1 065 232
一、教学科研及辅助用房	327 305
教室	64 851
图书馆	57 695
实验室、实习场所	67 536
专用科研用房	102 510
体育馆	21 024
会堂	13 689
二、行政办公用房	92 269
三、生活用房	330 475
学生宿舍（公寓）	210 796
学生食堂	26 563
教工宿舍（公寓）	20 000
教工食堂	—
生活福利及附属用房	73 116
四、教工住宅	124 656
五、其他用房	190 527
固定资产总值（万元）	356 534
其中：教学、科研仪器设备	54 280
图书（万册）	450.3

表八 **学校基建投资状况表** 单位：万元

	合计	其中		已完成投资中资金构成				竣工面积（平方米）	
		国家投资	自筹投资	建安工程		设备购置	其他	小计	其中：住宅
				小计	其中：住宅				
投资计划	5 302	0	5 302	—	—	—	—	—	—
完成投资	6 373	0	6 373	—	—	—	—	—	—

表九 **经费收入状况表** 单位：万元

总计	财政拨款	事业收入	其他收入
354 916.04	164 565.12	138 765.43	51 585.49

表十 **经费支出状况表** 单位：万元

总计	事业支出	基建支出
286 205.58	279 832.08	6 373.50

表十一 **科学研究基本状况一览表——文科**

科技活动人员情况			研究与发展课题数（项）				科研与发展成果情况			应用成果（项）		科研成果获奖情况（项）		研究与发展课题经费拨入（万元）
社科活动人员（人）	研究与发展人员（人）	研究与发展人员全时当量（人年）	合计	基础研究	实验与发展	应用研究	合计	出版著作（部）	发表论文（篇）	提交有关部门	鉴定成果	国家级	省部级	
1 652	1 652	573.8	4 523	1 509	100	2 914	3 633	379	3 254	61	0	0	27	16 899.45

表十二

科学研究基本状况一览表——理科

科技活动人员情况		研究与发展课题数（项）				科研与发展成果情况				科研成果获奖情况（项）		研究与发展课题经费拨入（万元）
理科活动人员（人）	研究与发展人员全时当量（人年）	合计	基础研究	应用研究	试验与发展	合计	出版著作（部）	发表论文（篇）	专利（项）	国家级	省部级	
254	111.9	346	182	158	6	157	5	144	8	0	0	7 910.8

说明：1. 表一至表七根据《中国人民大学高等教育基层统计报表（2014/2015 学年初）》填写，统计时点为 2014 年 9 月 1 日，统计时期为 2013 年 9 月 1 日至 2014 年 8 月 31 日。

2. 表八至表十二，统计时期为 2014 年 1 月 1 日至 2014 年 12 月 31 日，统计时点为 2015 年 1 月 1 日。

3. 表三、表四统计范围不含留学生；表九、表十统计范围含附中、附小，不含幼儿园；其余表格无特殊说明统计范围均不含附中、附小、幼儿园。

机构与干部

中共中国人民大学第十三届委员会常委、委员和纪律检查委员会委员名单

党委常委（以姓氏笔画为序）

马俊杰　王利明　伊志宏　刘向兵　杨慧林　吴付来　张建明
陈雨露　查显友　洪大用　靳　诺

党委委员（以姓氏笔画为序）

马俊杰　王利明　牛维麟　冯惠玲　伊志宏　刘向兵
刘彭芝　杨瑞龙　杨慧林　吴付来　张建明　陈　岳
陈一兵　陈雨露　林　岗　周淑真　郑水泉　查显友
洪大用　贺耀敏　秦　宣　袁　卫　徐志宏　郭洪林
程天权　温铁军　靳　诺

注：

1. 2014年1月3日中共教育部党组发文（教党任〔2014〕2号），经研究并与中共北京市委商得一致，决定：张建明同志任中共中国人民大学委员会委员、常委、常务副书记；免去牛维麟同志的中共中国人民大学委员会常务副书记、常委、纪委书记职务；免去冯惠玲同志的中共中国人民大学委员会常委职务。

2. 2014年6月11日中共教育部党组发文（教党任〔2014〕70号），经与中共北京市委商得一致，2014年5月14日研究决定：吴付来同志任中共中国人民大学委员会委员、常委、副书记，洪大用同志任中共中国人民大学委员会委员、常委；免去王利明同志的中共中国人民大学委员会副书记、杨慧林同志的中共中国人民大学委员会常委职务。

纪委委员（以姓氏笔画为序）

马周年　王宏伟　牛维麟　龙翼飞　关　伟　吴美华　张晓辉　荆　新　涂光晋　董克用

■ 中国人民大学校级领导干部名单

党　委　书　记：靳　诺
校　　　　长：陈雨露
党委常务副书记：牛维麟（2014.01 免）
张建明（2014.01 任）
常 务 副 校 长：冯惠玲（2014.01 免）
王利明（2014.01 任）
副　　校　　长：杨慧林（2014.06 免）　查显友　伊志宏　刘向兵　洪大用（2014.06 任）
党 委 副 书 记：马俊杰　王利明（2014.06 免）　吴付来（2014.06 任）
纪　委　书　记：牛维麟（兼）（2014.01 免）　马俊杰（2014.06 任）

■ 中国人民大学校长助理名单

贺耀敏　黎玖高　吴晓求　郝立新　郭洪林　王孝群（2014.06 免）　杨伟国
郑水泉（2014.03 任）

■ 第一届中国人民大学本科人才培养委员会名单

（以姓氏笔画为序）

主　　任：陈雨露　靳　诺
副 主 任：马俊杰　王利明　冯惠玲　杨慧林（常务）
秘 书 长：洪大用
委　　员：
马　中　方福前　孔祥智　伊志宏　孙　郁　孙家洲　杜小勇　杨占武　杨伟国　杨瑞龙
吴晓求　张　斌　张勇先　张晓京　陈　岳　武宝瑞　赵国俊　赵彦云　胡　娟　洪大用
费　佳　贺耀敏　郝立新　秦　宣　倪　宁　徐唯辛　郭庆旺　郭洪林　唐　忠　黄朴民
董克用　韩大元　曾湘泉　解思深　翟振武

■ 中国人民大学第十一届学术委员会委员名单

（以姓氏笔画为序）

主　　任：陈先达

副 主 任： 王利明（常务）　冯惠玲　伊志宏　刘大椿　李路路　杨慧林　贺耀敏　温铁军　解思深

秘 书 长： 刘元春

副秘书长： 叶裕民　杜小勇　吴晓求　杨瑞龙　胡锦光　赵国俊　郭庆旺　黄兴涛

委　　员：

王孝群	王利明	王洪臣	毛基业	乌云毕力格	孔祥智	卢仲毅
叶裕民	冯惠玲	伊志宏	刘大椿	刘小枫	刘元春	孙　郁
孙家洲	杜小勇	李志平	李树旺	李路路	杨伟国	杨瑞龙
杨慧林	吴晓求	何其莘	谷克鉴	宋新宁	张　杰	张成福
张志伟	张积家	张雷声	陈　岳	陈先达	陈兴滨	林　岗
林　勇	林　嘉	金勇进	郑功成	项贤明	赵　方	赵　忠
赵国俊	郝立新	胡锦光	洪大用	贺耀敏	秦惠民	倪　宁
高德步	郭　禾	郭庆旺	唐　忠	黄朴民	黄兴涛	喻国明
温铁军	解思深	翟振武				

■ 中国人民大学第三届校务委员会委员名单

名誉主任： 黄　达　李文海

主　　任： 程天权

副 主 任： 袁　卫　牛维麟　刘大椿　郑功成

委　　员：（以姓氏笔画为序）

马俊杰	王　珊	牛维麟	冯惠玲	刘大椿	杨伟国	李　湘	李文海
李景治	何光沪	陈先达	陈雨露	易丹辉	周淑真	郑水泉	郑功成
郑保卫	胡乃武	费　佳	袁　卫	顾海兵	倪　宁	徐二明	徐庆平
郭海鹰	黄　达	黄卫平	董克用	程天权	曾湘泉	蓝志勇	戴　逸

其他有关单位负责人： 理学院　校研究生会　校学生会

■ 中国人民大学第八届学位评定委员会委员名单

主　席： 陈雨露

副主席： 冯惠玲　袁　卫　刘大椿　吴晓求

委　员：（以姓氏笔画为序）

王利明	冯惠玲	伊志宏	刘大椿	刘春田	孙　毅	孙家洲	杜小勇
杨瑞龙	杨慧林	吴晓求	陈　岳	陈雨露	郑杭生	郝立新	胡乃武
洪大用	袁　卫	董克用	曾湘泉	鲍　威			

秘书长： 吴晓求（兼）

中国人民大学第八届学位评定分委员会主席、副主席、委员名单

（委员名单以姓氏笔画排序）

一、哲学分会（9人）

主　席：郝立新

副主席：张志伟

委　员：干春松　刘晓力　张风雷　郑晓华　梁树发　韩东晖　焦国成

二、理论经济学分会（8人）

主　席：杨瑞龙

副主席：高德步　翟振武

委　员：马　中　方福前　刘元春　刘凤良　陈享光

三、应用经济学分会（9人）

主　席：曾湘泉

副主席：郭庆旺

委　员：孙久文　谷克鉴　张　杰　金勇进　郑超愚　黄卫平　瞿　强

四、法学分会（10人）

主　席：刘春田

副主席：史际春　韩大元

委　员：马小红　龙翼飞　朱文奇　刘明祥　汤维建　李艳芳　张志铭

五、政治学社会学分会（9人）

主　席：陈　岳

副主席：秦　宣

委　员：杜　鹏　李路路　杨凤城　时殷弘　张雷声　金灿荣　黄嘉树

六、文学艺术学分会（9人）

主　席：孙　毅

副主席：倪　宁

委　员：王贵元　张永青　张勇先　袁济喜　徐唯辛　高　钢　喻国明

七、历史学分会（8人）

主　席：孙家洲

副主席：黄朴民

委　员：齐鹏飞　陈　桦　夏明方　徐兆仁　黄爱平　魏　坚

八、理工分会（8 人）
主　席： 杜小勇
副主席： 鲍　威
委　员： 王孝群　王洪臣　龙永红　张　波　张建平　孟小峰

九、工商管理与农林经济管理分会（9 人）
主　席： 伊志宏
副主席： 孔祥智
委　员： 王刊良　孙健敏　宋远方　郑风田　荆　新　徐二明　唐　忠

十、公共管理、图情档、教育学分会（9 人）
主　席： 董克用
副主席： 赵国俊　郑功成
委　员： 卢小宾　叶剑平　张　斌　张成福　秦惠民　蓝志勇

中国人民大学第六届教职工代表大会主席、副主席、秘书长、副秘书长及成员名单

主　　席： 马俊杰（兼）
副 主 席： 胡乃武　林　嘉　洪　玫
秘 书 长： 孙华玲
副秘书长： 余　浩
成　　员：（以姓氏笔画为序）

马俊杰　仇雨临　牛维麟　龙永红　田育英　刘后滨　刘向兵　刘青建
刘彭芝　安小米　许　鹏　余　浩　吴晓求　宋远方　张伦传　张晓京
林　嘉　周淑真　郑水泉　胡乃武　查显友　洪　玫　洪大用　费　佳
高德步　郭星华　郭洪林　曾贤刚　黎玖高

中国人民大学工会第十五届委员会主席、副主席、委员名单

主　　席： 马俊杰（兼）
常务副主席： 孙华玲
专职副主席： 余　浩　胡树刚
兼职副主席：（以姓氏笔画为序）

李军林　李树旺　辛　逸　宋大我　武　雷

委　员：（以姓氏笔画为序）

马秀芹　马俊杰　王　飞　孔祥智　艾希成　华彦春　刘　震　孙　喆

孙华玲	李军林	李明霞	李树旺	余　浩	辛　逸	宋大我	汪永红
武　雷	周　勇	郑瑞芳	孟　超	赵朝平	郝中建	胡树刚	徐　飞
崔　军	葛秀珍						

■ 中国人民大学第六届经费审查委员会组成人员名单

主　任： 孙茂竹
副主任： 张　雁
委　员： 王　健　史彤彪　刘桂香

■ 校部机关、各学院（系、所）、直（附）属单位负责人名单
（截至2014年12月31日）

学校办公室	主　　任	纪红波（2014.03免）
（校长办公室、党委办公室）		郑水泉（兼，2014.03任）
党委组织部	部　　长	杜　鹏
党委宣传部	部　　长	郑水泉（2014.03免）
		王宏伟（2014.03任）
党委统战部	部　　长	齐鹏飞
纪委	书　　记	牛维麟（兼，2014.01免）
		马俊杰（兼，2014.06任）
	副书记	王　健
		补利军（兼，2013.11任）
纪委办公室	主　　任	王　健（兼）
监察处	处　　长	王　健（兼）
研究生院	院　　长	冯惠玲（兼，2014.07免）
		王利明（兼，2014.07任）
	常务副院长	吴晓求（兼）
发展规划处	处　　长	王　轶
教务处	处　　长	洪大用（兼，2014.10免）
		龙永红（2014.10任）
科研处	处　　长	刘元春
人才工作领导小组办公室	主　　任	郭洪林（兼）
人事处	处　　长	刘凤良
实验室建设与设备管理处	处　　长	张　卯
学生工作部（处、武装部）	部（处）长	宋大我
招生就业处	处　　长	王　鹏

国际交流处	处　　长	张晓京
财务处	处　　长	顾　涛
资产与后勤管理处	处　　长	黎玖高（兼）
保卫处（部）	处（部）长	白连永
产业管理处	处　　长	关　伟
校园建设管理处	处　　长	李　明
理工学科建设处	处　　长	王孝群（2014.06 免）
		杜小勇（2014.06 任）
审计处	处　　长	赵永奎（2014.01 免）
		张　雁（2014.06 任）
离退休工作处	处　　长	葛秀珍（兼离退休党委书记）
校工会	主　　席	马俊杰（兼）
	常务副主席	孙华玲
校团委	书　　记	费　佳
机关党委	书　　记	牛维麟（兼，2014.02 免）
		张建明（兼，2014.02 任）
	常务副书记	纪红波（兼，2014.03 免）
		郑水泉（兼，2014.03 任）
校友工作办公室	主　　任	郭海鹰
教育基金会	秘 书 长	查显友（兼）
哲学院	院　　长	姚新中（聘）
	常务副院长	韩东晖（兼）
	党委书记	葛晨虹（2014.06 免）
		韩东晖（2014.06 任）
文学院	院　　长	孙　毅
	党委书记	孙　毅（兼，2014.12 免）
		朱冠明（2014.12 任）
历史学院	院　　长	黄兴涛
	党委书记	刘后滨
国学院	名誉院长	冯其庸（聘）
		纪宝成（兼，2014.02 聘）
	院　　长	纪宝成（兼，2014.02 免）
		杨慧林（兼，2014.02 任）
	执行院长	黄朴民（2014.02 免）
	党委书记	徐　飞
经济学院	院　　长	杨瑞龙（2014.10 免）
		张　宇（2014.10 任）
	党委书记	张　宇（2014.10 免）
		关雪凌（2014.10 任）
财政金融学院	院　　长	郭庆旺
	党委书记	王宏伟（2014.03 免）
		纪红波（2014.03 任）

	全国金融硕士专业学位教育指导委员会秘书处秘书长	庄毓敏
汉青经济与金融高级研究院	院　　长	马修·逊姆（Matthew Shum）（聘）
	执行院长	梁　晶
统计学院	院　　长	赵彦云
	党委书记	王晓军
农业与农村发展学院	名誉院长	陈锡文（聘）
	院　　长	唐　忠
	党委书记	孔祥智
法学院	院　　长	韩大元
	党委书记	林　嘉
知识产权学院	院　　长	刘春田
马克思主义学院	院　　长	郝立新（兼）
	党委书记	杨凤城
社会与人口学院	院　　长	翟振武
	党委书记	郭星华（2014.06免）
		冯仕政（2014.06任）
国际关系学院	名誉院长	陈　健（聘）
	院　　长	陈　岳
	党委书记	陈　岳（兼，2014.05免）
		牛　彤（2014.05任）
新闻学院	院　　长	赵启正（聘）
	执行院长	倪　宁（2014.07免）
		郭庆光（2014.07任）
	党委书记	高　钢（2014.06免）
		蔡　雯（2014.06任）
艺术学院	院　　长	吴长江（名誉）（聘）
	执行院长	刘向兵（兼，2014.06免）
		丁　方（2014.06任）
	党总支书记	郑晓华
外国语学院	院　　长	何其莘（聘，2014.11免）
		伊志宏（兼，2014.11任）
	常务副院长	王建平
	党委书记	张勇先（2014.11免）
		罗建晖（2014.11任）
环境学院	名誉院长	李文华（聘）
	院　　长	马　中
	党委书记	刘　鹏
信息学院	院　　长	杜小勇（兼）
	党委书记	林　颐（2014.12免）
		陈　红（2014.12任）
理学院	院　　长	解思深（聘）
	党总支书记	杨燕萍

	物理学系主任	卢仲毅
	化学系主任	张建平
	心理学系主任	孙健敏
商学院	执行院长	毛基业（聘）
	党委书记	荆　新（2014.12免）
		黄江明（2014.12任）
	全国会计硕士（MPAcc）专业学位教育指导委员会秘书处秘书长	王化成
公共管理学院	院　　长	董克用
	党委书记	李家福
	全国公共管理硕士（MPA）专业学位教育指导委员会秘书处秘书长	董克用
劳动人事学院	院　　长	曾湘泉（2014.11免）
		杨伟国（2014.11任）
	党委书记	周　石（2014.06免）
		唐　鑛（2014.06任）
信息资源管理学院	院　　长	张　斌
	党委书记	王　丹
教育学院	代理院长	秦惠民（2014.05任）
	党总支书记	秦惠民（兼，2014.12免）
		张　茹（2014.12任）
高等教育研究室	主　　任	胡　娟
继续教育学院	院　　长	陈兴滨（2014.10免）
		李海彬（2014.10任）
	党委书记	刘夏阳（2014.07免）
		文书锋（2014.07任）
培训学院	名誉院长	陈一兵（聘）
	院　　长	李海彬（2014.10免）
		郭　杰（2014.10任）
	党总支书记	刘京建（2014.01免）
		齐　畅（2014.05任）
苏州校区	管理委员会主任	陈雨露（兼）
	党委书记	杨伟国（兼，2014.11免）
		朱信凯（2014.11任）
国际学院（苏州研究院）	院　　长	杨伟国（兼，2014.11免）
		朱信凯（兼，2014.11任）
中法学院	院　　长	杨伟国（兼，2014.11免）
		朱信凯（兼，2014.11任）
深圳研究院	院　　长	冯惠玲（兼，2014.02免）
		王利明（兼，2014.02任）
	常务副院长	陈　建
体育部	主　　任	杨占武

	党总支书记	张玲玲
图书馆	馆　　长	刘大椿（2014.02免）
		黄朴民（2014.02任）
	党委书记	汪永红
档案馆	馆　　长	杨慧林（兼，2014.07免）
		张建明（兼，2014.07任）
	常务副馆长	李　惠
博物馆	名誉馆长	纪宝成（兼）
	馆　　长	杨慧林（兼，2014.07免）
		张建明（兼，2014.07任）
	馆　　长	方　鸣（聘）（兼）
	副 馆 长	李　惠（兼）
信息技术中心	主　　任	顾　涛（兼，2014.04免）
		郑水泉（兼，2014.10任）
校医院	党总支书记	李遵清
后勤集团	总 经 理	林建荣
	党委书记	裴　晟
文化科技园管委会	办公室主任	彭　翊
出版社	社　　长	李永强
	总　　编	贺耀敏（兼）
	党委书记	李永强（兼）
学术期刊社	社　　长	贺耀敏（兼，2014.10免）
		杨瑞龙（2014.10任）
	《经济与政治研究》主编	陈雨露（兼）
	《经济理论与经济管理》主编	方福前（2014.10免）
		杨瑞龙（兼，2014.10任）
	《中国人民大学学报》主编	段忠桥
	《教学与研究》主编	秦　宣
书报资料中心	主　　任	武宝瑞
	总　　编	高自龙
	党委书记	武宝瑞（兼）
人大资产经营管理公司（人大世纪科技发展有限公司）	总 经 理	关　伟（兼）
印刷厂	厂　　长	董四湖
人大附中联合总校	校　　长（法定代表人）	刘彭芝（兼）
	党委书记	刘彭芝（兼，2014.01任）
附属中学	校　　长	刘彭芝（兼）
	校　　长（法定代表人）	翟小宁
	党委书记	刘小惠（2014.01免）
附属小学	校　　长	郑瑞芳

学院(部)简介

哲学院

哲学院成立于2005年5月，前身为中国人民大学哲学系，建系于1956年。现任院长为姚新中教授。

学院下设哲学系和宗教学系，有哲学、宗教学和伦理学3个本科专业，其中哲学和宗教学专业入选教育部和北京市“第一类特色专业建设点”。学院有马克思主义哲学、中国哲学、外国哲学、伦理学、美学、逻辑学、科学技术哲学、宗教学、管理哲学和政治哲学等10个硕士点和博士点，招收高级访问学者、外国留学生和港澳台学生。

2014年，学院党委、行政领导班子顺利完成换届；多位老师加盟学院，师资队伍建设切实推进。学院现有教师79人，其中教授42人、副教授28人、讲师9人，博士研究生导师42人（包括兼职教授）；在校生636人，其中本科生163人，硕士研究生271人，博士研究生202人，留学生8人。

学院是国家文科基础学科（哲学）人才培养和科学研究基地、教育部“十五”“211工程”重点基地、“985工程”哲学社会科学创新平台，是国内最早可以授予硕士学位和博士学位、最早设立博士后流动站的学术机构之一，是国内第一批一级学科博士学位授权单位，拥有马克思主义哲学、伦理学和宗教学3个国家级重点学科，拥有伦理学与道德建设研究中心、佛教与宗教学理论研究所2个“教育部人文社会科学重点研究基地”。

2014年，学院加强精品课程建设。张志伟的“西方哲学智慧”被评为国家精品资源共享课，肖群忠的“儒家道德八讲”被推荐为教育部精品视频公开课，杨武金的“墨学与当代社会发展”、张旭的“政治哲学导论”、臧峰宇的“苏格兰启蒙思想导论”入选“名师沙龙”。同时，教材建设成果显著:《西方管理哲学》《科学技术哲学》被推荐为“十二五”规划补充教材，《逻辑与批判性思维》获评北京市精品教材。此外，龚群获宝钢优秀教师奖，李海洋获评校级“十大教学标兵”，张霄获校级教学优秀奖，魏德东被评为创新实验计划优秀指导教师。《存在与实体——亚里士多德〈形而上学〉Z卷研究（Z 1—9）》（聂敏里）、《重建历史唯物主义历史总体观》（张文喜）、《文化与政治——西方马克思主义研究》（欧阳谦）等3项成果获北京市第十三届哲学社会科学优秀成果奖二等奖。

在人才培养方面，2014年学院召开教学委员会暨本科人才培养工作研讨会，制定新时期哲学人才培养路线图；联合经济学院和国际关系学院，积极探索PPE（哲学—政治学—经济学）本科的招生与培养方案。召开研究生教学与培养改革会议，进一步修订硕士研究生培养方案，确立以模块化为主的课程体系；进行博士生综合考试改革，明确并实施博士生综合考试淘汰机制。

2014年，学院主办了“人大—辅仁大学论坛”、“第一届分析哲学会议”、“政治哲学与当代中国”学术研讨会和“中国人民大学—荷兰乌德勒支大学第二届哲学论坛”4场大型国际会议；陆续举办“人大马哲论坛”“国外马克思主义哲学名家讲座”“青年哲学论坛”“政治哲学讲坛”“维特根斯坦协会系列讲座”“科学社会人文论坛”等众多特色系列讲座。同时，学院注重院内教师交流，从2014年初起，每月举办2期“人大哲学沙龙”系列讲坛活动，搭建跨学科研究交流平台。

2014年，学院与世界著名大学的哲学院系签订了系列合作协议，进一步扩大师生国际交流与合作的空间。全年共有19位教师、12位学生出国参加国际会议；有2位学生申请担任海外孔子学院教师志愿者；另外有14位学生分别申请国家留学基金委、北京市留学基金委以及校际交换项目，进行海外交流学习。

■ 文学院

文学院的前身是1939年由陕北公学、延安鲁迅艺术学院等合并成立的华北联合大学文艺学院，以及20世纪60年代以后逐步发展的中国语言文学系；2008年1月，原文学院与原对外语言文化学院组建成立新的文学院；2008年12月，跨学院研究机构“国剧研究中心”调整至文学院。现任院长为孙毅教授。

学院现有12个教学单位（文艺理论教研室、古典学教研室、中国古代文学及中国古典文献学教研室、中国现当代文学教研室、外国文学教研室、古代汉语教研室、现代汉语教研室、语言学及应用语言学教研室、对外汉语教学中心、创造性写作教研室、影视与多媒体教研室、戏剧戏曲学教研室）。此外，还设有3个校属研究所（国剧研究中心、汉语国际推广研究所、国际写作中心），4个院属研究所（基督教文化研究所、文艺思潮研究所、比较文学研究所、语言文字研究所），1个院属研究中心（文化产业研究中心）。

学院现有教师106人，其中教授30人，副教授37人，专任外籍教授1人；另有博士后7人。在校学生1 030人，其中本科生297人，硕士研究生422人，博士研究生124人，留学生187人。

学院是“国家文科基础学科人才培养和科学研究基地”“国家对外汉语教学基地”，并设有“中国语言文学”一级学科博士学位授权点、博士后流动站，拥有国家二级重点学科1个（文艺学）、北京市一级重点学科1个（中国语言文学）。

学院新增国家社会科学基金重大项目1项、一般项目2项、青年项目1项，新增教育部人文社会科学项目后期资助重大项目 1 项、其他项目 2 项，新增北京市哲学社会科学规划项目重点项目 1 项、一般项目 1 项。有 5 名教师在 SSCI、A&HCI 来源期刊上发表论文。

阎连科教授获 2014 年卡夫卡文学奖，这是卡夫卡奖成立 14 年来首次授予中国作家。劳马教授荣获蒙古国最高文学奖，成为首位获此奖项的中国作家。杨慧林教授专著《意义——当代神学的公共性问题》、杨庆祥副教授专著《分裂的想象》分获北京市第十三届哲学社会科学优秀成果奖一等奖、二等奖。孙郁教授专著成果《鲁迅与俄国》入选 2014 年“国家哲学社会科学成果文库”，他还获得第十二届华语文学传媒大奖“年度文学评论家”奖。王家新教授获首届“中国屈原诗歌奖”。杨庆祥副教授获得第三届“唐弢青年文学研究奖”。

孙郁教授被评为教育部 2013、2014 年度长江学者特聘教授；学院还以“海外人才”特聘教授的名义引进了著名的马克思主义研究专家、澳大利亚纽卡斯尔大学罗兰·博尔（Roland Boer）教授。

学院还承办了第四届世界汉学大会，来自 38 个国家和地区的 200 多名专家学者从多学科视角就东西文化交流展开对话。召开“东方与西方之建构：经典翻译”、首届“创意写作国际论坛”、国际比较文学学会理事会议、“人类文化与超验意义”、“清代戏曲与宫廷文化”、“国际小说工作坊 2014——莫言、贾平凹的小说世界”等国际学术研讨会；举行“古代戏曲研究中青年学者学术研讨会”与“互动语言学与汉语研究学术讨论会”、第一届北京青年语言学者学术交流会；还举办了第十届“神学与人文学”暑期国际研讨班、“创意写作骨干教师研修班”。

学院先后与英国格拉斯哥大学批评性研究学院、日本东京大学综合文化研究科·教学养部签订了合作协议书，与香港城市大学人文社会科学院签署了联合培养博士研究生合作备忘录；组成学生访日团首次访问东京大学，以增进中日两国学生友好交流；先后邀请了美国哈佛大学傅高义（Ezra Feivel Vogel）教授、美国罗得岛设计学院甘布列·菲尔德（Gabriel Feld）教授、美国哥伦比亚大学宗教系主任马克·泰勒（Mark Taylor）教授、德国海德堡大学汉学系瓦格纳（Rudolf G. Wagner）教授、德国图宾根大学荣休教授尤根·莫尔特曼（Jürgen Moltmann）等海外知名学者来访讲学。

阎连科、刘震云、孙郁、王家新等作家主讲“通识教育大讲堂·作家谈写作”系列全校公开讲座；2012 级本科生帅克和 2013 级本科生燕昭宇获第六届北京市大学生人文知识竞赛一等奖；学生自办微信公众平台“中关村 59 号”成为校园文化的重要亮点。

■ 历史学院

历史学院的前身是 1948 年成立的华北大学中国历史教研室，1956 年正式建系，1978 年复校后重建历史系和清史研究所。2005 年组建成立历史学院，下设历史系和清史研究所；2013 年 10 月增设考古文博系。学院是国内外知名的历史研究的学术重镇和历史学人才培养基地。现任院长为黄兴涛教授。

学院系教育部国家文科基础学科人才培养和科学研究基地，现拥有中国史、世界史和考古学 3 个一级学科点，拥有中国史、世界史和考古学一级学科学位授予权。其中，中国史学科为北京市一级重点学科，涵盖了 6 个硕士点和 6 个博士点（中国古代史、中国近现代史、专门史、史学理论及史学史、历史文献学、历史地理学），中国古代史及中国近现代史为国家级重点学科。学院还设有教育部人文社会科学重点研究基地。

学院现有专任教师 85 人，其中教授 31 人，副教授 27 人，讲师 27 人；学生 512 人，其中本科生 152 人，硕士研究生 241 人，博士研究生 119 人。

2014 年，学院教师共发表论文 144 篇，出版各类著作 35 部，获得国家级、省部级、学校以及横向等各类科研项目共计30项，其中国家社会科学基金项目7项，省部级项目5项，获得经费资助761万元，立项经费与往年相比有了大幅提高，在学校人文学科中排名第一。刘凤云教授申报的国家社会科学基金重大项目“盛京城考古与清代历史文化研究”获得立项，是学院近年来获得的第三个国家社会科学基金重大项目。魏坚教授被聘为国务院学位委员会第七届学科评议组成员。

2014年，学院积极搭建新的科研创新平台，通过“985工程”经费重点投入，新推出《满文文献研究》《北方民族考古》《唐宋历史评论》《生态史辑刊》等5种涵盖了学院学科力量、体现学术增长点的学术集刊，努力占据国际学术制高点。在学术期刊建设方面，《清史研究》继2013年入选之后，2014年再次入选“中国国际影响力优秀学术期刊”，是唯一入选的史学刊物；《清史研究国际通讯》的影响日益扩大；创刊于2007年的《新史学》集刊正式列入CSSCI2014—2015年来源集刊。

在本科教学方面，学院承担组织学校“人才培养路线图”的十六个重点项目之“读史读经典”活动。学院倾全院之力，成立“中国人民大学史学经典研读社”，动员2012级全体硕士研究生共87人，担任“读史辅导员”，辅导全校2013级本科生阅读史学经典，开展实践活动。活动期间，学院成功举办20场史学名著专题讲座，参加学生约1万人次；辅导员指导班级实践活动，参加学生9 000余人次。本科生年度田野考古实习工作有序进行，建立高标准实习基地——中国人民大学历史学院考古文博系喀左县田野考古实习基地。8月30日至9月23日，2012级35名本科生、考古文博系14名研究生与台南艺术大学的8名本科生共同参加土城子遗址的田野考古发掘和出土文物的统计、修复、资料整理等工作，发掘面积共800平方米，取得了丰富的发掘成果。

在国际交流方面，学院聘任海外高层次文教专家1人，延聘专职外籍教师2人，新聘专职外籍教师1人，客座教授1人。考古文博系师生一行12人赴以色列进行考古、文博考察交流活动，这是学院首次派集体团队赴国外进行长时间交流合作。

2014年，学院共召开各类学术会议14次。其中，由中国人民大学生态史研究中心、德国慕尼黑大学蕾切尔·卡森环境与社会中心联合主办的“斯土斯民：环境历史中的城市与乡村”国际学术研讨会，汇聚了来自中国、美国、加拿大、英国、荷兰、瑞典、日本等国不同学科领域60余位专家学者，就世界范围内城市化进程中出现的一系列问题进行了反思，重新思考人与自然之间的关系；学院主办、北京大学中国古代史研究中心协办的“制度与权力——第八届中国中古史青年学者国际会议”，以“制度与权力”为主题，探讨了新史学冲击下，政治史和制度史研究的范式转变以及可能获得的突破性发展方向；世界史学科主办的“‘什么是世界史：跨越国界的思考’学术研讨会”，来自全国各科研院校的50余名专家学者与会，是世界史学科自2003年以来，首次主办的大规模全国性学术会议；清史所主办的“清史研究百年学术史”国际研讨会，集中总结、反思、展现了清史研究的百年发展历程和学术成果，对未来发展提出了建设性展望。

■ 国学院

国学院成立于2005年5月28日，是学校为探索和加强新时期国学学科的建设和国学人才的培养，弘扬中华民族优秀传统文化而做出的重大举措。现任名誉院长为冯其庸先生、纪宝成教授，院长为杨慧林教授。

学院共有专任教师36人（其中教授13人，副教授10人，讲师13人），特聘教授4人，讲座教授5人，学术顾问6人，专家委员会委员66人，兼职教授40人；共有在校学生286人，其中本科生167人，硕士研究生76人，博士研究生43人；有在站博士后4人。资料室有中文图书20 000余册，外文图书4 000余册，中文期刊60余种。

本年度，学院推进以“大国学”思路促进学科协同、推动人文学术的整体发展。与学校正在设计的大金融、大传播、大数据等综合改革计划相呼应，基于“大国学”的理念，建立开放的工作平台和有效的保障机制，充分实现课程设置、学术研究和学者队伍的协同一体，使相关学科相互借力、共同发力、形成合力，进一步推动人大人文学科的整体发展。深度整合国学院经学、子学、小学、文史、西域学等有别于文、史、哲原有学科建制的学术领域，以及分散于多个学院的古典学、汉学、文献学、宗教学、考古学、边疆研究等相关学科，进一步突出学术特色和学科亮点，覆盖并带动相关领域和学科增长点，形成更大的整体优势。以基础研究为根本，以文化传承为使命，以重大问题为纽带，以自设项目为依托，通过多种方式延揽国内外学界的一流人才，在重点领域开展高度国际化的协同教学与联合研究，切实提升中国人文学术的国际影响力。

2014 年，学院在国学研究方面继续推出系列成果，学院与中国社会科学出版社合作，策划推出国学院建院十周年学术论文选集 4 卷、国学基础研究丛书 4 种、国学新锐丛书 9 种；编辑出版《国学学刊》4 期、《西域历史语言研究集刊》1 辑、《国学新视野》4 期、《蒙古学问题与争论》1 期，扩大了国际影响。2014 年，学院项目申报也实现了预期目标，获得国家社会科学基金重大项目 1 项、国家社会科学基金一般项目 1 项、国家社会科学基金青年项目 1 项、国家社会科学基金后期资助项目 1 项、北京市哲学社会科学规划项目重点项目 1 项、决策咨询及预研委托项目 1 项、明德青年学者计划 1 项。学院在研的各项国家级、省部级、校级项目，进展良好，部分项目已经顺利结项。为了进一步支持学院青年教师的学术发展和教研室学科建设，学院以“985 工程”经费设立学院青年项目 13 项、教研室集体项目 3 项，各项研究工作已经顺利展开。

学院今年深化国学的主题研究，召开了“纳·赛音朝克图与内蒙古现代文化——纪念纳·赛音朝克图诞辰 100 周年国际学术讨论会”，并与邯郸学院联合举办“荀子研究的回顾与新探索”国际学术研讨会。举办学术讲座多期，耶鲁大学历史系史景迁教授、台湾中正大学历史系郭静云教授等国内外知名学者先后发表学术演讲。

2014 年，学院颁布《国学院游学改革方案》，由导师依据学习和研究的需要，灵活组织游学。将学生学术活动月改革为学术活动季，完善相关管理制度，成功组织两届学生学术活动季。大力提倡教师开设业余读书班，开设各类经典研读读书班 6 个，取得良好效果。

本年度，学院基础建设继续推进，藏书进一步丰富，新购图书 1 200 余册；宗德曼捐赠图书整理完成，共计 2 200 余册，包括德语、英语、法语、拉丁语等多种语言，内容涵盖语言学、宗教学、伊朗学、考古学等方面。

■ 经济学院

经济学院成立于 1998 年，其前身最早可以溯源至 1939 年陕北公学设立的政治经济学研究室，后历经华北大学、华北联合大学的演进。经济学系是 1950 年中国人民大学成立时首设的“八大系”之一，是新中国经济学科的重要奠基者和开拓者之一。现任院长为张宇教授。

经济学院下设经济学系、国际经济系、国民经济管理系、能源经济系、区域与城市经济学研究所、经济研究所，拥有理论经济学、应用经济学 2 个国家重点一级学科，政治经济学、西方经济学、国民经济学和区域经济学 4 个国家重点二级学科，世界经济学为北京市重点二级学科。学院有国家百家重点人文社会科学研究基地（中国经济改革与发展研究院）和国家经济学基础人才培养基地，设有政治经济学、西方经济学、国民经济学、经济史、经济思想史、世界经济、国际贸易、企业经济学、网络经济学、数量经济学、区域经济学、城市经济学等 12 个博士点，政治经济学、西方经济学、国民经济学、经济史、经济思想史、世界经济、国际贸易、国际商务、企业经济学、网络经济学、数量经济学、国防经济学、区域经济学、城市经济学等14个硕士点，理论经济学、应用经济学2个博士后流动站，经济学、国际经济与贸易、国民经济管理、能源经济等4个本科专业，拥有“经济学—数学”双学位实验班、“中国经济”全英文硕士班、理论经济学硕博连读实验班、政治经济学硕博连读实验班、中国人民大学—九州大学联合培养硕士研究生项目、中国人民大学—蒙特雷国际研究院国际商务专业硕士联合培养项目等6个人才培养平台。

学院现有在岗专任教师131人，其中教授55人，副教授54人，讲师22人。教师中有博士学位获得者122人，其中海外博士学位获得者34人。现有学生1 915人，其中本科生1 062人，硕士研究生486人，博士研究生367人，留学生规模103人（其中本科生76人，硕士研究生14人，博士研究生13人）。

2014年，学院教师共在《中国社会科学》《经济研究》等核心期刊上发表论文281篇，在ESI，SSCI和SCI上发表高水平论文25篇。共获得国家社会科学基金重大项目2项，重点项目3项；国家自然科学青年科学基金项目5项、面上项目1项、国际合作与交流项目1项；教育部人文社会科学基金项目基地重大项目2项；教育部人文社会科学普及读物2项；1部专著入选“国家社科基金成果文库”。新入选2014年度国务院颁发的政府特殊津贴人员1人，2014年度百千万人才工程国家级人选并获突出贡献中青年专家称号1人。

2014年，学院与美国财政部、韩国大使馆、日本九州大学、日本大学、美联储、日本京都大学、荷兰奈叶诺德工商管理大学、伦敦大学、津巴布韦大学、美国乔治梅森大学、新加坡能源研究所、加拿大西蒙弗雷泽大学、美国马里兰大学、荷兰阿姆斯丹大学、*Journal of Economics* 等世界著名高校和研究机构开展了广泛的交流与合作；学院教师应邀赴美国杜克大学、香港大学、瑞典于默奥大学、日本九州大学等进行学术演讲，出席各类领域内高级别国际会议，在瑞典哥德堡大学举办第三季度宏观经济论坛，承办4期国家商务部援外人力资源开发合作项目。

2014年，经济学院继续坚持积极举办高质量的学术会议，先后独立或联合举办了中国金融论坛暨第五届《金融研究》论坛、中国区域科学协会理事换届大会暨区域发展与城镇化学术研讨会、第六届中国演化经济学年会、第十七届全国经济地理研究会年会暨城乡发展一体化与生态文明建设学术研讨会、庆贺卫兴华教授90华诞暨政治经济学创新与发展研讨会等高水平国际、国内会议。各研究团队先后成功举办组织经济学研讨会10期、能源经济研讨会16期、宏观经济研讨会11期、劳动与发展经济学研讨会9期、数量经济学研讨会11期、国际商务论坛16期。以本科生学术论坛、“经英杯”论文比赛、经英成长大讲堂、“我在经院”等为主要特色的学生学术创新和文化平台，取得了良好效果。

■ 财政金融学院

财政金融学院成立于1997年，其前身是财政信用系，是学校创建伊始设立的八大系所之一，是新中国最早的财政金融教学科研基地。现任院长为郭庆旺教授。

学院下设财政系、货币金融系、应用金融系、保险系、财政与税收研究所、金融与证券研究所、风险投资发展研究所、国际并购与投资研究所、信托与基金研究所、投资研究所、金融与财税电子化研究所、国际货币研究所、艺术品金融研究所、房地产金融研究所、重阳金融研究院以及教育部人文社会科学重点研究基地——中国财政金融政策研究中心。学院现有财政学、金融学、保险学、金融工程、税收学、信用管理等6个本科专业；财政学、金融学、金融工程、保险学等4个学术型硕士学位二级学科授权点；财政学、金融学、金融工程、保险学等4个学术型博士学位二级学科授权点；金融、税务、保险 3 个专业硕士学位授权点和 1 个应用经济学博士后流动站。

学院现有专任教师 73 人，其中教授 30 人，副教授 32 人，讲师 11 人，90%的教师拥有博士学位，并聘请国际一流学者、实业界知名人士作为学院兼职教授、名誉教授或客座教授。现有学生 2 146人，其中本科生 1 296 人，硕士研究生 565 人，博士研究生 256 人，二学位学生 29 人。其中包含留学生 61 人。

2014 年，学院共举办各类会议 28 场，成功举办人民币国际化、深化税制改革、保险之路等国际学术研讨会，顺利召开“货币金融圆桌会议·2014 春”“货币金融圆桌会议·2014 秋”等研讨会。

2014 年，学院黄达教授获第三届“吴玉章人文社会科学终身成就奖”；陈雨露教授所著《大金融论纲》获得北京市第十三届哲学社会科学优秀成果一等奖，郭庆旺教授、贾俊雪教授所著《中国地方政府规模和结构优化研究》获得二等奖，并入选国家新闻出版广电总局第四届“三个一百”原创图书出版工程；郭庆旺教授等参与的《行政收费理论及立法研究》（中国人民大学课题组与国家发改委价格司合作课题研究成果）与张成思教授的《长期均衡、价格倒逼与货币驱动》获得第六届“薛暮桥价格研究奖”；马勇副教授的《金融稳定与宏观审慎：理论框架及在中国的应用》获得第六届“黄达—蒙代尔经济学奖”；瞿强教授荣获第十届北京市高等学校教学名师奖；汤珂教授获得国家杰出青年科学基金，并入选 2014 年度“新世纪优秀人才支持计划”；汪昌云教授、岳希明教授入选教育部“长江学者奖励计划”特聘教授；贾俊雪教授的《中国财政分权、地方政府行为与经济增长》入选“国家哲学社会科学成果文库”；吴晓求教授在李克强总理主持的经济形势座谈会上就“中国金融的现状、问题及未来深化改革的基本思路”做了发言，在十二届全国人大常委会第十二次会议上做了题为《深化改革　扩大开放　促进中国证券市场的健康发展》的讲座，全国人大常委会委员长张德江主持讲座。

■ 汉青经济与金融高级研究院

汉青经济与金融高级研究院（以下简称汉青研究院）是企业家赵汉青先生在中国人民大学捐资建立，于 2007 年 3 月正式揭牌成立。研究院同时成立了由中国人民大学原校长黄达教授、普林斯顿大学邹至庄教授、全国人大财经委副主任吴晓灵教授、斯坦福大学洪瀚教授任主任的学术委员会。学院名誉院长为纪宝成教授和斯蒂格利茨教授，执行院长为梁晶教授。

研究院现有专任教师 19 人，其中教授 2 人，副教授 3 人，讲师 14 人，聘请国际一流学者、实业界知名人士作为学院兼职教授、名誉教授或客座教授。2 位特聘教授入选国家“千人计划”，1 位国家杰出青年科学基金获得者，3 位教师入选教育部“新世纪人才计划”。汉青研究院自 2008 年起开始招收和培养金融学、数量经济学专业的硕士研究生。2012 年实行硕博连读项目。现有硕士研究生 170 人，博士研究生 11 人。

2014 年，研究院举办招生夏令营，首次招收金融硕士（专业学位）；研究院实现百分百就业，10 名应届毕业生获欧美博士项目全额奖学金，居国内经济类学院前列。

2014 年，研究院共举办各类学术会议 45 次，成功举办了“反垄断与竞争政策高端论坛”和“金麟 2014 量化投资与对冲基金年会”等重要学术会议。

2014 年，研究院将在学科建设、人才引进、科研教学、行政管理等方面的改革创新举措落实为制度化文本，形成了上万字的制度文件。包括《教师管理办法》《教师课堂教学规范》《课程评估表》《关于教师职称评聘的若干规定》《国际期刊分级目录》《教学工作量减免有关规定》《汉青研究院引进海外人才暂行实施规定》《班主任工作指导手册》《研究生学习指导手册》等制度文件。通过建章立制将取得成功的改革创新举措规范化、制度化，形成一整套决策科学、激励相容、执行顺畅、监督有力的制度体系，同时注重学术软环境打造和人性化管理，为海外人才在国内大学环境下做出世界级的成果，提供了有力的制度性保障。

2014 年，研究院深化国际交流工作，研究院与加拿大女王大学商学院联办的金融硕士学位项目已获教育部批准，第一批学生已经入学。汉青研究院利用丰富的海外资源，与多校进行联合办学，着眼培养具备现代经济金融理论、熟悉市场运行规则、掌握现代经济金融工具的高级专门人才，以满足市场需求。与美国斯坦福大学、宾夕法尼亚大学、杜克大学、加州大学伯克利分校、约翰霍普金斯大学、马里兰大学等世界顶级院校展开合作，上述高校都已成为研究院学生交换项目的目的地。

2014 年，研究院与美国芝加哥大学合作的暑期国际学期成功举办，来自世界顶级名校的近 20 位经济、金融学大家集聚中国人民大学汉青经济与金融高级研究院，为该项目授课；来自中国人民大学、国内其他一流大学以及国外大学的本、硕、博学生以及从业人员借助这一契机，深入地交流学习。

■ 统计学院

统计学系成立于 1952 年，是新中国统计学学科的奠基者和开拓者之一。统计学院成立于 2003 年，在原统计学系的基础上组建而成，是全国统计学教学和研究的重要基地，在 2012 年教育部一级学科整体水平评估中位居全国第一。现任院长为赵彦云教授。

学院现有统计学、应用统计学（风险管理与精算）、经济统计学 3 个本科专业；统计学、概率论与数理统计、风险管理与精算、流行病与卫生统计学 4 个学术型硕士学位点，应用统计 1 个专业学位硕士点；统计学、风险管理与精算 2 个博士学位点；统计学博士后流动站 1 个。

学院共有专任教师 38 人，其中教授 13 人，副教授 17 人，国家千人计划（教授）1 人。聘请各类兼职教授共 12 名，其中，中国人民大学兼职教授 6 人，中国人民大学讲座教授 1 人，中国人民大学引进海外人才计划兼职副教授 1 人，国家外专局高端外国专家 1 人，国家外专局海外高层次文教专家 1 人，教育部长江学者 1 人，教育部“海外名师”项目入选教授 1 人。在校生 708 人，其中本科生 355 人，硕士研究生 275 人，博士研究生 78 人；其中包含留学生 1 人。

学院与美国哥伦比亚大学、台湾辅仁大学合办学术期刊《数据科学期刊》（*Journal of Data Science*）；承担了国家自然科学基金、国家社会科学基金、北京市社会科学基金和国家各部委、企事业单位的大量科研课题。2014 年，学院教师申请获批的新立项目 61 个，已确定的新立项目经费为 697.5 万元；学院教师在各类专业期刊杂志上发表论文 69 篇，出版著作 10 部。

学院主办和协办国际国内学术会议 7 次，分别是：第 11 届中国数据挖掘与商业智能研讨会、第八届临床医学研究中的统计方法学术研讨会、首届大数据与应用统计国际会议、生物医学统计创新引智教学与研究—2014 年暑期研讨班、第七届中国 R 语言会议、第六届中国人民大学国际统计论坛、全国应用统计教指委案例教学与案例库建设研讨会。多年来学院积极开展对外学术交流活动，与多所世界知名高校建立了密切的学术交流和联系。

■ 农业与农村发展学院

农业与农村发展学院成立于 2004 年，系在 1954 年成立的农业经济系的基础上命名组建而成。现任名誉院长为陈锡文教授，院长为唐忠教授。

学院现有农林经济管理与农村区域发展 2 个本科专业，农业经济管理、林业经济管理、农村发展、技术经济及管理、可持续发展管理、食品科学、食品安全管理 7 个硕士学位点，1 个农业推广硕士专业学位点，农业经济管理、林业经济管理、技术经济及管理、农村发展和可持续发展管理 5 个博士学位点，以及农林经济管理、公共管理博士后流动站。

学院现有全日制专任教师 51 人，其中教授 18 人、副教授 18 人、讲师 15 人，其中千人计划特聘教授 1 人。每年来工作两个月的外国教授 2 人，分别为中国人民大学讲座教授 1 人，国家外专高端人才计划学者 1 人。学院有中国人民大学荣誉一级教授 1 人。共有学生 496 人，其中本科生 190 人、硕士研究生 215 人、博士研究生 91 人；留学生 1 人。

2014 年，学院 2 本专著获得北京市人文社会科学优秀成果二等奖。学院承担各类科研项目 100 多项，其中国家社会科学基金、国家自然科学基金等研究项目 30 余项。2014 年获批国家社会科学基金重大项目 1 项、一般项目 1 项，自然科学基金面上项目 2 项、青年项目 1 项，北京市哲学社会科学规划重点项目 1 项。2014 年，朱信凯教授入选教育部“长江学者”特聘教授。

2014 年是农业经济系成立 60 周年、学院命名组建 10 周年，学院举办了“中国经济安全——粮食安全论坛”、“中国农业产经 30 人”论坛、中国农业产业可持续发展公益论坛、第二届北京青年农业经济学者论坛、北京农业经济学会 2014 学术年会等系列学术活动。700 多名校友返校参加系列活动；农业部部长韩长赋，中央农村工作领导小组副组长、办公室主任陈希文，中国社会科学院副院长蔡昉等出席活动并发表演讲。此外，学院还举办了 2014 美国农业法案学术研讨会、农产品价格 CPI 结构与宏观经济运行学术研讨会。

2014 年，学院接待了韩国农协经济研究所、爱尔兰都柏林大学、英国雷丁大学、荷兰瓦格宁根大学、美国加州州立大学师生交流团来访。学院代表应邀出访了美国康奈尔大学、宾州州立大学，英国剑桥大学，日本京都大学、九州大学，韩国首尔大学。参加了美国农业经济学会年会、美国国际林联第 24 届林业大会、韩国 REDD＋国际研讨会、“第十三届亚太农业政策论坛”、中日韩农业发展国际研讨会、中国国外农业经济研究会学术年会、“两岸发展比较”学术研讨会、“绿色亚洲国际会议”、2020 Building Resilience for Food & Nutrition Security 国际会议、“农村土地登记国际研讨会”等会议。

2014 年 5 月 15 日，学院元老，农业经济系原副主任，中国人民大学荣誉一级教授，新中国农业经济学的主要开拓者之一，新中国土地经济学的主要开创者周诚教授去世，享年 87 岁。

■ 法学院

法学院成立于 1988 年，其前身是 1950 年成立的法律系，是学校成立之初建立的八大系所之一，也是新中国诞生后党和政府创立的第一所正规的、新型的高等法学教育机构。现任院长为韩大元教授。

法学院是全国首批获准在法学一级学科拥有博士学位授予权的单位，博士点和硕士点覆盖了全部二级学科。学院拥有国家一级重点学科 1 个、国家二级重点学科 4 个，拥有“985 工程”国家重点创新基地、国家“211 工程”项目法制信息港、教育部人文社会科学研究基地 2 个（中国人民大学刑事法律科学研究中心、中国人民大学民商事法律科学研究中心），由法学院牵头参评的中国人民大学人权教育与研究中心入选“国家人权教育与培训基地”。设有全国第一个法学博士后流动站，成立了作为二级学院的知识产权学院、律师学院和亚太法学研究院，拥有各类专业研究机构、教学实践基地、

《法学家》杂志社等机构 40 余个。

学院现有教师 114 人，其中教授 51 人、副教授 49 人、讲师 14 人，教师中有博士研究生导师 60 人（含返聘教授、校外兼职博导）；另有博士后 48 人。学院共有学生 2 234 人，其中本科生 746 人，双学士生 29 人，法学硕士研究生 425 人，法律硕士研究生 650 人，博士研究生 384 人；留学生 78 人。

2014 年，法学院在学科建设方面进一步开拓思路，巩固基础学科优势，推动法学学科全面发展。落实教育部协同创新计划，整合资源，加强跨学科研究，与清华大学等高校、国家食品药品监督管理总局等部门共建食品安全治理协同创新中心，在食品安全治理跨学科研究、人才培养、国际合作交流、政策咨询、社会服务等方面取得实效。法学院牵头申报的中国人民大学人权研究中心获批为“国家级人权教育与培训基地”。法学院与牛津大学法学院、英中协会合作成立了普通法研究中心，与法兰克福大学法学院合作成立了中德规制法研究所，提升了法学学科的国际化水平。进一步推动知识产权学院、律师学院、亚太法学研究院的建设，开创学院学生国际交流和学术交流的新途径。

2014 年，法学院继续深化因材施教、分类培养的本科法律人才培养思路。申报的本科教学成果“因材施教，机制创新，卓越本科法律人才培养的探索与实践”荣获 2014 年国家级高等教育教学成果奖一等奖。在精品课程建设上，法学院“中国宪法学”和“行政法与行政诉讼法”2 门本科课程经过教育部的审核认定，入选“国家级精品资源共享课项目”。学院高度重视高水平师资队伍和人才梯队的建设，本年度引进 3 名年轻教师，1 名外籍教师。获批多项国家级人才项目，获批国家高端外国专家 1 名、海外名师 1 名。人才引进方式更为灵活，短期任教的外籍教师每学期都达到 10 名左右。

2014 年，法学院继续坚持学术立院的宗旨，在教学科研方面取得了丰硕成果。学院多位教师在教学科研领域荣获各类奖励或荣誉，5 位教授获“第五届钱端升法学研究成果奖”，其中陈卫东教授获一等奖；7 位教授获得第三届中国法学优秀成果奖，其中高铭暄教授、张世明教授获专著类一等奖，黎建飞教授、王旭副教授获论文类一等奖；3 位教授获得“北京市第十三届哲学社会科学优秀成果奖”，其中张世明教授获特等奖；张志铭教授、王轶教授入选长江学者特聘教授；肖建国教授获第七届“全国十大杰出青年法学家”称号，冯玉军教授、张翔教授荣获提名奖；周珂教授当选“CCTV2014 年度法治人物”，许崇德教授荣膺“CCTV2014 年度致敬人物”；刘春田教授入选“全球 50 位最具影响力知识产权人物”；黄京平教授获第十届北京市高等学校教学名师奖；竺效副教授入选首批“国家环境保护专业技术青年拔尖人才”；2 位教师分别获“第二届董必武青年法学成果奖”；等等。

2014 年，法学院继续贯彻实施学校国际化发展战略，深化与国外著名法学院的学术合作与交流。学院与哈佛大学法学院、牛津大学法学院等签订院际合作协议，开展学生交换与学术交流活动。与环境科学、生态学等学科排名世界第一的瓦赫宁根大学签署合作协议，开展食品安全治理研究。学院继续实施“远程联合授课”“双学位联合培养”“暑期海外游学”“国际机构、外国律所实习”“学生圆桌论坛”“亚洲校园”“未来领袖——中国国际法律精英夏令营”“中国法暑期班”等项目，学生在杰赛普国际法模拟法庭比赛等国际竞赛中获得佳绩。召开高水平国际会议，与耶鲁大学共同主办“中美残疾人法国际研讨会”，主办了“第二届日内瓦—哈佛—人大—悉尼”学术会议、“第三届中欧法学院院长联席会议”、“第四届中澳法学院院长论坛”、“第二届亚太食品安全治理圆桌会议”、“首届中国—奥地利宪法对话”等学术会议，进一步提升法学院的国际影响力。学院鼓励教师到境外交流访问、进修。本年度法学院出国、出境进行学术访问、参加学术会议的教师有 50 余人次，到学院来访的国外、境外法学家达 80 余人次，形成了邀请国际法学界的著名学者来校交流和合作研究的良好机制。法学院 40 岁以下年轻教师有海外学位或者半年以上海外研修经历者达到 98%。

■ 马克思主义学院

马克思主义学院成立于2003年7月，系在成立于1996年12月的原马克思主义学院和成立于20世纪50年代的中共党史系的基础上组建而成。现任院长为郝立新教授。

学院下设马克思主义理论教育研究所、马克思主义发展史研究所和中共党史系；中国人民大学“三个代表”重要思想研究中心、当代中国研究中心和思想理论课教学办公室均挂靠在马克思主义学院。现有中国革命史与中国共产党党史1个本科专业，马克思主义哲学、思想政治教育、科学社会主义与国际共产主义运动、马克思主义基本理论、政治经济学、中共党史、当代中国史、中国特色社会主义理论、马克思主义发展史、马克思主义中国化研究、国外马克思主义等11个博士学位点和硕士学位点。学院的马克思主义理论学科是全国唯一的国家级重点一级学科，中共党史学科自1988年以来一直是国家级重点二级学科。

学院现有教师55人，其中教授22人，副教授18人，讲师15人。学院共有学生353人，其中本科生83人，硕士研究生143人，博士研究生127人；留学生2人。

积极推动思想政治理论课教学改革。学校领导高度重视思想政治理论课教学改革工作，校党委书记靳诺教授多次深入教学一线调研；学院积极落实思想政治理论课系统讲授、专题教学、教学实践“三位一体”的教学模式。

2014年学院教师出版学术专著和教材20部，发表学术论文215篇，其中核心论文103篇；获批国家哲学社会科学基金、教育部人文社会科学基金及其他科研项目32项。进一步加强智库建设，提升学科在资政启民方面的影响力。

启动教育部“马克思主义理论学科拔尖人才访问学者计划”，筹建“北京高校思想政治理论课骨干教师研修基地”。2014年，张雷声教授、刘建军教授入选“万人计划”第一批哲学社会科学领军人才，郝立新教授入选2013—2014年度长江学者特聘教授，王易教授被评为“高校思想政治理论课教师2013年度影响力人物”“全国优秀教师”。

举办“全国马克思主义理论学科优秀大学生夏令营”，优化硕士招生的生源；举办学院“博士生论坛”和第十五届“四校论坛”，为学生提供一个高起点、宽领域、多层面的研讨平台。举办了纪念中国人民大学马列主义发展史研究所成立50周年的“马克思主义发展的历史、现实和未来”主题论坛、“思想政治学科设立30周年学术研讨会”等；进一步提升学科的国际性，以学术品牌建设带动和提升学科建设。

■ 社会与人口学院

社会与人口学院成立于2003年4月，下设社会学系、人口学系、社会工作系、人类学研究所、老年学研究所，并设有法社会学研究所、女性研究所、性社会学研究所、社会心理学研究所、社会调查中心、英国研究中心等院属研究机构，同时拥有社会学理论和方法研究中心、人口与发展研究中心2个教育部重点研究基地，《人口研究》和《社会学评论》两个编辑部。现任院长为翟振武教授。

学院设社会学、社会工作、公共事业管理3个本科专业；设社会学、人口学、人类学、民俗学、老年学、人口资源环境经济学、社会工作、社会医学与卫生事业管理8个硕士学位点；设社会学、人口学、人类学、老年学、人口资源环境经济学 5 个博士学位点；设社会工作硕士专业学位（MSW）点；拥有社会学、人口学、人口资源环境经济学 3 个国家级重点学科，社会学一级学科授予权，社会学一级学科博士后流动站。此外，学院建有我国首个老年体验中心（2013 年）。

学院现有 62 名专任教师，其中教授 23 人，副教授 25 人，讲师 14 人，其中 2013 年引进海外知名大学归国博士 1 人。共有学生 893 人，其中本科生 383 人，硕士研究生 172 人，博士研究生 156 人，社会工作专业硕士 182 人；留学生 19 人。

2014 年，学院获国家社会科学基金项目 4 项；教育部人文社会科学项目 5 项，其中基地重大项目 4 项，普及读物 1 项；北京市哲学社会科学规划项目一般项目 1 项。核心期刊发文 146 篇，其中在 SSCI 上发文 7 篇。《新生代流动人口发展研究报告》获第六届人口科学优秀成果奖（报告类）；《人口转变的中国道路》获第六届人口科学优秀成果奖；《西方社会运动理论研究》《老龄社会与和谐社会》获北京市第十三届哲学社会科学优秀成果一、二等奖。洪大用教授入选国家“万人计划”第一批哲学社会科学领军人才；沙莲香教授荣获中国社会心理学会“终身成就奖”。

2014 年学院举办了首届全国人口与健康学术研讨会、中国生育变化与生育政策全国学术研讨会、“网络条件下的中国经济社会变迁”论坛、“农村社会学论坛：新型城镇化背景下的乡村社会治理”、“新型城镇化与流动人口社会融合论坛 2014”、流动人口动态监测数据开发与共享学术研讨会、人口学理论与方法全国学术研讨会、“人类学、现代世界与文化转型：21 世纪人类学讲坛（第二届）会议”、性社会学理论与方法研讨会、人类学前沿讲座、人口学学术系列讲座等一系列学术会议及学术讲座。

2014 年《人口研究》被评为社会学类唯一一个顶级刊物，入选“2014 中国最具国际影响力学术期刊”，连续三年跻身“中国最具国际影响力学术期刊”之列。

2014 年，学院各种学术交流活动不断。在进一步巩固和发展与芝加哥大学、密歇根大学、墨尔本大学等机构的传统合作伙伴关系的同时，积极拓展与荷兰自由大学、法国巴黎第十大学、墨西哥国立大学等机构的合作关系。同英国曼彻斯特大学签署了教育合作协议、同澳大利亚墨尔本大学续签了联合培养协议。

■ 国际关系学院

国际关系学院正式命名组建于 2000 年，其前身可以追溯至 1950 年中国人民大学命名组建时成立的外交系和马列主义基础教研室，是新中国成立后最早开展国际问题及政治学学科教学研究的高等教育机构之一。此后经历了 1958 年成立的马列主义基础系，1960 年更名为政治学系，1964 年根据中共中央有关文件精神和周恩来总理的指示，由教育部正式批准组建国际政治系。2000 年春，学校进行学科整合和院系调整，在原国际政治系和俄罗斯东欧中亚所的基础上组建国际关系学院。现任名誉院长为陈健教授，院长为陈岳教授。

学院下设国际政治系、外交学系、政治学系、世界社会主义研究所、俄罗斯东欧中亚研究所、欧洲问题研究中心等 6 个基本教学科研单位，此外还有国际事务研究所、联合国研究中心、国际能源战略研究中心、美国研究中心、拉丁美洲研究中心、政治思想文化研究所、比较政治研究中心等以项目和课题方式组织的 11 个研究机构。拥有国际政治、外交学、政治学与行政学 3 个本科专业和国际政治经济学本科专业方向，以及世界经济、国际政治、国际关系、国际政治经济学、外交学、政治学理论、中外政治制度、中国政治、科学社会主义与国际共产主义运动等 9 个硕士学位点和博士学位点。学院是全国首批获得政治学一级学科博士学位授予权的单位。欧洲问题研究中心是教育部批准设立的国家人文社会科学重点研究基地，国际政治专业是国家重点二级学科。在教育部学位中心组织的

2008年及2012年两轮全国一级学科评估中，政治学一级学科均排名并列第一。

学院有专任教师75人，其中教授27人，副教授31人，讲师17人。全部教师中具有博士学位者69人，获得海外高校博士学位者19人，外籍教师2人，港澳台教师2人。学院现有在读学生1 089人，其中中国学生870人（含港澳台学生10人），外国学生219人。

2014年，学院教师共发表学术论文92篇，其中CSSCI论文46篇，SSCI论文5篇，出版各类专著、译著、教材16本。学院共获得省部级项目8项，其中国家社会科学基金项目3项，教育部人文社会科学项目3项，北京市哲学社会科学重点项目2项。与此同时，学院教师还积极申请国际合作项目及横向项目，立项数量和金额都有所突破。在研项目科研经费总数超过1 000万元人民币。

2014年，学院继续办好一年一度的“中国国际问题国际论坛”“中国国际问题高级讲坛”“中国能源国际合作论坛”及“东亚合作论坛”等品牌性国际学术会议；同时，还举办了“人大政治学论坛：代表制与国家治理——纪念人民代表大会制度建立60周年”“中东地缘政治转型：来自中国与以色列的观点”以及多场欧洲问题的研讨活动，产生了一批高质量的学术论文和交流成果。

学院注重科研成果的社会转化，发布《中国能源国际合作报告》《东亚地区发展报告》等报告，努力为社会服务。学院教师积极参与政策咨询和社会服务，其中杨光斌教授关于民主理论的研究成果、王义桅教授关于中国对外政策的建议均得到了中央领导人的重要批示。此外，黄嘉树、时殷弘、任剑涛、金灿荣、王英津和许勤华等教授等也为党和国家有关部门提供诸多政策咨询建议，均得到了有关方面的重视和采纳。

2014年，学院广泛开拓各种形式国际合作交流项目，努力为师生创造国际交流、对话机会，全方位拓展师生的国际学术视野和国际交往能力。学院已经与韩国庆熙大学达成初步合作协议，并与牛津大学当代中国研究项目建立联系。此外，还与墨西哥美洲大学、意大利马切拉塔大学、中以学术交流促进会及以色列海尔兹利亚跨学科中心等4所高校和学术机构达成合作意向。同德国柏林自由大学的联合博士学位项目、英国伦敦国王学院的双硕士项目进展顺利，即将实施。2014年，学院学生交换项目初具规模，与13个国外院校建立了长期稳定的合作关系，全年共接收外籍交换学生40人，国内学生各种项目出国（境）74人次，其中派往国外大学的交换学生46名。2014年学院教师出国（境）近60人次。

2014年，学院接待了瑞士日内瓦大学、亚伯大学，意大利马切拉塔大学，荷兰阿姆斯特丹自由大学，英国国王大学，以色列特拉维夫大学等多所学校的代表团来访，探讨多种合作形式，建立了合作意向。同时邀请了英国剑桥大学钦定历史学讲席教授、沃夫森学院院长理查德·J·埃文斯爵士，以色列海尔兹利亚跨学科中心经济学院艾克斯坦（Eckstein）教授及彼得斯（Peters）教授，美国哈佛大学费正清中国研究中心罗伯特·罗斯教授，以色列特拉维夫大学谢爱伦（Aron Shai）、张平（Zhang Ping）教授等多名学者和政府官员来院做了近10场精彩讲座。学院聘请美国伊利诺伊理工大学托克（Tourk）教授为学院讲座教授，来学院讲学一年，同时聘请了英国剑桥大学埃文斯教授和伦敦政治经济学院诺克斯教授为中国人民大学名誉教授并举办系列讲座。

■ 新闻学院

新闻学院成立于1988年，在原新闻系的基础上组建而成，前身是成立于1955年的新闻系。1958年，北京大学新闻专业并入中国人民大学新闻系，此前，创办于1924年的燕京大学新闻系于1952年并入北大新闻专业，因此从20世纪50年代末开始，新闻系集中国人民大学、燕京大学和北京大学三所大学新闻教育力量于一体。新闻学院是教育部人文社会科学重点研究基地“新闻与社会发展研究中心”所在单位。现任院长为赵启正教授，执行院长为郭庆光教授。

学院现有新闻学、广播电视学、广告学、传播学 4 个本科专业，新闻学、传播学、传媒经济学和广播电视学 4 个硕士学位点，新闻学、传播学、传媒经济学和广播电视学 4 个博士学位点，新闻传播学博士后流动站。学院现设四系一室（部），即新闻系、传播系、广告与传媒经济系、广播电视系、新闻传播史论教学与研究室（部）。

学院现有专任教师 55 人，其中教授 19 人，副教授 24 人；共有在校生 1 206 人，其中本科生 773 人，硕士研究生 304 人，博士研究生 129 人，留学生 99 人。

学院设有新闻传播实验中心和资料室，资料室保存有解放前的报刊样本 3 765 种、报纸影印本 422 本，建国后的报纸合订本 1 400 余本、期刊 3 800 本、中外图书资料 23 000 余册。截至 2014 年底，新闻学院编辑出版了全国中文核心期刊《国际新闻界》242 期。

在海外交流与合作方面，学院与美国、加拿大、英国、德国、日本、韩国、新加坡和我国香港、台湾地区多所高校的相关院系建立了良好的长期合作关系。

2014 年，学院举办了一系列活动。暑假期间与美国宾夕法尼亚大学安尼伯格传播学院联合举办“大数据·建模方法与传播学研究”暑期工作坊。组织学生开展“新闻学子走基层”学习实践活动，前往江苏泰州和山东潍坊实地调研。召开新一届党员代表大会，总结回顾学院党委过去七年的工作并选举产生了新一届党委委员。定期举办教师学术沙龙，邀请国内外知名学者专家与本院教师交流新闻传播学前沿问题。

■ 艺术学院

艺术学院成立于 1999 年，是集美术、音乐、艺术设计和艺术史论于一体的综合性艺术学院。现任名誉院长为吴长江教授，执行院长为丁方教授。

学院设绘画系、艺术设计系、音乐表演系、艺术学系和徐悲鸿艺术研究院、东方艺术研究所、文化艺术策划与推广研究所、绘画材料研究与修复工作室、金铁霖中国声乐艺术研究院、佛教艺术研究所、文艺复兴研究院等研究机构。现有绘画、视觉传达设计、环境设计（景观建筑）、动画（新媒体）、音乐表演、美术学等 6 个本科专业；艺术学、音乐学、美术学、设计艺术学、艺术硕士（音乐）、艺术硕士（美术）、艺术硕士（艺术设计）等 7 个硕士专业；在哲学院美学专业下招收东西方绘画的理论与实践、中国美术史研究、中国书画的理论与实践、文艺复兴绘画研究、中西艺术比较研究等方向博士研究生。

学院现有专任教师 66 人，其中教授 11 人，副教授 21 人。学院现有学生 709 人，其中本科生 532 人，硕士研究生 149 人，博士研究生 18 人；留学生 10 人。

2014 年，学院成立“中国人民大学文艺复兴研究院”，推进教授工作室制改革，定期举办校内、校外两类文艺复兴学术沙龙；成功举办“中国人民大学 2015 新年音乐会”；承办北京市高等教育学会美育研究会第二届换届大会，学校常务副书记张建明任研究会会长，赵方教授任常务副会长。

2014 年，陈传席教授当选首届巴黎卢浮宫东西方美术年展展览会总评委，并被授予巴黎荣誉市民称号；赵方教授作曲参与主创的作品《拐杖》获第六届欧洲万像国际华语电影节颁发的优秀原创故事片奖；丁方教授论文《经典与东西方文明的相遇》获中国美术家协会第二届“中国美术奖·理论评论奖”；设计系陈炯副教授装置作品《和》、油画作品《桥》在法国“庆祝中法建交 50 周年中国书画展”展出，并获法国里尔蒙斯要塞市市长颁发勋章和证书；音乐系刘洁副教授参加“第四届中央音乐学院音乐分析论坛”，并获优秀论文奖。

2014年，2012级声乐专业本科生李秉璇获“第七届中国高等院校中外歌剧及艺术歌曲演唱比赛”金奖；2014级音乐表演专业本科生彭玥获“第九届新加坡中新国际音乐比赛中国赛区选拔赛”开放作品组二等奖；2013级钢琴表演专业本科生黄靖婷在“第九届中新国际音乐比赛”中国赛区选拔中获开放组一等奖、肖邦作品组一等奖；2013级钢琴表演专业本科生刘梦获奏鸣曲组二等奖、开放组二等奖，指导教师康毓春获得“优秀指导教师”奖；2013级钢琴专业本科生张柳婷在德国魏玛举办的“第三届德国魏玛国际钢琴比赛”中获第一名；2014级视觉传达专业本科生李博获“2014中国包装设计大赛”三等奖。

2014年，“美国密歇根大学艺术与设计学院作品展——位移”在院美术馆举行；意大利艺术修复史专家佩莱格里尼教授受邀来院举办国际学科前沿教师培训项目“中世纪艺术和文艺复兴绘画作品的修复与研究”；根据交流协议，美国南犹他大学教师代表朗·斯皮尔（Ron Spears）、杰西卡·格拉克（Jessica Gerlach）来院访问；郑晓华教授“翰墨中华系列·从书法看中国”展及研讨会在美国哥伦比亚大学东亚图书馆举行；音乐系主任王玫率室内乐演奏小组随学校代表团赴以色列特拉维夫大学，参加“孔子学院十周年庆典活动”；学院师生代表团回访美国芝加哥大学视觉艺术系；艺术学系陈传席教授、设计系吴文越副教授赴美国南犹他大学视觉艺术学院进行学术交流访问。2014年，“托举希望—郑晓华翰墨中华系列书法展暨公益拍卖展会”在贵阳举办，拍卖善款105万元全部资助贵州山区希望工程；绘画系徐唯辛教授在“孔子学院日”向美国哥伦比亚大学孔子学院东亚系捐赠两幅作品——胡适与丁龙大型肖像。

■ 外国语学院

外国语学院成立于2001年11月，在原外语系基础上命名组建而成，前身为早期的俄文教研室、外语教研室和俄文编译室。现任院长为伊志宏教授（兼），常务副院长为王建平教授。

学院现有俄语、英语、日语、德语、法语5个本科专业。设有俄语语言文学、英语语言文学、日语语言文学、德语语言文学、法语语言文学、外国语言学及应用语言学、翻译硕士专业学位7个硕士点；拥有外国语言文学一级学科硕士和博士学位授予权；外国语言文学一级学科博士学位授权点下设英语语言文学、日语语言文学和德语语言文学3个二级学科博士授权点。

学院现有教师123人，其中教授19人，副教授50人，其中博士学位获得者70人，海外博士学位获得者21人。学院聘有讲座教授8人，其中3位教授同时受聘中国人民大学新奥国际杰出教席，2位教授入选国家外专局引进海外高层次文教专家重点支持计划，1位教授入选国家外专局高端外国专家项目。2014年9月，学院讲座教授马克林荣获中国政府“友谊奖”。学院共聘请语言类全职教师40名，分别来自美国、英国、德国、法国、俄罗斯、日本、比利时、巴哈马，还有2名语言类兼职教师来自德国和法国。

学院共有学生858人，其中本科生552人（含二学位2人），硕士研究生271人，博士研究生35人。

2014年，学院法语语言文学和翻译硕士专业学位硕士点获批；开展了“985工程”（2010—2013年）建设项目结项验收工作，启动了2014年“985工程”建设项目；获得了1项“北京市社会科学基金项目”（一般项目）立项；出版了“中国戏曲海外传播工程”丛书（9部）；成功承办了“全国美国文学研究会第十七届年会暨学术研讨会”“第六届汉日对比语言学研讨会”；主办了“外国语言文学研究生教育与学科建设”研讨会、“日本金刚寺佛教典籍调查研究”成果报告国际学术研讨会、“日耳曼学在中国的回顾与发展”研讨会、中国首届“创意写作国际论坛”、“大景观：中澳艺术中的生活、自然与故土”国际会议；举办了第六届“外语文化节”、第十四届“澳大利亚文化周”、第五届“人大一辅仁研究生学术研讨会”、第三届“研究生论坛”等活动；聘请国内外知名学者来院开设了高水平学术讲座；设立了“大学英语拔尖人才培养实验班”“英语专业副修第二学位班”“研究生拔尖人才英语强化班”。

2014 年，俄语系教师黄晓敏获“世界俄语比赛”（第二名）；俄语系教师陈方荣获“中国人民大学 2014 年通鼎奖教金”；日语系教师钱昕怡、德语系教师张晏和大学英语教研室教师蒋亚娟荣获“2014 年中国人民大学教学优秀奖”。

2014 年，学院学生在各类比赛中屡创佳绩。中国人民大学代表队在“第十届中国大学莎剧比赛暨中国大学莎士比亚戏剧节”中荣获特别表彰奖和杰出女演员奖；日语系 2011 级本科生付乾在“第二届海峡两岸日语演讲比赛”荣获三等奖；在第 26 届“韩素音青年翻译奖”竞赛中，英语系 2012 级硕士研究生何旭姣荣获汉译英三等奖，2013 级硕士研究生耿洁荣获汉译英优秀奖；在“第 14 届中日友好中国大学生日语专业学生毕业论文大赛”中，日语系 2014 届本科毕业生傅梦菊和薛奇慧分别荣获语言组二等奖和文学组三等奖；2014 届日语语言文学专业硕士毕业生吴文钦论文获第七届中国日本学研究“CASIO 杯”“社会文化组”优秀硕士论文一等奖；德语系 2011 级本科生王宇舒在“全国口译大赛——‘永旺杯’第七届多语种全国口译大赛”中荣获德语交替传译组三等奖；学校代表队在“第六届北京市大学生人文知识竞赛”中荣获一等奖，范嘉成同学为代表队成员之一；在 2014 年“北京市研究生英语演讲比赛”中，学院组织选送的国际关系学院 2014 级硕士生李天启荣获特等奖，国际关系学院 2014 级硕士生顾昱雯荣获一等奖。

2014 年，学院积极开展国际交流活动，与国外多所大学保持着良好的合作关系。学院已与美国麻省州立大学波士顿分校、俄罗斯莫斯科国立大学、德国科隆大学、英国肯特大学、日本共立女子大学、澳大利亚迪肯大学、美国应用语言学中心、日本关西学院大学、日本广岛大学建立了院际合作关系。学院接待了来自美国麻州大学波士顿分校、日本广岛大学、英国约克大学、澳大利亚莫纳什大学、美国应用语言学中心、德国科隆大学、法国巴黎四大等国外高校的代表团，并与之进行了深入交流，探讨合作模式。

2014 年，学院共有教师 54 人次赴境外高校及教育机构进行留学进修、短期培训、参加国际学术会议等学术交流活动；共有 125 名学生赴境外多所高校进行交换学习或参加暑期项目、境外实习项目。

■ 环境学院

环境学院成立于 2001 年 11 月，是多学科综合型环境教学科研机构。现任名誉院长为李文华院士，院长为马中教授。

学院下设环境经济与管理系、环境科学与工程系，设立环境经济研究所、环境政策与环境规划研究所、低碳水环境技术研究中心、环境科学与工程综合实验中心等研究机构。拥有资源与环境经济学、公共事业管理（环境与资源管理方向）、环境科学、环境工程 4 个本科专业；人口、资源与环境经济学，自然资源管理，环境工程，环境科学，生态学，地图学与地理信息系统，环境政策与管理等 7 个硕士点；人口、资源与环境经济学和自然资源管理 2 个博士点；设有 1 个博士后流动站。其中人口、资源与环境经济学是国家级重点学科。形成了经济学、管理学、理学和工学多学科融合的环境学科群，为培养文理兼备的复合型高级环境保护专门人才奠定了坚实基础，

学院现有在职教师 42 人，其中教授 12 人，博士研究生导师 13 人（含返聘校外 4 人），副教授 22 人，聘请美国俄勒冈州立大学、日本京都大学、荷兰瓦赫宁根大学、加拿大滑铁卢大学和美国纽约州

立大学的5位教授担任讲座教授，聘请国家发展和改革委员会、环境保护部、水利部、国家林业局、中国科学院、中国气象局等单位21人担任兼职教授。学院共有学生542人，其中在校本科生322人，硕士研究生174人，博士研究生46人。

学院在资源与环境经济学、能源与气候变化经济学、环境管理与政策、水污染控制理论与技术、大气污染控制理论与技术、固体废弃物处理及资源化、环境地理信息系统与大数据管理、综合生态系统管理等领域取得了一大批重要研究成果，为政府提供了重要的决策支持。其中马中教授主持的国家科技重大专项课题“水环境保护价格与税费政策示范研究”研究成果为我国水价改革提供了理论基础和实施方案；曾贤刚教授主持的国家社会科学基金项目重大项目“生态产品的供给机制与制度创新研究”为我国生态产品的保护和供给提供了理论依据；王洪臣教授主持的国家科技重大专项课题“城市污水处理厂节能降耗稳定运行技术集成研究与示范”为我国城市污水处理提供了技术创新。学院受联合国委托编制《中国人类发展报告：迈向低碳经济和社会的可持续未来》，获得国际社会高度评价。

学院教学办公楼1 200平方米、综合实验中心1 250平方米，下设低碳水环境技术、环境能源、环境微生物学、环境生态学、环境信息与管理、资源环境与地理信息系统、环境监测7个实验室。中心拥有仪器设备总资产约3 000万元。学院在安徽黄山区、黑龙江宝清县七星河湿地和西藏林芝县建立了3个教学科研基地，为科学研究和人才培养提供了重要的支持和保障。

学院与英国曼彻斯特大学、加拿大不列颠哥伦比亚大学、美国加州大学圣迭戈分校建立合作关系。2014年，学院成功举办中国可持续消费研究学术研讨会等重大会议。学院新立项科研项目42项，项目总金额1 057.46万元，出版专著2部，发表学术论文65篇。

■ 信息学院

信息学院成立于1994年，由1978年成立的经济信息管理系和1986年成立的学校信息中心合并组建而成，现设经济信息管理系、计算机科学与技术系、数学系3个系。2005年经批准与本校信息资源管理学院合办教育部“数据工程与知识工程重点实验室”。现任院长为杜小勇教授。

学院现有信息管理与信息系统、计算机科学与技术、数学与应用数学、信息安全、软件工程5个本科专业；数学、计算机科学与技术2个一级学科博士学位授权点；系统科学、管理科学与工程、软件工程3个一级学科硕士学位授权点；计算机应用技术、计算机软件与理论、信息安全、基础数学、应用数学、概率论与数理统计6个博士点；计算机应用技术、计算机软件与理论、计算机系统结构、信息安全、软件工程、管理科学与工程、系统理论、运筹学与控制论、基础数学、应用数学、概率论与数理统计、计算数学12个硕士学位点；软件工程工程硕士专业学位点；计算机科学与技术博士后流动站。计算机应用技术为北京市重点学科。

信息学院现有教师（含教育部“数据工程与知识工程重点实验室”、数学科学研究院）112人，其中教授20人，已取得博士学位的教师99人。全院共有学生1 037人，其中本科生689人，硕士研究生287人，博士研究生61人。

2014年，多位教师获得各类奖项或称号：孟小峰（2013年度）、杜小勇（2014年度）当选为中国计算机学会会士；龙永红教授获选第十届北京市高等学校教学名师奖；王珊教授《数据库系统概论》第5版出版，课程入选国家级精品资源共享课立项项目；文继荣教授获得一项973计划项目课题“网络大数据感知融合与表示方法研究”。学院学科竞赛硕果累累：2月，首次有2支队伍获得美国大学生数学建模竞赛特等奖候选奖（Finalist，全球前25名）；7月，有1支队伍获得全国大学生信息安全竞赛一等奖；6月，学院代表队赴俄罗斯参加2014国际大学生程序设计竞赛（ACM-ICPC）世界总决赛，11 月，获得 2015 国际大学生程序设计竞赛（ACM-ICPC）亚洲区预选赛北京赛区、上海赛区 2 块金牌。

■ 理学院

理学院于 2005 年 9 月正式成立，现任院长为中国科学院解思深院士。化学系于 2004 年 7 月成立，现任系主任为张建平教授；物理学系于 2005 年 9 月成立，现任系主任为卢仲毅教授；心理学系于 2009 年 6 月在原社会与人口学院心理研究所基础上组建成立，现任系主任为孙健敏教授。理学院共有教职工 99 人，其中教授 30 人，副教授 31 人，讲师 16 人。共有学生 713 人，其中本科生 414 人，硕士研究生 198 人，博士研究生 101 人。

物理学系现有物理学和材料物理 2 个本科专业，1 个一级学科硕士点，1 个二级学科博士点。在编教学研究人员 31 人，其中教授 18 名，副教授 7 名，讲师 6 名，另有博士后 4 人。在现有队伍中，国家“千人计划”入选者 1 名、人事部等七部委“百千万人才”入选者 2 名、国家杰出青年基金获得者 3 名、中组部“青年千人计划”入选者 2 名、长江学者特聘教授获得者 1 名、教育部新世纪人才 8 名、北京市优秀人才 1 名、北京市科技新星入选者 1 名和全国百篇优博论文获得者 1 名。此外，拥有 2 个教育部长江学者创新团队和一个北京市重点实验室。共有学生 302 人，在校本科生 189 名，硕士研究生 65 名，博士研究生 48 人。在平台建设方面，已经建成和正在建设两个教学实验室：物理学教学实验室、材料物理教学实验室，五个研究型实验室：凝聚态物性研究实验室、高性能并行计算物理实验室、量子关联材料实验室、光电功能先进材料实验室以及微纳信息新功能材料和器件实验室。近三年，物理学系在科研方面取得了较好的成绩：2012 年，物理系共发表 SCI 论文 51 篇，其中在物理学顶级期刊《物理评论快报》上发表论文 7 篇，并申请获得科技部、基金委和教育部等各种基金项目 1 463.5 万元。2013 年，物理系共发表 SCI 论文 57 篇，其中在物理学顶级期刊《科学》（*Science*）上发表 1 篇，《物理评论快报》上发表论文 3 篇，在《自然通讯》上发表 2 篇，并申请获得科技部、基金委和教育部等各种基金项目近 1.200 4 亿元。2014 年，物理系共发表 SCI 论文 60 篇，其中在物理学顶级期刊《物理评论快报》上发表论文 3 篇，《自然·物理》2 篇，《自然·通讯》1 篇，《物理评论》系列 16 篇。并申请获得来自国家自然科学基金委、科技部和北京市科委基金近 800 万元。

化学系设有化学本科专业、化学一级学科硕士点和应用化学硕士点，并拥有化学学科博士授予权。化学系拥有一支理论功底扎实、教学思想活跃、学术实力雄厚、全部拥有博士学位并具有海外留学经历的师资队伍。现有教授 8 人，副教授 18 人，讲师 1 人。其中中国科学院“百人计划”入选者 3 人；国家自然科学基金委“优秀青年基金”获得者 1 人，教育部“新世纪优秀人才计划”入选者 2 人；中组部“青年千人计划”入选者 1 人。聘用外籍“中国人民大学讲座教授”1 人。化学系教师活跃于化学及其相交叉科学的前沿领域；已主持国家自然科学基金面上和青年项目 70 余项，主持或参与国家自然科学基金重点项目 8 项，参与科技部 973 项目 4 项，主持教育部重点项目数项，获资助总额超过 4 000 万元。化学系师生在美国化学会、英国皇家化学会等学会主办的国际著名学术期刊上已发表学术论文 600 余篇。化学系的本科学生积极参与科学研究，并且可以使用各类大中型分析测试设备；迄今已承担 40 余项国家大学生创新性实验计划项目（参与率超过 50%），研究成果多次荣获首都大学生科技奖。

心理学系设有 1 个本科专业应用心理学，拥有心理学硕士一级学科授予权，下设基础心理学、应用心理学、社会心理学和心理语言学 4 个专业，社会心理学（应用心理学）和心理语言学 2 个博士专业。现有教师 22 名，其中 6 名教授、1 名讲座教授、6 名副教授、8 名讲师、1 名师资博士后，全部拥有博士学位。2014 年心理学系教师发表中文学术论文 53 篇，SSCI 和 SCI 英文论文 15 篇，出版著作 5 部。参加心理学领域全国学术大会 25 人次，参加国际学术会议 9 人次。2014 年心理学系共申请科研项目 13 项，其中 4 项自然科学基金项目，在全校非管理类学科中排名第三位，同时，心理学系教师还获得了两项社会科学基金项目，可谓是大丰收。另外校级科研项目 7 项，科研经费总额为 361.5 万元。心理学系本科生 40%～50%出国深造，40%保研和考研，学生培养质量受到好评。心理学系已建成心理学行为实验室、心理学行为观察室、基础心理学实验室、脑电实验室、眼动实验室、虚拟现实实验室、多导实验室、情绪实验室、经颅直流电刺激实验室与神经影像和数据分析实验室。心理学系在校本科生 92 人，硕士研究生 59 人，博士研究生 26 人。

■ 商学院

商学院前身为 1950 年中国人民大学成立时建立的工厂管理系、贸易系和簿记核算教研室等机构。1988 年学校成立工商管理学院，2001 年，在工商管理学院和会计系的基础上组建了"中国人民大学商学院"。商学院是中国最早开展工商管理硕士（MBA）、高级管理人员工商管理硕士（EMBA）和会计硕士（MPAcc）教育的商学院（管理学院）之一。现任执行院长为毛基业教授。

学院现设企业管理系、组织与人力资源系、管理科学与工程系、贸易经济系、市场营销系、会计系和财务与金融系 7 个系，并拥有管理案例与教学创新研究中心、工业经济与管理科学研究院、供应链战略管理中心、企业创新与竞争力研究中心、中国私营企业治理与发展中心 5 个研究中心/院。商学院实验中心是国家重点实验教学示范中心。

学院拥有工商管理 1 个国家重点一级学科，拥有企业管理、产业经济学和会计学 3 个国家重点二级学科，在工商管理、市场营销、会计学、财务管理、贸易经济等专业的教学和研究领域一直保持全国领先地位。商学院囊括了工商管理学科从本科到博士后的所有学位和培养项目，现有 6 个本科专业（工商管理、市场营销、会计学、财务管理、贸易经济、管理科学）、5 个专业硕士点（工商管理硕士、高级管理人员工商管理硕士、会计硕士专业学位、国际商务专业硕士、资产评估专业硕士）和 7 个博士点（企业管理、产业经济学、会计学、技术经济及管理、财务管理、市场营销管理、流通经济学）。

学院现有专任教师 147 人，其中教授 51 人，副教授 56 人，海外获博士学位教师人数占总数的近 1/4。2014 年，学院引进全职海外人才 7 名，组织与人力资源系聘请联合系主任 1 名，市场营销系聘请兼职教授 1 名，企业管理系申报千人计划 1 名，破格晋升 13 位优秀副教授为博士生导师。

全院共有学生 3 899 人，其中本科生 1 326 人，硕博连读生 336 人，博士研究生 362 人，会计硕士专业学位学生 240 人，国际商务专业硕士学生 66 人，资产评估专业硕士学生 46 人，工商管理硕士学生 775 人，高级管理人员工商管理硕士学生 654 人；留学生 94 人。

2014 年，学院首次在同一年度获得国家杰出青年科学基金项目、优秀青年科学基金项目和重点项目各 1 项。其中，国家杰出青年科学基金项目以及重点项目均为学院第二次获批同类项目，优秀青年科学基金项目的获得为首次。

2014 年，学院进一步加强品牌建设，国内外的影响力稳步提升。高级管理人员工商管理硕士（EMBA）项目及高层管理教育（EE）项目全部进入英国《金融时报》全球商学院 50 强，其中，EMBA 项目在"学习目标达成"单项指标中位列全球第九，全国第一；EE 项目在"学员满意度"单项指标中位列全球第四，全国第一。本年度学院项目全方位参加国际组织，7月，成为中国大陆第二家加入国际高级管理教育培训大学联盟（UNICON）的正式会员；4月及10月，作为EMBA理事会成员，EMBA项目中心分别参与了亚洲区域年会和全球年会；3月，职业发展中心成为MBA职业服务与雇主联盟正式会员。

2014年，学院举办多场重大品牌活动。由学院主办的“中国企业管理案例与质性研究论坛（2014）”首次在京外城市举办，由南京大学承办，反响热烈，来稿和参会人数双破纪录；“商学院校友日Homecoming Day”和“中国人民大学校友返校日”两个品牌活动带动超过1 000名校友返校；EE中心继续成功主办“2014（第三届）中国财务管理全球论坛”和“2014（第七届）中国人力资源管理年会”；第二十三届“风载我歌行”以“音缘而遇”为主题，从单纯的大学生音乐比赛转向文化交流，汇聚两岸三地数百名热爱音乐的优秀大学生于一堂。

2014年，学院国际合作院校增至近70所，合作项目70余项，全年派出交换生127人，接收境外交换生115人。学院携手英国曼彻斯特大学启动“3＋1/4＋1”本硕直通项目，并以此作为试点探索新的合作模式，同时新推为期2～3周的海外暑期项目，含课程学习和公司参访等，部分项目提供免学费名额。学院入选“人大—耶鲁MAM”双学位学生人数创新高（5人），录取人数累计已达18人；MBA项目主办并参与的两轮GNAM（全球高端管理联盟）交流周活动，派出及接待学生130人，满意度从75％上升至90％；EE项目中心承办以色列大学和厄瓜多尔大学培训项目，并与法国ESSEC高等商学院（亚太校区）签署战略合作协议。2014年12月，学院在“商学院国际交流基金”下设立“霍氏集团教育基金”，用于支持学院本科学生参与国际交流项目。自2010年起，商学院国际交流相关基金已为在校生资助金额近180万元人民币。

2014年，学院举办第一届《中国工商管理研究前沿》国际研讨会等国际会议3场，海外学者讲座近30场，2014公司金融与治理青年学者研究营、北美华人会计年会、会计学数字化精品课程建设讨论会、中国会计学会2014年管理会计年会等学术会议/工作坊近90场。其中，6月由商学院承办的第六届“中国管理研究国际学会（IACMR）年会”圆满举行，参会人数达1 200余人，创下历届新高，学院得到了IACMR及参会者的高度评价。学院教师本年度出国参会、学术访问、授课、参展等，共计86人次。

2014年，学院作为全校试点，率先全面实施主副修制度，首批选择副修的学生共78人，占年级总人数的22.8％；第一届工商管理英文教学实验班20名学生顺利毕业，近50％前往国外著名高校留学，约25％在人大、清华、北大三校继续深造；2014年优秀大学生夏令营首次由4个系共同举办，涉及7个专业。硕博连读项目第一批学生36人完成身份转换，占硕博连读学生的31％；8名博士研究生入选学校首批“拔尖创新人才资助计划”。

2014年，学院开展了多项特色项目及活动。MBA项目推动“MBA培养路线图”建设、完成培养方案修订，对五大“平台性”学习培养项目进行深化推进；推出国际MBA“C＋I”特色课程模块和“激荡思维”经验学习模块。EMBA项目推出活动新品牌——领袖讲坛，第一讲由分众传媒CEO江南春主讲；举办智慧人生系列论坛4场，高端沙龙活动3场，区域经济高峰论坛4场。EE项目与陕西延长石油集团、中国移动通信集团设计院、中国核建集团等建立了合作关系，并提供高端定制课程服务；举办2014全球营销领袖北京论坛，全球著名营销专家、整合营销传播理论奠基人之一罗伯特·劳特朋教授受邀演讲。2014年，MPAcc项目全日制录取分数线位居全国第一；承办首场会计名家公益大讲堂，主办精英领航论坛1场；作为全国首批试点院校，MPAcc项目获得全国会计专业学位质量认证（AAPEQ）认证资格，现场评估圆满成功。

2014年，学院强化新媒体开发和公共关系营销。学院策划、制作了教师包装、开学季等专访和视频短片；进一步推广与传播全院各微信公众号，粉丝人数稳步增加，累计43 000余人。学院官网、EE中心网站、MBA项目网站均进行了全新改版，强化了交互体验、用户管理、微信分享等新技术应用。

2014 年，学院继续以“培养最具社会责任感的优秀人才”为目标，以多种形式关注公益事业，积极履行社会责任。组织 2014 级新生签订“商学院学生道德与社会责任公约”；组织学生暑期赴江苏宿迁开展为期 9 天的远程支教项目；全院全年度向社会各界捐赠共计价值 10.98 万元的物品；学院与《经济观察报》合作举办“低碳、可持续发展、最受尊敬组织”等相关论坛、活动，全年共计 6 场，持续打造商学院富有社会责任感的公众形象。

■ 公共管理学院

公共管理学院组建于 2001 年 6 月，下设行政管理学系、土地管理系、城市规划与管理系、卫生政策与管理系（筹）、公共财政与公共政策研究所、社会保障研究所、组织与人力资源研究所等教学科研机构。全国公共管理专业学位研究生（MPA）教育指导委员会秘书处挂靠在学院。现任院长为杨开峰教授。

学院现有行政管理、土地资源管理、房地产经济与管理、城乡发展与规划、公共财政与公共政策、社会保障、公共组织与人力资源 7 个博士学位点；行政管理、土地资源管理、房地产经济与管理、城乡发展与规划、公共财政与公共政策、社会保障、公共组织与人力资源、劳动经济学、社会医学与卫生事业管理 9 个学术型硕士学位点，1 个公共管理专业学位硕士点（包括全日制 MPA 和在职 MPA）；行政管理、土地资源管理、城市管理 3 个本科专业。同时，学院设有公共管理博士后流动站。在教育部全国第三轮一级学科评估中，公共管理一级学科名列全国高校第一。在学院现有二级学科中，行政管理为国家重点学科，土地资源管理、社会保障为北京市重点学科。

学院现有专职教师 75 人，其中教授 30 人，副教授 32 人，97%拥有博士学位，其中 28%为海外归国博士；学院聘有 20 多位中央政府有关部门领导、专家和国内外知名学者担任兼职教授；另有博士后研究人员 2 人。截至 2014 年 12 月，学院在校学生 1 802 人，其中本科生 429 人，学术型硕士研究生 232 人，专业学位硕士研究生 989 人，博士研究生 152 人。

学院设有 14 个 MPA 专业方向，招生规模位居全国前列，是我国 MPA 培养的重要基地。

学院与美国哈佛大学、密歇根大学、罗格斯大学、佛罗里达州立大学、北伊利诺伊大学，英国约克大学，日本一桥大学，澳大利亚墨尔本大学、堪培拉大学，荷兰伊斯拉姆斯大学，新西兰奥克兰大学等多所世界著名大学保持着广泛的学术交流关系。2014 年，学院教师先后到国外著名高校和研究机构授课、交流考察、参加学术会议 57 余人次；先后邀请国外和我国香港、澳门、台湾地区的学者来访、讲学、参加会议 68 余人次。2014 年，学院先后有 39 名硕士、博士研究生赴英国、美国、澳大利亚、荷兰、瑞士、芬兰、加拿大、日本等国和我国台湾地区参加长期交流，33 名硕士、博士研究生赴新加坡、香港、澳门等地参加国际学术会议和短期交流活动。

2014 年，学院教师获得国家社会科学基金一般项目 2 项、青年项目 1 项，国家自然科学基金面上项目 1 项、青年科学基金项目 2 项，北京市哲学社会科学规划项目青年项目 1 项，教育部人文社会科学专项任务项目 1 项，部级纵向课题 1 项。在校内科研基金资助项目中，学院教师获得研究品牌计划：决策支持研究基础积累项目 1 项、决策咨询及预研委托项目 3 项、明德青年学者计划 1 项、教育管理一般项目 1 项、亚洲研究中心项目 1 项、人文社会科学国际期刊论文发表培育项目 1 项、新教师启动金项目 3 项。

■ 劳动人事学院

劳动人事学院成立于1983年，由中国人民大学与原国家劳动人事部联合创办；2000年隶属关系归于中国人民大学。现任院长为杨伟国教授。

学院现有劳动经济学、人力资源管理、劳动关系、社会保障和职业开发与管理5个系（教研室）；设有中国就业研究所、劳动关系研究所、组织行为研究所、中国社会保障研究中心、人力资源开发和评价中心、中国人民大学领导科学研究中心等研究机构；建有劳动科学学术资料研究中心、劳动科学实验室和在职培训中心；拥有劳动与社会保障、人力资源管理和劳动关系3个本科专业；劳动经济学、劳动关系、人力资源管理和社会保障4个硕士点；劳动经济学、人力资源管理、劳动关系、社会保障4个博士点；与其他院系共享1个应用经济学博士后流动站。其中劳动经济学为国家级重点学科，社会保障为北京市重点学科。

学院现有专任教师51人，其中教授19人，副教授18人，讲师14人，院聘兼职教授20人，返聘教授8人。其中"长江学者"特聘教授1人，国家级百千万人才工程入选者1人，国务院政府特殊津贴获得者7人，教育部"新世纪优秀人才支持计划"入选者5人，北京市优秀人才2人，首批"北京高校青年英才计划"入选者3人；其中博士研究生导师19人，硕士研究生导师43人。另有来自美、德、英、日等国和我国港台地区的近20位著名学者担任学院兼职教授。学院现有全日制学生1 019人，其中本科生641人，硕士研究生267人，博士研究生111人，全部学生中有留学生59人；同等学力在职研究生849人。同时，学院现有19位行政管理职员，为学院的学科建设、教学科研、人才培养、国际交流、社会服务、智库建设、党团活动、工会活动等提供精细化的服务支持。

2014年，学院坚持"学术立院""学术兴院"的指导思想，全面推进一个中心、两项举措和三个平台的建设（即致力于建设一个中心——全球中国劳动科学的人才培养、学术研究和决策支持中心，实施两项举措——教师与博士研究生国际发表提升计划、国际劳动科学研究十年合作计划，打造三大平台——数据平台、交流平台和模拟训练平台，努力成为在国内外有重大影响、特色鲜明、世界一流的劳动科学学院)，在各方面取得了丰硕的成果。

学院学科建设稳步推进。学院及其附属的系所成功举办10余场专题研讨会，推动劳动科学高端智库建设；举办多场国际性研讨会，推动中国劳动科学走向世界；定期举办劳动经济学双周论坛等学院品牌性学术活动，促进中青年学者的交流与成长；引进3位海外优秀博士毕业生，调入1位博士后来院工作，学院师资队伍的结构进一步优化、国际性进一步提升；举办第三届全国高校模拟集体谈判大赛、第三届中国劳动科学博士生论坛；启动开设本科生写作指导课、完善本科新生研讨课、研究博士生综合考试制度，贯彻落实深化高等教育改革、探索提升人才培养质量。

全面提升国际性是学院的重大战略部署，2014年学院教师多次赴外交流，同时接待了众多来自全世界的劳动科学领域和社会保障领域的知名学者，就学院的学术科研和学生培养深入交流；定期开展与加拿大蒙特利尔大学、美国康奈尔大学、英国华威大学、爱尔兰利莫瑞克大学的院际学生交换项目；与美国罗格斯大学进行了互访，推动双方全方位合作；赴日本立命馆大学举办的第二届中日青年学术文化交流活动，增进了两国青年在文化层面的相互理解、学术层面的相互分享，有助于双方在人才培养、学术研究等领域开展更深入的合作。

在"学术立院""学术兴院"的方针指引下，学院学术活动丰富活跃，成果质量不断提高。在《社会学研究》《管理世界》等发表56篇核心期刊论文，其中A类3篇；英文奖励期刊学术论文19

篇，其中A类9篇；发表外文非学院奖励期刊论文和英文国际工作论文55篇，其中A^+类1篇，A类4篇，B类6篇；科研经费478.5万元，其中纵向科研项目15项，横向科研项目13项，各类科研获奖11项；社会保障学科被评定为北京市优秀重点二级学科；曾湘泉教授所主持“中国青年就业政策研究”课题的研究成果中国青年就业政策地图在国际劳工组织（ILO）官网上正式被点亮。

人才培养、社会服务和智库建设是学院的神圣使命，学院党政联席会议和教授会定期研究部署相关工作，从学院领导机构设置、教学中心地位确立、教学培养方案编制、新生研讨课组织、学生国际交换项目、本科生导师制、本科生写作指导课、读史读经典、新生党员“红船领航”、本科教学与科研、开设“职业发展与就业指导”课程、成立本科教学指导委员会等方面开展了相关工作，党团学工作成绩斐然；学院专家学者多次赴外进行学术交流和社会服务，为学科建设、学术研究、企业实操、政府决策等建言献策，同时大力开展在职研究生培养和企事业单位的专题研修，为我国的人才强国战略添砖加瓦。

■ 信息资源管理学院

信息资源管理学院成立于2003年12月，其前身是成立于1952年的中国人民大学专修科档案班。现任院长为张斌教授。

信息资源管理学院设档案学、政务信息管理2个系。现有档案学、信息管理与信息系统（政务信息管理方向）、信息资源管理以及信息管理与信息系统（国防生）、信息资源管理等4个本科专业（方向），档案学、情报学、图书馆学、信息资源管理、信息分析、中外政治制度6个学术型硕士研究生专业和图书情报专业硕士；档案学、图书馆学、情报学、信息资源管理、信息分析5个博士研究生专业，以及1个一级学科博士后流动站。学院拥有图书馆、情报与档案管理博士学位一级学科授予权，学科专业结构涉及本学科领域的所有二级学科。二级学科中，档案学科是国家重点学科（全国唯一）、国家特色专业，情报学科为北京市重点学科。图书情报与档案管理一级学科为北京市重点一级学科。

学院下设中国人民大学电子政务研究中心、中国人民大学电子文件管理研究中心、中国人民大学电子文件测试中心、中国人民大学信息分析研究中心、中国人民大学CIO研究中心和《档案学通讯》杂志社，并与兄弟单位合作建设数据工程与知识工程教育部重点实验室。其中，《档案学通讯》为中文社会科学引文索引（CSSCI）来源期刊，电子文件管理研究中心为国家电子文件管理部际联席会议办公室技术支持单位，电子文件系统测试中心获国家认监委颁发的计量认证证书。2014年，经学校批准，中国人民大学人文北京研究中心挂靠学院。

学院现有专任教师37人，其中教授15人、副教授19人、讲师3人。学院共有学生565人，包括本科生330人、硕士研究生175人、博士研究生60人，其中，留学生2人。

2014年，学院教师出版学术著作5部，发表学术论文30余篇、研究报告2篇，承担国家社会科学基金项目、国家自然科学基金项目、北京市教委共建项目、北京市哲学社会科学规划项目等纵向项目8项，校级项目9项。学院教师获得国家档案局优秀科技成果1项，北京市档案局优秀科技成果奖2项，国际Emerald/EFMD杰出博士论文奖1项，中国人民大学教学奖1项。情报学二级学科在北京市重点学科建设项目验收中评为“优秀”。中国人民大学人文北京研究中心人文北京基地连续第二次验收被评为“优秀”。冯惠玲教授被聘为国务院学位委员会第七届学科评议组成员。2011级国防班王为久同学获得吴玉章奖学金。学院举办国家社会科学基金重大项目“国家数字档案资源整合与服务机制研究”开题报告会、2014中国CIO论坛、“中国档案事业史学科建设”学术讨论会、2014年中国信息资源管理论坛、第三届中国档案学博士论坛、第五届中国电子文件管理论坛、《中国大百科全书》(第三版)档案学卷框架条目讨论会、InterPARES Trust 中国队第二次全体会议、2014 中国知识管理论坛等 9 次学术会议。学院还举办十一期兰台读书会，为学生搭建领略经典、分享心得的深度阅读平台。

学院与北京市双高人才发展中心签署战略合作协议。

英国谢菲尔德大学、韩国文化遗产局、美国威斯康星大学密尔沃基分校、美国得克萨斯基督教大学等国外学术文化机构来学院作学术交流访问。学院还举办“Green IT and Green IS: Implications for Business from Several Research Projects”“展望未来：推动世界经济的无形力量”等国际学术交流讲座。学院教师赴美国、葡萄牙、中国台湾等国家和地区参加学术会议、研修访问，计 11 人次。

■ 教育学院

教育学院成立于 2011 年，其作为“教学科研单位”的前身可追溯至 1999 年成立的中国人民大学教育科学研究所，并于 2003 年更名为公共管理学院教育研究所。2011 年 4 月 6 日学校印发文件，决定在公共管理学院教育研究所和学校高等教育研究室的基础上组建教育学院。现任代理院长为秦惠民教授。

学院人才培养的学科点横跨公共管理和教育学 2 个一级学科并有教育学一级学科硕士学位授予权，在教育法学、高等教育学、教育经济与管理、行政管理（教育行政管理）4 个学科点招收硕士研究生；在教育经济与管理、教育学 2 个学科点招收攻读博士学位研究生，教育经济与管理博士学位授权点 2005 年被评为北京市博士点重点学科；2014 年，新增列教育硕士专业学位授权点。

学院现有专任教师 21 人，其中教授 8 人，副教授 6 人，讲师 7 人，全部具有博士学位。2014 年新增海归教师 1 人，具有海外博士学位教师人数达到 4 人。学院共有各类在校学生 150 人，其中硕士研究生 63 人，博士研究生 47 人，MPA 学生 25 人，单独考试硕士研究生 15 人。

学院教学科研主要集中于教育公共管理、高等教育、教育基本理论大学术领域，设有教育法律政策研究所、教育经济研究所、教育行政与院校研究所、教育理论与课程教学研究所、教育调研与实验中心，另有教育部中国人民大学教育发展与公共政策研究中心、教育部文科教育改革发展研究基地、教育部教育法制研究中心等挂靠机构。

2014 年，学院出版学术著作 5 部，发表学术论文 47 篇。获得国家自然科学基金面上项目 1 项，北京市哲学社会科学规划项目 1 项，各类横向项目 4 项。秦惠民教授的论文《有关大学章程认识的若干问题》荣获北京市第十三届哲学社会科学优秀成果奖二等奖。学院主编人大复印报刊资料《高等教育》，主办《中国人民大学教育学刊》(季刊)。

2014 年，学院共接待国外大学来访 10 次，其中欧美地区高校来访 6 次，亚洲地区高校来访 4 次，共计来访 47 人次。学院 2 名教师赴美研修，短期出国（境）11 人次；学生代表团一行 24 人赴日本同志社大学进行文化教育短期学习。

2014 年，学院与西南大学、西南政法大学联合承办中国教育发展战略学会教育法制专业委员会“教育法学学科建设研讨会”；与日本北海道大学教育学研究院共同举办主题为“变革时代的教育改革”的年度学术交流论坛；与学校亚洲研究中心联合举办“中日韩高等教育国际学术研讨会”。学院还先后邀请芬兰赫尔辛基大学弗雷德·德尔文（Fred Dervin）、日本同志社大学冲田行司、英国伦敦大学蒂娜·艾萨克斯（Tina Isaacs）、美国纽约州立大学布法罗分校罗伊斯·维丝（Lois Weis）等国外知名学者发表学术演讲。

■ 继续教育学院

继续教育学院成立于2004年10月，是在原成人高等教育学院和网络教育学院合并的基础上成立的，是具体实施成人高等教育和网络教育的教学单位。学院主要面向在职人员，以非全日制教育为主，适当开发各种层次和类型的继续教育。现任院长为李海彬教授。

继续教育学院下设学院办公室、成人教育部、网络教育部和教学研究部。成人教育部下设教学管理办公室、夜大学办公室、招生培训办公室、学生管理办公室、财务室和教学服务办公室，有教职员工63人，其中教师31人（教授6人，副教授21人，讲师4人），管理人员32人。网络教育部下设行政管理中心、教学管理中心、学生服务中心、技术开发中心、网络教育与资源研发中心和教育推广中心，共有教职工148人（事业编制人员4人），其中专职教师16人，教学管理人员30人，学务及考务人员32人，招生人员和项目策划人员22人，研发、技术和运营人员32人，行政人员16人。

■ 培训学院

培训学院成立于2003年9月25日，是学校非学历教育培训的主办单位。现任院长为郭杰教授。

学院下设学院办公室、国际合作部、国际项目招生办公室、艺术培训中心（画院）、健康管理项目部（健康管理学院）、市场调研中心、英国高等教育中心（HND）及高端培训一、二、三、四、五、六部等。学院现有员工73人。

■ 苏州校区（国际学院、中法学院）

苏州校区正式成立于2012年9月，全面负责国际学院（苏州研究院）和中法学院等教学科研机构与社会服务机构的管理。苏州校区位于江苏省苏州工业园区独墅湖科教创新区，是学校整体事业发展的重要组成部分和新的增长点，是面向华东地区的教学科研基地，是面向国际、探索中外合作办学和培养高端人才的实验基地，是优势学科的拓展与提升基地。苏州校区管委会主任为陈雨露校长，国际学院、中法学院院长为朱信凯教授。

学校于2004年3月成立苏州研究院，2007年9月更名为国际学院（苏州研究院）。国际学院（苏州研究院）是学校在新的历史条件下与苏州市人民政府合作共建的高层次、国际性教学研究机构。学院采取“延伸办学”和“自主办学”相结合的模式运行，现有文学院、法学院、社会与人口学院、商学院、公共管理学院在国际学院（苏州研究院）进行延伸办学，招收汉语国际教育硕士、法律硕士、社会工作硕士、会计硕士、公共管理硕士等专业硕士研究生，并招收博士研究生。2014年9月，学院首次招收金融（风险管理方向）硕士。

中法学院成立于2012年6月，由中国人民大学与法国巴黎索邦大学（巴黎四大）、法国保罗-瓦莱里大学（蒙彼利埃三大）、法国KEDGE商学院合作共建，是经教育部批准的中外合作办学机构，是属于中国人民大学的非独立法人办学单位。中法学院招收金融学、国民经济管理、法语专业本科生。

苏州校区与美国乔治·华盛顿大学合作举办了金融硕士合作项目，与法国巴黎索邦大学（巴黎四大）、法国保罗-瓦莱里大学（蒙彼利埃三大）合作举办了法国语言文学与社会科学硕博连读合作项目。

苏州校区还设有全球化研究中心，该科研平台包括了气候变化与低碳经济研究所、新兴产业发展研究院、东亚音乐考古研究所、经济法比较研究所、跨文化语言研究所等科研院所。中国人民大学国家大学科技园（苏州分园）、中国人民大学生物医学统计研究中心设在苏州校区。同时，中国人民大学出版社华东分社、中国人民大学书报资料中心华东分社等企事业单位在苏州校区入驻。

苏州校区按照校本部派驻教师、校区专任教师和聘任教师相结合的原则组建教师队伍，现有各类教师 74 人，含校本部派驻教师 32 人，其中教授 12 人、副教授 15 人、讲师 5 人；专任教师 8 人，其中副教授 1 人、讲师 7 人；聘任教师 34 人，其中教授 3 人、讲师 31 人。现有各类学生 1 833 人，含统招学生 1 382 人，其中本科生 680 人、硕士研究生 681 人、博士研究生 21 人；非统招学生 451 人。

苏州校区与法国、美国、加拿大、奥地利、德国、意大利、荷兰、英国、日本、新加坡、印度等国家以及香港、澳门、台湾等地区的院校建立了密切的人员互访和学术交流关系。

2014 年，苏州校区先后举办或召开首届金融风险管理学科 GAB 与 GEC 年度会议、第五届独墅湖人大金融论坛暨湖畔论、法治中国与人权理论研讨会等大型学术会议；举办苏州校区学习大讲堂、人文社科前沿系列讲座、艺术与文化鉴析系列讲座、金融风险管理前沿系列讲座、圆融讲坛、独墅湖畔法学论坛、独墅湖畔语言文化论坛、职业生涯规划与就业辅导系列讲座等活动；举办或参加“国际杯”学生课外学术科技作品竞赛、辩论赛、读史读经典实践活动、“人大使者”家乡行、农民工子弟小学支教、“职海引航”职业导师培养计划、高雅艺术进校园、社团嘉年华、“梦想舞台”独墅湖科教创新区校园歌手大赛、“五四”青春歌会、“姑苏弦歌”新年晚会、羽毛球赛、篮球赛、“生活·运动”主题月、宿舍文化节等各类学术、实践、文化、体育、生活类活动。苏州校区于 2014 年 4 月举办了中法教育文化节系列活动，庆祝中法两国建交 50 周年。活动以两国高等教育界、企业界代表为主体，包括开幕式、“高校—企业”合作论坛、企业—学生见面会、校园开放日、中法文化嘉年华、高校—企业—地区图片展、电影文化节、校园音乐会、苏州评弹表演、法语演讲比赛等内容。

2014 年，苏州校区荣获苏州工业园区文明单位称号、独墅湖科教创新区特色文化建设突出贡献奖、独墅湖科教创新区宣传工作突出贡献奖等多项荣誉。

■ 深圳研究院

深圳研究院成立于 2002 年 5 月，全权负责学校在深圳及华南地区的一切教学、科研、咨询活动，是学校在深圳的唯一代表机构。现任院长为王利明教授（兼），常务副院长为陈建教授。

全院共有教职员工 10 人，注册学生 678 人，其中博士研究生 42 人，非学历教育学员为 636 人。

学院依托学校的学科优势和师资队伍，配合深圳经济建设及社会发展需要，以各类学历教育和非学历教育为重点开展工作。学院成立以来，已开展 MBA、世界经济、民商法、经济法、公共组织与人力资源等 5 个专业的硕士研究生和经济、金融、法学、管理等 16 个研究方向的博士研究生学历教育；举办了民商法学、经济法学、人力资源管理、新闻学、国际贸易（现代国际物流管理方向）、金融学等专业的硕士学位课程进修班。学院同时还与法国、澳大利亚等国家的大学开展合作办学，并先后与深圳市中小企业服务中心、深圳市宝安区委等合作举办内部培训。学院举办美国专利诉讼实务论坛、互联网金融论坛、世界经济形势讲座等系列活动。同时，学院以深圳知识产权研究中心为平台，在知识产权中介服务、重大课题研究、信息服务和人才培训方面开展了一系列高质量、高水平的活动。

■ 体育部

体育部是负责学校体育教学、学生课外群体活动、高水平运动队训练和学生体质测试的教学部门，下设基础教学教研室、课外群体教研室、竞技训练教研室、办公室、体育部团工委。现任主任为杨占武。体育部共有教师36人，其中教授1人，副教授25人；国际级裁判1人，国家级裁判5人。

2014年4月9日，党委书记靳诺、校长陈雨露与师生一同参与传统文化体验和群众体育锻炼活动，深入了解“走下网络、走出宿舍、走向操场”主题群众性课外体育锻炼活动开展情况。5月6日，党委书记靳诺、校长陈雨露、常务副书记张建明等校领导看望慰问学校男子排球队，向他们取得全国大学生排球超级联赛冠军表示祝贺，并听取球队建设情况汇报。5月15—18日，首都高等学校第52届学生田径运动会在学校举行，陈雨露校长表示，中国人民大学与新中国体育事业具有深厚的历史渊源，一向重视体育在人才培养中的重要作用，对全国体育教学起到了示范性影响。8月25日，校党委副书记吴付来走访看望了在田径场、世纪馆、拳道馆进行暑期集训的学校高水平运动队的队员们，并向他们提出殷切希望。

2014年，体育部继续完善和加强学校“人文奥运研究中心”和“体育与社会健康发展研究中心”两个研究平台的建设。继续开展国际合作，加强与英国伦敦拉夫堡大学体育学院的研究和合作；在北京申办冬奥会的前提下，加强与国际奥委会研究中心的合作。继续加强与兄弟院校体育部、专业体育院校的科研合作。全年完成学术论文26篇、著作1部、科研项目5项；获得北京市大学生体育协会论文报告会一等奖1项、二等奖2项、三等奖5项，其他学术报告会一等奖3项、二等奖7项、三等奖及优秀奖17项。

教育教学和学科建设

■ 本科生教育

一、概况

2014年，学校坚持立德树人的人才培养理念，紧密围绕本科人才培养路线图，认真开展与人才培养相关的重点工作，致力于保障和持续提升人才培养质量。

2014年，学校继续以提升人才培养质量为核心，落实研究型学习制度，有序推进研究性教学实践；加强思想政治理论教育教学，探索课程教学“三位一体”新模式；进一步加强原典教学建设，培育学生厚重文化素养；全面实施双选认证制度，促进学生跨专业学习；加强教材制度建设，继续做好教材规划和选用；加强信息化教学资源建设，提高教学管理信息化水平；持续推动大学生创新实验计划及创业训练计划项目体系建设，提升学生的科研能力；落实国际研学制度，实施四阶段人才培养国际性提升计划，培养学生跨文化沟通能力；继续做好教育部本科教学工程建设，培育优秀教学成果；落实名师沙龙制度，加强教学社区和教学学术平台建设；加强教师教学能力建设，进一步促进教师教学发展；制定并完善教学管理文件，促进研究型学习管理制度体系的建立；加强本科教学质量保障体系建设，为本科人才培养质量提高提供保障；进一步改进毕业审核，顺利完成2014届本科毕业生学位授予工作；继续做好教学运行管理的各项工作，认真完成各项社会服务等方面的工作，取得一些成效和新进展。

2014年，学校有204个项目入选教育部精品视频公开课、教育部农林经济管理专业拔尖创新型人才培养模式改革试点、农村区域发展专业复合应用型人才培养模式改革试点、国家级教师教学发展中心、教育部西部受援高校教师和管理干部进修锻炼项目、国家级实验教学示范中心、教育部专业质量规范研制（4个专业类）、大学生创新创业训练计划等教育部、北京市教委开展的“本科教学工程”立项，其中入选教育部项目120个，入选北京市教委项目84个。

2014年，学校有3项教学成果荣获第七届高等教育教学成果奖；有3名教师获北京市教学名师奖，4名教师获宝钢教育基金优秀教师奖，10名教师获学校教学标兵，30名教师获教学优秀奖，10名教师获通鼎奖教金。本年度共有600余名本科生参与各级校际学科竞赛及校内选拔赛，在各类学科竞赛中获得全国一等奖3项、二等奖6项，北京市一等奖24项、二等奖32项；2支代表队入选北美数学建模竞赛全球特等奖候选队（共25队）；学校代表队获得国际程序设计竞赛ACM亚洲区金牌，同时获得世界总决赛资格。

二、本科生招生工作

2014年，学校共录取新生2 513人，其中男生975人，女生1 538人，男生比例为38.8%。在2 513名新生中，普通本科生1 541人，中法学院272人，贫困地区专项220人（较2013年多录取156人），圆梦计划80人（较2013年增加32人），国学、党史专业自主招生5人，内地普通保送生30人，艺术特长生29人，高水平运动员27人，艺术类学生124人，港澳台侨生47人（含澳门保送生7人、台湾保送生5人、香港免试生20人），国防生80人，内地西藏班、新疆高中班及民考汉36人，第二学士学位生22人。2 513名新生中，农村地区生源比例达19.62%，比2013年提高了近5个百分点。

2014年北京市高招首次实行平行志愿组的填报方式，生源质量稳中有升。北京文科录取分数线为650分（位列全市约327名），高出一本线85分，稳居全国高校文科第3名；理科录取分数线为666分（位列全市1 150名），高出一本线123分，位居全国高校第6名。文科录取平均分658分，高出一本线93分；理科录取平均分674分，高出一本线131分。

全国其他省（区、市）的文理科统招生源也均取得了优异成绩。20个省份文科录取线排名上升，8个省份持平；19个省份理科录取线排名上升，5个省份持平。重庆、天津、河南、河北、黑龙江、湖北、云南、贵州、新疆等9省份文理科录取线排名均大幅上升，传统生源强省山西、四川、陕西、广东、广西、福建、湖南、安徽、山东、吉林等10省份文理科录取线排名均略有提升，上海、江西、甘肃、宁夏等省份与去年基本持平。从录取结果看，招生计划超过50人的省份，文科生源基本位列全省150名以内，理科生源基本位列全省500名以内；招生计划少于50人的省份，文科生源基本位列全省80名以内，理科生源基本位列全省200名以内。

2014年中法学院生源情况良好，各省（区、市）的录取分数线较往年均有大幅提高。其中，中法学院首次以单独院校代码在京招生，文科录取11人，分数线632分，位居全国高校第10名；理科录取12人，分数线626分，位居全国高校第30名。

三、教材建设

2014年，学校围绕落实本科人才培养路线图，完善教材制度建设，重组“中国人民大学教材建设委员会”，并将其作为学校本科人才培养委员会下设的专业委员会，以加强专家学者在教材研究、规划、评估、评选等工作中的咨询和参与作用；梳理教材建设情况，筹划教材建设成果展；编写《中国人民大学规划教材建设方案》，进一步明确下一阶段教材建设工作重点和路径；开展马克思主义理论研究和建设工程教材的选用及培训工作，编制《马克思主义理论研究和建设工程重点教材使用情况年度报告（2013年）》等。

2014年，在教育部组织开展的第二批“十二五”普通高等教育本科国家级规划教材评选工作中，学校共有53种58本教材入选，入选总数居全国高校首位。

四、教学改革与教学管理

（一）落实研究型学习制度，有序推进研究性教学实践

研究性教学课程是以课程规划的教学内容为主线，全程采取课堂教学、课外研究、课堂研讨相结合的教学方式实施教学的课程，是落实研究型学习制度的主要平台和载体。2014年，学校组织开展部分研究性教学课程教师互相观摩听课活动，来自18个学院（系）的41名专家对25门研究性教学课程进行了交叉听课观摩；部分学院教师代表，围绕研究性教学工作以及研究性课程建设规范和标准进行了经验分享和深入探讨，为下一阶段相关工作的开展提供了指导和依据。同时，在对研究性教学课程开设情况进行了统计和分析的基础上，形成了《关于加强研究性教学课程建设的报告》和《中国人民大学研究性教学课程建设指导性标准（试行）》。

进一步加强课堂教学活动的规范和要求，从制度上为研究性教学课程建设奠定基础。2014年，制定并实施《关于加强本科课程教学大纲制定和使用工作的规定》，要求每门课程都应按规定编制教学大纲并在选课系统中发布；制定并实施《关于加强本科课程作业管理的暂行办法》，完善课堂教学环节，规范课程作业安排，加强课后学习要求。扩大本科学科基础、专业必修等本科主干课程助教配备范围，增加助教配备数量。2013—2014学年春季学期配备助教704名，2014—2015学年秋季学期配备助教798名，与2011—2012学年之前每学年配备700名左右相比，每学年增加了一倍以上。同时，加强授课教师对助教考核工作的管理。

（二）加强思想政治理论教育教学，探索课程教学“三位一体”新模式

为进一步加强和改进思想政治理论课教育教学，学校在2013级和2014级本科生培养方案中对思想政治理论课的学分和学期安排做了相应调整。学校马克思主义理论学科建设领导小组召开专题会议和相关座谈会，研究讨论建立系统讲授、专题教学、教学实践“三位一体”的思想政治理论课教学新模式，形成《大学生思想政治理论课教学改革方案》，进一步明确思想政治理论课程教学目标、改革思路和主要措施等。

根据思想政治理论课程“三位一体”的教学要求，马克思主义学院从2014—2015学年秋季学期着手推行思想政治理论课专题教学试点，聘请农业与农村发展学院孔祥智教授、社会与人口学院郭星华教授、公共管理学院杨宏山教授在“毛泽东思想和中国特色社会主义理论体系概论”的课堂上举办“‘三农’问题”“社会发展问题”和“社会治理问题”等专题讲座，增进学生对社会的了解，拓宽学生的知识面，提高学生学习积极性。

此外，学校还组织新上岗思想政治理论课教师参加培训班；组织马克思主义学院教师申报全国高校思想政治理论课社会主义核心价值观教学展示活动等；组织马克思主义理论研究和建设工程重点教材相应课程“精彩一课”的申报和视频制作。

（三）进一步加强原典教学建设，培育学生厚重文化素养

积极探索文科高等教育原典教学的有效途径，在持续不断加大通识教育、原典原著全校选修课程建设工作力度的同时，重点支持文学院古典学实验班教学工作，构建以古典语文课程和核心经典课程为主的课程体系，培养学生自主研习中西古代经典的能力。在2013级和2014级本科生培养方案中，

纳入读史读经典等课外环节，着力强调通识教育、原典教育课内与课外紧密结合。截至2014年底，全校开设原著原典类课程共116门，其中59门为全校共同课中的原著原典选读类课程，57门为各学科开设的原著原典类专业课程；策划举办“原典重温”系列公开讲座8讲。

（四）全面实施双选认证制度，促进学生跨专业复合学习

自2013级本科生开始，学校取消副修审批制度。各专业本科课程按照一定规则和程序，全部向其他专业学生开放学习，学生可以根据自己的兴趣自主选择课程，符合相关专业副修要求，即可申请认证第二专业或第二学位。各专业培养方案也在专业选修课模块中设置8～10个学分，作为副修专业的课程学分进行规划。同时，加强学习指导，引导学生科学理性地规划课程学习。开展2013级学生新生副修意愿调查，并据此规划和调整课程供给方案，扩大课程资源供给，开发国际小学期课程，方便学生跨学科专业学习。2014—2015学年秋季学期，全校共有3 900人次课量（包括学科基础课、专业必修课和专业选修课）向非本专业学生开放。增开7个专供跨专业选修学生修读的经济类专业学科基础课课堂，遴选原有全校选修课近130门，满足无副修意愿学生的跨专业学习需求。增加跨专业学习平台，创办“高礼英才直通车计划”互联网金融双学位实验班，第一期实验班于2014—2015学年春季学期正式开班。

（五）落实国际研学制度，加强相关课程建设，提高学生公共外语和专业外语水平

继续推动和完善公共大学英语课程改革。自2013级本科生起，全面实施《中国人民大学英语口语能力标准》和新的公共英语课程体系。完成口语测试标准制定和教师口语测试标准化培训；开展公共英语教师教学培训，提升教师教学能力；加强英语学习信息化资源平台建设，为大学英语课程体系改革提供有力支持等。截至2014—2015学年秋季学期末，2013级本科生中完成口语能力测试的学生占学生总人数的85%。

加强全英文课程建设，保障专业外语教学。2013—2014学年，全校共开设全英文教学课程69门（不含国际小学期课程），主要由哲学院、历史学院、经济学院、统计学院、农业与农村发展学院、法学院、社会与人口学院、国际关系学院、新闻学院、信息学院、理学院（心理学系）、商学院、劳动人事学院、信息资源管理学院等14个院（系）开设。同时，学校对2013—2014学年全英文教学课程开设情况以及海归教师开设本科全英文教学课程进行统计分析，形成分析报告，提出课程建设方案，明确下一阶段课程建设工作目标、思路和措施。

成功举办2014年国际小学期，来自48个国家和地区的399名海外高校学生、30名中国高校学生和3 000多名本校学生参加学习。共开设125门校级核心课程，其中，“中国研究”系列课程25门，“学科通识和学科前沿”系列课程92门，“中国文化普及”系列课程2门，“语言培训”系列课程6门，包括对外汉语培训和本校学生英语强化2个类别；140名教师（本校35名，外校105名）参与授课。

继续促进学生国际交换学习，共组织92个校级国际交换学习项目，其中新增13个，项目所在学校覆盖23个国家和地区；905人次本科学生参与选拔，299名学生参加交换学习。

（六）落实名师沙龙制度，加快教学社区和教学学术平台建设

持续建设“新生研讨课”，编订并出版《2014级本科新生研讨课学生手册》和《2014级本科新生研讨课教师手册》；编印《2013—2014学年秋季学期本科新生研讨课导师总结》（上、下）、《2013—2014学年秋季学期本科新生研讨课学院总结》和《2013—2014学年秋季学期本科新生研讨课调查分析报告》，总结2013年成功开设本科新生研讨课的经验；组织遴选2014—2015学年秋季学期本科新生导师兼新生研讨课主讲教师173名（含苏州校区中法学院15名）。

2014年，共组织“名师沙龙”课程24门，学生报名踊跃，现场研讨热烈，反响良好。5月22日组织召开“名师沙龙”学生研讨会，28名学生参加；6月30日举办“名师沙龙建设研讨会”，修订实施《中国人民大学“名师沙龙”课程实施细则（试行）》。

（七）持续推动大学生创新实验计划及创业训练计划项目体系建设

2014 年，继续开展“大学生创新实验计划”和“大学生创业训练计划”的项目实施工作，完成“大学生创新实验计划”2012 项目、“大学生创业训练计划”2013 项目结项评审及表彰工作，完成两类项目 2014 年的立项评审工作。2014 年，在教育部、北京市教委的项目资金支持下，学校总计投入 360 万元资助“大学生创新创业训练计划”，支持 218 个创新训练项目、20 个“创业训练项目”和 2 个“创业实践项目”，参加创新创业各类项目学生 1 119 人，年生均受益率为 38.5%，创历年新高。同时，通过组织学生创新论坛、优秀项目展览、系列方法论讲座、优秀项目表彰座谈会等活动，进一步加强项目辅导，提升学生的科研能力，推动创新创业教育工作的开展。2014 年，学校获评教育部 2012—2014 年度国家级大学生创新创业训练计划实施工作先进单位称号。

截至 2014 年底，学校已建成校外专业实习基地 169 个（包括国家级大学生校外实践教育基地 2 个、北京市级校外人才培养基地 2 个），校外就业实习基地 302 个。2014 年，学校“千人百村”实践创新基地入选北京高等学校示范性校内创新实践基地建设单位。

（八）加强教师教学能力建设，促进教师教学发展

建立教学准入制度。2014 年，制定《中国人民大学青年教师教学能力提升实施细则》，下发《关于加强和改进并组织实施第四期新教师助教制度的工作通知》，大力建设并推进实施基本教学准入制度以及全外文授课教学准入制度。

加快专业教学法的国际培训，完成《专业教学法国际培训方案》，组织法学院、商学院推进 2015 年专业教学法国际培训。

推进教师教学发展培训。开展新教师岗前教学提升培训。面向全校 23 个学院（系）的 62 位新入职教师，组织 11 讲、为期 3 个月的新教师岗前教学提升培训和 2 次培训座谈会。开设暑期教学发展工作坊。2014 年 7 月 24—25 日，邀请台湾新竹交通大学李威仪教授，主持主题为“MOOCs 的前世今生”的“2014 人大暑期教学发展工作坊”，来自全国 10 余所高校的 80 余名教师参加。打造教师教学发展沙龙，邀请国内外一流专家，共组织 11 期教师教学发展沙龙，校内外活动累计参与人数达 300 余人。继续加强教师教学发展中心国家示范中心建设，加强交流，接待 18 所国际、国内高校来访，积极发挥国家级教师教学发展示范中心的辐射、引领作用。

（九）加强信息化教学资源建设，提高教学管理信息化水平

2014 年，学校有文学院冷成金教授主讲的“唐诗宋词的审美类型”、法学院高仰光副教授主讲的“穿越今古的法律智慧”、国际关系学院崔守军副教授主讲的“国际能源政治与外交”、哲学院肖群忠教授主讲的“儒家道德八讲”等 4 门视频公开课程入选教育部精品视频公开课，其中 3 门课程已上线，1 门课程正在审核上线中。哲学院张志伟教授的“西方哲学智慧”，信息学院王珊教授的“数据库系统概论”，法学院莫于川教授的“行政法与行政诉讼法”，韩大元教授的“中国宪法学”，商学院徐二明教授的“企业战略管理”等 5 门国家级精品资源共享课先后上线。截至 2014 年底，学校共有 12 门视频公开课程、5 门精品资源共享课程上线。

学校继续着力推进教学信息化硬件建设。2014 年 6 月制定并实施《中国人民大学远程高清视频录播教室建设方案》。积极开发教学信息化课程资源，建设了 10 门数字化在线课程、9 讲新入职教师岗前教学提升培训视频课程，以及 10 余名 MOOCs 主讲教师的课程试拍和样片制作。加快推动 MOOCs 平台建设。经多次研讨磋商，与台湾交通大学达成在线教育战略合作意向，拟定《中国人民大学—台湾交通大学全球通识教育华语在线课程联盟建设战略合作方案》和《中国人民大学—台湾交通大学在线教育战略合作框架协议》，组织召开各级各类 MOOCs 建设研讨会 30 余次。稳步探索虚拟仿真文科综合实验教学。2014 年 6 月完成《大数据时代虚拟仿真文科综合实验教学建设方案》。完成教师教学发展中心微信公众号设立和中心网站升级，打造教师教学发展社区平台。

同时，学校继续提升教学服务与教学管理工作的信息化水平，规范工作流程，提升相关环节的信

息化水平，开发使用教学大纲上传发布系统、考试管理系统、“微人大”借教室系统、“微人大”新开选修课申请服务，建立教务处微信公众号，推进教务处主页改版升级，实施英文成绩单自助打印和认证等，加强与师生的信息沟通，提高工作效率。

（十）制定并完善教学管理文件，促进研究型学习管理制度体系的建立

本科人才培养路线图颁布实施以来，学校将加强研究型学习配套制度建设作为一项重要工作内容。2014 年，制定或修订完成《中国人民大学本科新生研讨课课程规范》《中国人民大学本科学生副修制度实施办法（修订）》等 11 项管理文件；启动《中国人民大学课堂教学规范》《中国人民大学本科学生境外学习项目选拔办法》《中国人民大学本科学生课程考核与成绩管理实施办法（修订）》《中国人民大学本科学生转专业实施办法（修订）》《中国人民大学本科学生毕业论文（设计）管理办法（修订）》等 5 项管理文件的制定或修订工作。

（十一）改进毕业审核，顺利完成 2014 届本科毕业生学位授予工作

继续做好本科毕业审核和学位授予工作，加强毕业生的成绩审定，确保毕业生的质量及要求。2014 年 6 月，学校共有 2 994 人获主修学士学位。其中，哲学学士学位 68 人，文学学士学位 598 人，历史学学士学位 48 人，经济学学士学位 830 人，法学学士学位 482 人，管理学学士学位 691 人，理学学士学位 202 人，工学学士学位 75 人。此外，共有 179 人获副修第二学士学位。

（十二）做好教学运行管理的各项工作，确保各项工作平稳进行

2014 年，在做好各项重点工作的同时，继续做好各项日常教学运行及管理工作，包括课程安排、选课、听课、转专业、教学督导、各类考试安排、助教审批、新开课审批、兼职教授审批和慰问等；在 2013 级本科生培养方案基础上，认真组织各学院做好 2014 级本科生培养方案编制工作；继续做好 2013—2014 全校选修课程资源编印工作；继续做好各类教师进修访学项目、市属教师基地建设和自学考试管理等各项社会服务工作。

五、教学质量监控

（一）完善教学质量保障体系建设，加强教学质量日常监控

2014 年，学校高度重视人才培养，牢固树立教学中心地位，继续加强本科教学质量保障体系建设。学校多次召开党委常委会和校长办公会，专门研究本科教学工作情况。2014 年 7 月，学校召开以深化教育综合改革，推进一流大学建设为主题的学院工作会议，研讨人才培养改革。同时，继续坚持期初、期末校院两级领导的教学检查和日常教学巡视工作。每学期开学第一天及期末考试期间，校领导都深入教学一线，查看课堂教学及考试情况。2013—2014 学年，校领导班子成员除为本科生授课外，共计听课 43 次，所听课程主要涉及马克思主义思想政治课、法学、经济学、哲学、金融学、数学等。坚持期初、期末本科教学工作例会制度。坚持教学督导制度，2013—2014 学年学校督导员深入课堂听课共 1 114 学时，撰写督导总结报告汇编 2 册。

学校每学期组织开展教师课堂教学质量网络评估，重视对学生意见的反馈和跟进，关注评估分较低的教师的教学发展。2013—2014 学年秋季学期共有 1 338 名教师参加评估，学生提交的问卷共 100 928 份，参评率 86.29%，全校课堂总平均分为 95.65，92.82%的课堂评估分在 90 分以上；2013—2014 学年春季学期共有 1 298 名教师参加评估，学生提交的问卷共 89 018 份，参评率 84.47%，全校课堂总平均分 95.99，94.54%的课堂评估分在 90 分以上。学生对教师课堂教学满意度与上一学年相比有所提高。

2014 年国际小学期继续坚持两级课堂督巡制度，做到国际小学期教学问题“早发现、早报告、早处理”，保证课堂教学的顺利进行。课程满意度调查中，大部分学生对国际小学期课程设置、教学内容、教学方式、教学效果和教学管理服务等方面均表示满意。

学校重点加强本科教学自查自检，组织抽查本科期末考试试卷，共检查772个课堂（次）的8 091份试卷。抽查结果及时向各学院及教师进行了通报。

2014年，学校继续落实本科教学质量报告制度，发布各学院2013年本科教学质量报告和学校2013年本科教学质量报告。各院（系）围绕人才培养目标、教学基本条件、教学建设与改革、教学质量保障和学生学习效果等方面，对2013—2014学年本学院的本科教学工作开展自评工作，总结经验，查找问题，编写学院本科教学质量报告。学校总结全校本科教学基本情况，编写《中国人民大学2013本科教学质量报告》，并向社会发布，接受社会监督。

学校重视教学基本状态数据库的建设。2014年，在比对教育部审核评估工作要求的基础上，开展本科教学质量保障信息化管理系统建设，研制学校本科教学质量基本数据库的基本架构，启动本科教学数据库监测系统的开发。该数据库将包括学校定位、师资队伍、教学资源、培养过程、学生发展、质量保障等方面的各项数据，各部门、院系及时录入、更新教学相关数据，推动本科教学质量信息化的动态管理。

（二）激励教师教书育人，营造重视本科教学氛围

进一步营造尊师重教、重视教学的氛围，加大对在本科人才培养中做出突出贡献教师的奖励力度，激励广大教师教学投入。学校修订《中国人民大学优秀教学奖评选办法》《中国人民大学宝钢教育奖优秀教师奖评选办法》，制定《中国人民大学“通鼎奖教金”评选暂行办法》，并组织开展相关评选活动。同时，为充分展示优秀教师的教学风范，扩大教学奖项的影响，优化调整教学优秀奖和教学标兵的评选程序，在学院推荐、学校组织专家听课环节后，面向全校组织开展教学标兵评选公开课观摩课活动。

六、体育教学

2014年，体育教学继续贯彻落实本科人才培养路线图方案，以“一拳一泳”为核心的体育教学课程体系逐步完善。2014—2015学年秋季学期，学校开设55个游泳课堂，13位教师参与教学，1 320余名学生选修游泳课程。同时，改革体育教学课程结构，将体质测试分数纳入整体教学的考核方案；调整并完善体育课17个运动项目的教学大纲，根据体质测试数据和人大学生体育参与的特点，改革并完善课程密度、强度、教学内容，使课程体系更加适应人大本科生的特点。组织考察北京和其他省市高等学校的体育课程，研讨当代高等体育教学理念，尝试将体育课与学生的社会生活和社会交往相联系的教学模式，教会学生了解身体、发展身体、保养身体、利用身体的知识和能力。

加强体育教学管理和教学规范建设，完善体育部教学优秀奖评选办法，出台《体育部教学指导委员会指导意见》《体育教学优秀奖评选办法》《体育教学期末教学质量评估办法》等文件。

完成全体本科生体质监测任务，参与体测学生10 506人，按期如实向教育部上报数据。

组织开展学生生活方式与体育参与状况调查，探讨影响本科生体质健康水平的机制；收集本学期学生文化课学习成绩的数据，探讨本科生的体育参与、体质状况与文化学习之间的互动关系。

2014年，学校按照本科人才培养路线图的要求，继续完善以春季运动会和体育文化节为核心，以足球、篮球、排球等球类联赛为支撑的校园群体活动体系；做好校内群体竞赛的组织工作和校外体育竞赛的培训选拔工作，承接首都高等学校第52届学生田径运动会等群体活动竞赛；做好普通学生代表队（啦啦队、健美操队、羽毛球队、高尔夫球队等）的组织，管理和竞赛工作；开展校内教职工的健身竞赛活动。

2014年，学校高水平运动队和普通学生代表队在各项赛事中屡创佳绩。4月26日，校男子排球队以7战6胜1负的战绩积17分夺取2014年度全国大学生排球联赛总冠军；田径队继2013年取得全国大学生田径锦标赛男子百米冠军后，在5月举行的北京高校田径运动会上夺得男子200米冠军和

男子3 000米障碍冠军；5月11日，在首都高校武术比赛中，学校代表队夺得7金4银；6月7日，校游泳队在2014年首都高校游泳冠军赛中，收获4枚金牌、6枚银牌、5枚铜牌，同时获得体育道德风尚奖和优秀教练员奖；8月10日，校网球队继2013年全国大学生网球锦标赛取得5项冠军后，成绩再创新高，夺得6项冠军，其中4项是高水平组冠军；8月26日，学校在第十四届全国大学生田径锦标赛中荣获1 500米长跑冠军；11月22—23日，在首都高校乒乓球锦标赛中，校乒乓球队取得女子单打第二名、女子双打第二名、混合双打第二名、男子双打第三名等多项好成绩；11月29日，在首都高校第十五届传统养生体育比赛中，校传统养生队以300分的绝对优势获得本届比赛团体总分第一名。

七、艺术教育

2014年，学校开设常态化公共艺术教育课程27门，包括“电影视听语言”“俄罗斯艺术专题研究”“国剧艺术大观”“舞蹈艺术修养”“音乐基础理论与视唱练耳（简谱）”等。2013—2014学年春季学期至2014—2015学年秋季学期，共有2 684人次选修公共艺术教育课程。

附录

中国人民大学本科专业目录

序号	学科门类	专业代码	专业名称	所属学院
1	哲学	010101	哲学	哲学院
2	哲学	010103K	宗教学	哲学院
3	哲学	010104T	伦理学	哲学院
4	艺术学	130201	音乐表演	艺术学院
5	艺术学	130310	动画	艺术学院
6	艺术学	130401	美术学	艺术学院
7	艺术学	130402	绘画	艺术学院
8	艺术学	130502	视觉传达设计	艺术学院
9	艺术学	130503	环境设计	艺术学院
10	管理学/工学	120102	信息管理与信息系统	信息资源管理学院/信息学院
11	管理学	120502	档案学	信息资源管理学院
12	管理学	120503	信息资源管理	信息资源管理学院
13	工学	080901	计算机科学与技术	信息学院
14	工学	080904K	信息安全	信息学院
15	理学	070101	数学与应用数学	信息学院
16	工学	80902	软件工程	信息学院
17	文学	050301	新闻学	新闻学院
18	文学	050302	广播电视学	新闻学院
19	文学	050303	广告学	新闻学院
20	文学	050305	编辑出版学	新闻学院

序号	学科门类	专业代码	专业名称	所属学院
21	文学	50304	传播学	新闻学院
22	文学	050101	汉语言文学	文学院
23	文学	050102	汉语言	文学院
24	文学	050201	英语	外国语学院
25	文学	050202	俄语	外国语学院
26	文学	050203	德语	外国语学院
27	文学	050204	法语	外国语学院 中法学院
28	文学	050207	日语	外国语学院
29	经济学	020102	经济统计学	统计学院
30	理学	071201	统计学	统计学院
31	理学	071202	应用统计学	统计学院
32	法学	030301	社会学	社会与人口学院
33	法学	030302	社会工作	社会与人口学院
34	管理学	120101	管理科学	商学院
35	管理学	120103	工程管理	商学院
36	管理学	120201K	工商管理	商学院
37	管理学	120202	市场营销	商学院
38	管理学	120203K	会计学	商学院
39	管理学	120204	财务管理	商学院
40	经济学	020402	贸易经济	商学院
41	管理学	120301	农林经济管理	农业与农村发展学院
42	管理学	120302	农村区域发展	农业与农村发展学院
43	法学	030502	中国共产党历史	马克思主义学院
44	法学	030503	思想政治教育	马克思主义学院
45	历史学	060101	历史学	历史学院
46	历史学	60103	考古学	历史学院
47	理学	070201	物理学	理学院
48	理学	070301	化学	理学院
49	理学	071102	应用心理学	理学院
50	理学	080402	材料物理	理学院
51	管理学	120206	人力资源管理	劳动人事学院
52	管理学	120403	劳动与社会保障	劳动人事学院
53	管理学	120211T	劳动关系	劳动人事学院
54	经济学	020101	经济学	经济学院
55	经济学	020103T	国民经济管理	经济学院 中法学院
56	经济学	020106T	能源经济	经济学院
57	经济学	020401	国际经济与贸易	经济学院
58	管理学	120401	公共事业管理	环境学院 社会与人口学院
59	理学	082503	环境科学	环境学院
60	工学	082502	环境工程	环境学院
61	经济学	020104T	资源与环境经济学	环境学院
62	法学	030201	政治学与行政学	国际关系学院

序号	学科门类	专业代码	专业名称	所属学院
63	法学	030202	国际政治	国际关系学院
64	法学	030203	外交学	国际关系学院
65	法学	030501	科学社会主义	国际关系学院
66	管理学	120402	行政管理	公共管理学院
67	管理学	120404	土地资源管理	公共管理学院
68	管理学	120405	城市管理	公共管理学院
69	法学	030101K	法学	法学院
70	经济学	020201K	财政学	财政金融学院
71	经济学	020202	税收学	财政金融学院
72	经济学	020301K	金融学	财政金融学院中法学院
73	经济学	020302	金融工程	财政金融学院
74	经济学	020303	保险学	财政金融学院
75	经济学	020306T	信用管理	财政金融学院
		学校自设专业	国学	国学院

说明：专业代码后带“T”表示特设专业，专业代码后带“K”表示国家控制布点专业。

中国人民大学2014年本科专业招生计划

学院名称	专业名称	分流专业（方向）	2014年计划数
法学院	法学		120
新闻学院	新闻传播学类	新闻学、广播电视学、广告学、传播学	120
	新闻学（国防生）		30
外国语学院	德语		18
	俄语		14
	法语		18
	日语		18
	英语		40
哲学院	哲学类	哲学、宗教学、伦理学	30
文学院	中国语言文学类	汉语言文学、汉语言	40
历史学院	历史学类	历史学（含世界史方向）、考古学	35
国学院	人文科学试验班（国学）		24
国际关系学院	国际政治	国际政治（含国际政治经济学方向）、外交学、政治学与行政学（含政党政治方向）	100
信息资源管理学院	档案学		15
	信息管理与信息系统（政务信息管理）		15
	信息管理与信息系统（政务信息管理）（国防生）		30
	信息资源管理		15
信息学院	理科试验班（信息与数学）	计算机科学与技术、数学与应用数学、信息管理与信息系统、信息安全、软件工程	133

学院名称	专业名称	分流专业（方向）	2014年计划数
商学院	工商管理类	工商管理、市场营销、财务管理、会计学	170
	市场营销		30
	管理科学		26
	贸易经济	贸易经济（含国际商务方向）	60
公共管理学院	公共管理类	行政管理、土地资源管理、城市管理	80
劳动人事学院	劳动与社会保障		24
	劳动关系		20
	人力资源管理		74
环境学院	公共事业管理（环境与资源管理）		17
	环境科学		15
	环境工程		15
	资源与环境经济学		22
财政金融学院	财政学		26
	金融学		163
	金融工程		24
	信用管理		22
	保险学		24
	税收学		22
社会与人口学院	社会学类	社会学、社会工作、公共事业管理（公共政策与人口管理）	67
经济学院	国际经济与贸易		76
	国民经济管理		36
	经济学		80
	能源经济		24
统计学院	统计学类	统计学、应用统计学、经济统计学	80
理学院	化学		22
	物理学（含材料物理）	物理学、材料物理	32
	应用心理学		13
	应用心理学（国防生）		20
农业与农村发展学院	农业经济管理类	农林经济管理、农村区域发展	34
马克思主义学院	中国共产党历史		18
艺术学院	美术学类（含设计）	绘画（油画）、绘画（中国画）、视觉传达设计、环境设计（景观建筑）、动画、美术学（艺术管理与策划方向）	101
	音乐表演		34
中法学院	法语（国际财经传媒）		30
	国民经济管理		50
	金融学		204
二学位	知识产权		15
	金融学		15
合计			2 600

中国人民大学2014年各省（区、市）录取分数、招生计划和录取人数

省份	录取总数		国防生				提前批小语种				贫困专项				中法学院				一批							
			文科		理科		文科		理科		文科		理科		文科		理科		计划数		文科录取分数			理科录取分数		
	文	理	调档线	录取线	调档线	录取线	调档线	录取线	调档线	录取线	调档线	录取线	调档线	录取线	调档线	录取线	调档线	录取线	文	理	最高	最低	平均	最高	最低	平均
北京	109	112			608	587	652	649	674	662					632	615	626	622	68	67	668	640	654	687	656	670
天津	28	20	579	579			628	608											20	18	653	615	632	673	645	660
河北	71	46			645	627					613	604	655	652	620	620	656	656	25	25	658	638	648	700	674	688
山西	47	38	535	535	577	577					555	555	612	612	561	561	608	608	19	19	605	596	599	667	651	658
内蒙古	24	22	599	599	608	608					527	589	622	623					15	14	634	617	625	674	620	657
辽宁	47	42					633	633	652	652					607	605	631	631	20	20	646	630	640	680	661	668
吉林	46	36					634	631							613	610	644	644	23	23	656	634	645	691	671	681
黑龙江	40	38							661	661	612	612	638	638	622	622	642	642	16	16	658	649	653	684	672	677
上海	14	15													485	485	476	476	9	7	516	498	506	511	497	505
江苏	48	50	333	333	360	360									360	360	373	373	24	24	391	383	386	404	386	396
浙江	65	53					705	705	705	712					673	673	672	672	32	31	712	695	706	730	699	718
安徽	48	45	550	550	553	553					612	612	609	609	595	595	579	579	27	26	638	623	629	637	620	627
福建	59	49					644	644	640	640					621	621	613	613	37	36	659	647	651	669	649	659
江西	38	33	553	553	547	548	597	599			597	597	632	632					26	25	618	603	610	663	631	650
山东	69	48	606	596			660	646	675	678					636	636	657	657	31	31	675	656	668	700	667	688
河南	62	54			554	554					597	599	654	654	576	573	625	625	32	32	621	606	617	680	652	665
湖北	71	55	571	555	538	538					611	601	628	623	566	557	580	580	36	35	629	604	616	672	654	660

省份	录取总数		国防生				提前批小语种				贫困专项				中法学院				一批							
	文	理	文科		理科		文科		理科		文科		理科		文科		理科		计划数		文科录取分数			理科录取分数		
			调档线	录取线	调档线	录取线	调档线	录取线	调档线	录取线	调档线	录取线	调档线	录取线	调档线	录取线	调档线	录取线	文	理	最高	最低	平均	最高	最低	平均
湖南	57	58	633	633	631	621	654	654	647	642	649	629	654	634	613	613	596	596	31	31	665	635	654	676	638	660
广东	60	50	615	615	601	601									610	610	624	562	38	37	658	646	651	673	659	663
广西	25	24									582	563	583	559					18	18	652	628	643	673	631	656
海南	8	5																	7	5	875	838	850	831	825	829
重庆	46	47	621	626	572	570					637	632	631	624					30	30	661	635	649	666	628	644
四川	62	51	593	594	551	551	611	612	635	635	597	592	591	576	594	594	621	621	31	30	625	608	618	660	641	650
贵州	24	23									665	645	644	636					16	16	673	644	660	665	636	653
云南	31	30	629	631	598	600					655	637	671	651					19	18	676	649	665	687	653	673
西藏（汉）	12	8																	2	2	639	639	639	625	625	625
西藏（民）			358	358									442	432							516	516	516	460	460	460
陕西	36	32	612	626	622	585					632	631	651	636					21	20	663	656	659	693	674	680
甘肃	22	22	596	601	561	561					613	600	625	627					11	11	630	611	623	658	642	650
青海	4	3																	3	2	616	588	606	626	618	623
宁夏	9	7	525	525							613	613	621	578					4	4	625	606	619	648	626	637
新疆（汉语言）	37	31	564	568	522	548					540	540	540	526					12	12	648	627	633	657	640	651
新疆（民考汉）																			6	4	610	574	584	603	591	595
港澳台侨联招	5	10																	—	—	640	615	627	656	624	634

说明：调档线含考生政策性加分，录取线为实考分。其中，上海高考满分600，江苏480，浙江810，海南900，云南750＋22。

2014年中国人民大学教育教学成果和获奖情况

第七届国家级高等教育教学成果奖获奖成果名单（3项）

序号	获奖等级	成果名称	成果完成人	成果主要完成单位
1	一等奖	因材施教，机制创新，卓越本科法律人才培养的探索与实践	韩大元　王　轶　肖建国 杜焕芳　宋　彪	法学院
2	二等奖	经济学科拔尖创新人才培养模式：跨学科实验班十年实践与推广	杨瑞龙　郭庆旺　龙永红 岳树民　陈彦斌　何　平 程　华　张成思　贾俊雪	经济学院
3	二等奖	以立体化教材建设支撑会计学专业教学改革（教材）	荆　新　支晓强　宋建波 周　华　叶康涛	商学院

第二批“十二五”普通高等教育本科国家级规划教材书目（58本）

序号	书　名	主要作者	第一作者单位
1	管理经济学（第五版）	吴德庆　马月才　王保林	商学院
2	国民经济管理学（第二版）	胡乃武	经济学院
3	经济学专业英语教程（第三版·上）	宋利芳　张勇先　高宏存	经济学院
4	经济学专业英语教程（第三版·下）	宋利芳　张勇先　高宏存	经济学院
5	国际税收（第五版）	朱　青	财政金融学院
6	中国税制	岳树民	财政金融学院
7	公共经济学（第二版）	郭庆旺　赵志耘	财政金融学院
8	电子支付与网络银行（第二版）	周　虹	财政金融学院
9	国际经济学教程（第二版）	黄卫平　彭　刚	经济学院
10	保险法（第四版）	贾林青	法学院
11	保险法案例分析	贾林青	法学院
12	公司法原理与案例教程	叶　林	法学院
13	国家赔偿法（第二版）	胡锦光　余凌云	法学院
14	婚姻家庭法（第五版）	杨大文	法学院
15	侵权责任法（第二版）	张新宝	法学院
16	世界贸易组织法（第二版）	韩立余	法学院
17	税法（第四版）	徐孟洲　徐阳光	法学院
18	税法案例分析	徐孟洲	法学院
19	税法练习题集	徐孟洲	法学院
20	外国法制史（第三版）	林榕年　叶秋华	法学院
21	物证技术学（第四版）	徐立根	法学院
22	刑法案例分析（总则）（第二版）	黄京平	法学院
23	中国法律思想史	马小红　姜晓敏	法学院
24	侵权责任法	杨立新	法学院
25	国家公务员制度（第二版）	舒　放　王克良	公共管理学院
26	老年学概论（第二版）	邬沧萍　姜向群	社会与人口学院
27	社会工作概论（第二版）	李迎生	社会与人口学院

序号	书　名	主要作者	第一作者单位
28	大学语文（第二版）	朱万曙	文学院
29	汉语史纲要	殷国光　龙国富　赵　彤	文学院
30	西方文艺理论史精读文献（第三版）	章安祺	文学院
31	广告道德与法律规范教程（第二版）	陈　绚	新闻学院
32	马克思主义新闻观教程	陈力丹	新闻学院
33	科学技术史	王鸿生	哲学院
34	经济应用数学基础（一）微积分（第三版）	赵树嫄	信息学院
35	抽样技术（第三版）	金勇进　杜子芳　蒋　妍	统计学院
36	统计分析与 SPSS 的应用（第三版）	薛　薇	统计学院
37	统计学（第四版）	贾俊平	统计学院
38	《统计学》（第四版）学习指导书	贾俊平	统计学院
39	统计学——思想、方法与应用	袁　卫　刘　超	统计学院
40	多元统计分析（第三版）	何晓群	统计学院
41	分布式系统与云计算概论	陆嘉恒	信息学院
42	数据仓库与数据分析教程	王　珊　李翠平　李盛恩	信息学院
43	国际财务管理学（第三版）	王建英　支晓强　袁　淳	商学院
44	国际市场营销（第三版）	王晓东	商学院
45	会计信息系统（第六版）	张瑞君　蒋砚章	商学院
46	会计学（第三版）	林　钢	商学院
47	会计学（非专业用）（第五版）	徐经长　孙蔓莉　周　华	商学院
48	绩效管理：技术与应用	林新奇	劳动人事学院
49	劳动关系（第三版）	程延园	劳动人事学院
50	审计学（第五版）	宋　常	商学院
51	市场营销学（第四版）	吕一林　陶晓波　杨立宇	商学院
52	消费经济学（第二版）	伊志宏	商学院
53	消费者心理与行为（第四版）	江　林	商学院
54	销售管理（第三版）	李先国	商学院
55	薪酬管理（第二版）	曾湘泉	劳动人事学院
56	工商行政管理概论（第四版）	许光建	公共管理学院
57	外国档案事业史（第二版）	黄霄羽	信息资源管理学院
58	文书学（第二版）	王　健	信息资源管理学院

第十届（2014 年）北京市高等学校教学名师奖

姓名	所在学院
龙永红	信息学院
黄京平	法学院
瞿　强	财政金融学院

2014 年宝钢教育基金优秀教师奖

姓名	所在学院
陈力丹	新闻学院
朱信凯	农业与农村发展学院
冯仕政	社会与人口学院
刘后滨	历史学院

2014 年中国人民大学教学标兵

姓名	所在学院	姓名	所在学院
李海洋	哲学院	吴　冰	艺术学院
吕亚荣	农业与农村发展学院	姚建明	商学院
石　磊	环境学院	张　芃	理学院物理系
宋新宁	国际关系学院	周业安	经济学院
陶文昭	马克思主义学院	竺　效	法学院

2014 年中国人民大学教学优秀奖

姓名	所在学院	姓名	所在学院
陈晓伟	艺术学院	钱昕怡	外国语学院
高圣平	法学院	钱　毅	信息资源管理学院
韩　松	经济学院	汪云生	马克思主义学院
何　欣	社会与人口学院	王宏伟	公共管理学院
黄　隽	经济学院	王树良	新闻学院
蒋亚娟	外国语学院	王秀芝	财政金融学院
金朝霞	理学院化学系	谢富胜	经济学院
瞿　强	财政金融学院	杨　俊	劳动人事学院
李欢欢	理学院心理系	张会平	信息学院
李萌昀	国学院	张　敏	商学院
刘计划	法学院	张　璞	理学院化学系
娄　林	文学院	张　霄	哲学院
吕晓玲	统计学院	张　晏	外国语学院
马少华	新闻学院	张正峰	公共管理学院
墨　楠	体育部	周　华	商学院

2014 年中国人民大学通鼎奖教金

姓名	所在学院	姓名	所在学院
陈　方	外国语学院	石　伟	劳动人事学院
陈彦斌	经济学院	时殷弘	国际关系学院
贾俊平	统计学院	魏　坚	历史学院
刘海龙	新闻学院	尤晓东	信息学院
欧阳谦	哲学院	张　杰	财政金融学院

2014年中国人民大学入选国家级精品视频公开课课程

课程名称	课程负责人	所在学院
唐诗宋词的审美类型	冷成金	文学院
穿越今古的法律智慧	高仰光	法学院
国际能源政治与外交	崔守军	国际关系学院
儒家道德八讲	肖群忠	哲学院

中国人民大学大学生创新实验计划2014年项目

序号	项目所在单位	项目名称	项目负责人	项目其他成员姓名	指导教师姓名	立项级别
1	财政金融学院	中国反向抵押年金保险的前景研究——基于北京、武汉试点的调查	郭灿垚	王日钦 涂津葳 刘 硕 钮 鑫	张俊岩	国家级
2	财政金融学院	我国众筹融资模式：现状·问题·改进——基于对众筹融资的实地调研	龙 昂	郑 玮 袁春林 冯 升 刘紫薇	李凤云	国家级
3	财政金融学院	“一村一品”政策的农户收益和供销产业链状况——基于车门湾、南源口和麻柳溪三村的案例研究	余思桐	李 佳 颜 玮 孟祥俭 张 明	刚建华	国家级
4	财政金融学院	我国残疾人就业状况调查	孙 挺	姜家荣 杨舒月 雷志安 刘新宇	岳树民	国家级
5	财政金融学院	土地承包经营权抵押贷款中的金融风险分析——基于苏北三地的实地调研	邹 宇	武俊舟 张馨元 魏 勐	薛涧坡	国家级
6	财政金融学院	粮食直接补贴政策对农户行为的激励导向——基于山西省与黑龙江省的实地调研	张亚澜	于桐艾 汪明郡 宋 雅 柳艺龄	吕冰洋	国家级
7	财政金融学院	研究新型城镇化背景下的农民就业问题	蒋竹婧	陈 啸 吴旭锋 左 妍 张 政	何 青	国家级
8	财政金融学院	城乡养老保险制度的衔接——基于四川省什邡市马井镇的调研	吴文钰	赵粲钰 王巧喆 史羽洁 童 镝	胡 波	国家级
9	财政金融学院	从学区房现象看社会分层与教育投资负担——基于北京市海淀区五所重点小学的调查研究	胡景文	上官静 钟 璐 孟新宁	贾俊雪	国家级

序号	项目所在单位	项目名称	项目负责人	项目其他成员姓名	指导教师姓名	立项级别
10	财政金融学院	金融与法治二元视角：农地抵押贷款的突出问题与发展建议——以吉林梨树和湖北京山为例	李艳君	庹云飞　涂龙强 李　逸　钟晓蕾	魏　丽 高圣平	国家级
11	法学院	有多少新芽可以结果：公共治理视角下的排污权有偿使用和交易——以江苏省太湖流域苏州、常州二市为例	韩　璐	游心怡　周　鼎 曹　颖	周　珂	国家级
12	法学院	释放宅基地的价值：宅基地租赁权上的农村房屋买卖实探——以北京、天津、成都为例	杨清惠	侯丽婷　赵　悦 王潇月　周园丁	高圣平	国家级
13	法学院	自媒体时代未决刑事案件中律师言论的规制：以规制边界、落实手段、反应机制三个问题为导向的实证调研	李　衡	韩东升　白宇嘉 窦周元　黄哲雅	肖建国	国家级
14	法学院	民间借贷强制备案登记制度探析——基于以温州为主的实证调研	翟玉涛	应尔寅　康伟岩 张　珂　冯　源	王　轶	国家级
15	公共管理学院	关于我国新中间阶层政治态度、政治参与度及政治诉求的研究——以北京、西安、株洲为例	杨林锋	石世彪　杨诗怡 苗　苗　顾　正	毛寿龙 施昱年	国家级
16	公共管理学院	我国应急避难场所的管理现状调查研究——以北京市海淀区为例	陈筱璇	程　斌　陈　琳 周小淼　张亚梅	曲卫东	国家级
17	公共管理学院	打车软件的普及率与经济社会发展及交通发展的联系——基于北京市、西安市、哈尔滨市的调查	郑雨桐	梁曦元　张东阳 王天石　李祥烨	郤艳丽	国家级
18	国际关系学院	以人为核心的城镇化背景下中部地区劳务输出县鼓励农民工返乡创业相关政策研究——以安徽省灵璧县为例	方　音	卓　越　朱华辉 欧阳喆	闫　瑾	国家级
19	国际关系学院	转型期中国特色新型智库现状及发展问题研究——以北京、四川部分智库为例	王梓旭	刘小雨　陈莹莹 俞露白　杨奕捷	方长平	国家级
20	国际关系学院	聚沙成塔：关注来自草根的力量——针对北京地区高校大学生性教育的草根类社会组织的研究	张雅迪	张　珊　杜悦怡 黄　慧　程雪莹	李宝俊 徐　莹	国家级
21	国际关系学院	西北多民族聚居地区民族交流与融合状况调查——以宁夏回族自治区西吉县回汉民族融合状况为例	雍　鑫	刘馨嶺 扎西拉珍 张永洋	韩冬临	国家级
22	国学院	民间信仰下的青蛙神信仰现状调查——基于福建溪口和江西金溪的调查研究	原　昕	蔡雪赟　王逸然 钟富平　刘享享	黄朴民 张齐明	国家级

序号	项目所在单位	项目名称	项目负责人	项目其他成员姓名	指导教师姓名	立项级别
23	化学系	Rh—催化的吲哚与丙烯酸的偶联反应研究	王新宇	贺毅龙　陶思远 吕士英　石冰玉	徐立进	国家级
24	化学系	两亲性调控一步法构筑复乳液	史杰中	王　震	王亚培	国家级
25	环境学院	基于纳米铁系材料的 Fenton 法处理废水中 PPCPs 的研究	庄淑婷	徐　冰　刘　博 康　敉	程　荣	国家级
26	环境学院	113 个环境保护重点城市空气质量信息公开现状评估研究	卢熠蕾	李虹霖　朱　峰 梁础文　饶　力	宋国君	国家级
27	环境学院	巢湖市蓝藻爆发应急处置预案的后评价研究	汪俊妍	杨　硕　高笑默 周康伟　鲁　迪	王洪臣	国家级
28	经济学院	农村宗族网络对大学生返乡创业绩效的影响研究	张歆悦	贺靓婷　陈　诚 李彩英　江　璐	聂辉华	国家级
29	经济学院	食醋的产业化升级与酿造文化的并存研究——基于山西老陈醋的实地调研	张毅萌	杨志鹏　袁　凯	时文东	国家级
30	经济学院	养老政策创新对老人利他和利己主义消费经济的影响分析	甘沛雯	杨　勉　吴亚楼 江志昕	王晋斌	国家级
31	经济学院	青藏铁路对沿线农、牧区村民生活的差异性影响——基于 DID 模型的实证研究	杨　睿	田　真　李楠茜 任筱寒	江　艇	国家级
32	经济学院	家庭禀赋对农户耕地经营权转出期限的影响	张玲睿	汪念玲　郭　锐 孙　烁　周逸阳	胡　霞	国家级
33	经济学院	“留下来”还是“带我走”——“人口红利”视角下不同就业决策及其对留守妇女幸福感的影响	李滨伍	张书平　曹优阳 王文启　王钟灿	陆方文	国家级
34	经济学院	土地流转背景下农村劳动力转移新途径的探究	帅　也	邱志明　沈梦雯 张黄莺　张　翔	于春海	国家级
35	经济学院	持续“技工荒”背景下，教育新政的作用效果预评及作用渠道探究	袁　喆	刘　洋　严　枫 王曼怡　刘如玉	韩　松	国家级
36	劳动人事学院	多点执业，多点自由？——新医改背景下医生多点执业现状调查和影响因素分析：基于北京试点的调查研究	周梦薇	孙丽丽　朱佳蕴 李皓宇　乔子欢	曾湘泉 李　莹	国家级
37	劳动人事学院	“单独二胎”政策下城市育龄女性生育意愿及其影响因素的历时研究——基于五省市的调查	张子龙	李子孟　夏　天 蒋文婕　高榕泽	张　灏	国家级
38	劳动人事学院	环卫行业市场化改革背景下城市环卫工人的生存状况分析——以青岛市为例	董可欣	刘慧萱　黄　有 胡　蕾　周　韵	周文霞 李　莹	国家级

序号	项目所在单位	项目名称	项目负责人	项目其他成员姓名	指导教师姓名	立项级别
39	劳动人事学院	出租车运营模式对出租车司机工作满意度的影响——基于北京、上海两地的对比研究	徐　玥	李思雨　张小倩 郑　翰　车宇星	吴清军 张　维	国家级
40	理学院文理项目	有限资源的现实竞争程度对群际信任的影响及其干预机制	郑紫云	梁明礼　孟彧琦 王文爽　刘　峰	胡　平	国家级
41	历史学院	中国大学历史学专业本科人才培养现状调研	倪杨卫	梁曦文　况楚月 倪佳凯　岑　旖	皮庆生	国家级
42	马克思主义学院	大学新生的预先态度对高校思想政治理论课教学实效性的影响分析——基于对北京、武汉两地高校的实证调研	孙希紫	吴秋婷　张玲蔚 张　彤　刘雯莉	陈　崎 郗　戈	国家级
43	农业与农村发展学院	从农民个体和国家视角看土地信托面临的四道坎——基于土地信托四个项目的实证研究	梁　爽	李梦媛　戴微著 王旭波　冯　升	郑风田	国家级
44	农业与农村发展学院	工商业资本进入农业对生产要素配置的影响研究——基于冀鲁两省调查结果	曹嘉诚	陈　曦　郭　锰 徐　哲	吕亚荣	国家级
45	农业与农村发展学院	从流动女性视角看待子女随迁决策的影响因素——基于北京、长春、海口三地的实证研究	张楚宁	张译之　韩鲁曦 陆　峰　赵明明	宋　健	国家级
46	商学院	城市艺术区：文化品味与商业利润之困——基于北京、上海、成都三地艺术区的多案例研究	刘　雯	李献茗　吴　恺 韩玉锦　彭凯汶	伊志宏 俞明轩	国家级
47	商学院	“生”还是“不生”？——单独二孩政策背景下家庭生育决策调查与研究	张　澈	史学坤　张艺琼 张德慧　折暄博	秦志华 李　智	国家级
48	商学院	“来自农村基层的呼唤”——大学生村官政策实施实效及对策探究	刘云鹏	黄嘉睿　师　宇 王鲲鹏　丛一鸣	仲理峰	国家级
49	商学院	“熔”还是“融”？——城市当代文明扩张背景下少数民族人口的文化适应探究	吴　桐	黄晰明　杨天伊 赵逸潇　马道成	李　智 蒋　妍	国家级
50	商学院	中国出租车合乘现状分析及发展方向探究——基于北京、南昌、哈尔滨、杭州四地的调研	陈鸣佳	陈韵以　叶　丹 苏晓瑞　吴飞鸿	杨　军	国家级
51	商学院	“中国大妈”疯狂的背后——基于北京、沈阳、温州“中国大妈”群体理财行为的研究	肖泽中	邵贞棋　何乐伟 陈心妍　谭艺浓	李　智 徐佳宾	国家级
52	商学院	《旅游法》对旅游产业链利益分配格局的影响——基于消费者总效用的视角	纪　旭	王　彤　朱壮明 贾一凡　黄静贤	刘国山 牛海鹏	国家级

序号	项目所在单位	项目名称	项目负责人	项目其他成员姓名	指导教师姓名	立项级别
53	商学院	基于工种类型细分视角下的农民工薪酬影响因素分析——对北京市建筑业的实证调查	耿天成	刘露露　陆逸帆 周成洋　俞嘉龙	支晓强 孙咏梅	国家级
54	商学院	中西部地区就业创业的现状调查和人才导向因素研究——以985高校大学毕业生为调研对象的实证分析	冷洪茂	魏少艺　王宁娜 孙玉坤	李东贤	国家级
55	社会与人口学院	追寻青年精神家园——对“青年文化场域”中的青年群体研究（以北京市L书店和K空间为例）	巩逸帆	唐承祚　那颢冉 燕昭宇	杜　鹏 赵旭东	国家级
56	社会与人口学院	“保单＋实物”新型养老社区现状及发展前景分析	王　纯	高露易丝　任怡晖 马文捷　姜　迪	姜向群 张俊岩	国家级
57	社会与人口学院	乡关何处——对农民工流动意向问题的研究（基于流入地深圳市和流出地邵阳市的调查）	陈晓纯	周向雨　汤　严 毛雅敏　周天旺	段成荣	国家级
58	统计学院	社交媒体在大学生消极情绪蔓延中的作用——基于传播两级效果论探究社交媒体对消极情绪传播的影响机制	陈梓衡	敬冯时　黄圣淳 李祺莉　毛思遥	王　星 孙怡帆	国家级
59	统计学院	大学生的社团参与行为对就业力的影响分析	谢　颖	刘彤玥　张文莎 陈天悦　羊　童	李静萍	国家级
60	统计学院	新城镇化进程中农村老人的精神慰藉现状调查——基于对河北省五个村的实地调研	孙文昭	章琼珂　崔　婕 马　丹　高子惠	王　燕	国家级
61	团委	农村中青两代择偶观互动模式探究	郝兆源	祝烨临　王　丹 王雅慧	刘　爽 赵旭东	国家级
62	外国语学院	英语对法语学习的正负迁移现象研究	赵惠冉	张婧雯　支　心 张　也	徐　艳	国家级
63	外国语学院	建立“改革开放后日本小说中文译本”数据库，并基于北京大学生阅读现状为出版行业提出可行性建议	关婷丹	朱若菡　孟一凡 周倩宇　阮宇迪	成同社	国家级
64	文学院	文化节经济与文化资源的综合开发——基于淮南中国豆腐文化节与韩国江陵端午祭的对比分析	黄云欢	李珊珊　柯丽珍 皮斌华　薛泽星	陈奇佳 徐　楠	国家级
65	文学院	当代小剧场青年观众培养问题研究	李　粲	郭玉婵　祝子萌 丁　丁　王思齐	孙　柏	国家级
66	文学院	泉州市提线木偶戏传承保护中心（原泉州市木偶剧团）生存现状研究	陈楚湘	杨安琪　胡馨予 黄子铭　李伟鸿	陈奇佳	国家级

序号	项目所在单位	项目名称	项目负责人	项目其他成员姓名	指导教师姓名	立项级别
67	物理学系	金属有机杂合材料（MOF）的铁电性及磁性研究	张雅文	胡　恪　孙元帅 刘　辉	于伟强	国家级
68	物理学系	低维度晶体器件制备及异质结物性研究	王铁平	房　瑱　周慧珺	张立源	国家级
69	心理学系	抑郁特质大学生的认知抑制缺陷及其干预效果研究	周晗昱	周　坤　徐瑞珩 傅聿昕	李欢欢	国家级
70	新闻学院	台湾大学生眼中的大陆：从服贸事件入手看媒体的作用	郭浩田	李婧怡　张佳莹 韦国峰　徐梦娴	张　征	国家级
71	新闻学院	电视节目对农村留守妇女教育观念影响的调查研究	赵菡婷	陈方兴　魏远情 黄雅琦　刘思亮	张　征	国家级
72	新闻学院	农户在农产品品牌建设中的角色及其影响因素探究——基于辽宁、广西、浙江三地的调查分析	卢　茜	李英红　谢　军 杜雯婧　唐　欢	王　菲	国家级
73	新闻学院	新媒体对新生代外来务工人员的社会认同影响机制研究——基于京、粤、晋三地工厂调研	田　欣	唐小清　潘海怡 晋玮良　齐涵博	陈　阳 李　彪	国家级
74	新闻学院	佛教文化借助微博传播的效果研究	王法治	王　友　徐　嘉 于子茹　许　钊	郑保卫 魏德东	国家级
75	信息学院	O2O模式下的社交网络模式创新及其线上线下互动机制分析	罗逸翔	成　月　杨佳韵	杨　刚	国家级
76	信息学院	基于智能推荐和位置服务的生活服务类信息化平台的开发与应用——以中国人民大学食堂为例	杨　帆	黄　瑾　王美琪 郑明昊	许　伟	国家级
77	信息学院	基于数据可视化的人文社会科学数据处理平台研究与构建	徐　杰	冯嘉汇　何　洛 潘兆康　米悦心	杜小勇	国家级
78	信息学院	数据分析视角下阿尔兹海默症病情预警模型及平台的构建	王　蒙	王　蒙　刘一骄 岳　茜　王金予 孔令晗	左美云	国家级
79	信息资源管理学院	中国传统饮食文化传承方式研究——以北京酸梅汤为例	杨　洁	卢俊旭　晋玮良 许梦甜　瞿　真	梁继红	国家级
80	信息资源管理学院	虚拟社区中传统文化传播方式研究——以相声艺术为例	李成伟	陈俐妍　郑溁彬 李沅傧　兰天琳	卢小宾	国家级
81	信息资源管理学院	大兴安岭地区少数民族非物质文化遗产档案保护研究——以鄂温克族口传文化为例	陈　杨	吴　爽　黄巧芳 胡泽重　李瑞媛	徐拥军	国家级
82	艺术学院	皮影艺术在文化空间中的转变与再生问题研究——以唐山、陕西、四川皮影为例	张家兴	柳雨霏　杨　坤 刘丹宁　佟思宇	郑晓华 王文娟	国家级

序号	项目所在单位	项目名称	项目负责人	项目其他成员姓名	指导教师姓名	立项级别
83	艺术学院	环境陶艺在城市景观艺术中的应用与发展	高思晗	李　艺　陈　晨 郭佳欣　王　川	杨　鹏	国家级
84	哲学院	当代农村妇女基督教信仰对家庭的影响分析——基于河南省4个市县周边若干村落的研究	常丁凡	蒋韵雅　常冰冰 李沛瑶　王艳红	何光沪	国家级
85	中法学院	以法国为鉴，中国政府在农业基础设施建设方面的角色优化——基于苏州、蒙彼利埃等市农村的实地调查	张文泰	周若玫　樊　蓉 金　莉　王培蓉	田　鑫 Frédéric Planche	国家级
86	财政金融学院	农村地区小额信贷发展对农户子女教育的影响分析——基于浙江省及辽宁省南北两地的实证调查	宋　佳	薛雯倩　袁　霄 古国立　王佳君	张成思	北京市级
87	财政金融学院	城乡二元医疗保险结构对农民工返乡意愿的影响——基于成都和太原的比较分析	刘　苛	李帅奇　王恩民 李正阳	刘晓路	北京市级
88	财政金融学院	农村结婚炫耀性消费研究——基于广西桂林周边农村的调查	吴静汐	李诗秋　刘伊敏 陶冠华　王晓涵	李时宇	北京市级
89	财政金融学院	新型农村养老保险基金的管理及运营问题现状分析及对策——基于北京、太原、保定进行研究	李　倩	陈燕清　李　倩 黄绪闻　陈信康	王　芳	北京市级
90	财政金融学院	在金融服务“三农”政策背景下对村镇银行的合理分布及其行业前景的探究——基于北京、浙江、江西及青海四省市的调查	温建鹏	汪烨灵　郑君雷 刘祎灵	何　平	北京市级
91	财政金融学院	农村小额贷款新模式探索——基于对浙江余姚市农村“道德银行”的调查研究	杨超均	马洛川　陈希玺 石冰清	李世银	北京市级
92	财政金融学院	对社区银行的社会经济效益的实证研究——基于北京市和深圳市的调查	程　欢	刘希尧　陈梦婷 柳　迪	张　杰	北京市级
93	财政金融学院	我国新型职业农民的培育效果及发展前景的实证研究——基于陕西、浙江两地的实地调研	吕忠悦	王诗苑　薛乔轩 杨昊的	胡　波	北京市级
94	法学院	大学生实习期间劳动权益保障的现状与问题分析——以深圳、郑州为例	沈晨程	郭瑞宁　黄　昊 王传文　雷　昀	林　嘉	北京市级
95	法学院	吹响普惠金融的号角——众筹模式的法律分析	李　璇	林宏炜　刘鑫怡 郭　鑫　郑　阳	杨　东	北京市级
96	法学院	法治视野下农村小产权房转化为公共租赁住房的对策研究——以北京、上海为例	蔡童波	陈敏霞　黄瑞宏 张楚欣　刘　畅	石佳友	北京市级

序号	项目所在单位	项目名称	项目负责人	项目其他成员姓名	指导教师姓名	立项级别
97	法学院	互联网金融背景下小微企业征信体系的法制构建——基于京豫浙三地的实证研究	黄尹旭	汪伊洋 黄丑梧 陈素素 塔林夫	杨 东	北京市级
98	公共管理学院	房地产中介公司运行机制探究	高益凌	王 婵 赵 远 田城宇	李家福 唐 杰	北京市级
99	公共管理学院	基于大学生家教市场理性供求和中介平台运营优化的研究	杨伟文	谢添元 蔡天缘 欧铭浩 王业隆	马光荣	北京市级
100	公共管理学院	北京市流浪乞讨人员生存状况调查	吕晴晴	石小林 牛思惠 张思远 李 铁	郤艳丽	北京市级
101	国际关系学院	地方水利工程库区移民民生状况调查——以三板溪水库为例	穆雨薇	陈嘉仪 周 颖 高瑛泽 罗 直	吴征宇 邱 静	北京市级
102	国际关系学院	探究广场舞扰民问题解决对策——以水郡长安小区、新华联家园小区、景山公园、朝阳大悦城东北侧广场为例	李恺茗	姚晶晶 王桑榆 宋嘉悦	崔守军	北京市级
103	国际关系学院	北京地区大学生造血干细胞捐献的调查分析：认知、态度及影响因素	周 晏	于天雨 梁博宇 刘昱显 胥兆瑞	韩冬临 孙 龙	北京市级
104	国际关系学院	来华前后留学生对中国认同感变化的研究——以北京高校留学生为对象	车碧轩	任舒怀 韩松格 黄瑞阳 钱 锦	方长平	北京市级
105	国学院	北京地区长城沿线防御性聚落的历史变迁	乔冠林	曲祯朋 胡允康 刘笑艺 王艺云	袁济喜 孙闻博	北京市级
106	化学系	γ一羰基过氧化物的重排合成咔唑化合物	王馨萌	宋晗煜 侯德垚 王文晓	李志平	北京市级
107	化学系	金属镍笼状化合物的设计、合成与阴离子模板效应	孙慧源	杨 雨	曹 睿	北京市级
108	环境学院	湿地流域生态补偿机制的利益相关者分析——以江西省鄱阳湖湿地流域为调研基地	吴 乐	鞠 颖 赵 彤 刘琦宇 周 琳	曾贤刚	北京市级
109	环境学院	恒温旋转自净滤筒式空气净化多功能一体机的开发	许洪章	王博轩 吴悦翰 王 玥 崔媛媛	齐 鲁	北京市级
110	经济学院	金融业初级从业者劳动过程研究	胡至臻	田佳禾 赵 蕾	赵 峰	北京市级
111	经济学院	雾霾危害的经济价值评估	张起瑞	冯 譞 王丹凤 王 烁	宋 枫	北京市级
112	经济学院	药价补贴取消后医疗支付方式改革新现象	程思策	童 斐 王璨琦 丁宏权 邓 韵	陆方文	北京市级

序号	项目所在单位	项目名称	项目负责人	项目其他成员姓名	指导教师姓名	立项级别
113	经济学院	“新市民”能够在城镇实现经济立足？	杨　宏	郭凯燕　张妮妮 周美昆　张挽澜	贾根良	北京市级
114	经济学院	消费者、企业与政府三方视角下微电网发展探析	龙雨青	丁同飞　胡鹏程 吴静仪　刘　宪	宋　枫	北京市级
115	经济学院	环境污染对人才就业的影响分析	崔　佳	秦　昕　程雪晴 程　凡　张金凤	于春海	北京市级
116	经济学院	村民参与，助力农村新生：乡村内生式发展中村民参与的意义	曹晨阳	余玮婧　池文丽 蒋斐宇　李昊坤	胡　霞	北京市级
117	劳动人事学院	废旧衣物回收的价值链分析——基于上海市缘源实业有限公司的研究	黄　珊	兰　楠　张心蕊 何　劲　王邦国	张　灏	北京市级
118	劳动人事学院	社会企业员工的职业价值观及工作满意度研究	谢思哲	葛培宇　郑　祯 石静一　王绍程	李　莹	北京市级
119	劳动人事学院	迟暮之年，仍在漂泊——社会融合视角下对北京市“老漂族”群体特征和内部差异研究	周燕婷	黄舒锐　黄雯昕 侯允山	张　灏 鲁　全	北京市级
120	劳动人事学院	高校青年海归教师生存现状及原因分析	程丽如	李　唐　曹梦溪 杨景光	鲁　全	北京市级
121	理学院文理项目	TiO_2 和 H_2O_2 对偶氮化合物光矿化程度的影响	杨润渤	李冬茗	郁志勇	北京市级
122	理学院文理项目	以钙钛矿太阳能电池为例看清洁能源市场化运作模型——基于北京市太阳能电池市场的研究	蔡玮琦	关凌云　袁　帅 于　毅　杨　澜	艾希成 秦　萍	北京市级
123	历史学院	古街巷的历史记忆——基于开封古街巷的现状调查与保护开发	杨东峰	曹　睿　何斯曼 贺　佳　邱周钰	包伟民 付晓东	北京市级
124	马克思主义学院	“顶岗实习”：中职实习生的权益现状及问题研究——以北京市大兴区第一职业学校为例	卫林宏	邓舒予　崔学芳 齐桐萱　王　震	辛　逸 董　佳	北京市级
125	农业与农村发展学院	贷粮业务对稳定生猪养殖户收益的影响机制研究——以吉林省榆树市为例	郑依林	郑　婕　王淑玲 杨佳雯	黄　波	北京市级
126	农业与农村发展学院	城镇化与土地资产化，孰因孰果？——来自重庆和宁波两市农户的微观数据	李　悦	苏　健　金德铭 黄　玮	王志刚	北京市级
127	商学院	农民利用农产品电子商务有效性的影响因素探究——基于北京、四川、重庆三地的定量分析	王明镜	施佳宏　吴莹莹 周昳雯　周竹倩	王保林 张　敏	北京市级
128	商学院	关于农民工子弟学校通过优化资金链完善内部运营模式以提高资金吸引力的研究——基于对北京地区五所农民工子弟学校的调研	董一宁	张　炜　金　霄 刘雨诗　郭建龙	李　智	北京市级

序号	项目所在单位	项目名称	项目负责人	项目其他成员姓名	指导教师姓名	立项级别
129	商学院	学分绩点对大学生就业倾向与雇主用人决策的影响——基于北京、哈尔滨、秦皇岛三地的调研	孙　然	孙溪蔓　孙嘉鹤	焦叔斌	北京市级
130	商学院	大型网络公开课（MOOC）的中国之路——基于中美两国的实证研究	何毓蕾	罗诗婕　周琬琪 高登峰　刘清蓉	刘向东	北京市级
131	商学院	全国高校体育服务支撑体系评估与优化——基于部分985高校的实地调研	黄　贺	匡开铭　李琦欣 吴　娴　殷佳敏	王刊良 刘国山	北京市级
132	商学院	快递瓦楞包装箱循环利用现状及对策研究——以北京地区快递公司调研为例	杨小冬	李蕊君　李　杨 王俐如　庞　爽	仲理峰	北京市级
133	商学院	政府在农业物联网实施推广中所扮演角色及所起作用探究——基于北京、江苏、安徽三地实地调研	唐　佳	王海畅　司小雅 李晶晶　王诗婷	王亚星	北京市级
134	商学院	工商登记制度改革对大学生创业意愿的影响作用——基于北京、上海等高等院校的调查研究	李月雨	文琦钰　吴晶玥 张米兰　梁　超	仲理峰	北京市级
135	社会与人口学院	站在文化的十字路口：内地新疆高中班“民考汉”学生的文化认同研究	张若天	康　凯　李嘉慧 李立敏　袁　洁	赵旭东	北京市级
136	社会与人口学院	老年志愿者持续参与志愿服务活动影响因素探究——基于北京、南京两地的实证调查研究	沈　涵	郭亚隆　高明慧 何佳君　卢绍辉	杜　鹏	北京市级
137	社会与人口学院	人口流动背景下农村聘礼水平及其影响因素研究	徐　群	杜　敏　罗　豪 贺云龙	宋　健 聂辉华	北京市级
138	统计学院	大学生适应能力研究及量表设计——基于北京、上海高校调研	蔡笑炜	陈　芃　肖　瑶 王文菁　朱梓睿	易丹辉	北京市级
139	统计学院	影响农民工随迁子女教育选择的因子分析——基于北上广三地随迁子女的实证研究	周子清	李洺樟　丁文翰 曹馨方　李星辰	赵旭东	北京市级
140	统计学院	地缘关系产业竞争力形成机制探究——基于在京新化籍文印业业主的调研	敬冯时	倪辰晖　曾　森 马　茜　覃　欣	甄　峰 程　华	北京市级
141	团委	“后撤点并校时代”农村中小学布局调整问题及对策研究	陈　亚	刘安琪　黄橙凝 刘朋鹏　李天龙	段成荣	北京市级
142	团委	道德模范对青少年的影响分析与效果评估	特木钦	钟鸣伟　张鸿如	刘凤良 郭星华	北京市级
143	团委	农村义务教育学生营养改善计划实施现状调查	车思驰	潘姿月　吕世丹 宿磊磊　王　君	李　莹	北京市级

序号	项目所在单位	项目名称	项目负责人	项目其他成员姓名	指导教师姓名	立项级别
144	外国语学院	关于议会制英语辩论（Parliamentary Debate）在高校推行最优方式的调查研究——以北京地区部分重点高校为例	田思佳	葛舒玮 李雪菲 王 倩 朱紫丹	王晓露	北京市级
145	外国语学院	西方留学生与中国精英大学大学生对后者自我“性格优势”评价的对比研究——基于“Johari Window”框架对京津、苏沪、四川的调研	李晓萌	李佳晴 殷乐飞 柯健明 张紫琦	郭庆民 Diane Lichtensteiger	北京市级
146	外国语学院	青年人语言研究及其高频词汇手册汇编方法探索	金玉笑	罗伦丝 徐涟漪 刘凌子 张校燕	徐 艳	北京市级
147	文学院	桐城派作家文化遗存现状调查及保护对策研究——以安徽桐城、枞阳及周边地区为中心	胡 郡	孙 烨 周 晓 王亦琳 蒲 俊	朱万曙	北京市级
148	文学院	粤剧私伙局的生成史与现代转型——基于佛山市禅城区的田野考察	卢多果	肖羽彤 郭天骄 冷昕然 冯歆然	王 昕	北京市级
149	文学院	受众群于闽台歌仔戏剧影响比较研究	李芙蓉	林铭志 陈 莹 许鑫辉 吴晓瑜	郑志良 吴 真	北京市级
150	物理学系	非晶合金中局域团簇构型转化	袁 征	王雅迪 秦 娜	李茂枝	北京市级
151	物理学系	随机变分方法在少体问题中的发展与应用	吴亚东	刘子英 宋文华 丁亮宇	张 威	北京市级
152	物理学系	非接触原子力显微镜图像快速模拟方法	周 杰	周 杰 凌嘉亿 苏睿琦	季 威	北京市级
153	心理学系	探究社会比较对大学新生人际关系的影响——以中国人民大学2014、2015级新生为例	马桂霞	贾一真 乐 毅	李永娜	北京市级
154	新闻学院	新媒体对农村癌症信息传播的影响机制研究——以浙江省余姚市郑巷村为例	王 聪	李晓惠 孙浩然 朱振环 刘嘉玮	蔡 雯 李 彪	北京市级
155	新闻学院	计划行为理论视角下闽南高甲戏接触态度与行为探究——基于厦门、漳州、泉州三地的调研	吕婉婷	王梦月 朱雅云 林恣伶 陈佳萌	张辉锋	北京市级
156	新闻学院	网络对大学生创业教育的影响——基于对浙江省杭州市、义乌市大学创业教育模式的调查	李 舜	田晨炜 严路帆 宋 睿 彭 芃	彭 兰	北京市级
157	新闻学院	乳腺癌患者不同阶段的社会支持状况研究	张 溥	侯洁玉 向 钰 周碧莹 唐燕飞	蔡 雯 赵旭东	北京市级
158	信息学院	基于小数据的在线行为“指纹”识别研究	刘 力	陆雪妤 王晓捷 余 晨	孟小峰	北京市级

序号	项目所在单位	项目名称	项目负责人	项目其他成员姓名	指导教师姓名	立项级别
159	信息学院	基于网络大数据的手机游戏走红要素的分析研究	李佩珊	白非凡 陈诗宇 彭艳筠 曲方瑾	陈晋川	北京市级
160	信息学院	校园信息采集与个性化推送平台研究	陈 睿	张雅暄 杨伯华 王瀚达 于敬宇	杜小勇	北京市级
161	信息资源管理学院	O2O 商业模式的信息服务质量研究——基于线上用户满意度调查	尚加奇	黄 蕊 韦忻伶 李元昊 杨绍辉	刘越男 马林青	北京市级
162	信息资源管理学院	真实还是虚假？——招聘信息质量调查研究	张紫嫣	俞 成 叶茹雨 张琳珺 闫学治	张 斌 褚 峻	北京市级
163	艺术学院	探究以传统文化为主题的私立博物馆的现状及发展前景	刘蜀希	谢飞鹏 王浩宗 谢天月 蒋佳丽	王旭晓	北京市级
164	哲学院	商业旅游开发对少数民族传统文化资源的影响——基于云南省元阳县箐口哈尼族村的研究	乔 珂	李 洁 徐子悦 郑 凌	宋少鹏	北京市级
165	中法学院	从融资渠道角度看中小企业融资难问题的解决方法：基于中、法两国企业的实地调研	郭 佳	尹方亭 陈昕怡 梁安琪	薛涧坡 Anaël Renault	北京市级
166	中法学院	我国城镇化进程中拆迁农户消费性行为分析——基于苏州工业园区和北京周边地区	邢铭鑫	黄祎岚 葛政宇 马 啸	刘 瑞	北京市级
167	财政金融学院	中国生育政策开放下，城市家庭财务状况与二胎需求的相互影响——基于北京、呼和浩特、重庆三市的调查	夏心微	温佳学 王 今 吕京鸿 赵 缘	张俊岩	校级
168	财政金融学院	新型城镇化如何实现“以人为本”？——基于成都浦江寿安镇与江苏江阴石庄镇失地农民现状的对比分析	李若诚	倪逸芸 廖晨曦 蒋继林 王依诺	贾俊雪	校级
169	财政金融学院	“农门再难出骄子”——从教育资源分配不均的角度分析农村大学生在 985 高校中占比下降的现象的成因——基于对甘肃实地调研	陈 铄	胡笑涵 刘孟宇 柯绍清 赵继鹏	李时宇	校级
170	财政金融学院	我国农村地区普通高等教育收益率研究——基于甘肃省会宁县和四川省仪陇县的调查	胡鉴南	鲍志成 刘子豪 郑 宁 苏艳玲	吕冰洋	校级
171	法学院	农地抵押 路在何方：土地承包经营权抵押的法律困境与制度重建——以川吉宁闽等地的经验为视角	余媛青	马文婷 贺 瑞 刘淑妍 靳 行	高圣平	校级
172	法学院	农村产权仲裁机构研究——以成都农村产权仲裁院为例	王 祎	马田田 张 颖 覃雪梅 陈禹巧	杜焕芳	校级

序号	项目所在单位	项目名称	项目负责人	项目其他成员姓名	指导教师姓名	立项级别
173	法学院	微公益的监管现状及模式探究——以“免费午餐”为例	董莉行	王艺璇 司维 刘林香 张誉琳	林嘉	校级
174	公共管理学院	“白头”难偕老？——城市老年人泛再婚模式及其满意度影响因素分析（基于北京市、成都市、盘锦市的调查）	李书慧	郝兆源 佟思宇 孙诗淇 王孟圆	张文娟	校级
175	公共管理学院	冲突升级理论视阈下“动批外迁”政策推进中的商户反应及潜在风险研究	鲍晨波	李素伟 卢倩倩 叶琼	舒放	校级
176	国际关系学院	沉默的声音：全球化背景下小众民族乐器的现状、保护与发展——以阮为例	汪玥	王凯伯 李沛含 蔡旭莹 霍志骥	蒲俜	校级
177	国际关系学院	微信如何改变社区生活——微生活时代的社区治理问题研究	姜雨町	梅园 卢晓哲 杨泽晖 王若晞	牛彤 孙龙	校级
178	国际关系学院	“韩流”认同感对中国消费者行为的影响——基于北京地区的研究	高皓月	陈丹婷 崔雅然 陈紫嫣 杜普	成晓河	校级
179	国学院	国学教育在中学推行的现状分析研究——基于对北京、武汉、昆明三地市级重点中学的调查	罗晨颖	何灵亨 汤伟 路莹 郑媛	孙闻博	校级
180	化学系	水溶性载体蛋白中抗氧化剂相互作用	张馨时	吴伊凡 肖敬然 徐小奇	王鹏	校级
181	环境学院	农村厕所可持续化管理模式设计研究——基于北京郊县、荆州、渭南三地的调研	代喆	苏孟阳 文夏蔚 孙锦 石婧宇	宋国君	校级
182	经济学院	城市家庭代际经济流动模式及其影响因素研究——以北京、广州为例	朱姝	吴洁琪 李文萱 刘维一	陈占明	校级
183	经济学院	城乡大学生综合素质差异现状、成因及对策探究	叶梦芊	陈光奇 包倩文 刘家夫 郑淑静	于春海	校级
184	经济学院	城乡二元化体制下农村新型信息消费发展现状探究	任飞宇	窦晓畅 刘铭哲 许威 吕林轩	刘元春	校级
185	劳动人事学院	“婴儿安全岛”运行效果及发展策略探析——基于石家庄、南京、广州的对比研究	王建伟	刘璞 冯雪蕖 何文涛 张兰易	曾湘泉 李莹	校级
186	劳动人事学院	生产性老龄化视角下一线城市老年人志愿活动参与的影响因素与现状调查——基于北京市与上海市的实证分析	王杨欣	李文心 邓若云 范唯 张根生	李莹	校级
187	历史学院	在传说与历史之间——秦腔历史记忆研究	刘畅	蒋子旭 孙若阳 石静一 陈晨	郭双林 高波	校级

序号	项目所在单位	项目名称	项目负责人	项目其他成员姓名	指导教师姓名	立项级别
188	农业与农村发展学院	有机农产品产业链中“双向”信任机制重构——以北京爱农商务服务有限公司为例	彭舒祺	毛珺萱　张一凡 蒋莉薇　周舒泽	郑风田	校级
189	农业与农村发展学院	农村产业集聚型电子商务模式运营机制与发展原因分析——以河北、浙江、江苏三地淘宝村为例	孟成真	穆　青　王秋仪 樊雨奇　李钟灵	曾寅初	校级
190	商学院	“首堵”岂能一“限”了之？——对北京汽车限行政策实施效果的调研	李怡然	王艺璇　姚诗嘉 简伯瑜　池瑜馨	仲理峰	校级
191	商学院	城际轨道交通建设对本地居民生活方式的影响——以京津城际列车和广佛地铁为例	廖敏婷	孙倩敏　黄琳皓	宋　林 陈占明	校级
192	商学院	高校公共选修课现状实证分析与发展道路探索——基于香港与内陆十所著名大学的比较研究	张昕达	黄会一　邓自洪 周幼佳　刘书颉	顾海兵	校级
193	商学院	从“动批”搬迁看京津冀一体化背景下的首都产业调整	李艺文	曹　锐　许　开 刘雪晴　周思博	陈甬军	校级
194	商学院	高校后勤社会化改革下我国高校后勤服务现状分析——基于四个典型高校的调查研究	潘　晨	李晓峰　温凯旋 邵雅妮　熊业兴	李东贤	校级
195	社会与人口学院	不同社会阶层延迟退休意愿度及区别性别延迟退休政策研究——基于辽宁省鞍山市机关单位、基层事业单位、国有企业和私有企业	潘　宁	孔德帅　王　鹏 肖一芳　李卓卓	姜向群	校级
196	社会与人口学院	当交流“无微不至”：社会化新媒体时代微信对代际关系重塑作用的探索——基于京沪蓉珠四地90后及其父母的实证研究	骆　易	赵怡然　王　倩	廖　菲 周祝平	校级
197	统计学院	从设列“双轨制”高考看社会人才观的完善	张　颖	徐艺萌　柯劭婧 常君宇	蒋　妍	校级
198	统计学院	城市生活成本对农村流动人口回流意愿影响的实证研究——基于对北京城区农村流动人口的调查	林毓聪	郭昶皓　胡刚伟 朱倍成　莫祖宜	简　明 李　琼	校级
199	团委	城市化背景下政府与市场力量在城郊集市中的冲突与协调	贺鹏飞	王中一　林傲耸 王晓君　唐诗雅	王水雄	校级
200	团委	城镇化背景下乡村宗教的变迁	牛牧晨	王利超　梁　栋 刘方琛　李梦阳	魏德东	校级
201	团委	村级债务问题研究：成因、风险及其化解	杨　媛	焦　浩　上官愉	崔　军	校级

序号	项目所在单位	项目名称	项目负责人	项目其他成员姓名	指导教师姓名	立项级别
202	团委	电子商务发展对农村社会转型的影响探究	徐　玲	唐诗萌　金　颖 王子雨　赵雪贝	刘　谦 富晓星	校级
203	团委	高校校园纠纷多元化解决体系的规范研究	曾一珩	王婉卿	彭小龙	校级
204	团委	老年友好型城市社区建设标准研究	查蓓蓓	申雪瑶　王一笑 张黎阳　李海铭	杨　凡	校级
205	团委	双师教学项目实施现状与效果分析	李一昕	宋　悦　潘　韵 付　饶　范成竹	汪三贵	校级
206	团委	新型农村金融机构风险预警问题研究	施佳倩	刘春彤　盖玉坤	宋　常	校级
207	团委	新型农村社区建设进程中的农户生计变化研究	郑笑天	迟　铖　程珺茹	马　勇	校级
208	外国语学院	跨文化视角下当代中国国家形象在欧洲的塑造与传播现状	方　鑫	郭　威　王天也 姜　丰　戴　博	孟　虹	校级
209	文学院	越剧的生存状况及其传承、改革与发展对策——以绍兴、上海及北京为例	李牧谣	傅心怡　古雪昀	朱万曙	校级
210	物理学系	铁基超导11体系自旋——轨道耦合的理论及计算研究	袁　爽	林琦森　李家卓 黄　康	刘　凯 俞　榕	校级
211	新闻学院	新媒体环境下少数民族大学生文化认同及文化传播研究——以北京、武汉两地高校少数民族大学生为例	秦　玮	战泳霖　刘　铮 刘慧捷　王　越	翁昌寿	校级
212	新闻学院	农村土地确权问题研究——以吉林太平村、安徽双楼村为例	颜　强	程　洋　李元昊 杨梓盟	周建明	校级
213	信息学院	面向居家社区养老的老年人风险防范的智慧科技集成方案设计	王启立	田晓珏　郑能超 纪昀红	左美云	校级
214	信息学院	北京公交线路优化改进——基于对中关村大街主干道的调研	任梦园	李晓迪　黄　菁 刘子淳　张　怡	龙永红	校级
215	信息资源管理学院	公众对于京津冀产业一体化的认知及影响因素探究——基于京津冀三地居民的调查	申诗辰	周东歌　贺　丹 夏齐蔓　王　博	施昱年	校级
216	艺术学院	大学生对于中国古建筑所蕴含的历史、社会和艺术价值的认识和保护意识程度的调查	王斯迪	谢晓娟　王洪泉	李宇宏	校级
217	哲学院	商业伦理视角下对电子商务中诚信问题的研究——基于对国内互联网信用评价机制的调研	王庄军	杨　帅　赵懿宁 杨楚榕	曹　刚 程　华	校级
218	中法学院	语言文化推广机构如何对“文化走出去”战略发挥作用——基于孔子学院和法语联盟的对比研究	张　舟	陈济川　满　意 张庆锋　张耿祥	田　鑫 Thomas Malischewski	校级

中国人民大学大学生创业训练计划2014年项目

序号	项目名称	负责人	其他成员	项目类别	立项级别
1	学喵大学生综合网络平台	任 然	彭与时 张安绮 吴 思 叶翘力	创业训练项目	国家级
2	Game Travel 大学生个性旅行平台	贺靓婷	吴 靖 陈芝杉	创业训练项目	国家级
3	七叶（T-year）有限责任公司	廖敏婷	杨佳雯 张 倩 宋君泽 林佳炜	创业训练项目	国家级
4	校友团教育咨询规划公司	崔品妍	何寿媛 陈文杰	创业训练项目	国家级
5	“比友”校园资源点评分享平台	陈 啸	洪昕宇 周岩岩	创业训练项目	国家级
6	醒了么早餐服务项目	覃冠杰	陈资博 黎亿键 赖裕晋 马依娜	创业训练项目	国家级
7	来易网同校交易平台	蔡其承	黄纪元 叶子昌	创业训练项目	国家级
8	MD 网络销售公司	曹心慧	李莞梅 段佳颜	创业训练项目	国家级
9	学生公社有限责任公司	何毓蕾	王清雅 孔 舒	创业训练项目	国家级
10	可“病毒式”传播的大学生旅游及特色服务全程一体化网站	王 震	符丹荣 邓舒予	创业训练项目	国家级
11	“校内内”高校联盟	陈政君	洪扬磊 杨 旭	创业训练项目	国家级
12	University Alliance 运动俱乐部公司	潘 晨	俞海蒙 海 霞 孙新如	创业训练项目	国家级
13	聚能玩有限责任公司创业计划	于敬宇	朱壮明 王景琪 冯 翀 肖泽中 刘 荻	创业训练项目	国家级
14	Feel Dumpling 福饺公司	黄 贺	吴 娴 周竹倩 王 丹 刘禹君	创业训练项目	国家级
15	夕阳乐（中国）有限责任公司	陈一雪	李梦云 吴文钰 谢卓树 查亦飞 费少卿	创业训练项目	国家级
16	梦想起航画室	王菁雯	刘 畅 郭 金	创业训练项目	国家级
17	鱼群网（中国）有限责任公司	李艺文	陈 玮 许 开	创业训练项目	国家级
18	北京盛世天元文化有限责任公司	李 磊	袁 萍 孙 然 孙嘉鹤 李慧雯 龚琬岚	创业训练项目	国家级
19	享自游沙发客大学生交友平台	张 凡	林景全	创业训练项目	国家级
20	“青春派”毕业纪念品（服务）有限公司	匡逸乔	史杰中 董晓川 欧阳喆	创业训练项目	国家级
21	拼途（中国）有限责任公司	韩玉锦	郭建龙 郭文杰 刘伊凡 李斯琦	创业实践项目	国家级
22	Colorwork 云端工作平台	冯 洋	胡海川 张 宇	创业实践项目	国家级

2014年中国人民大学高水平运动队参赛成绩汇总

队名	比赛名称	获奖情况
田径	首都高等学校第52届学生田径运动会	男子甲组200米第一名　王亚飞
		男子甲组100米第二名　王亚飞
		男子甲组100米第三名　芦　安
		男子甲组200米第七名　芦　安
		男子甲组4×100米第三名　芦　安　王亚飞　唐　端　尹智力
		女子甲组4×100米第七名　王思颖　周骞谦　李秀婷　邓若男
		男子甲组3 000米栏障碍第一名　顾天荣
		男子甲组3 000米栏障碍第七名　徐庆凯
		男子甲组800米第五名　杜墨晗
		女子甲组4×400米第八名　井适雨　李秀婷　边梦琪　邓若男
		男子甲组1 500米第三名　顾天荣
		女子甲组400米栏第八名　井适雨
		男子甲组10 000米第七名　杨　毅
		男子甲组4×400米第八名　杜墨晗　张　松　姜星晨　顾天荣
		男子甲组跳远第七名　王子洋
		男子甲组跳远第八名　申天宇
		男子甲组三级跳远第七名　刘雨冰
		女子甲组跳远第二名　周骞谦
		女子甲组三级跳远第三名　周骞谦
		女子甲组100米栏第四名　李秀婷
		男子甲组跳高第五名　冯云光
		男子甲组跳高第八名　魏鸿博
	第2届耐克精英邀请赛全国14校（专业组）	环湖马拉松接力第二名
网球	2014年首都高校大学生网球联赛春季团体赛	女子乙组第一名
		男子乙组第一名
	2013—2014年全国大学生网球联赛北京分站赛	男子乙组第二名
		女子乙组第二名
	第十九届全国大学生网球锦标赛	男团丁组第一名
		女团甲组第一名
		男团乙组第二名
		女团乙组第三名
		男子乙组单打第一名　何雷鸣
		男子丁组单打第一名　柏　衍
		女子乙组单打第一名　孟　冉
		女子甲组双打第一名　范雨洁　栾　萱

队名	比赛名称	获奖情况
网球	第十九届全国大学生网球锦标赛	男子乙组双打第二名　陈雨昕　陈雨辰
		女子乙组双打第三名　李天骄　张思昊
		男子乙组单打第六名　陈锡伟
		男子丁组单打第七名　李玉成
	2014 年首都高校网球联赛秋季单项赛	男子甲 A 组单打第一名　李子豪
		男子甲 A 组单打第二名　何雷鸣
		男子甲 A 组双打第一名　陈雨昕　陈雨辰
		男子甲 A 组双打第三名　李　萌　陈锡伟
		女子甲 A 组双打第一名　李天骄　范雨洁
		男子乙组双打第二名　冯　越　杨昊天
	2014 年首都高校网球联赛精英赛	男子甲 A 组单打第一名　李子豪
		男子甲 A 组单打第二名　何雷鸣
		男子甲 A 组双打第一名　陈雨昕　陈雨辰
		男子甲 A 组双打第三名　李萌　陈锡伟
		女子甲 A 组单打第三名　徐也晴
		女子甲 A 组双打第一名　李天骄　范雨洁
		女子甲 A 组双打第三名　王雅馨　栾　萱
		男子乙组双打第二名　冯越　杨昊天
		女子乙组单打第二名　林　洲
武术	2014 年首都高校武术比赛	男子传统四类拳术（T）第一名　刘少松
		男子传统单器械（T）第一名　刘少松
		男子传统一类拳术（T）第一名　刘少松
		女子对练（T）第一名　张　然　宋美婷
		女子传统二类拳术（T）第一名　宋美婷
		女子传统一类拳术（T）第一名　张　然
		女子传统双器械（T）第二名　张　然
		女子传统四类拳术（T）第二名　宋美婷
		女子团体总分第六名
		男子团体总分第六名
男足	2014—2015 年特步中国大学生足球联赛	北京赛区第二名
女足	2014 年首都高校大学生女子足球锦标赛	第三名
女篮	首都高校大学生篮球联赛（甲组）	第二名
男篮	首都高校大学生篮球联赛（甲组）	第六名

中国人民大学学校田径纪录

校最高纪录（男子）

项目名称	成绩	运动员	时间	地点	备注
100 米	10.30 秒	芦　安	2013/10	中国人民大学	手计时
	10.50 秒	芦　安	2011/05	兰州大学	电计时
200 米	21.80 秒	亓宪鹏	2005/04/21	中国人民大学	手计时
	22.00 秒	王亚飞	2014/03/21	北京体育大学	电计时

项目名称	成绩	运动员	时间	地点	备注
400 米	50.40 秒	杨　光	2003/10	中国人民大学	手计时
	49.36 秒	亓宪鹏	2003/10	北京交通大学	电计时
800 米	1 分 57.50 秒	王念裕	2002/04/01	中国人民大学	手计时
	1 分 52.60 秒	王念裕	2003/10	武汉大学	电计时
1 500 米	4 分 9.20 秒	孙天齐	2004/04/22	中国人民大学	手计时
	4 分 4.99 秒	孙天齐	2002/08/01	东北财经大学	电计时
5 000 米	16 分 10.90 秒	孙天齐	2003/10/01	中国人民大学	手计时
	16 分 4.17 秒	孙天齐	2002/08/01	东北财经大学	电计时
10 000 米	34 分 54.90 秒	刘　雨	1998/05/01	北京体育学院	手计时
110 米中栏	14.10 秒	李　鹏	2003/10	中国人民大学	手计时
110 米栏	14.32 秒	王　申	2008/05	国家体育场	电计时
400 米栏	54.80 秒	李　鹏	1998/05/01	北京体育学院	手计时
4×100 米接力	44.30 秒		2003/10	中国人民大学	手计时
	41.86 秒		2013/11/18	华中科技大学	电计时
4×400 米接力	3 分 42.10 秒		1997/04	中国人民大学	手计时
	3 分 24.54 秒		1997/08/01	清华大学	电计时
3 000 米障碍	9 分 56.90 秒	韩景峰	1998/05/01	北京体育学院	手计时
跳高	2.15 米	冯云光	2013/10	天津体育中心	
跳远	7.58 米	张海滨	2005/05/21	北京师范大学	
三级跳远	16.13 米	刘伟利	2005/05/22	北京师范大学	
铅球	15.20 米	郭　岱	1994/08/01	山东师范大学	
铁饼	48.39 米	王　辉	2006/04/21	中国人民大学	
链球	44.90 米	马格努斯	1999/08/01	东北师范大学	

校最高纪录（女子）

项目名称	成绩	运动员	时间	地点	备注
100 米	12.40 秒	孙　卓	2001/05/01	清华大学	手计时
	12.64 秒	翁嘉嶷	2010/05	北京大学	电计时
200 米	25.80 秒	孙　卓	2002/05	北京航空航天大学	手计时
	25.26 秒	杨　晴	2004/04/22	北京交通大学	电计时
400 米	58.60 秒	刘　念	2011/04/22	中国人民大学	手计时
	57.10 秒	周　巧	2007/05	北京邮电大学	电计时
800 米	2 分 7.60 秒	刘　念	2011/04/22	中国人民大学	手计时
	2 分 5.78 秒	刘　念	2011/04/29	北京体育大学	电计时
1 500 米	4 分 11.22 秒	何　盼	2007/11	湖北武汉	电计时
3 000 米	9 分 55.00 秒	刘　念	2011/04/22	中国人民大学	手计时
5 000 米	15 分 8.03 秒	何　盼	2007/11	湖北武汉	电计时
10 000 米	31 分 39.84 秒	宋晓雪	2007/11	湖北武汉	电计时

项目名称	成绩	运动员	时间	地点	备注
3 000 米障碍	9 分 26.25 秒	刘　念	2007/11	湖北武汉	电计时
100 米栏	14.70 秒	白　静	2000/05/01	北京工业大学	手计时
400 米栏	1 分 2.00 秒	杨　晴	2005/05	北京师范大学	电计时
4×100 米接力	50.20 秒		2003/10	中国人民大学	手计时
	49.94 秒		2003/10	北京交通大学	电计时
4×400 米接力	4 分 19.80 秒		2007/05/13	中国人民大学	手计时
	4 分 5.42 秒		1997/07/01	东北师范大学	电计时
跳高	1.74 米	殷　舜	1999/07/01	东北师范大学	
跳远	5.86 米	殷　舜	2001/05/01	清华大学	
三级跳远	12.61 米	周骞谦	2014/03/21	北京体育大学	
铅球	13.71 米	张　瑞	2005/04/22	中国人民大学	
铁饼	43.07 米	张　瑞	2004/04/22	中国人民大学	
标枪	38.18 米	张　扬	2000/05/01	北京工业大学	

校运会纪录（男子）

项目名称	成绩	运动员	队籍	时间
100 米	10.80 秒	吴　冰	财政金融学院	2009/04
200 米	21.80 秒	亓宪鹏	环境学院	2005/04/21
400 米	50.40 秒	杨　光	经济学院	2003/10/01
800 米	1 分 59.80 秒	付雨晨	历史学院	2011/04/22
1 500 米	4 分 9.16 秒	孙天齐	法学院	2004/04/22
5 000 米	16 分 10.90 秒	孙天齐	法学院	2003/10/01
110 米栏	14.10 秒	李　鹏	财政金融学院	2003/10/01
4×100 米接力	44.30 秒		商学院	2003/10/01
4×400 米接力	3 分 42.10 秒		法学院	1997/04/01
跳高	2.04 米	冯云光	新闻学院	1996/04/01
跳远	7.46 米	张海滨	经济学院	2005/04/21
三级跳远	15.81 米	刘伟力	财政金融学院	2007/05/13
铅球	15.03 米	郭　嵩	经济学院	2003/10
铁饼	43.65 米	王　辉	法学院	2005/04/22
五项全能	495 分	刘大会	信息资源学院	1997/04/01

校运会纪录（女子）

项目名称	成绩	运动员	队籍	时间
100 米	12.40 秒	杨　晴	商学院	2003/10/01
200 米	25.50 秒	杨　晴	商学院	2004/04/22
400 米	58.60 秒	刘　念	信息资源管理学院	2011/04/22
800 米	2 分 7.60 秒	刘　念	信息资源管理学院	2011/04/22
1 500 米	4 分 34.80 秒	宋晓雪	信息资源管理学院	2007/05/13
3 000 米	9 分 55.00 秒	何　盼	信息资源管理学院	2011/04/22

项目名称	成绩	运动员	队籍	时间
100 米栏	15.00 秒	白　静	财政金融学院	2003/10/01
4×100 米接力	50.20 秒		商学院	2003/10/01
4×400 米接力	4 分 19.80 秒		信息资源管理学院	2007/05/13
跳高	1.68 米	殷　舜	财政金融学院	1999/04/01
跳远	5.59 米	刘晓丹	公共管理学院	2003/10/01
三级跳远	12.31 米	张　娇	国际关系学院	2003/10/01
铅球	13.71 米	张　瑞	公共管理学院	2005/04/22
铁饼	43.07 米	张　瑞	公共管理学院	2004/04/22
五项全能	495 分	孔小燕	信息资源管理学院	2000/04/01

■ 研究生教育

一、概况

2014 年，学校研究生教育综合改革继续稳步推进。1 月 3 日，学校正式通过并发布《中国人民大学研究生教育综合改革方案》(2013—2014 学年校政字 11 号)，方案围绕人才选拔、人才培养、导师选用、学位论文质量保障等多领域全方位梳理了学校研究生教育改革的理念及举措，并配套部分改革办法。1 月 14 日，学校召开《中国人民大学研究生教育综合改革方案》工作部署会议，进一步强调此次研究生教育综合改革是学校强化研究生教育，提升培养质量的重要举措，其核心是简政放权，管理重心下移；会议要求各学院提出广大教师满意，符合学院长远发展，又切实可行、落实到位的操作方案。随后，研究生院试点推行博士生“申请审核制”招生模式、进一步推进博士点学科专业主文献制度建设、逐步探索具有淘汰功能的学科综合考试改革、强化研究生培养过程管理、积极推进研究生教育国际性相关工作、细化和完善研究生奖助体系改革方案，制定和推行“研究生导师选用、约谈办法”、“博士学位论文的后修改和后评估办法”、校内“新增学位授权点审核办法”等一系列措施，具体落实研究生教育综合改革方案，按照既定目标稳步推进多项改革工作。与此同时，研究生院还结合《中国人民大学研究生教育综合改革方案》进一步研究制定《中国人民大学教育综合改革方案》相关内容，在“多元化人才选拔机制，进一步优化研究生结构”“夯实理论基础，塑造拔尖创新人才，推进学术型研究生培养模式改革”“创建人文社会科学案例库，完善专业学位研究生培养的三双制模式”“改革博导选用办法，提升博士生导师的责权意识”“完善事后监察机制，切实保证博士学位论文质量”等方面对研究生培养改革工作进行深入研究和探讨。

2014 年，学校首次在哲学院、法学院、商学院试行博士生“申请审核制”招生方式，积极推行硕士研究生推荐免试工作的“两段式”招生模式改革，积极实施研究生招生“全面公示制度”，并对全校研究生招生工作的组织领导架构、具体职责职权划分、工作程序等进行详细的梳理总结并以制度的形式加以明确，使学校研究生招生管理制度的完善程度跃上了一个新的台阶。

2014 年，学校继续推动博士点学科专业主文献制度建设，完成博士点学科专业主文献电子信息化平台建设。10 月 22 日，“中国人民大学博士生主文献数字化资源库”启动，并正式向北京高校开通。同日，首期专业学位研究生授课教师案例教学能力培训班开班，学校专业学位研究生授课教师案例教学能力提升计划正式实施。

2014 年，学校博士生导师选用制度改革实现了研究生导师资格确立权的下放，学院建立独立的学术成长和激励约束机制，由学院主导博士生导师的选用和考核。全校按照新办法共选用博士生导师 716 人，导师规模有所扩大，队伍结构得到一定改善；返聘退休导师人数大幅度减少，校外兼职导师规模减小，年轻优秀的副教授担任导师的人数有较大幅度增加。10 月 22 日，学校组织召开全校 2014 年博士生导师大会，动员全体博士生导师参与学校教育综合改革，共同推动博士生培养质量不断提升。2014 年，全校 18 位专家被聘为国务院学位委员会第七届学科评议组成员，较第六届增加 1 人，所涉学科领域增加中国语言文学、考古学、统计学等一级学科。

2014 年，全校共授予博士学位 754 人，授予硕士学位 6 135 人（其中全日制学术型硕士 1 993 人，同等学力硕士 2 111 人，专业学位硕士 2 031 人）。

二、研究生招生工作

2014 年，学校继续全方位梳理招生制度，广泛拓展招生渠道，积极推进各项招生改革，在稳步发展中取得新的成绩。

（一）研究生报名、录取情况

1. 大陆硕士研究生招生

2014 年，大陆共有 16 445 人（含“少数民族骨干人才计划”146 人）报考中国人民大学硕士研究生，其中推荐免试 1 187 人，学术型全国统考 8 532 人，专业学位联考 6 433 人，单独考试 156 人，援藏计划 137 人。

最终，学校共录取硕士研究生 3 665 人（不含往年录取、本年资格返回 60 人），其中学术型硕士研究生 2 074 人，专业学位硕士研究生 1 591 人。接收优秀本科毕业生推荐免试攻读硕士学位 1 187 人，其中本校应届推免生 487 人，接收外校应届推免生 700 人；全国统考、联考硕士研究生 2 396 人（含“少数民族高层次骨干人才计划”40 人）；单独考试硕士研究生 46 人；援藏计划专项硕士生 38 人。录取专业学位硕士研究生占录取硕士研究生总数的比例为 43.4%，较 2013 年提高 1.1 个百分点。录取的 3 665 名硕士生中包括男生 1 414 人，女生 2 251 人；党员 1 804 人，团员 1 647 人；汉族考生 3 406 人，少数民族考生 259 人。

2014 年，学校继续在部分专业开展专项招生。其中新闻学专业国际新闻传播方向招收硕士研究生 27 人，可持续发展研究院招收硕士研究生 8 人，中国经济改革与发展研究院招收硕士研究生 10 人。国际学院（苏州研究院）共招收专业学位硕士研究生 318 人，其中金融 55 人、汉语国际教育 79 人、社会工作 90 人、会计 45 人、公共管理 49 人。

2. 大陆博士研究生招生

2014 年，中国大陆共有 4 769 人报考中国人民大学博士研究生，其中男生 2 674 人，女生 2 095 人；党员 3 474 人，团员 587 人；汉族考生 4 457 人，少数民族考生 312 人。报名人数在 100 人以上的专业共 7 个，依次是金融学、刑法学、民商法学、会计学、企业管理、人力资源管理、财务学。经过初试、复试、政审等环节，共录取 892 人，其中，男生 512 人，女生 380 人；党员 671 人，团员 140 人；汉族考生 844 人，少数民族考生 48 人；硕博连读 149 人，本科直博 13 人。

2014 年学校研究生招生专项计划中，“高校思想政治理论课教师在职攻读马克思主义理论博士学位”研究生专项计划，生源面向各高校从事思想政治理论课教学的业务骨干教师，学校单独组织该专项计划的招生工作，共有 26 人报考，录取 6 人；“少数民族高层次骨干人才”专项计划，共 104 人报考，录取 14 人，其中少数民族考生 12 人；录取对口支援院校新疆财经大学教师 1 人，西藏民族学院教师 1 人，延安大学教师 4 人。深圳研究院招收博士研究生 14 人。

3. 港澳台地区招生

面向港澳台地区招收研究生是学校研究生招生工作的重要部分。2014 年，港澳台地区考生共 52 人报考中国人民大学研究生，其中，报考攻读博士学位研究生 12 人，报考攻读硕士学位研究生 40 人；香港特区考生 19 人，澳门特区考生 6 人，台湾地区考生 27 人。共录取港澳台地区研究生 26 人，其中录取博士研究生 5 人，录取硕士研究生 21 人。录取的 26 人中有香港考生 6 人，澳门考生 2 人，台湾考生 18 人；其中，接收境内外部分高校港澳台生源推免生 18 人。

4. 留学研究生招生

2014 年，学校的外国来华留学研究生招生模式改革全面推行，学校招收外国来华留学研究生主要有以下六种方式：（1）政府交换来华公费留学生；（2）面试招考；（3）全英文硕士研究生项目；（4）普通招考；（5）推荐免试硕士留学研究生；（6）“孔子新汉学计划”。

全年，共有 194 名外国来华留学生报考学校研究生，其中，报考硕士研究生考生 142 人，报考博士研究生考生 52 人。具体报考情况如下：（1）政府交换来华公费留学硕士研究生 10 人、博士研究生 18 人；（2）面试招考硕士研究生 45 人、博士研究生 25 人；（3）全英文项目硕士研究生 70 人；（4）普通招考硕士研究生 15 人；（5）推荐免试硕士研究生 2 人；（6）“孔子新汉学计划”博士研究生 9 人。

共录取留学研究生 155 人，其中，录取硕士研究生 114 人、博士研究生 41 人。具体录取情况如下：（1）政府交换来华公费留学硕士研究生 8 人、博士研究生 15 人；（2）面试招考硕士研究生 29 人、博士研究生 17 人；（3）全英文项目硕士研究生 61 人；（4）普通招考硕士研究生 14 人；（5）推荐免试硕士研究生 2 人；（6）“孔子新汉学计划”博士研究生 9 人。

5. 在职专业学位硕士研究生招生

2014 年，学校继续招收在职攻读法律硕士、公共管理硕士、农业推广硕士、工程硕士等硕士专业学位研究生。报考中国人民大学在职研究生共 1 047 人，其中法律硕士 251 人、公共管理硕士 261 人、农业推广硕士 359 人、工程硕士 176 人。共录取 305 人，其中法律硕士 50 人、公共管理硕士 86 人、农业推广硕士 119 人、工程硕士 50 人。录取高级工商管理硕士（EMBA）研究生 174 人。

（二）研究生招生改革情况

2014 年，学校研究生招生工作奉行“注重内涵发展、强化质量核心、优化分类选拔、凸显学术评价”的理念，在博士生招生模式改革、硕士生推荐免试制度改革以及制度建设等方面取得了显著成效。

1. 博士生“申请审核制”改革试点工作进展顺利、初见成效

2014 年，学校在哲学院、法学院、商学院首次试行博士生“申请审核制”招生方式，试点学院不通过全校统一组织的初试，而是依据提前确定的标准细则，对考生提交的科研计划书、科研成果等材料进行综合评分，条件合格者直接进入复试。2014 年三个试点学院共录取博士生 236 人，试点工作取得初步成效。

2. 全力推行硕士研究生推荐免试的“两段制”招生模式，推免工作在激烈的生源竞争中稳中有进

按照教育部要求，学校在 2014 年积极推行硕士研究生推荐免试工作的“两段式”招生模式改革，即将本校推免生资格确认与全部考生的复试接收录取工作分为前后两个阶段进行。考生通过全国统一的推免服务系统，可同时申报多个平行志愿、可选择接受多校复试录取意向。全年，学校共接收 2015 级推免生 1 242 人，较上一年度增加 57 人，其中来自“985”高校的有 899 人，占录取总数的 72.4%；来自“211”高校的有 1 188 人，占录取总数的 95.7%，重点高校生源占比与上一年度相比基本持平。

3. 依据教育部招生管理规定，积极实施研究生招生“全面公示制度”

2014 年，学校根据教育部的要求对各项研究生招生关键环节的数据信息进行“全面公示”。通过研究生院网站、各学院网站以及教育部统一的研究生招生信息平台，就硕士研究生初试复试成绩及排

名和博士研究生材料审核情况、初试复试成绩及加权排名等信息组织全面公示，接受校内校外、考生家长乃至全社会的监督。

4. 进一步完善研究生招生管理制度

4月4日，学校正式印发《关于印发中国人民大学招生工作领导小组章程等文件的通知》（2013—2014学年校政字24号），发布《中国人民大学招生工作领导小组章程》《中国人民大学研究生招生工作规则》《中国人民大学国际学生招生工作规则》等一系列重要规章制度，对研究生（包括国际学生）招生工作的组织领导架构、具体职责职权划分、工作程序等进行了详细的梳理总结并以制度的形式加以明确。

三、培养工作

（一）学术型研究生

1. 硕博连读研究生培养机制

2014年学校继续推进全员硕博连读培养制度。参与试点的学院有哲学院、商学院、汉青经济与金融高级研究院、统计学院、农业与农村发展学院。2014年9月，第一批硕博连读研究生通过选拔转入博士研究生身份，其中哲学院11人、商学院36人、汉青经济与金融高级研究院6人。同时，学校继续实行在其他学院原有的硕士研究生入学一年后（第三学期）的硕博连读生选拔工作。经过学生本人申请、导师和学院审核、学校评审，2014年共选拔75人。

2. 博士生培养试行基本学制四年学制改革

直博生：基本学习年限为5年，最长学习年限7年。

普通博士生（不含人文学科）：基本学习年限3年，最长学习年限6年。

普通博士生（人文学科）：继2013年，国学院、哲学院、文学院、历史学院所有学科专业普通博士生进行学制改革后，2014年，马克思主义学院马克思主义哲学专业、当代中国史专业，信息学院计算机科学与技术一级学科下计算机软件与理论、计算机应用技术、信息安全3个专业博士生基本学习年限改为4年，最长学习年限6年。

3. 博士点学科专业主文献制度建设

2014年6月，学校共修订、增订印制博士点学科专业主文献7卷13册，印数161册。截至2014年，共计有效主文献120卷、196册，覆盖123个博士点。

2014年，学校推动完成博士点学科专业主文献电子信息化平台建设。10月22日，“中国人民大学博士生主文献数字化资源库”启动仪式举行，并正式向北京高校开通。陈雨露校长、王利明常务副校长和国务院学位办副主任黄宝印、北京市教委委员兼高教处处长黄侃等出席。该项目是学校与北京市教育委员会资源共建共享项目的建设成果，收录学校博士点学科专业主文献目录及全文。

12月，“回归学术本源，夯实学术基础，全面建立博士点学科专业主文献制度”获“中国学位与研究生教育学会研究生教育成果奖二等奖”。

4.“中国人民大学拔尖创新人才培育资助计划”

2014年起，学校启动“中国人民大学拔尖创新人才培育资助计划”。该计划鼓励研究生结合学位论文和导师科研项目等开展深入研究，自主创新，着力提高学术研究水平和学位论文质量；鼓励研究生开展国际合作研究，在高水平国际期刊或重要国际学术会议上发表研究成果。该计划在博士二年级初，选拔部分具有学术研究潜质的优秀学生，给予研究经费资助，支持其开展创新研究。一年后，对资助获得者进行年度考核，达到一定标准的，继续予以第二年资助；达不到标准的不再给予下一年度资助；如此循环，直至该生博士毕业，最长按3年计。资助计划采取“导师和学生联合申请，学院选拔和推荐，学校统筹管理”的方式进行管理。2014年共选拔资助来自22

个学院的 80 位优秀博士生。

5. 提升国际性

2014 年，学校“国家建设高水平大学公派研究生项目”共派出研究生 131 人，其中，攻读博士学位 22 人，攻读硕士学位 15 人，联合培养博士研究生 82 人，联合培养硕士研究生 12 人；“北京市国内外联合培养研究生项目”共派出研究生 29 人；资助研究生参加国际学术活动 218 人次；选拔派出研究生交换生 84 人。

6. 召开全校博士研究生新生大会

9 月 24 日，学校举行 2014 级博士生新生大会，校党委书记靳诺、校长陈雨露出席会议并讲话，常务副校长兼研究生院院长王利明主持会议。校长助理、研究生院常务副院长吴晓求通报了学校研究生教育基本情况，博士生导师代表、统计学院袁卫教授代表导师发言。各学院主管研究生工作副院长、教务秘书以及全校 900 多位 2014 级博士研究生新生参加会议。

7. 研究生奖助工作

2014 年，学校首次设立研究生学业奖学金，2014 级博士生 614 人，学术型硕士生 1 985 人获评，共计完成奖学金发放 2 876.4 万元。2014 年共 3 609 名研究生承担“三助”岗位工作（助教 1 809 人，助管 1 308 人，助研 492 人）。组织完成 2014 年研究生科学研究基金项目 130 个项目结项，推动 2015 年研究生科学研究基金项目申报立项，共计批准立项 123 项。

8. 研究生培养方案修订和毕业审核工作

2014 年，学校组织制定 206 个学术型硕士研究生培养方案，其中全英文硕士研究生培养方案 5 个；组织制定 131 个博士研究生培养方案，8 个直博生培养方案。

2014 年共为 4 201 名毕业研究生办理培养计划审核和学历证书电子注册，为 4 153 名研究生发放毕业证书，为 28 名研究生发放结业证书。另外，还为 20 名研究生发放肄业证书。

9. 研究生教务工作

2014 年，全校共开设研究生课程 2 316 门，处理调停课 167 门次。研究生院负责对全部课程进行课程评估，审核全校教师研究生课程工作量考核，组织和安排 40 门全校研究生期末考试和考场巡视工作，为 80 名研究生认证了 270 门赴境外大学学习的课程学分。

10. 研究生学籍管理

2014 年，共办理研究生学籍异动手续 1 200 余人次，对即将达到最长学习年限的 370 余名研究生发放《研究生学业情况告知单》，督促其在规定的时间内完成学业。

11. 研究生大学外语等级考试管理

2014 年，共组织 1 573 名研究生参加全国英语四、六级考试和大学日语、俄语、德语、法语四级考试。

12. 北京市高教学会研究生教育分会秘书处工作

学校是北京市高等教育学会二级分会——研究生教育研究会的理事长单位、秘书长单位，常务副校长兼研究生院院长王利明教授为研究会理事长，秘书处设在研究生院。研究生院承担了学会全部日常工作。5 月 15 日研究生教育研究会召开学术年会，50 余家会员单位（包括北京地区的高校、科研机构、军队院校、军队科研机构等）的 100 余位代表参加会议。

（二）硕士专业学位研究生

1. 实施专业学位研究生授课教师案例教学能力提升计划

为进一步加强案例教学培训的力度，提高教师案例教学的能力，学校启动实施专业学位研究生授课教师案例教学能力提升计划。10 月 22 日，由研究生院、人事处和中国社会案例中心主办，商学院承办的首期专业学位研究生授课教师案例教学能力培训班举行开班仪式，各学院主管院长参加，专业学位研究生授课教师代表 60 余人参加培训。商学院毛基业教授以《案例教学、案例开发与教师的职业生涯》为题做第一次培训；11 月 19 日，商学院赵晶副教授、李尔成副教授以《哈佛案例教学方法与技巧》为题做第二次课程培训；12 月 17 日，商学院李姣博士以《毅伟案例写作的要求和技巧》为题做第三次课程培训。

2. 实施专业学位研究生学业奖学金制度

根据《财政部、国家发展改革委、教育部关于完善研究生教育投入机制的意见》（财教〔2013〕19 号）精神和《研究生学业奖学金管理暂行办法》（财教〔2013〕219 号）的要求，学校从 2014 级开始实施专业学位研究生学业奖学金制度。743 名 2014 级非定向全日制专业学位研究生获得 509.07 万元学业奖学金；174 名学生获得 246.08 万元学院奖学金。

3. 硕士专业学位研究生培养管理工作

2014 年，学校组织制定了 19 种专业学位类型的 39 个培养方案，审核专业学位研究生材料 2 031 份；开设专业学位研究生课程 894 门，处理调停课 29 门；共毕业 2 031 人（其中单证 625 人，双证 1 406 人），2 031 人获得硕士专业学位证书。

四、学位管理与学科建设工作

（一）博士生指导教师选用和考核

依据《中国人民大学研究生教育综合改革方案》，落实《中国人民大学博士生指导教师选用和考核指导意见》（2013—2014 学年校政字 12 号），制定学校 2014 年博士生导师资格备案工作办法，组织各学院开展相关工作。

各学院按照既定程序完成了学院《博士生导师选用和考核办法》的制定，报研究生院备案通过，并据此开展本学院 2014 年博士生导师资格的确认工作。2014 年全校按照新办法共选用博士生导师 716 人，其中：校内在职在岗博士生导师 605 人（副教授 62 人），返聘退（离）休博士生导师 11 人，校外兼职博士生导师 100 人。从总体看，博士生导师规模有所扩大，博士生导师队伍结构得到一定改善，返聘退休导师人数大幅度减少，校外兼职导师规模减小，年轻优秀的副教授担任导师的人数有较大幅度增加（改革前全校先后三次共核准 30 位年轻优秀的副教授担任博导）。

（二）推荐国务院学位委员会学科评议组第七届成员候选人

4—5 月，根据国务院学位委员会《关于进行国务院学位委员会学科评议组换届和选聘第七届学科评议组成员工作的通知》（学位〔2014〕10 号）精神，学校推荐并上报各一级学科博士点国务院学位委员会学科评议组第七届成员候选人。12 月，学校接到国务院学位委员会办公室文件，共有 18 位专家被聘为国务院学位委员会第七届学科评议组成员，成员总人数较第六届增加 1 人，学科评议组成员所涉及的学科领域较之前更宽，增加了中国语言文学、考古学、统计学等一级学科的专家成员。

（三）学位授予仪式改革与落实

依据《中国人民大学研究生教育综合改革方案》，根据调研结果筹备全校硕士和学士学位授予仪式改革工作。学校确定经济学院、法学院为学位授予仪式改革试点单位。

（四）组织召开 2014 年博士生导师大会

10 月 22 日，学校组织召开全校 2014 年博士生导师大会，会议以“增强导师责任意识，加强学术规范建设，推动博士生培养质量迈上新台阶”为主题，对博士生导师进行业务能力和责任意识的培训，600 余位博士生导师参加会议。会议介绍了学校研究生教育的基本情况，分析了学校博士生教育中存在的若干问题，提出了增强博士生导师责任意识和考核机制的意见和办法。

（五）有关工作文件的制定和修订

（1）进一步保证博士学位论文质量，在加强原有博士学期论文开题报告制度、预答辩制度、论文自评制度、匿名评审制度、答辩评分制度、博士学位论文答辩后补充修改制度等执行效力的基础上，研究制定《博士生指导教师约谈制度》《博士学位论文事后抽检办法》《校级优秀博士学位论文评选办法》等，利用激励和监督手段，切实保证博士学位论文质量。

(2) 修订《中国人民大学博士、硕士学位工作细则》《中国人民大学一级学科学位授权下二级学科自主设置办法》。

(六) 北京市支持中央在京高校共建项目

根据北京市教委文件要求，完成了2014、2015年度北京市重点学科项目和北京市优秀博士学位论文指导教师项目的拨款和预算工作，完成了2015年前项目运行情况的分析和总结工作。

(七) 学位管理工作

1. 博士学位论文匿名评审

2014年学校继续组织开展博士学位论文匿名评审工作和学位论文质量软件检测工作。2014年上、下两个学期共有774人申请博士学位，共有269人次的博士论文参加匿名评审和检测。

2. 学位论文学术不端行为检测

2014年学校继续鼓励各学院利用学术不端检测软件对即将毕业的800余名博士生的学位论文进行抽检。同时，在博士生完成学位论文答辩后，研究生院随机抽取250余篇论文进行检测。

根据博士学位论文抽检办法，组织22个学院开展博士学位论文事后抽检。各学院采取自检、抽查、匿名评审等方式，对于拟授予学位的博士学位论文进行了全面检测。

3. 学位申请和授予工作

(1) 博士和硕士学位论文答辩和学位授予工作。

2014年共接受7 000余人的博士和硕士学位申请，按照资格审查、专家评阅、学位论文答辩、分会审议、校学位会核准的程序进行了审核。2014年共授予博士学位754人，授予硕士学位6 135人(其中全日制学术型硕士1 993人、同等学力硕士2 111人、专业学位硕士2 031人)。

(2) 博士、硕士、学士学位授予仪式。

6月24、25日举办全校2014年博士、硕士、学士学位授予仪式。

(3) 硕士、博士研究生科技档案立卷归档和学位授予信息年报工作。

2014年硕士、博士研究生科技档案归档共计6 868卷；向国家图书馆、中国社会科学院情报中心等送交各类学位论文13 748套。

11月，根据国务院学位委员会办公室的文件精神，学校开展2013—2014学年度学位授予信息年报工作，共上报12 579人的学位授予信息。

(八) 校学位评定委员会工作

1. 召开第八届校学位评定委员会第五次全体会议

1月15日，学校召开第八届校学位评定委员会第五次全体会议。会议审议并通过了2013—2014学年第一学期授予学位人员名单，决定授予114人博士学位、1 268人硕士学位(其中在校硕士学位13人、硕士专业学位385人、同等学力硕士学位870人)、1 555人学士学位(其中继续教育学院954人、北京市高等教育自学考试601人)；审议并通过了学校自主设置目录外心理语言学博士、硕士学位授权点，自主设置目录外创造性写作硕士学位授权点；审议自行审核增设翻译硕士、教育硕士专业学位授权点，建议报教育部审查批准；审议并通过了2013年校级优秀博士学位论文名单，推选参评2014年全国优秀博士学位论文名单。

2. 召开第八届校学位评定委员会第六次全体会议

6月13日，学校召开第八届校学位评定委员会第六次全体会议。会议审议并通过了2013—2014学年第二学期授予学位人员名单，决定授予640人博士学位、4 867人硕士学位(其中在校硕士学位1 980人、硕士专业学位1 646人、同等学力硕士学位1 241人)、4 311人学士学位(其中教务处全日制学士学位3 173人、继续教育学院成人教育学士学位422人、网络教育学士学位716人)；审议并通过了学校一级学科内新增“法语语言文学”硕士学位授权点；复议并通过撤销张一弛学士学位的决定。

五、其他形式的研究生教育

（一）全面清理课程进修班，规范同等学力申请硕士学位管理

2013年末，国务院学位委员会等三部门联合下发《关于进一步加强在职人员攻读硕士专业学位和授予同等学力人员硕士、博士学位管理工作的意见》，严禁举办研究生课程进修班并收费，严禁高校联合或委托中介机构办班，同时对同等学力申请硕士学位工作提出更高要求。2014年，学校根据上级部门要求，全面清理课程进修班，同时依据“切实重视，责任到人，落实要求，严格管理”的总原则，从资格申请、考试组织、论文答辩等各环节，对申请学位工作进行规范管理、严格把关，切实保障学位授予质量。

（二）顺利完成教育部委托的同等学力全国统考阅卷工作

受教育部学位与研究生教育发展中心委托，学校承担2014年同等学力人员申请硕士学位学科综合水平全国统一考试的阅卷工作，共完成全国各地综合课考试59 994份试卷的评阅工作，涉及10个学科专业、10个学院。

（三）举办各类课程研修班

2014年，全校各类研修班开班上课86个；审核并颁发各类研修班结业证书，共计6 928人（本）。从1995年至2014年，全校累计颁发研究生研修结业证书104 147人（本）。

（四）同等学力人员申请硕士学位课程考试的组织和管理工作

截至2014年底，全校接受同等学力人员申请硕士学位资格有效期内的人数26 051人，其中2014年度认定资格并办理手续的6 581人；全部通过申请硕士学位规定的课程考试（包括全国水平考试），进入学位论文写作和答辩阶段的2 990人；按同等学力类别通过学位论文答辩，并获得硕士学位的2 111人。

2014年，全校共组织28 744人（门）次212门课程的学位课程考试，5 597人通过2014年同等学力人员全国学科综合和外国语水平考试。

从1995年始，学校已接受同等学力人员申请硕士学位，累计达61 825人。20 854人完成全部规定的课程考试（含全国水平考试），占33.7%；其中15 492人通过学位论文答辩，获得硕士学位，占完成全部规定的课程考试人员的74.3%。

附录

中国人民大学国家重点一级学科一览表

所属学科门类	国家重点一级学科（8个）
哲学	哲学
经济学	理论经济学
	应用经济学

所属学科门类	国家重点一级学科（8个）
法学	法学
	社会学
	马克思主义理论
文学	新闻传播学
管理学	工商管理

中国人民大学非国家重点一级学科内国家重点二级学科一览表

一级学科	国家重点二级学科（8个）
政治学	中共党史
	国际政治
中国语言文学	文艺学
历史学	中国古代史
	中国近现代史
农林经济管理	农业经济管理
公共管理	行政管理
图书情报与档案管理	档案学

中国人民大学北京市重点一级学科一览表

所属学科门类	北京市重点一级学科（5个）
法学	政治学
文学	中国语言文学
历史学	中国史
管理学	农林经济管理
	图书情报与档案管理

中国人民大学北京市重点二级学科一览表

所属一级学科	北京市重点学科（4个）
计算机科学与技术	计算机应用技术
公共管理	教育经济与管理
	社会保障
	土地资源管理

中国人民大学交叉学科北京市重点学科一览表

交叉学科北京市重点学科（1 个）
农村发展管理

中国人民大学授予博士、硕士学位和培养研究生的学科、专业目录

制表日期：2014 年 12 月 31 日

学科门类	一级学科	专业代码、名称	博士点批准时间	硕士点批准时间
01 哲学	0101 哲学 ☆☆（1998/06/19） ★★（2007/08/20）	010101 马克思主义哲学	1981/11/03	1981/11/03
		010102 中国哲学	1981/11/03	1981/11/03
		010103 外国哲学	1984/01/13	1981/11/03
		010104 逻辑学	1998/06/19	1984/01/13
		010105 伦理学	1984/01/13	1981/11/03
		010106 美学	1998/06/19	1986/07/28
		010107 宗教学	1998/06/19	1993/12/17
		010108 科学技术哲学	1986/07/28	1981/11/03
		0101Z1 管理哲学	**2004 自**	**2004 自**
		0101Z2 政治哲学	**2011 自**	**2011 自**
02 经济学	0201 理论经济学 ☆☆（1998/06/19） ★★（2007/08/20）	020101 政治经济学	1981/11/03	1981/11/03
		020102 经济思想史	1984/01/13	1981/11/03
		020103 经济史	1998/06/19	1981/11/03
		020104 西方经济学	1996/04/29	1993/12/17
		020105 世界经济	1981/11/03	1981/11/03
		020106 人口、资源与环境经济学	1998/06/19	1998/06/19
		0201Z1 网络经济学	**2002 自**	**2002 自**
		0201Z2 企业经济学	**2004 自**	**2004 自**
	0202 应用经济学 ☆☆（1999/06/10） ★★（2007/08/20）	020201 国民经济学	1984/01/13	1981/11/03
		020202 区域经济学	1986/07/28	1984/01/13
		020203 财政学	1984/01/13	1981/11/03
		020204 金融学	1981/11/03	1981/11/03
		020205 产业经济学	1984/01/13	1981/11/03
		020206 国际贸易学	1999/06/10	1993/12/17
		020207 劳动经济学	1993/12/17	1986/07/28
		020208 统计学	1981/11/03	1981/11/03
		020209 数量经济学	1999/06/10	1984/01/13
		020210 国防经济		1999/06/10
		0202Z1 保险学	**2004 自**	**2002 自**
		0202Z2 商业经济学	**2011 自**	**2011 自**
		0202Z3 房地产经济与管理	**2011 自**	**2011 自**
		0202Z4 城市经济学	**2004 自**	**2004 自**

学科门类	一级学科	专业代码、名称	博士点批准时间	硕士点批准时间
03 法学	0301 法学 ☆☆(2003/07/01) ★★(2007/08/20)	030101 法学理论	1986/07/28	1981/11/03
		030102 法律史	1990/11/20	1981/11/03
		030103 宪法学与行政法学	1986/07/28	1981/11/03
		030104 刑法学	1984/01/13	1981/11/03
		030105 民商法学	1986/07/28	1981/11/03
		030106 诉讼法学	1993/12/17	1981/11/03
		030107 经济法学	1993/12/17	1990/11/20
		030108 环境与资源保护法学	2004/06/24	2000/12/07
		030109 国际法学	2003/09/01	1981/11/03
		0301Z1 知识产权法	**2005 自**	**2005 自**
		0301Z2 比较法	**2011 自**	**2011 自**
		0301Z3 中国法		**2012 自**
	0302 政治学 ☆☆(2000/12/29) ▲▲(2008/04/23)	030201 政治学理论	1986/07/28	1981/11/03
		030202 中外政治制度	2002/06/27	1986/07/28
		030203 科学社会主义与国际共产主义运动	1981/11/03	1981/11/03
		030204 中共党史★	1981/11/03	1981/11/03
		030206 国际政治★	2001/01/09	1981/11/03
		030207 国际关系	2000/12/29	1996/04/29
		030208 外交学	2002/06/27	1998/06/30
		0302Z1 中国政治	**2002 自**	**2002 自**
		0302Z2 国际政治经济学	**2011 自**	**2005 自**
	0303 社会学 ☆☆(2000/12/29) ★★(2007/08/20)	030301 社会学	1993/12/17	1986/07/28
		030302 人口学	1984/01/13	1981/11/03
		030303 人类学	2000/12/29	1998/06/30
		030304 民俗学		2000/12/07
		0303Z1 老年学	**2002 自**	**2002 自**
		0303Z2 社会心理学	**2004 自**	**2004 自**
	0305 马克思主义理论 ☆☆(2006/01/25) ★★(2007/08/20)	030501 马克思主义基本原理	1990/11/20	1990/11/20
		030502 马克思主义发展史	2006/06/20	2006/06/20
		030503 马克思主义中国化研究	2006/06/20	2006/06/20
		030504 国外马克思主义研究	2006/06/20	2006/06/20
		030505 思想政治教育	1990/11/20	1990/11/20
		030506 中国近现代史基本问题研究	2008/06/20	2008/06/20
04 教育学	0401 教育学 ☆(2006/01/25)	040106 高等教育学		2006/06/20
		0401Z1 教育法学		**2012 自**
	0402 心理学(可授教育学、理学学位) ☆(2011/03/03)	040201 基础心理学		2011/06/13
		040203 应用心理学		2011/06/13
05 文学	0501 中国语言文学 ☆☆(2006/01/25) ▲▲(2012/04/25)	050101 文艺学★	1993/12/17	1984/01/13
		050102 语言学及应用语言学	2006/06/20	1981/11/03
		050103 汉语言文字学	2003/09/01	1986/07/28
		050104 中国古典文献学	2006/06/20	1998/06/30
		050105 中国古代文学	2003/09/01	1986/07/28
		050106 中国现当代文学	2006/06/20	1981/11/03

学科门类	一级学科	专业代码、名称	博士点批准时间	硕士点批准时间
05 文学	0501 中国语言文学 ☆☆（2006/01/25） ▲▲（2012/04/25）	050108 比较文学与世界文学	2006/01/25	1981/11/03
		0501Z1 古典学	**2012 自**	**2012 自**
		0501Z2 心理语言学	**2014 自**	**2014 自**
		0501Z3 创造性写作		**2014 自**
	0502 外国语言文学 ☆☆（2011/03/03）	050201 英语语言文学	2011/06/13	1986/07/28
		050202 俄语语言文学		1998/06/30
		050203 法语语言文学		2014/06/13
		050204 德语语言文学	2013/01/14	2003/09/01
		050205 日语语言文学	2011/06/13	1996/04/29
	0503 新闻传播学 ☆☆（2000/12/29） ★★（2007/08/20）	050301 新闻学	1984/01/13	1981/11/03
		050302 传播学	1998/06/19	1998/06/19
		0503Z1 传媒经济学	**2002 自**	**2002 自**
		0503Z2 广播电视学	**2011 自**	**2011 自**
06 历史学	0601 考古学 ☆☆（2011/08/05）	060102 考古学及博物馆学	2007/01/26	2005/06/22
	0602 中国史 ☆☆（2011/08/05） ▲▲（2012/04/25）	060101 史学理论及史学史	2003/01/14	1981/11/03
		060103 历史地理学	2005/01/06	2003/01/14
		060104 历史文献学	2003/01/14	2000/12/07
		060105 专门史	2000/12/29	1998/06/30
		060106 中国古代史★	1981/11/03	1981/11/03
		060107 中国近现代史★	1986/07/28	1981/11/03
		0602Z1 当代中国史	**2002 自**	**2002 自**
	0603 世界史 ☆☆（2011/08/05）	060108 世界史	1998/06/19	1986/07/28
07 理学	0701 数学 ☆☆（2011/03/03）	070101 基础数学	2011/06/13	2000/12/07
		070102 计算数学		2008/06/20
		070103 概率论与数理统计	2011/06/13	1998/07/03
		070104 应用数学	2011/06/13	2003/09/01
		070105 运筹学与控制论		1998/07/03
	0701 数学（物理学）	0701Z1 物理学	**2011 自**	**2011 自**
	0701 数学（化学）	0701Z2 化学	**2011 自**	**2011 自**
	0702 物理学 ☆（2011/03/03）	070201 理论物理		2006/01/25
		070203 原子与分子物理		2011/06/13
		070205 凝聚态物理		2006/01/25
	0703 化学 ☆（2011/03/03）	070301 无机化学		2006/01/25
		070302 分析化学		2011/06/13
		070303 有机化学		2006/01/25
		070304 物理化学（含：化学物理）		2006/01/25
		070305 高分子化学与物理		2011/06/13
	0705 地理学 ☆（2011/03/03）	070502 人文地理学		2011/06/13
		070503 地图学与地理信息系统		2006/01/25
	0711 系统科学 ☆（2006/01/25）	071101 系统理论		2000/12/07

学科门类	一级学科	专业代码、名称	博士点 批准时间	硕士点 批准时间
07 理学	0713 生态学 ☆（2011/08/05）	由原“071012 生态学”二级学科对应调整而来		
	0714 统计学（可授理学、经济学学位） ☆☆（2011/08/05）	由原“020208 统计学”和“070103 概率论与数理统计”二级学科对应调整而来		
08 工学	0812 计算机科学与技术（可授工学、理学学位） ☆☆（2011/03/03）	081201 计算机系统结构		2008/06/20
		081202 计算机软件与理论	2006/01/25	2000/12/07
		081203 计算机应用技术▲	2000/12/29	1981/11/03
		0812Z1 信息安全	**2011 自**	**2011 自**
	0817 化学工程与技术	081704 应用化学		2000/12/07
	0830 环境科学与工程（可授工学、理学、农学学位） ☆（2011/03/03）	083001 环境科学		2003/09/01
		083002 环境工程		2006/01/25
	0832 食品科学与工程（可授工学、农学学位） ☆（2011/03/03）	083201 食品科学		1998/07/03
	0835 软件工程 ☆（2011/08/05）	由原“081202 计算机软件与理论”二级学科对应调整而来		
10 医学	1004 公共卫生与预防医学（可授医学、理学学位） ☆（2011/03/03）	100401 流行病与卫生统计学		2006/01/25
12 管理学	1201 管理科学与工程（可授管理学、工学学位） ☆（2011/03/03）	120100 管理科学与工程		2000/12/26
	1202 工商管理 ☆☆（2000/12/29） ★★（2007/08/20）	120201 会计学	1986/07/28	1981/11/03
		120202 企业管理	1986/07/28	1981/11/03
		120204 技术经济及管理	2000/12/29	1986/07/28
		1202Z1 人力资源管理	**2002 自**	**2002 自**
		1202Z2 市场营销管理	**2002 自**	**2002 自**
		1202Z3 财务学	**2011 自**	**2011 自**
	1203 农林经济管理 ☆☆（2000/12/29） ▲▲（2010/05/26）	120301 农业经济管理★	1986/07/28	1981/11/03
		120302 林业经济管理	2009/01/07	2001/01/09
		1203Z1 自然资源管理	**2011 自**	**2002 自**
		1203Z2 农村发展 （农村发展管理（2008/04/23）为交叉学科北京市重点学科）	**2004 自**	**2004 自**
	1204 公共管理 ☆☆（2003/07/01）	120401 行政管理★	1998/06/19	1990/11/20
		120402 社会医学与卫生事业管理		2005/06/22
		120403 教育经济与管理▲	2003/09/01	2000/12/07
		120404 社会保障▲（2010/05/26）	2003/09/01	1998/06/19
		120405 土地资源管理▲	2000/12/29	1998/06/19
		1204Z1 公共财政与公共政策	**2011 自**	**2011 自**
		1204Z2 公共组织与人力资源	**2004 自**	**2004 自**

学科门类	一级学科	专业代码、名称	博士点 批准时间	硕士点 批准时间
12 管理学	1204 公共管理（教育学）	1204Z3 教育学	**2011 自**	**2011 自**
	1205 图书情报与档案管理 ☆☆（2006/01/25） ▲▲（2012/04/25）	120501 图书馆学	2006/06/20	1998/06/30
		120502 情报学	2006/01/25	2000/12/07
		120503 档案学★	1993/12/17	1984/01/13
		1205Z1 信息资源管理	**2008 自**	**2008 自**
		1205Z2 信息分析	**2011 自**	**2011 自**
13 艺术学	1301 艺术学理论	050401 艺术学		2003/09/01
	1302 音乐与舞蹈学 ☆（2011/08/05）	050402 音乐学		2009/01/07
	1303 戏剧与影视学 ☆（2011/08/05）	050405 戏剧戏曲学		2008/06/20
		050406 电影学		2007/01/26
	1304 美术学 ☆（2011/08/05）	050403 美术学		2003/09/01
	1305 设计学（可授艺术学、工学学位）	050404 设计艺术学		2003/09/01

说明：1. 加“☆☆”的一级学科表示该一级学科具有博士学位授予权；加“☆”的一级学科表示该一级学科具有硕士学位授予权；加“★★”的一级学科为国家重点一级学科；加“★”的专业为国家重点二级学科；加“▲▲”的一级学科为北京市重点一级学科；加“▲”的专业为北京市重点二级学科。

2. 学科点“批准时间”栏目内标注“年度＋自”并用黑字体显示的学科点是学校在一级学科授权范围内自主设置并上报教育部备案的学科点。

中国人民大学研究生交叉学科设置一览表（2014 年）

交叉学科代码、名称	相关一级学科	博士点批准时间	硕士点批准时间
99J1 金融工程	0202 应用经济学 0701 数学	2011 自	2011 自
99J2 风险管理与精算学	0202 应用经济学 0701 数学	2011 自	2011 自
99J3 劳动关系学	0202 应用经济学 0301 法学	2011 自	2011 自
99J4 中国特色社会主义理论	0302 政治学 0305 马克思主义理论 0201 理论经济学 0101 哲学	2011 自	2011 自
99J5 国学	0602 中国史 0501 中国语言文学 0101 哲学	2011 自	2011 自
99J6 城乡发展与规划	1204 公共管理 0303 社会学 0602 中国史	2011 自	2011 自

交叉学科代码、名称	相关一级学科	博士点批准时间	硕士点批准时间
99J7 可持续发展管理	1204 公共管理 1203 农林经济管理 0202 应用经济学	2011 自	2011 自
99J8 环境政策与管理	1204 公共管理 0830 环境科学与工程		2011 自
99J9 食品安全管理	1204 公共管理 0832 食品科学与工程 1203 农林经济管理 0301 法学		2011 自

中国人民大学研究生专业学位授予和人才培养目录

类别代码、名称	硕士点批准时间
0251 金融	2010/09/02
0252 应用统计	2010/09/02
0253 税务	2010/09/02
0254 国际商务	2010/09/02
0255 保险	2010/09/02
0256 资产评估	2010/09/02
0257 审计	2011/08/19
0351 法律	1996
0352 社会工作	2009/07/21
0451 教育	2014/05/29
0453 汉语国际教育	2007/06/06
0551 翻译	2014/05/29
0552 新闻与传播	2010/09/02
0651 文物与博物馆	2010/09/02
0852 工程	2008/05
0951 农业	2007/06/06
1251 工商管理	1990
125102 高级管理人员工商管理	2002/07
1252 公共管理	2000/04/25
1253 会计	2004/03
1255 图书情报	2010/09/02
1351 艺术	2010/09/02

2014年中国人民大学分专业学术型博士、硕士学位获得情况

专业名称	博士	硕士 （其中：同等学力硕士）	合计
马克思主义哲学	14	27	41
中国哲学	13	11	24
外国哲学	3	8	11
逻辑学	1	5	6
伦理学	6	11	17
美学	5	21（14）	26
宗教学	9	7	16
科学技术哲学	3	7	10
管理哲学	3	8（2）	11
政治经济学	24	37（4）	61
经济思想史	2	3	5
经济史	4	4	8
西方经济学	11	65（36）	76
世界经济	15	78（41）	93
人口、资源与环境经济学	12	50（8）	62
网络经济学	1	6	7
企业经济学	2	12（3）	14
国民经济学	18	77（33）	95
区域经济学	7	44（34）	51
财政学	25	27（6）	52
金融学	36	401（291）	437
产业经济学	7		7
国际贸易学	7	37（17）	44
劳动经济学	8	47（19）	55
统计学	20	35（9）	55
数量经济学	1	30	31
国防经济		3	3
保险学	3	10（4）	13
商业经济学	6		6
房地产经济与管理		17（6）	17
城市经济学	4	28（23）	32
法学理论	12	19（1）	31
法律史	16	11（1）	27
宪法学与行政法学	4	13（1）	17
刑法学	19	25（2）	44
民商法学	33	122（94）	155
诉讼法学	10	25（3）	35
经济法学	18	55（35）	73

专业名称	博士	硕士 (其中：同等学力硕士)	合计
环境与资源保护法学	5	10 (3)	15
国际法学	9	18 (2)	27
知识产权法	2	37 (5)	39
比较法		4	4
中国法		5	5
政治学理论	1	19	20
中外政治制度	2	4	6
科学社会主义与国际共产主义运动	12	9	21
中共党史	10	18	28
国际政治	3	21 (1)	24
国际关系	3	31 (16)	34
外交学	6	31 (12)	37
中国政治	6	21	27
国际政治经济学		12 (1)	12
社会学	19	68 (24)	87
人口学	2	16	18
人类学	3	5	8
老年学		3	3
社会心理学	1	7 (5)	8
马克思主义基本原理	5	5	10
马克思主义发展史	3	5	8
马克思主义中国化研究	3	12	15
国外马克思主义研究	4	4	8
思想政治教育	3	7	10
中国近现代史基本问题研究	2	2	4
高等教育学		15	15
教育法学		7	7
文艺学	4	13	17
语言学及应用语言学	3	17	20
汉语言文字学	1	16	17
中国古典文献学		1	1
中国古代文学	4	24	28
中国现当代文学	6	17	23
比较文学与世界文学	8	8	16
英语语言文学		66 (11)	66
俄语语言文学		7	7
德语语言文学		10	10
日语语言文学		11	11
新闻学	7	108 (49)	115
传播学	10	124 (76)	134
传媒经济学	2	11 (1)	13
广播电视学		12	12
史学理论及史学史		2	2
考古学及博物馆学	1	5	6

专业名称	博士	硕士 （其中：同等学力硕士）	合计
历史地理学	1	2	3
历史文献学	2	3	5
专门史	11	19	30
中国古代史	6	15（1）	21
中国近现代史	4	9	13
世界史	2	8	10
当代中国史	3	2	5
基础数学		5	5
计算数学		1	1
概率论与数理统计		19	19
应用数学	1	7	8
运筹学与控制论		6	6
化学	7		7
物理学	8		8
理论物理		5	5
凝聚态物理		11	11
无机化学		6	6
有机化学		9	9
物理化学		10	10
地图学与地理信息系统		7	7
生态学		5	5
系统理论		3	3
计算机系统结构		9	9
计算机软件与理论	7	7	14
计算机应用技术	5	26（6）	31
应用化学		9	9
环境科学		10	10
环境工程		7	7
食品科学		7	7
流行病与卫生统计学		5	5
管理科学与工程		50（40）	50
会计学	16	159（158）	175
企业管理	7	584（583）	591
技术经济及管理	11	25（16）	36
人力资源管理	12	276（230）	288
市场营销管理	6		6
财务学	8		8
农业经济管理	15	23	38
林业经济管理	1	6	7
自然资源管理		6	6
农村发展		11	11
行政管理	21	105（46）	126
社会医学与卫生事业管理		5	5
教育经济与管理	3	3（1）	6

专业名称	博士	硕士 （其中：同等学力硕士）	合计
社会保障	16	38（5）	54
土地资源管理	9	24（11）	33
公共财政与公共政策	7	35（7）	42
公共组织与人力资源	10	53（42）	63
图书馆学		3	3
情报学	2	26（16）	28
档案学	6	50（13）	56
信息资源管理		7	7
艺术学		23（16）	23
音乐学		3	3
电影学		6	6
美术学		9（4）	9
设计艺术学		19（11）	19
金融工程	7	23（10）	30
风险管理与精算学	4	12（2）	16
劳动关系学		20	20
中国特色社会主义理论	1	5	6
城乡发展与规划		16	16
可持续发展管理	3	13	16
	754	4 104（2 111）	4 858

2014年中国人民大学硕士专业学位获得情况

专业学位专业名称	人数
金融硕士	124
应用统计硕士	25
税务硕士	27
国际商务硕士	67
保险硕士	17
资产评估硕士	19
法律硕士	332
社会工作硕士	102
汉语国际教育硕士	64
新闻与传播硕士	30
文物与博物馆硕士	17
工程硕士	82
农业推广硕士	195
工商管理硕士	364
高级管理人员工商管理硕士	153
公共管理硕士	266

专业学位专业名称	人数
会计硕士	116
图书情报硕士	16
艺术硕士	15
合计	2 031

■ 对外教育教学

一、概况

截至 2014 年 12 月，学校注册各类长期留学生共 1 505 人，包括本科生 897 人，硕士研究生 176 人，博士研究生 96 人，普通进修生 172 人，高级进修生 32 人，汉语进修生 132 人。接受学历教育的留学生人数占长期在校留学生的 78%。各类短期留学生共 385 人。学校在注重外国留学生招收规模的同时，更注重留学生的质量和结构，严格把好入学关，进一步完善培养环节。

2014 年毕业的学历留学生共 326 名，其中本科生 221 人，研究生 97 人，主要来自韩国、越南、马来西亚、日本、印度尼西亚、泰国、蒙古国、新加坡、阿塞拜疆、哈萨克斯坦、朝鲜、吉尔吉斯斯坦、柬埔寨、土库曼斯坦、约旦、赤道几内亚、马拉维、科特迪瓦、坦桑尼亚、津巴布韦、美国、加拿大、马达加斯加、布隆迪、刚果（布）、刚果（金）、利比里亚、斯洛伐克、马里、乍得、哥斯达黎加、巴西、阿根廷、哥伦比亚、厄瓜多尔、巴拿马、吉布提、帕劳、萨摩亚、新西兰、乌拉圭、伊拉克、德国、希腊、波兰、保加利亚、俄罗斯、法国、意大利、瑞士、芬兰、以色列、罗马尼亚等国家。

2014 年共有 159 名外国留学生获得各类奖学金，其中 51 人获得北京市在校外国留学生奖学金，29 人获得北京市外国留学生新生奖学金；另有 60 人获得中国人民大学外国留学生学习成绩奖，8 人获得中国人民大学外国留学生社会活动奖，1 人获得中国人民大学优秀留学生干部奖，10 人获得中国人民大学留学生学习进步奖。2014 年，学校通过“中国政府专项奖学金——高校研究生项目”获得招生名额 25 人，最终录取 25 人。

二、招生工作

2014 年 9 月报到的本科生 148 名，硕士研究生 73 名和博士研究生 18 名。主要来自韩国、哈萨克斯坦、马来西亚、印度尼西亚、印度、越南、日本、蒙古国、缅甸、泰国、菲律宾、土库曼斯坦、吉尔吉斯斯坦、伊拉克、伊朗、阿塞拜疆、澳大利亚、美国、加拿大、巴拿马、厄瓜多尔、秘鲁、墨西哥、厄立特里亚、巴西、安哥拉、赤道几内亚、萨尔瓦多、津巴布韦、叙利亚、乍得、几内亚比绍、阿尔巴尼亚、尼日尔、爱尔兰、波兰、丹麦、德国、俄罗斯、捷克、卢森堡、葡萄牙、西班牙、意大利、英国、法国、芬兰、格鲁吉亚、荷兰、土耳其等国。

2014 年共有校级、院级交换生 214 人次，分别来自韩国、日本、越南、新加坡、乌克兰、挪威、罗马尼亚、荷兰、芬兰、英国、瑞典、匈牙利、德国、菲律宾、丹麦、法国、哥伦比亚、加拿大、美国等国的协议学校。

2014 年共录取 104 名中国政府奖学金生来校学习，学校的中国政府奖学金生总数达到 215 名；

另有国家汉办奖学金在校生 35 人。

全英文硕士招生取得实质进展，进一步优化了留学生的国别结构。2014 年，有 6 个全英文硕士项目实现招生，共录取 63 人，实际报到 33 人，分别进入国际关系学院、商学院、财政金融学院、经济学院、法学院和公共管理学院攻读 2 年制全英文硕士课程。学生来自阿尔巴尼亚、爱尔兰、澳大利亚、巴拿马、波兰、德国、俄罗斯、厄瓜多尔、法国、韩国、荷兰、捷克、津巴布韦、卢森堡、尼日尔、萨尔瓦多、泰国、土耳其、伊拉克、意大利和印度等 21 个国家。

在招生宣传方面，2014 年学校参加了在马来西亚、印度尼西亚和尼泊尔举行的教育展，发出了 2 000 余份招生简章，接待了大量的考生咨询。

三、留学生生活

为丰富外国留学生业余文化生活，学校积极组织全校留学生参加各级各类文体活动，如中国人民大学国际文化节暨孔子学院日、中华文化大讲堂、汉办奖学金生孔子故乡文化参访、滑雪活动、昆明湖长走等。

附录

中国人民大学 2014 年秋季外国留学生类别统计

学院	学生类别						合计
	本科生	硕士研究生	博士研究生	普通进修生	高级进修生	语言进修生	
哲学院	4	8	8	1	1		22
文学院	281	20	6	2	1	132	442
历史学院（含清史所）	9	6	1	1	3		20
国学院				1			1
经济学院	69	18	10	6	2		105
财政金融学院	43	8	5	4			60
统计学院	1						1
农业与农村发展学院	1	1			5		7
法学院	41	32	18	14	2		107
马克思主义学院			2				2
社会与人口学院	29	2	3		3		37
国际关系学院	158	48	26	28	4		264
新闻学院	98	3	2	1			104
艺术学院	7	3		1	1		12
外国语学院	6						6
理学院			1				1
商学院	96	13	8	51			168
公共管理学院	6	13	4				23

学院	学生类别						合计
	本科生	硕士研究生	博士研究生	普通进修生	高级进修生	语言进修生	
劳动人事学院	45	1	2	2			50
信息资源管理学院	3						3
中法学院				60	10		70
总　计							1 505

说明：以上统计数据截至2014年10月15日。

中国人民大学2014年秋季外国留学生国别统计

国籍	学生类别						合计
	本科生	硕士研究生	博士研究生	普通进修生	高级进修生	语言进修生	
阿尔巴尼亚		1					1
阿根廷	1	1	1			1	4
阿塞拜疆	1	1					2
埃及		2					2
爱尔兰		2		1		19	22
爱沙尼亚						1	1
安哥拉	1						1
奥地利		1	1		1		3
澳大利亚	1	2	1		2	3	9
巴基斯坦		1					1
巴拿马	2	2	1				5
巴西	2	1	2	1			6
保加利亚						2	2
比利时	2			7	1		10
波兰		3	2	2		2	9
博茨瓦纳		1	1				2
朝鲜	3						3
赤道几内亚	3						3
丹麦			1	7			8
德国		1	1	5	3	3	13
俄罗斯	7	8	1	1		11	28
厄瓜多尔		1		1			2
厄立特里亚		1					1
法国		2	1	72	10		85
菲律宾	2						2
斐济		1					1
芬兰	1	1		5	1	3	11
刚果共和国			1				1
刚果民主共和国	1						1

国籍	学生类别						合计
	本科生	硕士研究生	博士研究生	普通进修生	高级进修生	语言进修生	
哥伦比亚		2					2
哥斯达黎加			1				1
格鲁吉亚		1					1
哈萨克斯坦	11	4				3	18
韩国	735	33	33	12	2	20	835
荷兰		3		16			19
黑山				1			1
吉布提	1						1
吉尔吉斯斯坦	5	2					7
几内亚比绍			1				1
加拿大	5	10	2	3		4	24
柬埔寨	2	1					3
捷克		2	1				3
津巴布韦	1	4	1	1		9	16
老挝	3		1				4
立陶宛					1		1
卢森堡		1					1
罗马尼亚	1			2			3
马拉维	1						1
马来西亚	15	3					18
马里	1						1
马其顿	1						1
美国	12	11	4	5	5	21	58
蒙古国	20	6	1			2	29
秘鲁	1		2				3
缅甸	4	1					5
摩洛哥				1			1
墨西哥	1	2					3
南非		3					3
尼泊尔		1	1				2
尼日尔		1					1
挪威				2			2
葡萄牙		1		3			4
日本	15	5	3	5	3	10	41
瑞士			1			1	2
萨尔瓦多		1					1
塞内加尔					1		1
塞舌尔	2						2
塔吉克斯坦	2						2
泰国	5	8	1	1		1	16
土耳其	4	3					7
土库曼斯坦	1						1

国籍	学生类别						合计
	本科生	硕士研究生	博士研究生	普通进修生	高级进修生	语言进修生	
乌克兰	1	4		2			7
乌拉圭	1						1
乌兹别克斯坦	2		1				3
西班牙		3	1	3	1	2	10
希腊		1					1
新加坡			1		1		2
新西兰	2		1	2			5
匈牙利		1					1
叙利亚	1						1
亚美尼亚		1				1	2
也门	1						1
伊拉克		3					3
伊朗			1				1
以色列				2		1	3
意大利	2	3		8		5	18
印度		1	1				2
印度尼西亚	6	4				1	11
英国		2	1	1		4	8
越南	2	9	22			1	34
赞比亚	1						1
乍得	2	1					3
智利		1				1	2
总计	897	176	96	172	32	132	1 505

说明：以上统计数据截至 2014 年 10 月 15 日。

中国人民大学 2014 年留学生获奖名单

奖励名称	奖励等级	获奖名单
北京市外国留学生奖学金（在校生）		陈紫璃等 51 人
北京市外国留学生奖学金（新生）		伏见美奈等 29 人
本科留学生学习成绩奖	一等奖	裴辉宰等 16 人
	二等奖	尹必镇等 16 人
	三等奖	黄楚妮等 13 人
外国留学研究生学习成绩奖	博士一等奖	阮重平英等 4 人
	硕士一等奖	Marie Rossier 等 10 人
	硕士二等奖	范氏迈
留学生社会活动奖		李圣贤等 8 人
优秀留学生干部奖		金载镇
外国留学生学习进步奖		黄俊亮等 10 人

■ 继续教育

☞ 成人高等教育

一、概况

2014 年，继续教育学院成人教育部在北京市设有 3 个教学站，共开设 7 个专业。2014 年，夜大学有 10 个专业，共有学生 6 825 名。从学历层次看，夜大专升本 4 578 人，高中起点本科 1 797 人，专科 450 人。2014 年毕业学生 1 789 人。

二、招生工作

2014 年北京地区报考成人教育部的学生共 2 358 人，其中报考专升本 1 377 人，报考高中起点本科 531 人，报考专科 450 人。2014 年 12 月录取 1 791 人，其中专升本 890 人、高中起点本科 481 人、专科 420 人；注册人数为 1 629 人，其中专升本 839 人、高中起点本科 414 人、专科 376 人。

三、教学管理

（一）专业设置

2014 年，成人教育部共开设 17 个专业，其中专科升本科有会计学、金融学、市场营销、工商管理、法学、人力资源、财务管理等 7 个专业；高中起点本科有会计学、人力资源管理、工商管理等 3 个专业；高中起点专科专业有会计、工商企业管理、市场营销、人力资源、财务管理等 5 个专业。

（二）课程及教材建设

2014 年，编写和更新的教材有：《国际结算》（第二版）、《微观经济学与宏观经济学》（第五版）、《计算机应用基础》、《政治》（第 11 版）等。专著有：《国际休闲产业协会发展之路》《人力资源管理信息系统》《我国老年教育发展探究——基于积极老龄化的视角》。

☞ 网络教育

一、概况

截至 2014 年底，网络教育部共有学历教育在读学生 59 359 名，非学历教育在读学生 7 556 名。在全国建立校外教学服务中心 188 个，其中授权奥鹏公共服务体系建立的教学服务中心 100 个，自建或共建的教学服务中心 88 个。

2014 年共有毕业生 13 769 名（其中本科毕业生 8 925 名，专科毕业生 4 844 名），优秀毕业生 333 人，本科毕业生中符合学士学位授予条件的有 1 243 名。

2014 年春、秋两季学历教育报名 17 745 人，注册 16 038 人，非学历教育报读 7 556 人，其中专业进修 3 人，单科选修 947 人，开放课程生 6 606 人。

二、考试情况

2014 年继续教育学院网络教育部共组织了 4 次课程考试，累计设立考点 629 个，安排考场15 042 个，预约课程考试 355 008 门次，预约人数 99 473 人，人均预约为 3.57 门次/人。实考 304 869 门次，实考人数 86 541 人，缺考率为 14.12%，共处理各种违纪 449 人次，共派出巡考员 604 人次。

2014 年共组织了 3 次现代程教育试点高校网络教育部分公共基础课全国统一考试，报考人数共 16 112 人，22 906 门次，平均及格率为 73%。

2014 年组织了 2 次成人本科学士学位英语统一考试，报考人数为 8 292 人，实考人数为 5 444 人，平均及格率 33%，高于全国平均合格率 6 个百分点。

三、资源建设和教学研究

2014 年，学院加强对国家从业人员资格考试成绩认证的力度，制定了课程学分与资格证书相对应的免考办法，推进课程认证，构建学历教育和职业教育的立交桥。

学院探索混合式教学模式，在上海、太原、苏州、无锡等合作办学中心，进行部分专业基础课和专业课上的面授教学，提升学习者学习效果和体验。

2014 年，学院继续推进资源建设和改造。对 27 门网上运行的课程进行了不同程度的改造和更新，引进外部学历教育通识类课程资源 3 门；出版网络教育专用教材 3 种，修订教材 10 种。截至 2014 年底，累计出版现代远程教育专用教材 120 种。

发挥数字化学习资源建设的技术优势，为学校辅修课、公开课、共享课建设提供支持。制作网络公开课 4 门、北京市教学名师奖课程 4 门、“通识教育大讲堂——学科通识系列公开讲座”13 门、哲学入门课程 15 门、学校教师教学发展中心课程 3 门。

2013—2014 教学年度，学院教师在《中国远程教育》、《成人教育》、《继续教育》、“ICDE 会议”和“2014 上海泛在学习国际会议”发表 7 篇论文，并完成了年度满意度研究、学习困难测量、毕业生用人单位跟踪调查等 3 份调研报告。国家社科基金项目“知识型数字图书馆在网络教育中的应用研究”2014 年结项，共发表 7 篇相关论文。2014 开展微课研发。

四、开展网上非学历教育的探索

学院确定以双证教育为抓手，在已建设成的学历教育各专业的基础上，开发相关职业证书培训项目，学历与非学历相结合，满足在职学生多样化的学习需求。2014 年下半年，学院开发会计资格证和初级会计职称证书培训项目。

与北京市民政局深度合作，联合制定社会工作者继续教育网络课程教学计划，并于 2014 年 11 月完成了第一批 14 门课程的制作，成为北京市社会工作者网络继续教育的认证机构和教学基地。

继续开展企业培训管理岗位的专业认证项目“培训经理专业认证”。截至 2014 年底，已累计招收学员 400 余人，70 余名学员获得结业证书。学员大部分是来自中国电信、国华电力、神东煤炭、正大集团、中影集团等大型企业的培训管理负责人，在企业管理培训领域受到广泛关注和好评。

附录

2014 年继续教育学院网络教育部招生人数统计表

层次	专业名称	报名人数	录取人数	注册人数
高中起点专科	财政学	24	19	14
	法律事务	527	495	463
	工商企业管理	2 636	2 526	2 415
	公共事务管理	443	373	303
	国际经济与贸易	222	201	180
	汉语言文学	191	176	161
	会计学	1 254	1 221	1 188
	金融管理与实务	801	779	757
	人力资源管理	1 172	1 117	1 062
	市场营销	725	681	637
	社会工作	176	158	140
	合计	8 171	7 746	7 320
高中起点本科	财政学	0	0	0
	法学	14	12	10
	工商管理	34	31	28
	公共事业管理	8	7	6
	国际经济与贸易	14	12	10
	汉语言文学	10	9	8
	会计学	27	21	15
	金融学	19	16	13
	人力资源管理	17	13	9
	市场营销	11	9	7
	财务管理	15	12	9
	社会工作	9	8	7
	传播学	11	10	9
	合计	189	160	131
专科起点本科	财政学	33	27	21
	法学	690	654	618
	工商管理	1 744	1 666	1 588
	公共事业管理	451	410	369
	国际经济与贸易	213	192	171
	汉语言文学	342	319	296
	会计学	1 762	1 727	1 692
	金融学	1 092	1 048	1 004
	人力资源管理	1 310	1 298	1 286
	市场营销	507	491	475
	财务管理	318	298	278

层次	专业名称	报名人数	录取人数	注册人数
专科起点本科	社会工作	110	95	80
	传播学	155	148	141
	合计	8 727	8 373	8 019
本科第二学历	财政学	4	3	2
	法学	111	108	105
	工商管理	36	34	32
	公共事业管理	11	10	9
	国际经济与贸易	11	10	9
	汉语言文学	65	62	59
	会计学	154	146	138
	金融学	72	65	58
	人力资源管理	77	68	59
	市场营销	10	8	6
	财务管理	24	23	22
	社会工作	69	64	59
	传播学	14	12	10
	合计	658	613	568
学历教育招生合计		17 745	16 892	16 038
非学历	专业进修			3
	单科选修			947
	开放课程生			6 606
非学历教育招生合计				7 556

2014 年继续教育学院网络教育部在读学生（学历教育）人数统计

层次	专业名称	年度							合计
		2008	2009	2010	2011	2012	2013	2014	
高中起点专科	财政学	0	0	6	5	8	23	13	55
	法律事务	0	3	74	78	424	825	458	1862
	工商企业管理	0	6	348	307	1 291	2 604	2 409	6 965
	公共事务管理	0	1	54	45	386	562	298	1 346
	国际经济与贸易	0	3	81	35	127	195	178	619
	汉语言文学	0	3	43	34	128	223	154	585
	会计学	0	1	154	193	903	1 556	1 170	3 977
	金融管理与实务	0	2	290	90	479	922	754	2 537
	人力资源管理	0	8	99	199	914	1 741	1 053	4 014
	社会工作	0	0	0	0	68	173	139	380
	市场营销	0	5	99	122	474	858	627	2 185
	小计	0	32	1 248	1 108	5 202	9 682	7 253	24 525

层次	专业名称	年度							合计
		2008	2009	2010	2011	2012	2013	2014	
高中起点本科	财务管理	0	0	0	1	4	6	9	20
	财政学	0	2	2	0	1	0	0	5
	传播学	0	0	0	0	24	91	8	123
	法学	44	43	89	32	36	24	10	278
	工商管理	107	39	124	61	40	31	27	429
	公共事业管理	10	4	38	16	18	11	6	103
	国际经济与贸易	29	12	19	9	7	7	10	93
	汉语言文学	19	17	31	7	7	8	8	97
	会计学	55	30	97	41	29	25	15	292
	金融学	22	17	89	46	30	14	13	231
	人力资源管理	43	19	104	49	50	32	9	306
	社会工作	0	0	0	0	1	2	6	9
	市场营销	31	21	81	17	12	13	7	182
	小计	360	204	674	279	259	264	128	2 168
专科起点本科	财务管理	0	0	0	23	149	306	271	749
	财政学	0	1	18	9	17	37	21	103
	传播学	0	0	0	1	139	194	141	475
	法学	0	26	128	205	601	725	615	2 300
	工商管理	0	73	258	428	1 149	1 754	1 566	5 228
	公共事业管理	0	10	66	110	378	603	363	1 530
	国际经济与贸易	0	17	54	78	148	209	171	677
	汉语言文学	0	12	79	107	324	437	292	1 251
	会计学	0	54	366	525	1 433	2 297	1 679	6 354
	金融学	0	53	431	635	1 763	1 457	1 001	5 340
	人力资源管理	0	62	220	424	1 082	1 701	1 268	4 757
	社会工作	0	0	0	0	147	152	128	427
	市场营销	0	16	68	148	427	497	472	1 628
	小计	0	324	1 688	2 693	7 757	10 369	7 988	30 819
本科第二学历	财务管理	0	0	0	2	27	21	22	72
	财政学	0	0	0	0	3	11	2	16
	传播学	0	0	0	1	18	14	10	43
	法学	0	0	9	31	79	117	105	341
	工商管理	0	0	8	6	28	50	33	125
	公共事业管理	0	0	3	6	12	16	9	46
	国际经济与贸易	0	0	2	5	5	15	9	36
	汉语言文学	0	0	6	10	45	59	59	179
	会计学	0	0	10	38	94	186	139	467
	金融学	0	0	16	25	59	76	58	234
	人力资源管理	0	2	5	13	41	81	58	200
	社会工作	0	0	0	0	26	25	10	61
	市场营销	0	0	1	4	8	8	6	27
	小计	0	2	60	141	445	679	520	1 847
学历教育的学生人数合计		59 359							

2014 年继续教育学院网络教育部毕业生人数统计表

学科门类	专业名称	毕业生人数		申请学位人数
		本科毕业生人数	专科毕业生人数	
管理学	会计学	1 942	1 203	303
	财务管理	68	0	12
	工商管理	1 319	0	181
	市场营销	336	553	54
	公共事业管理	444	503	40
	人力资源管理	1 292	1 088	198
经济学	金融学	2 058	617	174
	国际经济与贸易	268	125	73
	财政学	30	9	5
法学	法学	712	598	115
	社会工作	1	0	0
文学	汉语言文学	432	148	84
	传播学	23	0	4
合　计		8 925	4 844	1 243

说明：以上统计数字截至 2014 年 12 月 31 日。

☞ 教育培训

一、概况

学校依托培训学院开展各类非学历教育培训活动，通过规范的教育服务，向社会提供优质教育资源，不断促进人文社会科学向社会生产力转化。

二、各类培训

（一）中央和国家机关司局级干部选学培训

2014 年，继续开展中央和国家机关司局级干部选学工作，全年共举办 10 个专题班，学员 590 名。

（二）高端培训项目

2014 年高端培训共开新班 165 个，企业内部培训和 MBA 研修班 97 个，干部培训班 68 个，服务对象 8 813 人次。

为中直机关、农业部、北京市委组织部、重庆市委组织部、重庆市卫计委、福建省委组织部、广西壮族自治区发改委、广西壮族自治区卫生厅、武汉市委组织部、宁德市委组织部、三亚市委宣传部及农工党中央、民进中央、九三学社江西省委、九三学社湖南省委、九三学社内蒙古区委等单位提供干部培训。为中国中煤能源集团、中国交通银行总行及下属分行、中国建设银行下属分行、中国农业发展银行总行及下属分行、中国人民保险集团及下属公司、百丽国际控股有限公司、方大集团、恒阳集团、合肥百货大楼集团、中国出口信用保险公司等单位提供企业内训。受中国和平发展基金会委托，先后开展了对蒙古国、尼泊尔、缅甸、马来西亚和塔吉克斯坦等发展中国家相关媒体从业人员的研修培训。

（三）国际合作项目

2014 年，国际合作项目分为本、硕两个层次，三大类项目进行招生，报考学生可以在美国、英国、澳大利亚、加拿大、新西兰和挪威 6 个国家的多所高校间选择经济、管理、商务、文学文化领域的上百个不同专业，基本满足学生的多样性需求。2014 年，国际合作项目开设本科和硕士项目共 26 个，其中，学士项目合作院校 18 所，硕士项目合作院校 8 所，涉及上百个不同的专业。2014 年，新招学生 196 人，结业 261 人，出国 243 人，出国率 93%。结业学生中，绝大部分获得合作院校录取通知书，其中经由学院提供途径获得签证的 218 人，已分别前往英国伦敦大学皇家霍洛威学院、英国玛丽女王大学、英国伦敦城市大学、英国威斯敏斯特大学、澳大利亚国立大学、澳大利亚堪培拉大学、加拿大纽芬兰纪念大学、加拿大戴尔豪西大学、新西兰梅西大学、美国宾夕法尼亚州立大学、美国伊利诺伊大学香槟分校等诸多名校继续深造。

继续承办教育部留学服务中心引进的英国高等教育文凭项目。2014 年，新招学生 986 人，结业学生 1 055 人。

（四）艺术培训项目

2014 年，艺术培训项目新开办了“物华心语”名家工作室、苗重安青绿山水工作室及祁恩进工作室共 3 个工作室，整体规模扩大到 13 个工作室，学科内容涵盖书法及山水、花鸟、人物等画种，在校生达到 172 人。各工作室根据实际教学需要，先后分别奔赴云南省西双版纳、河南太行山、山西太行山、甘肃敦煌、浙江等地实地开展春季写生活动。6 月 25—28 日，2014 届学员结业画展在国艺美术馆举办，展出各工作室师生作品 400 余幅，同期出版《丹青天地》结业画集。

2014 年，在正常教学的基础上，学员们积极参加各种艺术交流活动，在全国性各类画展中入选 35 余人次，其中，18 人入展第十二届全国美展；获奖 21 人次，7 名学员成为中国美协会员。

附录

2014 年培训项目统计

培训项目	人数（次）
企业培训、干部培训、MBA 研修班	8 813
国际合作学生（新生）	196
英国高等教育文凭项目（新生）	986
艺术培训	172

■ 实验室建设与仪器设备管理

一、概况

2014 年，实验室建设与管理工作围绕学校本科人才培养路线图的实施，以学科建设为龙头，以人才培养为核心，进一步完善实验实践教学示范基地建设，深化实践教学改革和管理改革，构建适合高素质、创新人才培养的实践教学体系和管理机制，实现实验室规模、结构、质量、效益的协调发展。

2014 年，仪器设备购置与管理工作认真执行上级主管部门及学校有关的各项规章制度，进一步落实精细化管理理念，以助力学科发展为宗旨，优化资源配置为核心，调整结构布局，完善管理机制，规范采购程序，提高采购效率，较好地完成各类经费的仪器设备及家具的购置工作。

二、实验室建设工作和成果

2014 年，国家级实验教学示范中心建设工作稳步推进。实验室建设与设备管理处与教师教学发展中心共同研究国家级实验教学示范中心——虚拟仿真实验教学中心的课程建设并进行公共政策实验室申报第二批国家级虚拟仿真示范中心的前期准备工作。法学实验实践教学中心和文科实验教学综合训练中心均以优异成绩顺利通过北京市实验教学示范中心验收。学校现有 2 个省部级重点实验室，4 个国家级实验教学示范中心，5 个省部级实验教学示范中心。

截至 2014 年底，学校已有实验室和野外研究基地共计 106 个，其中综合类实验室 46 个，科研类实验室 29 个，教学类实验室 31 个，已建成的各类实验室共计 16 093 平方米。2013—2014 学年全校开设的实验项目总数为 338 个，实验课时数达 12 627 个学时。学校以实验室建设为纽带，学科建设为支撑，充分利用现代化技术手段，建立起适应创新型人才培养目标的多层次、多视角、多维度、多媒体开放共享的实验教学平台。

截至 2014 年底，实验室新增设备资产 990 台（件），总值 4 124 万元。用于实验室单价为 1 000 元及以上的在用设备资产总量为 14 073 台（件），总值 24 490 万元。

三、仪器设备购置与管理工作

（一）稳步推进设备购置工作

2014 年，仪器设备及家具采购工作严格按照国家相关规定以及《中国人民大学招投标管理工作暂行规定》的规定规范执行。2014 年，通过政府采购方式组织货物类购置总计 12 697.2 万元。其中公开招标 9 405.76 万元，占采购金额的 74.1%；单一来源谈判 2 208.25 万元，占采购金额的 17.4%；询价购置 560.04 万元，占采购金额 4.4%；定点采购 444.96 万元，占采购金额的 3.5%；竞争性谈判 78.2 万元，占采购金额的 0.6%。2014 年学校对计算机、服务器、空调、办公设备、数码产品等通用设备继续采取政府采购协议供货的方式组织购置，同时还通过各种谈判采购方式在设备的配件、性能和服务等方面为学校争取利益最大化。

2014 年，学校按照国家有关免税政策，完成进口仪器采购免税 37 台件，12 台仪器设备处于办理免税过程中，共涉及金额 3 854.78 万元，所有设备完成免税手续后将为学校减免税费约达 886.60 万元。

（二）有序开展固定资产管理工作

2014年，学校完善固定资产管理制度，优化固定资产管理流程，固定资产管理制度框架更加全面合理。积极推进固定资产网络化管理，仪器设备及家具管理网络版已于2014年12月试运行。继续做好新增教学、科研、行政办公仪器设备、家具、图书、软件的报增、审核、调拨和报废工作。截至2014年底，仪器设备类固定资产（价值1 000元以上）共75 156台（件），仪器设备总值达到82 214.4万元。

（三）在公共教学区域启用音乐铃声系统

长期以来，校务委员会、教代会代表和师生普遍反映学校上、下课铃声单一生硬，对此，学校把音乐铃声系统改造纳入"1420行动计划"，校长办公会两次专门研究改造工作，明确"优化教学环境，体现中华民族传统音乐文化和学校文化底蕴"的改造宗旨。2014年，学校广泛调研并扎实推进音乐铃声的硬件系统建设和内容征集工作，并于10月8日在明德楼群、公共教学1～4楼、求是楼、国学馆等全校公共教室启用音乐铃声系统，取代传统机械铃声。此次采用的音乐铃声由艺术学院副院长、作曲家赵方教授编配，具有陕北民歌的音调特点，使用编钟的音色录制而成，既体现了中国人民大学诞生于陕北延安的厚重历史传统，又吸收融合了中国古典音乐的精髓，音域明亮饱满、音色浑厚。同时，新的音乐铃声系统在硬件上采用了数字IP网络广播打铃系统，实现了定时多种铃声控制、紧急广播讲话、网络化分区播放管理、故障自动识别、远程监控播放内容、调节音量等功能。

附录

中国人民大学2014年固定资产分类汇总表

金额单位：元

大类号	资产类名	年初数	年初额	报增数	报增额	报减数	报减额	年末数	年末额
1	仪器仪表	5 683	115 169 691.3	1 230	35 532 657.35	229	4 763 095	6 684	145 939 253.7
2	机电设备	8 788	94 551 630.46	5 777	32 931 341.41	210	1 318 085.93	14 355	126 164 885.9
3	电子设备	42 161	416 605 821.9	5 118	60 840 523.11	1 784	13 666 093.9	45 495	463 780 251.1
4	印刷器械	496	9 195 387.5	51	757 250	24	1 293 123.3	523	8 659 514.2
5	卫生医疗器械	383	24 803 618.55	10	2 546 040	5	27 120	388	27 322 538.55
6	文体设备	1 692	10 765 470.83	451	7 373 866	111	520 294.69	2 032	17 619 042.14
7	标本模型	91	510 692	2	20 750	0	0	93	531 442
8	工具量具器皿	100	257 356.7	20	205 934	2	3 382.6	118	459 908.1
9	行政办公设备	3 845	13 952 916.21	1 027	6 016 745.49	446	1 642 189.41	4 426	18 327 472.29
10	被服装具	915	1 301 036.72	49	233 610	2	49 060	962	1 485 586.72
11	文物及陈列品	80	11 854 490	0	0	0	0	80	11 854 490
	总合计	64 234	698 968 112.2	13 735	146 458 717.4	2 813	23 282 444.83	75 156	822 144 384.7

说明：以上数据不包括附属单位。

中国人民大学2014年实验室情况一览表

学院名称	实验室名称		实验室类别	建立时间（年份）	实验室地点	所属二级学科	备注
	基于大数据文科综合训练虚拟仿真实验教学中心		综合	2013	信息楼2层		国家级实验教学示范中心
	数据工程与知识工程实验室		综合	2006	信息楼4～5层	计算机科学与技术	教育部重点实验室
新闻学院	新闻传播实验教学中心	新闻与广告摄影实验室	教学	1955	明德新闻楼2层208～210，3层301～311，8层801～802	新闻学，广播电视新闻学，广告学，编辑出版学	国家级实验教学示范中心，北京市实验教学示范中心
		广播电视与多媒体出版实验室	教学				
		新闻采编与网络传播实验室	教学				
		思科网真演播室	教学				
		认知神经科学——传播学实验室		2011			
经济学院	经济与管理示范教学中心	经济组织与经济行为实验室	综合	2007	中国人民大学明德楼主楼5层508、510	经济学	国家级实验教学示范中心，北京市实验教学示范中心
商学院		CRM实验室	教学	2007	明德楼商学院5层509	工商管理	
		ERP实验室	教学	2006		工商管理	
		“@Task”项目管理实验室	教学	2009	明德楼商学院5层507	工商管理	
		工商管理综合实验室	教学	1996		工商管理	
		RFID卖场行为实验室	科研	2010	北京市金四季购物中心B1层HOLA（特力屋）、上海市龙之梦购物中心5楼黄中庭HOLA（特力屋）	工商管理	
统计学院		数据分析实验室	科研	1984	明德主楼5层513	应用统计学	
		电话调查实验室	科研	2000	明德主楼5层511	应用统计学	
		数据处理仿真研究实验室	科研	2006	明德主楼5层513	应用统计学	
财政金融学院		金融管理与工程实验室	综合	1997	明德楼5层507、509	金融学	
		财税政策与管理实验室	综合	1997		财政学	

学院名称	实验室名称		实验室类别	建立时间（年份）	实验室地点	所属二级学科	备注
信息学院、信息资源管理学院	信息技术与管理实验教学中心		综合	2012	信息楼 2、4、5 层，理工配楼 2 层	计算机科学与技术、计算机体系结构、计算机理论、软件工程、情报学、档案学	国家级实验教学示范中心
信息学院	信息技术综合实验室	ERP 沙盘实战实验室	教学	2006	理工配楼 2 层 205B、206B、207B、208B	电气工程及其自动化	北京市实验教学示范中心
		电工与电子实验室	教学	1999	信息楼 128、129，理工配楼 101	电气工程及其自动化	
		网络技术实验室	教学	1999	理工配楼 2 层 205B、206B、207B、208B	计算机科学与技术	
		嵌入式系统实验室	教学	2006	理工配楼 2 层 201B	计算机科学与技术	
		多媒体技术实验室	教学	2006	理工配楼 2 层 202B	计算机科学与技术	
		信息安全实验室	教学	2010	理工配楼 2 层 203B、204B、207B	计算机科学与技术	
	数据库与智能信息检索实验室		科研	2006	信息楼 4～5 层	计算机科学与技术	
	网络与移动数据管理实验室		科研		信息楼 1 层	计算机科学与技术	
	数据仓库与商务智能实验室				信息楼 4～5 层	计算机科学与技术	
	经济科学实验室		综合	1994	信息楼 4 层		
法学院	法学实验实践教学示范中心	法学院物证技术实验室	综合	1953	明德法学楼 6 层 603，7 层 701～705，710～711	诉讼法学	北京市实验教学示范中心

<table>
<tr><th>学院名称</th><th colspan="2">实验室名称</th><th>实验室类别</th><th>建立时间（年份）</th><th>实验室地点</th><th>所属二级学科</th><th>备注</th></tr>
<tr><td rowspan="3">外国语学院</td><td rowspan="4">文科实验教学综合训练中心</td><td>外语教学课件开发研究室</td><td>综合</td><td>2008</td><td>明德国际楼 310</td><td>外国语言文学</td><td rowspan="4">北京市实验教学示范中心</td></tr>
<tr><td>外语网络教学实验中心</td><td>综合</td><td>2008</td><td>明德国际楼 310</td><td>外国语言文学</td></tr>
<tr><td>视频点播实验室</td><td>综合</td><td>2009</td><td>明德国际楼 B111</td><td>外国语言文学</td></tr>
<tr><td>网络与教育技术中心</td><td>文科实验中心网络教学平台</td><td>教学</td><td>2010</td><td>明德楼地下广场</td><td></td></tr>
<tr><td>文学院</td><td colspan="2">汉语语音实验室</td><td>科研</td><td>1989</td><td>人文楼 1 层 125 房间</td><td>汉语言文学</td><td></td></tr>
<tr><td rowspan="4">社会与人口学院</td><td colspan="2">人类学实验室</td><td>教学</td><td></td><td>科研楼 A202</td><td>劳动与社会管理</td><td></td></tr>
<tr><td colspan="2">社工实验室</td><td>教学</td><td>2009</td><td>科研楼 A201</td><td>劳动与社会管理</td><td></td></tr>
<tr><td colspan="2">社工实验室（苏州）</td><td>教学</td><td>2010</td><td></td><td></td><td></td></tr>
<tr><td colspan="2">社会调查与统计分析实验室</td><td>教学</td><td>2007</td><td>科研楼 A610、A611</td><td>劳动与社会管理</td><td></td></tr>
<tr><td>国际关系学院</td><td colspan="2">国政经济模拟联合国专业实验室</td><td>综合</td><td>2005</td><td>明德国际楼 4 层 408</td><td>国际政治</td><td></td></tr>
<tr><td>艺术学院</td><td colspan="2">创意媒体实验室</td><td>综合</td><td>2003</td><td>老教工食堂</td><td></td><td></td></tr>
<tr><td rowspan="12">环境学院</td><td rowspan="12">环境学院实验分析中心</td><td>仪器分析实验室</td><td>科研</td><td rowspan="12">2006</td><td rowspan="12">理工楼 9 层＋求是楼后平房小院＋3 个野外实验基地</td><td rowspan="12">环境科学＋环境经济</td><td rowspan="12"></td></tr>
<tr><td>环境信息实验室</td><td>科研</td></tr>
<tr><td>环境监测实验室</td><td>科研</td></tr>
<tr><td>生态学实验室</td><td>科研</td></tr>
<tr><td>微生物实验室</td><td>综合</td></tr>
<tr><td>环境化学实验室</td><td>教学</td></tr>
<tr><td>低碳水环境技术实验室</td><td>科研</td></tr>
<tr><td>新能源实验室</td><td>科研</td></tr>
<tr><td>环境经济试验室</td><td>教学</td></tr>
<tr><td>西藏林芝野外基地</td><td>科研</td></tr>
<tr><td>黄山野外基地</td><td>综合</td></tr>
<tr><td>黑龙江七兴河国家级湿地保护区</td><td>科研</td></tr>
</table>

学院名称	实验室名称		实验室类别	建立时间（年份）	实验室地点	所属二级学科	备注
理学院	化学实验教学中心	普通化学实验室	教学	2005	理工楼1、4层	普通化学	
		分析化学实验室	教学			分析化学	
		有机化学实验室	教学			有机化学	
		物理化学实验室	教学			物理化学	
		仪器分析实验室	教学			分析化学	
		化工基础实验室	教学			有机化学	
理学院	功能分子与材料动态结构实验室		综合	2006	理工楼1层		
	材料化学实验室	自组装实验室	科研	2005	理工楼2～3层	材料化学	
		微纳器件实验室	科研				
		高分子材料实验室	科研				
		非均相催化实验室	科研				
		超临界流体技术实验室	科研				
		有机化学方法学实验室	科研				
		计算化学实验室	科研				
		有机碳材料实验室	科研				
		不对称合成实验室	科研				
		生物结构实验室	科研				
	凝聚态物性研究实验室		科研	2006	理工楼6层	凝聚态物理	
	材料物理实验室		科研	2010	理工楼6层	材料物理与化学	
	计算物理实验室		科研	2006	理工楼地下室	理论物理	
	物理实验中心	普通物理实验室	教学	2006	理工楼5层		
		近代物理实验室	教学				
		电子学实验室	教学				
		物理演示实验室	教学				

学院名称	实验室名称			实验室类别	建立时间（年份）	实验室地点	所属二级学科	备注
公共管理学院	公共管理实验中心	GIS 实验室		综合	2002	求是楼 322、324、424、425		
		高绩效管理实验室		综合				
		土地利用规划实验室		综合				
		管理学实验室		综合				
		课件制作及网络管理实验室		综合				
	公共政策实验室			综合	2012	公共教学一楼	公共管理	
信息资源管理学院	信息资源管理学院实验中心	档案管理实验室		综合	1952	人大信息楼 0101、0102、0110～0114、0207、0315、0402～0406、0409、0413、0505、0507、0510～0511	档案学	
		档案保护实验室	缩微摄影技术实验室	综合				
			档案文献保护化学实验室	综合				
			档案修复实验室	综合				
			档案有害生物防止实验室	综合				
		信息认录技术实验室		综合	1952	人大信息楼 0101、0102、0110～0114、0207、0315、0402～0406、0409、0413、0505、0507、0510～0511	档案学	
		计算机应用实验室		综合				
		信息分析实验室		综合				
		电子文件管理研究中心		综合				
		web 开发室		综合				
		文件处理与档案管理实验室		综合				
		电子文件系统测试中心		综合				
		元数据数据元与知识管理工作室	数据永久性存储与恢复技术超净化室	综合				
			中国人民大学物证技术鉴定中心	综合				
			数据永久性存储与恢复实验室	综合				
农业与农村发展学院	农村调查与计量分析实验室			综合	2008	明德主楼 505	农村发展	
	乡村发展实验室			综合	2009	明德国际楼 B6	农村发展	
	农产品市场模拟实验室			综合	2005	明德主楼 506	农村发展	

学院名称	实验室名称	实验室类别	建立时间（年份）	实验室地点	所属二级学科	备注
劳动人事学院	劳动科学实验室					正在建设
心理学系	眼动实验室	科研	2013	汇贤大厦D座908	基础心理学、应用心理学	
	虚拟现实实验室	科研	2013	汇贤大厦D座911	应用心理学	
	脑电实验室	科研	2012	汇贤大厦D座901	基础心理学、应用心理学	
	生物反馈实验室	科研	2012	汇贤大厦D座909	基础心理学、应用心理学	

■ 图书馆

一、概况

中国人民大学图书馆由新馆、藏书馆两部分组成，馆舍总面积近 55 000 平方米，馆藏文献总量 4 470 000 余册，设有 10 余个阅览区，阅览座位共计 3 000 余个。图书馆设有 13 个部室：办公室、总务与规划部、借阅部、报刊部、采编部、咨询部、多媒体信息部、系统部、古籍特藏部、技术服务部、文库工作部、藏书馆服务部、图工委秘书处。截至 2014 年底在职馆员 132 人。

2014 年，图书馆新馆阅览区全面覆盖和使用座位管理系统。5 月，藏书馆装修完成，重新开放，藏书馆采用一卡通门禁管理，推行借、阅分离模式，同时还开放 4 间学习室和 8 间研讨室，方便师生学习使用。

2014 年，“中国人民大学博士生主文献数字化资源库”与“北京高校文献资源统一检索平台”在图书馆同时启动。“中国人民大学博士生主文献数字化资源库”是北京市教委资源共建共享项目的建设成果，收录了学校博士点学科专业主文献目录及全文；“北京高校文献资源统一检索平台”是“十二五”期间北京市教委重点支持项目，该平台实现北京地区 88 所高校图书馆各项服务的有机整合，用户可通过统一检索平台无缝获取所需信息和服务。

二、文献信息资源建设

（一）文献采集整理量

2014 年，共购进中文图书 36 523 种，99 381 册；外文图书 9 017 种，9 833 册；中文报刊 1 682 种，外文报刊 726 种。现有数据库 400 种。收集本校学位论文电子版 9 477 篇、印刷版 9 900 册。接收来自 23 个国家和地区赠送的书刊，并与 57 个学校或科研机构的图书馆建立了书刊交换关系。2014 年，接受捐赠图书 10 996 册；捐赠期刊 997 册。全年编目加工上架中文图书 38 627 种，98 163 册；西文图书 5 933 种，6 147 册；日文图书 270 种，337 册。

（二）文献信息资源建设特色

按照丰富人图特藏的工作思路和大力推动文库建设的工作部署，图书馆继续加大了人大文库建设力度。2014 年，共收到捐赠 448 种，1 138 册图书。截至 2014 年底，人大文库图书已达到 31 000 余册，论文 69 000 余册。

三、文献信息服务

2014 年图书馆各阅览室接待读者 2 020 874 人次，共借、还图书 908 118 册次。复印量 4 270 000 余张；装订各类书刊 27 404 册；制作论文 30 000 余本。

2014 年，继续通过 CALIS，CASHL，BALIS 三个系统实现原文传递服务，文献传递发生量 10 638 篇。

为学校师生提供查收查引服务 470 人次，提供收录引用报告 470 份；为 2 项校内外科研项目提供科技查新服务。

为本科生、研究生、留学生、培训学院的新生提供入馆培训 41 场，共计 6 000 余人次；为各个院系读者举办图书馆资源与服务利用专题讲座 48 讲，合计 1 100 余人次。

2014 年图书馆学科馆员人数达到 45 人，服务覆盖所有院系。同时，图书馆积极开展学科服务平台的建设，利用 LibGudies 平台建设完成 11 个学科的指南建设并更新维护，涉及经济统计、环境学科、马克思主义理论、财务会计、科技哲学、物理学、图书馆/情报学等。

四、古籍、特藏收集整理

完成学校重大基础研究项目“朝阳大学先贤文集及法学文库”的中期成果“百年朝阳——历史的纪念与仰望”。

2014 年，Calis 高校古文献库完善数据、扫描书影 4 500 幅，同时为古籍普查修改了 5 000 条数据。提交 49 种书申报第五批国家珍贵古籍名录。参加第二届中文古籍整理与版本目录学国际学术研讨会。

五、教学、科研工作

完成本科生“人文社会科学信息检索”课程，共计 4 个班 153 人 172 个学时的教学任务。2014 年，图书馆共发表学术论文 38 篇，开展 10 个馆内课题研究。

9 月 24—25 日，举办华北地区高等学校图书馆协作委员会第 28 届学术年会，会议以“现代大学图书馆的技术与服务”为主题，围绕高校图书馆发展问题，进行了深入研讨。

六、分馆建设和全校的资源共建

2014 年，组织理工院系专题展、社科图书综合展、法政专题展、博览会图书专题、外院专题展、艺术图书专题展等 6 次外文原版书展。

2014 年伦理学所、心理健康中心、清史研究所、马克思主义学院等新加入图书馆的自动化系统，实现书目共享。全校有 23 个院系或基地资料室加入图书馆书目系统，实现共建共享。

图书馆负责协助信息资源管理学院、新闻学院、教育学院、艺术学院、外语学院、哲学院等完成了图书、期刊的订购和审核的工作。继续深化与法学院的合作，数据库培训进入研究生课堂；将法律类外文期刊放到法学院图书馆。

科学研究

一、概况

2014年是学校综合改革之年，科研工作围绕“百年人大计划”战略目标，以服务国家、服务人民为导向，以“稳中求进”“服务为本”“质量第一”为指导思想，全力推进各项科研工作的发展，全面探索科研体制的改革，取得了一系列的成绩和进展。

科研项目方面，2014年度，全校共获得各类科研项目1 185项，经费25 980.76万元，比2013年增加512.28万元，同比增长2%。其中，纵向项目经费（含中央高校基本科研业务费4 270万元）自2011年起连续第4年突破1亿元，达到14 185.91万元；横向项目537项，到账经费11 794.85万元。

科研成果方面，学校在南京大学中文社会科学引文索引（CSSCI）源期刊上以第一署名机构发文数达2 261篇（2013年数据），同比增长2.8%，连续10年保持全国高校第一；孙郁等4位教授的专著入选国家社科基金成果文库；在北京市第十三届哲学社会科学优秀成果奖评奖中取得优异成绩，共有27项成果获奖，其中特等奖1项，一等奖5项，二等奖21项。

国际发文方面，学校国际发文总数（第一作者或通讯作者）继续增长，其中2013年SSCI，A&HCI收录论文186篇，较2012年139篇增长33.81%；2013年SCI收录论文206篇，较2012年162篇增长27.16%。物理系季威教授作为通讯作者在*Science*杂志发表的论文于2014年入选由中国科学院、中国工程院“两院”院士等专家投票评选的2013年度中国科学十大进展。

在智库建设方面，2014 年度学校累计报送智库成果 131 项（不完全统计），其中，获得习近平总书记批示 7 份、李克强总理批示 2 份，其他党和国家领导人批示的 24 项，省部级以上领导批示的 64 项。学校制定和实施《中国人民大学中国特色新型智库建设推进计划》《关于推进直报点上报成果要报的若干规定》等推进智库工作的管理制度，持续推动、做实国家发展与战略研究院和重阳金融研究院等智库类研究机构。

研究平台建设方面，进一步整合学院学科、公共平台等科研资源，积极推动 4 个协同创新中心运行；制定旨在加强完善教育部人文社科重点研究基地、校属跨学院研究机构、院属研究机构的准入、评估及日常运行系列管理制度。

学术活动方面，学校“中国人文社会科学论坛 2014”主题是“法治中国：推进国家治理体系和治理能力现代化”，旨在进一步落实十八届四中全会精神，推进国家治理体系现代化。第三届吴玉章人文社会科学终身成就奖颁奖，著名伦理学家罗国杰教授、著名教育学家顾明远教授、著名经济学家黄达教授获奖。

二、科研机构

截至 2014 年底，学校共有 13 个教育部普通高等学校人文社会科学重点研究基地，1 个教育部重点实验室，1 个教育部工程研究中心，3 个北京市哲学社会科学研究基地，1 个北京市重点实验室；校内科研机构包括 25 个跨学院研究机构，175 个院属科研机构。

（一）中国经济改革与发展研究院

中国经济改革与发展研究院成立于 1996 年 1 月，1999 年 5 月重组为学校与国家发改委宏观经济研究院联合共建的研究机构，1999 年 12 月被批准为“教育部人文社会科学重点研究基地”。院长为中国人民大学林岗教授和国家发改委宏观经济研究院常务副院长王一鸣研究员，常务副院长为刘元春教授和国家发改委宏观经济研究院副院长马晓河研究员。研究院下设经济形势分析与对策研究室、企业治理与结构优化研究室、财政货币政策研究室、产业与区域经济研究室等。现有专职研究人员 18 人，兼职研究人员 17 人。主要学术带头人有：林岗教授、黄泰岩教授、黄卫平教授、高德步教授、张宇教授、陈甬军教授、刘元春教授等。

（二）刑事法律科学研究中心

刑事法律科学研究中心成立于 1988 年 10 月，重新组建于 1993 年 12 月，1999 年 12 月被批准为“教育部人文社会科学重点研究基地”。现任主任为戴玉忠教授，名誉主任为高铭暄教授，专职顾问为王作富教授，执行主任为刘明祥教授、黄京平教授、陈卫东教授。中心下设中国刑法研究所、外国刑法研究所、国际刑法研究所、刑事程序法研究所、区际刑法研究所、犯罪和监狱学研究所、证据法研究所、刑事法律史研究所等子机构。中心现有专职研究人员 25 人，兼职研究人员 20 人。主要学术骨干有：高铭暄教授、王作富教授、戴玉忠教授、黄京平教授、陈卫东教授、刘明祥教授、冯军教授、朱文奇教授、何家弘教授、赵晓耕教授、谢望原教授、时延安教授、张小虎教授、肖中华教授、田宏杰教授等。

（三）伦理学与道德建设研究中心

伦理学与道德建设研究中心以 1987 年成立的伦理学研究所和 1996 年成立的道德科学院为基础，于 1999 年 12 月重新组建，2000 年 9 月被批准为“教育部人文社会科学重点研究基地”。现任主任为葛晨虹教授，常务副主任为龚群教授。下设伦理学理论研究所、中西伦理比较研究所、现实道德问题研究所、企业伦理研究所、经济伦理研究所和中国农村发展研究所。现有专职研究人员 18 人，兼职研究人员 9 人。主要学术骨干有：罗国杰教授、宋希仁教授、焦国成教授、夏伟东编审、龚群教授、葛晨虹教授、肖群忠教授、郝立新教授、安启念教授、刘建军教授、万俊人教授、廖申白教授、王小锡教授、樊和平教授等。

（四）佛教与宗教学理论研究所

佛教与宗教学理论研究所以1991年成立的宗教学研究所和1996年成立的基督教文化研究所为基础，于1999年12月重新组建，2000年9月被批准为“教育部人文社会科学重点研究基地”。现任所长为方立天教授，执行所长为张风雷教授。下设佛教、宗教学理论、基督教、道教、当代宗教等研究室。现有专职研究人员16人，国内兼职研究人员10人，国外兼职研究人员5人。主要学术带头人有：方立天教授、何光沪教授、李秋零教授、杨慧林教授、张风雷教授、何建明教授、温金玉教授、王宇洁教授等。

（五）清史研究所

清史研究所成立于1978年5月，2000年9月获批成为“教育部人文社会科学重点研究基地”，名誉所长为戴逸教授，现任所长为杨念群教授。2005年以来，清史所为加强学科建设，根据各专业和研究方向的需要，进行了教研室的调整，下设中国古代史、中国近现代史、专门史、中外关系史、历史地理学、历史文献学等教研室。现有专职研究人员31人，兼职研究人员12人。主要学术带头人有：刘凤云教授、黄爱平教授、黄兴涛教授、杨念群教授、华林甫教授、夏明方教授等。

（六）中国财政金融政策研究中心

中国财政金融政策研究中心1999年组建，2000年9月获批成为“教育部人文社会科学重点研究基地”。中心依托财政金融学院两个国家级重点学科长期积淀而成的优良传统，以财政金融理论与政策研究为导向，成为国家在新世纪推进财政金融理论与政策研究的重镇。中心充分发挥文理渗透、学科交叉的优势，有效集聚“优势互补、专兼结合”的师资力量，聘请多位专兼职研究人员，每年为政府和社会提供多项研究专题报告和系列专著，举办“黄达—蒙代尔讲座”，迄今已评选六届“黄达—蒙代尔经济学奖”，在国内外均有较强的影响力。在2004年与2009年教育部组织的基地评审中，“中心”连续两次被评为优秀基地。陈雨露教授、郭庆旺教授、张杰教授以及汪昌云教授先后担任中心主任，现任中心主任为瞿强教授，著名经济学家黄达教授和陈共教授共同担任名誉主任。主要学术带头人有：吴晓求教授、郭庆旺教授、张杰教授、汪昌云教授、瞿强教授、岳希明教授等。

（七）民商事法律科学研究中心

民商事法律科学研究中心成立于1999年9月，2000年9月被批准为“教育部人文社会科学重点研究基地”，现任主任为杨立新教授。中心下设民法研究所、商法研究所、知识产权研究所、婚姻家庭法研究所、劳动和社会保障法研究所、民事诉讼法研究所、跨国商事法律研究所、地产研究所、金融证券法研究所、建筑房地产法律实务研究所、典当研究所、侵权法研究所、罗马法研究所等。现有专职研究人员23人，客座研究员10人，兼职研究人员32人。主要学术带头人有：王利明教授、杨立新教授、刘春田教授、龙翼飞教授、张新宝教授、姚辉教授、林嘉教授、汤维建教授、黎建飞教授、叶林教授等。

（八）人口与发展研究中心

人口与发展研究中心是2000年1月在原中国人民大学人口研究所的基础上重新组建而成的，2000年9月被批准为“教育部人文社会科学重点研究基地”，并且是国内唯一的人口学重点研究基地，现任主任为翟振武教授。中心现有专职研究人员11名，兼职研究人员7名。中心下设人口学与人口政策研究室、人口与可持续发展研究室、老龄研究室、资料室、办公室、健康实验室、电话调查室、人口学（老年学）数据库等。主要研究领域有：人口学理论与方法、中国人口问题与政策、老龄化与社会经济发展。主要学术带头人有：邬沧萍教授、翟振武教授、姚远教授、杜鹏教授、刘爽教授、段成荣教授、陈卫教授、杨菊华教授、宋健教授、杜本峰教授等。2014年，中组部、中宣部、人社部、科技部共同授予人口与发展研究中心“全国专业技术人才先进集体”称号。

（九）新闻与社会发展研究中心

新闻与社会发展研究中心成立于1986年10月，重新组建于1999年11月，2000年9月被批准为

"教育部人文社会科学重点研究基地"，现任主任为郑保卫教授。下设新闻传播研究所、舆论研究所、媒介经济研究所。现有专职研究人员15人，兼职研究人员6人。主要学术带头人有：方汉奇教授、郑保卫教授、涂光晋教授、高钢教授、喻国明教授、陈力丹教授、蔡雯教授、杨保军教授、彭兰教授等。

（十）应用统计科学研究中心

应用统计科学研究中心成立于1988年，重新组建于1999年，2000年9月被批准为"教育部人文社会科学重点研究基地"，现任主任为金勇进教授。中心围绕重大发展问题的统计技术创新研究、现代统计技术与方法的应用性研究、精算技术的创新与应用、生物医学统计技术发展与应用等主要研究方向，创建和发展了调查技术研究中心、竞争力与评价研究中心、数据挖掘中心、六西格玛质量管理研究中心、保险精算中心、数据库研究室等子机构。现有专职研究员15人，兼职研究员14人。主要学术带头人有：袁卫教授、金勇进教授、赵彦云教授、张波教授、王晓军教授、孟生旺教授、田茂再教授、易丹辉教授等。

（十一）欧洲问题研究中心

欧洲问题研究中心成立于1994年9月，系原国际政治系和国际经济系联合成立的系属研究中心，于1999年12月进行了重新组建，于2000年12月被批准为"教育部人文社会科学重点研究基地"。2005年，欧盟委员会授予中心"让·莫内最佳欧洲研究中心"称号。经过二十几年的建设与发展，中心已经成为国内外欧洲问题研究的重要学术基地和交流平台。中心现任主任杨慧林教授，学术委员会主任宋新宁教授和黄卫平教授分别获得欧盟委员会授予的"让·莫内终身特聘教授"和"让·莫内讲座教授"。中心主要有五大研究方向：欧洲政治与外交、欧洲经济与货币联盟、欧洲联盟法、欧洲文化与宗教研究、欧洲社会政策研究。在中国重视国际问题研究的大背景下，中国人民大学欧洲问题研究中心凭借其欧洲问题研究的专业优势于2012年1月被教育部批准成立区域和国别研究培育基地。主要学术带头人有：宋新宁教授、黄卫平教授、杨慧林教授等。

（十二）社会学理论与方法研究中心

社会学理论与方法研究中心成立于1984年9月，重新组建于1999年6月，2000年12月被批准为"教育部人文社会科学重点研究基地"，现任主任为郑杭生教授。下设理论社会学研究室、社会学方法研究室（CGSS）、社会工作研究室和分支社会学研究室（法律社会学、经济社会学）。现有专职研究人员10人，兼职研究人员8人。主要学术带头人有：郑杭生教授、李路路教授、潘绥铭教授、洪大用教授、刘少杰教授、郭星华教授、李迎生教授、夏建中教授、冯仕政教授、陆益龙教授、赵旭东教授等。

（十三）中国特色社会主义理论体系研究中心（原"三个代表"重要思想研究中心）

"三个代表"重要思想研究中心成立于2002年11月29日，2004年11月被批准为"教育部人文社会科学重点研究基地"，2010年经教育部批准更名为"中国特色社会主义理论体系研究中心"。现任主任为顾海良教授，秦宣教授任执行副主任。下设马克思主义理论创新、全面建设小康社会和执政党建设3个研究室。中心现有专兼职研究人员35人，其中校内专职研究人员18人，校内兼职研究人员10人，校外兼职研究人员7人。主要学术带头人有：程天权教授、王顺生教授、秦宣教授、郝立新教授、张雷声教授、吴潜涛教授、梁树发教授、杨凤城教授、刘建军教授、陶文昭教授等。

（十四）人文北京研究基地

人文北京研究基地成立于2009年6月30日，其前身为人文奥运研究中心，是中国人民大学在与北京市政府合作的基础上组建的专门进行"人文北京"相关课题研究的校属跨学科研究机构，也是北京市哲学社会科学重点研究基地。现任中心主任、首席专家为冯惠玲教授。人文北京研究基地是一所服务于北京发展、专门从事人文北京建设相关研究的跨学科、开放性科研平台。其主要研究方向为："人文北京"理论的基础性研究；"人文北京"的应用研究与对策研究；"人文北京"的历史文化资源研究；"人文奥运"研究。主要学术带头人有冯惠玲教授等。

（十五）马克思主义研究基地

马克思主义研究基地成立于2006年12月21日，现任主任为郝立新教授，陶文昭教授任研究院首席专家。现有研究人员20多人。主要学术带头人有：林岗教授、刘大椿教授、秦宣教授、张宇教授、张雷声教授、梁树发教授、张新教授、安启念教授、吴潜涛教授、马俊峰教授、李景治教授、杨凤城教授、黄继锋教授、侯衍社教授、张旭教授等。研究基地是国内马克思主义理论研究的重要阵地之一。

（十六）北京社会建设研究基地

北京社会建设研究基地成立于2008年4月18日，由北京市委社工委与中国人民大学联合成立，现任基地主任为纪宝成教授。研究基地主要研究北京社会发展过程中出现的各种问题，开展专项调查、承担科研课题、建立数据资料中心等工作。研究基地同时也是北京市社会建设研究基地。研究院现下设办公室、研究一部、研究二部、研究三部。主要学术带头人有：冯惠玲教授、翟振武教授等。

（十七）数据工程与知识工程教育部重点实验室

数据工程与知识工程教育部重点实验室于2005年12月经教育部批复开始筹建，2008年10月经教育部专家组验收通过，正式开放运行。实验室主任为杜小勇教授，副主任为张斌教授。中国科学院数学研究所陆汝钤院士为学术委员会主任，信息学院王珊教授为学术委员会常务副主任。实验室现有研究人员63人，其中专职研究人员9人，兼职研究人员54人。主要学术带头人有：王珊教授、冯惠玲教授、杜小勇教授、赵国俊教授、张斌教授、陈红教授、孟小峰教授、石文昌教授、文继荣教授、左美云教授、毛基业教授、陈熙霖研究员、安小米教授等。

（十八）光电功能材料与微纳器件北京市重点实验室

光电功能材料与微纳器件北京市重点实验室于2013年6月获得北京市科委正式认定，实验室主任为卢仲毅教授，学术委员会主任为薛其坤院士。主要研究方向包括：数值模拟和理论建模研究、光电功能新材料的合成与制备、物性表征与谱学特征研究以及微纳加工及其器件原型。实验室现有研究人员40名，教育部创新团队2个，22人具有高级职称，研究人员中包括中组部“千人计划”入选者1名，“百千万人才工程”入选者2名，教育部长江学者特聘教授1名，“青年千人计划”入选者3名，国家自然科学基金委杰出青年基金获得者3名，国家自然科学基金委优秀青年基金获得者2名，教育部“新世纪优秀人才支持计划入选者”8名，北京市科技新星入选者1名，北京市优秀人才获得者1名，全国百篇优秀博士学位论文获得者1名。主要学术带头人有卢仲毅教授等。

三、学术刊物

中国人民大学现有学术期刊16种，复印报刊资料系列刊115种，文摘卡系列刊14种，报刊资料索引系列刊7种。

（一）《中国人民大学学报》

1987年1月创刊，双月刊，中国人民大学主办，教育部主管，是哲学社会科学综合性刊物。曾两次获得我国期刊界的最高奖——中国期刊奖，并于2004年首批进入“教育部高校哲学社会科学名刊工程”，2009年入选中国期刊协会、中国出版科学研究所组织评选的“新中国60年有影响力的期刊”。开设的主要栏目有：专题研究、经济学研究、哲学研究、应用伦理学研究、科技与社会、社会学研究、宗教学研究、管理学研究、政治学研究、法学研究、文学研究、历史学研究、当代学术思潮评价等。主编为段忠桥教授。

（二）《教学与研究》

1953年5月创刊，月刊，是教育部委托中国人民大学主办的理论刊物。主要栏目有：当代中国社会发展研究、教学与研究论坛、马克思主义与现当代、前沿问题、学术评论、研究述评、当代世界经济与政治、西方思潮评介、近现代中国社会研究、思想政治教育研究、教学难点解析、教材·教学·教改等。其中，“当代中国社会发展研究”入选“教育部高等学校哲学社会科学学报名栏”。《教学与研究》被新闻出版总署评为中国期刊方阵“双效期刊”，是全国中文核心期刊、中国人文社会科学核心期刊。主编为秦宣教授。

（三）《经济理论与经济管理》

1981年1月创刊，月刊，中国人民大学主办，教育部主管，是中文核心期刊、中国人文社会科学核心期刊、经济学理论专业核心期刊、CSSCI来源期刊，并被国家级各类科研基金确定为科研成果发表认定期刊。主要栏目有：理论探索、学术前沿、经济热点、公共经济、金融研究、产业经济、区域经济、“三农”研究、工商管理、国际经济、动态与综述等。主编为杨瑞龙教授。

（四）《经济与政治研究》（*Economic and Political Studies*）

2013年1月创刊，半年刊，中国人民大学主办，教育部主管，是同行评议的英文学术刊物（收入中国人民大学核心期刊目录）。主要刊登国内外学者在经济学和政治学，尤其是二者交叉领域的英文原创论文。所刊文章以问题为中心，以创新为依归，侧重对中国问题的研究；鼓励跨学科视角，强调理论和经验研究并举、定量与定性方法兼容；旨在向国际学界展示中国学术动态，力争成为促进中外学者交流与对话的开放性平台。所设栏目有：研究论文、专题研究、学术述评、研究报告、书评等。执行主编为张成思教授。

（五）《档案学通讯》

1978年5月创刊，双月刊，中国人民大学主办，教育部主管，是《中文核心期刊要目总览》确定的档案学、档案事业类首位核心期刊，是CSSCI来源期刊，是我国唯一获国家社科基金学术期刊资助的档案学期刊。主要栏目有：档案学理论与档案管理、经济科技档案管理、档案现代化管理、档案资源开发利用、档案保护、研究生论坛、档案教育。杂志社社长为冯惠玲教授，主编为胡鸿杰教授。

（六）《国际新闻界》

1961年4月创刊，月刊，中国人民大学主办，教育部主管，是中文核心期刊、中国人文社会科学核心期刊、新闻专业核心期刊、CSSCI来源期刊，研究范围涉及新闻学、传播学领域，探讨大众传播业界、广电、编辑出版、广告、公共关系和传媒经济的各种理论与实践问题，探讨网络信息传播、传播科技的各种现象和问题，以及与传播相关的跨学科领域的研究。主要栏目有：本期话题、环球视窗、网络时代、传播论坛、媒介经济、比较研究、新闻教育、实务探讨、名人名作、公关广告、传播史话、学术动态、百草园等。杂志社社长为高钢教授，主编为陈力丹教授。

（七）《法学家》

1986年创刊，原名为《法律学与研究》，1993年第1期改名为《法学家》，双月刊，中国人民大学主办，教育部主管，是中文核心期刊、中国人文社会科学核心期刊、法学专业核心期刊、CSSCI来源期刊，主要栏目有：法学研究综述、法学专论、三大讲坛、本期视点、法制改革、法学争鸣与评论、域外法学、青年法苑、司法官谈法治、法学教育、外国法述评、法学信息等。主编为史际春教授。

（八）《人口研究》

1977年创刊，双月刊，中国人民大学主办，教育部主管，是人口与发展研究中心（教育部人文社科百所重点研究基地、原人口研究所）承办的学术刊物，是人口学专业唯一被国家新闻出版总署选定的国家期刊方阵（双效）期刊、中国人口学会会刊、CSSCI来源期刊、全国中文核心期刊，是我国最早创办、国内外公开发行的综合性人口学专业杂志，在国内外具有广泛的影响。2012年入选国家社科基金学术期刊第一批资助名单。2012—2014年获中国最具国际影响力学术期刊称号，2014年被中国社会科学评价中心评为中国人文社会科学期刊社会学类顶级期刊。主要栏目有：人口与发展论坛、人口与社会、老龄问题研究、人口调查与分析、人口流迁、人口资源与环境研究、社会医学、计划生育研究、世界人口、少数民族人口、数字人口等。主编为翟振武教授。

（九）《清史研究》

1991年创刊，前身是创办于1979年的《清史研究通讯》，季刊，中国人民大学主办，教育部主管，由百所重点研究基地之一的清史研究所承办，是中国人文社会科学核心期刊、CSSCI来源期刊。全国唯一定期出版的断代史学术期刊，主要刊载清史理论和清代政治、经济、社会、军事、民族、宗教、外交、人物、文化、学术、思想等方面的学术论文，并报道国内外清史研究动态，具有广泛的学术影响力。2001年被评为国家新闻出版总署期刊方阵的“双效期刊”，2013年荣获国家社科基金资助，并被美国EBSCO数据库收录，连续入选2013、2014年度“中国国际影响力优秀学术期刊”，名列中国期刊海外发行排行前50名。主编为祁美琴教授。

（十）《中国人民大学教育学刊》

1995年6月创刊，原名《成人高教学刊》，2011年1月正式更名为《中国人民大学教育学刊》，季刊，中国人民大学主办，教育部主管，是教育性理论期刊，注重学术性、理论性、政策性研究，并以论文的学术质量为唯一标准。设有高等教育研究、教育理论研究、教育政策研究、教育史研究等栏目。主要发表反映国内外教育发展的重要理论、重要政策和实践问题的学术论文、调查实验报告、政策报告；对特定时期国内外教育理论研究进行回顾、总结和前瞻的原创性研究成果；有学术品位的教育经典和教育新书评论等。主编为项贤明教授。

（十一）《情报资料工作》

1980年创刊，双月刊，是中国社会科学情报学会学报、全国中文核心期刊、全国图书馆学情报学核心期刊。主要栏目有：专题研究、理论探索、信息资源、信息服务、信息技术、实践研究。刊物主要关注图书馆学情报学领域中高质量理论研究成果和重大应用成果，重视文章的理论研究深度和实践指导价值。主编为高自龙教授。

（十二）《政治经济学评论》

2010年1月创刊，季刊，致力于推进马克思主义政治经济学的中国化和时代化，发展具有中国特色、中国风格、中国气派和时代特点的经济学理论；反映国内外政治经济学的最新成果，探讨中国经济和世界经济中的重大现实问题，推动对中国经验、中国道路和中国模式的理论研究；提倡兼容并包，鼓励思想创新；促进国内外经济学界的对话、交流与合作，推动中国的政治经济学走向世界。主要栏目有：研究论文、专题研究、书评等。主编为张宇教授。

（十三）《国学学刊》

2009年3月创刊，季刊，定位于大专院校和科研机构文史哲等相关专业教师学生、研究人员，以及中国传统文化关注爱好者，以研究中华民族的传统文化为宗旨，以经史子集和新出国学资料为研究对象，倡导百家争鸣、百花齐放的精神，为海内外国学研究者传播学术资讯、切磋学术心得、展示学术成果、贡献学术理念提供一个广阔的学术平台。主要栏目有：国学与文化、经学研究、国史研究、思想史研究、国文研究。主编为冯其庸教授，执行主编为黄朴民教授。

（十四）《基督教文化学刊》

1999年创刊，半年刊，中国人民大学基督教文化研究所主办，宗教文化出版社出版。2005年入选CSSCI来源期刊。研究范围涉及宗教学、比较文学、文艺理论、汉学等。主要栏目有：道无常名—理论与经典解读，混元之性—基督教思想家研究，化通玄理—基督教与社会、伦理问题研究，法浴水风—中国文化与基督教的对话，镜观物色—基督教文化与文学研究，法流十道—汉语基督教史料研究，书殿翻经—书评及新书介绍，和而不同—学术争鸣与回应，罄集明宫—学术动态等。主编为杨慧林教授、罗秉祥教授。

（十五）《数据科学》（*Journal of Data Science*）

《数据科学》是由中国人民大学、辅仁大学、哥伦比亚大学于2003年1月共同创办的英文期刊（季刊），主要接收国际学者在数据分析方面的原创性文章，包括理论、方法与应用等，目标是在大数据到来的时代为数据科学和数据应用工作者提供一个交流观点和想法的平台。杂志被国际检索机构Current Index to Statistics，EBSCO Discovery，Zentralblatt MATH以及Airiti Library检索或收录。主编为辅仁大学管理学院李天行教授，执行主编为辅仁大学陈铭芷教授、台北“中央研究院”统计科学研究所银庆刚教授和中国人民大学统计学院张波教授。

（十六）《社会学评论》

《社会学评论》是中国人民大学社会学理论与方法研究中心、中国人民大学书报资料中心合办的社会学专业学术期刊。秉承“崇尚学术，追求真理，理论自觉，建设反思”的宗旨，刊发高质量、前沿性的社会学研究的优秀成果，提供权威的社会学教学和研究的学术交流平台，构建青年社会学者施展才能、更好成长的学术舞台，促进社会学不同学派的学术争鸣，为推动社会学理论、方法和历史诸领域研究的繁荣和发展、推进世界眼光和中国风格兼具的社会学而努力。

《社会学评论》2013年2月创刊，第一任主编为我国著名社会学家郑杭生教授。自2014年12月起，第二任主编为刘少杰教授。《社会学评论》编辑部设在中国人民大学社会学理论与方法研究中心。主要栏目有：理论社会学及其应用、社会建设与社会治理、新型城镇化探索、分支社会学研究、青年学者论坛、综述、书评等。

四、科研项目和科研经费

2014年度，全校共获得各类科研项目1 185项，经费25 980.76万元，比2013年增加512.28万元，同比增长2%。其中，纵向项目经费（含中央高校基本科研业务费4 270万元）自2011年起连续第4年突破1亿元，达到14 185.91万元；横向项目537项，到账经费11 794.85万元。

纵向项目是指由上级科技主管部门或机构批准立项的各类计划（规划）、基金项目，包括国家级项目、省部级项目以及市级和省厅局级项目等，主要经费来源性质属于中央或地方财政资金。2014年度，全校各类纵向项目按不同类别，情况分别如下：

国家社科基金项目总立项76项（不含成果文库及子课题），经费达到2 083万元。其中年度项目38项（包括重点项目10项，一般项目28项），青年项目15项，总计53项，总立项数和分类立项数均居全国高校首位。

国家自然科学基金项目72项（项目数不包含6项会议资助类项目），共4 450.76万元，重大项目课题1项，国家杰出青年科学基金1项，重点项目1项，优秀青年科学基金项目2项，重大研究计划项目1项。国家科技支撑计划课题共1项390万元，973计划课题1项208万元。

教育部人文社科项目重大课题攻关项目1项80万元，基地重大项目26项520万元，重大委托课题2项50万元，后期资助项目1项20万元，普及读物项目3项45万元，规划项目、青年项目等共19项140万元。

北京市社科基金重大项目2项60万元，重点项目18项212万元，一般项目7项56万元，青年项目6项25万元，研究基地项目7项73万元，预立项项目4项8万元；北京市自然科学基金项目面上项目3项33万元，北京市教育科学规划重点项目1项12万元。

此外，北京市教育委员会共建项目6项110万元；北京市社科联项目4项47万元，北京市社科联项目青年社科人才资助项目8项32万元，北京市科委项目3项407万元，其他项目23项共计854.15万元。

五、科研成果与奖励

（一）入选国家哲学社会科学成果文库成果介绍

序号	课题名称	申请人	单位	学科
1	鲁迅与俄国	孙　郁	文学院	文学
2	近代中国宗教文化史研究	何建明	哲学院	哲学
3	中国财政分权、地方政府行为与经济增长	贾俊雪	财政金融学院	经济学
4	中国经济改革的经验及其理论启示	张　宇	经济学院	经济学

1. 成果名称：鲁迅与俄国
作品类别：专著
作者：孙郁
出版社：人民文学出版社
出版时间：2015 年 3 月
成果简介：

全书十七章，主要从鲁迅俄国文学藏品，看其思想、审美与俄国文化的关系。第一次系统梳理了鲁迅译介俄罗斯文学的经验，讨论了其文学实践过程与果戈理、契诃夫、高尔基、托尔斯泰、陀思妥耶夫斯基、迦尔洵、安德来夫、托洛茨基、列宁、普列汉诺夫、卢那察尔斯基、爱罗先珂、阿尔志跋绥夫等人的关系。在个案分析与全景扫描中，发现了鲁迅浅文本与俄罗斯文学的内在逻辑，注意到其思想左转中对于域外资源的借用。与俄国文化对话的过程，也是鲁迅的精神由个人主义转向马克思主义的过程，这里重点阐述了鲁迅与列宁主义的关系，鲁迅的左翼道路与列宁主义有一定呼应，但基本点还停留在普列汉诺夫与托洛茨基的层面。这使他与中国左翼作家有了本质的差异。在翻译介绍高尔基的时候，鲁迅如何克服旧的审美意识，走向大众之路，也有详细的打量。而在革命文学论争中，其思想与托洛茨基的相遇，也刺激了新的话题的产生。该书既有文学文本的解析，也有对绘画、哲学问题的探讨，是对其知识结构的一次有意味的勾勒。从多种角度，立体呈现出鲁迅思想的丰富性，对于进一步理解其精神世界，提供了别样的视角。

2. 成果名称：近代中国宗教文化史研究
作品类别：专著
作者：何建明
出版社：北京师范大学出版社
出版时间：2015 年 6 月
成果简介：

全书共分上下两篇：上篇共四章，主要探讨近代中国宗教与各种主要社会思潮及文化论争之间的关系。包括近代中国宗教如何回应进化论、三民主义、无政府主义和早期社会主义及马克思主义等主要社会思潮、科学思潮和民族主义思潮及其运动以及近代文化论争的挑战，集中讨论佛教和基督宗教如何自觉地阐释自己的现代政治观念、宗教观念和文化观念，尤其是对宗教与近代中国的民族主义、科学观念和文化论争之间重大而敏感的复杂关系问题进行了较深入的史论结合的研究。下篇共三章，即宗教相遇——佛教近代化与基督教中国化、文化传承——文化民族性与现代性的共时追寻及文明对话——宗教对话与文化融合，分别以专题或个案的形式，就中国传统的佛教和道教如何面对外来宗教和文化的挑战而探索现代化之路，以及外来宗教（基督宗教）如何面对中国社会中固有的宗教和文化传统的挑战以及救亡图存时代主题的考验而探索中国化之道。全书引用了大量的各种第一手文献，立足于国内外的相关学术成果，打破各宗教和文化之间的人为界限，明确指出近代中国宗教与近代以来的救亡图存的中国社会主题紧密相连，并积极寻求能够适应近代中国社会和文化发展之紧迫需要的历史传承和思想文化创新，从而使得近代中国的宗教文化具有鲜明的民族性和现代性，并成为近代中国思想文化历史转型当中不可或缺的重要组成部分，同时也揭示了近代中国宗教文化在当代中国文化传承和创新中的重要意义。

3. 成果名称：中国财政分权、地方政府行为与经济增长

作品类别：专著

作者：贾俊雪

出版社：中国人民大学出版社

出版时间：2015 年 4 月

成果简介：

全书紧密结合中国市场经济发展和财政分权化改革的实践特点，以地方政府行为为核心、以财政分权和经济增长为主线，构建中国财政分权的基本理论框架体系，揭示财政分权及其制度安排对地方政府的利益动机、目标定位和行为选择进而对经济增长的影响及其作用机理，提供关于中国财政分权化改革经济影响较为全面的评价和具有较好逻辑一致性的解释。首先，构建一个综合理论分析框架，刻画财政分权对地方政府的利益动机、目标定位和行为选择进而对经济增长的影响及其机理，提出核心理论假说；然后，从中央与地方财政分权以及省以下财政分权视角出发，考察财政分权和纵向财政失衡对经济增长的影响，剖析财政竞争机制和公共池机制在决定我国地方政府行为中的作用，揭示财政分权影响经济增长的作用机理；最后，从宏观经济稳定和基本公共服务均衡发展两个角度考察财政分权的经济增长波动效应和包容性增长效应，对我国财政分权的经济影响进行更为全面的评价，探求目标兼容和激励相容的财政收支责任安排、政府间转移支付制度和地方政府治理结构的优化措施，提出促进经济社会长期可持续发展的财税体制改革建议。

全书观点明确，系统性强，分析方法新颖，对策建议针对性强，具有现实性和理论性。

4. 成果名称：中国经济改革的经验及其理论启示

作品类别：专著

作者：张宇

出版社：中国人民大学出版社

出版时间：2015 年 5 月

成果简介：

该书以中国特色主义经济理论和实践的发展为主线，回顾和总结了中国经济改革的实践经验，阐述了其对中国经济学特别是社会主义经济理论发展的启示和意义，从马克思主义政治经济学视角对中国的改革经验做出了系统的解释。该书的主要内容包括：

经济改革的实践与中国经济学的发展，马克思经典社会主义经济理论与社会主义经济建设的实践，中国特色社会主义经济理论的历史逻辑，中国经济模式的政治经济学分析，社会主义市场经济的实践经验及其理论启示，中国渐进式改革的逻辑与经验，社会主义初级阶段基本经济制度的理论与实践，国有经济的性质及其与社会主义的关系，国有经济在社会主义市场经济中的地位和作用，关于收入分配制度改革的基本理论，社会主义市场经济中政府和市场的关系，深化对社会主义经济本质认识的若干问题，从比较优势到自主创新，中国经济为什么能持续快速发展。

（二）中国人民大学获北京市第十三届哲学社会科学优秀成果奖成果简况

序号	成果名称	成果形式	申报者	单位	奖励等级	学科
1	法律、资源与时空建构：1644—1945年的中国（五卷本）	专著	张世明	法学院	特等奖	法学
2	大金融论纲	专著	陈雨露	财政金融学院	一等奖	经济学
3	共同体的进化	专著	张康之	公共管理学院	一等奖	政治学
4	秦汉社会意识研究	专著	王子今	国学院	一等奖	历史学
5	西方社会运动理论研究	专著	冯仕政	社会与人口学院	一等奖	社会学
6	意义——当代神学的公共性问题	专著	杨慧林	文学院	一等奖	交叉学科·综合
7	中国地方政府规模和结构优化研究	专著	郭庆旺	财政金融学院	二等奖	经济学
8	短缺证据与模糊事实——证据学精要	专著	何家弘	法学院	二等奖	法学
9	建设公正高效权威的社会主义司法制度研究（四卷本）	专著	陈卫东	法学院	二等奖	法学
10	基本养老保险制度分析与评估——基于养老金水平的视角	专著	李　珍	公共管理学院	二等奖	管理学
11	农民工住房：理论、实践与政策	专著	吕　萍	公共管理学院	二等奖	管理学
12	有关大学章程认识的若干问题	论文	秦惠民	教育学院	二等奖	教育学
13	美国学派：推进美国经济崛起的国民经济学说	论文	贾根良	经济学院	二等奖	经济学
14	地方政府竞争和经济增长——基于我国省级面板数据的空间计量经济学研究	专著	周业安	经济学院	二等奖	经济学
15	历史唯物主义的理论本质和发展形态	论文	郝立新	马克思主义学院	二等奖	马克思主义理论
16	中国共产党与当代中国文化发展研究	专著	杨凤城	马克思主义学院	二等奖	政治学
17	中国农民专业合作社运行机制与社会效应研究——百社千户调查	专著	孔祥智	农业与农村发展学院	二等奖	管理学
18	八次危机：中国的真实经验1949—2009	专著	温铁军	农业与农村发展学院	二等奖	交叉学科·综合
19	关联交易与代理问题	专著	叶康涛	商学院	二等奖	经济学
20	老龄社会与和谐社会	专著	邬沧萍	社会与人口学院	二等奖	社会学
21	Robust Estimation in Inverse Problems via Quantile Coupling	论文	田茂再	统计学院	二等奖	经济学
22	发展测度论中国的实践与思考	专著	彭　非	统计学院	二等奖	交叉学科·综合
23	分裂的想象	专著	杨庆祥	文学院	二等奖	语言文学
24	谁在网络中呼风唤雨：网络舆情传播的动力节点和动力机制研究	专著	李　彪	新闻学院	二等奖	艺术学·新闻传播学
25	存在与实体——亚里士多德《形而上学》Z卷研究（Z 1—9）	专著	聂敏里	哲学院	二等奖	哲学
26	重建历史唯物主义历史总体观	专著	张文喜	哲学院	二等奖	哲学
27	文化与政治——西方马克思主义研究	专著	欧阳谦	哲学院	二等奖	哲学

特等奖成果简介

《法律、资源与时空建构：1644—1945年的中国》（五卷本）（著作）

中国人民大学张世明著

广东人民出版社2012年出版

《法律、资源与时空建构：1644—1945年的中国》（五卷本），写作历时17年，总计300多万字，分为导论卷、边疆民族卷、军事战争卷、司法场域卷、经济开发卷，在某种程度上可以说构成一部独力完成的“新清史”。该书强调问题史学，在思想体系的建构方面进行积极的探索，其聚焦点在于探讨法律规则、资源与时空建构的三角关联。全书这种一体三维的关联就是各卷之间深刻嵌入的精神所在。其中，第二卷主要以17世纪中叶到18世纪政治空间格局如何形成为主要问题，不仅从历史学角度进行分析，而且从国际法学角度进行论证，尤其希冀从时空关系的理论高度对清代疆域观念的复杂性与特殊性进行深入细腻的考察。第三卷主要以18世纪到19世纪中叶为时间范围的中西方军事力量的对比研究为核心，阐明鸦片战争后中国之所以被动挨打是否真的是如人们所说的是由于西方“船坚炮利”所致，分析法律与军事之间的关联。第四卷的时间为18世纪中叶到20世纪初，主体则是研究司法场域的博弈，该卷坚持对清代司法制度演变首尾贯通考察观点，主张考察清代司法的内在演变逻辑，认为清代司法制度乾隆时期所谓成熟之后直到清末修律之前，依然代有嬗变，举其荦荦大端者言有六大变革。第五卷的阐述就时间而言主要限制在19世纪中叶至20世纪中叶，研究经济资源的开发与民族国家的建构、时空观念的变迁等问题。在该书中，作者力图寻求以下诸方面的一些通则：一是学科之间的通则，不满足于单纯的所谓跨学科综合研究，致力研究知识型、探讨史学和法学等学科的底层语法规则。二是古今之间的通则，鉴古而知今。作者倡导的总体史研究固然在内容上强调多学科交叉的综合研究，但并非如通常人所想象的那样是包罗万象的历史。它与其说以内容上的综合型为特征，不如说是在揭橥一种以古今互视为研究趋向的方法。三是极力追求法律演变的规则，但不是采取结构主义的取向，而是力图将法律规则历史化。这种理解把历史与现实联系起来，在历史的时间和空间中理解法律。作者认为，对讲求情理法的中国特色法律的研究本身应该是情理法兼备的研究。该书按照费肯杰的推参阐述方法进行比较史学、中西汇通的研究作业，在借鉴吉尔兹文化阐释学的深度描写的方法的同时使得一种地方性知识能够趋向于一般理论。《光明日报》2012年11月22日第11版、《法制日报》2012年11月26日第6版、*Frontiers of History in China*（Volume 8. Number 3. September 2013）等国内外百余家报刊媒体对此进行了报道和评论，指出：“书中涉及的多个学术领域，均存在着一定的语言或专业限制因素，有的甚至被学界视为畏途。作者凭借一己之力完成如此厚重的学术著作，受到相关专家的高度肯定。”该书已经获得北京市法学会首届首都法学优秀成果特等奖等奖项。

一等奖成果简介

1.《大金融论纲》（著作）

中国人民大学陈雨露、马勇著

中国人民大学出版社2013年出版

在对2008年国际金融危机进行全面反思的基础上，《大金融论纲》明确提出并全面论证了“大金融”命题，为系统重建金融和实体经济共同稳定发展的新型理论框架奠定了重要基础。《大金融论纲》所提出的“大金融”理论体系，强调宏观理论和微观理论的系统整合，金融和实体经济的和谐统一，一般规律和“国家禀赋”的有机结合。这种理论和现实紧密融合的思想和做法，有助于以一种更加全面、系统和贴近现实的方法论来构建新的金融理论框架，并形成对一国长期金融发展具有重要指导意义的政策指南。较之已有研究，《大金融论纲》具有以下三个方面的理论贡献：一是基于“大金融”

命题提出了新的金融学方法论；二是从“效率性—稳定性—危机控制能力”三个基本维度构建了新的理论分析框架；三是结合中国的“国家禀赋”特征，提出了新的“大金融”发展战略。前两个方面的贡献有助于形成和推动新的、更具解释力的金融分析理论、原则与方法，而第三个方面的贡献则为中国在未来全面构建高效而稳定的新型金融体系提供了“蓝图式”的政策设计。2009—2013年，课题组围绕该研究组织了多次专题研讨会和论证会，发表了大量论文，引起理论界和实务界的热烈反响。从已发表的近30篇论文来看，在《经济研究》《金融研究》《世界经济》《财贸经济》等CSSCI核心期刊上发表的文章数在20篇以上，其中2篇被《新华文摘》全文转载，1篇进入《新华文摘》论点摘编，16篇论文以封面文章的形式发表，并有5篇文章成为当期杂志的刊首文。2009年7月，项目首席专家陈雨露教授曾携该研究阶段性成果参加“2009年全球智库峰会”，相关主题演讲得到了与会专家和领导的高度认可，其演讲主要内容《后危机时期货币金融稳定的新框架》随后以封面人物文章的形式专题刊发于《中国金融》2009年24期。2012年8月，该书入选2012年“经典中国国际出版工程”，并得到翻译和出版资助，美国麦格劳-希尔教育出版公司签约出版该书的英文版。2012年10月，课题组就《大金融论纲（征求意见稿）》在人民大学召开专题报告会，与会20多位知名专家、学者对课题成果给予了高度评价和一致好评，作为课题成果摘要的报告内容随后作为专题封面文章刊发于《环球财经》杂志，包括央视网、新浪网、和讯网、凤凰财经网等在内的多家媒体进行了转载和报道。此后，该书的若干观点和结论，持续得到新华网、新浪网、雅虎财经、凤凰财经等主要财经媒体的转载和引用。百度“大金融论纲”的搜索结果已经超过150万条，谷歌的搜索结果超过20万条。2013—2014年以来，该研究的相关成果持续发酵，并日益发挥多方面的重大社会效益。2013年5月，中国人民大学重阳金融研究院发布该研究的成果报告《走向核心国家：中国的大金融战略与发展路径》，新华网、新浪网、雅虎财经、凤凰财经等国内50多家主要财经媒体进行了广泛报道，引起社会高度关注，该报告的简要版本随后发表于《中国金融》2013年12期，陈雨露教授成为当期杂志的封面人物。作为该研究的最终成果，《大金融论纲》出版不久，便入选《光明日报》“中国高校出版社书榜”2013年9月榜单。同年，经过专家多轮评鉴，《大金融论纲》入选北京出版发行联盟“三个一百”原创精品出版工程。2013年8月21日，“大金融、大合作、大治理”国际智库研讨会在中国人民大学隆重召开，20国的智库代表齐聚北京，就“后金融危机时代的全球治理”“新兴经济体的作用”“中国的发展与G20的未来”等议题展开讨论，陈雨露教授围绕“大金融”理论进行了主旨演讲。此外，该研究的一些相关衍生成果也发挥了良好的社会效益，如：陈雨露教授基于“大金融”理论框架提出的《国际金融危机后金融学的发展与创新》于2014年4月18日发表于《人民日报》（理论版）；十八大后，陈雨露教授的《金融发展中的政府与市场关系》发表于《经济研究》2014年1期；等等。

2.《共同体的进化》（著作）

中国人民大学张康之、张乾友著

中国社会科学出版社2012年出版

《共同体的进化》是一部通过对共同体的演进史进行历史考察并努力发现人类社会走向的研究著作，该书试图从共同体的视角去审视当前人类所面临的困境，以及摆脱困境的出路。该书的研究所要解决的是人类如何走出“全球风险社会”困境的问题，通过对社会治理历史进行考察去发现人类社会治理的基本依据，揭示社会治理在人类社会的总的历史进程中所发挥的作用，解析社会治理在近代社会的发展中是如何把人类引入到全球风险社会这个境地中去的。该书试图在对近代形成的管理型社会治理模式的批判分析中找到社会治理模式面向未来重建的出路，研究结论是：通过服务型社会治理模式的建构去创造一个合作治理的局面，从而适应人类社会进入高度复杂性和高度不确定性历史阶段的要求而去开展社会治理，特别是需要在合作制度的建构中解决当前人类社会危机事件频繁发生的问题，并把人类引领出“风险社会”。该书努力追求社会科学研究视角的转换，希望从“共同体”而不是“社会”

的视角出发去重新审视人类历史。研究发现，与人类历史的农业社会、工业社会和后工业社会相对应的有三种共同体形式，它们分别是“家元共同体”“族阈共同体”和“合作共同体”。通过这一概念创新，发现了人类社会治理是与共同体的性质一致的。在历史上，家元共同体的解体和族阈共同体的生成过程也是以风险社会的形式出现的，通过社会革命和管理型社会治理模式的建构，人类走出了风险状态，从而进入了工业社会凯歌行进的历史时期。现在，人类之所以再一次进入风险社会，是因为工业社会正在受到后工业化和全球化的冲击，这意味着人类正在走向后工业社会。在这一次历史转型过程中，必然要实现族阈共同体的解体和合作共同体的生成。合作共同体的建构意味着社会治理模式的变革，是一场通过服务型政府建设去营造一个和谐与合作的社会的过程。该书的研究工作主要沿着三条线索展开：第一，分析启蒙时期的“天赋人权”观念在近代以来社会建构以及全部政治建构中的作用，揭示其在转化为社会治理模式的过程中走向风险社会的必然性；第二，分析德国古典哲学在“自我”与“他人”关系上的理论如何在近代以来的社会发展进程中逻辑地转化为“承认政治”的主张，揭示承认政治在现实行动中的乌托邦性质；第三，分析 20 世纪后现代主义思潮产生过程中出现的关于认同、共识关系的理论争辩，揭示认同、共识的社会结构和政治结构，努力去把握认同、共识在共同行动中的作用。该书所形成的研究结论是：近代以来的资产阶级政治学和哲学理论对于工业社会及其族阈共同体的建构是具有积极意义的，但是，随着工业社会发展到了顶峰，随着人类呈现出后工业化的迹象后，这些理论的缺陷也就暴露了出来，因而，需要通过合作治理理论的提出去解决人类当前所遇到的诸多问题。该书努力去对合作治理理论加以规划，努力去发现合作治理理论转化为合作行动的可能性。该书出版后，有 5 篇书评，《人民日报》《中国社会科学报》等分别发表了评论文章。

3.《秦汉社会意识研究》（著作）

中国人民大学王子今著

商务印书馆 2012 年出版

《秦汉社会意识研究》注重多层面多角度考察秦汉社会意识，研究内容包括：“秦德”：秦汉社会政治意识考察的一个标本；秦代专制主义体制与“忠”的社会意识导向；《吕氏春秋》“大忠”“至忠”宣传与秦代“忠”观念的社会普及；汉代社会政治思想体系中“忠”的地位；汉代社会意识中的“和合”观；《太平经》“和合”意识探讨；汉代“得民和”理念的社会意识史分析；汉代儒学的神学色彩及其社会影响；秦汉时期法家的命运；“四皓”故事与道家的关系；汉代早期道教对社会政治生活的参与和干预；《焦氏易林》的社会思想史研究；汉代民间的“苍天”崇拜；汉代民间的西王母崇拜；论秦汉雍地诸畤中的炎帝之祠；汉代“蚩尤”崇拜；秦汉人的乡土意识；秦汉社会的“富贵”观；睡虎地《日书》甲种“以见君上数达”解；秦汉镇墓方式及其意识背景；汉代社会的向学意识与读书生活；战国秦汉时期商学和兵学对社会意识的综合影响；西汉长安的太学生运动。《秦汉社会意识研究》的研究对象既涉及政治理念、文化倾向，也涉及信仰世界和礼俗传统；既关注社会正统意识的生成和影响，也重视下层民俗文化在意识史层次的形态和特征。就政治意识而言，对于“忠”观念等以往研究有所忽略而对于秦汉社会以至后世历史影响甚为深刻的思想文化现象有所探索，对于《太平经》和《焦氏易林》这样的文化遗存所体现的社会意识史信息也进行了分析。儒学面对社会的神学色彩，法家在社会应用方面的作用，早期道教对社会政治生活的参与和干预，作者也有所分析。民间“苍天”崇拜、西王母崇拜、炎帝崇拜、“蚩尤”崇拜等社会意识表现，也是作者的研究对象。秦汉社会的乡土意识，秦汉社会有关富贵的意识，以往思想史和文化史学者未做深入探究，该书的研究也有创新的意义。秦汉开明人士对于“富贵”的清醒认识，体现了深刻的社会智慧和人生哲理，不仅反映了当时社会意识的冷静和高明，对于现今的人们也有一定的启示意义。儒学普及在教育方面的成就对于社会意识导向的深刻影响，商学和兵学对于社会意识的综合作用，该书也有探索性的论述。在讨论“西汉长安的太学生运动”的部分，作者重视知识人群体在社会意识大趋势中的作用。社会矛盾的激化，使太学生们受到深刻的思想震动，认识到汉王朝面临的严重危机。他们所接受的儒学教育，其中民本思想的积极因素也对他们的观念倾向发生了一定的影响。在研究方法方面，《秦汉社会意识研究》重视传世文献资料和考古文物资料的结合。有关汉代社会意识中“忠”的地位的讨论，发掘了汉碑资料中有关“忠”的信息，“‘忠孝李善’故事”一节，则利用了汉画像石的画面资料。关于有关西王母崇拜和“蚩尤”崇拜的社会意识表现，也取用了汉代画像中的信息。有关汉代民间“苍天”崇拜以及睡虎地《日书》甲种“以见君上数达”的论述，则以出土简牍资料与文献资料相结合。对于秦汉镇墓方式及其意识背景的分析，利用了画像资料以及镇墓兽、镇墓俑及石刻文字等多种文物资料。

据“中国知网”检索结果，《秦汉社会意识研究》2012 年和 2013 年被 12 篇博士学位论文和 8 篇硕士学位论文列入“参考文献”；2012—2014 年被 4 篇正式发表的学术论文列入“参考文献”。《中国史研究动态》2013 年第 3 期发表乔松林书评《〈秦汉社会意识研究〉评介》，以为“长期以来，学界对秦汉时期的社会意识这一层面关注较少”，“《秦汉社会意识研究》的出版则弥补了这个遗憾”，对该书给予了“选题视角新颖”“运用材料丰富”“考证功力扎实”等评价。

4.《西方社会运动理论研究》（著作）

中国人民大学冯仕政著

中国人民大学出版社 2013 年出版

社会运动研究在西方是一个横跨社会学、政治学、经济学、传播学等多个学科的专业领域，其理论成果对研究中国社会中的动乱、运动、革命、群体性事件以及政治秩序和社会稳定等问题具有重要的参考价值。该书在充分掌握第一手文献的基础上，在国内首次仔细地梳理西方社会运动研究中各主要理论流派的发展脉络和基本理念，以及因此而来的分析思路、理论假设和概念框架，同时揭示各个流派的优长、局限和彼此间的批判与继承关系，是对西方社会运动研究成果的一个全景式检阅。全书共七章。其中，第一章是全书的导论和总纲，首先分美国和西欧两大传统概述西方社会运动研究作为一个专业领域的发展历程，然后交代“集体行为”和“社会运动”这两个核心概念的内涵及其演变，最后梳理西方社会运动研究的知识谱系及其内在逻辑，并在此基础上阐述全书的结构安排。第二章讨论集体行为论。首先分析该理论倾向兴起的历史环境和理论背景，接着分符号互动、结构功能和相对剥夺等三种取向阐述其理论模型，最后回顾 20 世纪 60 年代以后该流派的没落以及后续的理论修正。第三章讨论资源动员论。与集体行为论从心理上找原因不同，资源动员论认为资源才是决定社会运动之兴衰成败的关键。相应地，其分析重点是资源动员的结构、过程和效率。本章在比较资源动员论与集体行为论在分析范式上的本质差异之后，从社会运动市场、社会运动组织、社会运动参与与招纳、社会运动业类与部门等方面对资源动员论的概念、命题和模型做了阐述。第四章讨论政治过程论。与资源动员论一样，政治过程论也认为社会运动是一种理性行为。但它认为，社会运动本质上是那些被主流政治设置排斥在外的群体为了捍卫自身利益而发起的政治斗争，因此它反对资源动员论所坚持的“社会运动市场”想象，强调把社会运动作为一个政治性的斗争过程而不是作为一个市场性的竞争过程来研究。其理论内容涉及政治机会结构、国家政治与社会运动的关系、社会运动对策略的选择与国家的应对、社会运动的结局和影响等问题。第五章又对这些内容进行了系统的梳理和阐发。第六章所讨论的新社会运动论则属于西欧传统。与美国传统不同，新社会运动论倾向于从资本主义历史进程的高度对社会运动的变迁做整体性考察，认为第二次世界大战以后，此前作为社会运动主角的工人运动逐渐式微，以新的价值认同为基础的“新社会运动”开始登上历史舞台。新社会运动论以批判马克思主义阶级斗争理论的面目出现，因此本章首先回顾马克思主义的阶级斗争理论，然后从理论兴起和议程、代表性理论和人物等方面对新社会运动论进行介绍。第七章是对全书的收束，内容包括总结西方社会运动研究的演变规律，指出西方社会运动研究的最新发展趋势，并结合当前中国社会转型的实际，展望西方社会运动研究在中国社会研究中的应用前景。作者认为，在借鉴西方社会运动研究成果的过程中，中国学者应坚持开放而正直的科学精神，培养开阔而深沉的历史视野，同时保持足够敏感的中国关怀，立足中国实际去设置研究议程。

5.《意义——当代神学的公共性问题》(著作)

中国人民大学杨慧林著

北京大学出版社2013年出版

《意义——当代神学的公共性问题》为作者主编的"人文学科关键词研究丛书"之第一卷，被列入"十二五国家图书出版规划项目""国家出版基金项目"等。该书试图将"西方文论"置于更广义的人文学背景，从中凸显其学理线索、问题意识和思想进路，以激发中国学人的进一步思考。作者认为：就西方学术之于中国学人的意义而言，对其所以然的追究、对其针对性的剥离、对其话语逻辑的解析也许最为关键，从而思想差异和文化距离才能成全独特的视角、激发独特的问题，使中国语境中的西学真正有所作为甚至对西方有所回馈，而不仅仅是引介。基于这一思路，该书分别从"当代人文学术的'意义'问题""'意义'问题的跨文化读解""'诗性智慧'的'意义'同构"和"'意义'追寻的现实情境"等四个维度入手，试图探究宗教学与一般人文学术的相互关联和相互启发，通过与当代西方的神学研究直接对话，梳理一种"关于基督教的'非宗教'诠释"，并借助其"意义结构"凸显宗教与神学所包含的公共性问题。由此作者特别提出：在理解的基础上"破执"，不仅可以摆脱任何"中心话语"的束缚，也将在体制化的信仰形态之外，真正揭示宗教的文化意蕴。该书于2013年由北京大学出版社出版后，很快在国内外学界引起反响。《文艺研究》在2014年第3期"理论专题"刊有一组笔谈文章(包括孙郁《无意义的意义》等)，对该书以及整套丛书给予了较多肯定。英国学者David Jasper在牛津大学出版社出版的A&HCI检索刊物*Literature & Theology*(2014年第1期)"书评"栏，介绍作者与该书相应的英文成果。台湾学者林鸿信也发表书评《不可消解的他者为意义的源头》，见《比较文学与世界文学》2013年第4期(同文另见《中华读书报》)，高度评价该书，并认为"《意义》的出版'事件'将衍生丰富的意义"。

六、学术活动

2014年，中国人民大学举办各类学术研讨会共177次，其中国际会议53次，全国性会议123次。兹介绍其中的部分重要学术会议：

(一)中国国际问题高级讲坛2014

1月4—7日，由中国人民大学国际关系学院主办、全国高校国际政治研究会协办的"中国国际问题高级讲坛2014"举行。此次讲坛的主题是"中国外交新十年"，来自全国40多所高校和研究机构的100多名国际关系学者和研究生参加了此次讲坛。国际关系学院副院长金灿荣教授主持了开幕式，国际关系学院院长陈岳教授做了主题致辞，中国现代国际关系研究院院长季志业、中国人民解放军少将兼国防大学教授朱成虎、中国国际问题研究所所长曲星教授、国际关系学院时殷弘教授等多位专家做了主题报告。

(二)第十八届中国资本市场论坛

由中国人民大学金融与证券研究所、《中国证券报》、华融证券股份有限公司、《资本市场》杂志社联合举办的第十八届(2014年度)中国资本市场论坛暨CCTV中国人民大学上市公司社会责任研究基地挂牌仪式于2014年1月在中国人民大学逸夫会议中心召开，主题是"互联网与金融变革"，400余人参加会议。本次论坛除大会主题演讲外，分为两个模块展开讨论："竞争与重构：互联网金融蓄势待发"；"改革与开放：资本市场发展新动力"。中国人民大学金融与证券研究所围绕本次论坛主题，组织十几位专家撰写了2014中国资本市场研究报告《互联网与金融变革》。

(三)2013年第四季度中国就业季度分析会

1月16日，中国就业研究所举办2013年第四季度中国就业季度分析会。国家发展和改革委员会就业和收入分配司胡德巧副司长、人力资源和社会保障部就业促进司张莹副司长、国家统计局人口和就业统计司张志斌副司长、劳动人事学院院长兼中国就业研究所所长曾湘泉教授等出席了会议。与会专家认为：长期来看，经济增速放缓、劳动市场需求下降；随着技术进步和技术替代、环境污染导致产能调整、大学生规模扩大、法定退休年龄延长和企业成本上升等方面的影响，就业形势将日趋复杂，应适时对现行就业政策进行效果评估，并根据评估结果改进政策、提升实效。

（四）中国社会保障30人论坛2014年会

2月22—23日，中国社会保障30人论坛2014年会在京举行。来自中国社会科学院、国务院发展研究中心、中共中央党校、国家行政学院、中国人民大学、北京大学、清华大学、北京师范大学、南京大学、浙江大学等70余所高校的专家学者及民政部、人力资源和社会保障部、财政部、国家发改委、国家审计署等部门的相关人员约200人围绕“建立公平、可持续的社会保障制度”主题展开深入研讨。中国人民大学校长陈雨露出席并发言，窦玉沛、王东进、王建伦、陈传书、宋晓梧等出席年会并做主旨报告。与会专家们分别对如何优化现行养老保险制度、医疗保险制度、社会救助制度、社会福利制度以及促进养老服务的发展提出了建议。

（五）中国特色社会主义经济协同创新中心工作会议

2月23日，中国特色社会主义经济协同创新中心工作会议在中国人民大学经济学院举行。国务院学位委员会学科评议组召集人逄锦聚教授，中国人民大学常务副校长王利明教授，中国社会科学院经济学部办公室主任张晓晶研究员、经济研究所副所长杨春学研究员，国家统计局统计科学研究所所长潘璠，中国人民大学经济学院院长杨瑞龙教授等专家学者参加了会议。与会的专家学者们进行了充分讨论，对协同创新中心申报书的撰写和分工进行了深入研讨并对协同创新中心的研究工作提出了建议。

（六）国际劳工组织中国青年就业研讨会

4月2日，由国际劳工组织（ILO）发起，中国人民大学中国就业研究所承办的“国际劳工组织中国青年就业研讨会”举行，本次是首次由ILO发起，中国政府机构、工会和雇主组织代表三方共同参加，探讨中国青年就业问题的国际研讨会。国际劳工组织、人力资源和社会保障部、中华全国总工会、中国企业联合会、共青团中央和中华全国青年联合会的领导与专家，中国人民大学和对外经贸大学等其他高校的专家与学者参加研讨会，围绕青年就业的政策与实践这一主题互动交流。研讨会开幕式由国际劳工组织北京局局长德美尔先生主持。中国人民大学劳动人事学院院长、中国就业研究所所长曾湘泉教授介绍了中国就业研究所开展的长期就业战略研究和短期就业形势分析的情况。

（七）2013年度学生社会实践总结表彰会暨“千人百村”社会调研活动成果发布会

4月4日，中国人民大学学生社会实践总结表彰暨“千人百村”社会调研活动成果发布会在逸夫会议中心举行。会上全面回顾和总结了2013年度学校学生社会实践工作，对表现突出的团队、个人和集体进行了表彰，同时发布了2013年“千人百村”社会调研活动成果。学校党委常务副书记张建明教授、副校长杨慧林教授，共青团中央学校部李骥副部长，学校相关部处负责人参加会议并为获表彰的团队、个人和集体颁奖。《人民日报》、《光明日报》、《中国教育报》、《中国青年报》、中新网、《文汇报》等媒体应邀参会。

（八）博鳌亚洲论坛“公共外交与国家形象”分论坛

4月11日，由中国人民大学承办的“博鳌对话：公共外交与国家形象”博鳌亚洲2014年年会分论坛活动在海南博鳌举行。这是中国人民大学继2013年4月承办历史上首个由高校领衔的“公共外交与跨文化交流”分论坛后，第二次承办分论坛活动。分论坛由中国人民大学公共外交研究院院长、新闻学院院长赵启正主持，中国人民大学校长陈雨露，澳大利亚前总理鲍勃·霍克，中国外交部前部长李肇星，纽约证券交易所亚洲区副主席、AEA投资亚洲区主席比尔·欧文斯，剑桥大学政治和国际研究系高级研究员马丁·雅克（Martin Jacques），世界华人协会主席胡智荣等担任嘉宾，并就“公共外交与国家形象”议题展开交流与讨论。

（九）区域发展与城镇化学术研讨会

4 月 26 日，由中国区域科学协会和中国人民大学主办，经济学院和中国区域科学协会区域经济学专业委员会协办的“2014 年中国区域科学协会理事换届大会暨区域发展与城镇化学术研讨会”召开。来自中国人民大学、北京大学、清华大学、南开大学、国家发改委、国家自然科学基金委、中国社科院、四川大学、复旦大学、浙江大学等高校及科研机构 120 余位区域科学领域的专家学者参加了会议研讨。常务副校长王利明教授在开幕式前会见了协会主要领导成员。与会专家学者围绕“区域发展与城镇化”做了主题报告。全体与会代表对第五届理事会候选人进行表决并予以通过，新组建的第五届常务理事会批准通过了区域经济学、空间经济学、空间分析、城市经济、区域可持续发展等 15 个专业委员会正式成立，并举行了授牌仪式。

（十）首届中国家书文化论坛

5 月 13 日首届中国家书文化论坛由北京民生文化艺术基金会、中国人民大学博物馆和中国人民大学教育基金会联合主办，中国人民大学家书文化研究中心和抢救民间家书项目组委会承办。参会的百余位专家、学者及家书捐赠者围绕“家书、家风与社会主义核心价值观”这一主题进行了讨论。同时还对家书文化的内涵与外延、家书文化的抢救与传承、如何看待传统家书的价值以及当前形势下抢救民间家书的重要意义等议题进行了探讨。

（十一）第六届中国人民大学国际统计论坛

5 月 24—25 日，“第六届中国人民大学国际统计论坛”在中国人民大学举办。来自国内外四百多名统计学界专家学者、国家统计系统专家学者，以及各高校师生出席会议，就统计学科的前沿问题及最新研究成果展开研讨。本届论坛由中国人民大学、北京大学、中国统计学会、国家统计局科研所、中国政府统计研究院、美国康涅狄格大学、泛华统计协会、首都经贸大学和中央财经大学九家单位联合主办，由中国人民大学统计学院和应用统计科学研究中心承办。来自北卡罗来纳大学、哥伦比亚大学、台湾辅仁大学、北京大学、复旦大学、南开大学、山东大学等 70 余所境内外高校的统计学者在 6 个分会场就 19 项统计学专题进行了交流。

（十二）第七届中美公共管理国际学术研讨会

6 月 6 日，由中国人民大学公共管理学院、美国罗格斯大学公共事务与管理学院（School of Public Affairs and Administration，Rutgers University at Newark)、中国行政管理学会和美国公共行政学会（American Society for Public Administration）共同举办的第七届中美公共管理国际学术研讨会在中国人民大学开幕。本次研讨会以“跨世纪全球公共治理改革：回顾与展望”为主题。来自中国、美国、英国、新加坡、澳大利亚等十多个国家和地区的 140 多名学者参会。美国公共行政学会前会长、罗格斯大学公共事务与管理学院院长马克·霍哲教授，美国公共行政学会前会长史蒂文·凯尔曼，中国人民大学公共管理学院副院长蓝志勇分别就美国公共管理的新趋势、政府改革中的重大问题、西方和中国的绩效评估、中国建设现代治理体系和现代治理能力的努力等问题做了主题报告。

（十三）“丝绸之路经济带的建设与未来”十二国智库论坛

6 月 27 日，“丝绸之路经济带的建设与未来”十二国智库论坛在中国人民大学世纪馆开幕。这是在中国国家主席习近平 2013 年 9 月提出共同建设“丝绸之路经济带”倡议后，中国智库首次召集经济带沿国智库参与的研讨会。来自中国、俄罗斯、中亚五国、伊朗、阿富汗、巴基斯坦、印度、美国等国的 40 余名智库学者就加速资源整合，加强文化认同，促进亚欧及世界经济平稳健康发展进行了对话。本次论坛由中国人民大学主办、中国人民大学重阳金融研究院承办。中国人民大学校长、重阳金融研究院院长陈雨露，巴基斯坦驻华大使马苏德·哈立德，伊朗驻华大使马赫迪·萨法里，前中国驻伊朗大使华黎明，俄罗斯联邦外交部外交学院副院长亚历山大·卢金做开幕式致辞与主旨演讲。

（十四）残障与发展论坛（2014）

6月28日，由中国人民大学残疾人事业发展研究院、北京市残疾人联合会联合主办的“残障与发展论坛（2014）”在中国人民大学举行。中国残联党组书记、理事长鲁勇，国务院扶贫办副主任郑文凯，中国残联副理事长程凯与来自全国残联系统、民政部门、扶贫部门的有关领导及北京大学、北京师范大学、南京大学、浙江大学等多所高校的专家学者120多人出席论坛。中国人民大学党委书记靳诺在论坛开幕前会见了出席论坛的嘉宾。党委常务副书记张建明为论坛致辞，郑功成教授主持了论坛开幕式与主旨报告会。本届论坛主题为“残障与发展：残疾人同步小康与农村扶贫”。

（十五）2014年中国社会发展高层论坛

8月24—25日，2014年中国社会发展高层论坛在西北民族大学举办。本届论坛以“民族团结与社会治理”为主题，由中国人民大学社会学理论与方法研究中心、西北民族大学民族学与社会学学院、北京郑杭生社会发展基金会联合举办，中国人民大学出版社协助举办。来自全国40多个高校、科研院所、期刊杂志、政府部门的约90位专家学者参加了会议。此次高层论坛分为“社会治理的政策路径”“民族地区社会稳定与社会治理”“城乡劳动力及其治理”“社会治理的地方性经验”“综合议题”五个分论坛进行讨论和交流。

（十六）长江公共外交高峰论坛

8月31日，由中国人民大学主办的首届长江公共外交高峰论坛在九江举行。原国务委员、中央外事工作领导小组办公室主任戴秉国，原国务院新闻办公室主任、现中国人民大学新闻学院院长赵启正，江西省委常委、南昌市委书记王文涛，江西省人民政府副省长朱虹，中国人民大学校长陈雨露，商务部前副部长陈健，中国公共外交协会副会长、政协外委会前副主任吕凤鼎，国务院新闻办前副主任、全国政协外委会副主任王国庆等众多公共外交专家、高校学者、企业领袖等出席了本届大会。此次论坛的主题为“如何运用公共外交的智慧推动中国企业走出去”。

（十七）第二届20国智库论坛

9月3日，第二届20国（G20）智库论坛在中国人民大学开幕。这是继2013年中国人民大学重阳金融研究院领衔发布全球首份20国智库共同声明之后，实现的全球首个20国智库年会机制。论坛以“大金融与综合增长的世界”为主题，来自G20成员国的30多名智库学者就“G20与综合增长战略”“金融改革与全球治理”“G20与中国”等三大议题展开讨论。开幕式由中国人民大学副校长伊志宏主持，来自中国、俄罗斯、美国、印度、日本、欧盟等20国集团成员重要智库与世界银行、国际货币基金组织、联合国等国际组织的专家学者，以及政界、业界、学界代表等100余人出席。美国前总统吉米·卡特，全球中小企业联盟主席、联合国工业发展组织前总干事、重阳金融研究院外籍高级研究员卡洛斯·马格里诺斯做论坛主旨演讲，中国人民大学校长、中国人民银行货币政策委员会委员、重阳金融研究院院长陈雨露做开幕式致辞。

（十八）中国能源国际合作论坛2014

9月4—5日，“中国能源国际合作论坛2014”在中国人民大学举办。来自中国、美国、韩国、菲律宾、泰国等多个国家的专家学者，以及政界、业界、学界代表和APEC 21个经济体的能源代表等100余人出席论坛。会议期间，中国人民大学党委书记靳诺教授会见了土库曼斯坦驻华大使齐纳尔·鲁斯捷莫娃女士。论坛以“跨越能源文化差异　促进国际能源合作”为主旨，就“中韩能源合作”“中俄能源合作”“中美能源合作”三大议题分别展开讨论。与会人士一致同意在学术层面达成“跨越能源文化差异　促进国际能源合作”共同宣言。会议期间中国人民大学国际能源战略研究中心发布了《中国能源国际合作报告2013/2014：能源文化的国际视野比较》。

（十九）第四届世界汉学大会

9月6日，孔子学院总部和中国人民大学共同主办的第四届世界汉学大会召开，中共中央政治局委员、国务院副总理刘延东出席开幕式并会见海外汉学家代表。教育部部长袁贵仁、国务院副秘书长江小涓、教育部副部长郝平、孔子学院总部总干事许琳、中国人民大学校务委员会主任靳诺、国际哲学协会联合会主席德莫特·莫兰教授、国际比较文学学会主席汉斯·伯顿斯教授、法国索邦大学校长巴泰雷米·若贝尔教授、美国哈佛大学傅高义教授、俄罗斯国家科学院米亚斯尼科夫教授、德国杜塞尔多夫海因里希·海涅大学原校长阿冯斯·腊碧士教授等，以及30多位驻华使节代表出席开幕式。大会期间，世界汉学大会理事会宣布成立，常设在中国人民大学。中国人民大学杨慧林教授担任理事会主席，大会还设立了青年汉学博士生论坛。

（二十）第十届社会保障国际论坛

9月13日，由中国社会保障30人论坛、韩国社会政策学会、日本社会政策学会东亚部会主办，中国人民大学中国社会保障研究中心承办的第十届社会保障国际论坛在京举行。来自中、日、韩、美、德、法、英、意等10多个国家120多所高校及研究机构的300多位专家学者，围绕“当代社会保障发展的机遇与挑战”主题展开了深入研讨。论坛分为养老保险、医疗保障、社会救助、社会福利、国际养老保险比较、社会保障覆盖、护理保障、综合、青年、教学、中国专题等13个分论坛。中国人民大学校长陈雨露、中国社会科学院副院长蔡昉、中国医疗保险研究会会长王东进等出席论坛并为论坛致辞。论坛组织委员会主席、中国人民大学教授郑功成主持论坛开幕式，并与日本福祉大学教授野口定久、韩国社会政策学会会长具仁会、中国社会科学院美国研究所所长郑秉文先后为本届论坛做了主旨报告。

（二十一）中国民法典编纂学术研讨会

9月14日，由中国民法学研究会主办的中国民法典编纂学术研讨会在中国人民大学法学院召开。本次研讨会以“加快民法典制定　促进法律体系完善”为主题，江平、魏振瀛、王利明、孙宪忠、姚红、李仕春等学者与会，《人民日报》《光明日报》《法制日报》《人民法院报》《检察日报》《中国青年报》《北京青年报》和《南方都市报》等报社记者到会采访报道。中国民法学研究会秘书长、中国人民大学法学院王轶教授主持会议。与会的诸位专家在发言与交流中充分肯定了民法典制定的必要性，强调应加快研究和完善民法体系。

（二十二）第六届“黄达—蒙代尔经济学奖”颁奖仪式暨“2014年中国财政金融青年学者论坛”

10月18日，第六届“黄达—蒙代尔经济学奖”颁奖仪式暨“2014年中国财政金融青年学者论坛”在中国人民大学举行。本次大会由中国人民大学中国财政金融政策研究中心主办。中国金融学会名誉会长、中国人民大学老校长黄达，中国人民大学常务副校长王利明出席颁奖仪式并为获奖者颁奖。复旦大学刘瑞明博士（获奖论文《国有企业的双重效率损失与经济增长：理论和中国的经验证据》）、上海财经大学孙楚仁博士（获奖论文《异质性企业组织与贸易的若干研究》）、中国人民大学马勇博士（获奖论文《金融稳定与宏观审慎：理论框架及在中国的应用》）获得第六届“黄达—蒙代尔经济学奖”。颁奖仪式结束后，首届“中国财政金融青年学者论坛”正式启动。

（二十三）“一带一路”暨人大考古学科建设研讨会

10月18日，中国人民大学历史学院考古文博系“一带一路”暨人大考古学科建设研讨会召开，来自全国各大高校考古学科及全国相关考古研究所的专家学者汇聚一堂，对“一带一路”国家战略与考古学科发展的关系，对人大考古学科未来的学科建设问题，进行了深入的研讨。中国人民大学党委副书记马俊杰首先致辞，并谈了对“一带一路”国家战略意义的理解。历史学院院长黄兴涛教授、考古文博系主任魏坚教授、四川大学历史学院院长霍巍教授、河南省文物考古研究院院长贾连敏研究员随后致辞。与会学者发表了学术报告。

（二十四）第三届中国档案学博士论坛

10月18—19日，由中国人民大学信息资源管理学院、《档案学通讯》杂志社、中国档案学会共同举办的第三届中国档案学博士论坛在中国人民大学召开。国家档案局局长杨冬权、中国人民大学党委副书记吴付来、中国人民大学信息资源管理学院冯惠玲教授等出席论坛并致辞。本届博士论坛以

“回望经典：中外档案学的比较与借鉴”为主题，吸引了来自中国大陆、中国台湾、美国、印度等海内外160余名嘉宾、博士生导师和博士生参加。整个论坛分为“经典回望”“中外比较”“当代成就”和“自由发言”四个板块。围绕“中外档案学的发展环境与理论贡献”“欧美档案学对我国档案学基础理论研究的影响”等专题展开讨论。

（二十五）第二届亚太食品安全治理圆桌会议

11月7日，第二届“亚太食品安全治理圆桌会议”在中国人民大学举行。会议由食品安全治理协同创新中心、中国人民大学法学院共同主办，会议主题为“转基因与食品安全治理”。中国人民大学常务副校长、食品安全治理协同创新中心主任王利明教授致开幕词；国家食品药品监督管理总局食品安全监管一司巡视员毕玉安与中国人民大学法学院院长、食品安全治理协同创新中心常务副主任韩大元教授分别致辞。来自国内外高校和科研机构的专家参加了本次圆桌会议。与会专家指出，对于转基因问题，政府、学界和社会各界应从各自领域出发寻求转基因食品问题跨学科的互动交流和协同创新，这将有助于食品安全治理体系的探索和建设。与会专家还呼吁，亚太地区有关国家（地区）及相关国际组织应当加强合作，分享亚太地区转基因问题的有益经验，在不同的社会背景下寻求共同的治理原则。

（二十六）2014年中国资本市场法治论坛

11月15日，由中国人民大学商法研究所主办的“2014年中国资本市场法治论坛：依法治国背景下的国有企业改革与国有资产保护”在中国人民大学举行。最高人民法院审判委员会专职委员、二级大法官、执行局局长刘贵祥，国务院国资委监事会主席季晓南，全国人大法工委咨询委员、中国国际贸易仲裁委员会荣誉仲裁员、全国人大法工委经济法室原主任魏耀荣教授，最高人民法院民二庭庭长张勇健，全国人大法工委经济法室副主任杨合庆，全国人大法工委民法室原副主任扈纪华，最高人民法院民四庭法官奚向阳，中国人民大学常务副校长、中国法学会副会长、中国民法学研究会会长王利明教授等专家学者出席会议。与会专家从立法论和解释论角度对国有企业治理创新、国有企业决策问责机制、国企高管激励与约束机制的创新、发展混合所有制经济、国有企业社会责任、国有企业“走出去”中的法律风险及对策等议题进行了深入探讨，并提出了多项公平可行的立法建议。

（二十七）中国宏观经济论坛（2014—2015）

11月22日，由中国人民大学国家发展与战略研究院、中国人民大学经济研究所、中国诚信信用管理有限公司联合主办的“中国宏观经济论坛（2014—2015）”在逸夫会议中心举行。中国人民大学副校长伊志宏，中国人民大学经济学院教授胡乃武，中国社会科学院学部委员、财经战略研究院院长高培勇，中国人民大学经济研究所联席所长毛振华，国务院研究室宏观司副司长孙国君，中国国际经济交流中心经济研究部副主任张永军，中国人民大学人事处处长刘凤良，国家发展与战略研究院执行院长兼经济研究所联席副所长刘元春等专家学者出席论坛。新华社、中国新闻社等20余家媒体对论坛进行了采访报道。会议发布的报告指出，2014年是中国大改革与大调整拉开序幕的一年，也是中国宏观经济沿着“新常态”轨迹持续发展的一年。2015年将是中国大改革与大调整全面展开的一年，使“新常态”的4大典型特征进一步持续。

（二十八）中国人文社会科学论坛2014

11月23日，由中国人民大学主办、中国人民大学法学院承办的“中国人文社会科学论坛2014”在中国人民大学逸夫会堂举行。论坛的主题是“法治中国：推进国家治理体系和治理能力现代化”，旨在进一步落实十八届四中全会精神，推进国家治理体系现代化。最高人民法院原院长肖扬教授，中国法学会副会长、学术委员会主任张文显教授，国务院法制办公室副主任袁曙宏教授，教育部社会科学司副巡视员陈矛，中国人民大学校长陈雨露教授，北京大学常务副校长吴志攀教授，中国人民大学常务副校长王利明教授，全国人大常委、中国人民大学劳动人事学院郑功成教授等专家学者和学生380余人参加论坛开幕式。开幕式由法学院院长韩大元教授主持。陈雨露校长就改革与法治的关系问题发表演讲。肖扬教授发表了题为《中国司法体制改革面临重要的战略机遇期》的主旨讲演。

（二十九）首届大数据与应用统计国际会议

2014年11月29日，首届大数据与应用统计国际会议在中国人民大学举办。会议由中国人民大学、兰州商学院、中国科学院、北京大学、首都师范大学联合主办，得到了国家统计局等政府部门的重视及国内众多所高校和研究机构的支持。来自国内外统计学界、国家统计系统的专家学者及各高校师生出席会议，就大数据与应用统计前沿问题和最新研究成果展开研讨。会议主要涉及大数据分析国际前沿研究问题、应用统计中大数据分析问题，特别是大数据统计理论、方法、最新研究成果及其在基因学、天文学、宇宙学、流行病学、经济金融学、生命科学和工程学等领域中的应用，以及大数据分析人才培养问题等。会议展示了统计学科的发展趋势和研究成果，促进了国际统计学者之间的相互交流与合作。

（三十）首届财富管理展望论坛

11月29日，“首届财富管理展望论坛”在中国人民大学举行。陈雨露校长致辞；青岛市金融工作办公室主任白光昭介绍了青岛市财富管理金融综合改革试验区建设推进情况；财政金融学院庄毓敏教授代表课题组进行报告解读；与会专家学者结合实务经验和行业特点进行了交流。论坛发布了《中国财富管理报告2014》，这是国内第一份由学术研究机构编撰、系统研究中国财富管理理论和实践问题的智库报告。

（三十一）2014中国金融论坛暨第五届《金融研究》论坛

12月6日，由中国金融学会、中国人民大学主办，《金融研究》杂志社、中国人民大学经济学院、中国人民大学国际货币研究所共同承办的“2014中国金融论坛暨第五届《金融研究》论坛”在中国人民大学举行。中国人民银行副行长潘功胜，中国社会科学院学部委员、副院长李扬，中国人民大学党委常务副书记张建明，中国人民银行研究局局长陆磊，中国社会科学院金融研究所所长王国刚，中国人民大学经济学院院长张宇，以及《金融研究》2013年度优秀论文获奖作者出席本次论坛。本次金融论坛的举行，将对全国金融领域的研究和方法起到引领效果，也将对我国金融业改革发展发挥积极的促进作用。

（三十二）中日韩高等教育国际学术研讨会

12月8日，中国人民大学亚洲研究中心、教育学院共同举办了“中日韩高等教育国际学术研讨会”。中国人民大学副校长洪大用出席会议开幕式并致辞。日本东京大学高等教育研究院主任教授小林雅之，日本文部省高等教育政策顾问、同志社大学高等教育研究中心主任山田礼子，日本龙谷大学文学研究生院教授林美辉，韩国高丽大学师范学院教育学系教授卞基溶，韩国延世大学教育学院教授李炳植，以及教育学院院长秦惠民等学者参加研讨会。与会学者就大学治理、教师发展、教育质量保障等相关议题进行了讨论。

（三十三）第四届国民收入分配与企业薪酬制度改革高峰论坛

12月10日，由国务院国资委研究中心和中国人民大学中国社会保障研究中心联合主办，中华薪酬网承办的“第四届国民收入分配与企业薪酬制度改革高峰论坛”在中国人民大学举行。论坛顾问、中国人民大学原党委书记程天权，原全国人大常委、全国人大财经委员会副主任贺铿，全国人大常委、中国人民大学中国社会保障研究中心主任郑功成，国务院国资委研究中心主任楚序平，国务院国资委企业分配局局长李燕斌以及来自政界、学界、企业界的代表300多人出席了本次论坛。与会专家指出：国有企业薪酬改革的思路，一是健全中央企业薪酬的分配激励约束机制；二是实行分级分类管理；三是坚持效益导向与注重公平相结合；四是加强国资监管的薪酬分配的新机制。

（三十四）文化中国：中国文化产业指数发布会

12月13日，由中国人民大学与文化部文化产业司共同主办的“文化中国：中国文化产业指数发布会”在文化大厦举行。中国人民大学校长陈雨露，文化部党组成员、部长助理、北京文博会组委会副主席刘玉珠，文化部文化产业司司长吴江波、巡视员孙若风，北京市委宣传部副部长、北京文博会组委会副秘书长张森，中国人民大学副校长查显友，北京文博会组委会办公室副主任、北京市贸促会副主任刘洋等嘉宾出席发布会。出席发布会的还有来自地方政府、文化产业研究机构、知名文化企业以及国内近 40 家主流媒体的嘉宾共 120 余人。会议发布的“中国文化消费指数（2014）”是在历时六个月、覆盖全国 31 个省市的文化消费专项调研数据基础上，综合《中国统计年鉴》《中国文化文物统计年鉴》等客观数据，经过系统计算和分析得出的。

（三十五）“清史研究百年学术史”国际研讨会

由中国人民大学清史研究所、《清史研究》编辑部共同主办的“清史研究百年学术史”国际研讨会于 12 月 13—14 日在京召开。会议汇聚了日本名古屋大学、日本御茶之水女子大学、意大利那不勒斯东方大学、韩国首尔科技大学、澳门大学历史系以及南京大学、四川大学、厦门大学、中国社科院、第一历史档案馆等海内外多所高校研究机构的 50 余名学者，《光明日报》《中国社会科学报》《中华读书报》等媒体列席参加了会议。大会共分为“通史研究”“经济·社会史研究”“法律·疆域·舆图研究”“政治·中外关系史研究”“档案文献·思想文化研究”“海外清史研究”等六场专题讨论和一场“百年清史研究史”项目专场讨论。会议对未来发展提出有建设性的展望，有力推动了“百年清史学术史”项目的进展。

附录

党的十六大以来中国人民大学教授为中共中央政治局集体学习做辅导报告情况一览表

时间	会议	主题	主讲或发言人
2002 年 12 月 26 日	十六届中共中央政治局第 1 次集体学习	认真贯彻实施宪法和全面建设小康社会	法学院 许崇德教授
2003 年 3 月 28 日	十六届中共中央政治局第 3 次集体学习	世界就业发展趋势和我国就业政策研究	劳动人事学院 曾湘泉教授
2004 年 4 月 26 日	十六届中共中央政治局第 12 次集体学习	法制建设与完善社会主义市场经济体制	法学院 王利明教授
2005 年 5 月 31 日	十六届中共中央政治局第 22 次集体学习	经济全球化趋势与当前国际贸易发展	经济学院 黄卫平教授
2005 年 12 月 20 日	十六届中共中央政治局第 27 次集体学习	行政管理体制改革和完善经济法律制度	法学院 史际春教授
2007 年 3 月 23 日	十六届中共中央政治局第 40 次集体学习	制定和完善物权法的若干问题	法学院 王利明教授
2008 年 9 月 28 日	十七届中共中央政治局第 8 次集体学习	中国特色社会主义理论体系研究	马克思主义学院 秦宣教授
2009 年 6 月 29 日	十七届中共中央政治局第 14 次集体学习	积极推进党内民主建设	国际关系学院 李景治教授

时间	会议	主题	主讲或发言人
2011年4月26日	十七届中共中央政治局第28次集体学习	世界人口发展和全面做好新形势下我国人口工作	社会与人口学院 翟振武教授
2011年6月28日	十七届中共中央政治局第30次集体学习	保持和发展党的先进性	马克思主义学院 杨凤城教授
2013年12月3日	十八届中共中央政治局第11次集体学习	历史唯物主义基本原理和方法论	哲学院 郭湛教授

2014年中国人民大学跨学院研究机构一览表

序号	机构名称	成立时间	依托单位
1	中国经济改革与发展研究院	2006年7月12日	经济学院
2	国学研究院	2006年7月12日	国学院
3	马克思主义研究院	2006年7月12日	马克思主义学院
4	公共政策研究院	2006年7月12日	公共管理学院
5	汉语国际推广研究所	2006年11月2日	文学院
6	残疾人事业发展研究院	2007年6月13日	劳动人事学院、社会与人口学院等学院
7	国剧研究中心	2007年10月25日	文学院
8	中国合作社研究院	2008年3月24日	农村与农业发展学院
9	北京社会建设研究院	2008年4月27日	社会与人口学院
10	清史研究院	2004年12月31日	历史学院
11	徐悲鸿艺术研究院	2008年1月18日	艺术学院
12	中国调查与数据中心	2008年12月31日	统计学院、社会与人口学院
13	可持续发展高等研究院	2008年12月31日	农村与农业发展学院
14	宗教高等研究院	2009年3月17日	哲学院、文学院、国学院
15	人文北京研究中心	2009年6月30日	哲学院
16	农村经济与金融研究所	2009年7月1日	农业与农村发展学院
17	政府统计研究院	2011年3月16日	统计学院
18	公共政策实验室	2011年4月18日	公共管理学院
19	公共治理研究院	2012年5月21日	公共管理学院
20	国家发展与战略研究院	2012年5月21日	财政金融学院、经济学院
21	国家社会发展研究院	2012年5月21日	社会与人口学院、公共管理学院
22	中国共产党历史与理论研究院	2012年6月13日	马克思主义学院
23	中国社会科学案例中心	2012年6月13日	商学院
24	社会发展与管理大数据中心	2012年9月15日	信息学院、信息资源管理学院
25	金铁霖中国声乐艺术研究院	2013年3月18日	艺术学院

2014年中国人民大学院属科研机构一览表

序号	机构名称	成立时间	依托单位
1	美学与现代艺术研究所（原名为美学研究所）	1986/11/10	哲学院
2	现代逻辑与科技哲学研究所（原名为现代逻辑与人工智能应用开发研究所）	1992/12/19	哲学院
3	马克思主义哲学与当代世界问题研究中心	2002/01/23	哲学院
4	外国哲学研究所（原名为希腊哲学与欧洲古典哲学研究中心）	2002/05/28	哲学院
5	人文社会科学发展研究中心	2004/01/12	哲学院
6	管理哲学研究中心	2007/01/05	哲学院
7	国际中国哲学与比较哲学研究中心	2008/07/10	哲学院
8	国际佛学研究中心	2010/11/24	哲学院
9	文艺思潮研究所	1987	文学院
10	比较文学研究所	1990	文学院
11	华人文化研究所	1993/12/03	文学院
12	基督教文化研究所	1996/01/09	文学院
13	古典文明研究中心	2014/01/10	文学院
14	史学理论研究所	1991	历史学院
15	北方民族考古研究所	2005/01/04	历史学院
16	清代皇家园林研究中心	2008/07/10	历史学院
17	生态史研究中心	2012/07/04	历史学院
18	太平洋经济研究所	1987/03/01	经济学院
19	运筹学与数量经济研究所	1988	经济学院
20	风险资本与网络经济研究中心	2000/04/26	经济学院
21	俄罗斯研究中心	2004/01/12	经济学院
22	中国民营企业研究中心	2005/01/04	经济学院
23	发展中国家经济研究中心	2007/01/04	经济学院
24	产业经济与竞争政策研究中心	2007/01/04	经济学院
25	比较政治经济学研究中心	2007/01/04	经济学院
26	企业与组织理论研究中心	2008/07/10	经济学院
27	微观数据与实证方法研究中心	2010/11/24	经济学院
28	公共经济与治理研究中心	2010/11/24	经济学院
29	世界经济研究中心	2012/07/04	经济学院
30	《资本论》教学与研究中心	2014/01/10	经济学院
31	投资与房地产研究中心	1992/09/01	财政金融学院
32	金融与证券研究所	1996/11/26	财政金融学院
33	投资研究所	1998/05/27	财政金融学院
34	风险投资发展研究中心	1999/09/06	财政金融学院
35	财税研究所	2000/01/14	财政金融学院
36	金融与财税电子化研究所	2000/04/04	财政金融学院
37	信托与基金研究所	2002/09/11	财政金融学院

序号	机构名称	成立时间	依托单位
38	金融工程研究所	2008/07/10	财政金融学院
39	国际货币研究所	2009/11/18	财政金融学院
40	国际并购与投资研究所	2011/07/13	财政金融学院
41	重阳金融研究院	2013/01/17	财政金融学院
42	财富管理研究中心	2014/01/10	财政金融学院
43	中国艺术品金融研究所	2014/01/10	财政金融学院
44	风险管理与精算研究中心	1996/07/16	统计学院
45	调查技术研究所	1997/12/22	统计学院
46	竞争力与评价研究中心	1998/12/21	统计学院
47	概率论与数理统计研究所	2007/01/05	统计学院
48	国民经济核算研究所	2007/01/05	统计学院
49	统计咨询研究中心	2007/01/05	统计学院
50	地理空间信息研究中心	2012/07/04	统计学院
51	生物医学统计研究中心	2014/01/10	统计学院
52	农村发展研究所	1987/06/10	农业与农村发展学院
53	土地经济研究所	1988/01	农业与农村发展学院
54	不动产研究中心	1994/12/28	农业与农村发展学院
55	中国农村金融研究所	2007/01/05	农业与农村发展学院
56	反贫困问题研究中心	2009/09/25	农业与农村发展学院
57	中国畜牧饲料产业研究中心	2011/07/13	农业与农村发展学院
58	中国茶文化研究中心	2014/01/10	农业与农村发展学院
59	台湾法律问题研究所	1989/02/01	法学院
60	经济法学研究中心（原名为金融法研究所）	1991/01/01	法学院
61	不动产法研究中心（原名为国际刑法研究所）	1993/10/31	法学院
62	中日比较法律文化研究中心	1994/09/05	法学院
63	犯罪与监狱学研究所	1994/09/05	法学院
64	法律文化研究中心（原名为比较法律文化研究中心）	2005/01/04	法学院
65	朝阳法学研究中心	2005/01/04	法学院
66	法律与全球化研究中心	2005/01/04	法学院
67	国际法研究所	2005/01/04	法学院
68	国际人道法研究中心	2005/01/04	法学院
69	婚姻家庭法研究所	2005/01/04	法学院
70	劳动法和社会保障法研究所	2005/01/04	法学院
71	诉讼制度与司法改革研究中心	2005/01/04	法学院
72	宪政与行政法治研究中心	2005/01/04	法学院
73	信息法研究中心	2005/01/04	法学院
74	诊所式法律教学与研究中心	2008/07/10	法学院
75	纠纷解决研究中心	2010/11/24	法学院
76	破产法研究中心	2010/11/24	法学院
77	亚太法学研究院	2011/07/13	法学院
78	法律与宗教研究中心	2012/07/04	法学院
79	比较文明理论研究所	1991/05	马克思主义学院
80	台港澳研究中心	1993/12/21	马克思主义学院
81	思想政治教育研究所	1997/05/12	马克思主义学院

序号	机构名称	成立时间	依托单位
82	社会发展研究中心	1998/05/05	马克思主义学院
83	心理科学研究中心	1987	社会与人口学院
84	社会调查中心	1990	社会与人口学院
85	女性研究中心	1994/02/26	社会与人口学院
86	性社会学研究所	1994/03/24	社会与人口学院
87	社会心理学研究所	1994/05/04	社会与人口学院
88	老年学研究所	1994/12/28	社会与人口学院
89	法律社会学研究所	1999/01/20	社会与人口学院
90	人类学研究所（原名为人类学民族学研究所）	2002/04/25	社会与人口学院
91	健康科学研究所	2004/01/12	社会与人口学院
92	环境社会学研究所	2009/04/13	社会与人口学院
93	体育与社会发展研究中心	2012/07/04	社会与人口学院
94	中旭老龄科学研究院	2014/01/06	社会与人口学院
95	国际事务研究所	1987/01/01	国际关系学院
96	联合国研究中心	1994/01/07	国际关系学院
97	政治思想文化研究所	1994/05/25	国际关系学院
98	当代中国政党研究中心	2000/01/04	国际关系学院
99	美国研究中心	2000/10/26	国际关系学院
100	比较政治制度研究所	2007/01/05	国际关系学院
101	国际能源战略研究中心	2007/01/05	国际关系学院
102	廉政建设研究中心	2008/07/14	国际关系学院
103	中国对外战略研究中心	2012/07/04	国际关系学院
104	舆论研究所	1986/10/01	新闻学院
105	现代广告研究中心	1993/12/02	新闻学院
106	传播媒介管理研究所	1995/09/04	新闻学院
107	视听传播研究中心	1996/09/19	新闻学院
108	危机传播管理研究中心	2006/09/05	新闻学院
109	新闻伦理与传媒法律研究所	2007/01/05	新闻学院
110	公共传播研究所	2008/07/10	新闻学院
111	网络舆情研究中心	2010/11/24	新闻学院
112	公共外交研究中心	2012/07/04	新闻学院
113	东方艺术研究所	2005/01/04	艺术学院
114	文化艺术策划与推广研究所	2010/11/24	艺术学院
115	绘画材料研究与修复工作室	2011/07/13	艺术学院
116	佛教艺术研究所	2013/11/09	艺术学院
117	澳大利亚研究中心	1999/05/26	外国语学院
118	德国研究中心	2000/10/13	外国语学院
119	日本人文社会科学研究中心	2002/01/10	外国语学院
120	萨师煊大数据管理与分析国际研究中心（原名为数据工程与知识工程研究所）	1987	信息学院
121	工业经济与管理科学研究所	1987	商学院
122	财务会计研究所	1992/02	商学院
123	市场调查所	1992/04/07	商学院
124	政策科学研究中心	1992/10	商学院
125	中国市场营销研究中心	1995/06/08	商学院

序号	机构名称	成立时间	依托单位
126	中小企业发展研究中心	1999/01/20	商学院
127	中国供应链战略管理研究中心（原名为中国医药物流研究中心）	2002/03/26	商学院
128	中国贝迩工商管理与可持续发展研究中心	2005/01/04	商学院
129	国民幸福（生活方式与产业经济）研究中心	2010/11/24	商学院
130	粮食产业研究中心	2010/11/24	商学院
131	高礼研究院	2011/09/20	商学院
132	企业创新与竞争力研究中心	2012/07/04	商学院
133	政府管理与改革研究中心（原名为社会公共事务管理与发展研究中心）	1995/12/27	公共管理学院
134	人力资源开发与管理研究中心	2000/02/25	公共管理学院
135	房地产信息中心	2002/05/15	公共管理学院
136	危机管理研究中心	2005/01/04	公共管理学院
137	土地规划研究中心	2006/09/05	公共管理学院
138	公共管理定量分析研究所	2007/01/05	公共管理学院
139	卫生医疗体制改革与发展研究中心	2007/01/15	公共管理学院
140	土地政策与制度研究中心	2007/02/02	公共管理学院
141	非营利组织研究所	2009/09/25	公共管理学院
142	城乡发展规划与管理研究中心	2009/09/25	公共管理学院
143	公共治理与和谐城市研究中心	2010/11/24	公共管理学院
144	地方政府发展战略研究中心	2012/07/04	公共管理学院
145	医院管理研究中心	2014/01/10	公共管理学院
146	组织行为学研究所	1988	劳动人事学院
147	劳动关系研究所	1991	劳动人事学院
148	人力资源开发与评价中心	1993/04/15	劳动人事学院
149	中国社会保障研究中心（原名为社会保障研究所）	1997/12/04	劳动人事学院
150	领导科学研究中心	2002/12/27	劳动人事学院
151	中国就业研究所	2004/01/12	劳动人事学院
152	中国人力资本审计研究所	2011/07/13	劳动人事学院
153	电子政务研究中心	2004/01/08	信息资源管理学院
154	电子文件管理研究中心	2010/10/24	信息资源管理学院
155	信息分析研究中心	2012/07/04	信息资源管理学院
156	CIO 研究中心	2014/01/10	信息资源管理学院
157	休闲经济研究中心	2004/01/12	继续教育学院
158	环境政策与环境规划研究所	2009/04/13	环境学院
159	低碳水环境技术研究中心	2011/07/13	环境学院
160	终身学习研究中心	2011/07/13	心理系
161	中国企业员工心理援助研究中心	2011/07/13	心理系
162	韩国研究中心	1996/09/03	科研处
163	大学生就业问题研究所	1996/04/26	招生就业处
164	亚洲研究中心	2003/02/27	国际交流处
165	古籍整理研究所	1986/05/06	图书馆
166	教材研究与开发中心	1999/05/20	出版社
167	出版研究中心	2004/01/08	出版社
168	管理信息研究中心	1993	书报资料中心

序号	机构名称	成立时间	依托单位
169	人文社会科学学术成果评价研究中心	2008/10/31	书报资料中心
170	家书文化研究中心	2009/09/25	博物馆
171	气候变化与低碳经济研究所	2009/09/25	国际学院（苏州研究院）
172	全球化研究中心	2011/07/13	国际学院（苏州研究院）
173	历史与社会高等研究所	2009/09/25	可持续发展高等研究院
174	文化产业研究院（原名为文化创意产业研究中心）	2009/11/18	文化科技园管委会办公室
175	电子文件系统测试中心	2011/11/16	数据工程与知识工程教育部重点实验室

2014年中国人民大学纵向科研项目一览表

所属单位	项目名称	负责人
国家哲学社会科学成果文库（共4项）		
财政金融学院	中国财政分权、地方政府行为与经济增长	贾俊雪
经济学院	中国经济改革的经验及其理论启示	张　宇
文学院	鲁迅与俄国	孙　毅
哲学院	近代中国宗教文化史研究	何建明
国家社会科学基金项目重大项目（共7项，批准经费共计560万元）		
国学院	秦统一及其历史意义再研究	王子今
经济学院	外国经济思想史学科建设的重大基础理论研究	贾根良
经济学院	从“大缓和”到“大衰退”的西方宏观经济学理论与政策的大反思	刘元春
马克思主义学院	习近平总书记系列重要讲话思想精髓研究	陶文昭
农业与农村发展学院	作为国家综合安全基础的乡村治理结构与机制研究	温铁军
清史所	盛京城考古与清代历史文化研究	刘凤云
文学院	汉译文学编年考录及数据库建设（1896—1949）	李　今
国家社会科学基金项目重点项目（共13项，批准经费共计455万元）		
法学院	国家主义法律观研究	张志铭
经济学院	中高速增长阶段收入分配调整与产业结构升级研究	刘凤良
经济学院	第三次工业革命与我国经济发展战略调整研究	贾根良
经济学院	平均利润率趋于下降规律与经济危机研究	谢富胜
历史学院	中国北方游牧与农耕民族交融的考古学研究	魏　坚
商学院	基于风险防范的地方性政府债务审计研究	宋　常
商学院	中国式企业管理的熔合与创新机制研究	王利平
社会与人口学院	转型期中国矛盾纠纷的动态监测与多元化解机制研究	陆益龙
新闻学院	基于大数据的视听传播效果研究	周　勇
哲学院	中华优秀文化核心经典的海外传播路径与形式创新研究	温海明
哲学院	中华传统美德的继承创新与实现中国梦研究	肖群忠
哲学院	旅欧中国移民基督教研究	曹南来
哲学院	所有权与正义——走向马克思政治哲学	张文喜

所属单位	项目名称	负责人
国家社会科学基金项目一般项目（共28项，批准经费共计560万元）		
法学院	公用型资源产品价格法律规制研究	史际春
法学院	破产法视野中的财税问题研究	徐阳光
法学院	风险规制的行政法原理研究	王贵松
法学院	第二次世界大战期间被掠文物返还的法律问题研究	王云霞
法学院	司法独立与司法问责机制研究	陈卫东
公共管理学院	我国房地产市场健康综合评价指标体系设计及实证研究	叶剑平
公共管理学院	完善我国农村土地股份制制度设计研究	谭　峻
国际关系学院	中美国际经济制度战略与新型大国关系研究	李　巍
国学院	民国时期法家研究史论	宋洪兵
环境学院	我国煤炭资源税改革的收入分配效应研究	庞　军
环境学院	促进生态文明建设的环境金融制度体系构建研究	蓝　虹
劳动人事学院	新职业生涯时代组织职业生涯管理的内容结构及其作用机制研究	周文霞
劳动人事学院	社会权利视角下我国残疾人就业问题研究	乔庆梅
劳动人事学院	劳工政策评估模型构建与“政府主导”的劳动关系模式研究	吴清军
历史学院	内蒙古锡林郭勒盟伊和淖尔1号墓研究报告	王晓琨
马克思主义学院	西方后马克思主义经济思想研究	常庆欣
马克思主义学院	中国特色社会主义国际话语权研究	路克利
农业与农村发展学院	粮食金融化与我国粮食安全战略研究	董筱丹
社会与人口学院	理论自觉视角下的国家认同与民族认同研究	奂平清
书报资料中心	美国儿童福利法建构的历史考察（1890—1930）	柴　英
书报资料中心	王船山与中国近代实践观的转型研究	冯　琳
文学院	律部佛典语法研究	朱冠明
文学院	汉语方言连调音系格局研究	吴永焕
心理学系	公务员分类录用面试的科学性研究	李英武
新闻学院	新媒体环境下的中国主流媒体声誉管理研究	高贵武
新闻学院	政府话语权与国际规则之关系研究	刘小燕
信息资源管理学院	基于组织的电子文件管理成熟度模型研究	钱　毅
哲学院	中国近代道德革命研究	郭清香
国家社会科学基金项目青年项目（共15项，批准经费共计300万元）		
法学院	环境私主体治理的法律问题研究	杜　辉
公共管理学院	新型城镇化背景下城市存量建设用地再开发模式及管控策略研究	张　杨
国际关系学院	美国军事战略转变与我国的对策研究	左希迎
国学院	秦汉城乡关系的社会史考察	孙闻博
经济学院	中国私法学的哲学和经济学基础研究	熊丙万
经济学院	劳动价值理论视野下的中国宏观经济和产业结构动态分析研究	赵　峰
历史学院	楼兰考古与中外文化交流研究	陈晓露
历史学院	新疆北部史前人类遗骸的生物考古学研究	张林虎
马克思主义学院	超越私人——马克思公人思想及其规范意义研究	谭清华
马克思主义学院	理解史视域中的历史唯物主义研究	沈江平
社会与人口学院	人口预期寿命延长趋势研究	李　婷
文学院	柏拉图《高尔吉亚》的翻译与研究	李致远
心理学系	中庸价值观与泛文化普遍价值观的结构与功能比较研究	韦庆旺
信息资源管理学院	面向政府决策的档案知识库构建研究	牛　力

所属单位	项目名称	负责人
哲学院	当代中国人的精神世界重建问题研究	王海滨
国家社会科学基金项目特别委托项目（共7项，批准经费共计140万元）		
法学院	《互联网信息服务法》立法研究及草案起草	王利明
国际关系学院	几个流行的民主化理论命题证伪	杨光斌
劳动人事学院	国家社科基金决策咨询点	郑功成
劳动人事学院	慈善事业法研究	郑功成
社会与人口学院	社会阶层问题研究	李路路
新闻学院	西方新闻专业主义研究	郭庆光
新闻学院	马克思主义新闻观研究	郑保卫
国家社会科学基金项目后期资助项目（共6项，批准经费共计68万元）		
法学院	中国地权制度的变革与反思	程雪阳
国学院	《老子》之道及其当代诠释	林光华
历史学院	南宋临安城复原研究	刘　未
社会与人口学院	论公民福利权利之基础	杨伟民
哲学院	马克思的分配正义观念	段忠桥
哲学院	西方当代美学的全球化面相	张　法
国家973计划课题（共1项，批准经费共计208万元）		
信息学院	网络大数据感知融合与表示方法研究	文继荣
国家科技支撑计划课题（共1项，批准经费共计390万元）		
财政金融学院	村镇金融服务关键技术及系统研发与示范	赵锡军
国家自然科学基金项目国家杰出青年科学基金（共1项，批准经费共计280万元）		
商学院	组织行为	刘　军
国家自然科学基金项目重大项目（共1项，批准经费共计305万元）		
社会与人口学院	特征、规律与前景——老龄社会的人口学基础研究	翟振武
国家自然科学基金项目重点项目（共1项，批准经费共计259万元）		
商学院	企业的融资约束与融资策略研究	姜付秀
国家自然科学基金项目优秀青年科学基金项目（共2项，批准经费共计200万元）		
化学系	聚合物近红外光热转换	王亚培
商学院	医疗分诊分流系统的设计与优化	王晓芳
国家自然科学基金项目面上项目（共37项，批准经费共计2 588万元）		
财政金融学院	寻找缩小我国居民收入差距的最有效手段	岳希明
财政金融学院	政治关联影响公司价值的媒体报道渠道——基于媒体情绪指标构建的研究	许　荣
财政金融学院	任人唯亲的董事会文化与独立董事更迭的“逆淘汰”	郑志刚
公共管理学院	出行链视角下的大城市居民出行方式选择机理研究	杨励雅
化学系	生理活性物质的电化学发光分析新方法研究	张美宁
化学系	压缩二氧化碳用于离子液体中生物质的再生、生物质复合材料的制备及其作用机制研究	牟天成
化学系	抑制剂作用的人胰岛淀粉样肽热力学性质与聚集机制探究	杜为红
化学系	界面结构组成对钙钛矿太阳能电池光电转换动力学的影响	艾希成
化学系	金催化1，n-烯炔与重氮化合物［2+2+m］环加成反应研究	陈自立
环境学院	以非常规水源补给为主的河流病原微生物污染特征、健康风险评估及其控制	郑　祥
环境学院	中国人为源大气汞的东亚传输模拟及其应用研究	张　巍
教育学院	不同入学制度下城市基础教育中的群分和同群效应研究	曹淑江
经济学院	跨越贸易壁垒目标下中国企业对外直接投资行为研究	王孝松

所属单位	项目名称	负责人
劳动人事学院	合作型人力资源管理系统的内容结构及其对个体和组织绩效的作用机制研究——员工组织内社会网络的视角	苏中兴
农业与农村发展学院	中国进城农民工同乡同行扎堆创业现象的发生与发展机制研究	郑风田
农业与农村发展学院	我国农村可再生能源消费的影响因素与激励政策研究	仇焕广
商学院	人格特征、制度感知及关系网利用对移民企业家与原籍国业务往来的影响研究	MAJID GHORBANI
商学院	复杂理论视角下的电子商务创业企业组织创新研究	SHAN WANG
商学院	求同还是存异？创业合法化行为与机会识别行为对新创企业商业模式设计及绩效的影响研究	郭　海
商学院	基于多阶段差别规模效应的服务大规模定制模式下供应链调度优化研究	姚建明
商学院	品牌形象、来源国形象和自我形象对消费者品牌偏好的影响机制研究	庞　隽
商学院	中国企业中多层次领导力模型的追踪研究	王小华
商学院	社会资本、资源依赖与公司控制权问题研究	赵　晶
数据工程与知识工程教育部重点实验室	基于频繁更新的大图数据查询和管理技术研究	陆嘉恒
数据工程与知识工程教育部重点实验室	海量 RDF 数据探索式搜索关键技术与系统研究	陈跃国
统计学院	实时流数据变系数多分类模型研究	吕晓玲
统计学院	概率抽样设计及其统计推断方法	许王莉
统计学院	非对称随机波动建模及其在金融风险管理中的应用研究	张　波
物理学系	电子到空穴掺杂 $BaFe_2As_2$ 铁基超导体系的电子拉曼散射实验研究	张清明
物理学系	基于自然轨道重整化群的团簇动力学平均场理论	卢仲毅
心理学系	汉语口语产生中的认知年老化及其神经机制	张清芳
信息学院	云操作系统复合信任链支撑机制研究	石文昌
信息学院	基于词向量表示的大规模知识图谱构建方法研究	刘　桃
信息学院	分布式不确定数据查询处理关键技术研究	覃　飙
信息学院	我国男男性行为人群 HIV 耐药株流行的数学模型及防控策略研究	韩丽涛
信息学院	流体力学方程组的适定性问题与极限问题	欧耀彬
信息资源管理学院	医疗健康网站信息可信度与质量控制研究	周晓英
国家自然科学基金项目青年科学基金项目（共 27 项，批准经费共计 595 万元）		
财政金融学院	城镇化和老龄化下的中国城镇养老保险改革研究——基于社会福利的视角	李时宇
财政金融学院	财政转移支付对经济发展影响的微观机制——基于企业、家户和县级财政数据的研究	马光荣
财政金融学院	DSGE 宏观金融建模及政策模拟分析	马　勇
财政金融学院	“省直管县”改革、地方政府行为与政策效应	刘勇政
财政金融学院	资本市场发展与企业资本结构动态调整	黄继承
财政金融学院	累积投票制度与投资者保护：基于中国上市公司的研究	何　青
公共管理学院	风险交流对个体流感大流行期间自我保护行为选择的影响机制研究	钟　玮
公共管理学院	货币供应区域异质影响下房价和通货膨胀的联动机制研究	余华义
汉青高级经济与金融研究院	如何促进企业创新？来自金融危机的视角	肖　刚
环境学院	移动床生物膜反应器中生物载体对曝气氧传质过程的影响机理研究	齐　鲁
经济学院	福利向左，责任向右？——基于消费者责任视角的中国能源排放足迹研究	陈占明
经济学院	中国收入差距分析的新视角：机会不均等与收入不平等	宋　扬
经济学院	小客车摇号政策的福利及行为影响分析：以北京为例	秦　萍

所属单位	项目名称	负责人
经济学院	标准化视角下企业标准与技术创新战略的交互机制研究	刘小鲁
经济学院	具有交互固定效应的部分线性动态面板数据模型的统计推断：理论研究及其应用	章永辉
劳动人事学院	城市化对产业结构及收入分配的影响研究	赵丽秋
农业与农村发展学院	中国农村家庭多维动态贫困研究	尤　婧
商学院	黏性消费增长框架下城镇化扩大消费的潜力评估与效应模拟	石明明
商学院	传统企业向价值共创型企业转型：利用信息系统构建商业生态圈	Wenyu DU
商学院	基于用户生成内容的新型市场竞争智能分析方法的研究	张　瑾
商学院	业绩评价指标研究	张　博
商学院	收益管理定价机制下多种类型消费者选择模型的理论估计和实证检验	陈祎伟
心理学系	基于“心理痛苦假说”的眶额皮质介导抑郁症自杀的神经机制研究	李欢欢
心理学系	注意控制的神经网络机制研究	温晓通
心理学系	多人交互模式下结果反馈评价的脑机制及其发展研究	买晓琴
信息学院	三正则图的嵌入性质及其应用	魏二玲
信息学院	带锥性奇点的黎曼曲面上的几何与分析	朱晓宝
国家自然科学基金项目重大研究计划培育项目（共 1 项，批准经费共计 100 万元）		
物理学系	钙钛矿型光吸收材料能带调控与界面输运性质预测	季　威
国家自然科学基金项目专项项目（共 1 项，批准经费共计 10 万元）		
统计学院	国家自然科学基金经济科学“十三五”规划战略研究	袁　卫
国家自然科学基金项目国际合作与交流项目（共 7 项，批准经费共计 113.76 万元）		
化学系	光合作用关键膜蛋白分子过程的生物物理特性和结构研究	张建平
经济学院	促进绿色经济发展的智慧型生态城市：中欧比较研究	陶　然
商学院	中国工商管理研究前沿国际研讨会	刘　军
商学院	中国管理研究国际学会 2014 年年会	郭　海
信息学院	应对老龄化社会研究学术研讨会	左美云
信息学院	2014 年海量数据学术研讨会	孟小峰
信息学院	2014 机器学习暑期研讨会	杜小勇
教育部人文社科项目重大课题攻关项目（共 1 项，批准经费共计 80 万元）		
学校办公室	哲学社会科学学术话语体系创新研究	贺耀敏
教育部人文社科重点研究基地重大项目（共 26 项，批准经费共计 520 万元）		
财政金融学院	中国金融市场体系完善过程中的政府与市场关系研究	张　杰
财政金融学院	财政可持续性研究	贾俊雪
财政金融学院	清代货币结构体系与财政货币化（1644—1911）	何　平
党委宣传部	中国模式与中国发展道路研究	侯衍社
法学院	民法总则重大疑难问题研究	米新丽
法学院	中国刑事诉讼法的现代转型	刘计划
法学院	刑事庭审的中国问题与出路	李学军
法学院	期货期权市场法律制度研究	叶　林
国际关系学院	欧债危机背景下欧盟成员国的对华政策与中欧关系发展	陈志敏
国际关系学院	新世纪欧盟对非洲援助的政治导向问题研究	刘青建
经济学院	人民币汇率问题的政治经济学研究	王晋斌
经济学院	中国的社会救助体系研究	郑新业
马克思主义学院	马克思主义发展史基础理论研究	梁树发
清史所	清代“大一统”观念与王朝政治再研究	杨念群
社会与人口学院	我国老年人流迁与异地养老研究	姚　远

所属单位	项目名称	负责人
社会与人口学院	中国生育政策研究	陈友华
社会与人口学院	中国金融市场中的群体行为与交易秩序研究	刘少杰
社会与人口学院	从“单位组织”到“社会组织”——社会转型背景下的组织制度变迁	李路路
统计学院	金融风险测度与管理若干前沿问题研究	张　波
统计学院	《中国国民经济核算体系》更新扩展及传播应用研究	高敏雪
新闻学院	苏联新闻体制变迁史研究	赵永华
新闻学院	新传媒时代新闻活动主体关系研究（新闻主体论）	杨保军
哲学院	中国特色的政治伦理研究	戴木才
哲学院	当代生命伦理学研究	邱仁宗
哲学院	隋唐道教类书文献及思想研究	王宗昱
哲学院	当代伊斯兰思想研究	王宇洁
教育部人文社科项目重大委托课题（共2项，批准经费共计50万元）		
劳动人事学院	中国大学生就业战略研究	郑功成
哲学院	高校哲学社会科学研究评价指南	刘大椿
教育部人文社科项目后期资助项目（共1项，批准经费共计20万元）		
文学院	卢梭《论科学与文艺》研究	刘小枫
教育部人文社科项目普及读物项目（共3项，批准经费共计45万元）		
经济学院	从小康走向富裕	黄卫平
经济学院	中国制造的全球布局	刘元春
社会与人口学院	中国人口老龄化与老龄问题	杜　鹏
教育部人文社科项目规划项目（共3项，批准经费共计30万元）		
继续教育学院	基于WAP移动技术的成人高等教育管理信息平台的建设	李　刚
文学院	马克思恩格斯（1844年8月28日之前）的批评理论	张永青
信息学院	社会转型中基于网络信息的社会经济实时监测预警研究	许　伟
教育部人文社科项目青年项目（共5项，批准经费共计40万元）		
出版社	高校出版队伍建设研究	李开龙
法学院	指导性案例规则确定的理论及实证研究	邓矜婷
汉青高级经济与金融研究院	社会保障政策与主观幸福感：基于中国的微观实证研究	叶茂亮
历史学院	宗教改革与德国近代医学起源研究	周施廷
商学院	中国情境下的领导行为与员工建言行为	王小华
教育部人文社科项目委托项目（共1项，批准经费共计6万元）		
国际关系学院	普选条件下香港政党政治前景及利弊分析	王英津
教育部人文社科项目专项任务项目（共9项，批准经费共计61万元）		
公共管理学院	教育部直属单位领导班子综合评价指标体系研究	张成福
经济学院	经济理论与经济管理（经济热点）	方福前
经济学院	经济建设编辑室智库专刊	刘元春
马克思主义学院	高校思想政治理论课教学重点难点问题答案	何虎生
马克思主义学院	中国共产党培育践行社会主义核心价值观的发展历程与基本经验研究	李玉峰
马克思主义学院	党的理论工作者与毛泽东思想传播研究（1949—1966）	欧阳奇
体育部	职业化视角下高校辅导员准入、培养、考核、发展机制研究	布　超
哲学院	教育部社科委哲学学部2014年度活动	郭　湛
哲学院	促进研究生群体学术自律与诚信建设问题研究——以京鄂滇地区高校为例	徐　飞
教育部人文社科项目应急项目（共1项，批准经费共计3万元）		
文学院	推进中外人文交流合作研究	杨慧林

所属单位	项目名称	负责人
教育部留学归国人员科研启动基金项目（共 12 项，批准经费共计 29.5 万元）		
财政金融学院	Is Technical Analysis Useful in Predicting the Option Prices?	郭　彪
国际关系学院	政治家后援会对日本政治发展的影响	朱晓琦
国际关系学院	地方政府官员绩效与职业流动性研究	乔　梁
环境学院	用于乳制品风险污染物快速检测的光学阵列传感分析技术	龙　峰
经济学院	中国城市不同所有制企业中的户籍歧视：双重选择模型的应用	宋　扬
社会与人口学院	年龄，时期和队列视角下中国的人口转变	李　婷
外国语学院	按照特征表示人的俄语称名在契诃夫语篇中的使用分析	陈晓慧
文学院	布朗肖文学本体论研究	汪　海
文学院	当代新加坡华语电影的空间与认同	陈　涛
新闻学院	社会化媒体使用对老年人社会关系构建的影响研究	潘曙雅
新闻学院	美剧的中国受众之研究	陈　阳
信息学院	声音中丰富属性的分析与检索的研究	金　琴
北京市哲学社会科学规划项目重大项目（共 2 项，批准经费共计 60 万元）		
法学院	法治评估的基础理论研究	朱景文
经济学院	调整疏解非首都核心功能研究	孙久文
北京市哲学社会科学规划项目重点项目（共 18 项，批准经费共计 212 万元）		
财政金融学院	首都全面深化社会信用体系建设研究	吴晶妹
国际关系学院	互联网舆论场域与文化领导权	张广生
国际关系学院	国际危机与中国海外利益保护问题研究	徐正源
国学院	隋唐五代基本史料编年考证	孟宪实
教育学院	以科学研究支撑高质量本科教育的理论与实践研究	周光礼
经济学院	北京科技创新驱动发展研究——适宜技术研发与科技成果转化的视角	刘凤良
经济学院	“新经济思想史”研究	贾根良
经济学院	马克思的平均利润率下降趋势的数量分析	谢富胜
经济学院	开放视角下的中国货币政策框架的重构	刘元春
历史学院	出土唐代政务文书汇释及研究	刘后滨
农业与农村发展学院	现代农业经营与建设主体研究	朱信凯
统计学院	基于北京市地理分布的空间抽样设计研究	金勇进
文学院	外国文学译介编年考录（1896—1949）	李　今
信息资源管理学院	我国古文献装帧工艺传承与保护的研究	张美芳
信息资源管理学院	基于领导决策的档案知识库建设	张　斌
哲学院	中国特色社会主义文化传播的理论与实践研究	郝立新
哲学院	我国经济制度的正义完善研究	刘敬鲁
哲学院	西方正义伦理思想研究	龚　群
北京市哲学社会科学规划项目一般项目（共 7 项，批准经费共计 56 万元）		
经济学院	北京市各收入阶层居民生活成本指数研究及其与消费价格指数的比较	范志勇
历史学院	抗战时期留平史家群体研究	牛润珍
马克思主义学院	中国特色的马克思主义女权理论	宋少鹏
社会与人口学院	北京市流动人口基本公共卫生服务可及性分析及服务模式研究	郭　静
外国语学院	日本所存辽代高僧燕京纯慧大师非浊佚失文献的整理与研究	李铭敬
文学院	都市听觉文化研究	王　敦
信息学院	面向北京城乡的线上线下社区协同养老模式与机制研究	左美云

所属单位	项目名称	负责人
北京市哲学社会科学规划项目青年项目（共6项，批准经费共计25万元）		
财政金融学院	北京市舒缓中小企业融资困境的策略研究	马光荣
财政金融学院	延迟退休对北京市社会养老保险体系的影响研究	李时宇
公共管理学院	北京非正规经济空间结构演变规律研究	张　磊
汉青高级经济与金融研究院	“环境移民”及相关政策的经济学分析	刘相波
马克思主义学院	党的理论工作者与《正处》的传播研究（1957—1960）	欧阳奇
新闻学院	移动互联网时代北京市政府形象传播与媒体沟通策略研究	黄　河
北京市哲学社会科学规划项目研究基地项目重点项目（共2项，批准经费共计24万元）		
马克思主义学院	中国特色社会主义宗教理论体系研究	何虎生
社会与人口学院	北京矛盾纠纷动态监测与维稳机制研究	陆益龙
北京市哲学社会科学规划项目研究基地项目一般项目（共3项，批准经费共计24万元）		
社会与人口学院	北京市流动人口非正规就业状况研究	杨　凡
社会与人口学院	社区视角的流动人口社会融入研究	王玉君
哲学院	文化解释视角下的信任结构与北京社会治理研究	徐尚昆
北京市哲学社会科学规划项目研究基地项目青年项目（共1项，批准经费共计5万元）		
马克思主义学院	《资本论》与中国特色社会主义	庄忠正
北京市哲学社会科学规划项目研究基地项目特别委托项目（共1项，批准经费共计20万元）		
学校办公室	城市基层社会治理与基层政权建设研究	张建明
北京市哲学社会科学规划项目预立项项目（共4项，批准经费共计8万元）		
财政金融学院	以市场化改革推动首都金融业稳健发展	涂永红
经济学院	更加尊重市场规律，更好发挥政府作用	卫兴华
经济学院	深化改革中政府和市场关系的再权衡与新抉择	孙咏梅
马克思主义学院	把握科学的思想方法	陶文昭
北京市自然科学基金项目面上项目（共4项，批准经费共计66万元）		
经济学院	北京市家庭居民能源消费模式及节能途径研究	魏　楚
信息学院	面向用户信息需求的Web结构化信息抽取技术研究	何　军
信息学院	科技信息服务创新：语义社会网络构建与专家推荐系统研究	余　艳
信息学院	关于音频数据的内容、情感语义分析的研究	金　琴
北京市教育委员会共建项目（共6项，批准经费共计110万元）		
马克思主义学院	全媒体时代加强意识形态工作若干问题研究	徐志宏
马克思主义学院	2014—科学研究与研究生培养共建项目—科研基地（马克思主义研究基地）	秦　宣
商学院	基于不同学科特点的研究生培养改革方案设计研究	宋远方
社会与人口学院	2014—科学研究与研究生培养共建项目—科研基地（社会建设研究基地）	翟振武
信息资源管理学院	北京坛庙文献与文化研究	梁继红
信息资源管理学院	2014—科学研究与研究生培养共建项目—科研基地（人文北京研究基地）	冯惠玲
北京市教育科学规划重点项目（共1项，批准经费共计12万元）		
统计学院	北京教育基本公共服务水平评价研究	杜子芳
北京市社科联项目决策咨询项目（共4项，批准经费共计47万元）		
法学院	推进法治中国建设研究	冯玉军
法学院	以法治精神推动首都城市治理体系与治理能力现代化研究	史际春
继续教育学院	首都建设全国文化中心研究	王琪延
新闻学院	财政对北京电视台、北京电台发展的支撑与引导政策研究	喻国明

所属单位	项目名称	负责人
北京市社科联项目青年社科人才资助项目（共8项，批准经费共计32万元）		
汉青高级经济与金融研究院	金融量化投资模型的不确定性研究及其应用	李　勇
经济学院	北京市企业应对国际贸易壁垒的策略体系	王孝松
经济学院	北京市居民生活节能途径与对策研究	魏　楚
马克思主义学院	日常生活维度的社会主义核心价值观认同	沈江平
统计学院	北京科技成果转化的金融服务协同发展研究	吴翌琳
新闻学院	北京健康教育渠道研究：新媒体与保健知识传播	张　迪
哲学院	马克思主义分析学派的伦理学研究方法辨析	张　霄
哲学院	亚里士多德《欧德谟伦理学》研究	刘　玮
北京市科委项目（共3项，批准经费共计40万元）		
经济学院	以区域科技合作推动京津冀协调发展研究	文余源
物理学系	北京市科技新星计划—张威—2014	张　威
信息学院	北京市“十三五”时期科技成果转化机制研究	许　伟

中国人民大学教授考察团情况一览表（2005—2014年）

序号	团长	地点	时间	主要内容
1	冯惠玲	浙江杭州	2005年4月11—13日	政府部门座谈、研究项目
2	袁　卫	湖北宜昌	2005年6月6—9日	政府部门座谈、学术报告
3	牛维麟	广西南宁	2005年6月12—15日	政府部门座谈、看望挂职干部
4	王新清	吉林长春	2005年7月9—17日	政府部门座谈、学术报告、农村调研
5	纪宝成	新疆乌鲁木齐	2005年7月10—19日	政府部门座谈、学术报告
6	程天权	西藏拉萨	2005年7月19—27日	政府部门座谈、学术报告、硕士学位授予
7	王新清	福建三明	2005年8月21日	政府部门座谈、研究项目、合作协议
8	冯惠玲	黑龙江哈尔滨	2005年12月15—17日	政府部门、企业座谈、研究项目
9	纪宝成	安徽安庆	2005年12月20—22日	政府部门座谈、学术报告、合作协议
10	王新清	陕西延安	2006年9月21—24日	学术报告、合作协议
11	冯惠玲	山东济宁	2007年1月10—15日	政府部门座谈、研究项目
12	冯惠玲	山东寿光	2008年5月18—20日	政府部门座谈、学术报告
13	冯惠玲	贵州遵义	2008年7月10—14日	政府部门座谈、研究项目、农村调研
14	纪宝成	江西鹰潭	2008年7月21—25日	政府部门座谈、学术报告、研究项目、合作协议
15	纪宝成	江苏扬州	2008年4月23—24日	政府部门座谈、学术报告、合作协议
16	袁　卫	广西南宁	2009年6月30—7月2日	政府部门座谈、学术报告
17	牛维麟	贵州毕节	2009年7月14—17日	政府部门座谈、学术报告
18	牛维麟	内蒙古多伦县	2009年7月22—24日	政府部门座谈、学术报告及文化科技园签署战略合作协议
19	牛维麟	安徽合肥	2009年8月12—13日	政府部门座谈、学术报告
20	纪宝成	西藏拉萨	2009年8月21—26日	政府部门座谈、合作备忘录
21	杨慧林	山西大同	2010年8月19—21日	政府部门座谈、学术报告、研究项目、大型国企调研
22	纪宝成	重庆	2010年10月11—14日	政府部门座谈、学术报告、研究项目、区县企业调研

序号	团长	地点	时间	主要内容
23	牛维麟	安徽滁州	2010年12月22—24日	企业农村调研、学术报告、研究项目、合作协议
24	牛维麟	海南琼海	2011年3月2—5日	政府部门座谈、研究项目
25	冯惠玲	四川成都	2011年4月13—16日	政府部门座谈、学术报告、区县企业调研
26	纪宝成	贵州贵阳	2011年7月25—29日	政府部门座谈、学术报告、研究项目
27	程天权	福建福州	2013年2月22—23日	政府部门座谈、合作协议签字
28	陈雨露	福建宁德、南平	2013年8月2—6日	政府部门座谈、挂职干部赴任、学术交流
29	刘向兵	河北正定	2013年8月23—24日	政府部门座谈、农村调研
30	吴付来	福建宁德	2014年7月31日—8月3日	政府部门座谈、农村调研、研究项目

中国人民大学教师在全国及北京市学术团体中兼职情况一览表（不完全统计）

姓名	单位	学会名称	职务
罗国杰	哲学院	中国伦理学会	会长
姚新中	哲学院	国际儒家生态联盟	副主席
宋志明	哲学院	中国哲学史学会	秘书长
陈先达	哲学院	全国历史唯物主义学会	会长
		北京市社科联	顾问
葛荣晋	哲学院	中国实学研究会	会长
		中华孔子学会	副会长
郭　湛	哲学院	中国辩证唯物主义研究会	副会长
张立文	哲学院	中国周易学会	副会长
焦国成	哲学院	中国伦理学会	秘书长
孙中原	哲学院	中国墨子学会	副会长
段忠桥	哲学院	中国国外马克思主义研究会	副会长
		全国高等学校文科学报研究会	副理事长
		全国经济哲学研究会	副会长
安启念	哲学院	中国马哲史协会	常务理事
		中国俄罗斯哲学专业研究会	会长
马俊峰	哲学院	北京市哲学会	副会长
		全国辩证唯物主义学会	常务理事、副秘书长
		价值哲学研究会	副会长
李　萍	哲学院	中华日本哲学会	常务理事
张志伟	哲学院	中华全国外国哲学史学会	理事长
		北京市哲学会	副会长
林美茂	哲学院	中华日本哲学会	常务理事
张风雷	哲学院	（中日韩）东亚宗教文化学会	常务理事
		中国东亚宗教文化学会	副会长
王鸿生	哲学院	北京自然辩证法研究会	理事长

姓名	单位	学会名称	职务
杨武金	哲学院	中国逻辑学会辩证逻辑专业委员会	秘书长
		北京市逻辑学会	副会长
		中国墨子学会	常务理事
张　法	哲学院	中华美学学会	副会长
刘晓力	哲学院	中国逻辑学会	副会长
		中国自然辩证法研究会科学哲学专业委员会	理事长
韩东晖	哲学院	中华外国哲学史学会	副秘书长
臧峰宇	哲学院	全国应用哲学研究会	副秘书长
欧阳谦	哲学院	中国现代外国哲学学会	常务理事
张立波	哲学院	北京市哲学会	副秘书长
秦　宣	马克思主义学院	中国科学社会主义学会	副会长
		北京市科学社会主义学会	副会长
		中国马克思主义哲学史学会	副会长
		中国历史唯物主义学会	常务副会长
		中国马克思恩格斯学会	副会长
郝立新	马克思主义学院	中国高教学会马克思主义研究会	会长
		北京市高等教育学会研究生思想政治理论课研究会	理事长
		中国人类学民族学学会民族文化产业研究会	会长
杨凤城	马克思主义学院	中共党史人物研究会	副会长
		中共党史学会	常务理事
		高校学科建设委员会	会长
		中华人民共和国史学会	常务理事
		中华人民共和国史学会高校教学与研究理事会	会长
		北京市中共党史学会	会长
张　新	马克思主义学院	中国马克思主义哲学史学会	常务理事
张雷声	马克思主义学院	全国高校马克思主义理论学科研究会	副会长兼秘书长
		首都经济学家论坛	副主席
张云飞	马克思主义学院	中国自然辩证法研究会编辑出版工作委员会	副理事长
张　旭	马克思主义学院	全国马克思主义经济学说史学会	副秘书长、常务理事
		中国经济规律研究会	常务理事
张晓华	马克思主义学院	中国高等教育学会马克思主义研究分会	副秘书长
梁树发	马克思主义学院	中国马克思主义哲学史学会	会长
齐鹏飞	马克思主义学院	全国港澳研究会	副会长
		中华人民共和国史学会高等院校教学研究专业委员会	常务理事、秘书长
侯衍社	马克思主义学院	中国高等教育学会马克思主义研究分会	常务理事
陆贵山	文学院	全国马列文论研究会	名誉副会长
		中国中外文艺理论学会	顾问
周忠厚	文学院	全国马列文论研究会	顾问
张永青	文学院	全国马列文论研究会	副会长、秘书长
李　今	文学院	中国现代文学研究会	理事、副秘书长
刘小枫	文学院	中国比较古典学学会	会长
孙　郁	文学院	中国鲁迅研究会	常务副会长
高旭东	文学院	中国比较文学学会	副会长
		中国现代文学研究会	常务理事

姓名	单位	学会名称	职务
杨慧林	文学院	中国比较文学学会	会长
		中国宗教学会	副会长
金元浦	文学院	中国中外文艺理论学会	常务副会长
程光炜	文学院	中国当代文学研究会	副会长
朱万曙	文学院	中国戏曲学会	常务理事
徐正英	文学院	中国古典文献学研究会	常务理事
		中国诗经学会	常务理事
王贵元	文学院	中国文字学会	常务理事
贺　阳	文学院	北京市语言学会	副会长
魏　坚	历史学院	中国蒙古史学会	副理事长
		中国元史研究会	副会长
		中国岩画学会	副会长
		北京市考古学会	副会长
黄爱平	历史学院	中国历史文献学会	副会长
王子今	国学院	中国秦汉史研究会	顾问
		中国岩画学会	副会长
袁济喜	国学院	中国《文心雕龙》学会	副会长
		中华美学会	常务理事
乌云毕力格	国学院	中国蒙古史学会	理事长
黄朴民	国学院	中国史学会	副秘书长
林　岗	经济学院	中国《资本论》研究会	会长
		北京经济学总会	会长
刘凤良	经济学院	中华外国经济学说研究会	副秘书长
		北京高等学会师资管理研究会	副理事长
		中国高等教育学会薪酬管理研究分会	副秘书长
		中国高等教育学会师资管理研究分会	常务理事
黄泰岩	经济学院	中国经济发展研究会	会长
		全国高校社会主义经济理论与实践研讨会年会	秘书长
杜厚文	经济学院	中国世界经济学会	顾问
雷　达	经济学院	中国世界经济学会	副会长
		国际经济合作学会	常务理事
吴易风	经济学院	中华外国经济学说研究会	名誉会长
		全国马克思主义经济学说史学会	副会长
贺耀敏	经济学院	中国大学出版社协会	副理事长
		中国图书评论协会	副会长
		中国出版协会	常务理事
方福前	经济学院	中华外国经济学说研究会	副会长
		北京外国经济学说研究会	会长
姚开建	经济学院	全国马克思主义经济学说史学会	副会长
吴汉洪	经济学院	北京外国经济学说研究会	副会长
		中国世界贸易组织研究会	常务理事
		中华外国经济学说研究会	常务理事
陈　璋	经济学院	中国投入产出学会	常务副理事长
刘　瑞	经济学院	中国宏观管理教育学会	会长
		韩中社会科学学会	副会长

姓名	单位	学会名称	职务
侯景新	经济学院	全国经济地理研究会	副会长
孙久文	经济学院	中国区域科学学会区域经济委员会	副理事长
		全国经济地理研究会	会长
张可云	经济学院	中国区域科学学会区域经济委员会	常务理事
魏权龄	经济学院	中国运筹学会	常务理事
黄　达	财政金融学院	中国金融学会	名誉会长
		教育部社会科学委员会	顾问
陈雨露	财政金融学院	中国金融学会	副秘书长、常务理事
		中国国际金融学会	副会长
安体富	财政金融学院	中国财政学会	顾问
		中国税务学会	顾问
		中国税收教育研究会	名誉会长
高　钢	新闻学院	首都互联网协会	副会长
		中国高等教育学会新闻学与传播学专业委员会	理事长
周　勇	新闻学院	中国高等教育学会新闻学与传播学专业委员会	秘书长
蔡　雯	新闻学院	中国新闻教育史研究会	副会长
		北京市新闻工作者协会	常务理事
杨保军	新闻学院	全国新闻学研究会	常务理事、秘书长
赵永华	新闻学院	中国新闻史学会外国新闻史研究会	副会长
常　江	新闻学院	中国新闻史学会	副秘书长
倪　宁	新闻学院	中国高等教育学会广告学专业委员会	副理事长
彭　兰	新闻学院	中国新闻史学会网络传播史分会	副会长
王润泽	新闻学院	中国新闻史学会	副会长
喻国明	新闻学院	中国传媒经济学会	会长
		中国传播学会	副会长
		中国电视艺术家协会高校分会	副会长
周小普	新闻学院	中国新闻教育学会广播电视分会	副会长
袁　卫	统计学院	中国统计学会	顾问
		中国统计教育学会	顾问
		北京市统计学会	名誉会长
赵彦云	统计学院	中国国民经济核算研究会	顾问
		中国统计教育学会	副会长
		中国统计教育学会高教分会	会长
		中国统计学会	副会长
		全国工业统计教学研究会	会长
高敏雪	统计学院	中国国民经济核算研究会	副理事长
		北京市统计学会	副会长
金勇进	统计学院	北京市统计学会	顾问
		中国商业统计学会市场调查与分析研究会	会长
		中国商业统计学会	副会长
何晓群	统计学院	中国现场统计研究会	常务理事
		中国现场统计研究会多元统计分析专业委员会	理事长
易丹辉	统计学院	中国医疗保险研究会	常务理事
		世界中医药学会联合会第二届临床疗效评价专业委员会	常务理事

姓名	单位	学会名称	职务
易丹辉	统计学院	北京市企业评价协会	副理事长
		中国现场统计研究会生物医学统计分会	秘书长
		北京生物医学统计与数据管理研究会	会长
唐　忠	农业与农村发展学院	中国农业经济学会	副秘书长
		北京农业经济学会	会长
		中国国外农业经济研究会	副会长
孔祥智	农业与农村发展学院	中国合作经济学会	副会长
		中国农村合作经济管理学会	副会长
		中国农业技术经济研究会	副会长
		北京市农业经济学会	常务副会长
		北京市城郊经济研究会	副会长
张利庠	农业与农村发展学院	中国林牧渔业经济学会	副会长
		中国饲料经济委员会	副理事长
		中国畜牧业协会	副秘书长
温铁军	农业与农村发展学院	中国农业经济学会	副会长
朱信凯	农业与农村发展学院	中国农业经济学会	副秘书长
曾寅初	农业与农村发展学院	北京农业经济学会	副会长、秘书长
马九杰	农业与农村发展学院	中国农村金融学会	常务理事
		中国农村财经研究会	常务理事
王利明	法学院	中国法学会	副会长
		中国法学会民法学研究会	会长
		中国法学会法学教育研究会	副会长
		北京市社会科学界联合会	副主席
		中国消费者权益保护协会	副会长
		中国法学会审判理论研究会	副会长
王　轶	法学院	中国案例法学研究会	副会长
		北京市消费者权益保护法学会	副会长
徐孟洲	法学院	中国商业法研究会	副会长
		中国经济法研究会	监事长
		北京市经济法研究会	会长
徐阳光	法学院	中国财税法学研究会	副秘书长
		北京市破产法学会	秘书长
张新宝	法学院	中国法学会	常务理事
史彤彪	法学院	全国西方法律史研究会	副会长
		中国法律史学会	常务理事
姚　辉	法学院	中日民商法研究会	副会长
		北京市消费者权益保护法协会	副会长
张小虎	法学院	中国犯罪学会	副会长
李艳芳	法学院	中国法学会环境资源法学研究会	常务理事
叶秋华	法学院	全国外国法制史研究会	副会长
韩大元	法学院	中国宪法学研究会	会长
		中国法学教育研究会	常务副会长
		中国检察学研究会	副会长
		海峡两岸法学交流促进会	副理事长

姓名	单位	学会名称	职务
龙翼飞	法学院	中国法学会航空法学研究会	副会长
		中国法学会婚姻家庭法学研究会	常务副会长
		北京市法学会民商法学研究会	会长
		北京市法学会房地产法学会	副会长
汤维建	法学院	中国民事诉讼法学研究会	副会长
		中国行为法学会执行行为研究会	副会长
陈卫东	法学院	中国刑事诉讼法学研究会	常务副会长
		中国法学会审判理论研究会	副会长
		国际刑法学会中国分会	副主席
马小红	法学院	中国法律史学会	常务理事
		中国法律思想史研究会	副会长
叶　林	法学院	中国法学会商法学研究会	副会长
		北京市法学会民商法学研究会	副会长
赵晓耕	法学院	中国法律史学会	执行会长、常务理事
丁相顺	法学院	北京市法学会比较法学研究会	副会长
		中国法学会比较法学研究会	常务理事
林　嘉	法学院	中国法学会社会法学研究会	常务副会长
		中国劳动法学研究会	副会长
		北京市劳动法和社会保障法研究会	副会长
莫于川	法学院	中国法学会行政法学研究会	副会长
余劲松	法学院	中国国际经济法学会	副会长
周　珂	法学院	中国法学会环境资源法学研究会	副会长
		北京市法学会	副会长
		北京市法学会环境资源法学研究会	会长
范　愉	法学院	中国法学会比较法研究会	副会长
		中国社会学会法律社会学研究会	副会长
刘春田	法学院	中国知识产权法学研究会	会长
		中国知识产权研究会	副会长
余民才	法学院	北京市国际法学会	常务理事
朱大旗	法学院	北京市经济法学会	副会长
黄京平	法学院	中国法学会刑法学研究会	副会长
		中国青少年犯罪研究会	副会长
		中国犯罪学会	常务理事
朱景文	法学院	中国法理学会	副会长
		中国立法学会	常务副会长
胡锦光	法学院	中国法学会宪法学研究会	副会长
		北京市法学会宪法学研究会	副会长
刘俊海	法学院	中国消费者协会	副会长
		中国法学会消费者权益保护法研究会	副会长、秘书长
		中国法学会商法学研究会	常务理事
		中国法学会证券法学研究会	常务理事
		中国工商行政管理学会	常务理事
		中国个体劳动者协会	常务理事
史际春	法学院	中国法学会经济法学研究会	副会长

姓名	单位	学会名称	职务
杨立新	法学院	中国法学会民法学研究会	副会长
		北京市消费者权益保护法学会	会长
翟振武	社会与人口学院	中国人口学会	会长
段成荣	社会与人口学院	中国人口学会	常务理事、副秘书长
		北京市人口学会	副会长
邬沧萍	社会与人口学院	中国老年学学会	名誉会长
		中国老教授协会	顾问
杜　鹏	社会与人口学院	中国老年学学会	副会长
		北京市老年学学会	会长
		北京市人口学会	副会长
洪大用	社会与人口学院	中国社会学会	常务理事
		中国社会学会环境社会学专业委员会	会长
		北京市社会学学会	副会长
		北京市社会科学界联合会	常委
沙莲香	社会与人口学院	中国社会心理学会	常务理事
郑杭生	社会与人口学院	中国社会学会	名誉会长
		北京市社会学学会	名誉会长
		北京市社会科学界联合会	顾问
庄孔韶	社会与人口学院	中国人类学与民族学研究会	副会长
		中国影视人类学学会	副会长
		中国人类学民族学研究会宗教人类学专业委员会	会长
李路路	社会与人口学院	中国社会学会	副会长
		中国社会学会社会分层与社会流动专业委员会	理事长
俞国良	社会与人口学院	中国教育学会教育心理学分会	副会长
		中国职教学会德育工作委员会	副主任
		中国家庭教育学会	常务理事
刘少杰	社会与人口学院	中国社会学会经济社会学专业委员会	名誉会长
		中国社会学会理论社会学专业委员会	会长
赵旭东	社会与人口学院	中国人类学民族学研究会海外文化研究专业委员会	副主任
郭星华	社会与人口学院	中国社会学会法律社会学专业委员会	会长
刘　谦	社会与人口学院	中国人类学民族学研究会宗教人类学专业委员会	秘书长
陈　岳	国际关系学院	中国高教学会国际政治研究专业委员会（全国高校国际政治研究会）	理事长
李景治	国际关系学院	中国国际共运史学会	副会长
宋新宁	国际关系学院	中国欧洲学会	常务理事
黄嘉树	国际关系学院	中国战略文化促进会	副会长
		北京市台港澳交流促进会	副会长
周淑真	国际关系学院	全国统一战线理论研究会	常务理事
		北京市统一战线理论研究会	副会长
蒲国良	国际关系学院	中国国际共运史学会	副秘书长
		中国科社学会世界社会主义专业委员会	副会长
		北京市国际共运史学会	会长
		北京市科学社会主义学会	常务理事

姓名	单位	学会名称	职务
金灿荣	国际关系学院	中国国际关系学会	副会长
刘青建	国际关系学院	中国非洲史学会	常务理事
		中国亚非学会	常务理事
		中国拉丁美洲学会	常务理事
王续添	国际关系学院	中国现代史学会	常务理事
李庆四	国际关系学院	中国富布赖特学友会	常务副秘书长
郭春生	国际关系学院	北京市国际共运史学会	副会长、秘书长
方长平	国际关系学院	中国高等教育学会国际政治研究专业委员会	常务理事、常务副秘书长
陈　禹	信息学院	中国信息经济学会	名誉理事长
方美琪	信息学院	中国信息经济学会	名誉理事
龙永红	信息学院	全国经济数学与管理数学学会	副会长
		北京数学会	常务理事
		北京经济数学会	理事长
		北京旅游学会	常务理事
杨小平	信息学院	全国计算机基础教育研究会	副会长
		北京系统工程学会	副理事长、秘书长
尤晓东	信息学院	全国高等院校计算机基础教育研究会财经管理信息专业委员会	秘书长
付虹蛟	信息学院	中国信息经济学会	副秘书长
孟小峰	信息学院	中国计算机学会	常务理事
		中国计算机学会数据库专委会	秘书长
高金伍	信息学院	北京经济数学会	副秘书长
		国际电子商务联合会	会长
王明明	信息学院	中国信息经济学会	秘书长、副理事长
左美云	信息学院	中国信息经济学会	副理事长
		国际信息系统协会中国分会	副秘书长
宋远方	商学院	中国物流学会	副会长
刘凤军	商学院	中国市场学会	副秘书长
郭国庆	商学院	中国高校市场学研究会	副会长
徐二明	商学院	中国企业管理研究会	副理事长
		北京现代企业研究会	会长
李　平	商学院	中国工业经济研究与开发促进会	副理事长
邓荣霖	商学院	中国工业经济联合会	学术委员会副主任
纪宝成	商学院	中国市场学会	副会长
		中国商业经济学会	副会长
		中国高校市场学研究会	会长
		中国高校市场营销研究会	副会长
		全国高校商业经济教学研究会	会长
		中国教育发展战略研究会	副理事长
		中国公共管理硕士（MPA）专业学位教育指导委员会	副主任委员
		中国高等教育学会	副会长
		中国教育国际交流协会	副会长
		中韩友好协会	副会长
		中国职业技术教育学会	会长

姓名	单位	学会名称	职务
李金轩	商学院	中国商业高等教育学会	副会长
李占祥	商学院	北京现代企业研究会	名誉会长
吕一林	商学院	中国高校市场研究学会	秘书长
		中国商科高等教育学会	秘书长
黄国雄	商学院	中国商业经济学会	副会长
戴德明	商学院	中国会计学会	副会长
万　融	商学院	中国商品学会	会长
董克用	公共管理学院	中国劳动学会	副会长
		中国行政管理学会	副会长
		中国人力资源开发研究会	副会长
		中国行政体制改革研究会	副会长
		中国人才学会	副会长
		中国机构编制改革研究会	副会长
许光建	公共管理学院	中国价格协会高校价格理论与实践研究会	常务副会长
		中国国际经济关系学会	常务理事
		中国价格协会	常务理事
		北京市价格协会	副会长
牛维麟	教育学院	中国高等教育学会	常务理事
		中国高等教育学会产学研合作教育分会	副会长
		北京高教学会办公室工作研究分会	理事长
		北京市高校党建研究会	副会长
刘希明	教育学院	全国高校社科信息资料研究会	副会长
秦惠民	教育学院	中国教育学会教育政策与法律研究分会	副理事长
		全国高校社科信息资料研究会	会长
郑功成	劳动人事学院	中国劳动学会	副会长
		中国社会保险学会	副会长
		中国医疗保险研究会	副会长
		中国社会福利协会	副会长
		中国残疾人事业发展研究会	副会长
		中国保险学会	副会长
		中国社会保障学会	会长
鲁　全	劳动人事学院	中国保险学会	副秘书长
		中国社会保障学会	副秘书长
徐世勇	劳动人事学院	北京市行为科学学会	秘书长
程延园	劳动人事学院	中国中国人力资源开发研究会劳动关系分会	副会长
孙健敏	劳动人事学院	北京市行为科学学会	会长
		北京市社会心理学会	副理事长
杨立雄	劳动人事学院	中国社会保障学会	秘书长
仇雨临	劳动人事学院	中国社会保障学会	常务理事
杨　俊	劳动人事学院	中国社会保障学会	副秘书长
常　凯	劳动人事学院	中国人力资源开发研究会	副会长
		中国人力资源开发研究会劳动关系分会	会长
		中国社会法学研究会	副会长
		中国劳动法学研究会	副会长

姓名	单位	学会名称	职务
冯惠玲	信息资源管理学院	国家电子文件管理专家委员会	主任
张　践	继续教育学院	中国实学研究会	常务副会长
雷　雳	心理学系	中国心理学会发展心理学分会	副理事长
郑晓华	艺术学院	中国书法家协会学术委员会	秘书长
贾国栋	外国语学院	北京市大学英语研究会	副理事长
张　威	外国语学院	（全国）汉日对比语言学研究会	会长
郑水泉	学校办公室	中国高校校报协会	副理事长
刘春鸿	图书馆	北京高教学会图书馆工作研究会期刊专业委员会	副主任委员
		北京高教学会图书馆工作研究会文献资源建设专业委员会	副主任委员
宋姬芳	图书馆	北京高教学会图书馆工作研究会	副理事长、秘书长
		北京高教学会图书馆工作研究会用户研究与服务专业委员会	主任委员
		中国图书馆学会高校分会	秘书长
胡　宁	图书馆	北京高教学会图书馆工作研究会编目专业委员会	副主任委员
祝小静	图书馆	北京高教学会图书馆工作研究会信息素质教育专业委员会	副主任委员
		北京高教学会图书馆工作研究会用户研究与服务专业委员会	秘书长
朱小梅	图书馆	北京高教学会图书馆工作研究会用户研究与服务专业委员会	副秘书长
孙　涛	图书馆	北京自然辩证法研究会	副秘书长

2014 年学校及各院系举办的学术活动一览表

序号	会议名称	会议类型	学科	举办时间
1	MPA 教育指导委员会 2014 年新年工作座谈会	国内	管理学	1 月 3 日
2	中国国际问题高级讲坛 2014	国际	国际关系	1 月 4 日
3	“当代历史理论”讲座	国内	历史学	1 月 4 日
4	翰墨中华系列书法展——从书法看中国	国际	书法	1 月 7 日
5	全国应用统计教指委案例教学与案例库建设研讨会	国内	统计学	1 月 8 日
6	“中国雇主—雇员匹配数据追踪调查”项目第二次试点调查工作总结研讨会	国内	管理学	1 月 9 日
7	“西藏文化对外传播”平台建设专家咨询会	国内	新闻学	1 月 10 日
8	第十八届中国资本市场论坛	国内	金融学	1 月 11 日
9	“中国城镇化与新土改：难点与突破”政策研讨会	国内	经济学	1 月 11 日
10	国家社科基金重大项目“国家数字档案资源整合与服务机制研究”开题会	国内	信息学	1 月 15 日
11	2013 年第四季度中国就业季度分析会	国内	社会学	1 月 16 日
12	国家重大科研仪器设备研制专项项目年度进展考察会	国内	物理学	1 月 16 日
13	2014 中国区域经济发展论坛	国内	经济学	1 月 18 日

序号	会议名称	会议类型	学科	举办时间
14	2014年世界经济形势座谈会	国际	经济学	1月28日
15	中国社会保障30人论坛2014年会	国内	社会学	2月22日
16	中国特色社会主义经济协同创新中心工作会议	国内	经济学	2月23日
17	大数据与新闻传播创新研讨会	国内	新闻学	2月25日
18	发展经济学研讨会	国内	经济学	2月28日
19	眼光向下：劳工社会学研究之理论与发展	国内	社会学	3月5日
20	国家社科基金重大项目“清代灾荒纪年暨信息集成数据库建设”开题报告会	国内	历史学	3月8日
21	首届全国公共管理学领域城市相关学科发展研讨会	国内	管理学	3月15日
22	中国宏观经济论坛（2014年第一季度）	国内	经济学	3月15日
23	货币金融圆桌会议·2014春	国内	金融学	3月15日
24	“东方与西方之建构：经典翻译”国际学术研讨会	国际	语言学	3月18日
25	能源经济学研讨会	国内	经济学	3月20日
26	纪念谢觉哉诞辰130周年暨谢觉哉法治思想研讨会	国内	法学	3月22日
27	比较行政法研究所2013年年会	国内	法学	3月22日
28	2014全球营销领袖北京论坛	国内	经济学	3月22日
29	金麟2014量化投资与对冲基金年会	国内	金融学	3月26日
30	中国人民大学—日本京都大学联合学术研讨会	国际	经济学	3月28日
31	创业管理中的商业与社会网络视角	国际	经济学	3月31日
32	公务员工资水平决定机制研究	国内	管理学	4月2日
33	国际劳工组织中国青年就业研讨会	国际	劳动人事	4月2日
34	第三届国际金融会议	国际	金融学	4月4日
35	2013年度学生社会实践总结表彰会暨“千人百村”社会调研活动成果发布会	国内	社会学	4月4日
36	思想政治教育学科设立30周年学术研讨会	国内	马克思主义理论	4月8日
37	博鳌亚洲论坛“公共外交与国家形象”分论坛	国际	公共关系	4月11日
38	中国贫困问题与救助扶贫政策研讨会（2014）	国内	管理学	4月12日
39	国家社科基金重大项目“健康国家建设”开题论证会	国内	管理学	4月12日
40	中德社保发展研讨会暨德国社会史首站展览	国际	管理学	4月14日
41	设施农业土地高效利用与政策研讨会	国内	管理学	4月16日
42	古代戏曲研究中青年学者学术研讨会	国内	文学	4月19日
43	迷茫中的理性展望——房地产行业财税风险深度剖析	国内	管理学	4月20日
44	美国著名马克思学家诺曼·莱文（Norman Levine）教授阐释“马克思主义在18世纪的发明”	国际	哲学	4月22日
45	中国人民大学智库成果总结会研讨大学智库建设	国内	管理学、经济学	4月25日
46	“互联网创新与信息化”——2014中国CIO论坛	国内	信息学	4月26日
47	2014年中国区域科学协会理事换届大会暨区域发展与城镇化学术研讨会	国内	经济学	4月26日
48	区域发展与城镇化学术研讨会	国内	经济学	4月26日
49	纳·赛音朝克图与内蒙古现代文化——纪念纳·赛音朝克图诞辰100周年国际学术讨论会	国际	国学	4月26日
50	美国著名马克思学家诺曼·莱文教授“马克思与法国大革命”学术演讲	国际	马克思主义理论	5月6日

序号	会议名称	会议类型	学科	举办时间
51	2014美国农业法案学术研讨会	国内	农学	5月7日
52	社会治理大讲堂：社会治理视角下的应急管理	国内	社会学	5月9日
53	首届中国家书文化论坛	国内	博物馆	5月13日
54	华夏古缯国文化研讨会	国内	图书馆	5月16日
55	第六届（2014年）中国演化经济学年会	国内	经济学	5月17日
56	“人类文化与超验意义”研讨会	国际	文学	5月18日
57	安启念：马克思对唯物主义—唯心主义对立的超越	国内	哲学	5月19日
58	阿里巴巴最佳商业实践案例研究	国内	金融学	5月20日
59	陈世珍：哲学里的中国——《实践论》《矛盾论》新读	国内	哲学	5月21日
60	大都市土地整治规划——以上海市为例	国内	管理学	5月21日
61	康涅狄格大学文理学院副院长Dipak Dey教授访问座谈会	国际	统计学	5月22日
62	2014中国医药政策与发展主题论坛	国内	管理学	5月22日
63	“全球IT产业重组走势与中韩规制应对”国际会议	国际	法学	5月24日
64	第六届中国人民大学国际统计论坛	国际	统计学	5月24日
65	“经济改革与企业转型”中法经济与企业高峰论坛	国际	经济学	5月28日
66	哥伦比亚大学宗教系主任马克·泰勒教授“网络化的宗教”学术演讲	国际	宗教学	5月29日
67	“斯土斯民：环境历史中的城市与乡村”国际学术研讨会	国际	环境学、历史学	5月29日
68	“中国档案事业史学科建设”学术研讨会	国内	档案学	5月31日
69	“中国公共部门绩效管理的未来与挑战”圆桌研讨会	国内	管理学	6月6日
70	第七届中美公共管理国际学术研讨会	国际	管理学	6月6日
71	信用管理教育发展研讨会	国内	管理学	6月7日
72	第十五届四校马克思主义学院博士生论坛	国内	哲学	6月7日
73	第二届中国组织经济学研讨会	国内	经济学	6月7日
74	“荀子研究的回顾与新探索”国际学术研讨会	国际	国学	6月8日
75	第二届中国公共管理青年学者国际研究与发表能力提升工作坊会议	国内	管理学	6月8日
76	吴小如先生剧学成就研讨会	国内	文学	6月15日
77	国际发文的学术交流与指导	国际	信息学	6月20日
78	货币金融圆桌会议·2014夏	国内	金融学	6月18日
79	北京市高等教育学会美育研究会第二届换届大会	国内	美学	6月19日
80	纪念《宗教事务条例》颁布十周年　行动中的中国宗教法治学术研讨会	国内	宗教学	6月21日
81	“丝绸之路经济带的建设与未来”十二国智库论坛	国际	经济学	6月27日
82	残障与发展论坛（2014）	国内	社会学	6月28日
83	新型城镇化与流动人口社会融合论坛2014	国内	社会学	7月5日
84	张卓元教授著作《十八大后经济改革与转型》学术研讨会	国内	经济学	7月5日
85	“政治哲学与当代中国”学术研讨会	国内	哲学	7月5日
86	生物医学统计创新引智教学与研究——2014年暑期研讨班	国际	统计学	7月7日
87	首届“全球化时代中西方媒体文化比较研究”国际论坛	国际	新闻学	7月11日
88	中国宏观经济论坛（2014年中期）	国内	经济学	7月12日
89	首届“创意写作国际论坛”	国际	语言学	7月18日
90	中美学生领袖金融对话	国际	金融学	7月20日
91	2014国际货币论坛暨《人民币国际化报告》发布会	国际	金融学	7月20日
92	历史地图专题研讨会	国内	历史学	7月26日

序号	会议名称	会议类型	学科	举办时间
93	“经济数学课程建设及教学改革”研讨会	国内	信息学	7月31日
94	第六届汉日对比文学研讨会	国际	语言学	8月20日
95	第八届中国中古史青年学者国际会议	国际	历史学	8月23日
96	慈善组织与慈善服务立法研讨会	国内	社会学	8月24日
97	2014年中国社会发展高层论坛	国内	社会学	8月24日
98	农产品价格、CPI结构与宏观经济运行学术研讨会	国内	经济学	8月25日
99	《人民币国际化报告2015》开题报告会	国内	金融学	8月28日
100	长江公共外交高峰论坛	国内	国际关系	8月31日
101	第二届20国智库论坛	国际	管理学、经济学	9月3日
102	国际比较文学学会理事会议	国际	文学	9月3日
103	中国能源国际合作论坛2014	国际	经济学	9月4日
104	第四届世界汉学大会	国际	文学	9月6日
105	公共管理系与剑桥大学土地经济系学术交流活动	国际	管理学	9月10日
106	中国人民大学与辅仁大学双联学制推介会	港澳台	社会学	9月12日
107	货币金融圆桌会议·2014秋	国内	金融学	9月13日
108	第十届社会保障国际论坛	国际	社会学	9月13日
109	中国民法典编纂学术研讨会	国内	法学	9月14日
110	中国比较文学学会第11届年会暨国际学术研讨会	国际	文学	9月18日
111	互联网与未来：跨越鸿沟重塑世界暨“高礼英才直通车”互联网金融本科双学位项目揭幕仪式	国内	经济学	9月21日
112	互联网金融论坛	国内	金融学	9月21日
113	2014中国养老金国际研讨会	国际	管理学	9月24日
114	华北地区高校图协第二十八届学术年会	国内	图书馆	9月24日
115	2014年中国信息资源管理论坛	国内	情报学	9月25日
116	庆贺卫兴华教授90华诞暨政治经济学创新与发展研讨会	国内	经济学	10月11日
117	人大老博士论坛	国内	社会学	10月12日
118	税收法治建设研讨会暨《税收法治通论》发布会	国内	金融学	10月14日
119	国际货币研究所首赴欧洲发布人民币国际化报告	国际	经济学	10月14日
120	中国劳动学会劳动科学教育分会2014年年会	国内	社会学	10月14日
121	第六届“黄达—蒙代尔经济学奖”颁奖仪式暨“2014年中国财政金融青年学者论坛”	国内	金融学	10月18日
122	“一带一路”暨人大考古学科建设研讨会	国内	历史学	10月18日
123	第三届中国档案学博士论坛	国内	档案学	10月18日
124	2014美国商业大讲堂	国际	金融学	10月22日
125	2014年度观察家年会暨中国最受尊敬企业颁奖典礼	国内	金融学	10月24日
126	赤子情怀育桃李，星斗其文济世长——郭湛教授从教45周年暨“实践与主体”学术研讨会	国内	哲学	10月25日
127	张立文教授执教55周年暨和合学与中国哲学创新研讨会	国内	哲学	10月25日
128	全国美国文学研究会第十七届年会暨学术研讨会	国际	语言学	10月25日
129	佛教与文学院：“日本金刚寺佛教典籍调查研究”成果报告国际学术研讨会	国际	语言学	10月25日
130	大学生就业战略专家研讨会	国内	社会学	10月26日
131	中国科幻的思想者——王晋康科幻创作二十年学术研讨会	国内	文学	10月31日

序号	会议名称	会议类型	学科	举办时间
132	汉语语法史中的语言接触和语法变化	国内	语言学	10月31日
133	第四届国际佛学论坛	国际	哲学	11月1日
134	宏观视野下的中国史学与清代中国学术研讨会	国内	历史学	11月1日
135	“清代戏曲与宫廷文化”研讨会	国际	文学	11月3日
136	“党的十八届四中全会与全面推进依法治国”研讨会	国内	法学	11月6日
137	第二届亚太食品安全治理圆桌会议	国际	法学	11月7日
138	中国艺术品金融年度研究报告（2014）发布会	国内	金融学	11月13日
139	英国《金融时报》2014年度中国高峰论坛	国际	经济学	11月14日
140	2014年中国资本市场法治论坛	国内	法学	11月15日
141	中国可持续消费研究学术研讨会	国内	环境学	11月15日
142	第八次全国经济伦理学学术研讨会	国内	经济学	11月15日
143	理工学科发展沙龙第二期暨“计算”及其交叉学科研讨会	国内	数学科学	11月18日
144	第六届人大马哲论坛	国内	哲学	11月19日
145	“中国农业产经30人”论坛	国内	经济学	11月22日
146	中国农业产业可持续发展公益论坛	国内	经济学	11月22日
147	中国宏观经济论坛（2014—2015）	国内	经济学	11月22日
148	第11届“国际儒学论坛”	国际	哲学	11月22日
149	第二届“北京青年农业经济学者论坛”	国内	经济学	11月22日
150	“什么是世界史”学术研讨会	国内	历史学	11月22日
151	中国人文社会科学论坛2014	国内	社会学	11月23日
152	“受社会人口流动影响的儿童项目”专家组会议	国内	社会学	11月24日
153	房地产经纪行业从业人员薪酬水平调查及影响因素分析会	国内	管理学	11月26日
154	中国人民大学教育学院与北海道大学教育研究院2014年度学术交流论坛	国际	教育学	11月26日
155	国土资源部胡存智副部长“城镇化与土地利用”讲座	国内	管理学	11月27日
156	马列所成立50周年“马克思主义发展的历史、现实和未来”论坛	国内	马克思主义理论	11月27日
157	首届大数据与应用统计国际会议	国际	统计学	11月29日
158	2014中国知识管理论坛	国内	信息学	11月29日
159	首届财富管理展望论坛暨《中国财富管理报告2014》发布会	国内	金融学	11月29日
160	新常态下薪酬变动与员工激励——第八届劳动力市场工资价位调查研讨会	国内	社会学	11月29日
161	宋涛经济思想研讨会——纪念宋涛教授百年诞辰	国内	经济学	12月5日
162	第一届北京青年文者（U50）学术交流会	国内	文学	12月6日
163	2014中国金融论坛暨第五届《金融研究》论坛	国内	金融学	12月6日
164	中日韩高等教育国际学术研讨会	国际	管理学	12月8日
165	第四届国民收入分配与企业薪酬制度改革高峰论坛	国内	社会学	12月10日
166	北京农业经济学会2014学术年会	国内	经济学	12月13日
167	“清史研究百年学术史”国际研讨会	国际	历史学	12月13日
168	文化中国：中国文化产业指数发布会	国内	经济学	12月13日
169	大金融思想沙龙暨《新资本论》首发仪式	国内	金融学	12月17日
170	金融风险管理学科全球顾问委员会与风险建模全球专家委员会首届年会	国际	管理学	12月17日
171	“分税制改革二十周年与现代财政制度建设”学术研讨会	国内	金融学	12月20日
172	第五届独墅湖人大金融论坛	国内	金融学	12月21日

序号	会议名称	会议类型	学科	举办时间
173	中国法学会律师法学研究会成立大会	国内	法学	12月21日
174	现代土地利用理念与案例——兼谈京津冀一体化	国内	管理学	12月24日
175	2014中国知识管理论坛	国内	信息学	12月26日
176	第五届“上证法治论坛”	国内	法学	12月27日
177	2015年中国人力资源管理新年报告会	国内	管理学	12月28日

发展规划

■ 学科和事业发展规划

一、概况

2014 年，学校规划工作开启新的征程。学校综合改革工作全面启动，前后历时 5 个多月，动员学院、部处、教师、学生、校友共同参与，先后召开多次协调会与专题讨论会，多次修改，数易其稿，于 12 月 29 日将《中国人民大学综合改革方案》正式上报教育部，成为首批上报综合改革方案的高校之一。

围绕体制机制综合改革，扎实推进学科规划建设工作。筹备组建统计与大数据研究院，作为学校探索学科发展新路径、推动学科建设体制机制创新的学术特区和创新平台，研究院将有力提升统计学科的国际影响力及其对相关人文学科的支撑能力；积极整合相关资源，全力支持数学科学研究院的建设和发展。

继续扎实做好统计信息工作，及时、准确地填报上级部门下发和其他机构发放的一系列综合性统计报表，面向校内开展两次重要统计数据发布，编撰完成学校事业发展年度数据，并创新开展了多项统计分析研究工作，为学校管理决策及相关部处机关提供数据分析支撑与数据服务。学校统计工作在北京市教委 2013 年的统计工作质量评估中获得优秀集体一等奖。

二、学校综合改革工作

综合改革工作是学校2014年的一项重点工作，从2014年7月25日启动到12月29日学校综合改革方案上报教育部，历时5个多月，动员了学院、部处、教师、学生、校友共同参与。

学校综合改革工作的第一个阶段是启动和开展阶段。2014年7月25日，学校召开综合改革方案起草动员会，正式启动综合改革工作。8月27日，学校党委召开务虚会，专题讨论综合改革；9月12日，学校成立综合改革方案起草工作委员会和工作小组，由张建明常务副书记、王利明常务副校长牵头领导，由学校办公室和发展规划处共同牵头负责综合改革工作；9月19日，学校召开综合改革动员会，讨论确定了综合改革方案的初步大纲，明确了工作分工。其后学校综合改革工作全面展开，学校各职能部门结合本部门情况分别撰写专项改革方案，同时委托11个学院撰写综合改革建议方案，委托校团委和学生会征求学生对综合改革的意见，通过校友工作办公室征求校友对综合改革的意见。学校另外还委托教育学院组建专门团队，从高等教育基本规律出发，在充分调研学校一线教师意见的基础上，撰写教师版的综合改革方案，作为学校综合改革方案的重要参考。

第二个阶段是讨论和凝聚共识阶段。10月中下旬，学校根据部处提交的专项改革方案和学院提交的建议方案所反映的情况，决定以比较集中的形式广泛征求各方意见，充分凝聚改革共识。学校从10月21日至10月31日连续集中组织五次综合改革工作专题讨论会，涉及学校核心工作的15个主要部处就各自负责的专项改革方案进行了汇报，靳诺书记和陈雨露校长等校领导分别多次参加专题讨论会，每次讨论会均有10余位学院院长、6位教师代表、6位学生代表、6位校友代表和相关部处代表参加讨论，这是学校第一次组织此种形式的专题讨论会，取得良好效果。专题讨论会后，各相关部处根据讨论会形成的意见对各自的专项改革方案进行了修改。

第三个阶段是集中撰写和修改阶段。12月1日，学校办公室和发展规划处赴教育部汇报学校综合改革工作进展情况，教育部综合改革司刘自成司长对学校综合改革工作表示肯定，并要求学校争取年底上报方案。12月2—4日，发展规划处完成学校综合改革方案第一稿；学校办公室与发展规划处通力合作，多次连续加夜班，不断整合校领导和学院、部处的最新意见，九易其稿，最后由校长助理郑水泉直接修改完善；12月29日，《中国人民大学综合改革方案》正式上报教育部，成为首批上报综合改革方案的高校之一。

三、事业规划与发展战略研究

(一) 参与国务院学位委员会办公室委托的一流大学建设重要课题研究工作

2014年，发展规划处代表学校参加国务院学位委员会办公室委托的“关于中国特色世界一流大学建设及其评价指标体系”重要课题研究，向教育部提交了高质量的研究报告，研究报告提出应注重不同层次、不同类型的一流大学建设，突出强调了建设人文社会科学世界一流大学的重要性，研究报告受到教育部学位办的好评。

(二) 对外合作工作

2014年，积极开展学校有关对外合作的研究论证工作，起草了《国家互联网信息办公室中国人民大学战略合作协议（试拟稿）》，对安邦保险集团提出与学校合作建设医学院的合作意向进行了研究论证，并撰写相关研究报告。

四、学科发展规划工作

（一）筹备组建统计与大数据研究院

为提升统计学科整体实力，改善统计学科队伍结构，提升统计学科国际学术影响力和竞争力，提高统计学对相关人文社会科学学科的支撑能力，学校筹备组建统计与大数据研究院，并制定了《中国人民大学统计与大数据研究院筹备方案建议》，对统计与大数据研究院的发展定位、发展目标、组织管理模式、筹备后续工作内容及分工进行了规划。统计与大数据研究院的筹建是学校学科建设体制机制综合改革的有机组成部分，是学校探索学科发展新路径、推动学科建设体制机制创新的学术特区和创新平台。

（二）进一步推动数学科学研究院的发展

为更好促进数学科学研究院的建设和发展，指导数学科学研究院制定《数学科学研究院建设规划与实施方案》。方案结合《中国人民大学数学科学研究院管理实施方案（试行）》《“十二五”规划》和《信息学院“十年腾飞”学科规划》等文件，在征求了知名学者和相关部处意见的基础上，对研究院的发展定位、发展目标、建设方案以及所需学校支持等方面内容做了详细的规划。

五、统计信息管理工作

（一）数据填报

1. 组织、协调有关单位及时、准确地填报了上级部门下发的以及其他机构发放的一系列综合性统计报表，包括上报北京市教育委员会的中国人民大学《高等教育基层统计报表（2014/2015 学年初）》，上报教育部的《中国人民大学 2014 年普通本专科招生计划申报意见》，以及《汤森路透全球教育机构概况大全项目中国人民大学 2011—2012 学年数据表》等。同时，还参与了《教育部重点建设工作问卷调查相关指标与数据》的填报工作，结合学校实际，科学精选了体现学校建设成效、优势特色的评价指标以及最能体现高校水平和建设成效的评价要素。

2. 完成《中国人民大学统计报表（2013—2014 学年第二学期）》调查、整理和填报工作，报表设有 72 张表格，包含学院、学校两个层级的数据，翔实记录了人才培养、师资队伍、学科建设、科学研究、国际交流、办学条件六个方面的发展状况，是学校、学院发展的真实全面的数据展示。

（二）数据发布

2014 年，面向全校公开发布两次数据：4 月，在《中国人民大学统计报表 2013—2014 学年第二学期》的基础上，整理发布《中国人民大学 2013—2014 学年第二学期重要统计数据》。11 月，在中国人民大学《高等教育基层统计报表（2014/2015 学年初）》的基础上，整理发布《中国人民大学 2014—2015 学年第一学期重要统计数据》。

（三）统计分析

2014 年，围绕学校发展中的热点问题，基于数据开展深入统计分析，形成了多份高质量的专项统计分析报告，为学校事业发展提供科学的依据。完成的报告主要有《中国人民大学“985 工程”三期工作与其他高校对比分析》《人文社会科学评价的指标体系——基于主要国际学科排名的研究》《中国大陆高校进入 ESI 计算机学科排名情况及我校差距分析》等。

（四）年度报告

2014 年 6 月，编撰完成《中国人民大学年度数据 2013》。2014 年 10 月，在该年度报告的基础上，精简形成年度报告英文版 *RENMIN UNIVERSITY FACTS 2014*，并作为宣传材料在第十届 QS 亚太教育会议上发放给参会人员，向全球其他高校和教育机构展示、宣传学校的发展状况。

（五）统计服务

为方便各单位使用数据服务科学决策、确保数据出口统一，发展规划部门开展了多项统计服务，为学校相关职能部门提供数据查询和统计服务，并根据不同要求将统计数据加工整理，形成适应各种需要的统计资料，满足各职能部门的决策与管理需求。

（六）统计评估

2014 年 5 月，学校参与北京市教育委员会开展的 2013 年教育事业统计工作质量评估工作，提交相关评估材料和论文《从泰晤士高等教育世界大学排名看我校发展》，被评为优秀集体一等奖。

■ 校园规划与建设

一、概况

2014 年，学校继续推进“十二五”基本建设规划和建设有关工作，做好已竣工项目的结算及后期维保工作，推动东南区综合楼（教学科研楼）、留学生宿舍、黄山教学科研实习基地、东校区等建设项目的规划设计、前期报批、招标投标工作。

二、在建及竣工项目情况

（一）竣工结算、竣工财务决算及工程款支付工作

完成图书馆新馆、国学馆监理费用的核算工作；图书馆新馆弱电、国学馆精装修工程、校医院消防、校医院施工总承包、锅炉房室外工程、燃气切线工程等结算工作。

完成品园 6 楼和国际交流中心工程竣工财务决算工作。

完成工程款支付工作，主要包括图书馆新馆、国学馆、校医院、锅炉房及黄山教学科研实习基地、东南区综合楼（教学科研楼）、留学生宿舍等工程。

（二）竣工工程后期维保工作

完成国际文化交流中心、品园六楼、图书馆新馆、国学馆、校医院、锅炉房等工程后续质量维保工作。

三、拟建项目情况

（一）东南区综合楼（教学科研楼）、留学生宿舍

2014 年，全力推进东南区综合楼（教学科研楼）、留学生宿舍两个建设项目前期工作进度，完成勘察和设计单位招标、设计方案优化、建设项目备案、环境影响评价报批、国土用地预审、建设用地拨地定桩、建设用地地质勘察、人防规划审核、园林规划审核、可行性研究报告编制与报批、节能评估报告编制与报批和室外给水、雨水、污水、电源、热源等市政设施接入方案专项研究等工作。

2014 年，就东南区综合楼（教学科研楼）、留学生宿舍两个建设项目设计方案召开多次院系部处意见征集会议，汇集专家学者、师生校友意见，确定建设规模、平面布局、功能设计和外立面效果。综合楼建筑高度 80 米，总建筑面积 65 570 平方米，其中地上 18 层，建筑面积 47 757 平方米，地下 3 层，建筑面积 17 813 平方米，建设内容主要为教室、实验室、人防兼地下车库等。留学生宿舍建筑高度 60 米，总建筑面积 35 950 平方米，其中地上 19 层，建筑面积 30 420 平方米，地下 3 层，建筑

面积 5 530 平方米，建设内容主要为留学生宿舍、专家宿舍及其附属设施。

（二）黄山教学科研实习基地

2014 年，完成黄山教学科研实习基地项目立项审批、总体规划调整、设计单位招标、设计方案优化、环境影响评价报批、国土用地预审、可行性研究报告编制与报批等工作。

黄山教学科研实习基地总体规划地上建筑面积 9 466 平方米，其中一期地上建筑面积 5 420 平方米，主要建设内容为实验楼、学生宿舍、教师宿舍、食堂及其配套用房。

（三）东校区校园总体规划设计

2014 年，积极推进东校区校园总体规划工作，《中国人民大学东校区总体规划方案》基本确定，《中国人民大学东校区校园规划控制性详细规划及城市设计》编制完成，指导专项设计和单体设计的《中国人民大学东校区校园规划设计导则》基本完成。

■ 专项资金管理

一、专项资金管理机构

专项资金管理办公室全面承担学校专项资金项目管理主要职能，包括“统筹支持一流大学和一流学科建设过渡性经费”（原“985 工程”）和中央高校改善基本办学条件专项资金项目（原“修购专项”资金项目）。“2011 计划”办公室为学校“2011 计划”相关工作的办事机构，主要负责对外联络、规划设计、组织实施等各项工作。

2014 年度，按照教育部要求，学校在专项资金项目建设中以重大项目为中心，注重政策研究，加强制度建设，结合国家专项资金建设最新思路，创新工作机制，注重改革创新，将专项资金管理与学校“五大战略”紧密结合，扎实有为推动学校“2011 计划”社会转型与社会治理、新型城镇化、食品安全治理等协同创新中心的申报认定工作，切实加强“马克思主义与中国道路协同创新中心”的调整建设，进一步推动学校宗教事务与宗教研究协同创新中心的论证，顺利完成了“统筹支持一流大学和一流学科建设过渡性经费”2014 年过渡资金项目启动工作，稳妥高效完成了“改善基本办学条件”2015 年项目申报、评估工作。

与此同时，注重研究工作，支撑项目管理创新。在智库研究方面，根据学校加强智库建设和“2011 计划”建设的需要，结合“2011 计划”的实施，开展高校协同创新下的体制机制改革探索研究；认真研究国外著名智库的运作模式，加强世界一流智库案例研究，形成《布鲁金斯学会——世界智库典范》，在处内杂志《大学战略研究》发表，服务于学校“2011 计划”的实施；根据国家专项工程建设的新精神，加强绩效研究。在结合前期已有工作基础上，会同统计科采用效率评价方法——DEA 方法对“985 工程”（2010—2013 年）高校建设绩效进行了初步分析，开启了以科学方法评估“985 工程”建设绩效的新思路，体现出学校“985 工程”建设“低投入，高产出”的显著特点，以此为基础，对新一期“统筹支持一流大学和一流学科建设过渡性经费”资金的分配原则、测算依据、指标体系等进行了研究和探索。

二、改善基本办学条件专项资金项目管理

（一）2015 年度项目申报评估工作

2014 年 5 月 16 日，学校接到财政部、教育部《关于开展 2015 年度中央高校及附属中小学改善

基本办学条件专项资金申报、评审工作的通知》(财教便函〔2014〕118号)文件。

6月3日，学校邀请中介机构评估专家对学校拟申报项目进行预评估，召开校内沟通会，向校内各单位通报2015年“改善基本办学条件”工作要求，组织项目单位积极准备预评估及国家评估相关工作。

本着“优先支持公共服务体系，搭建教学科研基础服务平台，向新兴学科适当倾斜”的原则，学校共申报2015年改善基本办学条件专项资金项目45个，申报资金总额27 189.78万元。

7月1日，受教育部、财政部委托，中介机构对学校申报的2015年度改善基本办学条件专项资金项目进行了实地评估。44项通过评估，评估后总额为22 437.09万元。

(二)改善基本办学条件专项资金项目日常管理

2014年，学校共有34个改善基本办学条件专项资金项目获得教育部批复(名单见附录)，总预算12 000万元。学校加强对教育部已经批准的34个改善基本办学条件专项资金项目的日常管理，包括组织实施项目的立项批复、细化论证、预算批复等前期工作，参与并监督项目单位的设备招投标、受理项目单位的调整变更申请等过程管理工作。

1月2日，专项资金管理办公室对2014年度34个项目统一办理立项手续，向各项目单位发放立项通知书并请各项目单位严格按照批准的项目内容和项目预算，落实项目实施的细化工作：编制项目细化论证报告，填报详细的设备购置清单或房屋修缮清单、项目进度管理表、经济责任书。同时，专项资金管理办公室向财务处、资产与后勤管理处、实验室建设与设备管理处送转立项清单。

3月起，各项目单位陆续提交细化论证材料，专项资金管理办公室严格按照教育部和财政部的要求对细化论证材料进行审批，保证“一事一启”，对符合启动条件的项目快速批复，对细化方案不符合批复条件的项目及时与项目单位沟通修改。80%以上的项目于2014年5月前已正式批复，截至2014年底，项目执行率为100%。

附录

中国人民大学2014年度改善基本办学条件专项资金项目批复情况统计表

序号	项目名称
1	2014年学生宿舍粉刷维修工程项目
2	品园二楼(学生宿舍)大修改造项目
3	校园老旧建筑物加固及外立面改造工程(教学区)项目
4	人文楼大修改造项目
5	科研办公用房调整后装修改造项目
6	后勤集团购置学生家具项目
7	体育运动设备设施修购项目
8	“数字人大”v6版本购置项目
9	环境科学与工程专业本科教学实验室仪器设备购置
10	藏书馆家具更新项目
11	艺术学院教学实验设备购置项目

序号	项目名称
12	中区食堂大修改造工程项目
13	北区食堂大修改造工程项目
14	校园网和数据中心设备更新项目
15	公共教学多媒体教室改造与设备更新升级项目
16	信息安全等级保护升级项目
17	信息学院虚拟化教学实验平台项目
18	东区浴室改造项目
19	八百人大教室大修项目
20	逸夫会堂大修项目
21	世纪馆学生体育教室改造项目
22	供热系统节气改造项目
23	校园智能交通系统项目
24	网络教学资源平台建设项目
25	信息楼公共教室更新改造项目
26	学生就业指导中心基础条件改善项目
27	招生就业网站系统升级改造项目
28	八百人大教室（学生剧场）设备购置项目
29	逸夫会堂设备购置项目
30	后勤集团购置电梯项目
31	物理系本科教学实验室低温电磁学测量设备购置项目
32	物理系本科教学实验室普通物理和近代物理实验设备购置项目
33	化学系教学实验平台建设项目
34	心理学系经颅直流电刺激实验室项目

三、“统筹支持一流大学和一流学科建设过渡性经费”专项

（一）概况

2014年，为深入贯彻党的十八大和十八届三中全会精神，全面落实关于深化教育领域综合改革的部署和要求，教育部、财政部统筹实施原“985工程”“211工程”“优势学科创新平台”“特色重点学科项目”等重点建设项目，形成“统筹支持一流大学和一流学科建设过渡性经费”专项经费，对高校进行稳定支持。

2014年国家向学校下拨“统筹支持一流大学和一流学科建设过渡性经费”建设经费19 200万元，其中年度资金11 100万元，奖励资金8 100万元，奖励资金占2010—2013年基本额度的10.7%。2014年共设立学院项目29个，公共项目19个。按照教育部、财政部的规定和要求，学校在“内涵提升、特色发展、创新引领、质量第一”的指导原则下，充分发挥了中央财政专项资金的带动作用和杠杆作用，在学科建设、人才培养、队伍建设、提升自主创新和社会服务能力、国家交流等方面均取得了显著成效。

（二）项目管理及进展情况

1.“统筹支持一流大学和一流学科建设过渡性经费”相关工作

以“能力建设、贡献导向、点面均衡”为指导思想进行资金测算。其中“能力建设”按照教育部加快推进世界一流大学和高水平大学建设所确定的学科建设、拔尖创新人才培养、队伍建设等五大方面建设任务，确定资金按照学生培养规模因素、教师规模因素和学科评估结果因素三个方面进行测算；“贡献导向”充分考虑各项目单位在“985工程”（2010—2013年）建设成效总结报告中的成果显

示度和资金执行进度进行测算安排；“点面均衡”是学校综合考虑“985工程”（2010—2013年）的资金额度情况，以及学科整体提升和重点建设的点面关系，对部分院系资金进行适度调整。

完成“统筹支持一流大学和一流学科建设过渡性经费”2014年过渡资金分配方案测算及政策建议。形成2014年“统筹支持一流大学和一流学科建设过渡性经费”项目资金分配办法、方案，完成“统筹支持一流大学和一流学科建设过渡性经费”2014年资金测算，具体包括规模测算、学科评估结果测算以及绩效测算；撰写2014年“统筹支持一流大学和一流学科建设过渡性经费”资金分配及测算说明，对资金的来源、分配原则、方向和相关依据进行详细说明；撰写理工学科经费调整说明、马克思主义学院经费调整说明，以及部分院系的金额调整情况说明。

根据教育部关于做好重点建设相关工作的调查问卷，学校专项资金管理办公室会同研究生院、教务处、科研处、人才工作领导小组办公室、国际交流处、财务处等有关部门，起草《关于做好重点建设相关工作的建议》，报告中所选取的指标均是各部门认同、最能体现学校实力和特色的评价要素。

启动“统筹支持一流大学和一流学科建设过渡性经费”2014年项目启动、预算审核、批复工作。敦促29个学科建设项目和16个公共部门启动2014年预算和项目建设工作，催促各项目单位提交预算并反馈修改意见。

处理19个项目建设单位的预算调整申请，撰写《关于近期项目单位“统筹支持一流大学和一流学科建设过渡性经费”使用调整中的情况汇报》，对各项目单位预算执行、调整中出现的问题进行梳理汇总，向学校层面客观反映调整中出现的问题和审计风险。

撰写《关于加强和完善专项资金管理模式的方案建议》，针对国家当前对专项资金管理提出“顶层设计、绩效管理”的改革方向，结合学校项目管理所面临的实际情况，为保证新一期专项资金管理的顺利开展，提出加强和完善专项资金管理模式的三种方案建议；撰写“985工程”三期成效分析初稿，形成《中国人民大学“985工程”（2010—2013年）建设成效分析》报告。

2. 2014年预算资金的批复和执行

2014年1月至11月，按照国家“统筹支持一流大学和一流学科建设过渡性经费”相关规定，各项目单位陆续启动2014年预算和项目建设工作。学校专项资金管理办公室催促各项目单位提交预算并反馈修改意见，完成项目单位“统筹支持一流大学和一流学科建设过渡性经费”2014年预算资金的批复、执行及日常管理工作。

四、“2011计划”

（一）概况

2014年度，按照教育部的要求，“2011计划”办公室积极推进校内协同创新中心培育运行，在对外沟通联络、政策服务、平台搭建、网络评审、现场答辩等方面积极做好各项保障服务，完成了“2011计划”协同创新中心的各项工作。积极推动“新型城镇化”“食品安全治理”两个协同创新中心在40多个申报中心中顺利突围，进入会议答辩，实现学校“2011计划”建设大突破。

（二）项目管理及进展情况

1. 积极推进校内协同创新中心培育运行

2014年，建立稳定的工作机制，提供智力支持与服务，推进“社会转型与社会治理协同创新中心”“新型城镇化协同创新中心”“食品安全治理协同创新中心”等培育与运行。邀请教育部相关领导来校指导“2011计划”建设，定期协调召开各中心工作组会、平台长会以及“中国城镇化与新土改：难点与突破”高级研讨会等学术会议，通报国家有关“2011计划”建设的最新政策情况和兄弟高校协同创新开展情况；编写协同创新中心预算提纲，向“社会转型与社会治理协同创新中心”“新型城镇化协同创新中心”“食品安全治理协同创新中心”“马克思主义与中国道路协同创新中心”拨付运行经费共计100万元；积极推进中心宣传平台及网站建设；编写并报送《转型与治理》等杂志。

积极推动“新型城镇化协同创新中心”与福建省、河北省正定县、江苏省常熟市古里镇签订共建协议，协调学校与清华大学两个平台的沟通联络工作。协调“社会转型与社会治理协同创新中心”分别与中央政法委社会管理综合治理委员会、中国老龄工作委员会办公室、国家卫生和计划生育委员会流动人口计划生育服务管理司、北京市信访矛盾分析研究中心等单位签订合作协议，有效聚集社会创新要素和社会资源。

做好学校“宗教事务与宗教研究协同创新中心”的相关政策服务工作和对外联络工作。

2. 扎实推动“2011计划”评审认定

根据教育部《关于组织第二批“2011协同创新中心”认定申报工作的通知》（教技司〔2013〕388号）文件，积极组织学校“社会转型与社会治理”“新型城镇化”“食品安全治理”3个中心参与教育部第二批“2011协同创新中心”评审认定。

2014年3月，组织网络申报与政策培训，逐项做好各协同创新中心电子版申报工作的材料准备及填报工作。协调召开校内各协同创新中心电子版申报材料培训会，研究学习网络申报系统；撰写学校统一政策表述，向各平台下发补充材料提纲。

4月，协调召开各协同创新中心系列工作组会，部署答辩工作，组织“新型城镇化协同创新中心”“食品安全治理协同创新中心”参与学校评审专家会议，为正式答辩做准备。

5月，组织召开“2011计划”答辩工作动员会，对学校协同创新中心相关的改革举措以及中心在学校的定位和相关经验进行深入讨论与交流。随后，组织“社会转型与社会治理协同创新中心”“新型城镇化协同创新中心”“食品安全治理协同创新中心”参与教育部答辩。

3. 参与其他高校牵头组建的协同创新中心

继续推动南开大学牵头的“中国特色社会主义经济中心”、清华大学牵头的“出土文献与中国古代文明研究协同创新中心”中国人民大学平台的相关工作。

■ 高等教育研究

一、科研项目与成果

2014年，高等教育研究室继续推进高等教育改革与政策研究。在继续推进各类相关课题研究工作的同时，围绕教育热点和课题，高等教育研究室在《教育研究》《清华大学教育研究》《复旦教育论坛》《高等工程教育研究》《教育学报》《江苏高教》《中国人民大学教育学刊》《光明日报》《中国教育报》等核心学术期刊和国内重要报纸上发表了《高等教育行业自律：美国经验与中国探索》《政府主导下的我国研究生教育发展特征》《转向微观与实践的研究——高等教育课程研究现状分析》《跨学科教育：普林斯顿大学本科人才培养案例研究》《保守主义时代美国公共教育中的五类控制模式分析》等论文20余篇。

二、政策研究和决策咨询

1. 参与研究制订“中国人民大学综合改革方案”

参与制订教师版的综合改革方案，组织六位教师，通过相关主题研讨会、教师问卷调查、师生访谈、国内外文献研究等，反复讨论，几易其稿，历时4个月完成“中国人民大学综合改革方案（征求意见稿）”。

2. 参与直属高校秘书处的研究工作

学校是教育部直属高校工作咨询委员会第八届执行主席单位，高教研究室承担秘书处的具体联络工作并参与相关研究工作，撰写《以评价促进资源配置方式转变》的研究报告，与天津大学、厦门大学共同完成直属高校咨询会的主报告的调研和写作任务。

3. 编撰出版《美国大学顶尖文科专业课程设置概要》

2014年9月，高等教育研究室正式出版《美国大学顶尖文科专业课程设置概要》，全书计66万余字，以丰富翔实的资料对美国顶尖的法学、商学、经济学、新闻学、社会学、政治学、教育学、哲学、历史、英语语言文学、艺术学、公共管理学、图书情报信息13个专业的本科、硕士、博士课程设置进行了全景扫描与扼要分析。

三、学术活动与交流

2014年，相关教师赴中国高等教育学会、院校研究分会、院校管理分会等参加了一系列学术研讨会，就高等教育研究的相关问题与国内外专家进行交流探讨。

2014年6月18日，由纪宝成教授、南京师范大学胡建华教授共同主持的“遵循科学发展　建设高等教育强国”重大研究项目之“体制与机制”研究课题顺利结题。该项目集合了我国高等教育研究领域的权威专家，在近五年的研究过程中取得了一批有重要价值的学术研究成果。

四、其他工作

2014年，高等教育研究室认真贯彻科研管理体制改革，紧紧围绕学校工作部署，树立服务观念，规范科研日常管理，加强内部工作作风建设，努力进取，开拓创新，重点做好中国人民大学教育管理科学研究基金的立项、结项和日常管理工作。2014年，中国人民大学教育管理科学研究基金项目收到有效申报书66份，经匿名专家评审和会议评审两轮程序，28个项目获批立项，其中，重点项目4个，一般项目24个（详见附录）；共10项课题结项。

2014年，高等教育研究室协同教育学院共组织、编辑《中国人民大学教育学刊》4期；高等教育研究室与书报资料中心合作编辑复印报刊资料《高等教育》，出版12期。

附录

2014年度中国人民大学教育管理科学研究基金项目立项名单

	项目名称	负责人	所在单位	立项类型	项目批准号
1	中国人民大学学科科学研究竞争力评价分析	金贞燕	图书馆	重点项目	14XND001
2	美国政府对大学科研“间接成本”补偿机制以及启示	沈　健	理工学科建设处	重点项目	14XND002
3	国际人才竞争视域下的高校人才战略研究	郭洪林	经济学院	重点项目	14XND003
4	动画学科建设与特色人才培养研究	赵　前	艺术学院	重点项目	14XND004

	项目名称	负责人	所在单位	立项类型	项目批准号
5	国内外几所研究型重点大学助教制度的对比分析和经验启示	蒋香仙	教务处	一般项目	14XNE001
6	高校食堂就餐人数随机动态分布模型研究与优化策略——基于人民大学的案例研究	陈　迪	教育学院	一般项目	14XNE002
7	高校行政管理人员职业认同的调查分析——基于人大和北大的比较研究	刘　芳	财政金融学院	一般项目	14XNE003
8	学生军训效果评估——基于2013年至2014年调研数据的分析	边　策	统计学院	一般项目	14XNE004
9	世界一流大学学科国际评估方法案例研究	罗　闻	发展规划处	一般项目	14XNE005
10	利用社交网络增强大学生思想疏导和教育实效性研究	金　霞	商学院	一般项目	14XNE006
11	精细化管理模式下的校园满意度研究	王金平	保卫处	一般项目	14XNE007
12	认同与传播：新媒介视域下中国人民大学形象建设研究	谢天武	党委宣传部	一般项目	14XNE008
13	“中国人民大学校友小额捐赠计划”实施方案调研报告	孟繁颖	校友工作办公室	一般项目	14XNE009
14	图书馆多媒体创新服务研究	齐慧彬	图书馆	一般项目	14XNE010
15	中国英文学术期刊国际化：实践模式与效果评估	李存娜	学术期刊社	一般项目	14XNE011
16	新媒体条件下校内舆情碎片化传播机制的形成及应对研究	陈　姚	学校办公室	一般项目	14XNE012
17	基于读者借阅耦合分析的大学生阅读倾向研究——以中国人民大学图书馆为例	蒋　玲	图书馆	一般项目	14XNE013
18	认同与冲突：本科生跨文化沟通能力研究——以中国人民大学境外交换生为例	徐　佳	教务处	一般项目	14XNE014
19	关于大学生课外史学原典阅读现状的调查研究及需求分析	陈庆花	学生处	一般项目	14XNE015
20	中关村校区的历史文脉溯源——基于中关村校区及其周边地区的历史地理考察	侯新立	科研处	一般项目	14XNE016
21	公益信托的视角——精细化管理高校教育基金会的思路探究	陈　璞	学校办公室	一般项目	14XNE017
22	中外合作办学模式下跨文化沟通能力培养机制研究——以中国人民大学中法学院为范本	刘　牲	国际学院	一般项目	14XNE018
23	高校“硕博连读”培养模式的管理创新	汪　玲	商学院	一般项目	14XNE019
24	中国人民大学官方微博的定位细分、内容设置与修辞表达研究	冯雯婷	公共管理学院	一般项目	14XNE020
25	教育实践活动中高校民主办学渠道拓展战略研究	惠新宇	学校办公室	一般项目	14XNE021
26	高校科研管理机制创新研究——基于中国人民大学科研项目的实践	吴　瑾	科研处	一般项目	14XNE022
27	高等学校大数据战略研究	冯启娜	党委组织部	一般项目	14XNE023
28	高校医院精细化管理实践与研究——以中国人民大学医院为例	刘永成	校医院	一般项目	14XNE024

对外交流与合作

一、概况

2014 年，学校与俄罗斯圣彼得堡国立大学、澳大利亚墨尔本大学、荷兰奈耶诺德工商管理大学、比利时弗拉芒语区布鲁塞尔自由大学、比利时法语区布鲁塞尔自由大学、比利时欧洲学院、土耳其伊斯坦布尔大学、法国图卢兹大学、加拿大康科迪亚大学、保加利亚索菲亚大学、以色列特拉维夫大学、台湾东吴大学、新西兰惠灵顿维多利亚大学、卢森堡卢森堡大学、芬兰图尔库大学、津巴布韦津巴布韦大学、美国耶鲁大学、英国格拉斯哥大学、日本一桥大学 19 所大学签署或续签了合作协议。截至 2014 年 12 月，学校共与 57 个国家和地区的 245 所高校和机构签订了合作协议。

2014 年，全校出国及赴港澳台进行学术交流活动共计 2 578 人次，其中，在校学生出国及赴港澳台长短期交流活动共计 1 003 人次，82 名教师获得学校国际会议资助；派出校级代表团 11 团次，先后访问了比利时、韩国、俄罗斯、爱尔兰、巴西、朝鲜、以色列、法国、瑞士及香港地区的教育科研机构；通过“校长奖学金”项目派出学生 56 名，校际长期学生交换项目派出学生 304 名，国家公派项目派出学生 223 名，寒暑期国际交流项目派出学生 272 名。

2014 年，接待国际政要和境外高校副校长以上级别来访代表团 33 个，港澳台学生团组 4 个；邀请长期外籍教师 81 人；邀请短期来华访问学者 284 人，聘请外籍客座教授 6 人，授予名誉教授称号 1 人。2014 年学校共接收来自 93 个国家的外国留学生 1 505 人，其中本科生 897 人，硕士生 176 人，博士生 96 人，普通进修生 172 人，高级进修生 32 人，语言进修生 132 人。来自国外大学共计 293 人参加了暑期学校。经教育部批准，学校主办、合办国际会议 25 场。

截至 2014 年 12 月，学校参与共建 12 家海外孔子学院，其中欧洲 6 家，美洲 4 家，非洲 1 家，亚洲 1 家；共有 29 名专职教师和 35 名志愿者在 12 家海外孔子学院任教。

二、主要工作

（一）学校国际知名度和影响力进一步提升

2014 年，多位国家元首或国际组织负责人来校访问并发表演讲，学校的国际知名度和影响力进一步提升。来访政要包括荷兰前首相维姆·柯克、美国前总统吉米·卡特和捷克总统米洛什·泽曼等。

2014 年 3 月，在习近平主席对比利时和欧盟进行国事访问期间，陈雨露校长应邀率学校代表团访问了比利时布鲁塞尔自由大学，并代表学校联合复旦大学、四川大学同比利时布鲁塞尔自由大学签署了《关于共建布鲁塞尔中国与欧洲问题研究院（Brussels Academy of China and European Studies, BACES）的谅解备忘录》。9 月 6 日，中欧高级别人文交流对话机制第二次会议在北京召开，在机制中方主席、中国国务院副总理刘延东与机制欧方主席，欧盟教育、文化、语言多样性及青年事务委员瓦西利乌的共同见证下，布鲁塞尔中国与欧洲问题研究院正式揭牌成立。

（二）学生国际交流项目结构和运作机制进一步改善

各类学生国际交流项目数量继续增加。校长奖学金项目新增美国哥伦比亚大学和美国加州大学圣迭戈分校项目。国家公派各类项目派出人数显著增多，平均增幅达到 40%。其中，“国家建设高水平大学公派博士研究生项目”的派出人数增长将近四成，创造了学校自 2007 年执行该项目以来，录取人数和增长幅度的新纪录。

各类学生国际交流项目运作机制进一步改善。2014 年，学校开通学生海外交流项目微信公众平台，组织“I-view”留学分享会，提高项目管理精细化程度，修订《中国人民大学学生赴国外学习责任书》，为参与不同项目的学生提供有针对性的行前培训，首次组织 100 余名学生参加国家留学基金委组织的公派学生视频培训会议。

（三）进一步发挥孔子学院“海外存在”综合文化交流平台优势

学校参与共建了 12 家海外孔子学院，所依托大学均为其所在国的知名学府。以孔子学院为平台，学校与多所外方伙伴院校教师和学生交流进展顺利。2014 年，为庆祝“孔子学院十周年”，学校举办“2014 中国人民大学国际文化节暨孔子学院日”、“孔子学院十周年”专题展、“孔子新汉学计划”博士生座谈会等活动；学校在全球范围内承建的 12 所孔子学院也分别举行盛大的系列庆祝活动。

学校参与合作承建的第一所海外孔子学院爱尔兰都柏林大学孔子学院荣获首批“全球示范孔子学院”的荣誉称号。2014 年 6 月，都柏林大学孔子学院承办了欧洲新建孔子学院联席会议，并举行都柏林大学示范孔子学院新教学楼奠基仪式。中共中央政治局常委、中央书记处书记刘云山同志出席上述活动。

2014 年 9 月，第四届世界汉学大会在学校召开，主题为“东学西学·四百年”。中共中央政治局委员、国务院副总理刘延东出席开幕式并会见海外汉学家代表。在孔子学院成立十周年之际，来自 38 个国家和地区的 200 多名专家学者从多学科视角就东西文化交流展开对话。大会期间，国家汉办与学校宣布成立“世界汉学大会理事会”。

（四）合作办学工作稳步推进，已覆盖本、硕、博各个教育层次

学校现有 1 个中外合作办学机构——中国人民大学中法学院，1 个中外合作办学项目——中国人

民大学与加拿大女王大学合作举办金融学专业硕士学位教育项目，1个大陆与港澳台地区合作办学项目——中国人民大学与香港理工大学合作举办管理学博士学位教育项目，覆盖本、硕、博各个教育层次，不断探索中外合作办学的新模式，培养能够在东西方两个文化平台上自由行走的高层次、国际化人才。中法学院自成立以来运行良好，2014级本科新生共272人入学，学生总人数达到744人。中法学院总体招生及人才培养情况令人满意，在中国已初步确立起良好的社会声誉。

（五）留学生教育进入改善结构、提升质量、优化管理发展阶段

2014年，留学生招生方式继续实行将奖学金名额分配给学院的方式，成功调动学院的招生积极性，拓宽了招收优质生源的渠道，稳定了高层次留学生来校学习的报到率。继续施行本科生免试推优政策，扩大北京市优秀高中推荐名额，在提高生源质量、稳定本科生报到率方面效果显著。

为更好服务于留学生群体，继续优化一站式服务体系，利用网络自媒体微博、微信、网站等社交平台及时公布信息，提高办事效率，加强与学生的沟通联络；留学生办公室内开辟学生接待区，设专岗及专人负责为学生答疑解惑；丰富新生入学教育内容，为交换生、奖学金生增加英语专场入学指南讲解，依托学生社团组织更生动多样的破冰活动，让新生尽早融入校园生活；组织丰富多彩的各类文化活动，如一年一度的国际文化节，丰富留学生校园生活，强化爱校意识，培养爱华亲华人士。

为加强对学生的管理及有针对性地服务，继续实行国际学生辅导员制度，定期召开班会，面对面解决学生在学习和生活中遇到的困难和问题；落实“1420计划”，对留学生公寓的自习室进行功能性改造，设计为功能多样的学生活动室，为留学生提供更多的交流空间。

（六）继续发展对港澳台地区学生交流项目，完善对港澳台学生管理与服务

2014年，共举办1期“两岸学子彩虹计划”，1期“香港城市大学法律生暑期实习班”，受全国台联委托承办1期“龙脉相传·青春中华”千人台胞夏令营，组织学生参与北京市台办对台交流项目“京台青年交流周”。上述活动中，共接待来访师生人数约600人，学校参与师生人数约100人。此外，还受教育部委托完成课题“两岸青年学生交流项目成效分析与研究”，组织3期优秀学生赴台湾进行短期交流。

进一步完善港澳台交换生“一对一接待大使”机制，接待大使人数达到50人；在以往《港澳台交换生入学指南》基础上，根据学校各类生活服务设施的调整变化，优化、调整了旧版入学指南中的相关信息；建立港澳台交换生入学一站式服务模式，与学生处、后勤集团、信息技术中心等部门协调，在报到时为学生一站式办理报到、核验资料、登记信息、办理学生证及一卡通等相关手续，简化办事流程。

（七）外事管理更加制度化、外事审批流程更加规范化

2014年，制定《中国人民大学因公出国（境）实施细则》，投入使用指纹生物采集设备，进一步修正完善了因公出国（境）审批工作、护照签证工作申请流程，实行因公证照的统一管理。为加强外事纪律、规范外事工作流程，重新修订《国际交流处工作流程汇编》，制作《国际交流处工作手册》。

（八）亚洲研究中心工作体现新特色

为了进一步发挥亚洲研究中心促进学校亚洲学术交流的职能，2014年11月22日至23日，由学校与韩国高等教育财团主办、亚洲研究中心与孔子研究院承办的第11届“国际儒学论坛”在学校举行，来自世界各地的60多位专家、学者参加会议。经过十年的发展，国际儒学论坛已成为具有重要国际影响力的品牌论坛，成为各国学者研究交流儒学文化的国际盛会。

由亚洲研究中心、教育学院主办的“中日韩高等教育国际学术研讨会”于2014年12月8日在学校举办。

附录

2014年校领导出访团组一览表

校领导	出访时间	出访国家/地区	访问机构/组织	出访任务
靳诺书记	10月31日—11月4日	以色列	特拉维夫大学	访问校级合作伙伴，出席“全球孔子学院日”系列活动
			耶路撒冷希伯来大学	访问校级合作伙伴
	11月23—30日	法国	巴黎索邦大学	访问中法学院合作院校
			保罗瓦莱里大学	
			KEDGE商学院	
		瑞士	日内瓦大学	出席孔子学院理事会
陈雨露校长	3月30日—4月3日	比利时	弗拉芒语区布鲁塞尔自由大学	签署校级协议，出席“中国改革及对欧盟与世界的影响”研讨会
			欧洲学院	
	5月21—25日	俄罗斯	莫斯科国立大学	访问校级合作伙伴，签署合作协议，出席“第六届俄中高级经济论坛”
			圣彼得堡国立经济大学	
			圣彼得堡国立大学	
	6月14—17日	爱尔兰	都柏林大学	出席示范孔子学院新教学楼奠基仪式和欧洲新建孔子学院联席会
张建明常务副书记	9月22—26日	朝鲜	金日成综合大学	出席第三届“朝鲜语言、文学、历史”国际学术研讨会
	11月24—27日	中国香港	香港大学	访问校级合作伙伴，商讨未来合作意向
			香港中文大学	
			香港浸会大学	
王利明常务副校长	7月26—31日	巴西	—	出席第三届世界大学校长论坛
杨慧林副校长	5月22—25日	瑞士	日内瓦大学	出席“宗教的多样性和宗教史”研讨会，访问孔子学院
伊志宏副校长	3月4—7日	比利时	弗拉芒语区布鲁塞尔自由大学	访问校级合作伙伴
			欧洲学院	商讨合作协议签署等事宜
	3月16—20日	韩国	—	出席APAIE年会及教育展

2014年重要来访团组一览表

序号	时间	主要来访人员
来访政要		
1	1月17日	美国驻华大使骆家辉（Gary Locke）
2	3月17日	卢森堡驻华大使石泰嵋（Paul Steinmetz）

序号	时间	主要来访人员
3	3月25日	荷兰前首相维姆·柯克（Wim Kok）
4	4月21日	西班牙前外长安娜·德·帕拉西奥（Ana de Palacio）
5	4月22日	古巴高等教育部副部长奥贝尔特·桑丁·卡塞莱斯博士
6	6月18日	俄罗斯教育科技部副部长亚历山大·科利莫夫（Alexander Klimov）
7	6月20日	伊朗国家利益委员会战略研究中心主任、伊朗外交部前部长韦拉亚提
8	6月27日	巴基斯坦驻华大使马苏德·哈立德
9		伊朗驻华大使马赫迪·萨法里
10	7月14日	伊朗驻华大使马赫迪·萨法里
11	9月3日	美国前总统吉米·卡特（James Earl Carter Jr）
12		白俄罗斯教育部第一副部长博古石·瓦季姆·阿纳托里耶维奇
13	9月4日	土库曼斯坦驻华大使齐纳尔·鲁斯捷莫娃
14	9月19日	国际行政科学学会主席吉尔特·波科特（Geert Bouckaert）
15	10月16日	捷克驻华大使利博尔·塞奇卡（Libor Secka）
16	10月26日	捷克总统米洛什·泽曼（Milos Zeman）
17	11月25日	德国前总统霍斯特·科勒（Horst Koehler）
来访高校领导		
1	2月26日	美国耶鲁大学前校长理查德·列文（Richard Levin）
2	3月3日	加拿大康科迪亚大学校长艾伦·夏培德（Alen Shaperd）
3	3月17日	澳大利亚纽卡斯尔大学校长卡罗林·麦克米伦（Caroline McMillen）
4	4月1日	澳大利亚墨尔本大学校长格里·戴维斯（Gly Davis）
5	4月11日	比利时法语区布鲁塞尔自由大学校长迪迪艾·韦维尔（Didier Viviers）
6	5月30日	爱尔兰都柏林大学校长安德鲁·迪克斯（Andrew Deeks）
7	7月9日	法国KEDGE商学院校长托马·弗霍里谢（Thomas Froehlicher）
8	8月22日	韩国高丽大学校长金炳喆
9	9月5日	比利时欧洲学院校长约尔格·莫纳尔（Jörg Monar）
10	9月6日	法国巴黎索邦大学校长巴德雷米·若贝尔（Barthélémy Jobert）
11	9月24日	保加利亚索菲亚大学校长伊万·伊尔切夫（Ivan Iltchev）
12	10月22日	韩国东亚大学校长权五昌
13	10月23日	澳大利亚西澳大学校长保罗·约翰逊（Paul Johnson）
14	10月31日	荷兰阿姆斯特丹自由大学校长贾普·温特（Jaap Winter）
15	12月7日	津巴布韦大学校长勒维·尼亚古拉（Levi Nyagura）
16		意大利博洛尼亚大学校长伊万诺·迪奥尼基（Ivano Dionigi）

2014年与中国人民大学签署校际协议的境外院校一览表

序号	签署时间	国家/地区	学校/机构名称	协议类型
1	1月14日	中国台湾	东吴大学	校际学术合作备忘录
2	3月25日	荷兰	奈耶诺德工商管理大学	校际学术合作备忘录

序号	签署时间	国家/地区	学校/机构名称	协议类型
3	3月31日	比利时	弗拉芒语区布鲁塞尔自由大学	共建布鲁塞尔中国与欧洲问题研究院的谅解备忘录
4			弗拉芒语区布鲁塞尔自由大学 中国华为技术有限公司	在布鲁塞尔中国与欧洲问题研究院设立华为当代中国研究讲席的谅解备忘录
5	4月1日		欧洲学院	战略合作伙伴关系谅解备忘录
6			法语区布鲁塞尔自由大学	校际学术合作备忘录
7	4月11日	土耳其	伊斯坦布尔大学	校际学生交换协议
8	5月8日	加拿大	康科迪亚大学	校际学生交换协议
9	5月23日	俄罗斯	圣彼得堡国立大学	校际学术合作备忘录
10				关于共建“俄罗斯研究中心”的意向书
11	9月24日	保加利亚	索菲亚大学	校际学术合作备忘录
12	9月25日	以色列	特拉维夫大学	校际学生交换协议
13	12月2日	俄罗斯	圣彼得堡国立大学	校际学生交换协议
14	12月6日	津巴布韦	津巴布韦大学	中非讲席项目协议
15	12月10日	澳大利亚	墨尔本大学	校际谅解备忘录

2014年与中国人民大学续签校际交流协议的境外院校一览表

序号	签署时间	国家/地区	学校名称	协议类型	首签时间
1	1月8日	新西兰	惠灵顿维多利亚大学	校际学生交换协议	2005年1月
2	4月22日	卢森堡	卢森堡大学	联合培养银行及金融硕士项目	2007年5月
3				校际学生交换协议	2010年7月
4	4月30日			校际学术合作备忘录	2006年9月
5	10月15日	美国	耶鲁大学	校际暑期学校合作协议	2010年6月
6	10月21日	芬兰	图尔库大学	校际学生交换协议	1996年4月
7				校际学术合作备忘录	
8	12月6日	津巴布韦	津巴布韦大学	共建孔子学院执行协议	2006年8月

中国人民大学海外孔子学院一览表

（截至2014年12月31日）

序号	洲别	国别	外方合作院校	孔子学院名称	成立时间
1	亚洲	以色列	特拉维夫大学	以色列特拉维夫大学孔子学院	2007年5月
2	非洲	津巴布韦	津巴布韦大学	津巴布韦大学孔子学院	2006年8月
3	欧洲	爱尔兰	都柏林大学	爱尔兰都柏林大学孔子学院	2006年9月
4		丹麦	哥本哈根商学院	丹麦哥本哈根商务孔子学院	2007年11月
5		德国	莱比锡大学	德国莱比锡大学孔子学院	2007年10月
6		芬兰	赫尔辛基大学	芬兰赫尔辛基大学孔子学院	2006年9月
7		瑞士	日内瓦大学	瑞士日内瓦大学孔子学院	2010年12月
8		意大利	博洛尼亚大学	意大利博洛尼亚大学孔子学院	2008年7月

序号	洲别	国别	外方合作院校	孔子学院名称	成立时间
9	北美洲	哥斯达黎加	哥斯达黎加大学	哥斯达黎加大学孔子学院	2008 年 11 月
10		美国	麻州大学波士顿分校	美国麻州大学（波士顿）孔子学院	2006 年 3 月
11			密歇根大学	美国密歇根大学孔子学院	2009 年 6 月
12			哥伦比亚大学	美国哥伦比亚大学孔子学院	2009 年 9 月

2014 年中国人民大学通过校际交换生项目派出学生一览表

洲别	国家/地区	学校名称	派出人数
亚洲	韩国	中央大学	3
		高丽大学	18
		釜山大学	1
		首尔国立大学	6
		梨花女子大学	3
		东国大学	1
	日本	同志社大学	2
		早稻田大学	1
		琦玉大学	2
		明治大学	2
		九州产业大学	1
		龙谷大学	3
		神户大学	3
		九州大学	1
		庆应义塾大学	2
		一桥大学	2
	土耳其	考其大学	1
	香港地区	香港城市大学	5
		香港岭南大学	2
		香港大学	10
	澳门地区	澳门大学	3
	台湾地区	辅仁大学	9
		逢甲大学	19
		政治大学	11
		中正大学	9
		台湾大学	4
		高雄师范大学	2
		中国文化大学	7
		文藻外国语学院	5
		台湾“清华大学”	4
		台湾师范大学	4
		东吴大学	4

洲别	国家/地区	学校名称	派出人数
亚洲	台湾地区	世新大学	4
		台北大学	4
		中兴大学	5
		淡江大学	3
欧洲	爱尔兰	都柏林大学	4
	奥地利	维也纳大学	3
	丹麦	奥尔堡大学	1
		哥本哈根大学	4
		哥本哈根商学院	5
	德国	莱比锡大学	10
		图宾根大学	12
		哥廷根大学	5
	俄罗斯	圣彼得堡国立经济大学	11
	法国	巴黎政治学院	4
		巴黎第十大学	5
	芬兰	图尔库大学	1
		赫尔辛基大学	8
		拉普兰大学	6
		坦佩雷大学	6
	荷兰	阿姆斯特丹自由大学	6
	卢森堡	卢森堡大学	1
	瑞典	斯德哥尔摩大学	2
		林奈大学	4
	瑞士	日内瓦大学	3
	西班牙	巴塞罗那自治大学	10
		卡洛斯三世大学	2
	匈牙利	卡尔文纽什大学	1
	英国	曼彻斯特大学	10
		华威大学	4
		肯特大学	6
		约克大学	1
北美洲	加拿大	西门菲莎大学	1
		女王大学	2
总　计			304

2014年中国人民大学通过国家公派项目派出学生一览表

项目名称	派出人数
2014年公派硕士项目	27
2014年国家建设高水平大学公派研究生项目	103
本科生赴加拿大阿尔伯塔大学实习项目	2

项目名称	派出人数
本科生赴加拿大 MITACS 实习项目	2
国际区域问题研究及外语高层次人才培养项目	3
全国俄语大赛获奖者赴俄罗斯公派留学	1
新闻专业硕士研究生赴海外实习项目	6
优秀本科生国际交流项目	63
中比政府互换奖学金项目	1
中俄博士后奖学金项目	1
中俄政府互换奖学金项目	10
中荷政府奖学金项目	2
中美富布赖特联合培养博士生子项目	1
中瑞（士）政府奖学金项目	1
总计	223

2014年中国人民大学通过寒暑期境外项目派出学生一览表

项目名称	派出人数
德国科隆大学暑期学校项目	1
德国慕尼黑大学暑期项目	1
德国图宾根大学暑期项目	2
法国巴黎十大暑期学校项目	9
韩国全北大学寒假项目	70
加拿大英属哥伦比亚大学暑期学期项目	4
美国 CYDP 中国青年发展项目寒假学校	11
美国 CYDP 中国青年发展项目暑假学校	20
美国哥伦比亚大学暑期学期项目	4
美国加州大学伯克利分校暑期学校项目	36
美国加州大学戴维斯分校暑期学校项目	3
美国乔治敦大学暑期学校项目	3
美国耶鲁大学暑期项目	20
人大—辅仁大学生交流计划	18
日本明治大学暑期学校项目	2
台湾淡江大学暑期项目	4
台湾政治大学夏日学院团	4
台湾中正大学暑期学校	20
以色列特拉维夫大学暑期学校项目	2
英国华威大学暑期学校项目	5
英国伦敦国王学院暑期学校	31
英国曼彻斯特大学暑期学校项目	2
总计	272

2014年中国人民大学通过“校长奖学金项目”派出学生一览表

学校名称	派出人数
澳大利亚麦考瑞大学	9
美国哥伦比亚大学	2
美国加州大学戴维斯分校	19
美国加州大学圣迭戈分校	13
美国芝加哥大学	2
英国爱丁堡大学	6
英国伦敦国王学院	5
总计	56

2014年中国人民大学聘请客座教授一览表

姓名	国籍	职务	授予时间
篠原総一	日本	京都同志社大学教授	2014年1月
植田和弘	日本	京都大学经济学部教授	2014年1月
Desiree van Gorp	荷兰	荷兰奈耶诺德商业大学副校长	2014年3月
Martin Loughlin	英国	伦敦政治经济学院公法学教授	2014年3月
Jacques Delisle	美国	美国宾夕法尼亚大学法学院教授	2014年4月
William Oliver Stone	美国	电影导演	2014年4月

2014年中国人民大学授予名誉教授称号人员一览表

姓名	国籍	职务	授予时间
Richard J. Evans	英国	剑桥大学沃夫森学院院长	2014年4月

2014年中国人民大学因公短期出国/境人员统计表

单位：人次

访问考察	合作研究	国际会议	短期讲学	学生交流	其他	合计
426	152	720	29	761	91	2 179

2014年中国人民大学因公长期出国/境人员统计表

单位：人次

（高级）访问学者	讲学	学生留学	合计
44	23	332	399

2014年中国人民大学主要国际会议汇总表

序号	会议名称	主办单位	举办日期
1	跨境家庭法问题和儿童福利：亚太区域视角国际学术会议	法学院	5月13日
2	中国人民大学国际统计论坛	统计学院	5月24—25日
3	第七届中美公共管理国际学术研讨会	公共管理学院	6月6—7日
4	国际人力资源管理研讨会	劳动人事学院	6月15—16日
5	2014年机器学习暑期研讨会	信息学院	6月16—20日
6	中国管理研究国际学会2014年会	商学院	6月18—22日
7	丝绸之路经济带的建设与未来——上海合作组织智库论坛	重阳金融研究院	6月23—24日
8	全球化时代中西方媒体文化比较研究国际学术会议	新闻学院	7月11—12日
9	北美华人会计教授协会学术年会	商学院	7月11—12日
10	日内瓦—哈佛—人大—悉尼国际学术会议	法学院	7月11—13日
11	未来的中欧关系：机遇与挑战国际学术会议	欧盟研究中心	7月30日—8月2日
12	第十三届亚太超常儿童会议	附属中学	8月3—6日
13	第六届汉日对比语言学研讨会	外国语学院	8月19—21日
14	中国人民大学—韩国高丽大学金融问题国际研讨会	国际交流处	8月22日
15	大金融与综合增长的世界国际研讨会	重阳金融研究院	9月3—4日
16	第四届世界汉学大会	汉语国际推广研究所	9月5—7日
17	中澳艺术大景观：生活、自然与故土国际学术会议	外国语学院	9月11—13日
18	2014年中国养老金国际研讨会	公共管理学院	9月24—25日
19	中国—欧盟安全合作国际学术会议	欧盟研究中心	10月15—16日
20	电子证据与电子取证国际研讨会	法学院	11月15—16日
21	中国可持续消费研究学术研讨会	环境学院	11月15—16日
22	大数据与应用统计国际学术会议	统计学院	11月15—16日
23	国际儒学论坛	哲学院/亚洲研究中心	11月22—23日
24	中日韩高等教育国际学术研讨会	教育学院/亚洲研究中心	12月8—9日
25	百年清史学术史国际学术会议	历史学院	12月12—14日

管理工作

■ 行政管理工作

一、概况

新世纪以来，中国人民大学“十年基础”“固本强基、重塑形象”的阶段性目标已圆满实现，2014 年是“十年腾飞”、建设“人民满意、世界一流”大学新阶段的重要一年。学校行政综合管理部门继续围绕学校创建“人民满意、世界一流”大学的战略目标和中心工作，继续高举“发展、创新、和谐”的旗帜，认真学习贯彻习近平总书记系列重要讲话精神，积极发扬顽强拼搏意识和良好精神风貌，以师生为中心，以服务教学科研一线为中心，充分发挥学校领导班子的参谋助手、学校的信息枢纽的职能，综合协调部门院系工作，督促落实各项工作，做好对内对外、对上对下的服务工作，继续着力建设“充满活力，充满智慧，规范、高效、成熟的学习型、服务型办公室”，为推动全校建立“校令畅通、反应灵敏、运转规范、运作高效、服务优良”的管理体系，助推学校“五大战略”实施做出了新的贡献。

二、信息工作

2014 年，学校办公室继续积极发挥信息枢纽作用，做好常规刊物的编写工作，及时向上级部门、兄弟高校和全校师生汇报学校事业发展新情况、新成绩。通过进一步理顺信息工作机制，有效协调宣传、安全保卫、学生管理、网络管理等部门之间的关系，努力拓宽信息渠道，明确校内信息采集、编写、宣传和监管等环节的责任制度，畅通校内信息报送渠道，在实施“1420 行动计划”、第三届吴玉章人文社会科学终身成就奖颁奖典礼等重大活动和任务中，保证重要信息及时上报、重大活动及时宣传、重点问题及时解决。

2014 年，共编发《综合快报》37 期（约 22 万字）、《情况反映》147 期、《工作简报》4 期、《舆情快报》1 期、《每日舆情》11 期，并完成 2.5 万余条信息记录的整理分类，为领导决策、下情上达、相互沟通、推进有关职能部门和院系工作提供了有力支持。

2014 年，学校办公室进一步认真贯彻落实《高等学校信息公开办法》和《中国人民大学信息公开办法》，形成《中国人民大学信息公开清单》并印发全校，对信息公开事项进行细化分解，明确公开范围、公开时间、负责部门、联系人员及电话等信息，形成了比较规范的信息公开工作制度框架；完成“中国人民大学信息公开网络平台”更新，改版后的平台以用户需求为导向，强调以用户为中心的功能设计，既方便查找，又令人耳目一新。10 月底，按照教育部统一部署，实现清单事项全公开，主动公开各类信息 2 000 余条；撰写完成《中国人民大学 2013—2014 学年信息公开工作年度报告》；受理有效信息公开申请 3 件，并认真接受信息公开的电话申请和电子邮件申请，依据相关规章办法在规定期限内予以回复，没有出现举报或投诉。2014 年，学校信息公开工作得到教育部通报表扬。

在各类资料编辑、汇编方面，学校办公室编辑《中国人民大学大事记（2014）》10 万余字，编辑《北京教育年鉴》（中国人民大学部分）、《中国教育年鉴》（中国人民大学部分）2.5 万余字，起草重要讲话稿、学校对外发布及上报的重要材料等 40 余篇，起草及审核其他文稿 190 篇，各类例行的贺信回函等 38 篇，编辑《昨日要情》200 余期。

2014 版《中国人民大学年鉴》编辑工作继续采用模板方式，压缩编写审稿周期，提高编辑质量，并对部分内容做了适当调整。

三、综合协调工作

2014 年，学校办公室围绕学校中心工作，积极发挥部门综合协调、工作督促落实作用，服务领导和基层部门、师生，有效组织协调大型活动，维护学校对外联络平台，发挥学校总值班室职能，督促落实领导交办事项，保障了学校重要工作和重大活动的顺利开展。

2014 年，学校办公室牵头组织协调大型活动 60 余项，主要包括：第四届世界汉学大会、捷克共和国总统泽曼来访、第三届吴玉章人文社会科学终身成就奖颁奖典礼、第二届 20 国智库论坛、“985 工程”高校章程建设工作交流会，以及学校开学典礼、毕业典礼、新学期工作部署会议、学院工作会议、新年报告会等。

学校办公室重视建设好学校与社会各界开展合作的平台。2014 年，校领导走访考察国内合作地区及高校共计 15 次。在校领导的指导下，学校办公室积极推动和落实对外合作。学校先后签署了 8 份校级合作协议，重要协议包括与西藏自治区、福建省、蚌埠市、宿迁市、福州大学等地方政府、高校的全面战略合作协议，并继续承担落实学校与福建省、河北省等的合作任务。

2014 年对口支援工作取得新进展。学校领导主持召开对口支援工作协调会，赴西藏民族学院调研对口支援工作，看望挂职干部。我校先后接收新疆财经大学、西藏民族学院和延安大学等受援高校挂职干部 5 人，进修教师 24 人，接收交流学生 31 人，招收对口支援高校博士研究生 6 人。10 月，学校列席“10+2 高校团队对口支援新疆大学 2014 年度工作会议”，徐志宏教授受学校委托出席会议，马克思主义学院副院长侯衍社代表马克思主义学院与新疆大学马克思主义学院签署了对口支援合作协议。11 月，学校办公室组织召开学校“团队对口支援西藏民族学院 2014 年度工作协调会”，中山大学、厦门大学、华东师范大学、东南大学及北京外国语大学等学校负责人参会。

2014 年学校总值班室工作平稳运行，及时处理各类来电来信，积极应对各类突发事件，在重大节点坚守岗位，保证了全校工作的顺利进行。

四、规范管理工作

2014 年，行政综合管理部门继续积极推进全校规范管理工作。组织召开校长办公会 7 次，专题办公会 35 次，党委常委会（含扩大会）24 次。继续推进公文处理规范化工作，严把公文入口关、流转关、出口关和保密关，接收并处理已登记文件 4 200 余件，其中校内来文 2 900 余件，校外来文 1 300余件；共核发各类文件 529 件；承担学校其他部门大量的材料印制工作；办理外籍来华审批 159 件次，出国（境）政审 1 654 人次。

学校继续以公文流转无纸化推进学校公文处理规范化。2014 年 4 月 8 日，公文流转无纸化工作正式在全校启动。推行以来共收取校内公文 2 334 件，非涉密校外公文 1 057 件；总发文 427 件；各单位使用电子公文系统向平行单位发送函件 419 件；共计平稳运行公文 4 237 件。在提高工作效率、加强公文规范性、减轻基层同志工作负担、增强信息可控性等方面取得显著效果。

五、校史工作

2014 年，在校史编纂工作委员会的指导和相关部门的支持下，学校办公室（校史研究室）紧密围绕学校中心工作，发挥校史“存史、资政、育人”的功能，扎扎实实工作，做出了可观的成绩。

继续开展口述史工作。《求是园名家自述》（第三辑）采编工作有序开展。校史研究室联系采访或整理了黄国雄、李金轩、邓荣霖、林增杰、陆贵山、沙莲香、宋希仁等 7 位拟收录于《求是园名家自述》（第三辑）人物的口述史稿。

进一步加强校史宣传。为新生开学典礼、“人大使者家乡行”、新入职人员岗前培训等做校史知识讲座；继续参与学校校史展的布展，参与“中国人民大学与俄罗斯高等教育合作成就展”筹备工作；服务学校其他单位的校史工作，与外国语学院就院史编写开展交流，协助国际学院（苏州研究院）落实宣传片的校史问题证明等。通过网络媒体扩大校史影响，发布“校史上的今天”374 条。

完成《李文海纪念文集》的约稿、编辑、核校工作。《李文海纪念文集》于 2014 年初启动，校史研究室负责向有关校领导、老领导约稿并编辑，协调历史学院约稿并统稿等，最后成稿约 30 万字。

六、董事会工作

2014 年，在继续做好为董事服务的各项工作的同时，董事会不断加强内部建设，通过组织董事参加座谈会、咨询会、学校学术会议及大型活动等多种形式，广泛听取董事对学校发展的意见建议，推动民主办学、依法治校工作的开展，推动学校办学治理结构的优化改革；同时加强与社会各界的联系，积极宣传学校发展建设情况，广泛介绍董事会相关政策，扩大学校以及董事会的社会影响力，为学校发展建设助力。

2014年，董事会举办了苏素华、闫少建等董事的聘任仪式。截至2014年12月31日，董事会共有143位董事及董事单位。

■ 人事工作

一、概况

2014年，学校人事工作围绕“人民满意、世界一流”的办学目标和学校中心工作，贯彻“精细化管理、人性化服务”的要求，紧抓队伍建设，不断深化人事制度改革，努力探索新形势下人事管理的模式和机制，为学校全面推动人才培养体系改革，加快推进学科建设、大力提升教学、科研工作水平提供有效的人力资源支持。2014年，学校人事工作在制度建设、队伍建设、专业技术职务评审与岗位聘用、考核管理、薪酬福利、教职工培训等方面工作取得了明显成效。

二、教职工基本情况

（一）在职人员情况

截至12月31日，学校在职教工共计4 135人，比2013年实际减少135人，其中专业技术人员3 193人，管理人员737人，工勤人员205人。

（二）增员情况

截至12月31日，学校在职人员新增221人。

（三）减员情况

截至12月31日，学校在职人员减少356人。

三、制度建设

（一）研究制定人事人才综合改革方案

2014年9月，学校正式启动综合改革方案起草工作，人事部门负责“推进师资人事制度改革”和“建设高素质、专业化的管理与服务队伍”两部分的起草工作。

经过认真研究、反复修改，于12月初基本完成方案起草工作。人事人才综合改革方案以“深化人事制度改革，打造卓越师资队伍”和“进一步改革完善学校党政管理与服务”为着力点推动改革。“深化人事制度改革，打造卓越师资队伍”方面，提出10项具体措施：完善分系列管理制度、实施长聘制度、健全聘用制度、深化薪酬制度改革、实施全员职业生涯规划、实施“卓越7080人才计划”、实施双向培养战略、完善学术人才特区制度、设立人文讲席教授制度、健全教师联合聘用制度。“进一步改革完善学校党政管理与服务”方面，通过深化选聘、晋升、考核、评价、激励约束等机制，实现提升管理与服务队伍的专业化水平和整体素质的目标。

（二）研究制定人事制度系列文件

1. 继续推进职务评审与岗位聘用文件修订工作

（1）制定《中国人民大学教师职务评审和岗位聘用组织工作规程》

根据学校党委常委会意见，在多次征求各学院院长（系主任）意见和建议的基础上，继续分析学校现有做法的经验与问题，进一步规范学校各级教师职务评聘组织的人员构成、工作职责、议事程序、成员资格、议事规则、回避与保密原则、成员资格和任期等方面的规定，形成《中国人民大学教师职务评审和岗位聘用组织工作规程》，并经学校研究通过，于 2014 年 4 月下发。

（2）修订形成《中国人民大学教师任职条件》（征求意见稿）

在系统梳理国家相关规定，充分调研兄弟院校各级职务任职基本条件的基础上，对 1998 年制定的各级职务任职基本条件和相关程序进行总结、评估、修订，形成《中国人民大学教师任职条件》（征求意见稿）并三次大规模征求学院（系）意见。新文件突出“育人为本、服务社会”的理念，强调教学准入原则；强调内涵式发展，坚持质量导向，适当提高各类教师职务任职条件；突出分类管理，明确不同岗位类型教师相对区分的任职条件；尊重学科特点，体现学科差异，按照人文类、社科类、理工类三大类制定相应的评价标准。

（3）修订《中国人民大学教师岗位设置与聘用管理办法》

在对《中国人民大学教师岗位设置与聘用管理办法》进行阶段性全面总结的基础上，结合近几年岗位聘用工作实践和国家相关政策，对文件进行修订，主要对岗位设置、任职条件、岗位聘用及考核等内容进行调整。

2. 制定《中国人民大学教职工退休管理办法》

梳理总结近些年学校离退休工作出现的新情况、新问题，统筹考虑教师、非教师队伍实际状况和建设需要，并结合学院和教代会意见，制定《中国人民大学教职工退休管理办法》并于 2014 年 5 月通过。新文件明确和规范学校教职工正常退休、延缓退休和提前退休的条件及程序，进一步细化政策执行标准。

3. 形成《关于试行教学整体考核的指导意见》

在系统梳理、研究学院（系）整体考核相关方案和意见的基础上，形成《关于试行教学整体考核的指导意见》，主要从指导思想、文件依据、组织机构、考核要求、程序、结果、拨款与奖励、监督检查、争议处理等方面对教学整体考核提出明确要求。

（三）规范选留毕业生和优秀人才调入工作

根据学校学科建设、教师队伍岗位管理和结构调整需要，加强院系教师队伍建设，进一步改善教师队伍结构，提升队伍竞争力，进一步规范教师选聘工作。充分发挥同行专家在教师选聘中的作用，加大对评聘者教学和学术能力的考察。做好中青年学术骨干和博士后调入、海外博士和国内应届毕业生选留工作。

本年度校本部选聘教师 44 人，其中应届毕业生 11 人；附属中学选聘应届毕业生 36 人，调入教师 14 人；附属小学调入教师 3 人。选聘教师中正高级职务 1 人，副高级职务 3 人，海外优秀博士 9 人。

为调整管理职员、教师以外专业技术队伍和结构，更好地为教学、科研服务，2014 年新选留应届毕业生 30 人，其中 29 人具有硕士研究生及以上学历；校外调入 8 人，其中 6 人具有硕士研究生及以上学历。

（四）加快用人制度的完善和创新

2014 年，继续对新入校人员全部实行聘用合同管理。同时，进一步探索教师聘用中的专职与兼职、固定与流动、短期聘任与长期聘任相结合的用人模式，增加用人形式的多样性。做好课程教师聘用工作，以合理配置教师资源，提高人才培养质量，2014 年聘用课程教师 34 人次。

2014 年，为进一步探索管理岗位设置的科学性与合理性，逐步实现管理重心下移，提升学校管理干部队伍素质，根据“1320 行动计划”工作方案要求，学校继续组织开展机关与院系管理干部岗位交流工作，5 名干部交流到相应岗位，其中 3 名干部交流到院系或后勤集团工作，后勤集团 2 名干部交流到机关工作。

四、人才工作

（一）制度建设

1. 逐步推进党委联系专家制度，组建学生助手队伍

贯彻中央关于进一步加强党委联系专家工作的指导意见，着力健全校院两级联系工作机制，基本完成高层次人才学生助手队伍组建工作，初步构建学校党委联系专家、学院（系）联系专家、学生助手服务专家的多层联系、统一管理的党委联系专家工作格局。

2. 起草、修订文件，加强内部制度建设

出台了《中国人民大学海外留学归国教师挂职锻炼实施办法（试行）》。根据《中国人民大学“学科国际前沿教师培训”实施办法》对学科国际前沿教师培训项目的申报条件及讲座专家待遇提出了调整方案并获学校批准，已在校内发布实施。此外，还推动了 3 个学院（系）的引进海外人才暂行规定实施细则的拟定和修订。

3. 深入调研，统筹思考，为国家有关部门建言献策

在广泛调研兄弟高校及系统总结近年来学校人才队伍建设诸多成功经验的基础上，起草《关于在人文社会科学领域设立一级岗的建议》《关于向经济管理领域开放“青年千人计划”项目的建议》《关于长江学者特聘教授医疗等相关待遇的建议》《关于进一步完善外国专家在华工作期间医疗等相关待遇的建议》《进一步完善政策体系　更好使用外国智力资源》等 6 项工作建议，上报中组部、教育部、人社部、国家外专局等上级单位。

（二）人才工作

1. 现有教师队伍中有一批优秀学者入选国家人才项目

2014 年，学校认真依托国家各级重要人才项目，大力推出一批代表人大学术水平的知名学者，努力造就一批具有创新能力和发展潜力的中青年学术带头人和学术骨干。

学校 10 位教授入选教育部“长江学者”特聘教授，分别是：文学院孙郁、国学院沈卫荣、哲学院郝立新、汉青经济与金融高级研究院汪昌云、财政金融学院岳希明、法学院张志铭、法学院王轶、国际关系学院任剑涛、新闻学院喻国明、农业与农村发展学院朱信凯。在 2013、2014 年度“长江学者奖励计划”聘任中，学校入选人文社会科学领域“长江学者”人数在全国高校中名列第一。这是自 2004 年人文社会科学领域首次评选“长江学者”以来，中国人民大学取得的最好成绩。截至 2014 年底，学校共有“长江学者”45 位，包括特聘教授 32 位、讲座教授 13 位。其中，人文社会科学领域“长江学者”40 位，包括特聘教授 30 位、讲座教授 10 位，占全国人文社会科学领域“长江学者”总人数的 10%，是拥有人文社会科学领域“长江学者”最多的高校之一。此外，学校另有 3 个“长江学者”创新团队。

在其他 2014 年国家重要人才项目上，经济学院刘元春入选国家级“百千万人才工程”，并获“有突出贡献中青年专家”荣誉称号，截至 2014 年底，学校共有 23 位国家百千万人才工程项目入选者；经济学院高德步、国际关系学院宋新宁、国学院黄朴民、哲学院郝立新、哲学院张志伟、农业与农村发展学院孔祥智、法学院张志铭、新闻学院周建明、马克思主义学院秦宣、财政金融学院汪昌云、信息资源管理学院索传军为享受国务院政府特殊津贴人员。截至 2014 年底，学校共有享受国务院政府特殊津贴人员 457 人，其中在职在岗 105 人。

2. 引进人才取得显著成效

信息学院推荐的德国多特蒙德工业大学杜思特（Ernst-Erich Eduard Doberkat）教授本年度入选“外专千人计划”，是学校首位“外专千人计划”入选专家，学校共推荐了 16 人入选“千人计划”项

目，其中“千人计划”（长期）入选者8人、“千人计划”（短期）入选者3人、“外专千人计划”入选者1人、“青年千人计划”入选者4人。

根据学科建设需要，2014年，学校全职引进了“千人计划”入选者、“长江学者”讲座教授、美国佛罗里达大学艾春荣教授组建统计与大数据研究院，试行学科特区制度，从全球引进高端人才，率先冲击世界一流。

在教育部、国家外国专家局各类外国文教专家聘请计划中，数学科学研究院楼元（Lou Yuan）、哲学院姚新中（Yao Xinzhong）、外国语学院马克林（Colin Mackerras）、历史学院沃斯特（Donald Worster）入选“引进海外高层次文教专家重点支持计划”；法学院许乃曼（Bernd Schünemann）入选“海外名师”项目，统计学院周晓华（Xiao-hua Zhou）继续受“海外名师”项目支持；农业与农村发展学院罗思高（Scott Rozelle）、统计学院莫内（Pierre Mohnen）、财政金融学院布隆麦斯坦（Hendrikus Blommestein）、法学院森际康友（Yasutomo Morigiwa）入选2014年度“高端外国专家”项目；学科国际前沿教师培训特色项目入选“学校特色项目”，生物医学统计创新引智教学与研究平台、暑期学校（国际小学期）特色项目继续受“学校特色项目”支持；金融管理与金融工程创新引智基地、数据工程与知识工程创新引智基地继续受“学科创新引智计划”支持；此外，还新入选了生物教学研究项目、外国教师队伍建设、冷中子非散射谱仪平台建设与凝聚态新物质态探索等学校重点聘专项目。值得一提的是，“引进海外高层次文教专家重点支持计划”入选者马克林教授在2014年9月获得中华人民共和国“友谊奖”。2014年11月，习近平主席在澳大利亚联邦议会发表题为《携手追寻中澳发展梦想　并肩实现地区繁荣稳定》的演讲，高度评价马克林。

组织开展了新一批中国人民大学讲座教授评审工作，共有美国艾奥瓦大学唐启鹤教授等5位海外知名高校教授入选，学校讲座教授总数已达82人。

同时，为全面提升学校教师队伍的国际竞争力，延揽海外高层次人才，在新奥集团的支持下，学校设立新奥国际教席，延揽对华友好、科学道德高尚、学风严谨、为人正派、身体健康的非华裔外国专家。截至2014年，学校共有新奥学者32位，其中，新奥国际杰出教席17位，新奥国际中青年教席15位。

此外，学校还引进了17位海外一流大学博士毕业生全职来校工作，截至2014年底，全校共有海外大学博士毕业生358人。聘用3位国内高层次人才、3位兼职海外人才来校工作。还聘任1位名誉教授、2位客座教授。

3.“海归教师本土化培养”和“本土教师国际化培养”战略稳步推进

（1）实施“海归”教师挂职锻炼计划，推进“海归”教师本土化培养

为进一步落实“海归”教师本土化战略，在学校领导的高度关注和亲切关怀下，通过积极组织“海归”教师申报，联系拓展合作单位，促进双向选择，海外留学归国教师挂职锻炼工作取得实质性进展。2014年，先后组织5场“海归”博士座谈会，1场合作单位协调会，走访合作单位20余次，于6月12日举办了签约派出仪式，首批派出12个院系的27名教师至13个合作单位挂职锻炼，分别以挂职行政岗位、受聘经济学家或研究员、人大博士后等形式开展锻炼工作。参与教师都是从世界知名大学留学归来在各院系任教的中青年学者，研究领域涉及经济学、行政管理、法学、新闻学、统计学等10多个领域。全年有3人完成锻炼任务，多名教师取得锻炼成果。12月，组织了第二批“海归”教师挂职锻炼派出仪式，选派18个院系的30名教师前往26个合作单位实践锻炼。

（2）实施教师国际培训支持计划，推进本土教师国际化培养

2014年学校进一步加大与国家留学基金管理委员会的合作力度，认真组织各教师公派出国项目的遴选推荐工作，共有42名教师获得公派出国留学资格。其中：15人入选国家公派研究学者及访问学者（含博士后）项目（国家留学基金委全额资助）；19人入选青年骨干教师出国研修项目（国家留

学基金委和学校1∶1配套资助）（其中2人为高等教育行政管理人员出国研修项目）；1人入选韩国高等教育财团国际学术交流学者项目；1人入选博士生导师短期交流项目；1人入选中美富布赖特项目研究学者项目；1人入选国际区域问题研究及外语高层次人才培养项目；3人入选学术带头人国际研修项目（学校全额资助）；1人个人联系纳入单位公派的申请获学校批准。

本年度，学校累计有37名教师公派出国研修，其中：国家公派研究学者及访问学者（含博士后）项目（国家留学基金委全额资助）7人，青年骨干教师出国研修项目（国家留学基金委和学校1∶1配套资助）20人，韩国高等教育财团国际学术交流学者项目1人，中美富布赖特项目研究学者项目1人，国际区域问题研究及外语高层次人才培养项目2人，教育部新世纪优秀人才支持计划2人，学术带头人国际研修项目（学校全额资助）2人，个人联系纳入单位公派2人。同时，全年共有32名派出教师完成了海外研修计划回国报到。

此外，本年度通过组织实施“学科国际前沿教师培训”项目，学校累计邀请28名海外学者来校为教师开展学科国际前沿培训，参加培训教师达500余人次。

五、教职工培训

（一）加强和改进并组织实施第四期新入职教师助教制度

2014年6月学校下发《关于加强和改进并组织实施第四期新教师助教制度的工作通知》，组织2013年9月至2014年8月底新入职的55名教师参加新教师助教制度项目。

该期新教师助教制度项目主要新增要求：各学院（系）为每位新教师指定两门旁听课程中须有一门为新生研讨课；试行新教师教学准入制度，即第一学年结束前，学校教师教学发展中心组织对新教师的教学能力进行考核，考核合格并报学校备案后，新教师方可正式开展教学工作。

（二）精心组织各类教职工发展与培训项目

坚持以培训需求为导向构建教职工开发培训体系。以需求为导向，以项目为抓手，将学校事业发展需求和教职工个人成长需求相结合，通过广泛调研，精心策划，继承并优化传统培训项目，开发创办新颖的教职工培训项目。2014年共组织校内教职工培训项目12个（共14期次），其中新增项目7个，累计组织培训学时达603个，累计参训教职工达920人次，覆盖全校大部分单位。根据满意度调查，培训班获得大部分参训学员的欢迎和好评。学校教职工发展与培训工作正在朝着多样化、常规化、体系化的方向发展。2014年组织的教职工培训包括三类：

第一类是提高岗位胜任能力培训。

1. 改进并实施新教职工岗前培训

改进2014年度岗前培训工作：培训内容更关注教职工的成长平台，增加与教职工生活密切相关的专题介绍；培训形式更为丰富，明确教职工在培训中的主体地位，提高教职工培训学习的互动参与度，进一步增强培训效果；培训组织工作更注重服务，强调精细管理，关注教职工需求，为教职工提供人性化的优质服务。111名新入职教职工参加岗前培训（其中教师70名、党政教辅人员41名）。

2. 2014年11—12月，举办2014年度人事干部岗位培训班。培训内容包括人事管理工作政策与流程介绍、学院（系）人事干部交流座谈、《合同管理与规范用工》专题讲座、《工作流程优化与设计》专题讲座等四个模块。全校各单位共70余位人事干部参加此培训。

3. 2014年12月，举办第1期新任科级干部培训班。培训内容涵盖学校发展战略解读、工作流程设计与优化、工作沟通技巧与艺术、管理工作经验交流等四个模块。2014年学校发文新任（晋升）的40位科级干部参加此次培训。

4. 2014年4—5月，组织举办第1期教育学与心理学培训班。此培训班共包括四讲：谈大学生创造性的培养与激发、与学生共同成长、科教融合与大学教师发展、师生互动策略。来自全校20多个学院（系）的约50名青年教师参加此培训。此培训作为新教师办理教师资格证的依据之一。

第二类是提升职业技能培训。

1. 每学期继续组织师资英语培训班、党政教辅人员英语培训班。2014年共有85名教职工报名参加此培训。

2014年3月，创设第1期外籍专家接待英语培训班，重点培训东西方文化交流差异和模拟外籍专家接待过程中的各种场景。来自23个单位的44名教职工报名参加此培训。

2014年10—12月，创设第1期外籍教师汉语交流能力培训班。来自6个单位的26名外籍教师报名参加此培训，其中不乏国际知名学者和教授。

2. 2014年3—6月，举办第1期公文写作与处理培训班。培训内容涉及公文的文种选择、格式要素、用语规范、内容结构、行文规则、写作示例、处理流程与规范及归档方法等，针对性强、实用程度高，深受管理干部欢迎。来自全校43个单位的191名教职工报名参加此培训。

3. 2014年4—6月，举办第2期信息技术素养培训班。培训内容主要包括网络与多媒体应用，办公自动化软件进阶应用等。来自全校28个单位的95名教职工报名参加此培训。

第三类是提升职业素养和综合素质类培训。

2014年11月起，举办教职工人文素养提升系列培训班，第1期培训主题为中外名曲鉴赏。来自全校各单位的31名教师和47名党政教辅人员报名参加此培训。

2014年11月起，举办第1期教职工媒体素养培训班。培训涵盖认识和运用新媒体、危机公关和大学管理、新闻摄影摄像技巧和实务、学校新闻工作要求与实务和新闻稿采编实务等理论与实务内容，培训师资由学校知名专业教师和学校相关单位负责人担任。全校共有130多名教职工报名参加培训。

六、专业技术职务评聘与岗位聘用工作

（一）教师专业技术职务评审与岗位聘用工作

根据学校工作导向，在坚持原有办法，特别是科研评价要求及标准的基础上，按照有利于执行学校本科人才培养改革路线图和研究生教育综合改革方案的要求，适度调整现有教师职务评审制度。

1. 完善教学准入制度，加大对申请者人才培养贡献的考察，将教学放到更加重要的位置，与相关部门修改完善《中国人民大学教师人才培养情况综合评价表》，使之更加契合本科人才培养改革路线图和研究生教育综合改革方案精神。

2. 启用科研代表作制度，突出科研质量导向。

3. 进一步推进副教授评审权限移至学院试点工作。形成《中国人民大学副教授职务评审权限移至学院（系）实施指导意见》，在原有10个试点单位的基础上，扩大至20个单位。

2014年教师职务评审工作继续坚持重岗位、重水平、重贡献的指导思想，坚持总量控制及结构比例控制的原则。学校教师职务评审和岗位聘用委员会共评聘通过校本部各级职务教师140人（教授33人、副教授68人、讲师39人），其中：校外应聘的教授3人，副教授14人。

教师岗位聘用工作方面，根据国家关于事业单位实行岗位聘用制度的有关文件和精神，学校继续实行岗位聘用制度。2014年学校教师职务评审和岗位聘用委员会审议通过各级教师岗位273人，其中教授二级11人，教授三级21人，教授四级31人，副教授一级20人，副教授二级24人，副教授三级67人。

（二）非教师专业技术职务评审和岗位聘用工作

2014年，教师以外专业技术职务评审和岗位聘用工作进一步强调和落实了单位层面的评审公示环节，改进了高级专业技术职务申报的述职方式，进一步确保评聘工作公开、公平、公正地开展，构建更加规范、透明的评聘机制。

2014年教师以外专业技术人员评审中，经过学校评审共通过41人，其中18人为高级专业技术人员。

2014年学校通过教师以外专业技术岗位聘用的有96人，其中聘用到教师以外专业技术岗位六级岗及以上岗位的有8人，占人员总数的8.3%。2014年通过管理职员岗位聘用的有121人（含直接对应岗位34人），其中聘用到六级及以上管理职员岗位的有46人（含直接对应岗位34人），占人员总数的38%。2014年通过工勤技能岗位聘用的有7人。

2014年，学校组织四级管理职员岗位聘用工作，3位四级管理职员已报教育部办理备案手续。

七、考核工作

（一）教师考核工作

2013—2014学年学校共有1 726名教师参加年度教学考核，其中教学工作量完全达标1 722人，占参加考核教师总数的99.8%；4人年度考核不合格，占参加考核教师总数的0.2%，教师队伍工作自觉性和积极性明显提高。

（二）非教师考核工作

2014年，学校进行管理职员、教师以外专业技术人员及工勤技能人员年度考核，校本部参加年度考核的人员总数为1 227人（不含附属中学、附属小学），其中考核等级为优秀的205人，良好的920人，合格的97人，告诫的2人，不合格的3人。

2014年，学校结束对2013年聘期到期教师以外专业技术人员的聘期科研考核，实际参加考核共103人，其中正高16人，副高33人，中级及以下54人。其中考核结果合格的95人。

2014年，学校结束对2014年1月聘期到期管理职员、工勤技能人员的岗位聘期考核，参加考核的管理职员217人，其中考核结果优秀的28人，合格的188人，不合格的1人；参加考核的工勤技能人员共174人，其中考核结果优秀的15人，合格的159人。

八、薪酬、福利和离退休工作

（一）提高离退休人员待遇，保障离退休人员生活

学校制定并实施离退休人员津补贴调整方案，离休人员人均增资580元，退休人员人均增资391元。

（二）持续完成教职工福利工作，为教职工排忧解难

2014年，学校为1 177名教职工发放子女医疗统筹款226 164元，为34名教职员工发放困难补助58 000元，为83名去世教职工家属发放丧葬费和抚恤金11 383 144元。

2014年，学校共有122位教职工办理退休手续，截至2014年底，学校共有离退休教职工2 690人，其中离休干部365人。

九、教职工出国（境）

2014年，学校共为教职工办理因公出国（境）政审达875人次，其中，为赴港澳教职工办理政

审 69 人次；为 28 名教师长期出国办理政审手续，涉及 39 个学院（系）。从派出教师所在学院（系）的分布情况看，派出人员较多的学院有法学院、国际关系学院、商学院、经济学院、公共管理学院、外国语学院等。

十、博士后工作

（一）博士后进、出站情况

2014 年，学校启动实施《中国人民大学博士后工作实施细则》修订工作，在招收导向、招收批次、招收类型及进出站标准等方面做出调整，细化管理流程，规范进出站评审程序，博士后进出站工作进展顺利。本年度，共招收博士后 85 人，其中博士后科研流动站自主招收共计 61 人，联合招收 24 人，分别进入 24 个学院（系）的 14 个博士后科研流动站从事研究工作；共计 73 名博士后顺利出站。

（二）博士后流动站情况

截至 2014 年底，经人力资源和社会保障部、全国博士后管理委员会批准，学校设有应用经济学、理论经济学、工商管理、法学、社会学、哲学、历史学、中国语言文学、政治学、新闻传播学、计算机科学与技术、农林经济管理、公共管理、图书情报与档案管理学、马克思主义理论、统计学、世界史、考古学及物理学共 19 个博士后科研流动站。

（三）企业博士后工作

2014 年，学校与北京农村商业银行股份有限公司、国家食品药品监督管理总局高级研修学院、瓮福集团等单位新签订合作协议，并与华夏银行、腾讯公司、中国保险学会等单位就合作事宜进行了商洽。截至 2014 年底，学校已与 75 家单位签署了合作协议联合招收博士后。本年度，共计联合招收 23 名企业博士后。

（四）博士后科学基金申请情况

第五十五批中国博士后科学基金申请中，全校共 8 人获得博士后科学基金资助，共获资助经费 43 万元；第五十六批中国博士后科学基金申请中，全校共 10 人获得博士后科学基金资助，共获资助经费 56 万元；第七批中国博士后科学基金特别资助工作中，全校共有 7 人获资助，共获资助经费 105 万元。

附录

中国人民大学 2014 年教职工增员情况表

	类别
增员的系列分布	教学科研 127 人
	党政教辅 38 人
	工勤人员 0 人
	中小学、幼教 56 人

	类别
增员的学历分布	获博士学位 125 人
	获硕士学位 79 人
	获本科学历 17 人
	获专科学历 0 人
	专科以下学历 0 人
增员的来源分布	选留毕业生 77 人 其中：外校 49 人
	获博士学位 22 人
	获硕士学位 54 人
	本科 1 人

中国人民大学 2014 年教职工减员情况表

	类别
减员的类别分布	离退休 122 人
	调出校外 227 人
	辞职、辞退、自动离职 3 人
	在职死亡 4 人

中国人民大学博士后流动站名单（2014）

流动站（一级学科）	所含二级学科	所在学院
0101 哲学	010101 马克思主义哲学	哲学院 马克思主义学院
	010102 中国哲学	哲学院
	010103 外国哲学	哲学院
	010104 逻辑学	哲学院
	010105 伦理学	哲学院
	010106 美学	哲学院
	010107 宗教学	哲学院
	010108 科学技术哲学	哲学院
	0101Z1 管理哲学	哲学院
	0101Z2 政治哲学	哲学院

流动站（一级学科）	所含二级学科	所在学院
0201 理论经济学	020101 政治经济学	经济学院 马克思主义学院
	020102 经济思想史	经济学院
	020103 经济史	经济学院
	020104 西方经济学	经济学院
	020105 世界经济	经济学院
	020106 人口、资源与环境经济学	环境学院 社会与人口学院
	0201Z1 网络经济学	经济学院
	0201Z2 企业经济学	经济学院
0202 应用经济学	020201 国民经济学	经济学院
	020202 区域经济学	经济学院
	020203 财政学	财政金融学院
	020204 金融学	财政金融学院 汉青经济与金融高级研究院
	020205 产业经济学	商学院
	020206 国际贸易学	经济学院
	020207 劳动经济学	劳动人事学院
	020209 数量经济学	经济学院 汉青经济与金融高级研究院
	020210 国防经济学	经济学院
	0202Z1 保险学	财政金融学院
	0202Z2 商业经济学	商学院
	0202Z3 房地产经济与管理	公共管理学院
	0202Z4 城市经济学	经济学院
0301 法学	030101 法学理论	法学院
	030102 法律史	法学院
	030103 宪法学与行政法学	法学院
	030104 刑法学	法学院
	030105 民商法学	法学院
	030106 诉讼法学	法学院
	030107 经济法学	法学院
	030108 环境与资源保护法学	法学院
	030109 国际法学	法学院
	0301Z1 知识产权法	法学院
	0301Z2 比较法	法学院
	0301Z3 中国法	法学院

流动站（一级学科）	所含二级学科	所在学院
0302 政治学	030201 政治学理论	国际关系学院
	030202 中外政治制度	国际关系学院
	030203 科学社会主义与国际共产主义运动	国际关系学院 马克思主义学院
	030204 中共党史	马克思主义学院
	030206 国际政治	国际关系学院
	030207 国际关系	国际关系学院
	030208 外交学	国际关系学院
	0302Z1 中国政治	国际关系学院
	0302Z2 国际政治经济学	国际关系学院
0303 社会学	030301 社会学	社会与人口学院
	030302 人口学	社会与人口学院
	030303 人类学	社会与人口学院
	030304 民俗学	社会与人口学院
	0303Z1 老年学	社会与人口学院
	0303Z2 社会心理学	理学院心理学系
0305 马克思主义理论	030501 马克思主义基本原理	马克思主义学院
	030502 马克思主义发展史	马克思主义学院
	030503 马克思主义中国化研究	马克思主义学院
	030504 国外马克思主义研究	马克思主义学院
	030505 思想政治教育	马克思主义学院
	030506 中国近现代史基本问题研究	马克思主义学院
0501 中国语言文学	050101 文艺学	文学院
	050102 语言学及应用语言学	文学院
	050103 汉语言文字学	文学院
	050104 中国古典文献学	文学院
	050105 中国古代文学	文学院
	050106 中国现当代文学	文学院
	050108 比较文学与世界文学	文学院
	0501Z1 古典学	文学院
	0501Z2 心理语言学	文学院
	0501Z3 创造性写作	文学院
0503 新闻传播学	050301 新闻学	新闻学院
	050302 传播学	新闻学院
	0503Z1 传媒经济学	新闻学院
	0503Z2 广播电视学	新闻学院
0601 考古学	0601Z1 考古学及博物馆学	历史学院
0602 中国史	0602Z2 史学理论及史学史	历史学院
	0602Z3 历史地理学	历史学院
	0602Z4 历史文献学	历史学院
	0602Z5 专门史	历史学院
	0602Z6 中国古代史	历史学院
	0602Z7 中国近现代史	历史学院
	0602Z1 当代中国史	马克思主义学院

流动站（一级学科）	所含二级学科	所在学院
0603 世界史	0603Z1 世界史	历史学院
0702 物理学	070201 理论物理	物理学系
0702 物理学	070203 原子与分子物理	物理学系
0702 物理学	070205 凝聚态物理	物理学系
0714 统计学	020208 统计学	统计学院
0714 统计学	070103 概率论与数理统计	统计学院
0812 计算机科学与技术	081201 计算机系统结构	信息学院
0812 计算机科学与技术	081202 计算机软件与理论	信息学院
0812 计算机科学与技术	081203 计算机应用技术	信息学院
0812 计算机科学与技术	0812Z1 信息安全	信息学院
1202 工商管理	120201 会计学	商学院
1202 工商管理	120202 企业管理	商学院
1202 工商管理	120204 技术经济及管理	商学院 农业与农村发展学院
1202 工商管理	1202Z1 人力资源管理	劳动人事学院
1202 工商管理	1202Z2 市场营销管理	商学院
1202 工商管理	1202Z3 财务学	商学院
1203 农林经济管理	120301 农业经济管理	农业与农村发展学院
1203 农林经济管理	120302 林业经济管理	农业与农村发展学院
1203 农林经济管理	1203Z1 自然资源管理	环境学院
1203 农林经济管理	1203Z2 农村发展	农业与农村发展学院
1204 公共管理	120401 行政管理	公共管理学院
1204 公共管理	120402 社会医学与卫生事业管理	公共管理学院
1204 公共管理	120403 教育经济与管理	教育学院
1204 公共管理	120404 社会保障	劳动人事学院 公共管理学院
1204 公共管理	120405 土地资源管理	公共管理学院
1204 公共管理	1204Z1 公共财政与公共政策	公共管理学院
1204 公共管理	1204Z2 公共组织与人力资源	公共管理学院
1205 图书情报与档案管理	120501 图书馆学	信息资源管理学院
1205 图书情报与档案管理	120502 情报学	信息资源管理学院
1205 图书情报与档案管理	120503 档案学	信息资源管理学院
1205 图书情报与档案管理	1205Z1 信息资源管理	信息资源管理学院
1205 图书情报与档案管理	1205Z2 信息分析	信息资源管理学院

■ 学生工作

一、概况

2014 年，学生工作坚持以党的十八届三中、四中全会精神和科学发展观为指导，以社会主义核心价值观为引领，紧密围绕学校中心工作，秉持学校“实事求是”校训，结合学校人才培养路线图与“1420行动计划”工作方案，坚持以学生为本，不断革新工作思路，创新工作模式，改进工作方法，提升工作精细化水平，真正促进学生成长成才，服务学校培育“国民表率、社会栋梁”的育人目标。

二、思想政治教育工作

（一）探索推进入学教育与学业辅导

开发网络新媒体咨询、辅导、交流平台。新生入学导航网全新改版，为新生提供与入学报到、大学学习生活、入学适应以及读史读经典等项目相关的各类信息255条。通过网站、“新生i问”综合网络平台、官方QQ群等渠道为新生提供答疑服务，新生群规模突破千人，日均答疑近百条，群内共举办学习、开学必知等三场分享会，深受新生欢迎。依托“微人大”课程中心及图书馆“微服务”平台，为学生提供学习资源和交流平台。

丰富入学第一周教育内容。邀请吴付来副书记为新生做入学导航专题报告；承办第27届太空探索者协会年会社会活动日活动，举行“航天梦、中国梦、世界梦”主题交流报告会，邀请景海鹏等5位航天员与新生交流；邀请相关部门为新生作大学学习生活导航报告；为家长举办“大学适应与家长角色”专题工作坊；组织新生参观学校博物馆，参加图书馆使用培训。

依托朋辈学业发展中心推进完善朋辈学业辅导，指导新生党员服务实践小组首次在新闻学院演播室成功录制“达人来了”访谈视频节目；开展三场“达人来了——学习·学术·实践”系列主题经验分享会活动；成功举办“领航1+1”朋辈学业辅导和“手拉手”朋辈学业辅导活动。

（二）“三班”建设工作稳步推进，凸显成效

2014年，学生工作部门以“爱国爱校、遵纪守法好，发奋成才、学习风气好，团结友爱、同学感情好，活动丰富、综合素质好，组织得力、骨干示范好”的五好标准为基准大力开展班级活动，力促“五好”班集体建设；通过加大奖励力度、扩大奖励范围、改进评选程序，强化激励机制，完善北京市、学校、学院三级先进班集体评选活动；与美国加州大学伯克利分校开展合作，组织“明德领袖生培训计划”；修订《班主任工作手册》，完善班主任绩效考核机制；在优秀班主任评选中增加学生网上投票、述评交流会公开评选环节，增强评选民主性，促进经验交流与总结；将班主任管理考核工作纳入微人大学务中心建设平台，班主任及班级辅导员工作手册均在微人大网络平台提交。

2014年，学生工作部门共组织班主任培训298人次，班级辅导员培训267人次；向596名班主任发放津贴13.91万元；评选出“十佳班主任”10名、“十佳班主任”提名获得者9名、优秀班主任144名，发放奖金22.55万元；“优秀辅导员”34人，发放奖金5.1万元；校级先进班集体150个，北京市先进班集体11个，发放奖金30.2万元。新闻学院2012级博士班参与北京高校“我的班级我的家”优秀班集体建设评比活动，获得北京市“十佳示范班集体”荣誉称号，其余参评的4个班级也获得北京市优秀基层组织建设奖励，学校第四次荣获优秀组织奖及奖金2万元。

（三）继续做好住宿辅导工作

2014年，学校继续推进住宿辅导工作，大力建设住宿辅导中心和公寓学生自我管理委员会（简称“自管会”），持续推进成长辅导工作开展和文明宿舍创建，努力将宿舍和公寓建设成为平安文明和谐的居住空间、生活空间、成长空间和情感空间。

1. 建设完善以学生公寓管理委员会及其办公室为平台的学校学生公寓工作体系和以学生成长发展辅导与服务为导向的住宿辅导工作体系。

2. 9月，制定并发布《中国人民大学学生公寓空调使用管理办法》和《中国人民大学文明宿舍评审办法》；推进《中国人民大学学生住宿管理办法》的制订工作，启动学生公寓管理委员会制度建设工作。

3. 加强以公寓辅导员、自管会为核心的队伍建设。学校有专职辅导员1人、兼职辅导员80人。同时，对学院住宿事务专项辅导员进行业务指导，建设学院学生会“生活部长之家”；开创新生宿舍长工作坊，加强宿舍长队伍建设。

4. 继续做好公寓辅导员工作室和“拾光小屋”建设工作。2014年，品园一楼、品园二楼、东风七楼、知行四楼、知行五楼和北园二楼“拾光小屋”陆续建成并运营。截至2014年12月底，全校建成“拾光小屋”等公寓学习活动空间11间，总计约390平方米。

5. 继续开展“文明宿舍”“优秀宿舍长”评审工作。评选“十佳宿舍”11个，“文明宿舍”61个，发放奖金4.98万元；评选“十佳宿舍长”和“优秀宿舍长”68名。各有3个宿舍获评2013年和2014年“北京市高校优秀学生基层组织”。继续做好学生宿舍安全卫生文明督查工作，2014年督查学生宿舍13 978间次。举办第三届公寓文化节活动，开展2014年宿舍美化大赛和公寓毕业季活动。举办两期公寓事务师生恳谈会。

（四）完善辅导员队伍培训、管理

2014年，全校共38人次参加校外辅导员、班主任培训。其中10人参加教育部培训，21人参加教工委专业培训，7人参加教工委新上岗辅导员培训。

学生工作部门完善辅导员电子履历档案，加强辅导员队伍建设，为107位辅导员发放岗位津贴。继续发挥研究生管理助理岗位和勤工助学岗位的优势，选拔聘任140名院系学生工作辅导员、175名班级辅导员、109名学生兼职公寓辅导员。2014年，全校评选出34名优秀专职辅导员、135名优秀学生兼职辅导员。信息资源管理学院团委书记马晴参加“第六届全国高校辅导员年度人物评选”活动以及“第二届北京高校辅导员职业能力大赛”，取得了优异的成绩。教务处王学军《重在“一切向前看”》荣获2014年度全国高校优秀辅导员博客评选活动优秀博文奖。

（五）实施“读史读经典”项目，弘扬传统文化，培育社会主义核心价值观

在3 110名2013级本科生中顺利实施首届“读史读经典”项目。采用“名师大家荐书”“一线教师评书”“学生自主选书”相结合的模式，推荐通史、断代史及史学理论类20本精读书目、95本泛读书目，推荐专门史类234本精读书目、160本泛读书目。

采取“班主任”与“读史辅导员”协同配合、共同指导的模式为学生提供阅读指导，批改论文，带领班级开展读史实践活动。共聘请91位2013级本科生班主任担任“研读导师”，95位历史学院研究生担任“读史辅导员”。

成立史学经典研读社，通过招标认证广泛开展读史实践活动。在“通史、断代史”环节，举办精读书目导读讲座20场，班级读史实践活动273场，开展全校性读史实践活动51场；在专门史阅读环节，依托各学院深入开展讲座、沙龙等活动三百余场。承办“大学悦读·阅读大学”中国高校出版社精品图书巡展活动启动仪式。

完成“读史读经典”项目年度阅读环节论文考核及读史实践积分认证工作。2013级本科生“读史读经典”总成绩平均分95分，其中论文成绩平均分88分，人均参加12次读史实践活动。

开展“通史、断代史”阅读环节实施情况调查及班主任、辅导员工作评估，75%以上的学生认为收获很大或较大；80%以上的学生在阅读时以兴趣为导向，能够选择适合自己的书目；90%以上的学生能够以较为积极的心态完成阅读任务，80%以上的学生能够得到很好的帮助和解答，学生对班主任和读史辅导员工作的满意度分别为86%和87.3%。

（六）开展“红船领航”新生党员先进性熔铸计划，推进党员先锋工程实施

进一步加强党员先锋营组织建设，首次把各类学生骨干辅导员全部纳入党员先锋营军事化组织管理体系，以学生组织建设的思路架构营、连、排三级管理体系，成立连工委统筹连队事务，促进对各排活动的指导和督促。进一步细化辅导员辅导责任，落实各类辅导员在入学导航、思想工作、活动指导、研习辅导中的责任。进一步拓展党员实践平台，组织优秀学员赴北京怀柔、密

云，上海，浙江嘉兴，江苏苏州，湖北襄阳等地开展基层工作调研实践和现场教学。举办“墨韵年华·光影随行”观影沙龙等服务实践活动，进一步提升服务实践活动质量，深受同学欢迎。“军政结合，朋辈互助，‘红船领航’探索学生党员教育培养新模式”荣获首都大学生思想政治教育工作实效奖二等奖。

2013级党员先锋营学员顺利结业，表彰1个优秀连队，4个优秀排，4个单项优秀排，以及10名标兵学员、62名优秀学员、44名优秀辅导员。2014级“红船领航”计划顺利启动，吸纳新生党员及积极分子148人参训，聘任军事训练、经典研习、活动策划及各类小组辅导员104人。

2014年，组织2013级学员参加军事训练相关活动31次，其中体能训练20次，队列训练2次，擒敌拳训练7次，汇报表演1次，篮球对抗赛1次；参加全营集中政治学习活动12次，开展小组政治学习活动30次，服务实践活动43次，提交读书报告666篇、经典研习小组报告10篇、微博式思想汇报2 305条。组织2014级学员参加全营集中政治学习活动8次，开展小组熔炼及政治学习活动35次，提交微博式思想汇报1 427条。

（七）依托基层深入推进爱国主义教育和形势与政策教育

分别面向新生和毕业生举办以“当国歌响起的时候”“国旗在召唤”为主题的升国旗爱国主义教育活动21次，并在3月5日雷锋纪念日、五四青年节、九一八事变纪念日、十一国庆节，一二·九抗日救亡运动纪念日，以及国家公祭日举办升国旗主题爱国主义教育活动。组织学生开展“学雷锋、做好事、明明德、在行动”美丽心愿活动，观看在天安门广场隆重举行的烈士纪念日向人民英雄敬献花篮活动现场直播和南京大屠杀死难者国家公祭仪式直播，参观卢沟桥抗日战争纪念馆、圆明园遗址，并开展专题座谈讨论活动。

下发“形势与政策教育教学要点”及相关工作安排通知，依托学院、班级、党团支部等基层组织结合形势热点和专业特色深入开展形势与政策教育活动。组织学生参加以“接力梦想，青春勇担当”为主题的大学生“中国梦”系列微电影（短片）征集活动。参加北京高校培育和践行社会主义核心价值观征文活动，提交征文54篇。参加全国大学生道德实践成果网络巡礼活动。累计组织近三千名学生参加“核心价值观百场讲坛”首场报告、“百位共产党人百篇小传”朗诵会以及中俄大学生艺术联欢节等多项教育文化活动。

组织开展统一战线进校园系列活动：开展“溯本清源读经典，统一战线记心间”中国人民大学统战历史与理论知识竞赛、统一战线历史与理论经典文献选读征文大赛，组织学生参加“统战理论与政策前沿系列学术讲座”、赴中央统战部参观座谈等。

（八）深入开展研究生科学道德与学风建设

下发做好研究生科学道德和学风建设工作的通知，依托学院深入开展相关工作。组织研究生参加1场“科学道德与学风建设”专题报告。依托毕业宣誓、“毕业十星”评选、诚信教育月等活动，在毕业生中深入开展科学道德教育与学风建设。

（九）实施“求是思源”优秀学生培养计划，探索学生领导力培养模式及途径

先后聘请卢常福、项立刚、杨得志、彭凯雷、唐国平、杨鹏、辜晓进、施小军、刘韬、苏荣才、周小雄、焦家良、陈益民、罗林、郝万胜等15位知名校友担任项目校友导师。

顺利开展首期“求是思源”计划以“创新与社会发展”为主题的暑期实践活动，组织学员赴珠三角开展调研实践活动，完成6份调研报告。组织2名学员赴美参加美国亚裔公共事务协会2014年度领导力年会活动。

在2013级本科生中选拔30名优秀学生参加第二期“求是思源”计划，圆满完成以“关爱和社会责任”为主题的暑期实践活动任务，赴云南昆明、临沧等地开展支教和调研活动，完成6份调研报告。

承办“光华思源工程”2014年六校暑期实践成果分享会，组织校友导师讲座2场，举办读史读

经典分享会、调研成果分享会、志愿服务、大创辅导、素质拓展、团队熔炼、总结联欢等团队活动7场。

（十）创新完善毕业教育

2014年，紧扣“中国梦”主题教育实践开展“以梦为马”为主题的毕业季系列活动，将毕业宣誓、“毕业十星”评选、诚信教育月、毕业校园游、毕业衫设计征集、祝福留言、毕业志愿者、物品捐赠、毕业晚会、毕业大戏等传统品牌活动，以及优秀毕业生座谈会、毕业典礼等重要活动整合为思想引领、学习实践、经验传承、奉献公益、成长发展、毕业文化、体育竞技、创新创意、情感交融、仪式庆典十大模块。首次推出“毕业银行”，发行“iRUC纪念币”，以其为纽带来增加活动趣味性，鼓励毕业生通过参与十大模块毕业活动以及幸运彩票等游戏，赚取“iRUC毕业纪念币”，参加毕业成长拍卖会，获取书记、校长签名纪念毕业衫，院长名家签名赠言书等特别毕业纪念品。活动受到毕业生欢迎，毕业银行总计发放约1亿5 000万元“iRUC毕业纪念币”，超半数毕业班参与现场拍卖，逾千人参加网上拍卖，吸引力强，参与度高，进一步提升了毕业教育实效。

（十一）组织开展思想政治工作专项调研、测评、课题研究

开展2014级新生入学适应与思想行为特点调查、教育部学生思想政治状况年度滚动调查、首都大学生发展状况调查，并形成调研报告。

依托院系信息员队伍，搜集上报26次共700余条学生思想动态。依托统计调查协会及学工通讯社提升校园舆情调查分析专业化水平，编制《舆情调查》正刊5期、特刊2期，编制突发事件舆情速递“手机报”百余条。

组织开展思想政治教育工作测评。认真落实上级通知精神，比照《普通高等学校大学生思想政治教育工作测评体系》，对学校思想政治教育工作情况进行全面检查梳理，撰写提交中国人民大学大学生思想政治教育工作自测自评报告。

组织完成教育部人文社科课题思政专项、2015年度教工委思政课题，以及2014年丹柯杯优秀成果和2013—2014学年度首都大学生思想政治教育优秀科研成果评选的申报工作。

（十二）强化网络思想政治工作，设计“学务中心”网络平台

2014年1月，开通学生处官方微博、官方微信等新媒体平台；完成学生处网站内容的上传、维护、更新；编发《学生工作动态》2期。

完成微人大网上“学务中心”设计方案。依托网络平台打造学生综合信息服务平台、学生工作组织管理平台和学生课外活动管理评价平台，探索建设集信息、管理、社交、认证、评估为一体，与手机终端对接的网上“学务中心”。最终实现对学生课外活动的精细化管理、认证、评估，建立学生成长的网络综合评价体系。

（十三）实施学工系统学生骨干培养计划

制定《中国人民大学学工系统学生骨干培养计划实施办法（试行）》，确立学生骨干推荐免试攻读研究生并保留入学资格留校工作两年，通过系列培训和工作实践提升综合素质的相关制度和办法。首期“骨干计划”选拔成员22名，确定录用单位22个，其中学院岗12个，机关岗10个。

制定实施《中国人民大学学工系统学生骨干培养计划2015届培养方案》，设计包括“科学研究”“国际交流”“组织熔炼”和“素质拓展”4大模块的培训方案，促进“学生骨干培养计划”成员素质提升。

（十四）规范学生事务管理，全面服务学生所需

2014年，学生工作部门不断完善管理机制，创新工作路径，全面做好公派出国政审、研究生入学政审等各项工作；按规定程序做好学生违纪处理工作，共处分37名违纪学生，批评教育学生40余人次，帮助同学提高自我管理、自我保护能力，协同做好学生突发事件的处理工作。

三、心理健康教育与咨询

(一)完成心理健康通识教育课教学工作

2014年,学校心理健康教育与咨询中心(以下简称"中心")持续开设心理健康通识教育课,共有20个教学班、共3 282名本科生(含留学生)修读了该课程。此外,共有865名本科生选修中心开设的5门选修课:"自助旅行与心理素质教育""情感心理学""校园心理健康专题""朋辈心理辅导""亲密关系心理分析"。

(二)持之以恒做好日常心理咨询服务

中心心理咨询室每周开放15次,每次咨询时间3小时以上。暑期学校期间,中心也继续为留校学生服务。2014年,全年共计接待咨询1 485人次;"朋辈小屋"接待咨询49人次;进行危机干预109人次,每人次约2小时(重度2人次、中度35人次、轻度72人次)。学生心理问题主要集中于情绪问题、情感问题、人际冲突、就业困惑和个人发展等方面。

(三)心理健康图书阅览室建成开放

2014年3月,心理健康图书阅览室完成全部图书的分类、编码、录入和贴签工作,并与图书馆并网作为分阅览室开始试运行。

(四)心理健康教育进学院

中心进一步前置普及教育功能,全年完成学院心理辅导员、班级心理委员培训共计300余人次。同时,在6个学院开展12个心理专题工作坊。

(五)组织525心理健康教育月活动

2014年,中心整合北京高校心理素质教育工作资源,结合学校实际情况和学生特点,以"友爱于心善行于微"为主题,成功举办心理健康教育月活动。中心与理学院合作,成功举行第六届"心里乐翻天"心理健康知识比赛。

(六)初步完成专职咨询师360度考核方案的论证和设计,探索符合中心实际情况的考核方式和管理制度,促进心理健康教育工作健康有序地发展

四、学籍管理工作

2014年,办理在校生学籍变动及备案手续共计3 317人次,共涉及1 830名本科生、644名硕士生、196名博士生、558名国际学生、69名春季入学硕士和20名EMBA学生;按照学籍变动原因划分,休学、保留入学资格或者保留学籍776人,复学、恢复学籍或者放弃入学资格708人,转专业或专业分流1 173人,退学或肄业485人,死亡4人,其他(改名、改专业名称、改身份证号等)118人。

完成7 095名2014级新生的基本信息核对、数据整理和学籍注册操作。学期电子注册工作顺利开展,2013—2014学年第二学期,学校学生电子注册率为97.18%;2014—2015学年第一学期,电子注册率为95.08%。按照学籍管理规定,分别于2014年5月底清退未注册学生102人、2014年12月底清退未注册学生62人。

2014年,办理新生学生证件7 831份,补办学生证件772份,为学生开具《学籍证明》《公派出国证明》等证明文件4 231份,办理学生公交卡2 896张。

2014年,学籍管理部门加强内部管理,不断提升服务水平。完成《中国人民大学本科生学籍管理规定》《中国人民大学研究生学籍管理规定》《中国人民大学学生注册管理办法》《中国人民大学学生证管理办法》《中国人民大学关于在校学生申请因私出国(境)的规定》等五个学籍管理规定的修订工作;全面推进学籍事务的网络化,在"微人大"平台创建学生信息采集表、学籍变动申请、学籍在读证明开具、补办学生证等服务,提高学籍管理工作效率;完成2014届毕业生基本信息核对、

2015 届毕业生图像采集及其他各类数据统计服务工作。

五、奖励与资助工作

（一）国家助学贷款

2014 年，学校有 550 名家庭经济困难学生新申请国家助学贷款，贷款合同金额达 496.282 万元。其中，生源地国家助学贷款人数为 460 人，贷款金额 294.4 万元（一年申请额），校园地国家助学贷款人数为 90 人，贷款金额 201.882 万元。为了做好 231 名贷款毕业生的还款服务工作，学校通过发放还款手册和组织培训会的方式，方便学生了解国家助学贷款还款的相关政策，其中，根据中西部就业政策规定，为 8 名去中西部基层就业的学生办理学费补偿和国家助学贷款国家代偿 16.8 万元，并每年跟踪调查该生在职在岗情况。2014 年，学校还为 14 名参军入伍的学生发放学费补偿和贷款代偿款 18.6 万元。

2014 年，协助完成 550 名国家助学贷款学生的学费缓缴和电子注册。同时，在续签借据工作中重视和加强对学生的诚信教育、感恩教育，将学生资助工作与思想政治教育工作良好结合起来。由学生工作部门主办、自强社承办的“诚信伴我行”活动在学生中反响强烈，效果良好。

（二）学生奖励

2014 年，学校学生奖励项目分为个人奖项和集体奖项，个人奖项包括“奖学金”“三好学生”“优秀研究生”“优秀毕业生”“优秀学生兼职辅导员”“优秀宿舍长”，集体奖项分为“先进班集体”“优秀社团”和“文明宿舍”。奖学金共分为荣誉类、学习类和专项类三大类，涵盖学习、科研、基础学科、社会工作和志愿服务、文体优秀等多个方面，鼓励学生全面发展、积极成才。2014 年，学校共评选奖学金项目 30 项，总金额超过 1 820.58 万元，获奖学生比例达 50%，总计 6 848 人（次）；学校还评选出荣誉称号和集体类奖项 8 项，其中“优秀研究生”荣誉称号 1 841 人、“三好学生”荣誉称号 1 391 人、“优秀毕业生”荣誉称号 1 336 人、“优秀学生兼职辅导员”135 人、“优秀宿舍长”68 人、“先进班集体”150 个、“优秀社团”15 个、“文明宿舍”72 个。

2014 年，学校组织召开“中国人民大学学生奖励与‘三班建设’表彰大会”，对全校的获奖个人和集体进行集中表彰，并制作中国人民大学学生奖励工作视频专题片。同时，邀请资助单位和个人到学校组织举行颁奖活动，包括光华奖学金、三星奖学金颁奖会等。重新修订《中国人民大学学生奖励与资助手册》和《中国人民大学学生奖励工作手册》，专门制作中国人民大学 2013—2014 学年学生奖励暨三班建设光荣榜，在学生工作部门网站及《中国人民大学校报》《青年人大》等校内媒体对获奖的优秀学生典型进行宣传报道。

（三）助学金

2014 年，开展全校性家庭经济困难学生认定工作，形成家庭经济困难学生数据库。学校在籍家庭经济困难本科生 2 241 人。全年共有 1 648 名学生获得国家助学金，资助额度为 494.4 万元；发放本科生伙食补贴 779.698 万元。社会捐资在学校设立助学金 14 项，共资助 364 名家庭经济困难学生，资助金额 164.56 万元。

学校举办 1 次助学金颁奖会、2 次受助毕业生联谊会、第一届“中国人民大学藏文化节”、1 次“藏历新年欢庆活动”、1 次新疆籍少数民族学生节日聚会。2014 年，雁行人大助学金获助学生参加由雁行基金会组织的赴贫困山区中小学支教等活动。

（四）困难补助

2014 年，学校共为 5 名特困学生减免学费；为 7 名退伍返校学生办理学费减免手续；为 1 820 人家庭经济困难学生（含新疆籍少数民族学生）发放专项困难补助金 164.55 万元；为 380 名特困新生发放羽绒服，为在校 774 名贫困学生统一购买学生平安保险。继续举行“爱在中秋”贫困生联欢晚会、家庭经济困难学生“自强运动会”、寒假留校学生“新春喜乐会”等活动。

（五）贷学金

2014 年，学校在新生绿色通道现场共为 137 名家庭经济困难学生办理奖励性贷学金，合计发放金额 13.7 万元。组织办理两批心平贷学金，为 143 人次学生发放自立贷学金和留学贷学金 644.8 万元。其中，留学贷学金 59 人，合计批准额度 576 万元，占总金额的 89.3%。

（六）勤工助学

2014 年，学校共为 3 547 人次发放勤工助学酬金 102.89 万元；开展两批勤工助学活动，设立勤工助学固定岗位和临时岗位 900 余个。此外，继续积极拓宽勤工助学工作渠道，创新资助模式，为家庭经济困难学生参与勤工活动提供更多机会，组织开展了 2 期人大使者家乡行活动，共 600 余人学生参加了回乡宣传、迎接考入学校新生以及探访家庭经济困难学生的工作。学校继续实行院系团队勤工助学项目，信息学院、艺术学院和外国语学院开展了“手拉手学生朋辈学业辅导项目”，包括“数学辅导”“艺术教育”和“外语辅导”三个子课题。开展面向退休教师的“老少传情”活动，为学校退休教师发放校报，开展多层次帮扶。

（七）家庭经济困难学生培养

2014 年，学校在不断丰富发展物质资助体系的基础上，通过依托项目培养、心理帮扶、情感交流等途径，并借助家庭经济困难学生自强社，努力为家庭经济困难学生打造成长、发展平台。学校已形成较为完善的家庭经济困难学生成长发展项目体系，老生新生结对交流项目从新生入学绿色通道家庭经济困难学生入学帮扶开始，到“爱在中秋”晚会，“师兄师姐经验谈”专题讲座，体现对新入学家庭经济困难学生的关心；“励志成才看世界”项目为新入学的家庭经济困难学生提供了开眼看世界和动手从事社会公益志愿服务活动的机会；“家庭经济困难学生素质提升计划”通过计算机讲座培训、英语口语培训、社会知名人士讲座及各种专项技能培训努力提升家庭经济困难学生的综合素质；自强社为家庭经济困难学生营造和谐之“家”，提供情感交流平台。

同时，学校还通过数学手拉手专项辅导、藏语互助学习课等形式为藏族学生提供学业帮扶，并支持藏族学生开展文体活动；组织“2013 年度穆斯林古尔邦节庆祝活动”等，支持新疆少数民族学生开展活动。

（八）社会实践平台

学校积极拓展家庭经济困难学生社会实践平台，为家庭经济困难学生提供开阔视野、提升技能、增长才干的途径。组织开展“人大使者家乡行”“励志成才看世界”“爱心回馈报他人——院系团体勤工助学”等实践项目。与中国青少年发展基金会、中国扶贫基金会和其他高等学校开展合作，组织参与中国青少年发展基金会的“希望工程激励行动”项目、中国扶贫基金会的“新长城”项目，涵盖“爱心传递，与梦齐飞”“耐克爱超越”“激励行动公益计划”“激励行动·BC 计划”“爱心包裹”“爱心宿舍”等 30 多个子项目。

六、国防教育工作

（一）征兵和退伍学生安置

顺利完成 2014 年夏秋季征兵工作，共有 16 名学生（本科生 13 名，硕士研究生 3 名）光荣入伍，人数创历史新高。

完成 3 名退役大学生毕业安置工作、6 名退役本科生研究生推免工作和 7 名参军入伍士兵退伍复学工作，为 18 名在校退伍学生发放国防奖学金 9 万元。

（二）军训工作

2014 年 8 月 23 日至 9 月 5 日，在中国人民解放军 66459 部队开展 2014 级本科生军训工作（国防生军训单独于 7 月 19 日至 8 月 13 日进行）。实际参训人数为 2 927 人（不含国防生），共编为 7 个营、

20个连，参训人数、营连建制数均创历史新高。

军训期间，参训学生进行了110小时的严格训练，提交思想汇报1 500余篇、通讯稿3 400篇；编辑出版《迷彩青春》日报12期，总计约10万字；就诊量共计2 613人次，因伤病停训20人；190人获“团嘉奖”，364人获“连嘉奖”，75名教师和学生骨干获“军训工作先进个人”荣誉称号。

（三）其他工作

开展定向越野、军事主题讲座等国防教育活动；指导军事爱好者协会、毛泽东军事思想研究会开展活动；继续做好民兵预备役工作。

七、就业创业工作

2014年，学校毕业生总人数6 758人（就业工作学生数据均不含港澳台侨学生、留学生），总体落实率为98.03%，其中本科生（含第二学士学位生）落实率96.44%，研究生落实率99.11%（截至2014年12月31日）。

（一）毕业本科生（含第二学士学位生）就业情况

2014年，学校共有本科和第二学士学位毕业生2 726人。其中，就业884人（占32.43%）；攻读硕士研究生936人（占34.34%）；出国留学809人（占29.68%）；北京生源待分配、京外生源回生源地二次分配的毕业生共97人（占毕业生总数的3.56%）。

2014届已落实就业去向的884名毕业本科生（含第二学士学位生）中，到党政机关就业108人（占12.22%）；科研教学单位13人（占1.47%）；其他事业单位30人（占3.39%）；国有企业204人（占23.08%）；三资企业77人（占8.71%）；民营企业238人（占26.92%）；参军113人（占12.78%）；自主创业27人（占3.05%），自由职业74人（占8.37%）。

（二）毕业研究生就业情况

2014年，学校共有硕士和博士毕业生4 032人，其中就业3 654人（占90.63%）；攻读博士研究生及博后进站220人（占5.46%）；出国留学122人（占3.03%）；北京生源待分配、京外生源回生源地二次分配的毕业生共36人（占毕业生总数的0.89%）。

2014届已落实就业去向的3 654名毕业研究生中，到党政机关就业716人（占19.59%）；科研教学单位647人（占17.71%）；其他事业单位278人（占7.61%）；国有企业1 299人（占35.55%）；三资企业152人（占4.16%）；民营企业486人（占13.30%）；参军35人（占0.96%）；自主创业7人（占0.19%），自由职业34人（占0.932%）。

（三）毕业生创业教育情况

学校作为国家级高校学生科技创业实习基地、教育部创新创业训练计划实施先进单位、北京市首批创业教育实践基地、北京地区高校创业示范学校建设单位，始终坚持把创业教育融入人才培养体系，贯穿人才培养全过程。学校重视大学生创新创业能力发展，通过创业课程、各类竞赛、互动式专题讲座、学术沙龙、主题文化节、创新实验计划和创业训练计划等活动，培养学生的创新精神、创业意识和创业能力。

2014年，中国人民大学创业引领计划启动，为在校学生提供苗圃式的创业孵化。30个创业团队向学校申请提供苗圃孵化，其中10个团队成功立项，学校还为每个团队配备了专业的创业导师。2014年5月，学校成立“创业联盟”，成为创业校友和创业学生相互学习、交流沟通、开展合作、进行资源对接的新平台，也为创业教育注入新活力。截至2014年底，已有50多位创业学生、400多位创业校友加入创业联盟。

学校连续6年举办学生“创业之星”大赛，成为学校创新创业教育的重要平台。2009—2014年，共有442支队伍、2 235人参赛，69支队伍通过大赛选拔获准进入人大学生创业园进行孵化，共发放奖金125万元。其中，2014年就有110支队伍、540人参赛，14支队伍进驻创业园。

中国人民大学2014年度在校学生分学院、类别、年级人数统计表

	合计	博士生				硕士生				本科生						二学位		
		总计	2014级	2013级	2012级及其他	总计	2014级	2013级	2012级及其他	总计	2014级	2013级	2012级	2011级	2010级及其他	总计	2014级	2013级
合计	23 161	3 524	887	885	1 752	8 258	3 603	3 396	1 259	11 325	2 462	3 078	2 855	2 839	91	54	20	34
财政金融学院	2 082	252	55	65	132	547	274	263	10	1 254	262	315	310	355	12	29	10	19
法学院	2 193	510	95	99	316	998	381	403	214	660	122	169	180	183	6	25	10	15
公共管理学院	1 263	204	50	52	102	634	249	245	140	425	78	131	106	107	3	0	0	0
国际关系学院	911	185	44	47	94	213	101	109	3	513	103	139	122	145	4	0	0	0
国学院	269	41	14	12	15	74	39	31	4	154	21	44	44	45	0	0	0	0
环境学院	542	48	13	15	20	177	71	69	37	317	71	88	86	70	2	0	0	0
经济学院	1 836	363	93	92	178	463	233	217	13	1 010	205	267	244	292	2	0	0	0
劳动人事学院	926	119	33	34	52	264	133	130	1	543	113	144	135	145	6	0	0	0
化学系	246	35	8	11	16	88	31	30	27	123	22	36	30	35	0	0	0	0
物理系	300	51	15	18	18	68	25	20	23	181	30	53	51	47	0	0	0	0
心理学系	174	26	8	8	10	58	22	19	17	90	28	25	22	15	0	0	0	0
历史学院	475	116	35	31	50	232	97	78	57	127	35	33	33	21	5	0	0	0
马克思主义学院	376	147	47	38	62	145	71	68	6	84	14	18	24	28	0	0	0	0
农业与农村发展学院	480	90	26	25	39	209	98	96	15	181	33	49	47	51	1	0	0	0
商学院	2 972	348	83	80	185	1 374	616	595	163	1 250	276	335	305	323	11	0	0	0
社会与人口学院	839	151	37	35	79	343	166	169	8	345	72	89	95	84	5	0	0	0
统计学院	688	93	26	24	43	248	114	109	25	347	73	107	87	77	3	0	0	0
外国语学院	749	34	13	13	8	259	89	78	92	456	104	120	97	130	5	0	0	0
文学院	799	122	26	33	63	405	169	122	114	272	39	63	102	68	0	0	0	0
新闻学院	1 085	133	30	35	68	283	137	125	21	669	145	179	162	177	6	0	0	0

	合计	博士生				硕士生				本科生						二学位		
		总计	2014级	2013级	2012级及其他	总计	2014级	2013级	2012级及其他	总计	2014级	2013级	2012级	2011级	2010级及其他	总计	2014级	2013级
信息学院	1 031	90	24	19	47	266	102	94	70	675	130	191	170	179	5	0	0	0
信息资源管理学院	567	82	23	19	40	174	86	87	1	311	71	88	72	75	5	0	0	0
艺术学院	691	0	0	0	0	156	52	51	53	535	122	136	136	131	10	0	0	0
哲学院	670	245	67	63	115	263	93	77	93	162	27	39	40	56	0	0	0	0
教育学院	135	28	13	15	0	107	45	60	2	0	0	0	0	0	0	0	0	0
汉青经济与金融高级研究院	160	6	4	2	0	154	53	51	50	0	0	0	0	0	0	0	0	0
国际学院	61	5	5	0	0	56	56	0	0	0	0	0	0	0	0	0	0	0
中法学院	641	0	0	0	0	0	0	0	0	641	266	220	155	0	0	0	0	0

注：统计时点为2014年12月31日。

中国人民大学 2013—2014 学年学生奖助学金类别及额度

序号	名称	金额（元/人）	设立者
1	吴玉章奖学金	8 000	学校
2	校长特别奖学金	5 000	学校
3	宝钢奖学金	5 000～10 000	宝钢教育基金会
4	国家奖学金	8 000	教育部
5	国家励志奖学金	5 000	教育部
6	研究生国家奖学金	20 000～30 000	教育部
7	港澳及华侨学生奖学金	3 000～9 000	教育部
8	台湾学生奖学金	3 000～9 000	教育部
9	科研创新奖学金	3 000	学校
10	学习优秀奖学金	1 000～3 000	学校
11	国学基础奖学金	2 000	学校
12	基础学科奖学金	500～800	学校
13	优秀学生干部奖学金	500～1 000	学校
14	优秀班干部奖学金	500～1 000	学校
15	社会工作与志愿服务奖学金	200～400	学校
16	文体优秀奖学金	500～2 000	学校
17	爱心奖学金	200	学校
18	京东奖学金	1 000～3 000	京东商城
19	蒋震奖学金	10 000	蒋震工业慈善基金（香港）有限公司
20	中国石油奖学金	8 000	中国石油天然气集团有限公司
21	三星奖学金	5 000～7 000	三星（中国）投资有限公司
22	费孝通奖学金	4 000	费孝通教育基金会
23	时尚奖学金	2 000～3 000	时尚杂志社
24	华为奖学金	2 000	深圳华为技术有限公司
25	光华奖学金	1 000～1 500	光华教育基金会
26	嘉德徐邦达艺术教育奖学金	10 000	中国嘉德国际拍卖有限公司
27	通鼎奖学金	5 000	通鼎集团
28	住友商事奖学金	2 500	住友商事（中国）有限公司
29	恒生银行奖学金	4 000	香港恒生银行
30	桑坦德银行奖学金	≤5 000（美元）	西班牙桑坦德银行
31	优秀毕业生荣誉称号	——	学校
32	优秀研究生荣誉称号	——	学校
33	三好学生荣誉称号	——	学校
34	优秀学生兼职辅导员	——	学校
35	优秀宿舍长	——	学校

中国人民大学2013—2014学年主要奖学金获奖名单

奖励名称	奖励等级	获奖名单
吴玉章奖学金	校级	鲁鸣柳、李浩、钱坤、杨子强、苗中泉、雷文斓、邝西曦、王为久、杜宇碟、谢立黎10人
吴玉章提名奖	校级	赖长生、郑茹怡、余星馨、王梦琦、赵昊旸、刘晓阳、张冬冬、王欣恬、李晗雪、李博、王诗杼、王晓玥、张舵、李奥、袁慧、刘鑫桥、孙洋、余味、李屹、张惠玉、赵青、于浩、魏平、宁亚芳、张桐25人
宝钢奖学金	部级	陈逸凡、佘卓霖、张轩、丁冬、毛湛文、孟凡壮、张光琪、王伊莉、颜津津、王佳德、李晴、冯国豪、林佳佳13人
三好学生荣誉称号	校级	财政金融学院李伟等1 391人
校级优秀学生干部奖学金	一等	商学院孙翊原等76人
	二等	劳动人事学院杨景光等185人
	三等	信息学院兰爽心等356人
科研创新奖学金	校级	董正、赵雪情、乔博娟、隋燕飞、江文、宋天阳、吴天宇、王闻达、高壮、李亮、冯志轩、周泽宇、黄国武、王雪松、余燕飞、白洁、王旭、钟萌、王琳、赵梦晗、马春阳、徐玲、唐婷、薛凡佳、李慧娟、秦汉、薛力荣、卞昊穹、苟俊杰、郭君涛、温权31人
基础学科奖学金	一等	历史学院周雨等6人
	二等	马克思主义学院郭明玥等115人
国学基础奖学金	校级	国学院陈晨露等218人
优秀研究生荣誉称号	校级	财政金融学院陈洁等1 481人
学习优秀奖学金	特等	公共管理学院龚琬岚等33人
	一等	国际关系学院那云子等503人
	二等	环境学院蒋杭城等1 013人
	三等	经济学院黄侃等1 512人
优秀班干部奖学金	一等	统计学院陆逸帆等59人
	二等	新闻学院姜雨杉等132人
	三等	农业与农村发展学院钱煜然等262人
文体优秀奖学金	特等	社会与人口学院陈佳鞠等36人
	一等	信息资源管理学院林鹏67人
	二等	苏州校区刘恺笑等125人
社会工作与志愿服务奖学金	一等	新闻学院刘慕葛等493人
	二等	哲学院邵嘉诚等1 058人
国家奖学金	国家级	外国语学院曾靓婧等169人
国家励志奖学金	国家级	理学院陈卓等388人
光华奖学金	校级	汉青经济与金融高级研究院屈正阳等143人
三星奖学金	校级	经济学院邓敏婕等3人
华为奖学金	校级	劳动人事学院刘桂莲等6人

奖励名称	奖励等级	获奖名单
中国石油奖学金	校级	公共管理学院段绍捷等 30 人
时尚奖学金	校级	新闻学院杨婷婷等 20 人
费孝通奖学金	校级	国际关系学院邓欢娜等 7 人
台湾学生奖学金	一等	文学院杨志盛等 6 人
	二等	社会与人口学院许文琼等 10 人
	三等	哲学院张光琪等 18 人
港澳及华侨学生奖学金	一等	劳动人事学院唐佩君等 8 人
	二等	经济学院马可恩等 10 人
	三等	法学院孙东耀等 17 人
嘉德徐邦达艺术教育奖学金	校级	艺术学院王曦堇等 2 人
京东奖学金	校级	国际关系学院张宸等 289 人
通鼎奖学金	校级	文学院凡绍财等 20 人

2013—2014 学年“十佳班主任”、优秀班主任名单

“十佳班主任”名单（10 人）

姓名	所带班级
杨　凡	社会与人口学院 2012 级本科社会学类 1 班、2 班
王亦高	新闻学院 2012 级新闻专业本科国防班
岳楠楠	商学院 2012 级工商管理英文实验班
胡天龙	法学院 2013 级法学—工商管理实验班
李　扬	统计学院 2012 级本科班
林承铎	苏州校区中法学院 2013 级本科金融 2 班
冯　琳	环境学院 2011 级公共事业本科班
于伟强	理学院 2012 级物理本科班
于竞游	哲学院 2010 级国防班
张　靖	文学院 2012 级本科国防班

“十佳班主任”提名奖名单（9 人）

姓名	所带班级
柴云鹏	信息学院 2010 级理科实验班 3 班
郭　瑜	劳动人事学院 2013 级劳动与社会保障本科班
赵玉兰	马克思主义学院 2013 级硕士 1 班
郐艳丽	公共管理学院 2012 级本科班
宋利芳	经济学院 2013 级国际经济与贸易本科 1 班
钱明辉	信息资源管理学院 2011 级政务班
孙闻博	国学院 2013 级本科班
朱晓琦	国际关系学院 2013 级国政三班 &2013 级国政—新闻实验班
王轶群	外国语学院 2013 级日语本科班

优秀班主任名单（144人）

学院	姓名
哲学院	于竞游 刘永谋 魏德东 罗 骞
文学院	张 靖 陈 涛 白 鸽 娄 林
历史学院	陈晓露 王晓琨 安海燕 马利清
国学院	孙闻博 梁海燕
经济学院	李佩洁 陈 亮 付晓东 聂辉华 秦 萍 石慧敏 宋利芳 张红霞 宋 扬 许 准 章艳红 孙 昂
财政金融学院	蔡 泓 路君平 王秀芝 张俊岩 储著斌 丁大鹏 何 青 李时宇 黄继承 魏 红 张润英 崔向荣 张文春 郭 栋
汉青经济与金融高级研究院	何 超
统计学院	李 扬 王 瑜 吴翌琳
农业与农村发展学院	黄 波 刘 婷 高 原 吕亚荣 郑 适 董筱丹 王西琴
法学院	胡天龙 郑维炜 李修棋 李 钧 陈 璇 路 磊
马克思主义学院	赵玉兰 欧阳奇 张晓萌 李晓雨
社会与人口学院	杨 凡 祝玉红 王玉君 储卉娟
国际关系学院	朱晓琦 成晓河 李 伟 刘 鹏 鲁金安 欧树军 许勤华
新闻学院	王亦高 高燕燕 马 飞 孙利军 王延鹏 常 江 高贵武 钟 新 赵 晋
艺术学院	朱兴国 杨 鹏 王水清 乐丽君
外国语学院	王轶群 李 平 谢江南 刘海清 来 炯 陈 方 朱 源
环境学院	冯 琳 苏明明 程 荣 周景博
信息学院	柴云鹏 柯媛元 蔡晓雨 谢 红 陈晋川 张会平
理学院	于伟强 罗红霞 同宁华 陈晓晨
商学院	岳楠楠 王文潭 赵晶晶 范玉荣 王银屏 王 丹 易靖韬 施小斌 王保林 熊宇平 苏 畅 秦 贝 汪 玲 张雅君 姜永森 陈 君
公共管理学院	王丛虎 刘 鹏 胡 威 孟繁瑜 唐 杰 李传军 陈 夏 刘 颖 郤艳丽
劳动人事学院	郭 瑜 张 灏 肖 丹 张石磊 周为杰 黄 伟 李丽林
信息资源管理学院	钱明辉 牛 力 董丹华
教育学院	崔 盛
苏州校区	林承铎 徐星美

2013—2014学年“优秀辅导员”“优秀学生兼职辅导员”名单

优秀辅导员名单（34人）

姓名	学院（部门）	姓名	学院（部门）
邢 华	文学院	丁莉婷	历史学院
田传锋	哲学院	徐 飞	国学院
撒 莉	经济学院	张 睿	财政金融学院
褚茜茜	汉青经济与金融高级研究院	边 策	统计学院
高 佳	农发院	邢 姝	法学院

姓名	学院（部门）	姓名	学院（部门）
肖　晶	法学院	彭　黎	马克思主义学院
张　茹	社会与人口学院	刘禹希	国际关系学院
刘　佳	新闻学院	别　敏	艺术学院
商　竞	外国语学院	王　钧	环境学院
张国富	信息学院	杨燕萍	理学院
刘洪霞	商学院	黄　微	商学院
谷昆鹏	公共管理学院	刘慧卓	劳动人事学院
马　晴	信息资源管理学院	李　晶	教育学院
庞　伟	苏州校区	刘　甡	苏州校区
冯启娜	党委组织部	周兴华	学生工作部
周　莉	学生工作部	周　丽	学生工作部
于　浩	招生就业处	毕明阳	校团委

优秀学生兼职辅导员名单（135人）

学院	姓名
文学院	汤　欢　陈雅琪　郑绚彩　罗　妍　李　晶　陈　菡
历史学院	张　轲　郝雏凤　徐　聪　彭雪梅　郭宇昕　闫　丽　弭丽丽　张宿阳　任煜琪 王　栋　陈　栋　岳金侠　吕韶音
哲学院	潘玥斐　张　洁　邵玉姿　滕　藤　崔树芝
经济学院	樊雪燕　黄思远　刘霞飞　邓敏婕　唐善才
财政金融学院	周　航　陈心怡　孙传辉　王崇峪　蒋京杰　姚泽宇
汉青经济与金融高级研究院	吴文博　张小宇
统计学院	周陆泽　朱新景
农业与农村发展学院	王辉耀　姚　奂　范睿婷　张　璟
法学院	任嘉宁　黎荣天　姜业宏　付小珊　王晓岑　王　东　卢筱佳　贾　倩　刘桂玲 张亚芳　张　斌　蔡咖娣　张庆宇　董　聪　范亚玲
马克思主义学院	陈　丹　敦　帅　董　雷　钟　路
社会与人口学院	李　龙　周宇香　谭　利
国际关系学院	李婉秋　王　宇　毛　雨　王兴华
新闻学院	刁思远　孟宪玲　钟毓婧　裴　峥
艺术学院	王书浩　王子正　吴姗姗
外国语学院	宋玖青　张王丹　陈　默　郑红婕
环境学院	张晓军　吴倩艳　王瑞琮　毕瑞亨　赵劲松　王一鹏　熊芳才　王　欣　唐宽昊 何志江
信息学院	戴兰若　刁翔宇　刘晓兰　张　驰
理学院	杜　嫱　黄　薇　张克杰　蒋静云　崔岩岩
国学院	黄原一
商学院	王　川　卢晓帅　许　梦　文　雯　雷文斓　霍学媛　王近思　范雪灵　刘高飞 谢昱骋　刘欢欢　张炜力　李冀明　范雪灵　陈丝语
公共管理学院	覃　彬　张军伟　陈　曦　刘志鹏　张延吉　陈　玥
劳动人事学院	陈毅东　孙艺菡　李吉超　黄　晶　曲　倩
信息资源管理学院	范紫薇　刘　涛
教育学院	康宝帅　崔　鹤　李　亮　王　品
苏州校区	陈思亦　孔凡娣　任雪晨

中国人民大学 2013—2014 学年先进班集体名单（150 个）

学院	班级名称
文学院	2013 级本科基地 1 班
	2013 级本科基地 2 班
	2012 级本科国防班
	2013 级硕士班
历史学院	2013 级清史所硕士班
	2013 级本科班
	2013 级历史硕士班
	2013 级文博硕士班
哲学院	2011 级国防班
	2012 级博士班
	2013 级硕士班
	2013 级本科班
国学院	2013 级人文科学试验班
经济学院	2012 级本科国管班
	2012 级本科国经贸 1 班
	2012 级本科国经贸 2 班
	2012 级本科经济学 1 班
	2012 级本科经济学 2 班
	2012 级本科能源经济学班
	2012 级本科经数实验班
	2013 级本科国经贸 1 班
	2013 级硕士国管班
	2013 级硕士国经贸班
	2013 级硕士经济学 2 班
	2013 级硕士区城班
财政金融学院	2012 级金融实验班
	2011 级金融 2 班
	2013 级金融 3 班
	2013 级金融 4 班
	2012 级金融 2 班
	2011 级金融实验班
	2013 级金融 1 班
	2012 级财税实验班
	2012 级税务班
	2012 级财政班
	2012 级金融工程班
	2013 级信用管理班
	2013 级学硕 2 班
	2011 级财税实验班

学院	班级名称
汉青经济与金融高级研究院	2012 级数量经济班
统计学院	2012 级统计学本科班
	2011 级统计学本科班
	2012 级统计学博士班
	2012 级硕士班
农业与农村发展学院	2013 级硕士 1 班
	2012 级本科 1 班
	2012 级本科 2 班
法学院	2011 级法学本科 1 班
	2011 级法学本科 3 班
	2011 级法学新闻实验班
	2012 级法律硕士（非法学）职务犯罪侦查班
	2012 级法学本科 2 班
	2012 级法学本科 3 班
	2012 级法学本科 1 班
	2012 级法学—工商管理实验班
	2013 级法律硕士（非法学）
	2013 级法律硕士（非法学）律师班
	2013 级法律硕士（非法学）民商班
	2013 级法律硕士（非法学）亚太法律精英班
	2013 级法律硕士（非法学）职务犯罪侦查班
	2013 级法学本科 2 班
	2013 级法学本科 3 班
	2013 级法学—工商管理实验班
	2013 级法学国防班
	2013 级法学理论博士班
马克思主义学院	2011 级中共党史本科班
	2013 级硕士 2 班
	2012 级博士班
社会与人口学院	2012 级本科社会学班
	2013 级本科 1、2 班
	2013 级本科 3、4 班
	2012 级社会工作班
国际关系学院	2012 级国新班
	2012 级国政 3 班
	2013 级国新班
	2013 级国政 2 班
	2013 级国政 3 班
	2013 级硕士 1 班

学院	班级名称
新闻学院	2011 级传播班
	2012 级传播班
	2012 级广电班
	2012 级博士班
	2012 级国防班
	2012 级新闻班
	2013 级新闻法学实验班
	2013 级新闻国政实验班
艺术学院	2011 级书画班
	2012 级油画班
	2013 级美术学班
	2013 级新媒体班
外国语学院	2013 级德语班
	2012 级日语班
	2012 级俄语班
	2012 级英语 2 班
	2013 级英语 1 班
	2013 级英语 2 班
环境学院	2011 级环境科学本科班
	2011 级公共事业管理本科班
	2012 级环境科学本科班
	2013 级环境科学本科班
信息学院	2011 级理科试验班 1 班
	2011 级理科试验班 4 班
	2012 级理科试验班 1 班
	2012 级理科试验班 2 班
	2013 级理科试验班 2 班
	2013 级理科试验班 4 班
	2013 级理科试验班 6 班
理学院	2013 级物理系本科班
	2013 级心理本科班
	2013 级化学班
	2012 级化学本科班
公共管理学院	2011 级城市管理本科生
	2013 级 MPA 试点班
	2013 级本科 3 班
	2013 级硕士公共财政与公共政策班
	2012 级本科土地资源管理班
	2012 级行政管理本科班
	2011 级行政管理本科班
	2013 级硕士土地资源管理班
	2013 级硕士行政管理班

学院	班级名称
商学院	2012 级商英实验班
	2011 级贸易经济班
	2011 级会计 1 班
	2011 级财务管理班
	2011 级商法实验班
	2011 级管理科学 9 班
	2012 级贸易经济班
	2012 级财务管理班
	2012 级会计 3 班
	2012 级管理科学班
	2013 级贸易经济 1 班
	2013 级贸易经济 2 班
	2013 级工商管理类 5 班
	2013 级商英实验班
	2013 级 MPAcc 北京班
	2013 市场营销管理硕士班
	2013 级 MBA-F1 班
	2013 级会计博士班
劳动人事学院	2012 级本科劳动关系班
	2012 级本科人力资源管理 2 班
	2013 级本科劳动关系班
	2013 级本科人力资源管理 2 班
	2013 级本科人力资源管理 1 班
	2013 级硕士劳动经济班
信息资源管理学院	2013 级信资班
	2011 级政务班
	2012 级档案班
教育学院	2013 级硕士班
苏州校区	2013 级汉语国际教育硕士 1 班
	2013 级本科金融 2 班

2013—2014 学年北京市先进班集体名单（11 个）

班级名称
★新闻学院 2012 级博士班
环境学院 2011 级环境科学本科班
信息资源管理学院 2013 级信资班
商学院 2012 级商英实验班
法学院 2012 级法学本科 3 班

班级名称
财政金融学院 2012 级金融实验班
信息学院 2012 级理科试验班 6 班
劳动人事学院 2012 级本科劳动关系班
苏州校区 2013 级汉语国际教育硕士 1 班
外国语学院 2013 级德语班
统计学院 2012 级统计本科班

说明：加★班级表示获得北京市“我的班级我的家”十佳示范班集体。

2013—2014 学年“十佳宿舍”“文明宿舍”名单

“十佳宿舍”名单（11 个）

序号	宿舍	学院	年级
1	★知行二楼 316	哲学院、经济学院	2011 级本科
2	★品园六楼 321	外国语学院、劳动人事学院	2013 级本科
3	★品园六楼 332	劳动人事学院	2013 级本科
4	品园二楼 608	外国语学院	2013 级本科
5	品园六楼 322	外国语学院、文学院	2013 级本科
6	知行五楼 918	新闻学院	2012 级本科
7	知行五楼 516	财政金融学院	2012 级本科
8	品园二楼 430	环境学院、统计学院	2013 级本科
9	知行二楼 216	新闻学院	2013 级本科
10	品园一楼 541	统计学院	2011 级本科
11	品园二楼 511	商学院	2013 级本科

说明：加★宿舍表示推荐参评北京市高校优秀学生宿舍。

“文明宿舍”名单（61 个）

序号	宿舍	学院	年级
1	东风七楼 120	商学院、财政金融学院	2011 级本科
2	东风七楼 122	商学院	2011 级本科
3	红一楼 228	文学院	2013 级硕士
4	红一楼 235	法学院	2013 级硕士
5	品园一楼 511	法学院	2013 级本科
6	☆品园二楼 216	财政金融学院	2013 级本科
7	品园二楼 530	商学院	2013 级本科

序号	宿舍	学院	年级
8	品园四楼 627	哲学院	2013 级博士
9	品园五楼 326	农业与农村发展学院	2013 级硕士
10	品园五楼 1028	国际关系学院	2013 级硕士
11	☆品园六楼 206	经济学院	2013 级本科
12	品园六楼 237	环境学院	2013 级本科
13	品园六楼 245	环境学院	2013 级本科
14	品园六楼 248	社会与人口学院	2013 级本科
15	品园六楼 339	劳动人事学院	2013 级本科
16	品园六楼 342	劳动人事学院	2013 级本科
17	品园六楼 348	国际关系学院	2013 级本科
18	品园六楼 409	国际关系学院	2013 级本科
19	品园六楼 414	哲学院	2013 级本科
20	品园六楼 440	理学院	2013 级本科
21	☆品园六楼 443	理学院	2013 级本科
22	品园六楼 501	财政金融学院	2013 级本科
23	品园六楼 514	财政金融学院	2013 级本科
24	品园六楼 517	财政金融学院	2013 级本科
25	品园六楼 518	财政金融学院	2013 级本科
26	品园六楼 603	商学院	2013 级本科
27	品园六楼 604	商学院	2013 级本科
28	品园六楼 617	商学院	2013 级本科
29	品园六楼 625	商学院	2013 级本科
30	品园六楼 627	商学院	2013 级本科
31	品园六楼 645	公共管理学院	2013 级本科
32	☆品园六楼 648	公共管理学院	2013 级本科
33	品园六楼 745	信息学院	2012 级本科
34	品园六楼 845	信息资源管理学院	2012 级本科
35	☆品园六楼 948	商学院	2011 级本科
36	品园六楼 1007	劳动人事学院、商学院	2011 级本科
37	品园六楼 1009	劳动人事学院	2011 级本科
38	品园六楼 1020	新闻学院	2011 级本科
39	知行一楼 1002	新闻学院	2013 级本科
40	☆知行一楼 1011	文学院	2013 级本科
41	知行一楼 1014	历史学院	2013 级本科
42	☆知行一楼 1016	马克思主义学院	2013 级本科

序号	宿舍	学院	年级
43	知行二楼 108	法学院、信息资源管理学院	2013 级本科
44	☆知行二楼 209	信息资源管理学院	2013 级本科
45	知行二楼 215	新闻学院	2013 级本科
46	知行二楼 217	新闻学院	2013 级本科
47	知行二楼 311	信息资源管理学院	2011 级本科
48	☆知行二楼 506	法学院	2012 级本科
49	知行二楼 903	法学院	2012 级本科
50	知行二楼 1304	财政金融学院、文学院	2012 级本科
51	知行二楼 1405	劳动人事学院	2012 级本科
52	知行四楼 406	文学院	2011 级本科
53	知行四楼 806	农业与农村发展学院、经济学院	2011 级本科
54	知行五楼 408	劳动人事学院	2012 级本科
55	知行五楼 802	商学院	2012 级本科
56	知行五楼 906	商学院	2012 级本科
57	☆知行五楼 1214	国际关系学院	2012 级本科
58	北园二楼 308	法学院	2012 级硕士
59	北园五楼 232	法学院	2013 级硕士
60	☆北园五楼 312	法学院	2013 级硕士
61	北园五楼 416	哲学院	2013 级硕士

说明：加☆宿舍表示获得“十佳宿舍”提名奖。

中国人民大学 2014 届毕业生分院系人数统计表

学院	总计	本科生	双学位生	博士研究生	硕士研究生
财政金融学院	736	377	14	66	279
法学院	763	183	18	120	442
公共管理学院	377	63		53	261
国际关系学院	264	133		24	107
国学院	90	45		12	33
汉青经济与金融高级研究院	47				47
环境学院	150	69		14	67
教育学院	39			3	36
经济学院	549	238		91	220
劳动人事学院	286	144		28	114

学院	总计	本科生	双学位生	博士研究生	硕士研究生
理学院	166	98		16	52
历史学院	99	23		17	59
马克思主义学院	128	19		43	66
农业与农村发展学院	170	49		21	100
商学院	841	309		64	468
社会与人口学院	291	82		27	182
统计学院	197	81		24	92
外国语学院	226	143			83
文学院	229	63		23	143
新闻学院	341	169		19	153
信息学院	279	169		13	97
信息资源管理学院	151	71		7	73
艺术学院	139	104			35
哲学院	200	62		54	84
总计	6 758	2 726	32	739	3 293

中国人民大学2014届毕业生落实情况表

学历	总人数	落实人数	落实率	落实						待就业	比例
				就业	比例	出国	比例	升学	比例		
本科生（含第二学士学位）	2 726	2 629	96.44%	884	32.43%	809	29.68%	936	34.34%	97	3.56%
硕士生	3 293	3 265	99.15%	2 976	90.37%	117	3.55%	172	5.22%	28	0.85%
博士生	739	731	98.92%	678	91.75%	5	0.68%	48	6.50%	8	1.08%
总计	6 758	6 625	98.03%	4 538	67.15%	931	13.78%	1 156	17.11%	133	1.97%

中国人民大学2014届毕业生就业地区分布情况表

学历	工作总人数	北京	比例	上海	比例	广州	比例	深圳	比例	西部	比例	其他城市	比例
本科生（含第二学士学位）	884	355	40.16%	24	2.71%	36	4.07%	21	2.38%	144	16.29%	304	34.39%
博士生	678	354	52.21%	14	2.06%	13	1.92%	4	0.59%	99	14.60%	194	28.61%

学历	工作总人数	北京	比例	上海	比例	广州	比例	深圳	比例	西部	比例	其他城市	比例
硕士生	2 976	1 681	56.49%	102	3.43%	92	3.09%	93	3.13%	262	8.80%	746	25.07%
总计	4 538	2 390	52.67%	140	3.09%	141	3.11%	118	2.60%	505	11.13%	1 244	27.41%

中国人民大学2014届毕业生就业单位性质统计表

学历	总计	党政机关	比例	高校	比例	科研单位	比例	其他事业单位	比例	国有企业	比例	三资企业	比例	民营企业	比例	部队	比例	自由职业	比例	自主创业	比例
本科生（含第二学士学位）	884	108	12.22%	9	1.02%	4	0.45%	30	3.39%	204	23.08%	77	8.71%	238	26.92%	113	12.78%	74	8.37%	27	3.05%
硕士生	2 976	614	20.63%	161	5.41%	79	2.65%	241	8.10%	1 199	40.29%	145	4.87%	464	15.59%	34	1.14%	32	1.08%	7	0.24%
博士生	678	102	15.04%	351	51.77%	56	8.26%	37	5.46%	100	14.75%	7	1.03%	22	3.24%	1	0.15%	2	0.29%	0	0.00%
总计	4 538	824	18.16%	521	11.48%	139	3.06%	308	6.79%	1 503	33.12%	229	5.05%	724	15.95%	148	3.26%	108	2.38%	34	0.75%

中国人民大学2014届毕业生就业供需情况表

学历	需求人数	毕业生人数	供需比
本科毕业生	21 331	2 726	1：7.8
硕士毕业生	24 299	3 293	1：7.4
博士毕业生	11 899	739	1：16.1

说明：就业工作数据均不含港澳台侨学生、留学生。

■ 资产管理工作

一、概况

2014年，资产与后勤管理部门有效开展资产管理和房地产管理工作，积极拓展办学空间，不断优化资源配置，努力提高精细化服务水平，落实学校“1420行动计划”，着力推进和协调解决相关问题。

二、拓展办学空间工作

（一）产权登记工作

2014年7月，学校启动事业单位及所办企业产权登记工作。9月，完成学校本级及附中、附小等六家二级事业单位的产权登记纸质材料送审和电子版材料制作及网上提交；11月，根据教育部反馈意见学校继续修改完善相关材料。

（二）成立学校国有资产管理委员会和下设专门机构

2014年9月30日，学校决定成立中国人民大学国有资产管理委员会，下设国有资产管理办公室作为国有资产管理委员会的日常办事机构。国有资产管理办公室设在资产与后勤管理处，统一领导和协调全校国有资产管理工作。

（三）印刷厂腾退移交拈花寺工作

2014年2月，学校印刷厂与北京市佛教协会协商拈花寺腾退移交事宜；3月，印刷厂完成厂区停电，协助北京市佛教协会入场拆除部分临时建筑；4月，学校党委主要领导视察拈花寺，随后学校向北京市政府报送拈花寺腾退工作报告；5—6月，学校联络市政府外联办推进拈花寺腾退有关工作，并派员参加西城区政府组织召开的拈花寺专题工作协调会，起草制定拈花寺腾退工作方案；9—12月，多次与北京市佛教协会、北京市宗教局沟通拈花寺腾退移交事宜，最终达成一致意见并签署补充协议，确定以北京市佛教协会为主体通过法律途径解决厂区租户占房问题的具体方案。

（四）黄山教学科研实习基地项目

教育部于2014年10月17日印发《教育部关于中国人民大学黄山教学科研实习基地项目可行性研究报告的批复》，同意学校在黄山市黄山区耿城镇辅村大坞里新建黄山教学科研实习基地项目。

（五）其他资产处置相关工作

2014年，学校与教育部就苏州校区资产回购协议进行沟通，根据教育部主管部门建议对原2011年递交报告进一步修改完善后上报主管部门审批。

2014年2月，经与教育部主管部门沟通，完成学校调整集并区已拆除建筑物（林园5～11楼，一处平房及毗邻建筑）的报减备案工作，取得教育部批复的备案文号；5月，完成上述建筑的资产报减手续，并于年底在学校财务年度决算中进行资产调减。

三、房地产管理工作

（一）教学、科研、行政办公用房管理工作

2014年底，根据《教育部办公厅关于进一步做好直属高校办公用房清理整改工作的通知》要求及相关文件精神，成立中国人民大学办公用房清理整改工作领导小组，全面负责领导和组织办公用房清理整顿工作。全年度，学校清理腾退办公用房71间，使用面积合计1 396.89平方米。清理整改后，学校副部级、正司局级、副司局级领导干部用房全部符合清理整改标准，正处级、副处级、处级以下人员用房总额不超标。

（二）报销教职工物业费供暖费、住房补贴，落实房改售房等相关工作

2014年，学校为3 100多户校外购房职工办理物业费、供暖费报销工作，累计支付物业费、供暖费963余万元。为校外产权房住户集中支付物业费、供暖费，为煤改电及其他校外产权房住户办理物业费供暖费，其中合计支付物业费83.9万元，供暖费93.7万元。

学校按国家有关规定发放2 851名无房职工按月补贴和向职务职级晋升人员发放国家差额补贴3 630万元。

经2014年12月17日学校党委常委会研究决定，学校根据教育部转发的国家机关事务管理局《关于在京中央和国家机关职工住宅区物业管理和供热采暖改革的意见》（国管房改〔2014〕504号），拟于2015年1月1日起实行物业供暖补贴改革。

（三）校内产权住宅回购

2014年，根据《中国人民大学回购校内已售不可上市成套家属住房工作办法》（2013—2014学年校办字80号），学校共回购已售不可上市成套家属住房24套，其中中关村校区15套，人民大学北路一号院6套，老校区3套。

（四）周转房管理工作

2014年，学校继续开展对周转房基础数据信息的整理核实和清理整顿工作，催交收回校内周转房15套，催缴各类周转房租金近50万元，补签续签周转房协议10余份。

2014年，协助配合青年公寓5单元专家公寓改造相关工作，完成装修改造工程验收工作，做好专家公寓的管理使用、家具电器资产交接等相关工作。

2014年，根据学校工作部署，为解决引进人才周转房房源不足的困难，实施引进人才校外租房房租报销工作，先后2次为57位引进人才完成校外租房的房租报销工作，报销金额共计230余万元。

为20位引进人才办理周转房入住手续；办理2014级32位博士后的住宿手续，办理2012级18位博士后退宿手续，办理130余位进修访学教师的住宿手续。

2014年，继续加强对校外单位因服务学校师生、开展业务需要而租用校内房产的合同管理与租金催缴工作，督促相关单位认真履行协议，及时缴纳租金，共收缴房租近40万元。

（五）推进青年教职工住房配售工作

2014年10月16日组织完成青龙湖房源首次配售工作，配售限价商品房4套，共有产权房167套。

（六）加强人防设施管理

继续推进全校人防工程及普通地下室核查工作，进一步健全相关数据库。做好人防责任书签订工作；对学校普通地下室及人防工程进行检查，现场查看普通地下室及人防工程使用、管理情况，通知有关使用单位加强管理，确保人防工程安全使用；做好人防工程及地下空间防汛工作。

附录

2014年房屋、土地、教职工住宅汇总表

2014年房屋基本情况汇总表（按用途划分）

房屋用途	房屋名称	面积（平方米）
一、教学及辅助用房		224 796
教室	求是楼（教室）	64 850
	公共教学一楼	
	公共教学二楼	
	公共教学三楼	
	信息楼（教室）	
	明德楼（教室）	
	国学馆（教室）	
	北园一楼	

房屋用途	房屋名称	面积（平方米）
图书馆	博物馆和艺术学院楼	57 695
	藏书馆	
	求是楼（资料室）	
	明德楼（资料室）	
	信息楼（资料室）	
	人文楼（资料室）	
	知行六楼（资料室）	
	理工楼及配楼（资料室）	
	科研楼 A 座（资料室）	
	图书馆	
	国学馆（资料室）	
	环境学院楼（资料室）	
实验室及附属用房	人文楼（实验室）	67 536
	理工楼及其配楼	
	游泳馆及附属用房（教学 6 楼）	
	求是楼（实验室）	
	信息楼（实验室）	
	明德楼（实验室）	
	明德楼（教师工作室）	
	人文楼（教师工作室）	
	求是楼（教师工作室）	
	科研楼 A 座（教师工作室）	
	科研楼 B 座（教师工作室）	
	理工楼及配楼（教师工作室）	
	信息楼（教师工作室）	
	知行六楼（教师工作室）	
	校友之家	
	体育部楼	
	环境学院楼（教师工作室）	
	博物馆和艺术学院楼	
	北园三楼	
体育馆	世纪馆	21 024
	体育馆	
	风雨操场	
	附小操场	
	北园网球场	
	北园篮球场	
	北园运动场	

房屋用途	房屋名称	面积（平方米）
会堂	八百人大教室（第三会议室）	13 689
	八百人大教室	
	逸夫会堂	
	明德堂	
二、行政办公用房	科研楼A座	92 269
	科研楼B座	
	人文楼	
	知行六楼（办公）	
	教学六楼（办公）	
	理工楼及配楼（办公）	
	国际文化交流中心（办公）	
	信息楼（办公）	
	求是楼（办公）	
	贤进楼（办公）	
	明德楼（办公）	
	国学馆（办公）	
	体育部楼	
	校友之家	
	环境学院楼	
	博物馆和艺术学院楼	
三、生活用房		623 511
学生宿舍	西北区学生公寓A栋	210 796
	东风一楼（留学生楼）	
	东风四楼（东风一楼）	
	东风五楼（学三楼）	
	东风六楼（学二楼）	
	东风七楼（学一楼）	
	红一楼	
	红二楼	
	红三楼	
	留学生二楼（二招）	
	留学生三楼（老干部楼）	
	培训一楼	
	品园一楼（学九楼）	
	品园二楼（学八楼）	
	品园三楼（研一楼）	
	品园四楼（研二楼）	
	品园五楼（研三楼）	
	学生公寓B—E栋	
	国际文化交流中心	
	品园六楼	
	北园二楼	
	北园五楼	
	北园六楼	

房屋用途	房屋名称	面积（平方米）
学生食堂	东区食堂	26 563
	西区食堂	
	中区食堂	
	西北区食堂	
	京港连线茶餐厅	
	集天小吃（南区食堂）	
	留学生餐厅	
	韩日餐厅	
	南区食堂（八百碗）	
	北园四楼	
教工集体宿舍	青年公寓	20 000
教工食堂	无	0
生活福利及其他附属用房	兴发大厦	366 152
	校内生活福利配套用房	
	张自忠路铁一号生活福利配套用房	
	清华东路成教院生活福利配套用房	
	北戴河生活福利配套用房	
	文化大厦	
	校外产权住宅	
	北园生活福利配套用房	
四、教工住宅	静园 1～22 号楼	124 656
	林园 1～4、12 号楼	
	宜园 1～3、5 楼	
合计	南区临时工宿舍	1 065 232

说明：本表包含中关村校区北园校舍面积 17 716.6 平方米，不含已置换的黄山学术交流中心校舍面积。

2014 年土地资源基本情况汇总表（按区片划分）

区片	面积（平方米）
校本部（中关村大街 59 号）	604 003.00
老校区（张自忠路 3 号）	43 334.00
东四十条 109 号	4 462.00
志新村 31、38 号楼	702.90
清华东路甲 7 号	8 582.00
二里庄 1 号楼	696.90
芙蓉里 7 号楼	427.50
塔院迎春园 11 号楼	470.20
知春里小区 13 号楼	20.00
北戴河学术交流中心	6 867.00
黄山环境经济教学科研基地	52 586.26
中关村校区北园（海淀区通慧寺 1 号院）	35 577.06
合计	757 728.82

■ 财务与审计工作

☞ 财务工作

一、概况

2014年，学校坚持依法办校，依法行使财务管理职能，严格落实中央八项规定，厉行勤俭节约，不断加强财务管理服务工作，按照“权责明确、行为规范、管理严格、监督到位、运行有效”的管理目标，在“严肃纪律、规范管理”上狠下功夫，以保障高素质、高层次、多样化、创新型人才培养为根本任务，以制定财务管理综合改革方案为抓手，牢固树立为学科建设服务、为教学科研服务、为师生员工服务的理念，扎实解决财务工作重点和难点，改善服务环境，全面推动财务信息公开。学校全年经济运行总体平稳有序，财务状况良好，财务风险较低，财务积累迅速增长，经济实力不断增强，为学校拓展办学空间、加快学科建设、提高教育质量奠定了良好的经济基础。

二、年度收支及预算执行情况

2014年度学校收入总额354 916.04万元，支出总额286 205.58万元。总收入中，中央财政拨款164 565.12万元，占46.37%；事业收入138 765.43万元，占39.10%；其他收入51 585.49万元，占14.53%。总支出中，基本支出196 435.76万元，占68.63%，项目支出89 769.82万元，占31.37%。

2014年度收入预算总批复352 291.43万元（不含上年结转42 330万元和用事业基金弥补收支差额20 000万元），实际收入354 916.03万元，比预算批复增加2 624.60万元，主要是财政拨款收入和其他收入比预计有所增加；支出预算总批复379 621.43万元（不含结转下年35 000万元），实际支出286 205.58万元，比预算批复减少93 415.85万元，主要原因：一是因基建项目进展问题，预计支付的款项未能按期支付；二是由于学校在厉行节约、勤俭办学方面加大力度，压缩一般性开支，公用基本支出减少较多；三是预算中包含国家可能出台的在职职工薪酬和养老金调整方案。

三、财务状况专题分析

（一）年末财务状况分析

2014年末，学校资产总额1 053 373.45万元，比2013年增加82 964.14万元，增长8.55%。其中，流动资产年末余额446 412.09万元，比2013年增加80 155.59万元，增加21.89%；固定资产年末余额390 583.98万元，比2013年增加19 487.52万元，增长5.25%，主要包括大学本级（不含二级单位）净增房屋及构筑物3 806万元，通用设备17 839元等；对外投资无变动；2014年末在建工程余额154 316.64万元，比2013年减少16 968.42万元，主要是根据《高等学校会计制度》（财会〔2013〕30号）和《新旧高等学校会计制度有关衔接问题的处理规定》（财会〔2014〕3号）将“预付工程款”调整至往来款项核算。

2014 年末负债总额 47 245.62 万元，比 2013 年减少 12 925.66 万元，减少 21.48%，其中应缴税费增加 120 万元，往来款项减少 13 046.11 万元。2014 年末净资产总额 1 006 127.83 万元，比 2013 年增加 95 889.80 万元，增长 10.53%，主要原因是事业基金增加 69 305.66 万元，非流动资产基金增加 13 566.60 万元，专用基金增加 5 029.27 万元，财政补助结转减少 591.85 万元，非财政补助结转增加 8 580.11 万元。

（二）年度收支情况分析

1. 年度收入情况总体分析

2014 年度学校获得财政补助收入 164 565.12 万元，比 2013 年增加 31 494.20 万元，增加 23.67%，主要是新增“统筹支持一流大学和一流学科建设”专项资金，高校改善基本办学条件、捐赠配比资金等专项资金和非专项财政补助收入有所增加。事业收入 138 765.43 万元，比 2013 年增加 20 600.30 万元，增长 17.43%。上级补助收入 0 万元，比 2013 年减少 15.10 万元。其他收入 51 585.49万元，比 2013 年增加 883.81 万元，增加 1.74%。

2. 年度支出情况总体分析

2014 年度基本支出 196 435.76 万元，比 2013 年减少 6 534.53 万元，减少 3.22%，项目支出 89 769.82万元，比 2013 年减少 46 601 万元，减少 34.17%。主要是基本建设项目支出减少。

四、财务管理

（一）贯彻落实新旧会计制度转换工作

学校按规定自 2014 年 1 月 1 日起执行《高等学校会计制度》。根据《新旧高等学校会计制度有关衔接问题的处理规定》的要求，结合学校实际情况，按照固定资产重分类和计提折旧的要求，进行了全面的资产清查，实现账账相符、账卡相符、账实相符。同时，广泛征求财务管理工作人员的意见，采用信息化手段编制学校新旧科目对照表，召开新旧制度转换前培训工作会，并对原有会计核算软件和会计信息系统进行及时更新和调试，及时备份相关财务数据，编制转换工作计划表，按照数据转换百分之百准确的要求，确保新旧账套的有序衔接，顺利完成新旧制度转换任务。

（二）全面推进财务信息公开工作

学校按照“以公开为原则，以不公开为例外”的要求，遵循公正、公平、便民的原则，全面推进财务信息公开。2014 年，除学校本级《中国人民大学 2013 年部门决算》《中国人民大学 2014 年度部门预算》按教育部规定依法主动公开外，学校各二级单位 2013 年决算和 2014 年预算也在本单位内部，采取多种形式予以公开。

（三）切实落实国家财经文件要求

2014 年学校及时转发了《关于 2014—2015 年中央国家机关定点印刷工作有关事宜的通知》《关于加强公务机票购买管理有关事项的通知》《教育部直属高校直属单位差旅费管理实施细则》《教育部直属高校直属单位会议费管理实施细则》和《关于转发财政部〈关于印发中央和国家机关差旅费管理办法有关问题的解答的通知〉的通知》等文件。并依据规定调整学校相关报销制度，实施定点印刷、通过政府采购网采购公务机票、规范学校差旅费报销业务流程和召开会议的具体手续等，进一步完善学校报销手续，提高财务服务质量。

根据教育部统一部署，结合学校实际情况，在广泛征求意见的基础上，制定“以争取政策支持，优化资源配置为基础，切实落实财务自主权”为思路，“健全以政府投入为主，多渠道筹集教育经费的体制，优化资源配置方式”为改革方向的财务管理工作改革方案（初稿）。在改革任务中，重点就完善财务治理体系建设，整合学校经济资源，优化资源配置，提高资源利用效益，推进财务治理能力现代化方面制定若干措施。

（四）提高工作效率，推进对公网银

2014年3月28日，为完善网络财务管理体系，保障资金安全，减少报销环节，提高报销效率，提升财务服务质量，学校正式启动对公网银。截至2014年末已发生对公网银近9 000笔，累计金额近4.9亿元。

（五）改进信息技术，大力改善财务服务环境

为规范财务日常管理工作，提高财务报销审核效率，学校财务管理系统采用虚拟化服务器云平台的方案，自2014年7月开始进行真实业务测试。该系统的投入使用，在保证财务信息安全的前提下，实现了财务内、外网即时切换，解决了实时查验发票真伪、查询即期汇率等工作难点，提高了办公效率，提升服务质量；同时，实现了内部办公用机的集约管理，增强了后台管理权限，提高系统重置能力，减少财务工作人员对计算机硬件的维护工作，提高了财务办公环境的安全性，增强了财务系统管理能力。

整合财务工作模块，建设综合服务大厅，改善服务环境，提升服务水平。将财务报销大厅改造为综合服务大厅，调整现场报销、收费业务窗口，建立咨询服务台，优化网络报销业务，美化服务等待区，为师生员工提供良好服务和工作环境。

☞ 审计工作

一、概况

2014年，审计工作以综合审计和基建修缮工程审计为工作重点，全年共完成各类审计项目（不包括科研审签）249项，审计资金总额84 477.28万元。

二、主要工作

（一）综合审计

1. 完成中层领导干部经济责任审计6项，审计资金总额合计12 842.29万元，提出审计建议11条，监督追缴违规资金15.72万元。

2. 完成国际学院（苏州研究院）、中法学院、校工会、校团委学生活动中心、人大附小等单位2013年度财务收支审计，审计资金总额为50 940.29万元，发现问题34个并提出相应的审计建议。

3. 完成科研项目结题经费审签184项，经费总额为3 030.03万元。参与学校科研经费监督管理工作，做好国家自然科学基金项目审计的准备及应对工作；配合学校纪委办公室对举报案件中涉及的经费问题进行审计。

4. 完成校属企业2013年度审计，督促有关校属企业根据会计师事务所出具的管理建议书进行整改。

5. 完成对全国会计硕士专业学位教育指导委员会秘书处2009年6月至2010年10月的财务收支情况的审计工作，审计资金总额为478.67万元；完成对全国金融专业学位研究生教育指导委员会秘书处2011年至2013年6月在中国人民大学的财务收支情况的审计工作，审计资金总额为360.9万元。

6. 完成北京市教育工会对高校工会经费审查之前的自查工作。

（二）基建、修缮工程审计

1. 基建、修缮工程结算审计工作。

完成基建、修缮工程结算审计项目共计 235 项。其中大中型基建、修缮工程项目 43 项委托工程造价咨询公司审计，审计处修改核定结算审核报告；其余 192 项结算项目自行完成。工程结算项目送审总金额为 19 565.71 万元，审定金额 18 663.77 万元，审减金额 901.94 万元。

2. 招标阶段审计工作。

对投资额在 200 万元以上的部分修缮改造招标项目进行了招标前审计，审核资金共计 9 424 万元。其中：审核暑期修缮改造项目招标工程量清单及招标控制价 9 项，审核资金约 4 996 万元；审核完成老校区（清陆军部和海军部旧址）修缮项目招标工程量清单及招标控制价，审核资金约 4 428 万元。

3. 完成校医院、图书馆、国学馆三项工程的全过程审计报告。

4. 进行国学馆施工单位索赔争议费用审核测算工作。

5. 财务处、校园建设管理处、审计处共同委托社会中介机构，完成学生公寓与国际交流中心的竣工财务决算审核工作。

■ 后勤工作

一、概况

2014 年，后勤工作根据学校工作部署，逐步深化后勤综合改革；稳步落实“1420 行动计划”，不断开拓创新，落实多项重大“民生工程”；继续深入推进“精细化管理，人性化服务”工作；各部门转变工作思路，更加规范、有效地做好内部管理工作，将“为师生服务”内化为自身管理准则，切实从师生需求出发，提供让师生满意的后勤服务，让师生感受到后勤服务带来的温馨，真正建立起“温馨后勤、智慧后勤、文化后勤”的人大后勤品牌。

二、后勤改革

（一）理顺工作机制，建立健全工作制度

制定《中国人民大学后勤集团财务公开办法》《中国人民大学后勤集团经济责任制实施细则》等财务相关管理规定，理顺财务工作机制，加强财务管理，提升财务工作透明度；制定《后勤集团关于引进人事代理员工的若干规定（试行）》《关于后勤集团人事代理员工劳动合同管理及合同续订相关工作的意见》《后勤集团事业编制职工退休后继续聘用期间工资待遇的意见》等人事相关管理规定。

（二）开展后勤综合改革的实践与探索，大力推进机构设置调整，加强队伍建设

2014 年 9 月，学校总结后勤集团成立以来 13 年的经验教训，完成《后勤系统综合改革建议》。9—12 月，成立后勤集团综合改革调研组，多次赴兄弟院校进行专题调研，了解高校后勤改革中体制建设和运行机制问题。同时，在后勤集团内部逐步启动机构设置调整工作。细化后勤集团各部门各岗位的工作职责以及集团中层管理干部定岗定编情况；在机构调整的基础上，开展全员岗位竞聘，力争形成精干高效的后勤服务保障队伍。

三、后勤经营管理和服务保障工作

（一）多项重点“民生工程”落地

1. 推进“夏季降温”工程，完成学生公寓空调安装。2014年5月底，中关村校区完成空调安装和验收，共计安装4 832台空调，更新和新增配电室26面配电柜。同时，制定空调使用说明及空调报修流程，指导学生正确使用空调，确保使用安全。

2. 中区食堂、北区食堂改造完成。中、北区食堂改造工程经过严格招投标程序，于2014年初启动，年底全部完工。改造后，校园食堂环境布局得到极大改善，食堂各区域更符合卫生防疫要求，厨房工作流程更科学化、合理化。

3. “光盘行动”常态化，推进节约型校园规划与建设。起草《学生食堂节约用餐制度》，详细规范推行营养配餐标准食谱等十余项内容；合理调整饭菜分量，北区食堂推行同价菜肴“拼盘”，中区食堂、西区食堂制作销售小馒头等；加强剩菜统计与管理，倒查生产工作中需要改进的环节；加大宣传，营造“勤俭节约、反对浪费”的舆论环境。

4. 推进校园环境综合治理，与北京市海淀区“共建文明校园，共创文明城区”。对校园内游商摊贩进行清理整顿、对违建进行拆除。同时，完善服务项目，3月起引进“新发地蔬菜直通车”进驻家属区，为校内居民提供便宜、新鲜、放心的蔬菜；完成便民市场改造及商户入驻；新建静园水果超市并于8月开业。

（二）圆满完成各项大型活动后勤保障任务

1. 完成暑期国际小学期329名境外留学生住宿接待任务。

2. 完成毕业生离校及新学期迎新任务。

3. 完成首都高校第52届学生田径运动会、第四届世界汉学大会等重要活动的服务保障任务。

4. 完成韩国高丽大学第二届暑期中国语深化班住宿接待服务任务。

（三）后勤集团内部管理水平提升

1. 做好行政综合管理服务工作，树立后勤集团品牌形象。加紧落实印章管理及档案管理，全年共办理签章登记407项，整理并向学校档案馆报送档案42卷；规范公文管理工作，印发集字文件51件，后集办字文件8件，共计3 480份；起草会议纪要、签报、通知等集团文件48份；签转集团部门签报348份，签转集团签报105份，办理承办文件178份，办理传阅文件478份，处理校外来文5件，报送校领导材料37份；加强形象建设，不断拓宽宣传渠道，通过“温馨人大”官方微博发送微博500条，官方微信平台推送图文信息68期；集团网站发布头条新闻62篇，集团动态140篇，对外投稿40余篇；《工作通讯》出刊38期。持续做好信访接待工作，落实跟踪机制，提升后勤集团的品牌效应。

2. 严格财务管理制度，发挥财务监督作用，提高后勤集团财务工作透明度。做好财务核算工作，全年共编制财务会计报告近300份，各中心损益表和收支分析1 000余份，复核原始报销单据12万余张，编制记账凭证1万余份，编制会计分录约6万条，装订会计凭证近500本，确保了收入入账、支出报销、收支结转等会计核算工作的有序、按时完成，为提供准确的财务数据打好了基础；加大财务监督力度，发挥控制检查职能，并配合审计做好了提供财务资料、统计各类数据、撰写各项说明、物资清查盘点、整理文件档案和协调其他资料等各项基础性工作。

3. 优化人力资源管理流程，狠抓队伍建设。做好招聘选人工作，集中组织招聘3次，涉及岗位20多个；做好选留毕业生工作，确定选留管理职员1名、专业技术人员1名；夯实关键岗位管理和机构调整工作，分析统计《后勤集团关键岗位设置及在岗人员情况》，汇总并编制《中国人民大学后勤集团管理干部职务与聘用岗位对应情况统计》《中国人民大学后勤集团部门副职以上管理干部任职情况统计表》；完善薪酬管理工作，自2014年4月起统一调整、发放后勤集团人事代理员工工作，并修订薪酬管理办法；规范劳动用工，按照法律规定要求对劳动合同和劳动用工进行管理，构建稳定的劳动关系。

4. 加强安全管理，落实“平安校园”创建工作。完善安全生产责任制，签订《2014年后勤集团安全防火、安全生产责任书》；拟定《后勤集团2014年夏季防汛方案》，加强重点部位防汛隐患排查，逐项检查排水设施，加强应急预案演练；对全校范围内集团所辖电梯开展安全检查，年检电梯76部，更换新梯4部，全年共进行电梯保养1 824次，大型急修200余次。

5. 规范投标管理、合同管理和工程管理。组织招投标项目20项，其中，服务类项目14项，采购类项目2项，工程类项目3项，合作类项目1项；参加校内评标项目40余项。共签署经济合同143份，其中新签合同26份，续签合同117份；承接并完成学校资产与后勤管理处委托急零修工程30余项。

6. 举办首届后勤职工岗位技能比赛。2014年4月，联合校工会举办中国人民大学后勤职工岗位技能比赛。比赛共设烹饪（刀工、红案、白案）、水暖、电力、消防安全、中式铺床技能比赛和幼儿教师才艺比赛等7个项目。后勤系统共有183人报名，经过初赛和决赛，最终有74人进入决赛。

（四）餐饮服务工作

1. 稳定饭菜价格，提高饭菜质量。拟定学生食堂物价补贴发放方案，并做好物价补贴发放管理。各食堂窗口悬挂统一审核制作的菜单，并要求菜单与菜品一一对应，确保学生基本大伙饭菜价格稳定和公开。

加强学生基本大伙餐厅纯肉菜、素菜及低价菜品供应数量等的专项检查；推行“厨师长尝菜制度”，制定内部考核责任制，确保菜品责任到人，不断提高饭菜质量；按照《后勤集团提高学生食堂综合服务水平的八项措施》要求，加强对学生食堂基本大伙餐厅饭菜质量、价格的监督和检查。

2. 探索精细化、人性化的餐饮配置。针对雾霾天气，学生食堂“人性化”推出润肺汤饮和养肺菜品；开展2014年“我的食堂我做主”活动，向同学们征集最想吃的菜品，提供“菜谱”定制服务；开展“最受欢迎的菜品暨厨师之星评选”活动和“走近饭桌活动”，常态化开展“食堂开放日”活动；拓展夜宵服务，丰富夜宵菜品种类，北区食堂夜宵70余种，东区食堂夜宵50余种，西区食堂夜宵9大类85种。

3. 推出“诚信刷卡”服务，方便忘带卡或卡中余额不足的师生。3月31日，《法制晚报》以《人大推“诚信刷卡”可赊账就餐》为题对此进行了报道。

4. 保障餐饮公共卫生安全。对餐饮单位进行专项监督检查，包括：消防安全、食品卫生安全、各项工作流程、饭菜价格等，下达现场检查笔录487份，编印《餐饮情况反映》共30期；做好烟道统一清洗工作，确保消防安全；完成明德泊星地咖啡厅、教授餐厅、八佰碗及西区食堂快餐厅的餐饮服务许可证延续工作；续投餐饮业经营者责任险，保障食堂餐厅平稳运行。

5. 加强餐饮文化建设工作，展现人大餐饮文化风采。开通微博和微信公众号，向受众发布受师生喜爱的风味菜品，推送特色菜肴介绍。

（五）校园物业管理与服务

1. 创新服务模式，成立物业维修客服中心。2014年5月，物业维修客服中心顺利进入试运行阶段。客服中心主要业务集中在网络报修平台及客户面询等，并逐步实现修缮和电力、水暖各类维修的维修量统计功能。客服中心全年处理修缮和电力、水暖、电话报修2927例，处理“微人大”网上报修185例，录入修缮和电力、水暖、三部门零修派工单44 059条，接待来访60人次。

2. 教学服务细心周到，教学科研保障有力。全年教学楼内捡拾各类物品554件，安排教室196 642课时，接待师生15 822 944人次，暑期为192名学生寄存行李1 239件；电话室为各学院、机关部处安装电话80部，维修电话62部，移机72部；打字室排版试卷6 000余版，印制试卷100余万张；收发室投送报纸70万份、分发杂志4万本。维修保养各楼内消防设备，全年更换522个灭火器；抽查测试公共教学一楼烟感探头670次。

3. 改善硬件设施，提供温馨物业保障。全年综合零修2 300余件，土建零修维修3 500余件；新建东区浴室、开水房，翻修改造西区浴室。

4. 加强校园绿化美化与保洁，推进美丽校园建设。做好日常绿化养护工作，全年修剪植被2 300余棵，修剪草坪约90万平方米，修剪绿篱和色带4 400余延米；特殊养护树木9棵；对各类植被进行病虫害防治500余次，喷施药液2 000余吨；通过多种措施对各类植被进行冬季防寒养护；生活垃圾装车外运量约7 300吨；妥善应对雪情，连续多日铲冰扫雪，为教学办公楼宇、北园校区等发放、运送融雪剂约5.5吨。

5. 水暖电力保障运行高效，增强抗风险能力，促进节能降耗。校内自备井日平均供水量5 200吨，年供水量约190万吨，保证校区内教学、办公和生活用水的正常供应。完成水暖库房加工间地面工程；知行区换热站更换阀门；西区换热站除锈防腐；北区锅炉房焊接马道；求是楼南侧、北侧、阶梯教室以及人文楼暖沟供暖管线拆除及更换；宜园3楼学生宿舍更换卫生洁具等工作；完成新学年开学前1424间新生宿舍输电，累计输电707 875度。核查全校一、二级水表及全校电表、远程用电管理系统等。

（六）学生公寓管理与服务

1. 以服务为中心，持续改善学生公寓住宿环境。改善国内学生公寓晾晒条件，对品园2楼南侧场地、北园学生宿舍周边进行施工改造，开辟室外晾晒区，并在品园3楼、品园4楼阳台上安装晾衣杆，对品园5楼阳台原有晾衣杆加装晾衣环以固定衣物，切实优化学生的住宿生活环境；筹划学生活动室，在学生国内、国际公寓楼内开辟学生活动空间；增设东风6楼、东风7楼多功能服务间，根据需要购买会客桌椅、微波炉、公共插座、电吹风、衣帽镜等服务设施，打造多功能、人性化、便捷舒适的服务间、会客室和值班室。

2. 推进学生公寓信息化建设，提高服务水平。重点开发数字人大“人民大学学生公寓住宿管理系统”中的住宿信息维护和学生住宿情况等管理功能，增加“年度可用宿舍”“下一年度统计”“空床位统计”“特殊住宿列表”和“新生分布”板块，强化学生公寓住宿管理系统的统计功能；新生首次可采取自主选择的方式网上预订床上用品；开展使用手机迎新，新生入住信息录入首次采取数字人大条形码扫描方式和手机二维码扫描方式；首创电子花名册于2014年10月中旬开发成功，并试运行。

3. 加强留学生住宿管理，开拓工作思路，完善人性化住宿服务。修订《留学生住宿管理规定》《住宿服务指南》等管理制度，完善《国际公寓部防汛应急预案》《客房集中清扫检修工作流程》以及《留学生公寓住宿服务指南（中英双语）》等四项制度流程，进一步规范了员工的工作标准和服务流程。设专人负责客服、学生住宿事务调解工作，重点规范学生入住期间的调房申请工作流程。

4. 多举措改善留学生、外籍专家住宿环境。改善留学生公寓公共厨房设施，加强厨房夜间使用的管理，重新修订并张贴厨房使用规定及温馨提示；完成空余房间和破损房间的重新粉刷及窗帘清洗；清理公区卫生死角，为外籍师生提供干净整洁的住宿环境。对留学生公寓节能、照明、纱窗、卫生间等方面进行人性化细节改造和更新，将国际文化交流中心公区9W节能照明灯全部更换为3W的LED灯，更新公共区域破损纱窗49扇，加固严重松动的户门37扇等。

（七）接待经营性资源开发与管理

1. 汇贤大厦共接待各种团体（接待10间客房以上）190余个，接待中外宾客75 733人次，贤进楼平均住宿率为60.59%，汇贤楼平均住宿率为53.45%；保障学校教学、日常行政事务用车，全年共执行各类车辆运输服务任务近3 500次，安全行驶24万公里；北戴河学术交流中心暑期接待经营期自6月28日始至8月29日结束，圆满完成校工会暑期休养、各院系会议、团队休养等接待服务保障任务，接待各类团队19批，1 950人次。

2. 完成2014年价格调整方案和《2014年客房价格分析报告》；制订《酒店管理部岗位说明书汇编》和《酒店管理部2014年管理实务》，完善经营管理，规范管理流程；扎实推进接待服务工作的“精细化”管理，搭建网络订房平台，网站订房和微信订房两个平台同步推出上线使用。

四、专项改造与维修工作

根据美丽校园建设工作总体部署，2014年学校对中关村校区内老旧建筑物进行改造，对教学、科研、办公、住宿及周边室外环境进行了大规模修缮。

完成中关村校区建筑物外立面改造工程（第三期），主要包括东北区老旧建筑物（含公共教学四楼、离退休工作处等建筑）、中区食堂周边老旧建筑物（含中区食堂、老配电室、中心配电室、后勤集团用房）、理工楼及配楼、一卡通中心等外立面改造。建筑面积约28 350平方米，共改造外立面约19 000平方米，墙面干挂石材约2 900平方米，喷刷仿石涂料约16 000平方米，安装铝板约9 100平方米，翻新或修补屋面防水约8 150平方米，屋面换瓦约4 000平方米，更换栏板约2 400平方米，更换铝合金门窗约4 200平方米，并对周边室外管线、路面进行了改造。

完成公共教学四楼修缮工程，建筑面积2 900平方米，经过内外整体修缮，改造成为大学的公共教学楼，增加学生教室13间，可容纳近800多人同时上课、自习或考试。涉及教室粉刷3 700平方米、更换户门40余樘、维修或更换矿棉板吊顶2 500平方米，维修地面木地板1 700平方米，并对卫生间、开水房、电气、消防、给排水系统进行了改造。

完成北园物理楼修缮工程，建筑面积约2 700平方米，经过内外整体修缮，用于物理系办公及教学用房。主要包含内外墙及顶面喷涂9 200平方米，更换门窗600平方米，铺装塑胶及木地板约3 000平方米，安装吊顶450平方米，铺贴墙、地砖1 500平方米。并进行了卫生间、电梯竖井、电气、消防及排水系统的改造。

完成校园一卡通中心改造工程，建筑面积为300平方米，安装钢结构26吨，更换门窗25樘，屋面、墙面保温530平方米，墙、顶面涂料约460平方米，更换屋面卷材防水约270平方米，并对电气、消防及空调系统进行了改造。

完成北区食堂修缮工程，修缮面积约4 900平方米。翻新墙地面防水约4 300平方米，粘贴墙地砖约6 100平方米，安装吊顶约2 900平方米，顶面粉刷约2 200平方米，并对电气、给排水、通风、消防系统进行改造等。

完成中区食堂修缮工程，修缮面积约4 000平方米，包含原结构碳纤维加固约1 800平方米，植筋约950根，浇筑混凝土约170立方米，粘贴墙地面砖约4 600平方米，天棚吊顶约2 800平方米，墙、顶面粉刷2 400平方米，并对电气、给排水、通风、消防系统进行改造等。

完成明德楼修缮改造工程，1～5楼教学区域局部粉刷维修约30 300平方米，安装入口门禁33套，国际楼、新闻楼屋顶防水更新3 400平方米，更换卫生间洁具约120套，更新全部教室的窗帘，并对明德广场地灯玻璃、破损石材、周边管线等进行了修缮，极大改善明德楼的教学、办公环境。

完成逸夫中心修缮工程，对中心内部的第一报告厅、第二报告厅、第一会议室、第二会议室、公共区域及卫生间修缮改造，墙、顶面粉刷约10 900平方米，铺装塑胶地板约510平方米，安装吊顶760平方米，并对卫生间、专业照明、音响视频、空调、供暖系统进行了维修、改造。

完成学生体育设施修缮改造工程，对学校世纪馆地下跑廊、世纪馆体育教室、室外田径场、门球场、游泳馆等体育教学场所、设施设备进行了大修。翻修塑胶跑道1 000多平方米，新做塑胶跑道1 200平方米，更换木地板670平方米，跑廊墙面粉刷1 300平方米，维修或更换吸音板720平方米。

完成知行区基础设施改造工程，更换冷水管道约1 400米，更换热水管道约1 600米，更换中水管道约800米，更换排水管1 600平方米，更换消防管道约600米，并完成配套的土建工程。

完成学生就业指导中心场地修缮工程，更换户门 50 余樘，铺装地毯、地砖约 600 平方米，维修、安装吊顶约 920 平方米，墙、顶面粉刷约 2 000 平方米，并对给排水、电气、消防系统进行了改造。

完成化学系实验室（理工楼一层原新闻演播厅）修缮改造工程，增加实验室面积 230 平方米。主要包含钢结构安装、地面自流平、墙顶面粉刷，掏砌洞口，安装门窗、隔断，并对电气、给排水、通风系统进行改造。

完成信息技术中心装修改造工程，包含墙面粉刷约 3 100 平方米，铺装木地板 610 平方米，安装室内门、踢脚线、吊顶、窗帘及玻璃砖隔断，电气系统改造等。

完成人文讲堂修缮工程，使用面积 75 平方米，包含墙、顶面粉刷约 260 平方米，铺设塑胶地面 104 平方米，并安装穿孔铝板暖气罩、窗台板，更换灯具，局部进行电气改造。

完成青年公寓 5 单元专家公寓装修改造工程，包含铺装木地板约 500 平方米，墙、顶面粉刷约 2 000平方米，粘贴墙、地面砖约 800 平方米，更换室内门约 70 樘，并进行室内照明、插座线路改造、卫生间和厨房给排水系统改造等。

完成八百人大教室修缮工程，建筑面积约 1 000 平方米，可容纳 600 名观众。主要包含铺贴地砖及自流平地面约 900 平方米，安装吊顶约 890 平方米，内墙涂料约 520 平方米，安装墙面石材和装饰板约 470 平方米，更换门 80 多樘，并进行外立面、周边道路、电气、水暖、消防及安防系统改造。

完成博物馆环廊浮雕工程和校史展展厅布展调整改造工程，创作、安装汉白玉浮雕约 120 平方米，并对石材基层钢结构进行加固，周边墙面、吊顶、照明进行装修、改造。布展面积近 800 平方米，定制、安装相框、油画框、即时贴、喷绘、灯箱、展柜、造型墙、半透布网印、照相背景幕布等。

完成学生公寓加装分体空调工程，包含知行区、品园区、东风区、红楼区及培训一楼学生宿舍空调装饰架安装、部分建筑电力增容，以及品园 3～4 楼、宜园区、培训 1 楼远传智能用电平台系统安装。涉及配电柜更换，电缆敷设，智能传感器安装 1 400 余套，控制开关约 3 600 套，并进行线路敷设。

完成 2014 年毕业学生宿舍粉刷，涉及知行区、品园区、东风区、红楼区、培训一楼等毕业生宿舍，共粉刷毕业学生宿舍约 1 600 间，墙、顶面粉刷约 11 万平方米，并对卫生间、水房、电气及供暖系统进行维修。

完成明德商学楼多媒体教室样板间改造工程，修缮面积约 1 440 平方米，安装吊顶约 260 平方米，石膏板隔墙 70 余平方米，墙面粉刷 60 平方米，安装墙面装饰板、背漆玻璃、软包布共 220 平方米，铺装地毯约 340 平方米，更换户门 7 樘，并对电气系统进行了改造。

完成出版社书店内部装修改造工程，墙面涂料约 630 平方米，天棚吊顶约 540 平方米，天棚涂料约 250 平方米，并进行家具安装和电气系统改造。

启动老校区清陆军部和海军部旧址修缮工程，清陆军部和海军部旧址位于北京市东城区张自忠路 3 号，主楼（灰一楼）、东西厢房及大门建筑面积为 4 352 平方米，该工程拟分为五个标段实施。根据文物部门立项批复，本工程于 2014 年 1 月完成方案设计。4 月 25 日，查显友副校长主持召开专题会议，听取老校区修缮工程进展情况汇报，再次强调加固改造要坚持“最小干预原则”，内外装修要按照“修旧如旧”的原则尽量保持原有建筑风貌。5 月 15 日，学校再次召开老校区修缮工程施工图设计专家论证会。8 月底，通过公开招标确定招标代理单位。9 月方案定稿，并完成施工图设计。11 月通过公开招标确定工程第一至四标段的监理单位。12 月，完成本工程第一标段施工单位的开评标工作。

五、节能管理工作

推进节约型校园规划与建设。按照科学论证、规划先行的原则，2014 年 5 月学校正式启动节约型校园建设规划相关工作，包括学校现状摸底分析、学习调研和节约型校园建设近期规划及远期规划编制等工作。先后组织后勤集团、明德物业到北京交通大学、北京林业大学、南京大学、浙江大学、江南大学专题调研，并到相关节能专业公司实地考察。

完成2014年度能源审计工作。按照北京市发展和改革委员会有关开展能源审计工作要求和提供的备案企业名单，多次参加2014年度重点用能单位能源审计协调会议，签订2014年能源审计协议，委托北京中创碳投科技有限公司开展2014年度能源审计工作，配合北京市节能环保中心完成能源审计现场核查。

完成北京市发展和改革委员会碳排放权交易等相关工作。完成北京市碳排放权的注册登记、交易账户开户及碳排放权配额上缴和交易工作；委托第三方机构完成学校2013年度碳排放核查报告，参加北京市碳排放权交易试点的培训。

组织编写并上报中国人民大学2013年节能目标责任评价考核自查报告。该报告按照北京市节能环保中心对重点用能单位节能目标责任评价考核制定的指标及评分标准，分项逐一进行了自查和评价。

完成中关村校区供热系统（南区锅炉房）节气改造工程项目细化论证报告编制、招标代理机构比选、工程测绘及方案设计等前期工作。

参与国家机关事务管理局和教育部关于在部分高校开展公私合营（PPP）模式节能改造试点。2014年5月，学校启动建筑节能改造、节电、节水、节气、可再生能源资源应用推广等领域的论证调研，并提交试点申请报告。

继续大力推广新能源、新技术改造，积极向国家机关事务管理局、教育部、北京市发展和改革委员会等政府部门申报节能改造项目和节能产品补助，向国家机关事务管理局申请出资完成循环水复式过滤设备改造项目安装调试验收工作。

按照协议向北京市排水集团上缴学校2014年上半年污水处理费，核定学校2014年上半年大气排污费，缴纳2014年1—3月供热锅炉天然气排污费共计147 787.80元。

大力开展节能宣传教育活动，广泛发动师生参与各种节能公益活动。在2014年3月22日第22个“世界水日”和第27个“中国水周”来临之际，在全校开展2014年“世界水日·中国水周”主题宣传教育活动；响应国家机关事务管理局、教育部、共青团中央等部门号召，在全校开展节能宣传作品征集活动及节能减排公益宣传片有奖征集活动，国际关系学院学生赵一然同学获优秀奖。

六、后勤管理工作

（一）北区锅炉房、东区浴室及周边平房拆除

2014年6月，完成北区锅炉房、东区浴室及周边平房拆除项目，拆除面积约为3 463平方米，其中东区浴室面积为1 205平方米，锅炉房面积为1 664平方米，平房面积为467平方米，水泵房面积111平方米，水塔面积为16平方米（高度为12米）。

（二）锅炉房沥青马路建设

北区锅炉房、东区浴室及周边平房拆除后，2014年9月完成锅炉房沥青马路建设项目。新建的沥青马路呈东西走向，西连汇贤路并一直向东延伸至林园路。

（三）校园绿化景观改造及校园植被补植工作

继续加强校园绿化美化工作，对环境学院办公楼、校友之家、校医院、双趣园、百家园、继续教育学院办公楼等绿地进行补植改造。2014年暑期，开展校园绿化景观三期改造项目，对下沉式锅炉房、原“一处”及北园绿地进行改造。

（四）北区食堂屋顶绿化项目

2014年11月，完成北区食堂屋顶绿化项目，绿化面积约1 680平方米。

（五）明德楼实行智能化管理

2014年暑期，完成明德楼智能化管理改造工程。在明德楼出入口加装闸机系统及门禁系统，并在其他出入口（包括紧急疏散口、地下车库的楼梯间、电梯厅等出入口）加装电子门禁系统，通过综合布线，与校园卡专用网络进行联网并对校园卡进行授权，刷卡进出，以实现明德楼群安防管理智能化。

（六）公共教学四楼投入使用

2014年下半年，公共教学四楼正式投入使用。

（七）北园物理楼投入使用

2014年下半年，北园物理楼正式投入使用。

（八）无烟校园评估验收工作

2014年10月22日，学校顺利通过北京市控烟工作检查组的年度验收评估。

（九）校园综合环境治理工作

1. 助拆违建工作

协助北京市海淀区城管部门在家属区现场测量并书面取证违法建设66处，建筑面积总计约为750平方米。配合海淀区执法部门对家属区违建开展助拆工作，截至年底，大部分违建已依法拆除，尚余11处未拆。其中有3处违建户主明确表示不配合拆除工作，学校已配合城管部门启动强拆程序。

2. 整治群租房工作

家属区群租房约为46户，其中房东直接出租的有22户，通过不具备经营资质的中介公司硕士林文化交流中心出租的有24户。成立联合执法队群租房工作小组，采取上门走访、约谈房主等方式开展工作。截至年底，通过中介公司群租的房源基本整改落实到位。

3. 治理游商工作

2014年，协助海淀区执法部门对家属区占道摆摊、游商游贩等行为进行数次联合执法，收缴了大部分水果、麻辣烫摊点的果品、帐篷等物品，对室外游商形成了极大的震慑力。

4. 清除“校中村”顽疾

经过长期筹划与周密部署，在海淀区有关部门的帮助下，专题工作小组坚守学校的原则与底线，对住户的合理需求予以满足，按照海淀区政府指导确定的补偿原则进行安置补偿，与剩余住户顺利达成搬迁协议。2014年7月4日，校内“一处”平房危房成功实施排险帮拆，顺利清除了“校中村”顽疾。

七、幼儿园工作

（一）关注幼儿发展，科学打造精良学前教育。

积极开展“以幼儿为本”的“小飞马”运动会和趣味运动会、庆“六一”游园会和节日主题活动等教育教学活动，注重幼儿自身能力发展。

（二）注重师风师德建设，争创优质园

1. 强调师德建设，开展教育法律法规培训、教师日常教学用语问卷调查、教师适宜性语言培训等活动。有针对性地开展园本培训活动，邀请领域教学专家、儿童心理专家等专业人士来园开展专题讲座；积极联系姐妹园所，组织本园教师到市级示范幼儿园实地参观学习。围绕区域游戏的设计与指导、主题活动设计的层次性与目标性两方面开展园本教研。

2. 与北京市海淀区曙光街道联合召开早教协调会，共同协商曙光街道所属社区的早教工作规划，部署早教工作，新设社区儿童早期教育活动站2个，切实保证本地区0～3岁婴幼儿的受教育率。

（三）幼儿安全管理工作

成立“安全工作领导小组”，负责安全工作的有关事宜，对幼儿园的房屋、水电、场地、家具、玩具、用具及大型活动器械每月进行全面排查，发现问题立即整改；邀请消防宣教中心教官进行专业的消防宣讲，共计50余人参加；配合“11·9”消防日，组织全园师生开展防火演习，强化逃生自救的路线与方法；根据幼儿不同的年龄特点，开展丰富多彩、生动形象的安全教育活动。

（四）卫生保健工作

认真完成幼儿预防接种工作，重视对体弱儿的管理，每月为25名肥胖和超重的幼儿测量身高体重，对贫血和视力异常的幼儿进行追访；坚持每学期对幼儿开展氟化泡沫口腔保健及龋齿治疗，龋齿治疗共164人次，有效预防幼儿蛀牙；接受北京市海淀区卫生防疫部门针对伙房及教学班的餐具、用具等方面的采样抽查，抽样结果为100％合格；接受海淀区食品药品监督管理所的3次随机检查，均被评为优秀。

■ 安全保卫和医疗保障工作

一、概况

2014年，学校积极筹备“平安校园”创建和达标验收工作，全面深入推进“平安校园”各项创建任务；圆满完成一系列敏感时期维稳工作任务；不断提高校园安防能力，建设并运行“汉王”智能交通管理系统、校园车辆轨迹监控系统和平安校园综合服务指挥平台，校园安全稳定工作环境持续巩固。学校被评为“国家安全人民防线建设工作先进集体”。保卫处获得“中国人民大学先进集体”，保卫处5位同志分别获得国家安全人民防线建设工作先进个人，北京市海淀区高校系统交通安全工作先进个人等荣誉。

校医院荣获“2014年北京市海淀区中医家庭保健员知识竞赛”优秀组织奖；共12位同志分别获得北京市海淀区卫生系统优秀护理管理工作者、优秀护士，校级先进工作者、优秀共产党员、工会优秀工会工作者等个人荣誉。

二、治安、消防、交通安全等工作

（一）治安工作

2014年，共接报各类案件93起，比去年的123起减少了30起；共查破各类案件38起，查破率为40.8％，较去年增长14个百分点；共抓获各类违法犯罪嫌疑人27人；共接报警电话947个，调动警力572人次。

2014年，共处理捡拾遗失物品事件684起，帮助失主找回遗失物品378件，为师生挽回经济损失144万余元。

（二）消防工作

2014年，共发生火情10起，其中，3起因外来火源引起、2起汽车自燃、3起违规操作、1起线路短路、1起机器故障。

2014年，共更换灭火器708具，检修灭火器2 501具，新配灭火器40具，更换应急照明灯508

具，更换疏散指示标志灯131具，消防水龙带2条，灭火器箱1个，将嵌入式应急灯具槽填塞，灯具统一转换成单面外挂式。

2014年，共组织开展各类安全检查31次，落实隐患整改措施89处。

2014年，共组织开展各类安全宣传培训活动8次，参加培训演练的师生达760余人次。主要包括组织前往国家地震紧急救援基地进行“地震避险及防护”体验式安全培训，赴中国消防博物馆实地参观和学习等。

（三）交通安全工作

2014年4月，保卫处在各校门安装了“汉王”校园智能交通收费系统。10月，完成了校园道路车辆轨迹监控系统的建设工作。这两套系统可以清晰、准确、安全地对通过车辆的车牌进行拍照、识别、存储，并可通过后台分析软件对车辆轨迹进行查询和识别，充分发挥覆盖度广、专业性强、识别度高等特色优势，为校园安全防范工作提供有力支持。

2014年，对西门区域道路标线进行了重新规划，从原来的两车道（一进一出）更新为三车道（一进两出），并设置了30个不锈钢路桩，更换了铸钢减速带，修补了破损路面；同时根据校园道路实际情况，专门制作23块交通安全提示牌，在校园拥堵区域安装多组铸钢式S型护栏。

2014年，在中区食堂东侧和国学院北侧新规划两处停车场，新增停车泊位51个；重新规划图书馆地库入口附近区域，增装护栏14块；查处纠正占道停车等违章行为457次，张贴《机动车违规告知单》264张；同时为加强校园交通整治，落实交通安全责任，要求校属各单位师生员工严格管理本单位车辆，并逐级签订交通安全责任书63份。

（四）其他工作

1.“平安校园”创建和达标验收筹备工作

2014年暑期期间，学校党委常委会研究决定正式启动和部署全校“平安校园”创建工作。学校印发《中国人民大学“平安校园”创建工作方案》《创建工作小组办公室成员及职责分工》《中国人民大学“平安校园”创建工作任务分解表》等文件；先后组织召开三次全校性“平安校园”创建工作推进会议；各单位不断挖掘“平安校园”创建特色工作；创建工作小组办公室先后赴清华大学、北京师范大学、对外经济贸易大学等兄弟高校调研学习验收经验；编辑印发“平安校园”创建工作简报；开通“平安校园”创建工作专题网页等，“平安校园”创建工作小组成员单位之间开展经验交流和研讨。保卫处承担起“平安校园”创建工作办公室职能，不断夯实工作基础，持续深入推进各项创建任务，积极营造创建工作氛围，为迎接检查验收提供全面保障。

2. 集体户籍和流动人口基本信息管理工作

2014年，办理2014级新生户籍迁入4 470人。其中，本科生1 769人、硕士2 507人、博士494人；共办理2014届毕业生户籍迁出3 526人。截至2014年底，学校历年学生滞留户籍共计1 845人。

2014年底，《中国人民大学流动人口基本信息总台账》上共有流动人口5 177人，其中体制内流动人口1 998人，体制外流动人口3 179人。2014年，协助海淀派出所办理外来人员暂住证298个。

3. 安全保卫服务工作

2014年，共制定大型勤务活动安保方案10个，服务大型活动勤务238场次，出动安保人员1 979人次，加班达11 000余小时。

4. 校园环境综合管理工作

2014年，共清理胡乱张贴广告16 000余份；收缴广告12 000余份；劝阻在宿舍楼售卖盒饭人员1 000余人次；清理在教学区遛狗、跳舞等影响教学秩序现象800余人次；多次协助北京市海淀区城管、公安等，对家属区商贩进行摸底调查并采取有效措施，家属区环境整治取得了阶段性成效。

5. 保安队伍培训工作

2014 年，继续严格执行保安服务值班、加班、缺员和考勤制度。对保安员进行专题培训 6 次，参训保安员达 160 余人次，进一步提高保安队伍整体素质。2014 年，学校保安中队获北京市保安服务总公司集体二等功。

三、医疗保障工作

（一）规范医院管理，推进医院建设

2014 年，校医院广泛深入研讨医院定位，做好党风廉政建设工作，不断推进医院建设。加强干部队伍建设，完成医院科级干部竞聘；强化制度建设，修订完善医院人事管理、财务管理、物资设备管理等制度流程 20 余项。

加强信息化建设。完成自助挂号系统、一卡通实时结算系统，完善医生工作站、公共卫生系统平台建设，并作为海淀区卫生局“智慧卫生”试点单位加强信息化建设。

完善人事管理。截至 2014 年 12 月，医院共有职工 99 人，其中，事业编制 60 人，聘任制 39 人。办理新员工入职 12 人，其中调入 4 人；办理离职 14 人，其中调出 3 人、退休 4 人。多次开展定岗定编研讨工作，提高聘任制职工薪酬，完善年度考核、续聘、转正考核办法，加强考勤管理。

加强物资采购和药品采购管理。2014 年，医院采购耗材 831 852 元，累计拥有大型仪器设备 981 件；采购药品 557 种，其中基本药物 318 种，非基本药物 239 种，中成药 210 种，其中零差 145 种；西药 347 种，其中零差 173 种，饮片 456 种，购药总金额 20 785 690.02 元，其中基本药物 11 738 277.97 元。

严格财务及公费医疗管理。规范财务流程，严把财务出口，完成公费医疗报销等工作。完善公费医疗管理，向学校申请成立公费医疗管理委员会，2014 年公费医疗支出 5 561.83 万元。

（二）强调基础医疗，确保医疗业务质量

1. 医疗业务方面

全年完成门诊 178 957 人次，急诊 8 905 人次，留观病人 6 498 人次，校内出诊保健 703 余次，服务 810 人次。药品总处方数 211 188 张，基本药物销售平均 51%。

2. 公共卫生服务方面

规范管理慢病病人 1 525 人，其中高血压 1 334 人，糖尿病 522 人，冠心病 147 人，卒中 77 人，肿瘤 3 人。2014 年新建慢病病例 260 例，其中高血压 204 例，糖尿病 127 例，冠心病 28 例，卒中 7 例，肿瘤 3 例；慢病随访 5 000 余人次。

开展健康讲座 59 场，受众 6 746 人次；组织健康宣传及义诊活动 28 次，总受众 11 485 人次；完成对 50 名学生家庭保健员及 20 名居民家庭保健员的培训。

完成各类疫苗接种 12 465 针次；管理新发传染病 77 例；管理妇幼档案共 255 例，服务婴幼儿 1 082人次；完成精神卫生管理社区患者 27 名，心理门诊 140 人次。

医院全年体检日 90 天，年参检共 19 551 人次。新增了肿瘤标记物、心理评估、过敏源筛查、优生优育检查、心脏酶筛查等新体检服务项目，并通过了北京市体检中心年度审查，在全市 185 家体检中心中排名第 62 位，全区 35 家中排名第 9 位。

3. 家庭医生式服务

制定“中国人民大学医院家庭医生式服务细则”，实现以学院为单位的功能社区签约，然后对慢病患者、高危人群、孕产妇、0～6 岁儿童、精神病人、传染病人等特殊人群进行一对一签约服务。

做好日常骨干教师保健工作，建立 5 支家庭医生式服务团队，各团队新增管理一、二级教授共计 21 人。全年“一对一”服务骨干教师 157 人次。

组织家庭医生式服务活动 10 余次，开展讲座 6 次，社区健康教育 4 次，开展义诊、免费测血压、发放防血糖病宣传册 200 余人次。

4. 积极开展业务培训

组织医院职工开展常见病、多发病的诊治培训。邀请来自安贞医院、东直门医院、人民医院、天坛医院等的专家开展相关业务讲座。

开展急诊急救业务竞赛，并代表北京市参加全国高校急诊急救比赛，获得一等奖。

5. 积极开展科学研究

全年，校医院主持并完成关于“H 型高血压的同型半胱氨酸水平及治疗干预的观察”的课题；完成“抗病毒口服液的临床观察”的国家课题；完成“中国 2 型糖尿病治疗和管理模式及其随访实效的评估”的观察课题；完成卫生部关于血脂异常的调查课题近 400 例。

（三）重视师生需求，提升医院服务品质。

校医院围绕学校“1420 行动计划”，落实各项工作任务。本年，新增海淀医院、四季青医院作为医疗定点医院。为部分高龄、行动不便骨干教师提供家访服务。提供主动电话咨询、家访、送药、出诊、提前告知体检结果、随访等服务，帮助联系医院，并到院探望。全年为急、危、重病人联系转、住院 20 余人次。

2014 年为校医院“组织文化建设年”，医院着力从观念文化、行为文化和物化文化三个方面推进组织文化建设。

自 2014 年 10 月 31 日起在全院范围内开展“优质服务百日竞赛”活动。制定《中国人民大学医院“优质服务百日竞赛”活动方案》，通过院内自查、互查服务问题、向师生居民发放调查问卷等方式，认真查摆问题，解决师生居民密切关心的、涉及师生居民切身利益的服务需求，以进一步强化医务工作者服务意识，规范医院服务流程，积极推进医院服务的规范化、标准化、人性化、科学化建设。

■ 档案馆、博物馆工作

一、概况

档案馆档案资源分为陕北公学、华北联合大学、北方大学、华北大学、中央财经学院和山西大学财经学院、中国人民大学等 6 个全宗，馆藏文书和科技档案 120 913 卷，人事档案 34 450 卷，照片档案 22 014 张、缩微平片 936 张、缩微卷片 3 888 米、光盘档案 678 张、实物档案 888 件以及其他类型和载体的档案材料。

档案馆主体（除人事档案外）位于藏书馆一层和地下一层，面积约 1 500 平方米。库房共安装档案密集架 705.78 立方米、五节柜 61 组，装备了气体灭火系统，配有恒温恒湿柜、档案专业化消毒设备、专业化档案保存设备。

博物馆拥有北方文物展、古代于阗文书展、徽州文书展、中国百年股票陈列展、中国传统家书展、沈鹏书法作品展、王小波生平展、校史通史展、校史专题展等 9 个馆藏常设展览和 1 个临时展厅。

二、档案馆工作

2014 年，档案馆共收集文书档案、科技档案 10 614 卷，进馆资料 11 卷（件），照片 67 张；收集人事档案 7 599 卷及各类人事档案散材料 3 466 件，同时转出人事档案 5 130 卷；著录档案管理系统 21 878 条记录。

接待查档人员 2 638 人次，办理存档证明及各类公证证明 405 人次，调阅档案 6 634 卷，复印文件 9 154 页，提供文件拍照 1 131 张，扫描 359 张，回复教育部学位与研究生教育发展中心等单位学历及学籍认证查询 361 人次共 439 份；接待各类学生 5 619 人次，认证在校生成绩单、毕业生学历、学位证明、成绩单 50 238 份。

制定实施《中国人民大学档案馆库房管理规定》《文书档案利用规定》《科技档案利用规定》《人事档案利用规定》四项管理制度。

2014 年初，藏书馆装修改造工程竣工，档案馆开始启用档案专业化设备，随即完成馆藏实物档案搬迁，累计完成 6 万余卷、3 万余件档案的整理、装盒和排架工作。年底，完成学历、学位和成绩认证服务系统开发测试工作，新增 4 台自助打印设备；该项工作为学校“1420 行动计划”之“完善英文成绩系统，提供规范高效的学历、学位和成绩认证服务”的重要实施成果。组织策划以“我们·记忆”为主题的专题展，纪念中国人民大学档案馆成立 60 周年。

三、博物馆工作

2014 年，博物馆接待校内外参观、培训 129 批次，参观人数 25 333 人。校史展专题厅于 10 月 3 日正式推出，包括大师洪范、海纳百川、治学报国、星辉映川四个专题，全年开展校史教育培训 30 余批次。

征集家书 3 137 封，图书 76 册，信笺木版 4 块，木刻印章 2 枚，钢笔画稿 230 张，日记 12 本，简报资料 465 件，其中包括巴金书信原件一封；征集宋涛等校史人物档案 65 份，老校友林世朴捐赠书法作品《万福图》《万寿图》、手写折扇等共计 22 幅，中国保险学会赠“中国人民保险公司一九五六年保单”一件。

完成 21 865 件（组）徽州文书整理编目工作和 4 万件家书搬迁入库的工作；开始可移动文物普查工作，完成约 4 000 件藏品的拍照工作；完成《中国民间家书集成》全部 10 卷家书原件的数字化工作，以及《廉政家书》稿件的撰写、编辑、修改、校对工作；筹备拍摄“红色家书”系列电视片等。

除常设展览外，博物馆还举办了“保险之路”“真之如——李铁军显微摄影展”“印记——法国文化在中国（1900—1949）”“中国古代钱币展”“北京国际摄影周——中国人民大学展区展览”“华北大学史料展”“宋涛百年诞辰纪念展”等 10 个高水平临时展览；举行“藏品架起沟通的桥梁”主题宣传日活动和“收藏青春，收藏记忆——博物馆陪你一起度过毕业季”活动；主办“张杰的撕纸艺术”“民国摄影史重构研究”“透过钱眼儿看历史文化沙龙”“博物馆展览大纲撰写技巧”“雄文巨笔横扫千军——解读华北大学时期毛泽东的新闻名篇”等 5 场专题讲座。

5 月 13 日，博物馆举办以“家书、家风与社会主义核心价值观”为主题的首届中国家书文化论坛，依托博物馆所藏民间家书的成果，利用抢救民间家书项目持续开展 9 年来的影响力，汇聚全国社科文化界及民间的研究力量，挖掘和展示家书中所蕴含的丰富历史文化价值。论坛期间还举行了陶铸、邓子恢等人书信捐赠仪式。

2014 年，博物馆作为发起和组织单位，承办中关村地区博物馆和艺术品行业联盟成立大会，并当选为联盟主席单位；11 月，博物馆在中国博物馆协会第六次全体会员大会上被增选为团体会员。

附录

2014年中国人民大学档案馆馆藏档案和档案利用情况统计表

<table>
<tr><th>类名</th><th colspan="2">目次</th><th>单位</th><th>基本数据</th></tr>
<tr><td rowspan="5">馆藏档案</td><td colspan="2">全宗</td><td>个</td><td>6</td></tr>
<tr><td colspan="2">案卷</td><td>卷</td><td>120 913</td></tr>
<tr><td colspan="2">案卷排架长度</td><td>米</td><td>2 869</td></tr>
<tr><td colspan="2">照片档案</td><td>张</td><td>22 014</td></tr>
<tr><td colspan="2">光盘</td><td>张</td><td>678</td></tr>
<tr><td colspan="3">本年度进馆</td><td>卷</td><td>10 614</td></tr>
<tr><td rowspan="5">本年度档案利用情况</td><td colspan="2">总计</td><td>卷次</td><td>2 752</td></tr>
<tr><td rowspan="4">利用目的</td><td>编史修志</td><td>卷次</td><td>173</td></tr>
<tr><td>工作查考</td><td>卷次</td><td>576</td></tr>
<tr><td>学术研究</td><td>卷次</td><td>97</td></tr>
<tr><td>其他</td><td>卷次</td><td>1 906</td></tr>
<tr><td colspan="3">本年利用资料</td><td>册次</td><td>10</td></tr>
<tr><td colspan="3">本年复印档案、资料</td><td>页</td><td>6 634</td></tr>
</table>

说明：此表统计数据不含人事档案。

■ 校园信息化建设工作

一、概况

2014年，学校开始探索信息化“以教学为核心、化管理为服务”的全新模式，坚持“精心规划，网络基础，应用为上，一流品质，五星服务”理念，打造更加互联网化的下一代校内综合平台——“微人大”，优化提升各项应用，扎实做好网络基础建设，充分保障多媒体教学服务，大力加强校园IT服务品牌建设，继续生产高品质的图片与视频资料，取得了令人瞩目的成绩。

二、重点工作

1. 2014年1月1日，“微人大”服务中心正式发布。作为“一张表工程”和“校园综合服务平台”的载体，“微人大”服务中心支持各职能部门发布各类申请、报修、在线咨询、调查问卷等服务，实现了在线签批和在线受理，并同时提供移动终端应用程序，可以在手机上第一时间处理师生请求。全年共有20余家单位发布逾百项服务，受理各项工作60 000多人次，让师生告别了重复填表、四处奔走的时代。

2. 2014年3月，“微人大”整体方案亮相，明确了以课程中心、服务中心和学务中心三大产品为核心，重点做好学校的教学、行政管理和大学生思政工作领域的信息化支撑体系。

3. 2014 年 5 月 27 日，邮件系统全部迁移至网易企业邮，6 万余邮件用户顺利转入“云服务”模式，丢信、退信等各类故障率显著降低。

4. 2014 年 7 月，全校无线覆盖工程完成，图书馆、教室、办公楼等公共场所的无线访问体验大幅提升。全校共覆盖楼宇 66 座，无线接入点 3 418 个。

5. 2014 年 8 月 1 日，全校出口带宽从 2.3G 扩容到 5.3G，校内网络资费标准调整，为学生提供每月 10G 免费流量，教师免费流量提升至每月 15G，在全国高校中率先进入“限量免费”时代。

6. 2014 年 9 月 10 日，“微人大”电子迎新模式启用，新生入校告别转单和排队现象，凭手机二维码（电子 passport）即可快速完成入校报到手续，受到媒体广泛关注。

7. 2014 年 10 月 26 日，中国人民大学“IT 服务中心（ITS)”正式对外开放，320 平米服务大厅采用更为合理的布局和空间设计，极具人文关怀和现代气息。将所有 IT 服务整合在统一的场所开展，利于用户获取更为便捷的服务，为向全校师生提供五星服务的目标提供了良好的保障。

三、常规工作

（一）开发运维工作

2014 年，学校在校内各单位推广“微人大”服务中心的使用，由信息技术中心协助相关部门在该系统中创建各类服务。自 1 月 2 日“微人大”服务中心上线以来，该系统共创建申请类服务 66 项、报修类服务 10 项、在线咨询类服务 8 项、调查问卷类 7 项。同时，解决课程中心、用户中心等的数据交换问题。

完成“数字人大”与 tiup 认证系统集成，以及“数字人大”应用系统的浏览器改造，其中办公自动化系统 5 个模块、人事系统 76 个模块、学生系统 70 个模块、后勤系统 10 个模块、财务系统 69 个模块、教务系统 161 个模块、留学生系统 3 个模块。

完成教务系统修改，共计 11 个模块，包括交换生成绩单打印（新增)、保研系统修改名额分配、保研系统添加录取名额限制、保研系统添加校外专硕和校内专硕不同阶段名单打印、保研复试和拟录取审核界面与申请界面计划分开、教学大纲单独列出为一个模块并增加录入结果统计、跨院系选课增加选课设置界面（参考选课设置，每个教学班限制特定学生可选)、评教系统报表修改（增加满意和不满意意见的条数统计)、交换生系统修改、评教报表修改、跨院系选修课选课年级设置及选课人数修改；新增高礼双学位申请审核模块、成绩单打印接口。

人事系统新增年薪制员工薪酬管理模块，修改岗位评聘管理、出国交流访问等模块。

完成财务填报模块、户籍管理、宿舍管理、学生管理系统等需求变更的开发工作。

制定并实施《数据中心网络改造方案》和《VMWare 虚拟系统网络调整和带宽管理》方案。将应用从 SUN 服务器迁移到虚拟环境中，加强数据中心和虚拟化建设。

升级数据交换方式，建立统一的数据交换中间库，提供部门及人员的统一数据同步。第三方业务系统的基础数据将直接从中间库获取，不再进行直接推送工作。2014 年，校医院、资产管理系统完成此项数据交换形式升级。

（二）网络管理工作

对学生宿舍区（知行一、二、三楼，品园二楼，红一、二、三楼，东风七楼，留学生一、二、三楼，专家楼）与办公区（明德楼、求是楼）的接入设备进行全面更换，共计 340 台。

完成 DNS 系统维护及管理、VPN 维护、100 台余托管服务器管理、机房空调及 UPS 监控管理等日常网络维护工作。

在全国高校中率先采用 IPOE 网络结构技术，更改全校无线网络、学生宿舍区有线网络的网络结构。

（三）多媒体教学

执行并完成多媒体教学2013年度长效机制计划（涉及42间教室，及其他基础设施）和2014修购计划（涉及163间教室，及其他基础设施）。

完成北校区（32间教室、1个机房）、公教四楼（13间教室、1个机房）多媒体教室改造建设工程；完成国学馆公教教室与教学三楼新增13间教室设备移机、改造工程；检修苏州校区校园网络状态；协助完成理工配楼网络核心机房UPS增配双机互备工程；完成全校公教区域电子铃声建设工程。

利用寒暑假，对全校所有多媒体教室及投影机例行维护保养，完成全年本科、研究生共计40余万学时的多媒体教学保障服务工作。完成电子巡考系统增容；保障两个学期20余项重大考试工作顺利进行。

完成室外电子显示大屏光纤重新布缆及调试联通工作；完成第22届首都高校田径运动会电子显示大屏设计安装调试工作；完成多媒体教学技术文档整理工作。

（四）IT服务

2014年，提供用户现场网络故障处理920人次，受理使用SAS申请58次，受理在线咨询1 066条，暑假维修毕业生房间端口200余间，帮助学生安装调试客户端软件285人次。

9月，为迎新工作提供技术支持和网络保障：迎新手机发放、新生照片审核、迎新现场照片采集、passport打印和出卡等。

2014年累计发放校园卡23 138张，累计交易1 100万人次，累计消费流水67 917 869.68元。

（五）信息安全保护

定期对校内162个网站系统进行安全监测，及时通报监测结果，每周提供《信息安全周报》，为系统管理员提供参考。

继续推进信息安全等级保护工作，以三级系统测评和整改为主，制定整改方案，完成整改工作。于12月底再次完成三级系统测评工作。

（六）图片视频服务

2014年，完成学校35门各类型课程拍摄184次；完成学校各类新闻及会议拍摄409次、校园演出活动拍摄16次、人物宣传拍摄5次、专题拍摄23次；提供照片冲印、制作服务35次；制作各类型专题片共10部。

在2014届博士、硕士、专业硕士和学士学位授予仪式上拍摄学位照片。同时，采用二维码技术，方便学生自行上网或扫描二维码下载照片，解决了多年来由教务人员颁发照片造成的人工工作量大的问题。

（七）公共政策实验室

维护管理公共政策实验室，实验室年度开机时间860小时（设计使用是1 500～2 000小时）；对公共政策实验室的环厅和会议室进行体验升级，提升环厅对部分内容的演示效果；完成会议室投影仪维修以及视频会议系统的升级。

■ 校友工作

一、概况

2014年，校友工作围绕学校中心工作，在推动学校形象建设、促进省校合作、助推创业就业、完善校友联络网络、举办校友返校活动等方面，开展了一系列活动，取得了显著成绩。同时，中国人民大学校友会第六届会员代表大会圆满举行，第六届理事会成立。

二、主要工作

（一）推动学校形象建设

1. 与中国校友会网积极沟通，协调推动学校形象建设。

《2014中国大学评价研究报告》发布，学校凭借在人文社会科学领域的杰出表现，同北京大学、清华大学、中国科学院大学一起跻身2014年中国顶尖大学，荣膺“中国六星级大学”美誉。2014年中国大学校友捐赠排行榜中，学校以7.07亿元捐赠额位居第三。报告指出，校友工作成效是衡量一流大学办学水平的重要指标，校友捐赠数额是检验一所大学校友认同度、办学质量和校友工作成效的重要标准。

2. 组织协调中国人民大学1984年“寻根之旅”大学生社会实践考察团全体成员致信习近平总书记，得到中央办公厅迅速的正面回复。

1984年7月29日，习近平总书记在担任正定县委书记时，曾到正定县招待所看望中国人民大学学生社会实践考察团的两位带队老师和八位在校学生并促膝长谈、合影留念。2014年上半年，校友工作办公室组织起草以上十位师生给习近平总书记的信，并请他们修订、签名。信件于6月11日完成，6月24日由学校以文件形式报送中央办公厅；7月7日学校收到中央办公厅回复，转达了习总书记的指示。

（二）协助推进省校合作深入发展

1. 7—8月，校友工作办公室参与安排、陪同靳诺书记、吴付来副书记访问福建和西藏，看望校友、任职挂职老师和社会实践师生。继杨小平、颜梅老师挂职福建之后，又有庄毓敏、王晓明老师到福建任职、挂职，其中，财政金融学院庄毓敏副院长被破格引进担任闽江学院副院长（主持工作）。2014年，有150余位福建厅级领导干部到学校培训，为福建校友成长创造了良好环境。此外，还积极推动学校与四川、甘肃等地进行合作。

2. 动员福建苏素华校友负责发起募集捐赠，设立“中国人民大学校友工作基金—福建引进生项目”并由中国人民大学校友会管理，苏素华校友承诺五年内累计募集捐赠人民币200万元，重点支持母校与福建省合作的福建引进生项目，帮助解决福建引进生校友的工作和生活问题，促进其健康成长。在此项基金支持下，2014年度多位福建引进生校友返校与在校生进行座谈交流，以自己的亲身经历鼓励在校同学到基层锻炼成长。

3. 2月，校友工作办公室落实经费，组织教授考察团赴福建调研，联办“新型城镇化”研讨会；协调学校与福建省政府签订《共同推进新型城镇化战略合作协议》并落实邀请福建省委书记、省长担任新型城镇化协同创新中心顾问；7月，组织教授考察团赴福建宁德调研，举办“生态文明与新型城镇化”交流研讨会。

（三）中国人民大学校友会第六届理事会成立

12月29日，中国人民大学校友会第六届会员代表大会举行，选举产生第六届理事会并召开第一次会议。校党委书记靳诺，校长陈雨露，常务副校长王利明，副校长伊志宏，副校长洪大用，校友会第五届理事会常务理事、原副校长陈一兵，来自全国30多个省市和美国、英国等国家和地区的海内外校友组织代表、热心校友代表，以及学校各院系负责人、部分机关部处负责人出席会议。会议宣读了《中国人民大学校友会第五届理事会第五次会议决议》，审议并通过了《中国人民大学校友会第五届理事会工作报告》《中国人民大学校友会章程（修订稿）》《中国人民大学校友会第六届理事会成员候选人产生办法》及第六届理事会成员候选人名单，会议宣布第六届理事会成立。

随即召开的校友会理事会六届一次会议选举陈雨露为校友会会长，选举王利明、洪大用、陈一兵、朱维群、叶澄海和刘彭芝为副会长，选举伊志宏为执行副会长，选举郭海鹰为秘书长；推选陈雨露、王利明、洪大用、陈一兵、朱维群、叶澄海、刘彭芝、伊志宏、贺耀敏、吴晓求、郑水泉、董宏、洪崎、贾晓九、宋鱼水、裘国根、胡陆军、张磊、刘强东、郭海鹰等为理事会常务理事；根据秘书长提名，会议决定聘任裴晟、宋莉芳、耿希继、郑小敏、阿勒泰为副秘书长。会议还对名誉会长和名誉理事聘任事项进行了说明。

为祝贺校友会第六届理事会成立，原全国政协秘书长、地矿部部长、1950 级本科生朱训校友与 1991 级本科生常鹏校友共同捐赠人民币 130 万元设立“训勉鹏程校友互助基金”；2014 福布斯中国 400 富豪榜新人、1986 级本科生李晓波校友捐赠 1 000 万元人民币。

（四）筹备举办值年返校活动和其他各类校友活动

1. 校友之家启用后，各年级值年返校活动筹备工作有了固定的会议和活动场地，有效地促进了活动的组织和开展。9 月 18 日—10 月 18 日，先后举办陕公联大老校友敬老祝寿会、1990 级毕业 20 周年、1980 级毕业 30 周年、1984 级入学 30 周年和 2000 级毕业 10 周年返校活动，累计 2 000 位校友返校。2014 年，全校各单位及学生社团在校友之家举行各类会议、讲座和展览 50 次，逾 1 000 人参加。

2. 继续招募毕业生班级联络人，全年共招募逾百位班级联络人。首次聘任校友会年级理事，首批聘任 16 位在校生或毕业生担任年级理事。年级理事的职责包括：紧密联系本院年级校友；通过社交平台建立本院联络群组，组织和协助开展本院年级校友的各种交流、联谊活动；定期联络本院年级校友，收集整理班（年）级校友通讯录，将更新的班（年）级校友通讯录向中国人民大学校友会和当地校友会反馈等；促进母校与校友之间的沟通与联系，及时向校友介绍母校发展现状，向中国人民大学校友会提供校友动态信息，宣传优秀校友和校友企业业绩。

3. 邀请肖扬、陈锡添、苏叔阳、戴自更、洪崎等八位知名校友出席 2014 年毕业典礼。

4. 6 月 21 日，举行福特班校友会 2014 年年会，这是福特班校友会成立以来的第四届年会，共有 70 多位海内外校友参加大会。本次年会现场播放了校友自筹经费拍摄的专题纪录片第一部——《福特班的由来》。

5. 协调推动学校前十届毕业的博士毕业生于 10 月 12 日正式成立“人大老博士论坛”，毕业于 20 世纪 80 年代后期及 90 年代初期的博士校友会聚首届论坛，以“中国经济：反思与前瞻”为主题展开研讨。

6. 10 月 21—31 日，先后邀请十多位校友返校分别出席五次学校全面推进综合改革工作专题讨论会，就如何深化综合改革、推进一流大学建设提出了建设性意见和建议。

7. 12 月 6 日，协调推动举办中国人民大学首届校友“紫辰院杯”羽毛球团体赛，从 1983 级到 2010 级的 28 届校友组成 24 支代表队展开角逐，包括校友啦啦队在内，超过 500 位校友返校参与此次活动。

（五）校友宣传工作

编辑出版《校友》杂志 2 期，《人大传声》电子月刊 6 期；利用校友会“中国人民大学校友会”官方微博、“中国人民大学校友会”公众微信号加强与校友的互动交流；在校史馆开设校友专题展览；举办萧燕校友摄影展、商议成立校友艺术团；编印《走近齐锐新》。

（六）地方及海外校友会建设

11 月 22 日，由中国人民大学香港校友会主办的“人大中环论坛”2014 年会在香港中环金融区举行，年会以“新常态下全球和中国经济展望与市场投资机遇”为主题，20 位金融界校友走上讲台，和百余名与会校友互联互通，前瞻经济金融大势，分享真知灼见。

11 月 26 日，中国人民大学校友纽约金融论坛（RUC Alumni New York Finance Forum）在哥伦比亚大学宣布成立。这是北美华人金融界又一个高级别的专业论坛，也是第一个由中国国内高校的北美校友自发组织成立并以独立法人身份注册运行的金融类开放论坛。

（七）其他工作

1. 鼓励学生创新创业。2014年，校友工作办公室继续参与联合举办第六届人大创业之星大赛；联系100余名创业校友，成立人大校友创业联盟，将其打造成为创业校友平等交流、共享成果、回馈母校的新平台和新通道。创业联盟每周在人大校友之家举行“创业吧”活动，进行创业项目介绍和交流，并对在校生进行创业辅导。同时，举办创业联盟2014年会，为在校生捐设创业公益基金和面向全体校友的创业投资基金。

协助在文化科技园创办“人大校友咖啡厅”；组织“新人时代”校友沙龙活动。“新人时代”沙龙是由青年校友自己确定活动主题、自己筹划的一项系列活动。活动内容新颖，校友参与度高。2014年度共举办两期，第一期邀请不同职业校友进行职业分享，第二期邀请3位从事农业和餐饮业的创业校友进行互动交流。

2. 首次参与本科招生工作。2014年起校友办开始参与本科招生并负责福建省招生组工作。校友办选择部分从重点生源地中学考到人大的同学，以“师弟师妹，我们在人大等你”为题，写作一封致师弟师妹的公开信，鼓励在人大成立生源地中学北京校友会，制作“人大中学校友会”签名公开信并制成海报发给各地招生组。同时，通过微信发送《师弟师妹，师兄师姐在人大等你》，在《校友》杂志刊登了2014年《报考指南》，有力配合2014年本科招生宣传工作。

3. 配合学校相关部门开展多项调研培训工作。配合完成学校承担的中国和平发展基金会周边国家媒体人员培训班的有关参观考察活动；积极协调推动校团委、校研究生会研究生社会实践团赴河北省正定县调研“农村面貌改革提升工程”；支持“千人百村”社会调研活动深入开展。

■ 教育基金会工作

一、概况

中国人民大学教育基金会成立于2004年12月8日。2014年，教育基金会秉承“筹集、接受、管理捐赠基金，促进学校教育和科研事业发展，为建设一流大学创造有利条件”的宗旨，凝聚力量，汇聚资源，在改善教学环境和教学条件、奖掖先进、资教助学、开展公益活动等方面做出了积极贡献。

2014年，基金会共募集捐赠资金59 581 966.98元，全年公益性支出总额134 787 157.01元。

二、捐赠工作

基金会始终把募集资金工作放在首位。2014年，围绕“智库”建设的目标，积极拓展智库建设的捐赠领域，新增生态金融研究和大数据研究等多个智库方面的捐赠项目。全年成功募集资金近6 000万元，其中到账100万元及以上的大额捐赠主要有：

赵海清捐赠1 000万元人民币，用于汉青国际教育创新基金；

心平公益基金会捐赠615.28万元人民币，用于心平贷学金；

北京巧女公益基金会捐赠500万元人民币，用于设立中国人民大学生态金融研究中心；

新奥集团捐赠600万元人民币，用于设立中国人民大学“新奥国际教席”；

北京国双科技有限公司捐赠300万元人民币，用于中国人民大学—国双数据科学联合实验室建设；

深圳市华商世纪企业管理顾问有限公司捐赠 240 万元人民币，用于支持国学院“华商国学基金”；

张磊校友捐赠 202.19 万元人民币，用于支持商学院高礼研究院的研究工作；

朴英祚捐赠 200 万元人民币，其中 100 万元人民币用于支持法学院国际会议，100 万元人民币支持《资本论》教学与研究、教师教学发展、国际儒学研究、公共外交以及其他教育事业发展；

闫少建捐赠价值 200 万元人民币的多普勒超声诊断仪，用于中国人民大学医院疾病诊断及健康体检；

大庆富裕正洁寺捐赠 116 万元人民币，用于中国人民大学国际佛学研究中心建设、第四届国际佛学论坛、国际佛学奖学金等；

顾宗连捐赠 101.86 万元人民币，用于支持中国人民大学学校建设；

北京中燃华融投资有限公司捐赠 100 万元人民币，用于中国人民大学中国民营企业研究中心教学和科研工作；

国民小微金融投资有限公司捐赠 100 万元人民币，用于支持小微金融及相关领域的研究与教育；

霍氏文化产业集团有限公司捐赠 150 万元人民币，设立“霍氏集团教育基金”，用于支持中国人民大学商学院学生国际交流等活动；

李晓波捐赠 200 万元人民币，用于支持中国人民大学公益慈善事业和非营利组织的研究；

朱训、常鹏捐赠 130 万元人民币，设立“训勉鹏程校友互助基金”，为中国人民大学本科农村籍困难学生提供帮助。

三、其他工作

（一）加强内部管理，提升专业化工作水平。

2014 年，基金会按照重大事项提交基金会理事会决策的原则，于 2 月 25 日、6 月 25 日、12 月 23 日分别召开了基金会第二届第九次、第十次、第十一次理事会，增补伊志宏为中国人民大学教育基金会理事并选举为秘书长，布置基金会理事会换届筹备工作，审议基金会秘书处提交的其他重大事项。

围绕“发掘社会资源，拓宽捐赠渠道”的中心任务，梳理自 2004 年以来的大额捐赠资料，搜集整理相关信息，建立重要捐赠人信息库，畅通与捐赠人联系渠道。

同时，要求各项目执行单位由本单位负责人授权 1～2 名固定工作人员作为捐赠工作联系人，并举办首次捐赠工作培训会，对各单位联系人进行业务培训，规范捐赠项目与资金管理，初步形成全校统一的捐赠工作体系。

（二）开展公益活动，提升社会影响力

2014 年，基金会发挥优势，积极开展公益活动，不断提升社会影响力。5 月 13 日，联合举办“首届中国家书文化论坛”，促成北京民生文化艺术基金会向中国人民大学博物馆家书项目的捐赠。11 月 2 日，发起主办“为美好而创造·中国创业先锋会”，推进学校创新型人才培养、促进大学生创业就业。12 月，举办立邦“为爱上色”十周年成果回顾展和“立邦优秀贫困学生奖励基金”的颁发仪式。“立邦优秀贫困学生奖励基金”是教育基金会成立之初首个设立的百万元以上重大项目，项目设立十年来共资助 200 余位贫困学子，社会效益良好。

附录

2014年大额捐赠汇总表

单位：人民币（元）

捐赠方	捐赠项目	捐赠金额
赵海清	汉青国际教育创新基金	10 000 000.00
心平公益基金会	心平贷学金	6 152 800.00
北京巧女公益基金会	生态金融研究	5 000 000.00
北京国双科技有限公司	中国人民大学—国双数据科学联合实验室	3 000 000.00
深圳市华商世纪企业管理顾问有限公司	华商国学基金	2 400 000.00
张磊	高礼研究院专项基金	2 021 935.47
闫少建	多普勒超声诊断仪	2 000 000.00
李晓波	公益慈善事业、非营利组织研究	2 000 000.00
新奥公益慈善基金会	新奥国际教席	6 000 000.00
霍氏文化产业集团有限公司	霍氏集团教育基金	1 500 000.00
大庆富裕正洁寺	国际佛学研究基金	1 160 000.00
顾宗连	中国人民大学学校发展建设	1 018 565.43
北京中燃华融投资公司	中国中小企业成长研究	1 000 000.00
朴英祚	教学科研、法学院发展基金	2 000 000.00
国民小微金融投资有限公司	小微金融研究	1 000 000.00
常鹏	训勉鹏程校友互助基金	1 000 000.00
北京华夏普天技术有限公司	云计算 HR 软件科研基金	740 000.00
腾讯科技有限公司	网络犯罪科研基金	700 000.00
大庆市农产品中心市场	国际佛学研究基金	570 000.00
桑坦德银行	桑坦德奖学金	888 465.75
北京长安投资集团有限公司	长安奖助学金	380 000.00
杨盼	中国人民大学校友工作基金—福建引进生项目	300 000.00
宜信普诚信用管理有限公司	中国人民大学—宜信信用管理教育发展基金	300 000.00
浙江沪鑫律师事务所	刑事司法实务科研基金	300 000.00
光华教育基金会	光华奖学金	300 000.00
朱训	训勉鹏程校友互助基金	300 000.00
中国光华科技基金会	明德思源优秀学生培养计划	284 307.00
中国光华科技基金会	“求是思源”优秀学生培养计划	248 200.00
中国石油天然气	中国石油奖学金	240 000.00
嘉实基金管理有限公司	福特班专题纪录片拍摄，制作	220 000.00
莆田工艺美术城中福艺品馆	中国人民大学校友工作基金—福建引进生项目	200 000.00
福建省外大学校友会联合会	中国人民大学校友工作基金—福建引进生项目	200 000.00
北京景枫立嘉置业有限公司	中国人民大学校友工作基金—福建引进生项目	200 000.00
北京市康达律师事务所	彭真民主法制思想研究与教育基金	200 000.00

捐赠方	捐赠项目	捐赠金额
北京市尊德律师事务所	法学院法律职业研究所	200 000.00
辽宁好护士集团医药有限公司	中国人民大学医院管理研究基金	200 000.00
北京市法度律师事务所	鱼水奖学金·鱼水奖教金	200 000.00
上海重阳投资管理有限公司	全球化时代中西媒体文化比较论坛	180 000.00
叶传星等 52 人	孙国华法学理论发展基金	165 077.00
河南周口市基督教协会	博爱助学奖学金	164 000.00
新加坡淡马锡基金会	中国 MBA 师资开发及办学能力建设计划	161 003.38
宝钢教育基金会	宝钢教育奖	142 600.00
中国光华科技基金会	求是思源优秀学生培养计划	133 891.00
北京民生文化艺术基金会	首届中国家书文化论坛	116 300.00
蒋震工业慈善基金会	蒋震奖学金	262 567.74
北京今圣梅家具制造有限公司	商学院国际交流基金	100 000.00
太平人寿保险有限公司	中国社会保障 30 人论坛	100 000.00
苏素华	中国人民大学校友工作基金—福建引进生项目	100 000.00
北京国建工程监理公司	学校发展建设	100 000.00
北京阳光君桥科技投资有限公司	阳光创业奖学金	100 000.00
北京三能环宇科技有限公司	中国人民大学琉璃光明学术研究基金	100 000.00
北京中伦律师事务所	“中伦杯”第二届全国国际商事仲裁征文大赛奖金	100 000.00
韩中企业联合会	“亚太研究部”事业发展	100 000.00
华岩文教基金会	中国人民大学华岩学术基金	100 000.00
北京孝诚银发投资管理中心	沣沅自强基金	100 000.00
黄修俊	中国人民大学 MBA 校友基金	100 000.00
北京华夏聚龙自动化股份公司	华夏聚龙奖学金	100 000.00
其他		2 632 254.21
合计		59 581 966.98

校办产业

一、概况

2014年，学校产业工作继续在资产经营管理委员会（以下简称“经资委”）、产业管理处（经资委办公室）和人大资产经营管理公司（即人大世纪科技发展有限公司，以下简称“人大资产经营管理公司”）的管理体制框架下，以实现国有资本的规范化管理及市场化、专业化运行为目标，加快推进现代企业制度的治理与完善。

二、校办产业管理工作

1. 贯彻党的十八届三中全会关于深化国有企业改革的精神，按照3月28日学校召开的“清理我校中层以上领导干部在学校全资、控股和参股企业兼职（任职）工作情况”专题办公会上提出的“事企分开、管办分离”的要求，由产业管理处、党委组织部和纪委办公室联合对学校中层干部在校办企业兼职情况进行了梳理，起草了学校企业国有资产管理机制深化改革的思路与建议，努力推动学校出资企业建立科学合理的法人治理结构，统筹探索和完善“产权清晰、权责分明、校企分开、管理科学”的现代企业制度及相应的校办产业管理机制。

2. 按照教育部《关于开展直属高校、直属单位国有资产管理自查自纠工作的通知》（教财司函〔2014〕401号）文件要求，结合学校校办产业发展及其规范化建设的实际情况与现状，由产业管理处组织资产公司及其全资子公司进行自查自纠，完成了《中国人民大学关于企业国有资产管理自查自纠的报告》。

3. 根据教育部《关于做好直属高等学校、直属事业单位及所办企业办理产权登记工作的通知》（教财司函〔2014〕523 号）文件要求，由产业管理处组织人大资产经营管理公司及相关子公司办理企业国有资产产权登记。

4. 根据教育部《批转〈财政部关于同意教育部中国人民大学无偿划转中国高科集团股份有限公司股权事宜的函〉的通知》（教财司函〔2014〕156 号），于 2014 年 12 月 18 日办理完成了中国高科股票过户登记手续，将学校持有的中国高科集团股份有限公司的股票 1 740 816 股无偿划转至人大资产经营管理公司。

附录

中国人民大学对外投资结构及所投资的一、二级公司图示①

（截至 2014 年 12 月 31 日）

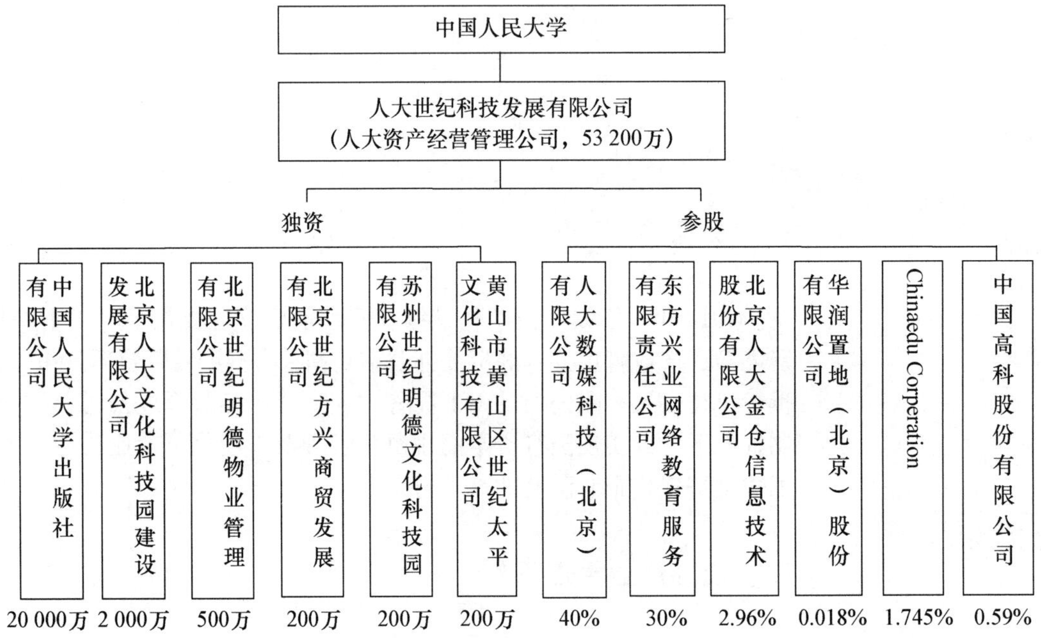

说明：图中各独资公司后数值为公司注册资本，参股公司后数值为持股比例。

■ 出版社

一、概况

2014 年人大出版社出书品种 3 370 种，同比增长 10%；2014 年印制码洋达 8.87 亿元，同比增长

① 中国人民大学投资的全资一级企业为人大世纪科技发展有限公司，另外学校二级事业法人单位书报资料中心亦按照企业进行管理。

3.2%；发货码洋9.24亿元，同比降低2.5%；销售收入（回款）4.83亿元，同比增长5.7%。截至2014年底，净资产总额72 256.27万元，较2013年增长3.76%；总资产78 786.73万元，较2013年增长3.31%；2014年实现净利润63 748 542.83元，较2013年减少13.05%。2014年资产负债率8.29%，较2013年下降0.4%；国有资本增值保值率103.76%。到2014年底，全社从业职工492人，其中事业编制人员83人，企业编制人员409人，编辑技术人员267人，具有高级职称人员61人，具有中级职称人员159人。

2014年，出版社精品出版和品牌战略继续得到巩固加强，获得诸多国家和业内奖项。1月，7种书籍设计作品荣获第八届全国书籍设计艺术展览奖项；4月，出版社获北京印刷质量管理协会“2013年度出版物优质奖”，246个图书品种被评为“2013年度印刷出版物优质产品”；《爱的历史》荣获第九届文津图书奖。出版社入选中国音像与数字出版协会发布的“2014年中央转型示范单位”。

2014年出版社员工也获得诸多业界荣誉。贺耀敏荣获第十二届韬奋出版奖，李永强入选全国新闻出版行业第四批领军人才，人大出版社成为该年度唯一同时囊括这两个奖项的高校出版社；潘宇、刘晶、郭晓明、高晓斐获评“2014凤凰传媒·中国好编辑”；潘蔚琳荣获“2014年度全国优秀审读报告”二等奖；张宗芳荣获韬奋杯征文大赛三等奖；刘莉和刘叶华、龙明明、黄蓉分别荣获中国大学出版社编辑论文大赛二等奖、三等奖。

二、选题策划工作

2014年出版社积极优化出书结构，坚持“一体两翼”选题战略，以教材精品为主体，以学术精品和大众精品为两翼，以“控制规模，优化结构，提高效益，打造亮点”为原则，做好选题策划工作，加强精细化管理，取得了良好的社会效益和经济效益。

1. 策划出版大量有社会影响力和学术辐射力的理论著作、学术著作。

2014年，出版《中国近代思想家文库》（120卷），并于1月在学校召开新书发布会暨编委座谈会；4月，出版《汤一介集》（十卷）；6月，出版《萧公权文集》（九卷）；8月，《中国国家图书馆藏敦煌遗书总目录》入选2011—2020年国家古籍整理出版规划；9月，出版《中国政治思想通史》（九卷）等。

2014年，继续出版国家出版基金项目“马克思主义研究论库”（第一辑50种）系列图书：《国家治理》（王绍光）、《政党政治与民主问题研究》（牛旭光）、《非理性主义》（洛克莫尔）等10余本。

2. 继续涵养经济、管理、法律等人文社科优势品牌系列，加强和巩固人文社会科学教材出版中心的地位。

2014年稳步推进“新编21世纪系列教材”的整体筹划工作；9月，启动数字化教学支撑平台建设，“西方经济学”等多门人文社会科学领域基础主干课程上线试运营；11月，《消费经济学》《统计学》《物权法》《大学语文》等98种教材（117本图书）入选教育部第二批“十二五”普通高等教育本科国家级规划教材书目。至此，已有160种教材入选“十二五”普通高等教育本科国家级规划教材。

3. 主题出版和大众畅销图书成为新亮点，进一步完善“一主两翼”的出版结构。

2014年出版《十八大后经济改革与转型》《让民主归位》《豆选》《社会主义核心价值观新论》《中国国家治理现代化》《中国大视野》《页岩革命》《互联网思维》等紧扣时代脉搏、探索中国特色社会主义、讴歌时代伟大进步的优秀著作，获得社会的认可。

同时，加强一般图书的出版力度，不少图书获得很好的经济效益，也取得了很好的社会效益。其中《中国经济双重转型之路》2013 年以来新书净销售册数达到 15 万册，入选中国图书评论学会和中央电视台联合举办的“2013 中国好书”；《策略思维——商界、政界及日常生活中的策略竞争》销量达 10 万册，《不要因为走得太远而忘记为什么出发》销量达 8.5 万册，《改革开放口述史》获评“2014 中国好书”。

4. 大量优秀著作入选重要出版和选题规划及项目，或入选有重要社会影响力的排行榜，受到重要社会媒介推介。

2014 年，大量主题出版物入选中宣部、教育部、国家新闻出版广电总局等的重要出版和选题规划及项目，得到国家和社会的认可。比如《中国集体领导体制》入选中宣部“首批中国梦对外推广重点图书”；《爱国四章》《中国人的美德与核心价值观》入选总局“培育和践行社会主义核心价值观主题出版重点选题”；“社会主义核心价值观·关键词”（12 卷）、《中国梦》、《中国农村改革之路》3 个选题入选教育部“全国高校出版社主题出版项目”；《中国的未来》等 3 本图书入选国家新闻出版广电总局“2014 年向全国青少年推荐百种优秀图书”。

9 月，《中国财政分权、地方政府行为与经济增长》《中国经济改革的经验及其理论启示》《行政裁量基准研究》3 种图书入选 2014 年度“国家哲学社会科学成果文库”；《新中国口述史》《中国的选择》《中国经济的发展与变迁》3 个图书选题入选国家新闻出版广电总局公布的“庆祝新中国成立 65 周年重点出版物”。

同时，很多大众图书入选有重要社会影响力的排行榜，如《西方文明史》《页岩革命》等入选《光明日报》“中国高校出版社书榜”，《页岩革命》还入选新华网“2014 年度中国影响力图书”；《和平发展》《中国大视野》入选中国图书评论学会组织评选的“大众好书榜”等。

三、管理改革工作

2014 年，出版社继续深化改革，推进数字媒介融合发展，探索文化产业“大运营”。遵循“实现数字出版与传统出版优势互补、和谐共生”的观点，继续强化编辑的数字化出版意识，争取数字版权全部签订，从源头为数字出版奠定基础。人大数字科技有限公司继续以数字化教材项目为依托，开发大课数字化教材，大众和学术图书网络数字化营销模式业务持续发展。2014 年出版社所属人大数字科技有限公司毛利润 160 万元。

培训中心有序运转，组织了“国际版权贸易培训班”等多次培训活动，取得了较好的经济效益和社会效益。读者服务部拓展经营范围，探索图书与多种文化产品经营。成立中华戏曲项目组，探索戏曲运营，投资原创舞台剧《一期一会》并入选上海戏剧节。

出版社坚持民主管理、民主办社，讲求实效，厉行节约。11 月，举行首届导师培养制度拜师仪式，将师徒制度加以明确，促进新员工融入出版社企业文化、推动出版社整体业务水平提高。2013 年建立储备人才选拔和培训制度，2014 年 9 月首次选派 10 名储备人才赴美国考察学习国外出版社先进理念制度和数字出版业态。同时，开辟健身房、设立母婴室，开办书法、韩语学习等兴趣班，丰富员工业余生活，营造快乐工作、快乐生活的文化氛围。

出版社加强营销手段和渠道模式的探索创新，保持发行销售各项指标稳健增长。2014 财年发行工作的各项经营指标保持稳健增长态势，四个销售部合计完成发货码洋较 2013 年同期增长 3%；回款实洋较 2013 年同期增长 10%。

发行公司和 20 余家重点教材经销商签订不动产抵押协议，确保渠道风险可控；发行销售进一步加强馆配市场的开拓与深耕，密切同馆配渠道、图书馆终端的战略伙伴关系，为馆配市场的全品种占有和覆盖搭建更加强大的供应链网络；网络直销在当当、亚马逊、京东三大网站业务稳定，新设天猫旗舰店、官方微店等项目进展顺利，以优质高效的服务直接赢得读者的美誉度和忠诚度。

四、对外合作和版权贸易工作

2014年，出版社在版权贸易和对外交流方面继续稳步发展，与培生等国际出版集团，剑桥大学出版社等英美大学出版社商谈版权输出和引进并达成多项合作协议。出版社全年输出版权199种，引进版权376种，在“中国图书对外推广计划”成员单位的单体出版社中名列前茅。

2014年，《中国资本市场制度变革研究》《中华古代文论的现代阐释》《中西比较诗学》《楚史》《中国佛教与传统文化》5本图书入选2014年“国家社科基金中华学术外译项目”。《飞动之美：中国文化对“动势美”的理解与阐释》《民主决策：中国集体领导体制》《文化复兴：中国传统文化的现代价值》《钓鱼岛主权归属》《民主决策：中国集体领导体制》（阿拉伯语）、《民主决策：中国集体领导体制》（西班牙语）、《民主决策：中国集体领导体制》（土耳其语）等7本图书入选2014年“经典中国国际出版工程”。《中国经济双重转型之路》《中国经济体制改革的国际比较与借鉴》《中国美术》俄文版等3本图书入选2014年“中国图书对外推广计划项目”。《中国美术史》日文版、《巴赫金的狂欢》和《觅渡》等三本图书入选2014年“中国文化著作翻译出版工程”。2014年8月北京国际书展期间，出版社与日本侨报出版社举办《人民币读本》《大国的责任》日文版新书首发仪式。

2014年，出版社先后参加英国伦敦书展、美国BEA书展、香港国际书展、斯里兰卡国际书展、德国法兰克福书展、塞尔维亚书展等国际书展。

2014年，波兰马尔沙维克出版代表团、麦格劳-希尔教育集团总裁、阿根廷经济部长基实洛夫、韩国东亚大学等先后访问出版社，商讨合作事宜。

五、其他重要事项

3月16日，参与在黑龙江哈尔滨市举行的救助黑龙江宝清县贫困白血病儿童明星图书义卖会。

4月，组织举办“全面建成小康社会”学术研讨会。“全面建成小康社会”丛书于2013年6月入选国家新闻出版广电总局“深入学习宣传贯彻党的十八大精神主题出版重点选题”，并得到国家出版基金资助，全部十种图书于2014年3月正式出版。

附录

2014年度获奖图书目录
（省部级以上）

序号	奖项（及国家重点项目）名称	作品名称	出版时间	作者
1	第四届“三个一百”原创图书出版工程	电子文件管理国家战略	2011年3月	冯惠玲
2	第四届“三个一百”原创图书出版工程	毛泽东哲学思想史（马克思主义名家文库）	2011年6月	庄福龄

序号	奖项（及国家重点项目）名称	作品名称	出版时间	作者
3	第四届“三个一百”原创图书出版工程	马克思经济学数学模型研究	2012年3月	吴易风
4	第四届“三个一百”原创图书出版工程	中国地方政府规模和结构优化研究	2012年3月	郭庆旺
5	第七届北京市高等教育教学成果奖（一等奖）	中国人民大学会计系列教材（含主教材10册，学习指导书8册）	2012—2013年	荆新 等
6	第七届北京市高等教育教学成果奖（二等奖）	劳动法和社会保障法	2014年1月	林嘉
7	浙江省社科联第五届社科研究优秀成果奖（二等奖）	现代商法：理论基点与规范体系	2013年6月	郑曙光　胡新建
8	国家出版基金项目	汤一介集（全十卷）	2014年4月	汤一介
9	国家出版基金项目	中国近代思想家文库·蔡元培卷	2014年7月	欧阳哲生
10	国家出版基金项目	中国近代思想家文库·杜亚泉卷	2014年6月	周月峰
11	国家出版基金项目	中国近代思想家文库·顾颉刚卷	2014年1月	顾潮
12	国家出版基金项目	中国近代思想家文库·郭嵩焘卷	2014年6月	熊月之
13	国家出版基金项目	中国近代思想家文库·胡汉民卷	2014年10月	陈红民　方勇
14	国家出版基金项目	中国近代思想家文库·蒋百里 杨杰卷	2014年4月	皮明勇　侯昂好
15	国家出版基金项目	中国近代思想家文库·经元善卷	2014年1月	朱浒
16	国家出版基金项目	中国近代思想家文库·李大钊卷	2014年7月	杨琥
17	国家出版基金项目	中国近代思想家文库·马相伯卷	2014年6月	李天纲
18	国家出版基金项目	中国近代思想家文库·任鸿隽卷	2014年6月	樊洪业　潘涛　王勇忠
19	国家出版基金项目	中国近代思想家文库·宋恕卷	2014年6月	邱涛
20	国家出版基金项目	中国近代思想家文库·汪康年卷	2014年2月	汪林茂
21	国家出版基金项目	中国近代思想家文库·王韬卷	2013年11月	海青
22	国家出版基金项目	中国近代思想家文库·吴耀宗卷	2014年5月	赵晓阳
23	国家出版基金项目	中国近代思想家文库·熊十力卷	2014年6月	郭齐勇
24	国家出版基金项目	中国近代思想家文库·徐复观卷	2014年6月	干春松
25	国家出版基金项目	中国近代思想家文库·薛福成卷	2014年5月	马忠文　任青
26	国家出版基金项目	中国近代思想家文库·杨毓麟 陈天华 邹容卷	2014年1月	严昌洪　何广
27	国家出版基金项目	中国近代思想家文库·张君劢卷	2014年7月	翁贺凯
28	国家出版基金项目	中国近代思想家文库·张之洞卷	2014年6月	吴剑杰
29	国家出版基金项目	中国近代思想家文库·郑观应卷	2014年9月	任智勇　戴圆
30	国家出版基金项目	毛泽东：雄关漫道（上下）（马克思主义研究论库·第一辑）	2014年9月	［法］阿兰·鲁林
31	国家出版基金项目	再思毛泽东：毛泽东思想的探索（马克思主义研究论库·第一辑）	2014年9月	［澳］尼克·奈特
32	国家出版基金项目	毛主义的崛起：毛泽东、陈伯达及其对中国理论的探索（马克思主义研究论库·第一辑）	2014年1月	［美］雷蒙德·F·怀利
33	国家出版基金项目	包容共享：社会管理的精神内核（全面建设小康社会系列丛书）	2014年3月	郑杭生　胡宝荣

序号	奖项（及国家重点项目）名称	作品名称	出版时间	作者
34	国家出版基金项目	和谐公正：社会建设与风险应对（全面建设小康社会系列丛书）	2014 年 3 月	杨敏　方舒
35	国家出版基金项目	教育公平：维系社会公平正义的基石（全面建设小康社会系列丛书）	2014 年 2 月	周洪宇
36	国家出版基金项目	文化复兴：传统文化的现代价值（全面建设小康社会系列丛书）	2014 年 2 月	金元浦
37	国家出版基金项目	幸福社会：提升幸福感的多元视角（全面建设小康社会系列丛书）	2014 年 2 月	孙健敏
38	国家出版基金项目	法治中国：民主法治精神举要（全面建设小康社会系列丛书）	2014 年 2 月	汪习根
39	国家出版基金项目	公平正义：社会主义法治的核心价值（全面建设小康社会系列丛书）	2014 年 2 月	孙国华
40	国家出版基金项目	中国审判案例要览（2011 年民事审判案例卷）	2013 年 3 月	国家法官学院、中国人民大学法学院
41	国家出版基金项目	中国审判案例要览（2011 年刑事审判案例卷）	2013 年 4 月	国家法官学院、中国人民大学法学院
42	国家出版基金项目	中国审判案例要览（2011 年商事审判案例卷）	2013 年 3 月	国家法官学院、中国人民大学法学院
43	国家出版基金项目	中国审判案例要览（2011 年行政审判案例卷）	2013 年 3 月	国家法官学院、中国人民大学法学院
44	国家出版基金项目	中国审判案例要览（2012 年民事审判案例卷）	2014 年 6 月	国家法官学院、中国人民大学法学院
45	国家出版基金项目	中国审判案例要览（2012 年刑事审判案例卷）	2014 年 8 月	国家法官学院、中国人民大学法学院
46	国家出版基金项目	中国审判案例要览（2012 年商事审判案例卷）	2014 年 8 月	国家法官学院、中国人民大学法学院
47	国家出版基金项目	中国审判案例要览（2012 年行政审判案例卷）	2014 年 9 月	国家法官学院、中国人民大学法学院
48	国家出版基金项目	中国特色社会主义法律体系的形成与完善——结构、原则和制度阐释（马克思主义研究论库·第一辑）	2013 年 11 月	朱景文

序号	奖项（及国家重点项目）名称	作品名称	出版时间	作者
49	国家出版基金项目	彭真与我国的社会主义民主法制建设——国内关于彭真民主法制思想的研究（马克思主义研究论库·第一辑）	2014年5月	朱力宇
50	国家出版基金项目	论资本的二重性兼论公有资本的本质（马克思主义研究论库·第一辑）	2014年7月	杨志
51	国家出版基金项目	革命的马克思主义与20世纪社会现实（马克思主义研究论库·第一辑）	2013年11月	颜岩
52	国家出版基金项目	非理性主义：卢卡奇与马克思主义理性观（马克思主义研究论库·第一辑）	2014年4月	［美/法］汤姆·洛克莫尔
53	国家出版基金项目	唯物史观视野中的生态文明（马克思主义研究论库·第一辑）	2014年5月	张云飞
54	国家出版基金项目	政党政治与民主问题研究（马克思主义研究论库·第一辑）	2014年2月	牛旭光
55	国家出版基金项目	和平发展：大国的责任（全面建设小康社会系列丛书）	2014年2月	金灿荣
56	国家出版基金项目	科学发展：时代发展的新要求（全面建设小康社会系列丛书）	2014年2月	徐志宏
57	国家出版基金项目	改革开放口述史	2013年11月	欧阳淞
58	国家出版基金项目	萧公权文集·翁同龢与戊戌维新	2014年6月	萧公权
59	国家出版基金项目	萧公权文集·宪政与民主	2014年6月	萧公权
60	国家出版基金项目	萧公权文集·问学谏往录	2014年6月	萧公权
61	国家出版基金项目	萧公权文集·康有为思想研究	2014年6月	萧公权
62	国家出版基金项目	萧公权文集·小桐阴馆诗词	2014年6月	萧公权
63	国家出版基金项目	萧公权文集·迹园文录	2014年6月	萧公权
64	国家出版基金项目	萧公权文集·中国政治思想史	2014年6月	萧公权
65	国家出版基金项目	萧公权文集·中国乡村：论十九世纪的帝国控制（英文版）	2014年6月	萧公权
66	国家出版基金项目	萧公权文集·政治多元论：当代政治理论研究	2014年6月	萧公权
67	国家出版基金项目	袁宝华文集 第一卷 文选（1946年8月—1980年9月）	2013年12月	袁宝华
68	国家出版基金项目	袁宝华文集 第二卷 文选（1981年2月—1984年6月）	2013年12月	袁宝华
69	国家出版基金项目	袁宝华文集 第三卷 文选（1984年7月—1987年12月）	2013年12月	袁宝华
70	国家出版基金项目	袁宝华文集 第四卷 文选（1988年1月—1992年7月）	2013年12月	袁宝华
71	国家出版基金项目	袁宝华文集 第五卷 文选（1992年8月—1996年12月）	2013年12月	袁宝华

序号	奖项（及国家重点项目）名称	作品名称	出版时间	作者
72	国家出版基金项目	袁宝华文集 第六卷 文选（1997 年 1 月—2011 年 5 月）	2013 年 12 月	袁宝华
73	国家出版基金项目	袁宝华文集 第七卷 论社会主义企业管理	2013 年 12 月	袁宝华
74	国家出版基金项目	袁宝华文集 第八卷 袁宝华访谈文选	2013 年 12 月	袁宝华
75	国家出版基金项目	袁宝华文集 第九卷 永远的怀念	2013 年 12 月	袁宝华
76	国家出版基金项目	袁宝华文集 第十卷 偷闲吟草	2013 年 12 月	袁宝华
77	国家哲学社会科学成果文库	国家哲学社会科学成果文库概要（2013）	2014 年 4 月	全国哲学社会科学规划办公室
78	国家哲学社会科学成果文库	大国经济发展理论	2013 年 3 月	欧阳峣
79	国家哲学社会科学成果文库	内需可持续增长的结构基础与政策选择	2013 年 3 月	杨瑞龙
80	国家哲学社会科学成果文库	合作网络范式下企业集团管理控制研究	2013 年 3 月	潘爱玲
81	国家哲学社会科学成果文库	国民经济核算理论与中国实践	2013 年 3 月	蒋萍
82	国家哲学社会科学成果文库	社会主义荣辱观研究	2013 年 3 月	吴潜涛
83	国家社科基金后期资助项目	马克思“巴黎手稿”再研究	2013 年 12 月	刘秀萍
84	国家社科基金后期资助项目	儒家实意伦理学	2014 年 1 月	温海明
85	国家社科基金后期资助项目	刑事管辖权基本问题研究	2014 年 4 月	王新清
86	国家社科基金后期资助项目	“生态人”：环境法上的人之形象	2014 年 2 月	吴贤静
87	国家社科基金后期资助项目	国际文化产品贸易法律规制研究	2013 年 12 月	张蹇
88	国家社科基金后期资助项目	财政转型的宪法原理	2014 年 6 月	周刚志
89	国家社科基金后期资助项目	行政法学视野下的公法权利理论问题研究	2014 年 9 月	徐以祥
90	国家社科基金后期资助项目	超越资本主义现代性：马克思现代性与当代社会发展	2014 年 1 月	郗戈
91	国家社科基金后期资助项目	科学学与科技管理的数学原理	2014 年 1 月	谷兴荣
92	国家社科基金后期资助项目	价值转型	2014 年 1 月	沈民鸣
93	国家社科基金后期资助项目	中国企业海外投资的风险辨识模式与预警防控体系研究	2013 年 11 月	张友棠
94	国家社科基金后期资助项目	中国企业国际市场进入战略决策及其绩效评价研究	2014 年 1 月	许晖
95	国家社科基金后期资助项目	区域经济差异的资本形成机制研究	2013 年 12 月	张志元
96	国家社科基金后期资助项目	农村公共服务供给：模式创新与城乡均等化	2014 年 7 月	俞雅乖
97	国家社科基金后期资助项目	低碳经济发展研究	2014 年 7 月	王文军
98	国家社科基金后期资助项目	产业集聚与集聚经济圈的演进	2014 年 8 月	胡晨光
99	国家社科基金后期资助项目	中国高增长、高投资和低消费研究	2014 年 8 月	邹卫星
100	国家社科基金后期资助项目	消费伦理研究：基础理论与中国实证	2014 年 8 月	赵宝春
101	国家社科基金后期资助项目	政府购买服务的理论与实践研究	2014 年 10 月	魏中龙

序号	奖项（及国家重点项目）名称	作品名称	出版时间	作者
102	国家社科基金后期资助项目	国际货物买卖中的损害赔偿制度实证研究——以《联合国国际货物销售合同公约》的规则与实践为核心	2013年12月	刘瑛
103	国家社科基金后期资助项目	情绪犯原理	2014年2月	袁彬
104	国家社科基金后期资助项目	营业转让制度研究——以日本法为中心展开	2014年4月	刘小勇
105	国家社科基金后期资助项目	美国环境公民诉讼研究	2014年6月	陈冬

■ 书报资料中心

一、概况

中国人民大学书报资料中心（以下简称中心）成立于1958年，是新中国最早从事人文社会科学文献搜集、整理、编辑、集成、发布的信息资料提供机构，已成为兼营期刊出版、数字出版、信息咨询、广告、教育培训等业务的综合性、跨媒体的现代出版机构和信息资源服务机构。它是隶属于中国人民大学的企业化经营管理的自负盈亏事业单位，注册资本500万元，办公地点位于海淀区中关村大街文化大厦，在东城区张自忠路3号还有报刊资料库和期刊发行库房。

2014年，中心的主营业务收入为纸本期刊发行收入，年度出版期刊148种，共计发行约600万册，年收入为4 117万元；广告、咨询、培训等非主营业务约2 000万元。人大数媒公司负责销售的“复印报刊资料”系列数据库收入呈日益增长态势，2014年约为1 900万元。

2014年，中心在职职工总数164人，其中，事业编制在职职工为56人，占在职职工总数的34.1%，合同编制在职职工人数108人，占在职职工总数的65.9%。高级职称人员22人。

二、管理工作

1. 综合管理

2014年，中心把制度建设和监督执行作为最重要的基础工作，严格按照学校的有关规定，规范执行“三重一大”制度规定。

规范中心决策方式和决策程序，建立中心党政领导协调一致的、统一的中心办公会制度，规范办公会议事规则，决策过程充分发扬民主，议决事项提高效率，强化监督执行力度。

强调严格执行学校财务制度和国家会计制度准则，明确财务管理和财务报销流程，杜绝违规行为。重大资金支出采取公开招投标的方式组织，销售折扣审批等事项纳入规范管理的程序。

中心现已着手对现行各项制度进行全面的清理、修订，形成较为全面完整的管理制度体系，做到用制度管人、管事。

2. 业务管理

2014年书报资料中心把降低亏损、力争盈亏平衡作为最紧迫的工作任务列入年度计划，采取了严格控制员工规模、大幅减少非生产性成本支出、加大营销工作力度等措施，全年总收入约为6 058万元，年度经营亏损约为912万元，比2013年减少亏损1 130万元。

三、编辑业务工作

中心始终遵循“学术为本，为教学科研服务”的宗旨，学术影响力和学术地位有了进一步的提升，核心竞争力不断巩固。

1. 召开2014年度编辑工作会议

5月9—10日，为贯彻落实2014年出版质量年的各项措施，针对中心编辑工作中存在的不足和问题，召开2014年度编辑工作会议，分析2013年度转载与评价数据，总结梳理期刊质检情况和编校工作中存在的具体问题，提出解决方案，会议讨论并通过《关于“复印报刊资料”选文与评分工作若干问题的意见》和《关于当前加强编校工作的若干意见》两份文件，细化编辑工作要求，强化制度管理。

2. 开展多方位的学术交流活动

2014年，中心领导和各编辑部积极开展学术交流与合作，中心主办学术会议6次，协办学术会议7次，作为媒体支持单位参会4次，责任编辑参会100余人次，及时关注学术期刊出版业界趋势及人文社会科学发展动态，积极宣传中心刊物与研究成果，扩大社会影响。

四、数字出版

1. 数字化改造取得实质性进展，为中心业务流程数字化转型与发展奠定坚实基础。

2014年3月，中心根据未来发展战略，基于主业发展需要，正式启动数字化改造，其规划建设内容包括数字资源管理系统、期刊编辑出版系统、学术评价系统、行政管理平台系统、市场营销系统、财务管理系统、中心门户网站系统和人大复印报刊资料数据库系统，计划用2～3年时间建设完成。此举将改变中心长期以来信息化水平不高带来的制约，是中心数字化转型中的重要一步。

2. 创新刊网融合模式，有力推进双平台战略。

2014年人大数媒公司调整发展战略，确定“一主两翼”的业务发展格局，即以“学者在线”数字出版平台为主，以数据库业务和移动电商业务为两翼的业务体系。“学者在线”国家数字学术出版平台面向学者和学术机构提供增值服务，面向社会机构提供智库服务，打造“学术增值服务—学者—智库服务”闭环式商业模式。“学者在线”前期开发基本完成。

3. 数媒公司利用微信平台，推出“壹学者”（微信号：my1xuezhe）学术轻应用产品。该产品致力于革新学者现有学术科研生活模式，围绕学术科研活动周期，将微信平台与网站特点相结合，为学者提供了四类服务，涵盖九大功能，真正实现了对学者的一站式服务。“壹学者”自2014年9月试运营起，先后得到《中国教育报》《中国新闻出版报》、环球网、光明网等十余家主流媒体的报道，并与中国新闻出版研究院众书网、中信出版社、中国社会科学文献出版社等多家出版单位达成了合作意向。

4. “复印报刊资料”数据库的销售转入数媒公司以来，收入呈逐年增长态势，历年同比增长超过10%。2014年“复印报刊资料”数据库平台升级改造工作启动，9月已完成公测。

五、学术评价研究

2014年书报资料中心学术评价体系进一步完善，学术影响力和公信力不断加强。

2014年3月，“‘复印报刊资料’转载量（率）排名”在《中国新闻出版报》《光明日报》以及新浪、百度、光明网、新华网、中国社会科学网、中国高校人文社会科学信息网等数十家媒体上发布，并召开了正式发布会，相关成果作为人民大学系列报告之一结集公开出版。

2014年书报资料中心获得“财政部文化产业发展专项资金”180万元资金支持，用于评价体系的建设和完善。正组织设计、开发“人文社科论文成果评估系统”，该系统可实现对人文社科单篇论文按指标评分、修正平衡同行评议中的人为因素，可对人文社科学术期刊和机构论文影响力进行对比分析。该系统已在书报资料中心编辑日常的评文、选文业务中使用，积累了约6万篇论文、6个指标的同行评议数据资源。

2014年评价中心与北京大学、南京大学、武汉大学、中国社科院等相关评价研究部门建立了数据共享、评价研究等交流合作关系，充分吸收这些机构中评价专家的有益建议。举办各类学术评价研讨会、成果发布会10余次，参加评价会议40余人次，及时关注评价研究与发展动态，积极宣传自身的评价理念与成果。凭借自身特色和不懈努力，评价中心已然成为中国学术评价领域的重要一员。

评价中心认真组织学术评价科学研究工作，跟踪评价学科前沿发展趋势，组织了课题申报、学术研讨、对外交流等工作，累计已获批6项研究课题，其中国家社科基金1项，校级项目4项，横向项目1项。评价中心研究人员发表学术论文30余篇，完成评价研究报告近20份。

基于中国对西方国家学术评价的研究和借鉴较多、对亚洲的关注较少的现状，2014年，韩中企业联合会通过学校，向学术评价中心捐助60万元人民币，用以成立评价中心亚太研究部，开拓新的评价研究。亚太研究部已围绕“中韩学术评价比较”的论题启动研究工作，预计2015年推出相关成果。

六、相关重要活动

1. 发布2013年十大学术热点

1月，中心与《光明日报》理论部、《学术月刊》杂志社联合发布2013年度“中国十大学术热点”。热点内容及条目在《光明日报》理论版、《学术月刊》杂志、复印报刊资料《社会科学总论》等相关媒体上同期发布。经过学者推荐、专家评议、投票确定等程序评选出的十大学术热点，引起了学术界的广泛关注和热烈反响，成为中国学术界具有良好声誉和影响度的品牌活动，对于促进中国人文社会科学的繁荣和发展发挥了重要的推动和引导作用。

2. 发布2013年复印报刊资料转载排名指数

3月25日，2013年度复印报刊资料转载学术论文指数排名及分析报告正式发布，该排名由中国人民大学人文社会科学学术成果评价研究中心与中国人民大学书报资料中心联合研制，共有约600种人文社科期刊和300家作者机构榜上有名，转载排名和“进步因子”分析报告受到了与会专家的广泛关注和认可。这是中心首次通过发布会的形式发布该评价成果，有力地提高了发布成果的影响力。

3. 中心121种期刊获首批学术期刊认定

12月10日，国家新闻出版广电总局正式公布第一批认定学术期刊名单，中心上报的121种期刊全部被认定为学术期刊。此次认定，检验了中心学术出版的资质和专业背景，验证了中心期刊在办刊宗旨、业务范围、编辑资质、组稿和审稿制度及编排规范等方面符合学术期刊的标准，对中心学术品牌的树立意义重大。

4. 确立“认真工作，快乐生活”的企业文化理念，设立“书报资料中心日”

企业文化建设是中心2014年增强凝聚力、向心力的重要工作方面，中心提出“认真工作、快乐生活”的企业文化理念，并确定每年8月1日为书报资料中心日。

5. 中心期刊入驻京东商城，开通电商销售渠道

10月22日，随着首批期刊送入京东商城库房，中心期刊在京东电商平台销售工作顺利开启。顺

应网络营销的趋势、推进电商营销新发展是中心的重点工作目标。

6. 财政部文化产业专项资金项目获批

2014年5月，人大数媒公司和评价中心协力申报了财政部文化产业专项资金项目“中国人文社会科学新型学术评价指标体系建设及其应用”，获得180万元资金支持。该项目的内容覆盖评价指标设计、软件开发、平台搭建、产品推广等内容。

■ 文化科技园

一、概况

中国人民大学文化科技园（简称“人大文化科技园”）于2004年成立运营，依托中国人民大学的学科优势，率先建立文化科技园区，开始了文化创意产业基地建设及人文社科成果转化的探索之路。园区在文化创意产业园区建设领域开创了四项“第一”：全国第一家以文化创意为主题的国家级大学科技园；全国第一家专门服务文化创意企业的留学人员创业园；全国第一家国家版权贸易基地；全国第一家也是唯一依托大学建设的国家文化产业示范基地。

2014年，园区获得中关村相关主管部门扶持资金217万元。园区企业总收入达到48亿元，上缴税收总额超过4.5亿元。园区运营公司——北京人大文化科技园建设发展有限公司被北京市海淀区授牌认定为“集中办公区”；孵化器公司——北京人大文化科技企业孵化器有限公司被科技部认定为“国家级科技企业孵化器”；园区获评北京市海淀区“安全生产岗位达标企业”及“2013年度海淀地区消防工作先进单位”；在第九届中国（义乌）文化产品交易会期间，发布“2014中国（义乌）文化产品交易指数暨中国文化企业竞争力排行榜”；在第十届中国（深圳）国际文化产业博览交易会期间，发布《2014中国文化产业重点项目手册》；第五次发布“中国省市文化产业发展指数”，第二次发布“中国文化消费指数”。

二、企业孵化机制与公共服务平台建设

人大文化科技园汇聚学校师资、企业家资源，建立以“创业服务＋创业投资＋创业导师”为核心的综合孵化服务体系，提供“全流程、全方位、全链条、立体化”的专业优质孵化服务。12月10日，北京人大文化科技企业孵化器有限公司被科技部认定为“国家级科技企业孵化器”。

园区不断提升并创新孵化模式，为园区企业健康发展提供强有力支撑，企业对园区的认同感、归属感不断增强，企业与园区已形成良性互动、共赢发展的格局。截至2014年12月，在园企业143家，在园孵化企业68家，其中留创企业31家，一般孵化企业19家，大学生创业企业18家；累计入园企业601家，累计孵化企业297家，其中留创企业187家，一般孵化企业59家，大学生创业企业51家。2014年度新入园留创企业10家。园区现有建筑面积67 000平方米，其中孵化面积18 600平方米。在园企业获得的自主知识产权数量超过300项。

在园留创企业、文化创意类企业占园区企业总数的85％，分布于新媒体、数字出版、动漫游戏、信息技术等多个新兴文化行业；在版权领域有安德鲁·纳伯格、麦克米伦、泰勒·弗朗西斯等全球出版15强的企业入驻。2014年，园区推荐的领通科技、谷浪远景、东方浩联获得中关村“金种子企业”称号；北京灵游坊网络科技有限公司的动漫作品《雨血影之刃》获得2014年3月第二届全球移

动游戏大赛最期待手机游戏奖；同维思创网络科技（北京）有限责任公司2014年4月获克莱斯勒第四届黑马大赛总决赛晋级证。

2014年内，人大文化科技园以企业全程跟踪服务为基础，通过针对全园企业的基础服务体系建设和针对孵化企业的孵化服务体系建设，完善文化创意特色服务体系。园区全年组织企业投资推介会6次，为企业提供创业培训、创业者沙龙、版权人沙龙共计48次。

2014年园区进一步加强公共平台建设。在建和运营的平台有：

（一）建成国家级文化和科技融合示范基地服务平台

园区承担国家级文化和科技融合示范基地管理办公室部分工作，协助开展日常管理、绩效评定、年度巡检、命名授牌等服务工作，并作为智库全面参与“国家文化科技创新工程”的建设。园区组织承办“第二届国家级文化和科技融合示范基地负责人高级研修班”，于10月29日—11月1日在江苏南京举行，来自全国各省（自治区、直辖市）科技和宣传系统及34家示范基地的120余名相关负责人参加；参与第二批“国家文化和科技融合示范基地”评选工作，维护“国家级文化和科技融合示范基地服务网”，打造信息资源共享平台。

（二）建成学生创业实践平台

打造学生“双实双业”（实习、实践、创业、就业）平台，为学生创业提供“零成本”优惠政策。与招生就业处举办第六届“创业之星”大赛，本届大赛共有110个团队、546名同学参加。截至2014年年底，共有18个项目通过大赛，注册企业并入驻学创园。与教务处举办第二期“学生创业训练计划”，优秀项目进入创业实践计划。

（三）运营国家文化产业项目服务平台

继续推动国家文化产业项目服务平台的运营和建设。8月28日，京津冀三地文化领域协同发展战略框架协议签约暨项目对接洽谈会在天津举行，该平台为本次活动提供项目支持，获得文化部高度评价。

（四）研发“大学科技园文化科技服务综合集成及应用示范”

2014年围绕项目展示平台和文化企业数据库，完成版权评估软件系统、文化企业信用评级软件系统、文化产业项目投资评价软件系统开发，完成应用示范平台——版权交易网改版上线。

（五）文化产业网络学院

文化产业网络学院完成主体开发工作，软件部分进入内部测试阶段。课程体系方面，完成了基础设施和试验课程测试。研发进度完成85%。

三、国家版权贸易基地建设

2014年，完成国有文化企业版权资产管理等课题研究；举办4期版权人沙龙活动；继续推动中关村版权联盟工作，联盟成员增加至105家；完成国家版权交易网改版。

四、创意产业技术研究院工作体系建设

2014年，创意产业技术研究院完成国家科技支撑计划项目“大学科技园文化科技综合服务系统研发及应用示范”中文化金融服务、文化产业项目展示服务、文化产业数据服务、文化科技融合人才培训服务和文化科技服务综合集成的相关研发工作；致力于文化产业研究咨询，承担了中国文化消费指数、中国省市文化产业发展指数、文化部特色文化城市评选工作方案以及新疆维吾尔自治区文化产业发展专项规划等多项研究咨询工作；持续开展文化品牌实验室相关工作，研究发布了全国文化企业竞争力排行榜；大力推动文化产业网络学院建设和国家文化产业项目服务平台建设服务工作，为国家

文化产业项目服务平台提供了升级开发、青年优秀创意作品征集、藏羌彝项目征集评审、弘扬社会主义核心价值观动漫项目征集评审等多项服务，并赴多地参加相关活动对平台开展宣传推广。截至2014年底，国家文化产业项目服务平台浏览次数达250 468次，入库文化产业项目共计3 834个，涉及13个行业，覆盖全国31个省、自治区、直辖市。

五、文化产业研究院工作体系建设

2014年12月13日，学校和文化部文化产业司联合举办“文化中国：中国文化产业指数发布会”，在会上文化产业研究院第五次向社会公开发布“中国省市文化产业发展指数”，并第二次向社会发布“中国文化消费指数”，引起了媒体的争相报道和社会各界的广泛关注。

2014年度，文化产业研究院受文化部等国家部委，以及北京市教委、江苏省南京市委宣传部、浙江省衢州市文广新局、福建省龙岩市连城县宣传部、河北省石家庄市统计局等地方政府机关委托，开展了十余项研究咨询业务。

六、其他重要活动

（一）《中国版权年鉴2013》（总第五卷）正式出版

2月，《中国版权年鉴2013》（总第五卷）正式出版发行。《中国版权年鉴》由国家版权局组织编纂，中国人民大学出版社和中国人民大学国家版权贸易基地编辑出版。《中国版权年鉴2013》全书共设14个栏目，分列37个分目或次分目，全面反映了2012年我国版权行政管理、司法保护、产业发展及相关理论研究的基本状况。并特别增加了“WIPO保护音像表演权外交会议”特辑。

（二）发布2014中国（义乌）文化产品交易指数、中国文化企业竞争力排行榜

4月27日，由中国人民大学文化产业研究院、浙江中国小商品城集团股份有限公司主办的“2014中国（义乌）文化产品交易指数暨中国文化企业竞争力排行榜”发布。指数以中国（义乌）文化产品目录为分类标准，以中国（义乌）文化产品交易指数体系为框架，以义乌国际商贸城文化产品交易数据为基础，量化文化产品价格变动和市场景气程度。中国文化企业竞争力排行榜从文化企业的规模实力、盈利能力、发展能力、创新能力、社会贡献能力以及品牌影响力几方面，构建科学的文化企业竞争力评估模型并分析测算。

（三）发布《2014中国文化产业重点项目手册》

5月16日，由文化部文化产业司主办、中国人民大学文化产业研究院承办的《2014中国文化产业重点项目手册》发布会在第十届中国（深圳）国际文化产业博览交易会期间举行。该手册共甄选出文化产业重点项目1 017个、特色文化产业项目53个、藏羌彝文化产业走廊项目36个，项目覆盖全国31个省、自治区、直辖市，涉及所有文化产业重点行业。

（四）发布2014年度“中国省市文化产业发展指数”及“中国文化消费指数”

12月13日，在学校与文化部文化产业司共同主办的“文化中国：中国文化产业指数发布会”上，发布2014年度“中国省市文化产业发展指数”及“中国文化消费指数”。2014年度“中国省市文化产业发展指数”从综合指数、生产力指数、影响力指数、驱动力指数4个方面对全国各省市的文化产业发展进行排名，结果表明我国区域文化产业综合发展格局基本未变。“中国文化消费指数（2014）”在历时6个月、覆盖全国31个省市的文化消费专项调研数据基础上，综合《中国统计年鉴》《中国文化文物统计年鉴》等客观数据，经过系统计算和分析，反映出我园文化消费整体情况优于2013年。

（五）获选十大最具影响力国家文化产业示范基地

6月，文化科技园在“第二届国家文化产业示范基地影响力评价”中获选十大最具影响力国家文

化产业示范基地。

（六）其他

4月18日，第三届中国·苏州文化创意设计产业交易博览会开幕。中国人民大学常熟文化产业研究院参展，并联合北京服装学院举办“融合·创新——创意时装设计作品邀请展”；中国人民大学国家版权贸易基地举行“创意设计作品的版权保护——第31期版权人沙龙”。

7月23日，举行“中关村留学人员企业精品项目推介会（三三会）人大、雍和航星留创园专场”，20家企业进行现场推介，推介项目包括消费级3D打印、亲子活动平台、移动微端旅游服务等文化与科技融合的新兴产业领域。

党建和思想政治工作

■ 综合工作

一、概况

2014 年，学校党委认真贯彻执行党的路线方针政策，紧密围绕学习贯彻十八大和十八届三中、四中全会精神的中心任务，努力提高各级党组织的凝聚力、战斗力。深入学习贯彻习近平总书记系列重要讲话精神，坚定政治立场、严守政治纪律；贯彻民主集中制和党委领导下的校长负责制，坚持民主办学、依法治校；开展群众路线教育实践活动深化整改工作，并取得显著成效；落实中央八项规定精神，加强作风建设，坚决反对“四风”；落实党风廉政建设责任制，着力加强党风廉政建设；干部培养和基层党组织建设取得新进展；加强和改进宣传思想工作；统战工作和离退休工作稳步推进。

二、领导班子思想政治建设和理论学习

2014 年，学校领导班子成员通过党委中心组学习、专家辅导报告、党校培训和自学等方式，认真学习十八届三中、四中全会和习近平总书记系列重要讲话精神，并多次组织党员干部开展了专题学习和集中培训活动。

学校领导班子在思想上、政治上、行动上始终与党中央保持一致，坚决遵守党的政治纪律、组织纪律、廉政纪律，严格执行《中国人民大学领导干部问责实施办法（试行）》，始终坚持对党员干部严格要求、严格教育、严格管理、严格监督。自觉贯彻落实民主集中制和党委领导下的校长负责制，以学校章程建设为抓手，进一步健全和规范党委会、党委常委会等重要议事制度和规则，严格执行“三重一大”事项集体研究决定制度，充分发挥教代会作用，保障教职工参与民主管理和监督的民主权利，进一步拓展民主管理渠道，完善内部治理结构。同时，进一步加强制度建设，严格按照法律法规和学校各项规章制度办事，坚持依法治校。

三、民主办学和依法治校

2014 年，学校“民主办学，依法治校”工作继续扎实推进。学校党委认真贯彻落实党的十八届四中全会精神，坚持依法治校，并以此为契机，进一步拓展民主办学渠道。2014 年度，学校教代会召开 8 次专题会议，涉及学校年度财务工作、通州新校区建设、教职工住房问题等广大教职工关心的重点工作。继续做好教代会提案征集审查处理工作，畅通上下沟通渠道，围绕学校“1420 行动计划”，共征集代表提案 39 件，内容涉及精细化管理、教学改革、教职工权益保障等多个方面。

学校法律事务室积极为学校的重大活动和重要工作提供法律咨询。2014 年，法律事务室共处理各种法律事务 20 件（次），有效防范和化解了各种法律风险，切实维护了学校的合法权益。同时，学校进一步建立健全了信访工作的长效机制，完善了学校信访工作网络。信访办公室圆满地完成了书记信箱、校长信箱的日常运行和维护管理工作，全年共处理信访邮件 300 余封；处理来访事件 151 件（次），接听信访电话 109 件（次）；安排校领导接待日活动 13 次；编辑《信访工作季报》4 期，《信访工作月报统计》12 份。

四、安全稳定工作

2014 年，学校及时处理、有效应对了各类突发事件，维护了校园安全稳定和校园秩序。全年共报送《情况反映》147 期，及时与教育部、北京市委教育工委、市教委和海淀区等有关部门沟通安全稳定相关信息。

学校办公室（党委办公室）、党委宣传部、学生工作部、保卫部和各单位党政领导、学生骨干等，发挥了了解和掌握师生思想动态主渠道和生力军的作用。2014 年，学校办公室共向上级部门报送有关信息材料 200 余份（件）。党委宣传部进行了多次思想动态调查，深入开展教师特别是青年教师思想政治工作，作为中宣部意识形态动态直报点之一，党委宣传部参加了 3 次月度研判会，先后编辑 3 期《意识形态动态参阅》，编写 2 期《意识形态动态简报》，完成《北京高校哲学社会科学理论动态》每月上报工作，共上报 10 期。党委学生工作部在敏感时期及重大事件发生期间，根据上级要求上报学生思想动态 26 次，搜集 700 余条学生思想动态；依托统计调查协会及学工通讯社，提升校园舆情调查分析专业化水平，编制《舆情调查》正刊 5 期、特刊 2 期，编制突发事件舆情速递“手机报”百余条。党委保卫部通过各种渠道密切关注学生对敏感和热点问题的反应，积极协助公安、安全部门落实各类敏感问题的处置工作，共调研 230 人次，圆满完成全国“两会”、国庆 65 周年、十八届四中全会、APEC 会议等一系列敏感时期的校园稳控任务。

五、其他工作

2014 年，保密工作办公室继续坚持做好机要文件的收发、传阅、管理工作及学校学位论文的保密审核工作；主动开展保密工作宣传教育，加强重点保密部门的监督管理；配合相关部门进行保密审查及现场技术核查；定期监控网络，保证涉密内容不上网、不泄密。

组织工作

一、概况

2014年，学校组织工作坚持以马克思列宁主义、毛泽东思想、邓小平理论、"三个代表"重要思想和科学发展观为指导，深入学习贯彻党的十八届三中、四中全会精神和习近平总书记系列重要讲话精神，全面深化巩固群众路线教育实践活动成果，不断推进基层组织建设、领导班子和干部队伍建设、党员和干部教育培训以及部门自身建设，为学校各项事业的科学发展提供了强有力的思想保证、政治保证和组织保证。

二、党的群众路线教育实践活动深化整改工作

（内容详见特载）

三、干部工作

截至2014年底，全校共有处级中层干部342名，平均年龄46岁，其中正处级137人，平均年龄49.4岁，副处级205人，平均年龄43.8岁；男性干部249人，占72.8%，女性干部93人，占27.2%；党员干部296人，占86.5%，党外干部46人，占13.5%；双肩挑干部172人，占50.3%，专职干部170人，占49.7%。中层干部中具有博士学位的187人，占54.7%；具有硕士学位（研究生学历）的102人，占29.8%；具有本科学历的50人，占14.6%；具有大专及以下学历的3人，占0.9%。中层干部中具有副高级以上职称的252人，占73.7%；具有中级及以下职称的90人，占26.3%。

干部基本情况统计表

（截至2014年12月31日）

	总人数	男		女		专职		兼职	
		人数	比例（%）	人数	比例（%）	人数	比例（%）	人数	比例（%）
正处级	137	101	73.7	36	26.3	61	44.5	76	55.5
副处级	205	148	72.2	57	27.8	109	53.2	96	46.8
总数	342	249	72.8	93	27.2	170	49.7	172	50.3

干部学历情况统计表

（截至2014年12月31日）

	总人数	博士		硕士（研究生学历）		本科		大专及以下	
		人数	比例（%）	人数	比例（%）	人数	比例（%）	人数	比例（%）
正处级	137	83	60.6	31	22.6	22	16.1	1	0.7
副处级	205	104	50.7	71	34.6	28	13.7	2	1.0
总数	342	187	54.7	102	29.8	50	14.6	3	0.9

干部职称情况统计表

（截至 2014 年 12 月 31 日）

	总人数	正高级		副高级		中级及以下	
		人数	比例（%）	人数	比例（%）	人数	比例（%）
正处级	137	84	61.3	33	24.1	20	14.6
副处级	205	78	38.0	57	27.8	70	34.1
总人数	342	162	47.4	90	26.3	90	26.3

干部年龄情况统计表

（截至 2014 年 12 月 31 日）

	总人数	55 岁及以上		51～54 岁		46～50 岁		41～45 岁		36～40 岁		35 岁及以下	
		人数	比例（%）	人数	比例（%）	人数	比例（%）	人数	比例（%）	人数	比例（%）	人数	比例（%）
正处级	137	33	24.1	27	19.7	42	30.7	18	13.1	17	12.4	0	0
副处级	205	18	8.8	27	13.2	43	21.0	33	16.1	47	22.9	37	18.0
总数	342	51	14.9	54	15.8	85	24.9	51	14.9	64	18.7	37	10.8

（一）按照中组部选人用人工作检查的要求，自查自身工作，不断提高干部选用工作质量

2014 年 11 月，中组部干部监督局对学校接受中央巡视后的选人用人工作整改情况开展了“回头看”检查，全面检视了一年多来干部选任工作的有关材料。在检查前，党委组织部开展了自查工作，形成了《关于深化落实中央巡视组选人用人工作反馈意见整改情况的报告》。

通过接受检查，一方面对学校一年多来加强和改进干部工作的情况作了回顾，对工作中的经验和问题都作了逐一反思；一方面进一步了解了新形势下上级对学校干部工作的要求，对中央新颁布实施的若干制度规定的把握和理解也更深入。

（二）推进制度建设，提高干部选任工作的程序化、民主化和科学化水平

根据新修订的《党政领导干部选拔任用工作条例》精神，结合工作实际，学校调整了干部选拔工作小组的体制机制，明确了小组成员由校党委书记、校长、常务副书记、常务副校长、纪委书记和党委组织部部长组成，并由学校党委常委会正式讨论通过了《中国人民大学干部选拔工作小组议事规则》，进一步规范了干部选任工作流程，明晰了小组讨论议事规程，为提高选人用人工作水平奠定了重要基础。

为巩固干部选任工作整改成果，党委组织部还着力加强已出台制度的执行和配套落实工作。在对条件成熟、岗位合适的哲学院、经济学院行政班子进行调整的过程中，适时启动了《学院（系）行政正职负责人遴选工作实施办法（试行）》中的相关工作程序，提高了选拔工作的民主性、公开性。

（三）从推动干部轮岗、优化干部队伍结构出发，对中层干部队伍进行了调整充实

全年学校共召开干部选拔工作小组会 15 次，召开有关人事问题的党委常委会 12 次，共调整干部 112 人次，其中新任职正处级干部 26 人，新任职副处级干部 39 人，试用期满干部 40 人。

1. 继续调整轮换任职超过 8 年的正职干部。机关部处和直附属单位已将任职年限超过 8 年的负责人全部调整到位。院系和教学单位也已基本完成调整。

2. 做好已经到届的基层党政班子换届工作。完成了 15 个基层党组织（法学院、国际关系学院、公共管理学院、图书馆、国学院、新闻学院、体育部、哲学院、社会与人口学院、信息资源管理学院、商学院、历史学院、理学院、出版社、信息学院）和 5 个院系行政班子（哲学院、国学院、艺术学院、经济学院、新闻学院）的换届工作。

3. 持续抓好各单位正职的个别调整工作。本年度，个别调整了21个单位的主要领导，其中，调整了7个基层党组织负责人（经济学院、财政金融学院、劳动人事学院、继续教育学院、外国语学院、苏州校区、教育学院），调整了7个教学单位行政负责人（培训学院、国学院、教育学院、继续教育学院、培训学院、劳动人事学院、苏州校区），调整了7个机关部处和教辅单位负责人（审计处、图书馆、党委宣传部、信息技术中心、理工学科建设处、教务处、学术期刊社）。

4. 加大选拔培养党外优秀干部力度。本年度，党外干部队伍建设得到加强，选任数量和质量都有了新的提高。共选拔或调整了14名党外中层干部，其中，首次任职11人，提拔任职2人，调整任职1人。

（四）加强监督管理，按照从严标准完善学校领导干部监管体系

1. 着力加强干部的监督和日常管理工作。严格贯彻执行《中国人民大学领导干部因私出国（境）管理办法（试行）》，全面加强对离退休的司局级干部和全体在职处级干部的出国出境管理。截至2014年12月底，党委组织部共集中保存全校173名干部的因私证照共285本，已为107人次办理因私出国出境证照审批使用手续。先后完成了中层干部在企业兼职（任职）情况的摸底工作、《领导干部个人有关事项报告》的信息汇总录入工作以及配偶已移居国（境）外的副处级及以上干部摸底工作，并按要求及时向中组部、教育部报送了有关工作情况报告。

2. 建立健全了领导干部谈心谈话工作制度。出台了《中国人民大学领导干部谈心谈话工作实施办法》，对日常谈话、任免谈话、诫勉谈话、反馈谈话、重要工作谈话等作出了专门安排，规范了谈话程序和具体要求。仅任职谈话一项，2014年校领导就已经与新上任中层干部谈话50余人次，有力促进了干部的日常教育、管理和监督工作。

3. 继续做好干部考核工作。年初，按上级要求顺利完成了“一报告两评议”工作，向教职工代表报告了2013年度学校干部选拔任用工作情况，并组织了对2013年度新提拔调整干部的民主测评。5月份，完成了学校2012—2013学年中层干部考核评价工作。9月份，启动了2013—2014学年中层干部考核评价工作。

（五）突出理论教育和实践锻炼相结合的主线，为学校事业发展培养更多符合需要的好干部

1. 抓好学习习近平总书记系列重要讲话精神的专题学习活动。2—6月，组织全校中层干部开展了学习实践习近平同志系列重要讲话精神活动，共组织了6天的集中培训活动，完成了中央组织部规定的学习时数。

2. 开展新上岗处级干部培训。2014年2月下旬到7月，举办了第21期新上岗处级干部培训班。培训中注意将理论培训和实际工作、课堂讲授与实践调研结合起来，共分三个阶段展开。其中第一阶段培训以自学为主。学员参加了校党委组织的学习贯彻习近平总书记系列讲话精神和十八大、十八届三中全会精神培训，以及学校承办的各类选学培训班，阅读了指定书籍。第二阶段培训邀请了学校主要领导为学员做报告，并组织学员结合领导讲座内容开展了讨论学习。第三阶段培训于7月开展，组织学员赴井冈山接受了革命传统教育，开展现场教学、互动教学和体验教学。

3. 整合内外资源、为干部提供各类锻炼平台。注意加强对基层党务干部的培训，进一步增强队伍的凝聚力，组织了全校分党委书记赴西柏坡开展以党性教育为主题的专题培训。

4. 更加重视培养年轻干部，为学校事业发展注入源源不竭的人才动力。研究出台了《中国人民大学关于进一步加强管理人才队伍建设的意见》，从培养体系、工作机制上保障管理人才队伍良序发展。实施“入职熔炼工程”“骨干陶铸工程”“先锋引领工程”，对不同干部群体特别是年轻干部采取有针对性的培养和锻炼方式，使他们能够尽快补齐自身短板、加快成长步伐。

（六）干部交流输送、挂职锻炼的规模有所扩大，进一步拓展了青年教职工的发展空间

1. 干部交流工作稳步推进。在与校外单位交流干部方面，接待了最高人民法院政治部、河南省政府研究室、团中央组织部、教育部人事司、北京市委教育工委等机关和部门来校考察推荐干部，配合他们做好相关工作。在校内管理干部岗位交流方面，经学校领导同意，与人事处共同组织了第二批

机关与院系管理干部双向交流活动，促进校内岗位交流机制进一步完善。

在此基础上，党委组织部还按照全国优秀年轻干部培养选拔工作座谈会的精神和学校党委的决策部署，主动作为，积极向北京市委教育工委和中国残联推荐了一批优秀年轻后备干部。

2. 挂职锻炼工作积极落实上级计划和校地协议，工作面进一步扩大。2014 年，共计派出了 17 名教职工，13 名硕士生、博士生和博士后到新疆、云南、陕西、福建、宁夏、北京、安徽、江苏和中国残联挂职。与往年相比，本年度挂职干部的派出结构更加合理，分布也比较广泛。

2014 年，根据上级计划和校际协议，接收了烟台大学 1 名干部、河北省高校 2 名干部、河南省高校 6 名干部、新疆财经大学 4 名干部、西藏民族学院 1 名干部来校挂职锻炼。

（七）按照中央和教育部部署，组织启动了干部人事档案专项审核工作

根据中组部和教育部的要求，学校党委组织部制定了《中国人民大学干部人事档案专项审核工作实施方案》，于年内启动了干部人事档案专项审核工作。

此项工作在校党委的统一领导下进行，审核范围是全校中层干部。重点审核干部的出生时间、参加工作时间、入党时间、学历学位、工作经历、干部身份、家庭主要成员及重要社会关系等重要信息，重点关注档案材料是否涂改造假，干部信息是否真实准确，重要原始依据材料是否完整规范等。这项工作将与推进干部档案数字化建设结合起来，对现有的“中国人民大学党政干部管理系统”进行升级更新。

四、深入学习贯彻党的十八届三中、四中全会和习近平总书记系列重要讲话精神

学习贯彻党的十八届三中、四中全会和习近平总书记系列重要讲话精神是当前各级党组织和广大党员的中心任务。学校党委严格按照中央和北京市委的有关部署，组织全校党员和各级基层组织开展相关学习教育活动，取得明显效果。

一是举办处级干部学习习近平总书记系列重要讲话精神培训班。学校党委结合高校干部教育培训特点，对处级干部开展了 4.5 天理论与实践相结合的集中培训。在理论培训中，邀请学校领导、党建专家、经济学家开展相关专题讲座；在实践教育环节，学校党委组织处级干部考察河北省正定县原华北大学旧址、参观西柏坡革命旧址等，在毛泽东同志率领党中央机关从西柏坡迁往北平，进京“赶考”65 周年之际，以“坚定理想信念、弘扬光荣传统”为主题，增强了党员的责任意识和忧患意识。

二是举办“先锋杯”学生党建知识竞赛，以赛促学。大赛围绕贯彻落实十八届三中全会、四中全会和习近平总书记系列重要讲话精神相关内容开展，融汇党史党情与校史校情，理想信念与工作实务，各学院代表队展现了丰富的党建知识积淀，赛出了学生党员风采，激发了学生党员弘扬和培育社会主义核心价值观的热情。

三是开展“法治在我身边”党支部主题党日活动。2014 年 12 月，全校党支部通过举办理论学习会、专题讨论会、主题实践与志愿服务等形式多样的主题活动，学习贯彻十八届四中全会精神，认真领会《中共中央关于全面推进依法治国若干重大问题的决定》中对建设法治中国的重要论述，号召广大师生党员将依法治国伟大实践与自身学习工作紧密结合。

五、基层党组织建设

截至 2014 年 12 月 31 日，学校共设学院级分党委 29 个、党总支 6 个，学生党总支 4 个，党支部 679 个，其中：本科生党支部 121 个，研究生党支部 253 个，混合学生党支部 4 个，在职教职工党支部 220 个，离退休党支部 81 个。

学校党委按照中央的部署要求，积极加强服务型、学习型和创新型党组织建设。

全面实施学生党员先锋工程。为深入贯彻落实十八届三中全会、四中全会和习近平总书记系列重

要讲话精神，充分发挥基层党组织的战斗堡垒作用和学生党员的先锋模范作用，学校党委围绕“坚定信念、提升素质、树立形象、发挥作用”的主要目标，以基层党组织和学生党员发挥作用为着眼点，优化基层组织设置，创新教育培训模式，开展承诺践诺活动，搭建实践与志愿服务平台，建立和健全长效机制，各项党建工作和活动取得了显著成效。

着力推进“服务先锋”行动计划。各学院党委、党总支高度重视，组织学生党员开展了多形式、多方位、多成效的党支部活动，学生党员在自己的责任区内协助班主任、辅导员做好政策宣传、学生管理、帮扶后进等工作。明确工作责任和工作要求，做到全面覆盖、不留死角。同时，各学院立足学生实际需要，积极引导学生党员牢固树立“全心全意为人民服务”的宗旨意识，围绕学业、就业、生活、心理等方面自主开展形式丰富、全方位、多层次的“朋辈互助”活动，如：信息学院通过“手拉手—数学重修辅导”“一帮一”结对帮扶。学生党员也积极参与社会实践和志愿服务，广大党员以党支部或者党小组的形式广泛开展“千人百村”社会实践和调研，鼓励党员大兴社会调研和理论联系实际之风，使他们在理论联系实际中得到锻炼。

继续深入开展红色“1+1”主题教育活动。把引导大学生到基层就业与党的群众路线教育实践活动密切结合，不断探索大学生党员教育和学生党支部活动的新形式。学校有多个党支部提交申请并开展活动，相关活动材料和图片经推荐在北京市委教育工作委员会网站“宣教之窗”展出。

六、党员队伍建设

截至2014年12月31日，学校共有正式组织关系的党员12 224名，其中，正式党员11 068人，占党员总数的90.54%，预备党员1 156人，占党员总数的9.46%；女性党员6 669人，占党员总数的54.56%。少数民族党员740人，占党员总数的6.05%。全校全年共发展党员971名，其中，在职教工14名（含工人2名），学生955名，离退休人员2名。到2014年年底，全校共有申请入党人员9 046名，入党积极分子4 038名，发展对象971名。

从党员的职业（身份）构成看，全校在职教工党员2 584人，占全校在岗职工的43.92%（其中，教师党员1 086名，占教师总数的58.67%；管理干部党员670名，占干部总数的68.09%；其他专业技术人员党员317名，占专业技术人员总数的34.84%；工人党员55名，占工人总数的4.39%；附中附小教职工党员456人，占附中附小教职工总数的51.47%），离退休党员1 638名，占全校离退休职工总数的71.68%，学生党员7 997名，占全校学生总数的33.69%（其中，研究生党员5 944名，占研究生总数的50.05%；本科生党员2 053名，占本科生总数的17.31%），其他党员5人，属于毕业未就业的学生党员、党组织关系暂未转出的教职工或出国出境未归的教职工。

全校党员年龄分布情况为：35岁及以下党员8 878名（其中在岗教职工948名），36岁至45岁党员835名（其中在岗教职工763名），46岁到55岁党员690名（其中在岗教职工649名），56岁到60岁党员396名（其中在岗教职工176名），61岁及以上党员1425名（其中在岗教职工48名）。

全校党员的学历分布情况为（已取得的最高学历）：研究生学历党员3 780名，大学本科学历党员5 656名，大学专科学历党员323名，中专学历党员93名，高中学历党员2 255名，初中及以下学历党员117名。

2014年，学校按照北京市委组织部的总体要求，根据北京市委教工委的指导意见，出台了《2014年中国人民大学学生党员发展数量指导意见》，要求各学院按照指导意见要求，落实“控制总量、优化结构、提高质量、发挥作用”的总要求，有领导、有计划地推进发展工作。重视从优秀青年教师中发展党员，建立学校党委一把手与新发展教师党员组织谈话制度。

严格执行在多年实践中形成的“推优”、培训、考察等工作程序，确保新党员的质量。坚持“立足教育，重在培养”，扎扎实实做好教育引导工作。根据入党申请人、入党积极分子、发展对象、预备党员的成长不同阶段开展入党动机教育、党性党风教育和组织纪律观念教育，帮助学生在思想上真正入党。

落实《中国共产党发展党员工作细则》，聘任党建组织员，加强学校党员发展工作制度执行情况的监督检查。通过对发展对象材料的审查，检查制度执行落实的情况，发现问题，及时进行工作指导，把党中央提出的“控制总量、优化结构、提高质量、发挥作用”的工作目标贯穿于学校党员发展工作每一个环节。

全年共完成接转党员组织关系 4 716 人，其中转入党员组织关系 1 804 名，转出党员组织关系 2 912 名。

七、党校工作

2014 年，学校党校共举办“学校党校第 23 期学生发展对象培训班”等各类培训班 5 期，总共培训学员 1 337 人。其中，3—4 月，举办学校党校第 23 期学生发展对象培训班暨第 15 期本科新生党员培训班，培训学生发展对象 447 人，本科新生党员 220 人。4 月，举办 2014 年学校党校工作部署会，出台《2014 年中国人民大学学生党员发展教育培训指导意见》，根据北京市委精神，对 2014 年全年学校发展培训教育党员工作作出部署和业务培训。9—10 月，举办学校党校第 24 期学生发展对象培训班暨第 28 期教工入党积极分子培训班，培训学生发展对象 660 人，教工入党积极分子 10 人。10 月，开展“‘红船领航’——新生党员先进性熔铸计划”活动。

八、全国干部教育培训基地工作

按照《2013—2017 年全国干部教育培训规划》和全国干部教育培训工作会议精神，继续做好全国干部教育培训基地的建设工作，动员学校的主要学科资源和保障力量支持干部选学工作。

2014 年，共组织中央和国家机关司局级干部选学专题班 10 个，实际选学人数 676 人，课程总体满意率为 93.64%。圆满完成教育部机关和直属单位干部选学 4 个专题班、北京市干部培训 2 个专题班的选学任务。

2014 年，配合中组部录制干部在线学习课程 4 门，配合北京市干部教育网录制课程 2 门。推荐入选《中国干部大讲堂》第四、五卷课程 6 门，推荐专家评审中国干部网络学院课程 22 门。

11 月，按照中组部、教育部的部署，对 2014 年干部教育培训工作进行总结，开展重点班次情况、高校基地建设情况、特色品牌建设情况、学风情况等相关数据的统计上报工作。

12 月，组织召开专家咨询会、2015 年中央和国家机关司局级干部选学工作研讨会，进行多轮课程设计和工作安排，遴选出 10 个专题班代表学校进入中组部选学课程目录。

附录

2014 年中国人民大学党校培训班一览表

培训班名称	举办时间	培训人数（人）
第 23 期学生发展对象培训班	3—4 月	447

培训班名称	举办时间	培训人数（人）
第15期本科新生党员培训班	3—4月	220
第21期新上岗处级干部培训班	4—7月	33
第24期学生发展对象培训班	10—11月	660
第28期教工入党积极分子培训班	10—11月	10

■ 宣传工作

一、概况

2014年，学校在宣传思想工作中认真学习贯彻习近平总书记系列重要讲话精神和党的十八届四中全会精神，紧紧围绕学校中心工作，以学校改革发展为主线，牢固树立正确的思想舆论导向，大力加强对内对外宣传，进一步增强工作主动性和创造性，圆满完成了工作计划，为创建“人民满意、世界一流”大学营造了良好的舆论环境和氛围。

二、理论教育工作

理论教育工作围绕学校中心工作，结合国内外重大理论热点和前沿问题，依托学校雄厚的学科力量和突出的理论优势，积极主动地开展了理论学习、研究和宣传工作。

（一）深入学习贯彻习近平总书记系列重要讲话精神

组织以学习习近平总书记系列重要讲话精神为主题的党委理论中心组扩大会议、理论专家座谈会。同时，积极把握社会和理论热点，协助学校领导起草重要理论文稿多篇，先后在《光明日报》《中国教育报》《中国社会科学报》等报刊上发表。

（二）开展党的十八届四中全会精神的学习、研究和宣传工作

举办中国人民大学传达学习党的十八届四中全会精神部署会、党委理论学习中心组（扩大）会议；组织中国人民大学和光明日报社联合举行的“党的十八届四中全会与全面推进依法治国”学术研讨会；组织学校专家学者在《人民日报》《光明日报》《求是》等中央党报党刊上发表一批解读四中全会精神的重要理论文章，在理论界、学术界引起了强烈反响。

（三）加强意识形态动态研判、研究工作

学校组织3次月度研判会，对意识形态领域动向进行跟踪研判、研究，编辑3期《意识形态动态参阅》（“依法治国与人民民主专政”专题、“《辽宁日报》事件”、“历史虚无主义思潮评析”），编写两期《意识形态动态简报》，对意识形态领域争论的热点话题进行整理综述，为上级部门研判提供重要参考。

（四）积极培育和践行社会主义核心价值观

学校与光明日报社、中国伦理学会共同主办“核心价值观百场讲坛”活动；组织“中华传统文化传承与社会主义核心价值观培育”专题座谈会；起草《中国人民大学培育和践行社会主义核心价值观实施意见》（意见征求稿）；举办“中国人民大学培育和践行社会主义核心价值观主题宣传日活动”，并通过网络、校报、橱窗开展了多种形式的宣传教育活动。

此外，组织公共决策实验室、大数据中心策划开发“培育和践行社会主义核心价值观测评系

统”，对各省、自治区、直辖市正在开展的培育和践行社会主义核心价值观各项具体工作进行评估和总结。

（五）组织或参与多项上级部门调研工作

完成并报送中国人民大学2014年春、秋两季教师思想动态调查报告、《中国人民大学青年教师思想政治工作总结》等汇报材料；开展三次教师思想动态滚动调查；参与中宣部“宣传方式创新”“新条件下舆论引导和舆论监督”“国际传播能力建设”“国家级抗战纪念设施、遗址和全国爱国主义教育示范基地排查”等重大委托课题的研究工作。按照市委教工委要求，完成10期《北京高校哲学社会科学理论动态》编辑报送工作，得到上级充分肯定。

三、新闻宣传工作

（一）夯实日常新闻编辑工作，增强新闻报道水平

2014年度学校新闻网共采编新闻2 541篇，编辑图片5 818张。电子显示屏滚动播出新闻5 000余条（含重复播出），图集20余个，专题视频、页面90余个。截至2014年12月23日，通过百度搜索引擎查询，2014年度有关于中国人民大学的新闻约2 130 000篇（含重复报道）。

（二）加强专题新闻报道力度，提升舆论引导能力

2014年，学校新闻网加强报道选题策划力度，及时推出学习贯彻党的十八届四中全会、培育和践行社会主义核心价值观、国家烈士日、国家宪法日、国家公祭日等主题宣传活动的重点报道。不断加大学术、学生、学者的报道比重。在学校网站主页制作推出“2014两会专题”、“博鳌亚洲论坛2014公共外交与国家形象分论坛专题”、“身为世范，心润桃李：中国人民大学优秀教师巡礼专题”、学习贯彻党的十八届四中全会精神等6个专题网页。编印完成《传媒人大》（2013）、“2014年两会中国人民大学代表、委员新闻报道专辑”、“博鳌亚洲论坛2014公共外交与国家形象分论坛媒体辑录”、“共建文明校园、同创文明城区”校园综合治理宣传册等。

（三）拓展媒体交流平台，增进合作促进沟通

在《人民日报》、新华社、《光明日报》、《经济日报》、中央电视台、中央人民广播电台等各类主流媒体陆续推出学校重大事件、师生学术成果、观点等报道382篇。就中国人民大学公共外交研究院成立、核心价值观百场讲坛首讲活动、第四届世界汉学大会、第三届吴玉章人文社科终身成就奖颁奖典礼等40余场学校重要活动，邀请和接待新华社、中央电视台、《人民日报》、《光明日报》、《经济日报》、《中国教育报》、中央人民广播电台、人民网、新华网等30余家媒体的记者逾500人次。

（四）完善制度建设，规范工作流程

不断加强制度建设和文化建设，进一步修订、落实人大新闻网和校内电子显示屏的新闻报送、审批机制，完善新闻编辑规范。拟定《新闻网新闻发布规程》《新闻网重点栏目更新机制》《新闻宣传科媒体记者接待规范》《新闻网每日用图整理规范》以及《关于进一步加强和改进中国人民大学网站主页管理工作的报告》《关于进一步加强中国人民大学各级网站建设与管理的报告》等，推动学校各项新闻宣传工作的规范化、制度化。

（五）建立预警机制，制作突发事件舆情报告

加强校内外舆情的监测等工作，修订《中国人民大学舆情监控应急预案》，针对学校的重点工作和社会热点及时、全面地制作多份舆情报告。

（六）创新宣传方式，拓展新媒体宣传渠道

推出IOS版人大新闻网App，草拟《关于开通与管理中国人民大学微信公众号的工作方案》《关于开通与管理中国人民大学官方微博的工作方案》《新媒体工作室建设方案》等新媒体建设工作方案，推动学校新媒体平台建设。

四、校报编辑工作

学校的校报为《中国人民大学》。2014 年，校报的编辑出版发行工作圆满完成，撰写原创新闻稿件 500 余篇，编辑出版报纸 43 期，出版时效、办报质量方面继续提升。

校报贯彻党的教育方针，遵循新闻工作和教育工作规律，围绕学校的根本任务，宣传党的十八届三中、四中全会精神和习近平总书记系列重要讲话精神，贴近校园新闻热点、贴近师生员工工作生活，报道一年来的整体事业发展成就。推出了《学习习近平总书记系列重要讲话专题讲座开班》《人才培养路线图》《探索完善现代大学制度》《春将至，千帆竞发谱华章》等一系列精品力作，相关成果在新华网、人民网、人大新闻网等校内外平台上发表。2014 年，校报先后获得北京新闻奖（高校校报系列）一等奖 1 项，二等奖 2 项；中国高校校报协会好新闻奖二等奖 1 项，三等奖 1 项。

同时，校报的策划、编辑、校对、送审、出版流程逐步规范，出版时效进一步提升，发行范围日益扩大，通讯员、学生记者、专业人员相结合的采编队伍，点线面一体化的工作机制日趋成熟，传递信息、引导舆论、办报育人的作用日益明显。

■ 统战工作

一、概况

2014 年，学校党委统战部围绕中心工作，全面加强统战工作，进一步加强和规范党外代表人士队伍建设，继续加强统战理论和政策研究工作，切实推进统战干部培训，举办“爱国宗教界人士研修班”及“民主党派干部培训班”等，积极推动“统一战线理论政策进高校、进课堂、进教材”（即“三进”）试点工作。

二、各级人大代表和政协委员工作

截至 2014 年底，学校有 30 位全国、北京市和海淀区人大代表、政协委员。其中全国人大代表 3 人，全国人大常委 1 人，全国政协委员 3 人；北京市人大代表 4 人，北京市政协委员 6 人；海淀区人大代表 3 人，海淀区政协委员 11 人。其中民主党派成员、无党派人士 23 人。国务院参事 2 人：刘彭芝、时殷弘。

学校积极做好各级人大代表和政协委员工作，各位代表委员切实履行职能，参政议政，建言献策。1 月，学校召开 2014 年迎新春、迎“两会”座谈会。学校各级人大代表和政协委员、民主党派负责人和无党派代表人士，侨联和“留联会”负责人、归侨侨眷和归国留学人员代表参加座谈，交流参政议政、建言献策的经验体会，就守护大学精神、民主治校、校务公开、教师队伍建设、学科建设、智库建设、国际化水平提升、统战工作制度建设、校园环境管理等工作提出建议，就如何在即将召开的“两会”中更好地尽责履职作了沟通。

“两会”期间，学校人大代表、政协委员立足于专业知识和社会调研，以关心民生、反映民意为出发点，积极建言献策，受到了广泛关注。他们先后接受了人民网、新华网、《半月谈》、《中国日报》、《人民政协报》、《中国教育报》、《北京青年报》、美国《华尔街日报》等中外媒体的采访。统战部向上级部门报送“两会”信息20余篇。

三、各民主党派基层组织建设及无党派代表人士工作

协助民主党派发展新成员。本年度发展民主党派新成员4人，其中民建1人，民盟1人，农工党1人，民进1人。

协助民主党派开展组织活动，主要包括：农工党人大支部召开2014年参政议政启动会；民盟中国人民大学委员会赴北京昌平考察水城金手杖老年公寓，组织盟员学习座谈习近平总书记在视察北京师范大学时的重要讲话精神；九三学社中国人民大学支社召开社员座谈会，纪念九三学社更名69周年。

民主党派成员积极建言献策，获得表彰。1月，海淀区政协对2013年北京市海淀区政协提案工作和反映社情民意信息工作先进集体和个人予以表彰，彭翊委员被评为优秀提案人，其撰写的“关于建立海淀区文化金融示范区的提案”荣获海淀区政协九届二次会议委员优秀提案奖；程鑫委员被评为优秀信息员。6月，民革中央对民革成员张秀智积极建言献策进行通报表彰。7月，全国人大常委、民盟成员郑功成教授当选2013中国保险年度人物。11月，民盟成员、归侨、一级教授邬沧萍获评“最美老有所为人物”。

7月，学校制定《中共中国人民大学委员会关于加强和改进新形势下党外代表人士队伍建设的意见》，作为中发〔2012〕4号文件的配套文件和实施细则，对党外代表人士队伍建设提出了总体要求和实施措施。具体表现在学校高度重视党外代表人士的培养工作，2014年共7批54人的新任命中，党外人士有10名，占18.5%。党外代表人士庄毓敏教授出任闽江学院副院长。

加强党外人士培养工作。推荐高圣平、高仰光、冯军、肖建国为北京市统战部党外人才库人选；农工党徐立进参加2014年北京市高校党外代表人士高级研修班；彭丽红、程鑫参加中央社会主义学院第三十二期民主党派干部培训班；许勤华、卜健军参加北京市第二届党外代表人士高级研修班。推荐李艳芳、彭翊参加北京市党外代表人士项目挂职锻炼，李艳芳同志挂职项目为旅游政策及立法实施项目，彭翊同志挂职项目为中关村推动京津冀区域创新合作的行动计划项目；党外代表人士、哲学院教授、佛教与宗教学理论研究所执行所长张风雷出席中国宗教界和平委员会四届一次会议，被聘为中国宗教界和平委员会委员。

加强与九三学社中央的交流。1月，九三学社中央常务副主席邵鸿、副主席赖明一行走访学校，就双方加强交流合作议题进行商谈，并就数据资源平台共享、议政调研选题互动等内容与校方达成初步的合作意向。4月，学校与九三学社中央签署协议，共同开发大数据开展议政建言，双方将共同推进大数据技术应用，开展舆情分析支持议政建言，并将共同建设公共政策研究中心，探索党派履职与高校科研强强联手的新模式、新路径。8月，党委书记靳诺、副书记吴付来一行走访九三学社中央，全国政协副主席、九三学社中央主席、中科院院士韩启德，全国政协常委、全国妇联副主席、九三学社中央副主席兼秘书长印红等会见了靳诺书记一行。

四、港、澳、台及侨联工作

学校华侨华人研究中心作为侨联活动平台，取得多项重要成果，得到李克强等中央领导同志的肯定和多次重要批示。学校侨联参加西石集团“关爱老年工程——百年公益捐赠”活动，接受西石集团通过北京市侨联向学校侨联捐赠的12辆“伊兰”牌老年电动代步车，以服务于学校老教师尤其是老华侨。

殷强、严平、孟虹、张芃作为代表参加北京市侨联第十四次归侨侨眷代表大会，殷强、严平当选

为常委。学校侨联获“北京市侨联工作先进集体”荣誉称号，学校侨联常务副主席殷强荣获“北京市侨联工作先进个人”荣誉称号。

开展侨务工作调研。5月，北京市政府侨务办公室来校检查指导侨务工作，重点就国际化战略的实施情况进行调研；9月，北京市海淀区民族宗教侨务办公室来校调研。

学校重视海外留学归国人员的培养工作，6月，启动“百名海归挂职计划”，首批30名教师赴校外实践锻炼。10月，发布《海外留学归国教师挂职锻炼实施办法（试行）》，对2014年第二批海归教师挂职锻炼工作进行部署。

此外，4月，学校还承办首都高校“两岸情、中国梦”主题宣传月活动，中国社会科学院台湾研究所所长周志怀以“两岸关系和平发展与两岸共圆中国梦”为题发表专题演讲。

五、推进“统一战线理论政策‘进高校、进课堂、进教材’”试点工作

作为中央统战部确定的“统一战线理论政策‘进高校、进课堂、进教材’”即“三进”工作的第一批试点高校，学校多次研讨推进中央统战部“统一战线理论政策‘进高校、进课堂、进教材’”试点工作。2月，举行“统战理论进高校、进课堂、进教材”落实工作座谈会，与中央统战部干部局商讨工作方案；5月，中央统战部干部局来校检查指导统战工作，重点就中国人民大学如何贯彻落实“统战理论政策进高校、进课堂、进教材”工作进行商谈。

“三进”工作在2014年下半年全面展开。学校举办“统战理论与政策前沿系列学术讲座”：10月15日，中央统战部副部长陈喜庆开授第一讲，“关于统一战线的几个基本问题”；10月22日，中央统战部研究室主任张健讲授“新时期统一战线基础理论”；12月10日，中央统战部副秘书长兼四局局长张献生讲授“中国的政党制度”。

10—11月，举办“统战历史与理论知识竞赛”，共有150名同学报名参赛。经过激烈角逐，产生一等奖1支、二等奖2支、三等奖3支，由3位来自马克思主义学院的同学组成的“马院思睿队”勇夺决赛一等奖。

11月，举办主题为“读经典、学理论、晓政策”的“统战历史与理论经典文献选读征文”活动，一直延续至2015年初。征文分为“读书体会”与“学术研究”两大类别，面向本、硕、博所有学生。

六、理论研究工作

完成中国统一战线理论研究会政党理论研究北京基地工作管理体制、学术指导体制、学术研究队伍的重组重构，举办系列学术研讨会。4月，研究基地举行2014年第一次工作会议。11月，研究基地在京举办“当代中国政党制度与国家治理”学术研讨会，来自全国各地的60余名专家学者参加研讨会，会后出版论文集。

开展调研工作。3月，北京市委统战部来校进行工作调研；6月，北京市委统战部研究室、党派处来政党理论研究北京基地检查“中国特色社会主义参政党若干问题研究”委托课题的研究工作进展情况。7月，北京市委常委、市委统战部部长牛有成，北京市委统战部副部长、北京市侨联党组书记周开让，北京市委教育工委副书记郑萼一行来校调研新时期新形势的高校党委统战工作。10月，中央统战部研究室来校调研。

理论研究成果获得多项表彰。1月，中国人民大学政党理论研究基地主持完成的研究报告《民主监督难题的症结所在及其破解之道》被评为全国统战理论政策研究创新成果一等奖；参与完成的《传播视野下统战宣传工作创新专题研究》被评为二等奖；参与完成的《一致性和多样性关系的复杂动态特征及其对统一战线的启示》被评为三等奖。2月，党委统战部、中国人民大学政党理论研究基地主

持完成的研究报告《加强民主党派主体性建设途径初探》被评为二等奖。党委统战部获得2013年度北京市统一战线理论研究与调查研究优秀组织单位奖励。统战部齐鹏飞教授还就香港“双普选”、澳门回归祖国15周年等重大问题，接受采访、担任嘉宾、发表文章，在中外媒体上发表了几十篇文章或访谈，发挥学校在统战研究方面的学术优势。

此外，紧密结合国家重大决策和方针，结合社会发展状况，统战部及时将党外人士的意见建议报送上级有关部门，2014年上报信息共90余篇。

七、统战干部培训工作

学校受中央统战部和教育部委托，以哲学院为依托，举办爱国宗教界人士研修班，取得了良好的教学效果和社会影响。9—12月，举办为期四个月的第九期“爱国宗教界人士研修班”及第二届爱国宗教界人士硕士研究生班。

学校还以培训学院为办学主体，有机整合相关学院相关学科的一流教师为主要教学力量，不定期地接受相关部门委托举办各种短期的统战干部培训班，有计划、成规模地展开培训工作。2014年，先后举办了“中国民主促进会全国宣传部门负责人培训班”“中国农工民主党2014年全国参政议政业务骨干培训班”“九三学社赣京社员培训班”“九三学社内蒙古自治区委员会2014年社员骨干参政议政调研培训班开班”“九三学社湖南省骨干社员培训班”“德阳市民主党派领导班子及骨干成员培训班”等。

附录

2014年中国人民大学全国人大代表、政协委员议案提案一览表

	姓　名	议案提案
全国人大代表	陈雨露	无
	郑功成	关于修改《工会法》的议案 关于修改《劳动合同法》的议案 关于制定《反就业歧视条例》或《就业促进法实施细则》的建议 关于解决异地高考问题、完善引进外籍人才政策体系的建议 关于解决职业病人享受国家残疾人待遇的建议
	庄毓敏	关于我国互联网金融发展监管的建议
全国政协委员	汤维建	关于完善司法拍卖制度，确保司法公正的建议 规范和完善级别管辖制度，努力克服民事司法中的地方保护主义 坚持司法为民，努力破解“诉讼贵” 全面深入推进司法公开，确保司法公正（提案） 加强人民代表大会及其常务委员会对司法工作的监督 修改《安全生产法》应当坚持五个思维 修改《人民检察院组织法》，加强人民检察院对民事、行政诉讼的法律监督
	张风雷	无
	孙萍	无

2014 年中国人民大学北京市人大代表、政协委员议案提案一览表

	姓名	议案提案
北京市人大代表	史际春	勿将政府权力清单等同于具体审批清单，政府公共管理需对社会和市场全覆盖 市政道路停车亟待回归公共属性 将农村地区“换煤”落实到实处的建议 对焚烧秸秆需采取有效措施立即制止的建议 昆玉河两岸人行道应当实际畅通可行的建议 建议主管部门派员到羊坊店街道与颐源居项目拆迁纠纷利害相关人沟通说明解决之疑难，以取得理解
	刘彭芝	关于尽快落实解决我国养老问题的建议 关于多措并举提高民办幼儿园质量的建议 关于建立“公民发布不实信息征信机制”的建议 关于立德树人中强化未成年人法治素养培养的建议 关于解决中小学青年教师住房问题的建议 关于有效实施中小学公民教育的建议 关于改革中小学教师职称评定外语考试要求的建议 关于改革中小学教师职称评定论文发表要求的建议 关于在中小学校开设“文明礼仪”相关课程的建议 关于规范中小学校有严重问题学生休、复学程序的建议
	彭翊	积极推进京津冀协调发展实施产业转移系统工程 加快构建现代公共文化服务体系　实施中华优秀传统文化产品创建与推广工程
	乌云毕力格	关于雍和宫所藏古籍文献整理编目和向读者开放的建议
北京市政协委员	齐鹏飞	关于进一步加强改进“在京港生”教育和管理工作的提案
	袁济喜	关于大力提升首都城市管理执行力的建议 关于大力调整北京业态结构的建议
	庄毓敏	无
	彭丽红	依水发展　构建京津冀“两带一圈”生态经济协同发展区 关于服务多层次出行需求，提升专车市场监管能力的建议
	季冬生	关于北京市为义务教育阶段学生每天提供一瓶奶的建议
	张丽华	关于加强城市精细化管理、规划发展垃圾分类处理及再生资源产业的提案 关于居民社区增加“租房服务”的提案 关于北京市城中村改造的提案

2014 年中国人民大学各民主党派组织机构情况

党派	委员会	支部（支社）	成员数	备注
中国国民党革命委员会		1	18	联合支部
中国民主同盟	1	5	113	联合支部
中国民主建国会		1	25	联合支部
中国民主促进会		1	20	联合支部
中国农工民主党		1	25	
中国致公党		1	10	

党派	委员会	支部（支社）	成员数	备注
九三学社		1	31	
总计	1	11	242	

2014年中国人民大学民主党派成员在其党内任职情况

类　别	所在党派	姓　名
全国（3人）	民盟中央委员（常委）	郑功成
	民盟中央委员	郭国庆
	民革中央委员（常委）	汤维建
北京市（7人）	民盟北京市委委员（常委）	郭国庆
	民盟北京市委委员	彭丽红
	民革北京市委副主任委员	汤维建
	民建北京市委委员	刘太刚
	民进北京市委委员	殷　强
	农工北京市委委员	季冬生
海淀区（5人）	民建海淀区委委员	李艳芳
	民革海淀区工委主委	汤维建
	民革海淀区工委委员	张秀智
	农工海淀区委委员	季冬生
	民进海淀区委副主委	殷　强
石景山区（1人）	民革石景山区工委委员	陈小沁

■ 纪检监察工作

一、概况

2014年，学校纪检监察部门贯彻落实党的十八届三中、四中全会和中央纪委三次、四次全会精神，探索实现“三转”工作要求，认真履行党风廉政建设监督责任。以“阳光招生”和干部监管为着力点，创新举措强化监督。积极顺应双重管理体制，加强信访查办工作力度，夯实纪检监察干部队伍，努力推动学校党风廉政建设和反腐败工作，为学校事业发展提供纪律保障。

二、党风廉政建设

（一）认真履行党风廉政建设监督责任

加强业务学习，充分领会上级要求。认真开展对中央相关文件精神的学习，充分领会上级部门对于高校反腐倡廉工作的新要求，特别是对于纪检监察部门自身工作的新要求，为落实党风廉政建设监督责任奠定基础。

实现“三转”，强化工作能力。按照转职能、转方式、转作风的“三转”要求，积极推进对学校重点领域、重点岗位监督方式的转变，通过梳理工作清单，逐步改变对职能部门业务工作的参与只强调过程监督的工作模式，聚焦中心任务，突出主业主责。

（二）加强惩防体系建设，全面落实党风廉政建设责任制

统筹规划，认真落实任务分工。协助学校党委制定并印发《中国人民大学2014年纪检监察工作要点》和《中国人民大学2014年党风廉政建设和反腐败工作任务分工》，对2014年党风廉政建设工作进行了具体部署，特别对各项工作进行了任务分解，明确了主管校领导、主责单位和相关责任单位，为各项工作落到实处提供了机制保障。

深入推进廉政风险防控管理“三个体系”建设工作。在2013年工作的基础上，又选择了经济学院等10个学院和国际交流处等6个职能部门开展深入推进廉政风险防控管理“三个体系”建设工作。督促大部分单位绘制出了优化后的权力运行流程图，为下一阶段推进相关单位的监督体系和信息化防控体系建设打下了较好的基础。

进一步完善惩防体系建设。在充分调研的基础上，制定了《中国人民大学建立健全惩治和预防腐败体系2013—2017年实施细则》（校党字〔2014〕62号），对2013—2017年学校党风廉政建设和反腐败工作的目标和重点工作作出全面安排。

开展党风廉政建设责任制专项检查。2014年12月23—31日，在全校范围内开展了2014年党风廉政建设责任制落实情况专项检查，对14家单位党风廉政建设责任制落实情况现场检查并出具书面反馈意见，切实做到以查促改，以查促建，不断提升各单位抓党风廉政建设工作的自觉性。

（三）宣传教育工作

1. 坚持做好日常性基础教育

认真组织对上级重要文件、会议的学习。2014年，通过多种形式组织全校党员领导干部认真学习党的十八届三中、四中全会，中央纪委三次、四次全会精神以及教育部党风廉政建设视频工作会议精神。

做好对重点教育对象的廉政和廉洁教育。一是加强党员领导干部的廉政教育。坚持开展对新任干部的廉政谈话工作，2014年共对25位新任副处级干部进行了廉政谈话，并督促其签订了廉政承诺书。会同党委组织部进一步加强了对党员领导干部的廉政教育，基本实现了每月两次专题培训。编印《中国人民大学党风廉政建设制度汇编（三）》，计划2015年初发放到全校所有中层干部进行学习。二是加强重点领域、关键环节工作人员的廉洁教育。譬如，通过重新编印《招生工作廉洁手册》、强调先培训后上岗来不断加强对学校招生工作人员的廉洁教育。

在本部门网站主页及时传达上级有关文件精神和学校党风廉政建设的工作动态，开设近期热点、廉政文化和政策文件等栏目，为广大师生提供了解反腐倡廉整体形势和学校相关工作的重要窗口。

2. 着力做好集中性宣传教育工作

在日常党风廉政建设宣传教育工作基础上，集中组织开展了“2014年党风廉政建设宣传教育月活动”。活动期间专门组织了“高校腐败典型案例警示教育展览”，选取全国高校在科研经费、基建工程、招生就业、物资采购、财务管理、校办企业、学术诚信等七个腐败易发高发领域的35个典型案例，通过对精选案例的深度剖析，为广大党员干部和教职员工长鸣拒腐防变的警钟。

三、纠风和执法监察工作

把握新形势，认清新任务，以“阳光招生”和干部监管为着力点，聚力出拳，创新举措强化

监督。

1. 招生监督落实新举措

选聘社会监督员工作。会同招生部门共同推动了学校本科招生社会监督员工作，向社会公开征聘了10名社会监督员，对学校各类本科招生工作进行监督。7月份，在高考招生录取期间，还配合招生部门组织了媒体开放日和考生开放日活动。

开展新生复查工作。2014级新生入校后，会同有关部门，组织开展了学校第一次新生入学资格全面复查工作。对2014年9月10日至10月20日录取报到的所有学生进行了严格的资格复查，确保招生工作的公平、公正、公开。

2. 干部监管多措并举

完成对全校党政领导干部兼职的清理和整改工作。按照上级有关工作和文件要求，组织全校中层以上干部申报了个人兼职情况，并督促存在不符合规定兼职情况的党员领导干部限期辞去所兼任的职务。

会同党委组织部做好领导干部个人重大事项申报工作。2014年上半年督促全校中层领导干部重新填报了2013年个人重大事项申报表，并安排专人进行信息审核、整理和汇总工作，建立了较为全面的党员领导干部重要事项数据库，为落实上级部门定期抽查核实工作打下了良好的基础。

出台《中国人民大学领导干部问责实施办法（试行）》（校党字〔2014〕52号），对于党员领导干部失职渎职行为，以及抓党风廉政建设不力、不配合纪检监察部门开展工作的行为，规定了追责程序，较为有效地督促党员领导干部切实履行“一岗双责”要求，抓好工作领域内的党风廉政建设。

此外，顺利完成对2014年自主招生、保送生招生、高水平运动员招生、艺术特长生招生、艺术类专业测试等各种特殊类型招生，以及普通本科招生、硕士研究生、博士研究生和留学生招生等各种类型招生的监察工作，确保相关招生工作公平、有序进行。还按照上级部门的要求参与英语国家四、六级考试的监察工作。

开展对基建工程和物资设备采购等项目招投标的监察，全年共参与各类招投标监察52次，招投标小组会议3次。

四、信访信息和查办案件工作

继续做好中央巡视组移交信访举报件的处理工作。根据中央巡视组的意见要求和学校整改工作安排，2014年，纪委办公室（监察处）继续做好中央巡视组移交信访举报问题的处理工作。

完善组织机构，严格工作程序。2014年，纪委办公室（监察处）新设立信访科，增设信访科长一职，并成立信访工作小组，由纪委副书记兼监察处处长任组长，强化对信访工作的领导，加大查处力度。对信访转办工作进行了重新规范，加大督办工作力度，对转办件要求严格按照信访举报工作的有关规定，逐件跟踪核查处理结果。截至2014年12月15日，共受理信访举报60件次，已办结57件次，办结率95%。全年立案2件，对两名违纪人员进行了党纪处理。

及时上报重要问题线索，主动接受上级指导。按照中央纪委驻教育部纪检组和北京市教育纪工委的要求，纪委办公室（监察处）严格执行重要问题线索上报制度，并切实提高初核比例。截至12月15日，共向北京市教育纪工委报告问题线索11条。

五、其他工作

接待教育部专项检查组、南京市秦淮区检察院调查组入校开展调查工作，并认真配合和协助其开展相关工作。

认真开展专题调研和理论研究工作，11月初顺利完成北京市教育纪工委课题“新形势下高等学校廉政文化建设体系研究”。11月13—15日赴中山大学参加第三届中国廉政制度创新学术研讨会。

加强专职干部队伍力量。2014年年底通过校内招聘方式调入专职干部一名，进一步加强信访办案力量。此外，还多次参加教育部、北京市教育纪工委等上级部门组织的业务培训，进一步提高专职干部的业务能力和工作水平。

■ 工会与教代会工作

一、概况

2014年，工会工作以学校教代会、二级教代会建设和职工之家建设为主线，尤其加大对《教职工代表大会规定》和《二级教职工代表大会工作细则》两个文件的宣传和贯彻落实，进一步发挥教代会在学校民主管理中的作用，继续加强教职工立体保障体系建设，积极开展多种形式的文化活动，切实转变工作作风，加强自身建设，为学校综合改革进程做贡献。

二、教代会工作

2014年，学校进一步加强教代会建设，努力完善内部治理结构，进一步团结全校广大教职工围绕中心、服务大局，为又好又快地建设和发展学校贡献力量。

2014年，教代会继续推动《学校教职工代表大会规定》和《中国人民大学二级教职工代表大会工作细则》的贯彻落实，继续加强教代会和二级教代会建设，学校二级教代会召开率达到90%以上。

教代会各专门工作委员会围绕学校年度工作重点，确定自身工作主题与任务并开展工作。召集教代会代表举行《中国人民大学教职工退休管理办法》征求意见会；举行学校年度财务工作及通州新校区建设情况报告会；组织教代会代表参加学校综合改革工作会议，为学校综合改革工作积极建言献策。学校按时举行教代会年会，各代表团围绕学校事业发展情况工作报告等大会文件分别开展讨论和审议，各代表团在讨论审议过程中对学校事业发展情况给予了高度肯定。

2014年教代会以“1420计划”为指引，共征集代表提案39件，内容涉及精细化管理、教学改革、人才队伍建设、校园环境综合治理、节约型校园建设、教职工权益保障等方面。3月，学校第六届教代会提案审查处理工作委员会召开第七次提案审查工作会议，对教代会代表提出的提案进行分类整理，将36份提案和建议中的26份提案作立案处理，13份作建议处理；26份提案中有6份作并案处理。教代会秘书处将提案分类整理情况按照分级负责、归口办理原则反馈至各相关职能部门，并与相关职能部处联合召开教职工代表提案答复会。分别对关于调整教师教学工作量、提高教学质量，建立教师休假制度，更新教学设施，畅通校园网络等提案进行了答复，并与提案人现场进行了交流。本年度提案答复率为100%，提案满意率达到92%。

6月25日，召开教代会代表提案答复会。校党委书记靳诺，党委副书记、纪委书记、工会主席马俊杰出席会议，教代会代表、提案人代表与相关职能部门负责人参加会议。

三、校园文化建设和文体社团工作

2014年校工会在全校范围内组织实施全员健身计划。包括深入开展健身宣传教育，强化教职工全员健身意识；举办健康、健身、养生知识系列讲座，提高教职工科学健身兴趣。以“月月有赛事，天天有运动，人人有特长”为目标，先后组织第二届教职工智力运动会、二十四式简化太极拳培训、2014 年教职工运动会、第七届教职工网球友谊赛、“白羽惜别”羽毛球师生团体赛、“农发院庆杯”乒乓球团体赛、教职工健步走活动。不少分会还根据自身情况和特点开展了多层次、小规模的体育竞赛活动。据统计，全校 57 个分会全部参与，参加活动者达到 8 000 余人次。

2014 年，校工会在全校范围内创新实施教职工全面素质提升计划，开展教职工拓展培训系列活动和多场关爱师生健康的讲座，旨在通过搭建服务教职工的新平台和新空间，保证广大教职工在教学管理工作之余，能够形成健康生活、积极向上的生活态度。全年举办健康养生、职业病防护、亲子互助、书法国画、戏曲赏析等十场讲座，教职工热情高涨，参与者达 1 200 余人次。

四、妇女、计划生育及职工互助保险工作

2014 年，学校妇女工作紧紧围绕中心，服务大局，深入调查研究，倾听广大女教职工的声音，开展了系列活动。3 月 5 日，全国妇联副主席孟晓驷来到学校庆祝“三八”国际妇女节趣味运动会现场，与学校广大女教职工共同庆祝“三八”妇女节。校工会创立“魅力女性讲堂”，关心和了解女教工不同层次的需求，有针对性地开展工作，调动女教工参与教育教学改革的积极性。4 月 15 日，全国妇联副主席孟晓驷做客“魅力女性讲堂”，做题为《创美满人生做成功女性》的主旨演讲。6 月 18 日，中国癌症基金会“走进高校预防乳腺疾病科普系列活动”启动仪式在学校举行。

2014 年，学校计划生育工作稳步开展。全年共为 98 人办理生育服务证；开展妇女、计划生育委员工作培训。3 月 14 日，邀请北京市海淀区海淀街道计划生育委员会办公室为学校教职工举办计划生育政策调整实施解读培训会。4 月中旬，校工会组织开展人口和计划生育知识竞赛活动，提升计划生育宣传员对计划生育知识以及“单独二孩”相关政策的知识普及。

继续推进教职工健康立体保障体系建设。学校 57 个分会全部办理“京卡·互助卡”，总计 3 700 余张，会员信息采集率达到 96%，办理率达到 94%。

深入实施送温暖工程，积极走访慰问重疾重困职工、劳模，探索完善工会帮扶工作的长效机制，建立健全关爱教职工的立体保障机制，增强教职工抵御意外风险的能力。2014 年，全校共有 3 057 名职工办理职工互助保险，投保率为 82.6%。其中新入会 377 人，保额 57 118 元，发放赔付款 12 125 元。同时简化学校爱心互助金和关爱师生基金操作规程，方便教职工。2014 年，关爱师生基金和爱心互助金共资助 22 位师生员工，其中学生 5 人、在职教职工 9 人、离退休教职工 8 人，补助原因包括因患重大疾病补助 21 人，因发生重大车祸补助 1 人，其中个人最高补助额度达到 8.5 万元，总资助金额为 70.4 万元。

五、师德建设工作

校工会积极贯彻加强青年教师思想政治教育工作的要求，围绕学校教学发展和人才培养的大局开展工作。校工会联合学校相关职能部门，开展青年教师主题沙龙，社会实践，理论与实践研究课题论证会等活动，提高教职工业务素质和育人能力，增强教职工的归属感和认同感，为青年教职工提高业务能力和创新能力搭建交流和快速成长的平台。

1 月 14 日，中国人民大学 2013 年教代会、工会总结表彰会举行，总结表彰校级先进分工会、优秀工会工作者、工会积极分子，并对人大健康之星获奖代表、青年管理干部岗位技能大赛获奖代表进行了表彰。

5 月，社会与人口学院陶涛被授予“2014 年首都劳动奖章”。陶涛于 2013 年代表学校参加北京市

第八届青年教师教学基本功比赛，获得文科组第一名。

9 月 10 日，学校举行第 30 个“教师节”庆祝表彰会。一批优秀教师以及从事教育工作 30 年的教职工受到学校表彰。校党委书记靳诺、校长陈雨露出席表彰大会，并为获得荣誉的教职工颁奖。

2014 年 4 月，校工会举办后勤系统职工岗位技能大赛。本次比赛共设置烹饪技术展示大赛、消防安全技能比赛、客房服务技能比赛、幼儿园教师授课技能展示、水暖技能比赛、电力技能比赛和急救护理技能竞赛等 7 个比赛大项。竞赛共分为初赛、决赛两个阶段进行，共有 300 余名职工参加预赛，最终有 90 余名职工入围最终决赛。后勤职工岗位技能竞赛也是继学校青年教师教学基本功比赛、管理干部岗位技能竞赛活动之后，学校又推出的一个服务后勤职工成长成才的平台。

在 2014 年北京市师德标兵、师德先进个人选树活动中，附属小学李峥被评为 2014 年北京市师德标兵，公共管理学院叶裕民、文学院孙郁、国际关系学院时殷弘、商学院赵西卜以及附属中学周建华被评为 2014 年北京市师德先进个人。

2014 年，校工会还通过举办青年教师主题沙龙，组织青年教师参加社会实践，分别前往北京顺义鲜花港、丰台南宫村。

六、组织宣传和其他工作

2014 年，工会宣传信息工作不断加强，各分会风采得到充分展示。学校工会也积极向市教育工会通报工作，投稿数量稳居前三；设立建家项目经费申报制，财务工作的收支管理更加规范完善；扎实做好先进职工之家创建活动。

全校创新推行建家项目申报制，不断丰富职工之家建设的内容和方法。在推行建家项目申报的过程中提出尊重基层分会想法、发挥职工热情，通过“以点带面”的方式，激活基层建家的动力的发展思路，有效提升了基层分会的主动性和积极性，丰富了工会工作内容。全年共有 37 家基层分会申报 64 项建家活动，内容包括组织建设、文化建设、体育健身和团队拓展活动等。5 月 12 日，学校举行建家经费项目论证评审会，研讨分会建家经费项目的立项意义、组织实施方式以及经费用途，进一步贯彻落实建家项目经费申报制。9 月 29 日，工会举行 2014 年职工小家建设项目中期成果展示活动，来自公共管理学院、校医院、文学院、财政金融学院、图书馆的五家分会进行了分享。

2014 年，学校荣获北京市教育系统综合考评奖和特色工作奖，图书馆分会获评“北京市模范职工之家”，校工会常务副主席孙华玲当选为北京市总工会第十三届委员会委员。

■ 共青团工作

一、概况

2014 年，共青团在学校党委和上级团组织的领导下，深入学习贯彻党的十八大和十八届三中、四中全会精神，紧紧围绕“1420 行动计划”与“本科人才培养路线图”的重点工作，把握培养“厚重”人才的育人核心不动摇，坚持对广大青年学生的思想引领，营造良好的校园文化环境，积极培养青年全面综合的个人素质，为促进建设“人民满意、世界一流”大学做出努力和贡献。

2014 年，校团委坚持贯彻“两个全体覆盖”的工作理念，扎实开展各项组织工作，全面推进共青团组织建设，为组织发展提供了动力与支持。校团委坚持思想引领的基本职能，推进理论学习与工作交流长效化。组织全校共青团系统干部学习实践党的群众路线，贯彻落实中央八项规定，切实改进工作作风、密切联系群众，把思想和行动统一到中央和学校的各项精神上来。紧紧围绕学校建设发展的大局和服务青年学生成长成才的需要，开展了旗帜鲜明、主题突出、层次丰富、富有特色的学生活动。同时，积极探索青年工作的变化规律，创新活动载体、繁荣校园文化氛围，坚持以“文化育人”为核心目标，不断强化当代青年理想信念教育，建设具有崭新时代特征的校园文化。

2014 年，共青团不断完善工作制度，积极服务推动广大青年学生成长成才，课外学术科技工作取得新成绩，社会实践育人实现新突破，志愿服务工作开拓新领域。

二、组织建设

2014 年，校团委扎实开展各项组织工作，全面推进共青团组织建设。积极开展不同层次、不同规模的共青团系统理论学习活动，在全校范围内开展“五四”主题团日活动，覆盖到以班级为单位的基层团支部，认真学习习近平总书记系列重要讲话精神，践行社会主义核心价值观。开展 2013—2014 年度团员教育评议活动，获评北京市五四红旗团委 1 个、优秀共青团员 1 人、三好学生 32 人、优秀学生干部 12 人；“先锋杯”首都高校优秀基层团干部 24 人、优秀共青团员 24 人、优秀团支部 23 个；评选中国人民大学优秀共青团干部校级 69 人、院级 740 人，优秀共青团员校级 546 人、院级 1 078 人，优秀团支部校级 34 个、院级 151 个。同海淀街道合作开展区域化团建工作；积极开展共青团工作创新试点项目申报和推进工作，“千人百村”活动获评全国创新试点项目。做好团情统计、团费收缴，在校生入团与补办团员证，新生和毕业生团组织关系转接，团干部信息采集、任免、定级与输送等工作。

2014 年，大力实施“青年马克思主义者培养工程”，成功举办 2013 级新生团校、2014 年高阶团校和 2014 级新生团校，首次采用学分制，加强社会实践、体育锻炼、志愿服务方面的教学培训，增强管理、考勤、考核、评优力度，440 名学员参加学习并顺利结业。

三、宣传工作

2014 年，校团委坚持理论与实践相结合，围绕党和国家的要闻大事，切实有效地开展重点宣传。有效利用《青年人大》报纸及其新媒体等宣传载体，充分发挥深度报道和理论评论优势，组织开展了“APEC 峰会”“培育践行社会主义核心价值观”等多版重点专题；以《青年人大》报纸及其新媒体等为载体，做好共青团重大活动宣传报道，及时传达上级团组织的工作要求，积极推动学校共青团工作理论宣传与研究。

2014 年，校团委坚持做好信息报送，创新手段推动共青团宣传工作发展。出版发行校团委机关报《青年人大》24 期，适时推出“三走”特刊、习总书记五四讲话特刊、元旦特刊、迎新特刊等；发行《团学工作简报》50 余期，发布人大青年网新闻消息 1 000 余条；报送党委宣传部稿件 300 余篇，其中近 200 篇被作为人大要闻在新闻网首页或信息电子屏报道，还有多篇报道被校报及校内外新闻媒体采用；制作青人影像播报 13 期、青人快讯 2 期并在人大信息电子屏上播放，累计编辑发送《青人手机报》188 余期。进一步丰富和创新信息宣传载体，青年人大公共微信平台平稳运营，编辑发送 182 期微信，加强对人大保安队伍、烈士纪念日等重点宣传内容的线上报道与互动，开设“一城一味”“微言书影”“图说一周”等特色栏目，使微信主题鲜明、重点突出、内容丰富、图文并茂，充分发挥新媒体覆盖面广、互动性强、传播速率快等优势，增强宣传报道的力度和有效性。同时，院系分团委和学生组织宣传主体功能日益突出，各院系发送各类活动新闻稿件 700 余篇，以纸媒、新媒体形式编辑报送 500 余篇，全面呈现人民大学团学活动精神风貌。

四、课外学术活动

2014 年，学校在各类高校学生课外学术科技作品竞赛中屡获佳绩。在第十六届“创新杯”学生学术科技作品竞赛中，组委会共收到来自全校 23 个学院的 400 余篇学术及创业类作品，参赛作品数、参赛学生数量再创新高，参赛作品质量稳步提升；在 2014 年“创青春”首都大学生创业大赛中，学校获 2 枚银奖、5 枚铜奖；2 篇优秀作品参加 2014 年“创青春”全国大学生创业大赛，获得 1 枚铜奖。

五、社会实践

2014 年，学校保持原有七类社会实践项目和品牌项目，“千人百村”社会调研活动稳步推进，共组织 665 支团队、5 645 名人大学生赴全国 34 个省（自治区、直辖市和特别行政区）和海外地区开展社会实践活动，继续搭建人才培养、科学研究、社会服务有机融合的创新平台。《人民日报》、《光明日报》、人民网、新华网等媒体对学校学生社会实践及“千人百村”社会调研活动进行了专题报道。

2014 年，按照“突出创新、注重特色、开放共享”的原则，着力加强社会实践校内基地建设。建设面向全校同学开放的“千人百村”工作坊，启动“千人百村”学术社区各项活动，组织“千人百村”分享会，优化校学生社会实践服务中心的组织结构，着力深化学生社会实践的前后期辅导，加强实践团队的交流和互助，促进社会实践成果的转化。

2014 年，“千人百村”社会调研活动继续在 2013 年经科学抽样产生的 162 个自然行政村开展，1 092 名师生继续深入田间地头、了解乡村风貌、调研基层民生、体悟农民生活，围绕中国农村民生问题开展农村田野调查、入户问卷调查、深度访谈，重点关注农村教育、能源消费、养老、土地权益、公共文化服务、基层民主等现实问题及相关政策实施情况。靳诺书记、陈雨露校长、张建明常务副书记、伊志宏副校长、吴付来副书记、洪大用副校长分别赴西藏、江苏、黑龙江、贵州、福建、四川参与“千人百村”社会调研并看望参与慰问调研的师生团队。2014 年 7 月，“千人百村”社会调研项目获得 2012—2013 年北京高等学校党的建设和思想政治工作优秀成果一等奖。

六、校园文化

2014 年，校团委以“中国梦·人大情”为主题，统筹各项校园文化活动。承办由中宣部、教育部、团中央共同主办的“百位共产党人百篇小传”庆“七一”朗诵会和首场朗诵活动，讴歌中国共产党人的崇高精神品质，弘扬社会主义核心价值观；举办“中国梦·人大情”中华传统文化体育主题活动日活动，团中央书记处第一书记秦宜智亲临活动现场并与同学们一同参加活动；承办“中国梦·赶考行”话剧展演、原创公益校园剧《牵挂》展演、大型原创聂耳音乐剧《国之歌》演出等多项重点文化活动。

继续优化“五四”文化艺术节内容和赛制，在原有主持人、朗诵、小品曲艺、舞蹈、微电影等比赛基础上，举办传统文化风采大赛、“歌声飘过二十年”露天演唱会等活动，进一步提升活动影响力；着力扩大“一二·九”合唱音乐节参与度，突出师生共同参与，全校 23 个学院参赛，参演师生逾 2 000 人次；创新 2014 年毕业生文艺晚会形式，将舞台交给 2014 届毕业生，设计了一系列独具新意的环节；新生文艺汇演由全校 24 个学院的新生自编、自导、自演节目，新生通过形式多样、内容丰富的文艺节目展现了对大学生活的美好向往。

七、学生社团

2014年，学校学生社团蓬勃发展，社团活动日益丰富。2014年，学生社团联合会对所有社团进行了重新注册。重新注册后的学生社团共六大类，共计110个，其中社会公益类19个，交流实践类19个，体育健身类24个，文化娱乐类22个，学术科研类23个，理论研究类3个。

社团联合会及全校学生社团举办了丰富多彩的社团活动，主要有："社团嘉年华"大型室外游园活动、"百团大战"社团招新活动、"萌之韵"大型文艺汇报演出等。各类活动精彩纷呈，充分展现了人大学子健康向上的精神面貌。

八、志愿者工作

2014年，学校继续组织开展各项志愿服务活动，不断构建完善志愿服务工作长效机制，持续培育弘扬志愿服务精神和文化。在第五十二届首都大学生田径运动会、第四届世界汉学大会、2014APEC峰会、第四届"感动人大"十佳志愿服务项目评选活动中，志愿精神得到集中、广泛的宣传，大量师生参与到志愿事业中。同时，突出常规活动特色，组织实施同伴教育、社区服务、扶贫支教、文化助残、环境保护、献血急救、校友服务等各项具有特色的志愿服务活动，着重加强宣传了青春健康系列活动、海淀社区支教、社区文化节等一系列品牌活动。

2014年，在组织和管理机制方面，推进制度化、规范化、信息化建设，继续完善《中国人民大学青年志愿者志愿服务时数认证办法》，推动青年志愿工作制度建设；同时利用"志愿北京"平台，将全校的志愿活动统一纳入系统管理，做好志愿者工作档案整理工作；采取常规表彰与年终表彰相结合的方式，定期评选"志愿者之星""优秀志愿项目"等。

九、学生会和研究生会工作

（一）学生会

2014年，学生会紧扣主题，创新形式，着力加强思想引领。以理想信念教育为核心，以社会主义核心价值观教育为主题，以理论学习座谈会、先进人物报告会、主题展览和新媒体平台讨论等形式认真学习党的十八大和十八届三中、四中全会精神和习近平总书记系列重要讲话精神，先后组织开展了全国"两会"、五四青年节、国家烈士纪念日、国家公祭日主题教育活动。

4月20日，学校第三十一次学生代表大会召开，审议并通过第三十届学生会委员会工作报告，选举产生第三十一届学生会委员会，通过新修改的学生会章程。以大会召开为契机，校学生会在组织制度、机构设置、人员选拔等方面进行了改革：增设学生会委员会主任、副主任，发挥学生会委员会作为学生代表大会闭会期间的常设权力机构和监督机构作用，每月听取学生会主席团和职能部门工作汇报、财务报告、人事报告；首次采用差额的方式选举产生学生会主席团、主席，巴思齐当选学生会主席、王笑蕊任学生会委员会主任。

2014年，学生会紧紧抓住"走下网络、走出宿舍、走向操场"主题群众性课外体育锻炼活动试点工作机遇，勇于创新、精心策划，将"三走"活动与弘扬传统文化相结合、与社会主义核心价值观教育相结合，组织开展了一批充分体现学校特色的活动，获得高度肯定："中华传统文化体育主题活动日""为爱奔跑·情暖冬衣公益夜跑活动"等入选"三走"活动优秀案例，在全国范围内推广并被各类媒体广泛报道，中国人民大学剑道社获评"全国百佳体育公益社团"，知行二楼306宿舍获评"中国大学生百炼之星标兵"。

此外，学生会先后组织举办了第三届智力运动会、第十届“你的舞台”校园歌手大赛、第十八届服饰文化节、第二十二届辩论赛、第十五届健美操大赛等一系列校园文体活动，参与人数达到8 000余人次；还开展了暖冬游园会、“感恩节”“母亲节”“女生节”等特色活动。

同时，学生会继续做好“权益服务日”活动并建立网络微信平台权益通道，广泛收集同学们的权益问题，继续加强同学校有关部门的沟通和交流，快速高效地解决权益服务问题；牵头筹建学生伙食委员会，开展在京高校餐饮伙食工作调研。

（二）研究生会

2014年，校研究生会举办了一系列学术、社会实践和文体竞技活动：先后邀请中共吉林省委原副书记林炎志、中共中央政策研究室原秘书长赵涛、国家海洋局政策法规和规划司原司长王殿昌、新华社对外新闻编辑部主任严文斌等嘉宾走进校园，向同学们就青年使命、经济政策、海防、对外新闻等社会热点话题进行剖析；邀请温铁军、韩大元、刘大椿、金灿荣等教授做客“立德公开课”，并积极筹办研究生学术文化节，与广大同学就各学科的热点问题进行深入交流。

2014年，校研究生会以“农村面貌改造提升”为主题，赴河北省正定县开展社会实践活动。校研究生会实践团福建宁德调研手记《宁德有个“海上枫桥”》被《人民日报》刊登发表，取得了良好的社会反响。在职业发展方面，校研究生会积极开展“职业发展月”系列活动，为人大学子提供职业规划和就业指导服务。此外，校研究生会积极组织“研而立德，筑梦之约”迎新晚会、“图说人大”摄影比赛、“东方今典杯”首都高校研究生足球邀请赛、奥运冠军面对面、新年音乐会等一系列精彩的文体活动，丰富学生业余生活；校研究生会继续编辑《研究生时代》《研究生通讯》等刊物，运营研究生会官方微博，粉丝数量突破10万；举办第二届全国高校研究生新媒体发展论坛等。

十、社会勤工助学工作

2014年，校团委积极支持勤工助学工作，帮助困难同学寻找勤工助学机会，提升广大同学的职场素质和就业能力。举办模拟面试大赛、“走进百年企业”等活动为同学们提供实践锻炼平台；开展兼职信息服务，全面提供勤工俭学信息；勤工助学服务中心共为人大学生提供各类家教、兼职岗位830个（其中各类家教岗位124个，兼职岗位706个）。举办第四届家教论坛、创业之星大赛、全国互联网公益巡讲、中国人民大学第一届创业创新引领计划、模拟面试大赛、文化衫大赛、“人大·泥好”软陶泥设计制作大赛等学生活动。全年共举办9个定期常规活动，合计64场，包括8场“阅读时光”活动、28场主题书市活动、3场走进百年企业活动、2场兼职招聘会及18场便利学生服务活动和5个大型品牌活动，重点体现“服务”的理念。

附录

中国人民大学2014年“创新杯”竞赛情况统计

第十六届“创新杯”学生学术科技作品竞赛（2014）	
特等奖（件）	18
一等奖（件）	34

第十六届“创新杯”学生学术科技作品竞赛（2014）	
二等奖（件）	67
三等奖（件）	138
获奖学生（件）	923
获奖总数（件）	257

2014 年“创青春”首都大学生创业大赛情况统计

2014 年“创青春”首都大学生创业大赛	
银奖	2
铜奖	5
获奖总数	7
参赛作品	14
获奖人数	31

2014 年“创青春”全国大学生创业大赛获奖名单

2014 年“创青春”全国大学生创业大赛	
铜奖	1
获奖总数	1
参赛作品	2
获奖人数	2

中国人民大学共青团系统 2014 年获评北京市各类奖励情况统计

奖项名称	获奖单位（个人）
北京市五四红旗团委	财政金融学院分团委
北京市优秀共青团员	钱　程
北京市三好学生	孙　挺　黄　昊　于璐源　王梓旭　李天龙　王钰瑾　胡秋月　李　涛　高　壮　聂　炜　季　雷　陈　诚　刘东东　黄会一　刘　峰　雷　望　崔学芳　杨轶尘　杨俊华　郑日强　何　雨　张　曼　肖栩岩　王　煜　黄小轩　陈楚湘　王芳菲　刘令宇　张　琦　王　皓　黄　鹏　刘伟彬

奖项名称	获奖单位（个人）
北京市优秀学生干部	陈　效　刘名扬　赵彦若　刘新宇　杨子强　巴思齐　刘钠明 刘子昂　王笑蕊　王钰芒　罗　鍙　曹源翼
“先锋杯”首都高校优秀基层团干部	李　广　肖　晶　田　野　熊宇平　商　竞　任幸子　孙连福 周宇翔　张绵绵　高　壮　金梦迪　陈　岩　向　攀　米庆松 杨俊华　孙　铭　先虹锦　李　政　张　舵　陈　莹　李洪满 熊一璠　肖　锋　方士达
“先锋杯”首都高校优秀共青团员	李秋荣　布　超　吴非平　钱　坤　王子韬　聂大海　巴思齐 文　强　李焕宏　程　超　李佳厚　车思蕊　张冬冬　辛昱杭 彭　萧　邱子真　孟一凡　邱志伟　刘令宇　张　琦　卢梦瑶 张家兴　罗　霄　田中笑
“先锋杯”首都高校优秀团支部	财政金融学院 2010 级本科金融 3 班团支部 法学院 2011 级本科法学工商实验班团支部 公共管理学院 2011 级本科城管系团支部 国际关系学院 2012 级本科国际政治 3 班团支部 国学院 2012 级本科班团支部 环境学院 2011 级本科公共事业管理班团支部 经济学院 2012 级本科经济学 2 班团支部 劳动人事学院 2010 级本科人力资源管理 2 班团支部 理学院 2013 级本科心理学班团支部 历史学院 2012 级本科班团支部 马克思主义学院 2012 级本科班团支部 农业与农村发展学院 2011 级本科 1 班团支部 商学院 2011 级本科会计 3 班团支部 社会与人口学院 2011 级本科社会学班团支部 苏州校区 2011 级本科金融实验班团支部 统计学院 2011 级本科班团支部 外国语学院 2013 级本科德语班团支部 文学院 2012 级本科基地班团支部、 新闻学院 2010 级本科国防班团支部 信息学院 2012 级本科理科试验 6 班团支部 信息资源管理学院 2011 级本科国防班团支部 艺术学院 2011 级本科中国书画班团支部 哲学院 2012 级本科班团支部

人物

■ 中国共产党全国代表大会代表、全国人大代表和政协委员

全国人大代表

第十二届　郑功成(常委)　陈雨露　庄毓敏

全国政协委员

第十二届　汤维建　张风雷　孙　萍

■ 中国共产党北京市代表大会代表、北京市人大代表和政协委员

中国共产党北京市代表大会代表

第十一届　陈雨露　伊志宏　唐传英

北京市人大代表

第十四届　史际春（常委）　刘彭芝　彭　翊　乌云毕力格

北京市政协委员

第十二届　齐鹏飞　袁济喜　庄毓敏　彭丽红　季东生　张丽华

■ 民主党派中央委员、北京市委委员

民盟中央第十一届中央委员会常委	郑功成
民盟中央第十一届中央委员会委员	郭国庆
民革中央第十二届中央委员会常委	汤维建
民盟北京市第十一届委员会常委	郭国庆
民盟北京市第十一届委员会委员	彭丽红
民革北京市第十四届委员会副主任委员	汤维建
民建北京市第十届委员会委员	刘太刚
民进北京市第十四届委员会委员	殷　强
农工北京市第十二届委员会委员	季冬生

■ 第七届国务院学位委员会委员

陈雨露

■ 国务院学位委员会第七届学科评议组成员

（以姓氏笔画为序）

王子今　王利明　冯惠玲　伊志宏　杨瑞龙　杨慧林　吴晓求　何家弘　张　法
张成福　张雷声　陈雨露　袁　卫　黄嘉树　喻国明　温铁军　翟振武　魏　坚

■ 第四届北京市学位委员会委员

杨慧林　吴晓求

■ 北京市学位委员会第二届学科评议组成员

王利明　刘大椿　杨瑞龙　杨慧林　吴晓求　徐二明　秦　宣　秦惠民　黄朴民

■ 第二届教育部社会科学委员会委员

顾　问：	黄　达
副主任：	罗国杰（哲学）
	曾宪义（法学）
委　员：	
马克思主义理论学部：	张雷声（马克思主义基本原理）
哲学学部：	陈先达（马克思主义哲学史、召集人）
	方立天（佛教哲学、中国哲学史）
	罗国杰（伦理学）
	郭　湛（马克思主义哲学）
语言文学、新闻传播学和艺术学学部：	郑保卫（新闻学）
经济学学部：	杜厚文（世界经济）
	袁　卫（统计学）
法学学部：	曾宪义（法律史）
	王利明（民商法）
	余劲松（国际经济法）
政治学、社会学和民族学学部：	郑杭生（社会学）
管理学学部：	纪宝成（商业经济管理）
	冯惠玲（档案学）

■ 第六届教育部科学技术委员会委员

王孝群　杜小勇

■ 教育部社会科学委员会学风建设委员会委员

秦惠民（秘书长）　顾海兵

■ 中央“马克思主义理论研究和建设工程”成员

（截至 2014 年 12 月 31 日）

马克思主义哲学教材编写课题组：

罗国杰　陈先达

社会学教材编写课题组：

郑杭生（首席专家）　洪大用（首席专家）

法学教材编写课题组：

许崇德（首席专家）　朱景文

史学教材编写课题组：

李文海（首席专家）　戴　逸　徐兆仁

新闻学概论（教材）：

何梓华（首席专家）　成　美　郑保卫

文学教材编写课题组：

陆贵山

马克思主义政治经济学教材编写课题组：

纪宝成（首席专家）　张　宇（首席专家）　林　岗　张雷声　卫兴华　吴易风

科学社会主义教材编写课题组：

许征帆　刘建军

高校思想政治理论课教学大纲和教材编写课题组——马克思主义基本原理组：

许征帆（首席专家）　刘建军（首席专家）

高校思想政治理论课教学大纲和教材编写课题组——毛泽东思想、邓小平理论和“三个代表”重要思想概论组：

秦　宣（首席专家）

高校思想政治理论课教学大纲和教材编写课题组——中国近现代史纲要组：

王顺生

高校思想政治理论课教学大纲和教材编写课题组——思想道德修养与法律基础组：

罗国杰（首席专家）　吴潜涛（首席专家）（调走）　王　易（首席专家）

马克思主义哲学史：

庄福龄（首席专家）　梁树发

西方政治思想史：

王乐理

当代国际政治（中共中央宣传部）：

李景治（首席专家）　陈　岳　叶卫平　李世安

世界经济概论：

杜厚文（首席专家）　关雪凌

西方经济学：

吴易风（首席专家）　吴汉洪　刘凤良

宪法学：

许崇德（首席专家）　韩大元（首席专家）　胡锦光

当代中国政治制度（中共中央宣传部）：

杨光斌

中国共产党史（中共中央宣传部）：

杨凤城

西方社会学理论评析：

刘少杰（首席专家）
伦理学：
焦国成（首席专家） 葛晨虹
中国政治思想史：
宋少鹏
中国哲学史：
彭永捷
西方哲学史：
张志伟
马克思主义经济学说史：
姚开建 孟 捷 张 旭
马克思主义发展史：
张雷声（首席专家） 张 新
《资本论》导读：
林 岗（首席专家） 邱海平 杨 志
中国文化概论：
陈先达 张 法
马克思主义哲学经典著作导读（中国社会科学院）：
郝立新（首席专家）
世界现代史：
李世安（首席专家）
马克思主义史学经典著作导读：
李文海（首席专家） 王顺生

■ 教育部高等学校教学指导委员会委员（2013—2017 年）

金融学类专业教学指导委员会：
陈雨露（主任委员） 张 杰（秘书长）
档案学专业教学指导委员会：
冯惠玲（主任委员） 张 斌（秘书长）
社会学类专业教学指导委员会：
李路路（主任委员） 洪大用（副主任委员兼秘书长）
农业经济管理类专业教学指导委员会：
唐 忠（主任委员） 曾寅初（秘书长）
法学类专业教学指导委员会：
王利明（副主任委员） 韩大元
中国语言文学类专业教学指导委员会：
杨慧林（副主任委员）

工商管理类专业教学指导委员会：
伊志宏（副主任委员） 王化成
哲学类专业教学指导委员会：
郝立新（副主任委员）
物理学类专业教学指导委员会：
王孝群
大学计算机课程教学指导委员会：
杜小勇（副主任委员）
文科计算机基础教学指导分委员会：
杜小勇（主任委员） 尤晓东（秘书长）
新闻传播学类专业教学指导委员会：
倪 宁（副主任委员）
公共管理类专业教学指导委员会：
董克用（副主任委员） 蓝志勇（秘书长）
财政学类专业教学指导委员会：
郭庆旺（副主任委员）
经济学类专业教学指导委员会：
杨瑞龙（副主任委员）
政治学类专业教学指导委员会：
陈 岳（副主任委员）
马克思主义理论类专业教学指导委员会：
张雷声（副主任委员） 秦 宣 齐鹏飞
统计学类专业教学指导委员会：
金勇进（副主任委员）
大学外语教学指导委员会：
贾国栋（副主任委员） 成同社
教育学类专业教学指导委员会：
胡 娟
图书馆学专业教学指导委员会：
索传军
心理学类专业教学指导委员会：
孙健敏
信息安全专业教学指导委员会：
石文昌
艺术学理论类专业教学指导委员会：
郑晓华
电子商务类专业教学指导委员会：
宋远方
经济与贸易类专业教学指导委员会：
雷 达
历史学类专业教学指导委员会：
刘后滨

美术学类专业教学指导委员会：
徐唯辛
实验室建设指导委员会：
武宝瑞
会计学专业教学指导分委员会：
王化成（副主任委员）
德语专业教学指导分委员会：
任国强

■ 高等学校思想政治理论课教学指导委员会委员（2010—2014年）

高校思想政治理论课教学指导委员会：
罗国杰（顾问） 马绍孟（顾问） 王顺生（副主任委员）
“马克思主义基本原理概论”分教学指导委员会：
张雷声（副主任委员） 刘建军
“毛泽东思想和中国特色社会主义理论体系概论”分教学指导委员会：
秦 宣（主任委员）
“中国近现代史纲要”分教学指导委员会：
王顺生（主任委员）

■ 第六届吴玉章基金委员会名单

名誉主任：李 鹏 宋 平 袁宝华
主任委员：马 凯
副主任委员：（按姓氏笔画排序）
王伟光 冯惠玲 纪宝成 陈雨露 赵启正 袁贵仁 黄 达 程天权
靳 诺 蔡 武 蔡赴朝 雒树刚
委 员：（按姓氏笔画排序）
马绍孟 王伟光 王利明 方汉奇 叶 朗 冯其庸 冯惠玲 邬沧萍 庄福龄 刘大椿
刘元春 齐世荣 孙 郁 纪宝成 杜厚文 李 扬 杨瑞龙 杨慧林 吴树青 吴晓求
张文显 张东刚 张卓元 陈雨露 罗国杰 郑水泉 赵启正 郝立新 洪银兴 贺耀敏
秦 宣 秦惠民 袁宝华 袁贵仁 顾 涛 顾明远 顾海良 黄 达 黄朴民 曹明新
程天权 程恩富 傅璇琮 温铁军 谢维和 靳 诺 蔡 武 蔡赴朝 雒树刚 戴 逸
秘 书 长：王利明
副秘书长：郑水泉 刘元春
司 库：顾 涛

中国人民大学荣誉教授

哲学院：

萧　前　罗国杰　黄顺基　夏甄陶

历史学院：

戴　逸　王思治

经济学院：

宋　涛　吴大琨　卫兴华　高鸿业　胡　钧

财政金融学院：

黄　达　王传纶　周升业　陈　共

农业与农村发展学院：

周　诚　严瑞珍

法学院：

高铭暄　许崇德　孙国华　王作富

马克思主义学院：

许征帆　庄福龄　何　沁　彭　明　刘佩弦　彦　奇　林茂生

社会与人口学院：

邬沧萍

国际关系学院：

高　放

新闻学院：

方汉奇　蓝鸿文　甘惜分

商学院：

李占祥

公共管理学院：

钟契夫

中国人民大学首批荣誉一级教授

（按姓氏笔画排序）

卫兴华　王传纶　方汉奇　甘惜分　邬沧萍　罗国杰　夏甄陶　高　放　高铭暄

注：2009年5月20日，学校印发《关于授予卫兴华等9人中国人民大学首批荣誉一级教授称号的决定》（2008—2009学年校政字19号）。

中国人民大学第二批荣誉一级教授

（按文件顺序排序）

黄顺基 孙国华 陈 共 许征帆 周 诚 何 沁 李占祥 周升业

王作富 胡 钧 许崇德 庄福龄 严瑞珍

注：2013 年 1 月 11 日，学校印发《关于授予黄顺基等 13 位退（离）休老专家荣誉一级教授称号的决定》（2012—2013 学年校政字 18 号）。

中国人民大学首批一级教授

（按姓氏笔画排序）

方立天 刘大椿 纪宝成 李文海 吴易风 宋 涛 张立文 陈先达

周新城 郑杭生 胡乃武 黄 达 曾宪义 戴 逸

注：2009 年 5 月 20 日，学校印发《关于聘任中国人民大学首批一级教授的决定》（2008—2009 学年校政字 20 号）。

2014 年中国人民大学教授

（以聘任年月为序，包括党政、教辅正高职，截至 2014 年 12 月 31 日）

哲学院：

张立文 方立天 陈先达 刘大椿 郭 湛 段忠桥 焦国成 李秋零
张 法 王鸿生 郝立新 马俊峰 张志伟 龚 群 向世陵 李 燕
张风雷 葛晨虹 肖群忠 欧阳谦 何光沪 温金玉 刘敬鲁 牛宏宝
干春松 何建明 彭永捷 李 萍 刘晓力 韩东晖 张文喜 罗安宪
杨武金 王伯鲁 吴 琼 彭新武 温海明 张立波 聂敏里 曹 刚
王宇洁 姚新中 林美茂 刘永谋 曹 峰

（注：方立天于 2014 年 7 月去世）

文学院：

程光炜 杨慧林 许 鹏 李 泉 贺 阳 冷成金 王贵元 卢铁澎
罗青松 劲 松 李 今 王家新 马俊杰 张永青 耿幼壮 刘小枫
孙 毅 阎连科 梁 坤 陈满华 曾艳兵 高旭东 徐正英 朱万曙
王 昕 刘震云 Leeb Leopold 杨联芬 陈前瑞 陈奇佳 范方俊
张洁宇

（注：许鹏于 2014 年 2 月退休）

历史学院：

徐兆仁 孙家洲 徐 浩 王皖强 牛润珍 郭双林 孟广林 魏 坚
马克锋 刘后滨 包伟民 许海云 韩树峰 吕学明 赵 珍 李梅田

李晓菊

清史所：

戴　逸　黄爱平　陈　桦　黄兴涛　刘凤云　杨念群　华林甫　夏明方
祁美琴　张永江　朱　浒

国学院：

黄克剑　袁济喜　黄朴民　诸葛忆兵　杨庆中　沈卫荣　乌云毕力格
王子今　梁　涛　孟宪实　李　肖　韩　星　Solonin Kirill

经济学院：

吴易风　胡乃武　黄泰岩　黄卫平　顾海兵　林　岗　杨瑞龙　陈　建
叶卫平　方福前　贺耀敏　高德步　彭　刚　韩小明　刘　瑞　姚开建
孙久文　吴汉洪　张　宇　陈享光　雷　达　赵国庆　刘凤良　张可云
陈勇勤　郑超愚　韩玉军　陈　璋　关雪凌　方竹兰　侯景新　邱海平
杨　志　关　权　卢　荻　刘元春　周业安　贾根良　方　芳　李军林
王晋斌　黄　隽　郭　杰　陈彦斌　陶　然　黎玖高　杨其静　杨天宇
胡　霞　郑新业　宋利芳　谢富胜　聂辉华　程大为　丁守海　付晓东
王湘红

（注：姚开建于2014年2月退休）

财政金融学院：

黄　达　吴晓求　郭庆旺　任淮秀　陈雨露　赵锡军　朱　青　林清泉
庄毓敏　张　杰　吴晶妹　汪昌云　何　平　刘振亚　瞿　强　岳树民
关　伟　王小龙　岳希明　涂永红　陈忠阳　张成思　张顺明　郑志刚
石晓军　魏　丽　吕冰洋　许　荣　贾俊雪　类承曜

法学院：

王利明　刘春田　朱景文　龙翼飞　何家弘　史际春　赵秀文　徐孟洲
陈卫东　韩大元　胡锦光　黄京平　朱力宇　叶　林　杨建顺　谢望原
周　珂　赵晓耕　郭　禾　杨立新　林　嘉　姚　辉　范　愉　汤维建
莫于川　朱文奇　邵沙平　余劲松　张世明　冯　军　王云霞　史彤彪
张新宝　马小红　李艳芳　黎建飞　张志铭　张小虎　刘明祥　田宏杰
王　轶　刘俊海　朱大旗　肖中华　冯玉军　韩立余　肖建国　朱　岩
李学军　邵　明　李　琛　时延安　张　翔　丁相顺　刘计划

（注：赵秀文、朱力宇于2014年2月退休）

马克思主义学院：

周新城　梁树发　张雷声　王　东　秦　宣　刘建军　齐鹏飞　徐志宏
杨凤城　赵　汇　张　新　吴美华　黄继锋　陶文昭　张云飞　杨德山
何虎生　张　旭　王　易　辛　逸　郑吉伟　王向明　侯衍社　邱　吉
王海军

（注：吴美华于2014年2月退休，张新于2014年8月退休）

社会与人口学院：

郑杭生　翟振武　潘绥铭　李路路　林克雷　杜　鹏　于显洋　张建明
李迎生　段成荣　洪大用　郭星华　刘　爽　俞国良　刘少杰　陈　卫
杨菊华　郝大海　姜向群　陆益龙　赵旭东　宋　健　冯仕政　杜本峰

（注：潘绥铭于2014年2月退休，郑杭生于2014年11月去世）

国际关系学院：

黄嘉树　宋新宁　陈　岳　张　鸣　李宝俊　金正昆　周淑真　时殷弘
陈新明　金灿荣　杨光斌　刘青建　王续添　蒲国良　查道炯　闫润鱼
庞中英　黄大慧　李庆四　任剑涛　保建云　王英津　郭春生　刘文秀
房乐宪　王义桅　韩彩珍　吴征宇　许勤华

（注：李宝俊于2014年2月退休，查道炯于2014年4月调出）

新闻学院：

喻国明　涂光晋　蔡　雯　周建明　倪　宁　郑保卫　周小普　盛希贵
陈立丹　高　钢　彭　兰　陈　绚　匡文波　杨保军　张　征　钟　新
王润泽　刘小燕　赵永华　郭庆光　周　勇

（注：张征于2014年8月退休）

艺术学院：

郑晓华　徐庆平　徐唯辛　闫　平　祝东平　陈传席　王克举　赵　方
黄华三　丁　方　王家增　王英健

（注：徐庆平于2014年2月退休）

外国语学院：

钱晓蕙　成同社　张勇先　田育英　陈世丹　于素秋　任国强　吴红云
刁克利　赵蕾莲　贾国栋　王建平　郭　军　李铭敬　张　威　张　意
代显梅　朱　源　杨　敏　李桂荣

（注：钱晓蕙于2014年8月退休）

环境学院：

马　中　马忠玉　曾凡刚　宋国君　张景来　王洪臣　沈大军　曾贤刚
张光明　吴　健　孟秀祥　蓝　虹

信息学院：

朱来义　杜小勇　陈　红　孟小峰　林　勇　龙永红　张伦传　张庆彩
杨小平　李德英　左美云　石文昌　梁　循　李翠平　杨云雁　文继荣
王　伟　何　军

数据工程与知识工程教育部重点实验室：

陆嘉恒

数学科学研究院：

楼　元

理学院：

物理学系：王孝群　李　涛　胡　辉　王善才　卢仲毅　刘玉良　张清明
于伟强　王　雷　鲍　威　陈根富　朱传界　魏建华　曹永革
张　芃　Bruce Normand　李茂枝　郭　茵　季　威　张　威

化 学 系：郭志新　于澍燕　艾希成　张建平　林　隽　李志平　徐立进
金朝霞

心理学系：雷　雳　胡　平　张积家　张清芳

商学院：

郭国庆　徐二明　戴德明　包　政　荆　新　耿建新　王利平　马珑珑
王化成　李　平　徐　泓　王凤彬　于富生　林　钢　宋远方　刘凤军
李　焰　伊志宏　陈　冠　宋　常　杨　杜　谷克鉴　赵　苹　江　林

张瑞君　成　栋　刘国山　秦志华　孙茂竹　宋　华　吕景胜　王亚星
徐经长　毛基业　刘晓梅　章　凯　蔡荣生　陈甬军　王晓东　赵西卜
周庭锐　王保林　刘向东　姜付秀　刘　刚　王刊良　曹　伟　况伟大
彭　翊　Kenneth Andrew Kim　李先国　刘　军　宋建波　徐佳宾
许年行　支晓强

（注：江林、于富生、马珑珑于2014年2月退休，林钢于2014年8月退休，周庭锐于2014年7月调出）

公共管理学院：

董克用　陈秀山　许光建　张成福　张康之　杨　健　叶剑平　毛寿龙
叶裕民　严金明　吴春波　吕　萍　魏　娜　孙柏瑛　康晓光　谢　明
方振邦　李　珍　刘　昕　黄燕芬　蓝志勇　刘太刚　孙玉栋　张占录
王虎峰　李家福　祁凡骅　崔　军　刘云华（Liu Yunhua）　杨开峰
丰　雷　杨宏山

劳动人事学院：

曾湘泉　彭剑锋　郑功成　孙健敏　潘锦棠　常　凯　仇雨临　程延园
张丽华　周文霞　杨伟国　林新奇　赵　忠　石　伟　易定红　唐　鑛
周　石　杨立雄　韩克庆　徐世勇

信息资源管理学院：

冯惠玲　赵国俊　张辑哲　胡鸿杰　周晓英　卢小宾　王　健　王英玮
安小米　张　斌　侯卫真　索传军　张美芳　刘越男　唐跃进

统计学院：

袁　卫　赵彦云　易丹辉　何晓群　金勇进　高敏雪　张　波　王晓军
彭　非　孟生旺　杜子芳　田茂再　胡飞芳　陈一兵　张景肖

（注：易丹辉于2014年3月退休）

农业与农村发展学院：

唐　忠　孔祥智　郑风田　马九杰　曾寅初　温铁军　汪三贵　张利庠
刘金龙　王志刚　周　立　朱信凯　Reardon Thomas Anthony　生吉萍
谭淑豪　王西琴　仇焕广　庞晓鹏

教育学院：

秦惠民　牛维麟　胡　娟　申素平　李立国　程方平　周光礼　项贤明
曹淑江

继续教育学院：

陈兴滨　王琪延　顾宗连　缪代文　王国元　刘利兰　喻志军　文书锋

体育部：

李树旺

培训学院：

刘京建

（注：刘京建于2014年2月退休）

图书馆：

武继山

（注：武继山于2014年2月退休）

档案馆：

张世林

出版社：

刘　志　孟　超　费小琳　刘　晶　潘　宇　马学亮　杨宗元　郭燕红
李永强　李　宏　苏玉宏

书报资料中心：

高自龙　宣小红　王立君　钱　蓉

学术期刊社：

杨万东　武京闽　林　坚　李淑英　孔　伟　王碧峰

学校办公室：

纪宝成　程天权　靳　诺　刘向兵　郑水泉　查显友
（注：纪宝成、程天权于2014年11月退休）

人事处：

宋东霞

研究生院：

李　霞

国际合作与交流处：

张晓京

后勤集团：

林建荣

审计处：

赵永奎
（注：赵永奎于2014年2月退休）

附属中学：

许作良　刘彭芝

汉青高级经济与金融研究院：

梁　晶　叶光亮　汤　珂

人员流动中心：

詹杭伦

■ 2014年逝世人员名单

2014年逝世人员（离休）

（以逝世时间先后为序）

单位	姓　名	性别	出生年月	参加工作时间	逝世日期
马克思主义学院	徐琳	男	1927.09	1948.08	2014.01.09
财政金融学院	克宁夫	男	1922.07	1940.05	2014.01.16
商学院	林光	男	1922.04	1948.12	2014.01.22
出版社	张光煦	男	1925.05	1949.09	2014.02.22

单位	姓　名	性别	出生年月	参加工作时间	逝世日期
马克思主义学院	高庆永	男	1928.04	1945.02	2014.02.26
历史学院	向晓	男	1921.04	1948.11	2014.03.17
法学院	关怀	男	1927.06	1949.03	2014.03.29
哲学院	李萌	男	1925.08	1948.12	2014.03.30
书报资料中心	徐安民	女	1927.01	1949.04	2014.04.11
外国语学院	程曼生	女	1928.01	1949.02	2014.05.12
农业与农村发展学院	周诚	男	1927.10	1948.12	2014.05.15
历史学院	陈小川	男	1926.09	1946.10	2014.05.25
马克思主义学院	路尔铭	男	1925.04	1947.06	2014.05.29
信息资源管理学院	陈嘉炎	男	1924.02	1949.03	2014.05.30
科研处	尹平	男	1921.09	1948.06	2014.06.07
书报资料中心	章向明	男	1926.07	1944.01	2014.06.08
信息资源管理学院	于彤	女	1929.09	1949.06	2014.06.11
书报资料中心	柏毓田	男	1929.12	1946.12	2014.06.22
文学院	刘毅	男	1926.03	1948.11	2014.07.01
后勤集团	刘树奇	男	1923.04	1942.05	2014.08.05
法学院	程晓霞	女	1933.01	1949.09	2014.08.07
商学院	凌阁	女	1925.05	1948.09	2014.08.14
附中	关玮	女	1926.01	1949.07	2014.08.21
校工会	韵风	男	1926.11	1948.11	2014.08.28
文学院	王忠琪	男	1928.03	1949.08	2014.09.15
环境学院	刘程	男	1930.03	1947.12	2014.09.15
新闻学院	林珊	女	1918.11	1940.01	2014.09.25
信息学院	李江	男	1925.07	1948.12	2014.10.01
体育部	张藏云	男	1931.03	1948.06	2014.10.08
商学院	徐昶	男	1929.01	1947.09	2014.10.19
经济学院	许植	女	1926.03	1944.06	2014.10.22
哲学院	乔长路	男	1930.03	1946.05	2014.11.15
马克思主义学院	牟健华	女	1928.12	1949.03	2014.11.17
农业与农村发展学院	丁家崧	男	1930.04	1949.01	2014.11.24
法学院	谢会皋	女	1926.12	1949.03	2014.12.07
历史学院	史悠德	女	1929.05	1947.08	2014.12.08
纪委	石晶	男	1927.01	1941.11	2014.12.31

2014年逝世人员（退休）

（以逝世时间先后为序）

单位	姓　名	性别	出生年月	参加工作时间	逝世日期
哲学院	岳华亭	男	1937.01	1960.04	2014.01.20
商学院	杨国良	男	1931.03	1951.03	2014.02.22
哲学院	司有仑	男	1934.12	1953.09	2014.02.26
法学院	许崇德	男	1928.12	1953.09	2014.03.03
历史学院清史所	张研	女	1948.09	1968.06	2014.04.12
国际关系学院	曾汉祥	男	1931.10	1956.06	2014.05.17
继续教育学院	周韶成	男	1930.04	1956.08	2014.05.20

单位	姓　名	性别	出生年月	参加工作时间	逝世日期
经济学院	高成兴	男	1934.09	1951.08	2014.05.31
文学院	刘瑞莲	女	1922.01	1949.12	2014.06.27
学校办公室	樊仲芳	女	1927.01	1949.10	2014.08.01
商学院	付德馨	男	1921.12	1950.08	2014.08.07
法学院	林榕年	男	1928.05	1951.01	2014.10.01
哲学院	杨焕章	男	1937.10	1960.04	2014.10.21
法学院	杨大文	男	1933.04	1949.12	2014.11.03
外语学院	朱成光	男	1927.12	1952.07	2014.11.12
马克思主义学院	刘炯忠	男	1924.12	1949.12	2014.12.02
商学院	刘永生	男	1933.02	1955.09	2014.12.05
哲学院	夏甄陶	男	1931.04	1952.11	2014.12.12

说明：表中列出的是副教授、副处级以上逝世人员。

附属学校

■ 附属中学

一、概况

中国人民大学附属中学（简称人大附中）占地面积 94 557 平方米，建筑面积 103 263.19 平方米，体育场（馆）面积 22 760 平方米。图书馆藏书 16 万册。普通教室 130 个，专用教室及实验室 68 个。学校现有教职工 539 人，其中具有正高级职称 13 人、副高级职称 237 人、中级职称 168 人；专任教师 435 人，包括特级教师 27 人（在职 23 人，退休返聘 4 人）、北京市学科教学带头人 7 人、市级骨干教师 15 人。开设教学班 141 个，其中，初中班 60 个、高中班 81 个。在校生 5 186 人，其中，初中 2 333人、高中 2 853 人。2014 年高中录取分数线 554 分（海淀区）。学校网址 http://www.rdfz.cn。

二、学校建设

（一）学校整体建设概要

2014 年，人大附中熔铸中外精华，驱动综合创新，团结一心追求教育梦。学校继续促进内涵发展，努力提高办学质量，成立了高中和初中教育教学领导小组，完善了教育管理机制；为创建全国文明城区精心做好各项准备工作；加强校本研修与培训，搭建高端平台，建设融汇中外的、具有开阔视野和创新精神的高素质教师队伍；继续坚持以人为本的管理思想，爱护和尊重每一位教职员工；构建和完善立体、多元的课程体系，开发了综合实践活动课程，尝试导师制、走班制、小班化教学实践；开辟高端科技实验室，提升科技教育水平，培养学生的创新意识和实践能力；为具有体育、艺术及各类特长的孩子搭建发展平台，积极参加各级各类体育、艺术展示与比赛；新建并投入使用一座新教学楼；积极履行社会责任，通过多元途径分享优质教育资源，继续承担“国培”计划、教育部“影子校长”培训、上海双卓基地和“双师”教学培训任务，协助大学与宁夏回族自治区中卫市签订帮扶框架协议；成功承办第十三届亚太超常儿童会议；合并北京市海淀区卫国中学和翠微中学，合称人大附中翠微学校；大力拓展国际交流，不断深化与好友学校的合作，提升学校办学的国际化水平，全力创造具有中国特色的未来教育。2014 年，人大附中获得基础教育国家级教育教学成果一等奖，被评为全国社会扶贫先进集体。

（二）2014 年度大事记

1. 附中艺术团新春访美演出获好评

2014 年寒假期间，受文化部委派，人大附中艺术团在美国芝加哥、纽约、华盛顿等城市举办了 14 场“欢乐春节”巡回演出。艺术团精彩的表演与良好的素质在海外广受欢迎与好评。中国驻芝加哥总领事赵卫平、中国驻纽约总领事馆文化参赞王燕生等观看了演出并对演出给予高度赞誉。

2. 人大附中交响乐团赴法国巴黎演出

2 月底，人大附中交响乐团参加在法国巴黎联合国教科文组织总部举行的“文化中国·非遗校园传承在行动”演出。附中交响乐团以娴熟的演奏技巧和高超的艺术风范，赢得了包括联合国教科文组织助理总干事汉斯·道维勒先生、中国驻联合国教科文组织常驻代表尤少忠大使以及各国驻联合国教科文组织使节等一千多名现场观众长时间的掌声。

3. 北京市网络安全冬令营在人大附中举办

2 月 12—14 日，北京市网络安全冬令营在人大附中举办。本次冬令营活动是由北京市公安局、北京市教委、人大附中等单位共同举办的“网安启明星”工程的一部分，面向北京市各中学网络安全爱好者，旨在培养学生的网络安全理念、技术和能力。

4. 人大附中“创新人才培养协作体”成立

3 月 12 日，北京市基础教育阶段数学与信息科学领域中国人民大学附属中学“创新人才培养协作体”成立大会在学校举行。北京市海淀区人民政府副区长傅首清致欢迎词，人大附中校长翟小宁做人大附中信息技术创新人才培养开展情况的报告。大会讨论并通过了人大附中“创新人才培养协作体”章程，聘任吴岳良院士和谭铁牛院士为协作体首席顾问。协作体成员包括北京市第四中学、北京市第五中学、北京市第一〇一中学、北京市育才学校、北京师范大学附属实验中学、北京师范大学第二附属中学、清华大学附属中学、北京大学附属中学、八一中学等学校。

5. 人大附中、清华附中、北大附中推行“走班制”教学

3 月 25 日，人大附中、清华附中、北大附中三所优质中学在人大附中刘彭芝校长的倡议下实施教改合作，未来三所附中将联合开展教育综合改革试点项目，成立合作研究中心。各校将在“互动教学”模式、“走班制”改革以及大学先修课等各个方面展开深度合作。此次三校联合改革的一项重点内容是共同推行“走班制”教学模式。

6. 人大附中承办翠微中学、卫国中学

4 月 29 日，北京市海淀区教委委托人大附中承办翠微中学、卫国中学签字仪式在海淀区教委举行。海淀区区委常委、副区长傅首清，国务院参事、人大附中校长刘彭芝，中国人民大学副校长查显友，以及北京市海淀区相关部门领导和人大附中负责人出席签字仪式。

7. 北京市通用技术教学现场会暨翻转课堂理念下基于问题解决的通用技术教学实践研讨会在人

大附中召开

5月7日，北京市通用技术教学现场会暨翻转课堂理念下基于问题解决的通用技术教学实践研讨会在人大附中召开。附中通用技术教师李作林、苏晓静、郑晓、刘长焕、施一宁老师分别讲市级公开课，全市各中学约130名通用技术教师参加并聆听公开课。中国教育科学院于慧颖研究员、原北京市基教研中心于润发研究员等专家参与指导。

8. 人大附中1982、1983届校友返校相聚

5月11日，人大附中1982、1983届高中毕业校友返校。刘彭芝校长、翟小宁校长、周建华书记等分别在大会上致辞，欢迎校友回家。

9. 人大附中开展“北京市新课程高中英语课堂教学有效性”研究活动

5月22日，北京教科院基教研中心外语教研室在人大附中举办“北京市新课程高中英语课堂教学有效性研究”活动，活动的主题是“文学阅读与翻转课堂的实践与思考”。人大附中程岚老师讲授作家弗兰西斯·伯内特写的小说《秘密花园》。来自北京市17个区县和河南郑州、江苏苏州、广东深圳的近500人参加活动。开展课堂改革一直是人大附中教育教学改革的核心，翻转课堂的实践是学校近期课堂改革的一大措施，学校进行了一系列的实践与改革。

10. 人大附中承办“北京杯”国际中学生足球赛

7月23—28日，第四届北京杯国际中学生足球赛在人大附中三高体育训练基地举行，来自亚洲、欧洲、北美的20支中学生足球队共同角逐“北京杯”。人大附中队逆转俄罗斯劲旅路其能量队夺得初中组冠军；韩国高中联盟队夺得高中组冠军。

11. 全国中学生领导力展示会活动在人大附中举行

7月25日，第五届全国中学生领导力展示会在人大附中举行。来自全国26个省区市的700余名师生参加展示活动。开幕式上，附中校长翟小宁表示，“领导力不是权威，不是权力，是一个人对公众、社会的责任感。”

12. “第13届亚太地区超常儿童发展与教育国际学术研讨会”召开

8月3—6日，“第13届亚太地区超常儿童发展与教育国际学术研讨会”（The 13th APFG Conference on Giftedness）在京召开。来自美国、德国、英国、澳大利亚、新加坡、荷兰、泰国、韩国等15个国家以及来自国内高校、科研院所的学者和中小学教育专家参加了这一学术会议。本次会议由人大附中与中国科学院心理研究所、创新人才教育研究会、亚太超常儿童协会共同主办；创新方法研究会、北京教育科学研究院、中国人才研究会超常人才专业委员会、人大附中联合学校总校、北京市第八中学、东北育才学校、北京育才学校、江苏省天一中学、北京大学附属中学、清华大学附属中学协办，中国科学院国际学术交流中心承办。会议得到了中国科学院、中华人民共和国教育部、国家自然科学基金委员会的支持。

13. 人大附中举办第二届全国中学生学术辩论联赛总决赛

9月13—14日，由创新人才教育研究会、创新方法研究会主办，中国教育电视台、哈佛辩论委员会和全美演讲与辩论联盟（National Speech and Debate Association，NSDA）协办的“第二届全国中学生学术辩论联赛总决赛”在人大附中成功举办。本次辩论联赛共有122支队伍参赛，其中中文队伍28支，英文队伍94支。来自全国20个省区市52所全国知名中学的共244位辩手以“联合国应该将消除贫困置于环境保护之前”为辩题展开激烈辩论。创新人才教育研究会会长、人大附中校长刘彭芝，人大附中校长翟小宁，人大附中副校长周建华，创新方法研究会常务理事兼顾问刘志欣观摩并出席总决赛闭幕式暨颁奖典礼。中国教育网络电视台对本次决赛和闭幕式全程进行网络直播。

14. 人大附中北美校友会召开

10月4日、5日，人大附中北美校友会纽约分会、波士顿分会分别召开校友聚会活动，人大附中校长刘彭芝参加活动，并发表讲话。

15. 人大附中表彰“立德树人楷模”教师

10月11日，人大附中召开全体教职员工大会，表彰第一批月度“立德树人楷模”，并学习《习近平同北京师范大学师生代表座谈时的讲话》。

16. 第一届中国中关村机器人科技运动会观摩赛在人大附中举行

10月23日，第一届中国中关村机器人科技运动会观摩赛在人大附中举行。北京市海淀区各中学分管科技教育的领导和科技教师观摩此次比赛，第一届中国中关村机器人科技运动会承办单位海淀区科协和神州通信集团组织本次观摩赛。

17. 北京市中学数学科教育教学研讨会在人大附中举行

10月31日，由北京市教委主办、人大附中承办的“北京市中学数学科教育教学研讨会”在学校举行，人大附中李岩、战景林、侯立伟、巩翔、孙芳、庄丽、崔鹏、吴中才等8位老师分别展示了不同年级、不同特色的课堂，并就“基于学生获得的教学设计”和“基于目标的教学设计”进行研讨，来自北京市各区县的300余人参加研讨会。

18. 人大附中举办北京市名著阅读现场会

11月19日，人大附中与北京教科院基教中心、海淀区进修学校联合主办“走近文学经典名著，推进语文课程改革”——北京市名著阅读现场会。北京市委常委、教工委书记苟仲文，北京市教委委员李奕，国务院参事、人大附中校长刘彭芝，全国政协常委、民进中央副主席、中国教育学会副会长朱永新，北京教科院院长方中雄，北京大学教授钱理群、温儒敏，首都师范大学教授王云峰、饶杰腾等专家学者现场点评、指导人大附中名著阅读活动。新华网以“走近文学经典名著——北京市名著阅读现场会”为题对此次活动做专题报道。

19. 中国3D打印创新培育工程捐赠仪式在人大附中举行

12月19日，中国3D打印创新培育工程捐赠仪式在人大附中举办。十届全国人大常委会副委员长、中国关心下一代工作委员会主任顾秀莲，原航空航天工业部部长林宗棠，武警部队原政委徐寿增中将，原卫生部副部长张凤楼，原国家教委副主任柳斌，国务院国资委监事会主席范有年，中央军委外事办副主任孙启祥少将等热心教育事业的党和国家离退休老干部及有关部委领导同志出席捐赠仪式，中国人民大学党委副书记、校关工委主任吴付来主持捐赠仪式，包括附中在内的北京地区15所学校和单位接受捐赠。

20. 媒体报道

2014年，新闻媒体和社会各界高度关注人大附中发展，对人大附中的教育教学情况进行了多次报道。

2月19日，《现代教育报》刊登文章《北京中小学校长2014印象　人大附中校长刘彭芝》，阐述人大附中刘彭芝校长在教育界的引领及示范作用，赞誉她是当代中国教育的名片和符号，在中国教育界具有里程碑的意义。3月5日，《中国教育报》刊登人大附中校长刘彭芝的文章《促进教育均衡发展　优质校要带头》。3月11日，中国网刊登文章《人大附中海洋社社长陈金石　巧遇雪龙船结缘海洋》，报道人大附中学生陈金石以海洋社为平台，在学校积极支持和国家海洋局的大力帮助下，组织了多项活动，宣传海洋知识，为在中学生中提高海洋意识、探索海洋奥秘做了大量工作。4月15日，《北京晚报》刊登文章《人大附中“慕课”计划　把名师资源送进偏远山区》，报道人大附中通过“国家基础教育资源共建共享联盟”平台，开辟将名师资源送进偏远山区的先河，促进教育均衡。5月8日，《中国教育报》刊登文章《刘彭芝和人大附中学生的故事》，报道刘彭芝校长办学育人的事迹。5月20日，《中国民族报》发表文章《对口帮扶，让教育均衡发展的梦不再遥远》，报道人大附中与地处贵州贫困地区的毕节民族中学签约合作，以优质教育资源帮扶带动教育均衡发展，为促进教育公平做出了卓越贡献。5月28日，《现代教育报》刊登文章《人大附中的境界》，报道人大附中以“履行社会责任、共享优质资源、促进教育均衡”为己任，逐渐形成“授人以鱼不如授人以渔，授人以渔不如派去带领打鱼的人”的教育扶贫理念，通过对口帮扶、委托管理、合并管理、跨区域合作、远程共享、接收“留学生”、培养“卓越校长、卓越教师”等多种模式，实现了“让更多孩子享受优质教育，让更多教师成为优秀教师，让更多校长成为优秀校长”的目标，在教育扶贫、促进基础教育均衡方面做出了巨大贡献。7月底，《现代教育报》专访人大附中，对人大附中高考语文的成果做经验梳理。

三、各类成绩

（一）学生获奖

——国际类大奖

1. 4月，第42届日内瓦国际发明展上，人大附中学生一举斩获两金三银。其中，赵天阳的“家用空调热排放回收与利用装置”荣获金奖。日内瓦国际发明展是世界上举办历史最长、规模最大的发明展之一，与德国纽伦堡国际发明展、美国匹兹堡国际发明展并称世界三大发明展。

2. 7月，胥晓宇以总分第一名获得第45届国际物理奥林匹克竞赛金牌。

3. 8月，在第八届国际天文和天体物理奥林匹克竞赛中，孟舜英荣获高中组银牌。

4. 12月，在亚太天文奥林匹克竞赛中，早培班学生杨蕙钰获得初中组一等奖。

——全国类大奖

5. 2月，人大附中OM队在第35届世界头脑奥林匹克中国区决赛中荣获中国区决赛高中组冠军。

6. 3月，通用技术组队在2014年FTC机器人世锦赛中国赛区总决赛中荣获亚军。

7. 6月，陈金石获得“2013年度海洋人物”称号。

8. 7月，孙羽茜在第十五届“全国中小学电脑制作活动”暨第三届中国国际学生信息科技创意大赛中获电脑动画一等奖。

9. 8月，金子篴、刘飞洋分别获得第十二届“全国中小学信息技术创新与实践活动”（NOC）决赛一、二等奖；王浩昀、王雪莹获得第13届全国女子数学奥林匹克竞赛一等奖；张晨皓、李言达获得全国第二十三届生物奥林匹克竞赛金牌；贺楚然、鲍雪倩获得第五届“北斗杯”全国青少年科技创新大赛中学组一等奖；在第十五届“我爱祖国海疆”全国青少年航海模型教育竞赛总决赛中，宋京豫获纸船承重赛女子组一等奖第一名、“梦想号”制作赛和航行赛三等奖，王施沛获得“奋进号”制作赛女子组一等奖第二名、纸船承重赛一等奖、“奋进号”航行赛二等奖；李一锦获得第29届全国青少年科技创新大赛一等奖，吕宁一获二等奖，李一锦还获得茅以升科学技术奖，吕宁一同时获得星光科技创新奖和高士其科普奖；10名学生获得第28届中国化学奥林匹克（初赛）北京赛区一等奖。

10. 9月，附中学生获得“第二届全国中学生学术辩论联赛总决赛”冠军。

11. 10月，6名学生在首届全国中学生朗诵大会中，分获初中组、高中组第一名，荣获大会特等奖；第十四届“明天小小科学家”奖励活动中，李一锦获得“明天小小科学家”称号（全国共3名），陶安获一等奖，余逸伦、郑紫翔获二等奖；全国高中数学联赛中，附中27人获一等奖（北京市共52人）；吕宁一制作的球轮机器人先后获得日内瓦国际发明展金奖和全国青少年科技创新大赛二等奖两项发明大奖。

12. 12月，在第28届中国化学奥林匹克决赛中，人大附中共取得3枚金牌、2枚银牌和1枚铜牌；附中学生获2014年北京市智能机器人大赛——FIRST机器人挑战赛初中组冠军、季军和高中组冠军；附中学生获得2014年中国数学奥林匹克5金、5银、1铜；王宇豪、赵杨慧泽、杨雨音和管昕航四人获“2014汇丰—青年成就高中生金融理财大赛”第二名；附中初中、高中两支参赛队在第二届全国青少年电子信息创新大赛复赛中均获一等奖，郭一帆、李江天、马嘉露获得最佳实用作品奖。

——市级获奖

13. 1月，人大附中学生VEX代表队在第十四届北京市青少年机器人竞赛中获得VEX机器人工程挑战赛初中组冠军（一等奖第一名）。

14. 2月，人大附中14名学生在第十届泛珠三角暨中华名校物理竞赛中，11人获得一等奖，2人获二等奖，1人获三等奖，并获团体一等奖。

15. 3月，徐天瑞夺得第二届北京市高中生演讲比赛决赛冠军，范靖元获亚军；人大附中学生傅彤、赵若辰荣获北京市第十二届“北京青少年科技创新市长奖”。

16. 7月，人大附中队夺得第四届北京杯国际中学生足球赛初中组冠军。

17. 8月，人大附中桥牌队获香港城市杯国际邀请赛青年组冠军。

18. 11月，北京市中学生双人桥牌赛中，附中包揽高中和小学组前三名，初中组一、三名。

19. 12月，人大附中校友队夺得首届凯尔文杯北京市围棋队际赛超级联赛决赛冠军。

——区级获奖

20. 6月，刘飞洋、金子簃等26名学生在海淀区中小学生动漫比赛中获得数码绘画、摄影项目一、二等奖，人大附中获得优秀集体奖第一名。

（二）教师及学校获奖

——教师获奖

1. 1月，刘彭芝校长荣获“中国好校长”荣誉称号、“翱翔计划优秀指导教师”称号；2月，被评为“中国教育功勋人物”、被授予宋庆龄樟树奖；5月，荣获“科技教育专家型校长”称号；11月，在庆祝北京市学生金帆艺术团成立25周年活动中，被授予感动金帆特殊贡献奖。

2. 5月，在北京市基础教育教科研论文大赛中，北京教育督导与教育质量评价研究中心、北京市教育学会中青年教育理论工作者研究会为刘彭芝校长、周建华书记及万丹、潘燕、王思泓、代旭、熊初夏、张帅、孟祥宏、丁利、吴建兵、崔鹏、宓奇、刘永进、胡继超、李志刚、陈伟孟、曹荣太、严璐、姜茜、苏晓静、施一宁、李作林、孙京菊、黄群飞、恽竹恬等老师的论文颁发证书。

3. 袁继平获第十四届海淀区中小学电脑制作活动最佳指导教师奖、最佳组织奖；获第十二届“全国中小学信息技术创新与实践活动”全国优秀指导教师奖；在北京市青少年创新学院“翱翔计划”中获优秀指导教师奖；在北京市海淀区中小学生科技竞赛数码绘画及动漫比赛中获优秀指导教师奖。

4. 5月，胡晓丹、徐翔宇获得北京市班主任基本功大赛一等奖；孟祥宏获北京市2013—2014学年度基础教育科学研究论文三等奖，6月，在《地理教学》发表论文《再谈莫霍面：地壳和岩石圈》。

5. 6月，陈方琪在第三届首都学生外语展示活动中获优秀指导教师奖，被海淀区教委评为海淀区中小学新任教师进修优秀学员。

6. 8月，温婷婷获Adobe青年之声国际项目决赛纪录片单元观众票选奖。

7. 2014年，王莹莹获北京市城区中小学教师“专业促进”项目优秀成果一等奖；王欣在北京市第十七届学生艺术节合唱比赛中获得优秀辅导教师奖；梁慧媛获北京市微课比赛二等奖，“德育进课堂”说课比赛海淀区一等奖；卢海军、张卫汾获北京市第二届初中教师教学基本功培训和展示一等奖；季雪娟论文获北京市第六届“京研杯”教育教学研究成果二等奖。

8. 9月，何龙获2014年度暑期《艾琳学日语》教案评比大赛唯一特别奖。

9. 10月，首届全国中学生朗诵大会，高中组指导教师王艳、李明珠获指导教师特等奖，初中组指导教师熊宗红、吕晓懿获指导教师一等奖。

10. 12月，第二届全国青少年电子信息创新大赛复赛，马勇、刘长焕获优秀指导教师奖。

11. 12月22日，由中央人民广播电台央广网主办的“2014央广网教育年度盛典”揭幕，人大附中翟小宁校长获得“2014年中国教育变革人物”称号。

——学校获奖

12. 9月，教育部公布2014年国家级教学成果奖获奖项目，附中申报的《以人为本，多元开放——人大附中综合育人模式创新实践研究》荣获一等奖。

13. 10月17日，全国社会扶贫工作电视电话会议在人民大会堂召开，国务院副总理汪洋出席会议并做重要讲话。国务院参事、人大附中校长刘彭芝参加会议，并代表人大附中接受“全国社会扶贫先进集体”的奖牌。

■ 附属小学

一、概况

中国人民大学附属小学（简称人大附小）创办于1954年。截至2014年，学校有三处校址，建筑面积46 875平方米，317名教职工，133个教学班，4 958名学生。学校教学设施完善，拥有500余平方米的园林式图书馆及开放式专业教室“学术苑”、“水艺芳”游泳馆、“毛毛虫”充气乒乓球馆等；校园文化环境独具特色，形成了“七彩德育、七彩课程、七彩社团、七彩评价、七彩节日、七彩附小精神”的七彩教育办学特色。

二、主要工作

2月12日，教代会通过郑瑞芳校长所做的校庆年工作方案，确立了校庆年主题“彩虹的约定 幸福的旅程 百年的梦想”，开展成就师生多元成长、促进学校发展的“展望之旅、成长之旅、梦想之旅、感恩之旅、圆梦之旅、精彩之旅、绽放之旅”系列活动。

1—12月，在成长之旅中，附小264位教师先后11次走进老少边穷地区的23所学校，送课106节，讲座9场，捐款、捐物总计约18万元。

3月27日，附小召开市级科研课题“协同教学方式下学科间整合课程的实践研究”和“依托毕业课程探索中小衔接方法与策略的研究”开题会。

5月12日，附小“官方微信”开通。

5月16日，北京市海淀区教工委、教委召开“幸福·梦想——人大附小教育家办学实践研讨会”。中国人民大学校长陈雨露、北京市教委副主任付志峰、海淀区教工委书记张卫光、人大附中校长刘彭芝等出席会议，并给予人大附小七彩教育实践高度评价。教育部学生司及北京市有关部门负责人，海淀区小学校长和媒体代表300余人参加会议。

5月24日，由人大附小组成的参赛队在世界DI创新思维大赛挑战A类机械题中，经过激烈的角逐，夺得第一个世界冠军。

5月27日，人大附小“中国梦·少年梦——纪念‘六一’国际儿童节师生美术作品展”在中国国家博物馆开幕。由学生自主举办新闻发布会后，举行了隆重的开幕式，中国人民大学党委书记靳诺宣布展览开幕。此次展览共展出3 160件作品，分为梦之源、梦之心、梦之远、梦之魂四个板块，抒发了附小师生对美好生活的描绘，对幸福梦想的追求及艺术教育与环保教育完美结合，体现了附小人的社会责任感。中国人民大学党委副书记马俊杰，国家博物馆党委书记黄振春，教育部基础教育一司司长王定华，北京市教育委员会委员罗洁，中国美术家协会常务副主席、分党组书记吴长江以及来自北京市教委、海淀区教委、人民大学、中央美院的领导嘉宾与人大附小部分教师及退休教师、学生代表700多人参加了开幕式。

5月30日，在“六一”国际儿童节来临之际，北京市海淀区区长孙文锴到附小调研，对人大附小七彩教育理念与成果给予了充分的肯定。

6月2日，教育部副部长李卫红来到国家博物馆观看附小师生美术作品展，人民大学校长陈雨露、国家博物馆馆长吕章申、人大附小校长郑瑞芳陪同观看了“中国梦·少年梦”人大附小师生美术作品展。李卫红副部长对附小的艺术教育给予了高度肯定。

6月6日，附小16位教师走进河北省唐山市玉田县伯雍小学，参加“京冀川鄂杯”青年教师课堂教学展示交流活动。唐山市玉田县的上百位教师进行了观摩。附小的七彩课程理念带给参会教师们不同的启发与思考，促进青年教师多样化成长，做一件幸福的事成为“七彩教育同盟”的共识。

6月13日，中央政治局委员、国务院副总理刘延东走进中国国家博物馆，观看“中国梦·少年梦”人大附小师生美术作品展。刘延东副总理不时亲切地询问孩子们的学习和创作过程，对附小师生的艺术创造力、生态环保理念及附小人的社会责任感欣慰地不住点头。刘延东副总理说道：“从同学们身上看到了祖国未来的希望，艺术教育对人的成长太重要了。”并特别嘱咐孩子们作为一个中国人，要学好中华优秀传统文化，掌握自己民族的文化，学好知识，提高自身的艺术修养，将来成为建设国家的栋梁。国务院副秘书长江小涓、文化部副部长杨志今、中国人民大学党委靳诺书记、陈雨露校长、国家博物馆吕章申馆长、附小郑瑞芳校长等陪同。

6月15日，历时15天的附小师生美术作品展在国家博物馆落下帷幕，据不完全统计，展览期间观展人数达到10万人次。中国国家博物馆收藏了附小师生美术、书法作品100件。这也是国博首次收藏小学生作品。

6月17日，六年级七彩毕业课程之毕业旅行课程在北京市门头沟斋堂中小学革命传统教育基地拉开序幕。在为期3天的毕业课程中，学生们自主策划进行了包饺子、观看红色经典影片、“重走长征路”5公里徒步行军、革命歌曲大赛、祭奠革命烈士、篝火晚会等活动。

6月，在“北京榜样”评选活动中，郑瑞芳校长荣登2014海淀区“北京榜样”6月月度人物榜。

8月14—18日，应俄罗斯驻中国大使馆、俄罗斯中国友好协会及中俄文化交流中心等的邀请，附小95位师生来到俄罗斯国立特列季亚科夫画廊，举办人大附小师生“梦之桥”书画作品展。这是附小建校60年来首次赴国外办画展，也是俄罗斯特列季亚科夫画廊首次为国外的小学生办画展。199件书画作品全部出自中国国家博物馆的展出作品，学生们的作品受到俄罗斯观众的广泛盛赞。附小学生还进行了现场书法拍卖。中央电视台新闻频道进行了报道。

9月1日，附小建校60周年开学典礼，举行由人大附小和北京电视台文艺频道共同策划实施的“环保艺起来”公益活动启动仪式，此次特殊形式的开学典礼意义非凡，展示了学生们用各种废旧材料制作的一幅幅精美艺术品，旨在倡导将环保与艺术相结合，提高人们关注环保的热情。

11月6日，人大附小召开首届小小民族运动会。每个班级代表一个民族，孩子们身着用废旧物品制作的民族服装、做着各民族的标志性动作依次入场。运动会上进行了旱地龙舟、板鞋竞速、抽陀螺、踩珍珠等十几项民族运动项目竞赛及表演，孩子们学习了民族知识、了解了民族风情、感受了民族文化、传承了民族精神。

11月11日，人大附小与北京地铁通成广告有限公司正式签订“发现再生之美”公益活动合作协议。计划2015年全年，在北京地铁1号线、2号线、6号线、7号线、9号线、10号线、八通线中，展示出附小学生利用再生资源创作的环保艺术作品。这些作品全部选自附小建校60年在中国国家博物馆举办的师生美术作品展中的“梦之心”板块的作品。

11月14—16日，人大附小召开“七彩同盟　携手圆梦”三年成果汇报总结交流大会。北京市委常委、教工委书记苟仲文，中国人民大学副校长查显友，海淀区委常委、副区长傅首清出席大会，北京市教委、门头沟区教委相关负责人，七彩同盟校教师代表及来自全国11个省市的200多位教育局领导、学校校长及老师参加会议。

11月15日，“人大附小艺术馆”落成。北京市委常委、教工委书记苟仲文，海淀区委常委、副区长傅首清为“人大附小艺术馆”落成揭幕。中国人民大学副校长查显友、北京市教委委员李奕等与附小师生一道参观“人大附小艺术馆”。

12月4—7日，全国DI国际邀请大赛在北京开赛，人大附小共派出6支代表队（其中包括首次闯入此赛事的门头沟京西分校1支代表队），参与ABCDE全部项目的冠军角逐。经过两天的即时挑战和团队挑战，人大附小共获6个团队挑战一等奖和三个即时挑战第一名。

12月28日，人大附小在人民大学如论讲堂举行校庆年收官活动“精彩之旅——七彩教师幸福逐梦：人大附小教师艺术展演”整场节目全部由附小教师在历时一个半月的时间里自编、自导、自演，分为教育理想、教育胸怀、教育情怀、教育梦想、教育智慧、教育激情、教育责任七个篇章。中国人民大学常务副书记张建明、北京市教工委副书记郑萼等观看演出。

12月，以校庆年为契机，人大附小出版七彩教育成果丛书：《人大附小的学生成长手册》《人大附小的可爱作业》《人大附小老师对家长说》《人大附小孩子对校长说》《人大附小的“小小诺贝尔奖”》《人大附小的毕业课程》《人大附小学生的校园生活》。

12月，《中小学管理》杂志社出版专刊，就七彩教育理念、七彩教师队伍成长、七彩课程实施、七彩德育实践、七彩办学模式、七彩成果丛书等，全面报道人大附小的校庆年成果。

三、主要成绩

2014年，人大附小参加市、区大会5次：北京市“城乡新区一体化学校建设”会，郑瑞芳校长做大会发言；北京市三级课程整体推进项目总结交流研讨会，金立文副校长在大会上发言及说课；郑瑞芳校长应邀参加中国教育基金会、团中央等召开的2014年“圆梦工程”活动启动仪式并发言；承办海淀区中小学科技教育大会，郑瑞芳校长做主题发言；郑瑞芳校长应北京师范大学培训学院邀请为北京农村小学校长做“校长教学领导力”主题讲座。

2014年，学校获得北京市教育科研先进学校、北京市中小学科技教育示范学校、北京市首批中小学学校文化建设示范校、中国人民大学先进集体、北京市科技金鹏奖、海淀区校外教育（社会大课堂）先进集体、海淀区精神文明先进单位、海淀区中小学食堂管理先进学校等称号，人大附小信息中心被评为海淀区青年文明号、2013—2014学年海淀区教育系统青年文明号、2013—2014学年度海淀区教育事业统计工作先进集体。2014年，海淀区教工委、教委为郑瑞芳校长工作室授牌；出版《七彩教育快乐逐梦》，并被海淀区教育党校校长专业图书馆收藏。

2014年，人大附小共接待来自国内的教育团体、专家、教师61批共2 453人次到校参观学习，接待美国、新加坡等国家的友好学校及教育团体11批共168人次到校参观交流。

2014年，人大附小共有教师125人次在国际、国家、市、区等各级别比赛中获奖；全校教职工发表文章124篇；李峥当选“北京市师德标兵”；郑瑞芳、秦治军被评为北京市特级教师，这是附小教师60年来首次获得此项殊荣。

2014年，人大附小学生在国际、国家、市、区比赛中荣获奖项有：国际级7项30人次，国家级12项81人次，市级38项326人次，区级17项374人次；团体奖40项，其中国际级11项、国家级1项、市级25项、区级3项。

2014年，《中国教育报》《北京日报》《新京报》《现代教育报》《中国教育学刊》《中国少年报》《中国民族报》《北京晨报》《音乐周报》《中国教育学刊》《世界环境》《未来教育家》《当代教育家》《海淀教育》《辅导员》等报纸杂志对学校进行了24次报道；中央电视台、中国教育电视台、北京电视台、海淀教育电视台等先后7次对学校进行报道。

附 录

附录一　中国人民大学 2014 年大事记

1 月 2 日，陈雨露校长前往北区食堂、校园消防安防中控室、心理健康教育与咨询中心等地，巡视校园服务管理设施，看望慰问坚守在岗位上的教师员工，刘向兵副校长随同巡视。

1 月 2 日，党委理论学习中心组召开扩大会议，学习十八届三中全会和习近平总书记系列重要讲话精神。会议由靳诺书记主持。校领导陈雨露、牛维麟、冯惠玲、马俊杰、王利明、杨慧林、查显友、伊志宏、刘向兵出席会议。

1 月 3 日，学校召开 2014 年迎新春迎“两会”座谈会，靳诺书记、陈雨露校长出席会议并讲话。

1 月 3 日，全国公共管理专业学位研究生（MPA）教育指导委员会 2014 年新年工作座谈会在校召开。全国 MPA 教指委主任委员、人力资源和社会保障部副部长、国家公务员局党组书记杨士秋，副主任委员、原校长纪宝成，副主任委员、教育部教师工作司司长许涛，副主任委员、国家公务员局培训与监督司司长刘丽军，国务院学位办副主任孙也刚，校长陈雨露，教育部学位与研究生教育发展中心主任李军等参加座谈会。

1 月 4 日，第三届中国出版政府奖表彰大会在京举行。社会与人口学院教授翟振武主编的《从人口变迁看民生发展》（中国人口出版社）获奖，法学院教授高铭暄所著的《中华人民共和国刑法的孕育诞生和发展完善》（北京大学出版社）、劳动人事业学院教授郑功成主编的《中国社会保障改革与发展战略》（人民出版社）与历史学院教授张世明所著的《法律、资源与时空建构：1644—1945年的中国》（广东人民出版社）等3部著作获提名奖。

1月4日，经济学院和国家行政学院新型城镇化研究中心联合主办第四期“新型城镇化”学术沙龙“新型城镇化的基层实践”。

1月5日，经济学院代表团访问美国宾州州立大学能源经济学系，双方就未来如何开展合作研究、进行教师和学生的国际交流等进行深入交流。

1月5日，“中国人民大学1983级校友沙龙”首次活动举行。

1月6日，中央统战部通报2013年度全国统战理论政策研究创新成果奖励结果，学校政党理论研究基地主持完成的研究报告《民主监督难题的症结所在及其破解之道》获评全国统战理论政策研究创新成果一等奖；参与完成的《传播视野下统战宣传工作创新专题研究》获评二等奖；参与完成的《一致性和多样性关系的复杂动态特征及其对统一战线的启示》获评三等奖。

1月6日，学校召开后勤保障系统精细化管理试点工作中期总结会。校领导靳诺、陈雨露、查显友、刘向兵出席会议并表彰发挥示范带头作用的一线员工。

1月6日，乌克兰驻华大使馆文化参赞瓦连京·韦利奇科（Valentyn Velychko）先生访问经济学院。

1月6日，2013—2014学年秋季学期进入考试周。杨慧林副校长察看本科生期末考试考场。

1月7日，由艺术学院和以色列特拉维夫大学孔子学院联合举办的“郑晓华翰墨中华系列书法展——从书法看中国”在以色列特拉维夫大学开幕。

1月7日，经济学院召开2014年第一期数量经济学研讨会。

1月7日，学校召开来校挂职干部座谈会，靳诺书记、陈雨露校长、牛维麟常务副书记出席。

1月8日，学校举行2014年新年报告会，靳诺书记、陈雨露校长做大会报告，牛维麟常务副书记主持会议，杨慧林、查显友、伊志宏、刘向兵等全体在校领导出席。

1月8日，2014“新京报走进人大校园”活动在学校启动，王利明副书记兼副校长、新京报社社长戴自更出席启动仪式。

1月8日，由深圳研究院主办、深圳国富投融网承办的2014年“互联网金融研讨会—众投专场”在深圳举行。深圳研究院联合国富投融网及多家金融机构负责人共同启动“互联网金融实验室”，并举行首期发起人单位招募以及主投机构意向签约仪式。

1月9日，《邓小平时代》的作者、美国哈佛大学傅高义（Ezra Feivel Vogel）教授来校访问并发表演讲。演讲之前，陈雨露校长会见傅高义教授，杨慧林副校长主持演讲。

1月9日，由学校医改研究中心、北京市卫生局、北京市平谷区政府联合召开的“区域医疗体系改革新视角：有管理连续性医疗服务体制座谈研讨会暨有管理连续性医疗服务体制课题启动会”在平谷区召开，国务院医改办、北京市卫生局、北京市平谷区人民政府、学校医改研究中心等单位的领导和专家共30多人参加本次会议。

1月9日，奥地利联邦总理府新闻局局长克劳斯·霍尔一行5人访问新闻学院。

1月9日，学校与安徽省蚌埠市人民政府签署合作框架协议，副校长、艺术学院执行院长刘向兵等参加签字仪式。

1月10日，统计学院2004—2007年度长江学者讲座教授、学校兼职讲座教授朱力行作为唯一完成人的项目“回归中的模型检验与降维”获得国家自然科学奖二等奖。

1月10日，由北京市人民政府法制办与学校共同举办的“北京市法学会行政法学研究会2013年年会暨法治政府论坛”举行。

1月10日，中国人民大学古典文明研究中心成立。

1月11日，新型城镇化协同创新中心和经济学院共同举行“中国城镇化与新土改：难点与突破”政策讨论会，国务院发展研究中心农村部副部长刘守英、国土部规划司原司长郑振等嘉宾出席。

1月13—19日，由教育部高等教育司主办的第二届全国《资本论》骨干教师高级研修班在学校成功举办。靳诺书记、原教育部党组成员顾海良、教育部高等教育司副司长刘贵芹等出席开班仪式并讲话。

1月14日，为落实教育部、国家发展和改革委员会、财政部《关于深化研究生教育改革的意见》，学校召开《中国人民大学研究生教育综合改革方案》工作部署会议，原常务副校长、研究生院院长冯惠玲主持会议。

1月14日，英国著名历史学家、约克大学人文学科副校长马克·阿莫诺（Mark Ormrod）教授来校做题为《中古时代的英国贵族：1200—1500年》（The Medieval English Nobility，1200—1500）的学术讲座。

1月14日，学校2013年教代会、工会总结表彰会举行。陈雨露校长，党委副书记、工会主席马俊杰出席总结表彰会。

1月15日，学校召开教师干部大会，宣布教育部党组、教育部关于学校领导职务任免的通知。靳诺书记宣读《中共教育部党组关于张建明牛维麟等同志职务任免的通知》和《教育部关于王利明冯惠玲等职务任免的通知》。根据通知，张建明任中国人民大学党委常务副书记，王利明任常务副校长。因年龄原因，牛维麟不再担任中国人民大学党委常务副书记兼纪委书记，冯惠玲不再担任常务副校长。会议由陈雨露校长主持。

1月15日，首届北京高校党委书记论坛在北京师范大学举行，靳诺书记应邀出席并做主题发言。

1月15日，2013年教育部哲学社会科学研究重大课题攻关项目“中国流动人口社会融合研究”开题暨流动人口市民化研讨会召开。

1月15日，由信息资源管理学院安小米教授担任首席专家的国家社会科学基金重大项目“国家数字档案资源整合与服务机制研究”开题报告会在校举行。

1月15日，首都高等学校体育管理研究会成立大会在校举行，杨慧林副校长出席。

1月16日，教育部关心下一代工作委员会主任田淑兰一行在学校调研。靳诺书记，党委副书记、关工委主任马俊杰等出席调研座谈会。

1月16日，信息资源管理学院领导班子成员赴国家档案局，拜会国家档案局杨冬权局长、杨继波副局长，并汇报工作。

1月16日，国家公务员局召开“2014年公务员考录专家座谈会”，心理学系孙健敏教授、李英武助理教授作为公务员考试的特聘专家应邀参加座谈会。

1月16日，以学校为项目依托单位、物理学系鲍威教授为负责人的国家重大科研仪器设备研制专项“冷中子非弹性散射谱仪的研制”项目年度进展考察会在校召开，王利明常务副校长兼副书记出席会议。

1月17日，经济学院“发展论坛（2014—01）—北京与环渤海”暨北京市教委与中国人民大学首都经济学科群研究共建项目“提升北京创新能力，打造环渤海经济新引擎”开题研讨会在学校举行。

1月17日，学校召开迎新春优秀人才座谈会，靳诺书记、陈雨露校长、张建明常务副书记、王利明常务副校长兼副书记与国家人才项目入选者代表共商学科建设，就加强高层次人才队伍建设，切实做好人才工作进行交流。

1月17日，针对《社会救助暂行办法（草案）》征求意见稿的研讨会在学校召开。

1月17—18日，由香港城市大学中国法与比较法研究中心（RCCL）主办的第四届香港城市大学法律学院—中国人民大学法学院学术年会“国家治理能力与中国人权保障制度新发展”在香港城市大学举行。

1月18日，人大出版社举行“中国近代思潮的发展和演变——《中国近代思想家文库》新书发布会暨编委座谈会”。会前，靳诺书记会见了全国人大教科文卫委员会主任委员、原新闻出版总署署长、《中国近代思想家文库》编纂委员会主任柳斌杰等嘉宾。

1月19日，国际货币研究所举行2013学术委员会暨全体会议。陈雨露校长，国家外汇管理局原副局长魏本华、中国人民银行研究局局长纪志宏、中国进出口银行副行长曹彤、中国银行业监督管理委员会政策研究局副局长张晓朴、中国农业银行首席经济学家向松祚等10位学术委员出席会议。

1月19日，张建明常务副书记巡视2014年全国中学生艺术冬令营各项测试现场，看望参与考务工作的校团委工作人员和学生志愿者。

1月20日，“林清渠基础法学理论研究基金”成立。

1月20日，苏州校区管理委员会第三次会议召开，陈雨露校长、伊志宏副校长出席会议。

1月20日，张建明常务副书记在寒假第一天检查校园安全、消防工作。

1月22日，靳诺书记前往北京市通州区潞城镇察看东校区用地拆迁情况，并与通州区常务副区长崔志诚进行简要会谈。查显友副校长陪同察看拆迁现场并出席会谈。

1月24日，张建明常务副书记检查老校区（张自忠路3号院）、印刷厂（拈花寺）安全工作并慰问干部职工。

1月27日，教育部副部长李卫红专程看望著名哲学家、哲学院教授陈先达。张建明常务副书记、查显友副校长等陪同看望。

1月28日，学校举行2014年春节留校师生新春喜乐会，靳诺书记、陈雨露校长、北京市教委线联平主任参加活动。

1月28日，由学校世界经济研究中心、俄罗斯研究中心、发展中国家经济研究中心联合主办的“2014年世界经济形势座谈会”举行，原副校长杜厚文教授作为特邀嘉宾出席座谈会。

1月，由国家卫生计生委主管的《中国卫生》杂志组织开展的2013年全国“推进医改、服务百姓健康”年度十大新闻人物评选结果揭晓，公共管理学院王虎峰教授获得此项殊荣。

1月，清史研究所主办的学术期刊《清史研究》首次入选“2013中国国际影响力优秀学术期刊”名单。

1月，2014年寒假学生社会实践活动全面进入实施阶段，来自全校25个学院的800余名学生将利用寒假返乡时间开展以大型社会调研为主要内容的社会实践活动。

1月，教育部公布新一批国家级精品资源共享课立项项目名单，法学院莫于川教授负责的“行政法与行政诉讼法”、法学院韩大元教授负责的“中国宪法学”、信息学院王珊教授负责的“数据库系统概论”、商学院徐二明教授负责的“企业战略管理”及哲学院张志伟教授负责的“西方哲学智慧”等5门本科课程经过教育部的审核认定，入选第三批国家级精品资源共享课立项项目。

1月，文学院阎连科教授获得由《中国新闻周刊》评选的“影响中国2013年度文化人物”殊荣。

1月，由人民文学出版社《当代》杂志举办的“当代·长篇小说年度论坛”第十届评奖结果在京揭晓，文学院刘震云教授的《一句顶一万句》荣获2009年至2013年五年间“五年五佳”奖，并获得《当代》长篇小说论坛“五年最佳”奖。

1月，信息学院副院长孟小峰教授当选2013年度中国计算机学会会士（CCF Fellow）。

2月7日，商学院顺利通过欧洲质量发展认证体（EQUIS）再认证，并获五年期认证，成为中国大陆第三家获得EQUIS五年期认证的大学商学院。

2月7—11日，劳动人事学院郑功成教授应邀访问英国有关高校并先后做三场学术演讲。

2月12日，美国财政部部长助理罗伯特·多纳（R. S. Dohner）一行访问学校。

2月13日，福建省发展和改革委员会副主任孟芊一行代表福建省政府访问新型城镇化协同创新中心，王利明常务副校长兼副书记参加会议并讲话。

2 月 14 日，学校开办专题培训班，部署开展全校处级以上干部学习贯彻习近平总书记系列讲话精神集中轮训工作。靳诺书记做动员报告，校领导陈雨露、张建明、王利明、马俊杰、杨慧林、查显友、伊志宏等出席会议。

2 月 15 日，学校党的群众路线教育实践活动总结大会在校举行。中央第 42 督导组组长、中山大学原党委书记李延保同志，督导组副组长、教育部思想政治工作司副巡视员俞亚东同志，以及来自中央纪委、中央组织部、教育部、工信部的 5 位督导组成员出席会议。学校党的群众路线教育实践活动领导小组组长靳诺书记代表学校党委做总结报告，学校党的群众路线教育实践活动领导小组组长陈雨露校长主持大会。

2 月 15 日，学校召开 2013—2014 学年第二学期全校工作部署会。会议由靳诺书记主持，陈雨露校长做大会讲话，张建明常务副书记布置新学期党的工作，王利明常务副校长兼副书记布置新学期学校教学科研工作。校领导马俊杰、查显友、伊志宏出席会议。

2 月 15 日，法学院校友会香港分会 2014 甲午主题春茗聚会在香港城市大学举行。

2 月 17 日，环日本海经济研究所调查研究部部长三村光弘、研究员穆尧芊访问经济学院并发表演讲。

2 月 17 日，国务院扶贫开发领导小组专家咨询委员会年度工作会议在京召开，经济学院区域与城市经济研究所所长孙久文教授受聘担任国务院扶贫开发领导小组专家咨询委员会委员。

2 月 18 日，科研处处长、经济学院刘元春教授应邀向中共中央办公厅秘书局做题为“中国宏观经济：共识、分歧与误区”的专题讲座。

2 月 18 日，法学院竺效副教授入选环境保护部发布的第一批“国家环境保护专业技术青年拔尖人才”。

2 月 19 日，韩国驻华大使馆经济公使郑永禄访问经济学院。

2 月 19 日，新闻学院郑保卫教授接受法国电视一台的课堂教学采访，此次采访将作为法国电视一台在中法建交 50 周年之际采制的反映中国改革发展的电视片的内容之一。

2 月 20 日，学校召开分党委书记会议，就公开落实中央巡视组反馈意见整改情况进行党内通报。靳诺书记就公开通报和下一步工作提出要求，陈雨露校长主持会议并介绍学校根据中央巡视组反馈意见进行整改的情况，张建明常务副书记传达《关于公开落实中央巡视组反馈意见整改情况的通报》。王利明常务副校长兼副书记、马俊杰党委副书记、杨慧林副校长、查显友副校长、伊志宏副校长出席会议，党委职能部门负责人和各院系（单位）分党委书记参会。

2 月 20 日，韩国高等教育财团事务总长朴仁国率团访问学校。陈雨露校长、伊志宏副校长会见代表团一行，双方就 2014 年拟开展的合作事宜进行商谈。

2 月 21 日，哈佛大学费正清中国研究中心研究员、波士顿学院政治学教授陆伯彬（Robert Ross）为马克思主义学院师生做以“中国共产党与中美关系”为题的学术讲座。

2 月 21 日，统计学院“爱祖国、爱人大、爱统计”创先争优活动启动仪式暨 2013 级本科班春季学期首次班会举行，查显友副校长参加。

2 月 21 日，学校作为中央统战部三家试点单位之一，举行“统战理论进高校、进课堂、进教材”落实工作座谈会。中央统战部干部局副局长张奇应邀出席会议，张建明常务副书记以及学校相关部门和学院负责人参加座谈会。在座谈会开始前，靳诺书记会见张奇一行。

2 月 21 日，法学院肖建国教授获得第七届“全国十大杰出青年法学家”称号，冯玉军教授、张翔教授获得第七届“全国十大杰出青年法学家”提名奖。

2 月 21 日，2014 年北京高校宣传教育工作会议召开。社会与人口学院副教授廖菲老师荣获 2013 年度“首都精神文明建设奖”荣誉称号，劳动人事学院 2009 级本科生杨鹏博同学荣获“身边雷锋·

最美北京人”荣誉称号。由学校党委学工部报送的《军政结合　朋辈互助　“红船领航”探索学生党员教育培养新模式》荣获第三届首都大学生思想政治教育实效奖二等奖。此外，学校还荣获北京高校“我的班级我的家”优秀班集体创建活动优秀组织奖。

2月22日，由历史学院与文学院联合主办的“中国人民大学文史名家系列讲座”第一讲举行，故宫博物院院长单霁翔博士做题为《展望2020年——故宫博物院的光荣与梦想》的演讲。

2月22日，“食品安全研究：为了一个更为整合的议程——食品安全问题、管理和研究研讨会暨报告发布会”在学校举行。国家食品药品监督管理总局法制司司长徐景和，中国法学会食品安全法治研究中心主任李仕春，社会科学研究协会中国代表、中国健康环境与发展论坛联合主任贺珍怡（Jennifer Holdaway），以及来自国家食品安全风险评估中心、中国法学会、中国人民大学、清华大学、国务院发展研究中心社会发展研究部、农业部农村经济研究中心等学术机构的研究人员和实务部门的专家参加会议。

2月22—23日，中国社会保障30人论坛2014年会在学校举行。陈雨露校长为年会致辞，民政部副部长窦玉沛，中国医疗保险研究会会长、劳动保障部原副部长王东进，民政部党组成员、全国老龄办党组书记、常务副主任陈传书及财政部社会保障司司长由明春等20余位司局负责人出席年会。

2月23日，中国特色社会主义经济协同创新中心工作会议在校举行。

2月25日，学生社团“中国人民大学史学经典研读社”成立。

2月25日，学校召开2013—2014学年春季学期本科教学工作部署会议，杨慧林副校长、相关部处负责人、各学院主管本科教学的负责人以及教务秘书等参加会议。

2月25日，文学院与澳大利亚纽卡斯尔大学罗兰·博尔（Roland Boer）教授“中国人民大学海外人才”签约仪式在校举行，副校长杨慧林出席。

2月25—28日，新型城镇化教授考察团赴闽调研，学校人文社会科学领域和清华大学城乡规划与生态城市建设领域的多位教授参加此次考察。

2月26日，由学校社会转型与社会管理协同创新中心主办的开放政府数据研讨会举行，陈雨露校长会见出席研讨会的中国计算机学会大数据专家委员会主任李国杰院士等专家学者。会议由原常务副校长、社会转型与社会管理协同创新中心主任冯惠玲主持。

2月26日，著名阅读文化专家、北京大学信息管理系原系主任王余光教授做客信息资源管理学院，做《通识教育与经典阅读》报告。

2月26日，皇家特许测量师学会（RICS）全球商业总监邓约翰先生（Johnny Dunford）访问公共管理学院并作讲座。

2月26日，中国人民大学公共外交研究院揭牌成立。这是国内高校首个以公共外交为研究主题的研究院，原国务委员、中央外事工作领导小组办公室主任戴秉国，国务院新闻办公室原主任、全国政协外事委员会原主任、学校新闻学院院长赵启正，靳诺书记、陈雨露校长共同为研究院揭牌。仪式由伊志宏副校长主持。研究院由戴秉国任名誉院长，赵启正任院长。

2月26日，耶鲁大学第22任校长理查德·莱文教授访问学校，并发表题为《通识教育与新世纪领导力》的主题演讲。陈雨露校长、王利明常务副校长兼副书记、伊志宏副校长，高礼研究院创始理事、高瓴资本董事长张磊等，在演讲前会见理查德·莱文教授。

2月27日，科技部副部长王伟中一行来校考察，校领导靳诺、陈雨露、张建明、王利明等陪同考察。

2月27日，学校和福州大学共建新型城镇化协同创新中心框架协议签约仪式在福州大学举行。陈雨露校长与福建省教育厅厅长鞠维强、省发展和改革委员会副主任孟芊、福州大学党委书记陈永正、福州大学校长付贤智等出席签约仪式。

2月28日，学校与福建省政府共同推进新型城镇化战略合作协议签订仪式在福州举行，陈雨露校长和福建省副省长陈冬分别代表双方签订战略合作协议。

2月28日，陈雨露校长率领教授考察团部分成员来到中国民生银行福州分行，为该行行长、农经系1988年本科毕业生苏素华校友颁发捐赠证书和学校董事聘书。

2月28日，教育部副部长杜占元一行来校调研，靳诺书记、王利明常务副校长兼副书记陪同考察。

2月28日，即藏历12月29日，校内藏族学生举行“欢天喜地过大年”藏历新年联谊活动。

2月，物理学系季威副教授与国家纳米科学中心裘晓辉研究员、程志海副研究员合作研究的“利用原子力显微镜直接观测到分子间氢键”入选2013年度“中国科学十大进展”。

2月，国家宗教事务局专家学者新春座谈会暨宗教工作专家库成立会议在京召开，副校长杨慧林教授、哲学院方立天教授、哲学院张风雷教授、哲学院王宇洁教授、马克思主义学院何虎生教授、法学院冯玉军教授、哲学院魏德东副教授等七位教师受聘担任国家宗教事务局宗教工作专家库特聘专家。

2月，国际能源战略研究中心被选为国家能源局第一批研究咨询基地，成为国家能源局16家研究咨询机构中唯一一家来自高校的研究机构。

3月2日，文学院杨庆祥副教授的论文《历史重建及历史叙事的困境——基于〈天香〉〈古炉〉〈四书〉的观察》获第三届“唐弢青年文学研究奖”。

3月3日，伊志宏副校长会见来访的加拿大康科迪亚大学（Concordia University）校长艾伦·谢博德（Alan Shepard）一行。

3月3—7日，第三期GNAM（全球高端管理联盟）国际游学周举行。商学院作为中国承办院校之一，为来自美国、西班牙、墨西哥、日本、韩国等多国院校的MBA学子准备学习参观活动。

3月3日，著名法学家、学校荣誉一级教授许崇德因病在北京逝世，享年85岁。

3月4日，中共中央政治局常委、全国人大常委会委员长张德江同志通过办公室致电许崇德同志治丧委员会，对许崇德同志逝世表示沉痛哀悼，向许崇德同志家属表示慰问。

3月4日，法国埃克斯政治学院副院长斯蒂芬·布德航迪教授（Stéphane Boudrandi）访问深圳研究院。

3月4日，由马克思主义学院和中国社会科学院马克思主义研究院联合举办的“社会透视——马克思主义视角”第4次青年学术沙龙活动举行。

3月4日，靳诺书记参加由中国社会科学院世界社会主义研究中心和社科文献出版社共同举办的《2013—2014世界社会主义黄皮书》发布暨“当今世界格局与我国安全发展战略”学术研讨会。

3月4日，全国人大代表、校长陈雨露在人民大会堂参加第十二届全国人民代表大会第二次会议预备会议。

3月5日，全国妇联副主席孟晓驷在全国妇联副主席、校党委书记靳诺，校党委副书记、工会主席马俊杰的陪同下来到学校庆祝“三八”国际妇女节趣味运动会的现场，与学校广大女教职工共同庆祝“三八”妇女节。

3月5日，十二届全国人大二次会议在人民大会堂开幕，学生会、研究生会等学生组织和学生社团的学生代表100余人在学生活动中心多功能厅集中收看开幕会直播。

3月6日，北京市侨联副主席马坚，英国中华总商会副会长、西石国际投资（北京）股份有限公司总裁杨迪一行走访学校侨联，就北京市侨联大力支持的西石集团“关爱老年工程——百车公益捐赠”活动与学校合作等问题进行商谈。张建明常务副书记会见了马坚、杨迪一行。

3月7日，许崇德教授追思会在校举行，法学院部分师生代表、许崇德教授生前亲友学生以及来自法学界、各兄弟院校的学者近200人共同缅怀许崇德教授。同日，许崇德教授遗体告别仪式在北京市八宝山革命公墓举行。

3月7日，学校召开办公用房清理、二级单位财务决算公开、校内政策性住房信息发布平台建立工作部署会，查显友副校长主持会议。

3月8日，由清史研究所夏明方教授主持的国家社科基金重大项目“清代灾荒纪年暨信息集成数据库建设”开题报告会召开。

3月8日，由深圳研究院和法国埃克斯政治学院共同举办的“庆祝中法建交50周年—中法文化教育论坛”在深圳举行。

3月10日，印度金达尔全球大学（Jindal Global University）副校长拉吉·库马尔（Raj Kumar）教授一行访问法学院和公共管理学院。

3月10日，澳大利亚墨尔本大学政府学院院长海伦·沙利文（Helen Sullivan）教授一行访问公共管理学院。

3月10日，学校第六届教代会提案审查处理工作委员会召开第七次提案审查工作会议。

3月11日，“人大代表人大行”活动之全国人大代表、江西正邦集团董事长林印孙来校作报告。

3月12日，北京高校“校园健康达人”大赛筹备研讨会在校召开。教育部体卫艺司司长王登峰，校党委常务副书记张建明，北大、清华、人大、北师大四校体育部负责人以及高校体育教学指导委员会、北京市大体协相关专家参加会议。

3月12日，国土资源部土地整治中心副主任郧文聚访问公共管理学院，并做题为《改革深化期的耕地利用》的学术讲座。

3月12日，由校团委、校学生会落实团中央要求组织的“走下网络、走出宿舍、走向操场”主题群众性课外体育锻炼活动正式展开。

3月13日，华中师范大学蔡红生副校长来校访问，同学校后勤保障系统相关负责人进行座谈。会前，靳诺书记会见蔡红生副校长，查显友副校长参加座谈。

3月13日，著名汉学家、耶鲁大学历史系教授、前美国历史学会主席史景迁先生来校做题为《我们为什么写历史》的讲座，杨慧林副校长和近200名师生的参加讲座。

3月13—18日，经济学院学术代表团访问台湾政治大学并进行学术交流。

3月15日，公共管理学院组织召开“首届全国公共管理学领域城市相关学科发展研讨会”，张建明常务副书记出席研讨会并致辞。

3月15日，由学校经济研究所、中国诚信信用管理有限公司主办的“中国宏观经济论坛（2014年第一季度）”举行，王利明常务副校长兼副书记教授参加论坛并致辞。

3月15日，学校2013级MPA春季开学典礼举行，张建明常务副书记出席，刘向兵副校长为新生做题为《中国人民大学校史的12345》的讲座。

3月17日，陈雨露校长会见来访的卢森堡新任驻华大使石泰嵋先生（Paul Steinmetz）一行。

3月17—20日，伊志宏副校长一行四人赴韩国首尔参加亚太国际教育协会（Asia-Pacific Association for International Education，APAIE）2014年年会及展览。

3月18日，2010级国防生赴武警北京总队各基层中队进行为期一个月的见习代职。

3月18日，“中国梦 赶考行”西柏坡精神情景报告会在校举行，张建明常务副书记演出前会见西柏坡纪念馆王红馆长一行并出席情景报告会。

3月18—19日，“东方与西方之建构：经典翻译”（Constructions of East and West：Translating Classical Texts）国际学术研讨会在学校举行。来自英国格拉斯哥大学、英国圣安德鲁斯大学、英国斯特林大学、英国牛津布鲁克斯大学、美国贝勒大学、美国拉斐特学院、加拿大多伦多大学、香港中文大学和中国人民大学的12位专家分别做了主题发言。

3月19日，由法学院“华润雪花论坛”和亚太法学研究院主办，腾讯互联网与社会研究院、中国金融消费者保护 30 人论坛等协办的“互联网领域的竞争秩序与消费者保护”研讨会举行。

3 月 19 日，环境学院蓝虹副教授受邀就中国环境问题在美国国会发表演讲。

3 月 19 日，津巴布韦大学孔子学院“庆祝孔子学院成立十周年系列讲座”在津巴布韦大学举行首场活动。

3 月 21 日，学校召开 2014 年党风廉政建设工作会议，靳诺书记、马俊杰副书记出席会议。

3 月 21 日，伊志宏副校长会见来访的瑞士日内瓦大学副校长伊夫·弗吕克格尔教授（Yves Flückiger）一行。

3 月 21 日，2014 年世界防治结核病日主题宣传活动在北京人民大会堂举办，学校志愿者受邀参加活动并表演歌曲《志愿无敌》。

3 月 21 日，第 35 届博士生论坛——“从改革到全面深化改革——从十一届三中全会到十八届三中全会”之优秀学术论文报告会举行。

3 月 22 日，学校组织党委职能部门负责人和分党委、党总支书记赴河北石家庄西柏坡革命旧址开展以“坚定理想信念、弘扬光荣传统”为主题的学习贯彻习近平总书记系列讲话精神集中培训活动。靳诺书记、张建明常务副书记参加。

3 月 22 日，法学院举办“纪念谢觉哉诞辰 130 周年暨谢觉哉法治思想研讨会”。

3 月 22 日，“2014 全球营销领袖北京论坛——变革时代的营销创新：颠覆与重构”在学校举办。

3 月 22 日，由宪政与行政法治研究中心比较行政法研究所主办、《法学家》杂志社协办的比较行政法研究所 2013 年年会暨“参与型行政与社会治理”学术研讨会举行。

3 月 22 日，“大学生创新实验计划”2012 项目结项答辩会举行，201 个项目（含国家级、北京市级和校级）参加结项答辩，197 个项目通过评审顺利结项，其中，25 个项目被评定为优秀项目。

3 月 23 日，商学院校友理事会 2013 年年终大会暨商学院 2013 年校友年终评奖颁奖典礼举行，伊志宏副校长参加。

3 月 24 日，北京市大学生体育协会理事（扩大）会议在京召开。学校在 2013 年度北京高校高水平运动队建设检查评估表现突出，获得一等奖。

3 月 25 日，荷兰前首相维姆·科克（Wim Kok）先生、荷兰奈耶诺德工商管理大学副校长高思睿（Désirée van Gorp）女士等一行五人访问学校。

3 月 25 日，2013 年度“复印报刊资料”转载学术论文指数排名及分析报告正式发布。在人文社科综合期刊转载率排行榜中，《中国社会科学》《学术月刊》《中国人民大学学报》居于前三，《学术月刊》《中国社会科学》《学术研究》在转载量排行榜中名列前茅。

3 月 25 日，王利明常务副校长兼副书记会见来访的以色列海尔兹利亚跨学科研究中心校长乌列瑞克曼（Uriel Reichman）教授一行。

3 月 26 日，“通识教育大讲堂·作家谈写作”系列公开讲座首场报告举行，文学院院长孙郁教授以“当代的智性散文”为主题进行演讲。开讲仪式由杨慧林副校长主持。

3 月 26 日，以“移动时代银行服务创新”为主题的“人大 CIO 议事厅沙龙”在信息资源管理学院举办首场闭门会。

3 月 26 日，食品安全治理协同创新中心与福建省食品药品监督管理局举行座谈会。

3 月 26—27 日，《慈善事业法》立法座谈会在京召开，劳动人事学院教授郑功成出席本次会议。

3 月 27 日，学校召开培训会，部署全面启动公文无纸化流转工作。

3 月 28 日，《中华人民共和国红十字会法》修法领导小组成员兼专家咨询组组长、劳动人事学院教授郑功成教授参加《中华人民共和国红十字会法》修法草案起草工作座谈会。

3月28日，在中国科学院计算技术研究所举行“973计划”（国家重点基础研究发展计划）2014年立项项目“网络大数据计算的基础理论及其应用研究”启动大会。

3月28日，日本京都大学经济学部长植田和弘客座教授聘任仪式举行，王利明常务副校长兼副书记参加仪式并致辞。

3月29日，国际货币研究所举办《人民币国际化报告2014》初稿专家审定会。《人民币国际化报告2014》主编陈雨露校长，合作方交通银行国际部、国家外汇管理局、中国人民银行、商务部、国家开发银行等单位专家及《人民币国际化报告2014》编写组成员等专家学者出席会议。

3月29日，学生党建骨干示范培训班开班，张建明常务副书记出席开班式并讲话。

3月30日，国家发展与战略研究院社会系统工程研究中心正式成立，由中心主办的“社会系统工程与国家治理体系现代化”学术研讨会同时举行。张建明常务副书记出席成立仪式并致辞。

3月30日—4月3日，陈雨露校长率学校代表团访问比利时布鲁塞尔自由大学（VUB）和欧洲学院（College of Europe），与上述两校分别签署合作协议。

3月，由陈雨露校长主编、学校国际货币研究所编写的《人民币国际化报告》一书日文版于2014年初在日本出版发行。

3月，中国价格协会发布《关于第六届“薛暮桥价格研究奖”获奖论著名单的公告》，学校4项研究成果获奖，获奖数量居全国高校首位。查显友、郭庆旺等参与的《行政收费理论及立法研究》，张成思的《长期均衡、价格倒逼与货币驱动》，许光建等的《中国城市住房价格变动影响因素分析》和黄燕芬等的《煤炭资源税从价计征对电价改革的影响分析》名列其中。

3月，理学院物理学系俞榕副教授与合作者在《自然》子刊《自然—通讯》（*Nature Communications*）杂志以学校为第一作者单位发表题为“电子局域与巡游性边界的超导电性”的论文。

3月，由教育部思政司指导、中国大学生在线网站主办的“第六届全国高校百佳网站评选”活动落幕，学校新闻网获得“全国高校百佳网站”称号，并获得最佳新闻宣传单项奖；“我的中国梦”专题网页获得优秀“我的中国梦”活动专题特别奖。

3月，食品安全治理协同创新中心与国家食品药品监督管理总局召开座谈会，就双方2013年开展合作以来的工作进展进行总结，并研讨2014年度合作计划。

3月，数据工程与知识工程教育部重点实验室的陆嘉恒教授团队的论文“Efficient Algorithms and Cost Models for Reverse Spatial-Keyword k-Nearest Neighbor Search”被国际数据库研究领域顶级期刊*ACM Transactions on Database Systems*（*TODS*）全文录用。

3月，中共中央组织部、国家外国专家局公布了第四批“外专千人计划”入选专家名单，信息学院杜巴卡（Ernst-Erich Eduard Doberkat）教授入选，是学校首位“外专千人计划”入选专家。

4月1日，学校同复旦大学、四川大学一道与欧洲学院签署战略合作伙伴关系协议。协议的签署将促进双方的学术合作，特别是欧洲问题与中欧关系领域的研究，这将增进欧中之间的理解和互信。陈雨露校长出席签约仪式。

4月1日，学校校友、中央财经领导小组办公室主任、国家发展和改革委员会副主任刘鹤，学校校友、京东商城董事局主席兼首席执行官刘强东入选2014“中国最具影响力的50位商界领袖”排行榜。

4月1日，伊志宏副校长会见来访的澳大利亚墨尔本大学校长格里·戴维斯教授（Gly Davis）一行。

4月1日，靳诺书记前往印刷厂检查拈花寺腾退工作。

4月1—4日，应欧洲学院等机构邀请，劳动人事学院郑功成教授出席在比利时布鲁日市举行的“中国改革对欧盟和世界的影响”高层研讨会。

4月2日，以色列特拉维夫大学常务副校长谢爱伦（Aron Shai）率团来校访问。杨慧林副校长会见代表团并出席特拉维夫大学孔子学院理事会。

4月2日，教育部在学校召开“985工程”高校章程建设工作交流会，交流高校章程建设所取得的进展、经验，深入研究分析形势与问题，以加快章程建设步伐，推进现代大学制度建设。

4月2日，以著名历史学家胡华命名的“胡华大讲堂”开讲。靳诺书记出席开讲典礼并致辞，全国人大科教文卫委员会委员、教育部社会科学委员会副主任委员、学校中国共产党历史与理论研究院院长顾海良做首场讲座。

4月2日，中央政法委综治三室副主任李炜一行来校调研，实地考察公共决策实验室，并与相关学科负责人交流。靳诺书记会见李炜主任，查显友副校长陪同考察。

4月2日，由国际劳工组织（ILO）发起，学校中国就业研究所承办的“国际劳工组织中国青年就业研讨会”在校举行。

4月2日，学校教代会秘书处召集教代会主席团成员、部分教代会代表就《中国人民大学教职工退休管理办法》（征求意见稿）召开征求意见会。

4月2日，由文学院与教务处合办的学校第八届文学节开幕。

4月4日，PNJ投资有限公司董事长、中国沙钢集团中国泰迪株式会社总裁、韩国济州中国城株式会社总裁朴英祚向学校捐资500万元，支持高等教育事业发展，同时受聘学校董事会副董事长。陈雨露校长代表学校接受捐赠，并向朴英祚颁发校董会副董事长聘书和董事纪念牌，副校长查显友出席聘任仪式。

4月4日，著名国际问题和中美关系研究专家、美国丹佛大学约瑟夫·科贝尔，国际关系学院终身教授赵穗生访问公共管理学院，并做题为《建立中美之间的新型大国关系与中美在亚太的角力》的学术讲座。

4月4日，学校召开学生社会实践总结表彰暨“千人百村”社会调研活动成果发布会，全面回顾和总结2013年度学校学生社会实践工作，对表现突出的团队、个人、研究生辅导员、指导教师和集体进行表彰，同时发布2013年“千人百村”社会调研活动成果。校党委常务副书记张建明、副校长杨慧林出席会议。

4月7—12日，全国高校房地产管理专业委员会主任、后勤集团总经理林建荣率团赴澳大利亚出席澳洲高校房屋管理协会2014年年会并开展相关国际交流活动。

4月8日，靳诺书记到离退休工作处调研，看望慰问离退休教职工，听取离退休教职工代表的建议和意见，就深入践行党的群众路线，关爱、关心、关怀离退休教职工提出了具体要求。

4月8日，法学院举行关怀教授追思会。法学院部分师生代表、关怀教授生前亲友学生以及来自法学界、各兄弟院校的学者40余人，一同缅怀这位法学前辈的光辉一生。

4月8—9日，思想政治教育学科设立30周年学术研讨会在校举行。会议总结梳理了思想政治教育学科设立30年来的历史进程、发展经验和理论实践成果，探讨推动思想政治教育实践的创新发展，研究推进在大学生中培育和践行社会主义核心价值观。

4月9日，由校团委主办、财政金融学院分团委承办的“中国梦·人大情”中国人民大学第二十届“五四”文化艺术节“诵歌年华”诗歌朗诵比赛举行。

4月9日，由出版社组织的“全面建成小康社会”学术研讨会在学校召开。

4月9日，由经济学院和学校企业与组织研究中心（CFOS）共同主办的2014年第3期组织经济学Seminar在校召开。上海财经大学长江学者特聘教授孙宁做了题为“Hybrid Mechanisms for Car Licenses Allocation with Bidders' Budget Constraints”的报告。

4月9日，共青团中央书记处第一书记秦宜智来校参加中华传统文化主题活动日，与青年学生一同参与传统文化体验和群众体育锻炼活动，深入了解“走下网络、走出宿舍、走向操场”主题群众性课外体育锻炼活动开展情况。靳诺书记、陈雨露校长一同参加活动。

4 月 10 日，全国会计专业学位研究生教育指导委员会全体会议暨教学管理工作会议在北京国家会计学院召开。商学院支晓强教授结合人民大学 MPAcc 项目十年的发展，介绍人才培养经验。

4 月 11 日，由学校承办的“博鳌对话：公共外交与国家形象”博鳌亚洲 2014 年年会分论坛活动在海南博鳌举行。论坛由公共外交研究院院长、新闻学院院长赵启正主持，陈雨露校长以及澳大利亚前总理鲍勃·霍克（Bob Hawke）、外交部前部长李肇星等嘉宾，就“公共外交与国家形象”议题展开交流与讨论。

4 月 11 日，王利明常务副校长兼副书记会见以马尔沙维克出版集团主席、时代马尔沙维克集团总经理阿达姆·马尔沙维克先生为首的波兰出版代表团。

4 月 11 日，由中法学院主办的 2014 中法教育文化节暨“高校—企业”合作论坛在苏州校区开幕。法国驻上海总领事馆总领事卢力捷（Emmanuel Lenain），苏州市委常委、苏州工业园区党工委书记王翔，伊志宏副校长，苏州工业园区管委会副主任夏芳等嘉宾出席开幕式。

4 月 11 日，2014 年中法教育文化节系列活动之知名企业学生见面会暨宣讲会在苏州校区举行。

4 月 11 日，由校团委主办、国际关系学院分团委承办的“中国梦·人大情”第二十届“五四”文化艺术节“曲光艺彩·悦动人大”小品及曲艺综合类比赛总决赛在校举行。

4 月 11 日，中共中央组织部人才工作局巡视员、副局长王维平一行来校调研党委联系专家制度。党委书记靳诺会见了王维平副局长。

4 月 11 日，王利明常务副校长兼副书记会见了来访的比利时法语区布鲁塞尔自由大学校长迪迪艾·韦维尔教授（Didier Viviers）一行。

4 月 11—13 日，由经济学院区域与城市经济研究所、中国地质大学（武汉）经济管理学院在武汉召开第十七届全国经济地理研究会年会暨城乡发展一体化与生态文明建设学术研讨会。

4 月 12 日，由中国社会保障研究中心、华北电力大学人文与社会科学学院共同主办的“中国贫困问题与救助扶贫政策研讨会（2014）”在华北电力大学（北京）本部举行。

4 月 12 日，苏州校区举行 2014 年校园开放日活动。

4 月 13 日，中宣部副部长王世明来校考察，了解学校服务文化产业发展和公共决策情况，并与专家学者就中华传统文化传承与社会主义核心价值观培育进行座谈。靳诺书记陪同考察。

4 月 13 日，由经济学院和国家行政学院新型城镇化研究中心联合主办的第五期“新型城镇化”学术沙龙——《国家新型城镇化规划》出台前后暨解读在校举行。

4 月 14 日，“2014 年助推女大学生就业创业行动”发布式在校举行。这一行动旨在寻找和展示女大学生就业创业榜样、提升女大学生求职能力、开展女大学生就业创业指导，为女大学生平等就业和发展进步营造良好氛围。全国妇联党组书记、副主席、书记处第一书记宋秀岩，全国妇联副主席、书记处书记喻秋红，人力资源和社会保障部副部长邱小平，全国妇联书记处书记谭琳，教育部高校学生司司长王建国，教育部思政司副司长王光彦，全国高校校园网站联盟理事会秘书长、中国大学生在线发展中心主任阎志坚，全国妇联副主席（兼）、中国人民大学党委书记靳诺，中国人民大学校长陈雨露、党委副书记马俊杰等出席发布式。

4 月 14 日，《中华人民共和国著作权法》第三次修改问题座谈会在校举行。

4 月 14 日，斯坦福中美学生论坛 On Common Ground 2014 峰会开幕式在校举行，伊志宏副校长出席。

4 月 14 日，由学校中国社会保障研究中心、社会转型与社会治理协同创新中心、德国艾伯特基金会联合主办的中德社会保障发展研讨会暨德国社会史展览先后在学校国学馆、图书馆举行。德国国务秘书、劳动和社会事务部副部长阿斯穆森，德国艾伯特基金会副主席、德国工会联合会主席、国际工会联合会主席左默尔，中国人民大学校长陈雨露，中华全国总工会副主席江广平，中国社会保险学会会长、原劳动保障部副部长王建伦，中国欧洲学会会长、中国社科院学部委员周弘和来自中、德两国劳动保障部门、工会部门的相关工作人员，德国驻华使馆官员，以及首都高校师生代表140多人出席会议。

4月14日，查显友副校长会见商学院EMBA毕业生、北京万相融通科技有限公司董事长闫少建校友并颁发学校董事聘书。

4月14—18日，由国家新闻出版广电总局主办、学校出版社承办的“国际版权贸易培训班”在京举办。

4月15日，全国妇联副主席孟晓驷来校做客“魅力女性讲堂”，校领导靳诺、马俊杰出席活动。

4月15—16日，全球EMBA理事会亚洲区域会议在北京召开，商学院执行院长毛基业、副院长宋华受邀出席大会，并在会上发表演讲。

4月16日，中国人民大学第五届大学生创新论坛举行，杨慧林副校长出席并致辞。

4月16日，由国际货币研究所（IMI）主办的国际货币基金组织（IMF）《世界经济展望报告》发布会在学校举行。

4月16日，学校第一届繁体字读写大赛“溯源历史，有繁乃简”在校举行。

4月16日，校友于学军出任国有重点金融机构监事会主席，校友陈飞出任国务院三峡工程建设委员会办公室（国务院三峡工程建设委员会三峡工程稽察办公室）副主任。

4月16日、18日，学校举办2014年教职工田径运动会。

4月17日，重阳金融研究院理事王永昌校友新著《走在山坡上的中国——中国趋势中国梦》在学校首发，校领导靳诺、陈雨露、张建明出席发布会。

4月17日，学校召开教职工大会，通报通州东校区建设情况。校领导陈雨露、马俊杰、查显友出席会议。

4月17日，福建省宁德市市委书记廖小军来校调研。校领导靳诺、陈雨露、张建明会见廖小军一行。

4月17日，由校团委主办、研究生会承办的“新青年·新思维·新载体”2014高校研究生新媒体发展论坛在学校举行。

4月17日，法学院社会法教研中心举行“‘弃婴岛’的去与留——关于弃婴问题的法律研讨会”。

4月17日，由校团委主办的“中国梦·人大情”第二十届“五四”文化艺术节“韵承经典”传统文化风采比赛决赛举行。

4月17日，学校后勤职工岗位技能竞赛在中区食堂举行。校领导靳诺、陈雨露、查显友出席活动。

4月17—18日，由商学院和中国人力资源理论与实践联盟主办，新奥集团、万达集团联合主办的“2014中国人力资源管理春季论坛暨中国人力资源理论与实践联盟理事大会”在河北省廊坊市举行。

4月18日，学校与九三学社中央签署合作协议，双方将共同推进大数据技术应用，开展舆情分析支持议政建言，并将共同建设公共政策研究中心，探索党派履职与高校科研强强联手的新模式、新路径。全国政协副主席、九三学社中央主席韩启德，全国政协常委、副秘书长、九三学社中央常务副主席邵鸿，全国政协常委、提案委员会副主任、九三学社中央副主席赖明，全国政协常委、九三学社中央副主席、北京市政协副主席马大龙，校领导陈雨露、张建明、查显友等出席签约仪式并座谈交流。

4月18日，由校团委主办、商学院分团委承办的“中国梦·人大情”第二十届“五四”文化艺术节“梦舞青春”舞蹈比赛决赛举行。

4月18日，北京市行政区划与区域发展研究会召开全体会员大会，经济学院张可云教授当选为研究会会长。

4月18日，学校举行第五十五届田径运动会。北京市大学生体育协会主席杜松彭、中国大学生体育协会专职副主席王刚，校领导陈雨露、张建明、王利明、杨慧林、査显友、伊志宏等出席开幕式。

4月18—20日，劳动人事学院院长曾湘泉教授应邀赴美出席“哈佛中国论坛”，并于19日在“中国城镇化的风险和机遇”分论坛上，就“中国新型城镇化挑战与策略”发表演讲。

4月18—20日，学校常熟文化产业研究院全员参加第三届中国·苏州文化创意设计产业交易博览会。

4月19日，由经济学院院友会主办的“杰出女性院友系列论坛”启动仪式暨“纵论当前中国金融大变局”主题研讨会于校召开。伊志宏副校长，原副校长、经济学院院友会会长杜厚文教授等参加本次论坛。

4月19日，第二届高校自强联盟“自强之音”演讲比赛决赛在校举行，艺术学院2012级艺术管理专业本科生梁雪莹同学获得活动二等奖。

4月19日，经济学院举办“2014年经济学—数学（双学位）实验班同学会暨中国人民大学经济学院—三井住友信托银行经济学讲座创立九周年庆”祝活动。张建明常务副书记出席会议。

4月19日，法学院代表团访问哈佛大学法学院，并签署两院合作交流协议。

4月19日，商学院校友金融不动产俱乐部举办“新形势下房地产行业面临的机遇与挑战高峰论坛”。

4月19日，由学生处指导、雅砻藏族文化交流社主办的首届藏族文化节之“格桑花开”在校举行。

4月19日，由《文学遗产》编辑部、文学院联合主办的“古代戏曲研究中青年学者学术研讨会”在校举行。

4月19—20日，由学校中国社会保障研究中心主办的第七次东亚社会保障模式研讨会在北京召开。

4月20日，学校第三十一次学生代表大会在校召开。大会审议并通过了《第三十届学生会委员会工作报告》和《中国人民大学学生会章程》，选举产生了学校第三十一届学生会委员会。校领导陈雨露、张建明等代表出席会议。

4月20日，“创意设计作品的版权保护——中国人民大学国家版权贸易基地第31期版权人沙龙”在学校常熟文化产业研究院举行。

4月20日，学生党建骨干示范培训班学员一行42人赴著名革命圣地和爱国主义教育基地西柏坡参观学习。

4月20—26日，2013—2014年全国大学生排球超级联赛在海南省文昌市举行。经过激烈角逐，学校男子排球队以七战六胜一负的战绩夺取冠军。

4月21日，学校2014年中央和国家机关司局级干部选学正式开班。陈雨露校长出席开班仪式并作首场讲座，张建明常务副书记为开班仪式致欢迎辞。

4月21日，西班牙前外长安娜·帕拉西奥女士（Ana de Palacio）与马达里亚加—欧洲学院基金会执行总裁德福安教授（Pierre Defraigne）访问欧洲问题研究中心/欧盟研究中心，接受中心学术顾问聘任，并做题为《欧盟在世界中的角色和中欧关系》的讲座。杨慧林副校长主持聘任仪式。

4月21日，校党委书记靳诺与第三十一届学生会主席团成员、委员会负责人进行了座谈交流，对新一届学生会工作提出了殷切希望。校党委常务副书记张建明出席座谈会。

4月21日，由研究生院、校团委主办，校研究生会承办的第八届研究生“学术新星”评选活动启动，王利明常务副校长兼副书记出席启动，仪式并致辞。

4月21—22日，第九届东北亚名人会在扬州召开，会议由中方代表、原校长纪宝成教授主持。

4 月 22 日，学校正式聘任首届 10 名本科生招生社会监督员，本科生招生社会监督工作委员会同时组建并召开第一次工作会议。陈雨露校长出席聘任仪式并为社会监督员颁发聘书。校领导马俊杰、杨慧林等参加聘任仪式。

4 月 22 日，王利明常务副校长兼副书记会见了来访的西班牙商标专利局局长帕特里夏·加西亚·埃斯库德·马尔克斯女士（Patricia García-Escudero Márquez）一行。

4 月 22 日，津巴布韦华裔前教育部长费琼（Fay Chung）应津巴布韦大学孔子学院邀请，就津巴布韦如何借鉴学习中国近三十年的发展之路做题为《津巴布韦向东看》（Zimbabwe Looking East）的讲座。津巴布韦大学孔子学院是我校承建的海外孔子学院之一。

4 月 22 日，校领导陈雨露、王利明会见来访的古巴高等教育部副部长奥贝尔特·桑丁·卡塞莱斯。

4 月 22 日，由医改研究中心主任王虎峰教授主持的国家社科基金重大项目“健康国家建设和慢性病社会经济危害预测与治理研究”开题论证会在校举行。王利明常务副校长兼副书记出席论证会并致辞。

4 月 22—23 日，靳诺书记到学校苏州校区调研，听取苏州校区的工作汇报。

4 月 23 日，第 19 个“世界读书日”，“‘大学悦读·阅读大学’中国高校出版社精品图书巡展”启动仪式暨中华优秀传统文化专场图书巡展在校举行。中央宣传部出版局副局长刘建生、教育部社科司副司长徐艳国、中国大学生在线发展中心主任阎志坚、校党委常务副书记张建明等出席活动。

4 月 23 日，学校处级以上干部学习贯彻习近平总书记系列讲话精神专题培训第三讲举行，校党委常务副书记张建明主持培训会。

4 月 23 日，商学院组织与人力资源系联合系主任聘任仪式举行，荷兰鹿特丹伊拉斯谟（Erasmus）大学管理学院（简称“RSM”）组织与人事管理系主任科尼朋伯格（Daan van Knippenberg）教授受邀成为该系联合系主任。

4 月 23 日，由校团委主办、校学生会承办的“中国梦·人大情”第二十届“五四”文化艺术节青春歌会举办。

4 月 23 日，文学院举行第八届文学节诗歌分享及朗诵会。

4 月 26 日，由学校和中国区域科学协会主办、经济学院与中国区域科学协会区域经济学专业委员会协办的“2014 年中国区域科学协会理事换届大会暨区域发展与城镇化学术研讨会”在校召开。

4 月 26 日，“2014 用友新道杯 ERP 沙盘模拟大赛全国总决赛”在上海财经大学举行，商学院 2013 级 MBA 孙晓峰、吕原、赵晓娜、王东海和曹亚军 5 名同学组成的代表队最终摘得大赛桂冠。

4 月 26 日，中国首席信息官联盟第一次工作会议暨“互联网创新与信息化”（2014 中国 CIO 论坛）在北京举办。会上，由冯惠玲教授主持的国家自然科学基金重点项目“我国信息资源产业发展政策及管理研究”课题组和信息资源管理学院联合向社会首次公开发布《中国信息资源开发利用指数报告（2013）》。

4 月 26 日，农业与农村发展学院 2014 级在职农业推广硕士（MAE）开学典礼举行。著名农村政策研究专家、中共中央政策研究室副主任、中国人民大学兼职教授潘盛洲应邀做题为“中国新型城镇化建设的若干问题”的讲座。

4 月 26 日，由《南方都市报》和《南都周刊》评选的第十二届华语文学传媒大奖揭晓，文学院孙郁教授凭借 2013 年出版的专著《写作的叛徒》，获得 2013 年“年度文学评论家”奖。此外，文学院阎连科教授、王家新教授分别入围“年度杰出作家”与“年度诗人”提名。

4 月 27 日，贵州省委副书记李军率团访问学校，商议在国学领域推进省校合作。校领导靳诺、陈雨露、王利明出席座谈会。

4月27日，英国伦敦大学卫生与热带病学院宝莲·艾伦（Pauline Allen）教授来公共管理学院做题为《英国国家卫生服务体系介绍》和《英国公立医院自治》的学术讲座。

4月29日，由中宣部、教育部、共青团中央联合主办，中央电视台承办的"五月的鲜花——我们的中国梦"2014全国大学生校园文艺汇演在中央电视台一号演播大厅录制。节目中，陈雨露校长寄语广大青年："让你们青春的梦想在初夏的五月汇集成灿烂的花海。"来自学校舞蹈团的30名同学组成的演出团队参加了演出。

4月，国家留学基金委公布了2014年国家公派高级研究学者及访问学者（含博士后）项目录取人选，学校于伟强等15位教师成功入选。

5月4日，童道驰校友任商务部部长助理、党组成员。童道驰校友1988—1991年就读于行政管理学研究所科学社会主义专业，获硕士学位。

5月4日，原创公益话剧《牵挂》北京首场展演在校举行。中共中央政治局委员、国家副主席李源潮与优秀青年代表、首都高校青年志愿者代表一同观看演出，并慰问演职人员和"本禹志愿服务队"报告团成员。

5月4—6日，由民政部、北京市人民政府、全国老龄办主办的第三届中国国际养老服务业博览会及主论坛、系列研讨会在北京国家会议中心举行。劳动人事学院郑功成教授在会上做了题为《让养老服务成为老有所养的真正支柱》的主题报告。

5月6日，中央统战部干部局张奇副局长一行来校检查指导统战工作。

5月6日，美国著名马克思学家诺曼·莱文（Norman Levine）在校做题为《马克思与法国大革命》的演讲。

5月6日，校领导靳诺、陈雨露、张建明等校领导看望慰问学校男子排球队，向他们取得全国大学生排球超级联赛冠军表示祝贺，并听取球队建设情况汇报。

5月6—11日，学校国家版权贸易基地第二期文化产业版权运营与管理高级研修班开班，江苏省昆山市党政干部和企业代表50余人参加。

5月7日，伊志宏副校长会见到访的芝加哥大学副校长伊恩·所罗门（Ian Solomon）。

5月7日，全国高校校园网站联盟理事会秘书长会议在高等教育出版社召开。全国高校校园网站联盟理事长、学校党委书记靳诺出席会议并讲话。教育部思政司副司长王光彦，全国高校校园网站联盟秘书长、高等教育出版社副总编辑阎志坚和来自全国各高校的联盟理事会副秘书长参加了会议。

5月7日，全国大学生"道德力量 筑梦基石"网络主题教育活动在北京化工大学举行。教育部党组副书记、副部长杜玉波出席活动并讲话，全国高校校园网站联盟理事长、学校党委书记靳诺出席活动并致辞。

5月8日，学校中国社会保障研究中心等承办的第五届国家综合防灾减灾与可持续发展论坛举行。

5月9日，第九届"中国人民大学模拟联合国大会"在校开幕，陈雨露校长，中国联合国协会会长卢树民大使、《中国青年报》副总编辑翁翔等参加开幕式。

5月9—11日，第十二届"白羽惜别"羽毛球师生团体赛举行。

5月10日，由校团委主办的"中国梦·人大情——2014年五四文艺汇演"举行。张建明常务副书记出席。

5月10日，首都高校第52届田径运动会组委会暨技术会议在校举行。校党委常务副书记张建明教授、北京市大体协主席杜松彭等参加会议。

5月11日，在由北京市教育委员会、北京市大学生体育协会及北京市武术协会主办，北京工业大学承办的2014年首都高校武术比赛中，学校代表队与来自32所大学的400多名武术精英展开激烈角逐，最终创下7金4银的骄人成绩。

5 月 11 日，学校“求是思源”项目二期开班。

5 月 12 日，劳动人事学院郑功成教授续聘为国家减灾委第三届专家委员会副主任。

5 月 12 日，美国杜肯大学终身教授汤姆·洛克莫尔来校做题为《马克思是一个费希特主义者吗?》的学术讲座。

5 月 12 日，英国《金融时报》（*Financial Times*）全球商学院高管教育（Executive Education）排名榜单新鲜出炉，人大商学院首次参评即获得第 49 名的优异成绩，跻身全球 50 强。

5 月 13 日，《“走出去”：国际商务反腐败规则研究》在校发布，陈雨露校长，国际商会主席、美国奥巴马总统贸易政策与谈判顾问委员会主席哈罗德·麦克劳等出席发布会。

5 月 13 日，北京市政府侨务办公室副主任李长远一行来校检查指导侨务工作，重点就人民大学国际化战略的实施情况进行调研。

5 月 13 日，澳大利亚纽卡斯尔大学研究教授、学校“海外人才”特聘教授罗兰·博尔（Roland Boer）在校做题为《中国语境下的马克思主义与宗教》的演讲。

5 月 13 日，法学院召开“跨境家庭法问题和儿童福利：亚太视角”国际研讨会。

5 月 14 日，学校召开征兵工作部署会，校党委常务副书记张建明出席会议。

5 月 14 日，经济学院为九秩高龄的老教授举办九十寿辰庆祝会，九十岁老教授代表卫兴华、郭丁、庄次彭、赵萃、耿博新、李云、许植等参加活动。

5 月 14 日，海牙国际私法会议常设事务局路易丝·艾伦·泰兹（Louise Ellen Teitz）教授、芮安牟（Anselmo Reyes）教授访问法学院，并做题为《国际私法与比较法论坛》的演讲。

5 月 14 日，美国富布赖特学者安德鲁·莱基教授访问新闻学院并发表主题演讲。

5 月 15 日，著名经济学家、学校荣誉一级教授周诚在北京因病逝世，享年 87 岁。

5 月 15 日，学校召开 2014 年专业技术职务评审与岗位聘用工作部署会。

5 月 15—16 日，杨慧林副校长率团赴福建省开展本科招生宣传及人才交流等工作，并看望部分中国人民大学 2013 年福建省引进生。

5 月 15—17 日，经济学院刘瑞教授率团出席在韩国汉阳大学举行的第七次中韩联合学术研讨会。这是双方连续第七年共同举行的联合研讨会，每年轮流主办一次。

5 月 15—18 日，首都高等学校第 52 届学生田径运动会在学校举行。全国人大常委会原副委员长、中国人民大学董事会名誉副董事长布赫，全国政协原副主席、校董事会名誉副董事长张怀西，教育部副部长郝平，国家体育总局副局长冯建中，北京市人民政府副市长杨晓超，校领导靳诺、陈雨露、张建明、查显友等出席开幕式。来自北京地区 68 所高校的 1 508 名大学生运动员参加了赛跑、跳高、跳远等 23 项比赛。赛会首次增设了留学生组，50 余名各国留学生与中国大学生同场竞技。本届运动会是学校时隔 57 年后第二次承办该项赛事。

5 月 16 日，中华全国总工会文工团携原创话剧《格桑花》来校进行专场演出。

5 月 16 日，华夏古缯国文化研讨会在校举行。

5 月 17 日，外国语学院与学校澳大利亚研究中心举办活动，纪念澳大利亚汉学家、学校讲座教授马克林（Colin Mackerras）来华 50 周年暨来校讲学 10 周年。澳大利亚驻华大使孙芳安为马克林教授发来贺信。

5 月 17 日，第六届（2014 年）中国演化经济学年会在校举行。

5 月 18 日，由学校承办的“蒙古新媒体发展高级研修班”结业典礼在校举行，张建明常务副书记，中国和平发展基金会副秘书长俞小萱、高级项目主管谢燕春等参加结业典礼。

5 月 18 日，在 2014 年首都高校大学生网球联赛春季团体赛中，学校网球队获得甲 A 组男子、女子，乙组男子、女子四项团体比赛的冠军。

5 月 18 日，学校学生艺术团民族乐团“中国印象·江山如此多娇”专场音乐会举行。

5 月 19 日，大数据分析硕士培养协同创新平台在校正式启动。

5 月 19—23 日，应北京市人民政府国有资产监督管理委员会的委托，劳动人事学院举办为期 5 天的北京市属企业领导人员现代人力资源管理专题班。

5 月 20 日，伊志宏副校长会见来访的高丽大学行政对外副校长廉载镐教授，双方就高丽大学在人民大学举办暑期项目、两校开展学位项目及共同研究等事宜进行了探讨。

5 月 21 日，最高人民法院审判委员会副部级专职委员、二级大法官刘贵祥应邀做客学校法学院“大法官讲坛”，做题为《强制执行若干重大法律问题检讨》的学术演讲。

5 月 21 日，北京大学法学院天元讲席教授、长江学者朱苏力先生应邀做客法学院，做题为《古代中国的军事宪制》的专题演讲。

5 月 21 日，“五四情 · 青年梦”——历史学院学习习总书记五四讲话成果汇展举行。

5 月 21—25 日，陈雨露校长率学校代表团应邀访问俄罗斯莫斯科国立大学、圣彼得堡国立大学和圣彼得堡国立经济大学，并出席了由学校与圣彼得堡国立经济大学联合主办的“第六届俄中高级经济论坛”。

5 月 22 日，伊志宏副校长会见了以副校长鲇京正训为团长的日本名古屋大学代表团一行。

5 月 22 日，由学校医院管理研究中心主办的“趋势　政策　变革——2014 中国医药政策与发展主题论坛”在学校举行。

5 月 22 日，经济学院学术代表团访问俄罗斯圣彼得堡国立大学经济系。

5 月 22 日，著名作家、文学院阎连科教授做题为《现实主义文学的境层分析》的演讲。

5 月 23 日，由团中央宣传部、云南省委宣传部主办的大型原创聂耳音乐剧《国之歌》首都高校公益巡演在校上演。

5 月 23 日，中法学院代表团一行访问法国，中国驻法国大使馆公使衔教育参赞马燕生会见代表团一行。双方就中法学院的办学情况、在法学生的组织与管理、与法国高校的合作机制等交换了意见。

5 月 23 日，学校首期学生生涯引领计划（LEAD 计划）正式启动。该计划将聘请职场人士担任导师，带领在校学生了解行业，熟悉职场，完善个人职业生涯规划，同时增进企业与学生之间的了解，为企业的校园招聘提供“预调研”。

5 月 24 日，“2014 世界法科学生论坛”在法学院开幕，来自德国、法国、日本、韩国、蒙古等国家的伙伴院校的学生代表参加该论坛。

5 月 24 日，由法学院中韩市场暨规制法研究中心（MRLC）主办、主题为“全球 IT 产业重组走势与中韩规制应对——以反垄断和知识产权为中心”的国际学术会议在北京举行。

5 月 24—25 日，“第六届中国人民大学国际统计论坛”在学校举办，来自国内外的 400 余名统计学界专家学者、国家统计系统专家学者，以及各高校师生出席会议，就统计学科的前沿问题及最新研究成果展开研讨。

5 月 26 日，学校 2014 年中央和国家机关司局级干部选学“大数据与中国特色信息化道路”专题班开班。

5 月 26 日，比利时比中经济贸易委员会主席、比中商会主席德维特访问学校中国社会保障研究中心，并与社会保障专业部分师生就中国与比利时的社会保障及相关问题进行深入交流。

5 月 26 日，韩国韩中企业联合会向书报资料中心捐款仪式在校举行。

5 月 26—27 日，张建明常务副书记到苏州校区调研。

5 月 27 日，中国校友会网最新编制完成《2014 中国大学学科专业评价报告》，报告最新公布了 2014 中国两岸四地大学学科专业排行榜、2014 中国大学各学科门类排行榜、2014 中国各地区大学学科专业排行榜等。中国人民大学 9 个专业被评为六星级学科专业，位居 2014 中国大学学科专业排行榜第三位。

5 月 27 日，“保险之路——中国保险历史文化展”在博物馆开幕。中国保监会主席项俊波、副主席周延礼，校领导陈雨露、王利明，中国保险学会会长姚庆海等出席开幕式。

5 月 28 日，学校第六届学生“创业之星”大赛决赛在校举行，同时学校“创业联盟”成立。教育部高校学生司副司长荆德刚、校党委常务副书记张建明，数字 100 市场研究公司董事长汤雪梅、北京明日阳光体育文化有限公司董事长许云飞等创业校友、创业联盟发起人参加活动。

5 月 28 日，学校 2014 年高阶团校举行开学典礼，张建明常务副书记出席并讲话。

5 月 28 日，由中国人民大学、法国 ESSEC 商学院、巴黎行政管理学院（IEAM）共同主办的“中法经济与企业高峰论坛”在校举行。王利明常务副校长兼副书记、法国埃克斯政治学院副院长史蒂芬·布德航迪教授、康正（北京）融资租赁有限公司副总经理刘海渤等中法嘉宾出席论坛并分别致辞。

5 月 28 日，中宣部出版局副局长、巡视员刘建生来校，以“全面领会　入耳入心——学习习近平总书记系列重要讲话体会交流”为主题，为学校从事新闻、编辑出版工作的人员做学习习近平总书记系列重要讲话辅导报告。王利明常务副校长兼党委副书记会见了刘建生副局长。

5 月 28 日，学校武警选培办组织中国人民大学、中国政法大学两校的 2010 级毕业国防生进行了“军政训练强化月”第二阶段考核。张建明常务副书记带领相关部处和学院负责人到现场指导考核工作。

5 月 28 日，学校 CIO 研究中心研究员聘任仪式顺利举行，微软云计算机中国区总监沈寓实博士受聘为 CIO 研究中心研究员。

5 月 29 日，美国著名学者、哥伦比亚大学宗教系主任马克·泰勒教授应邀访问文学院，并发表演讲。

5 月 29 日，艺术学院 2014 届优秀毕业作品展开幕。

5 月 30 日，美国罗格斯大学代表团访问劳动人事学院。

5 月 30 日，世界著名经济学家、诺贝尔经济学奖获得者、耶鲁大学罗伯特·席勒教授访问学校，并发表演讲。

5 月 30 日，“核心价值观百场讲坛”首场活动在校举行。

5 月 31 日，北京市高等教育学会研究生思想政治理论课研究会在校成立，校长助理、马克思主义学院院长郝立新受聘担任研究会理事长。

5 月 31 日，2014 首都五所高校马克思主义理论学科硕士研究生论坛在校举行。

5 月 31 日，信息资源管理学院举办“中国档案事业史学科建设”学术讨论会。

5 月 31 日，首都四校体质健康测试“健康达人”展示活动在校举行。

5 月，2014 年美国大学生数学建模竞赛成绩公布，学校共有 38 支队伍获奖，其中一等奖（Meritorious Winner）11 项、二等奖（Honorable Mention）25 项，并且首次有 2 支队伍获得特等奖候选奖（Finalist）（全球前 25 名），创学校近年来最好成绩。

5 月，文学院教授、著名作家阎连科获得 2014 年度弗兰茨·卡夫卡（Franz Kafka）文学奖。这是中国作家首次获得该奖项。

5 月，北京市总工会公布了《关于授予 2014 年首都劳动奖状、首都劳动奖章和北京市工人先锋号的决定》，社会与人口学院教师陶涛被授予“2014 年首都劳动奖章”。

5 月，学校获得海淀区创建全国文明城区工作“十佳贡献单位”荣誉称号。

5 月，哲学院方立天教授、社会与人口学院郑杭生教授、法学院王利明教授等 3 人入选国家哲学社会科学研究专家咨询委员会。

5 月，国家外国专家局公布了 2014 年度国家外国专家局“高端外国专家”项目聘请计划，学校 4

位外国专家入选该项目。

6月2—6日，艺术学院师生应邀访问美国芝加哥大学视觉艺术系。

6月3日，由商务部委托经济学院承办的“2014年《亚太贸易协定》研修班”举行结业典礼，伊志宏副校长出席。

6月3日，英国牛津大学教授、世界著名传媒经济学家罗伯特·皮卡德（Robert G. Picard）到访新闻学院。

6月3—6日，由校团委、校研究生会组织的研究生实践团赴河北省正定县，就“农村面貌改革提升工程”进行调研。

6月4日，2014年度中国人民大学—宜信信用管理实践奖学金颁奖典礼暨信用管理教育发展基金成立仪式举行。

6月4日，法学院与中国国际经济贸易仲裁委员会举行联合培养国际商事仲裁方向研究生项目启动暨校外导师聘任仪式。

6月4日，学校召开第三十一次学代会提案答复座谈会。校领导张建明、查显友出席会议。

6月5日，劳动人事学院举办中美反贫困政策国际研讨会。

6月6日，第七届中美公共管理国际学术研讨会在校召开。

6月6日，北京巧女公益基金会向学校捐赠2 500万元人民币，支持设立中国首个生态金融智库，陈雨露校长出席捐赠活动。

6月7日，经济学院举办第三期经济体制改革论坛。

6月7日，马克思主义学院举办第十五届“人大、北大、清华、北师大”马克思主义学院博士生论坛。

6月7日，信用管理教育发展研讨会在校举行。

6月7日，学校2014年春季学期演出季顺利落下帷幕。

6月7日，2014首都高校游泳冠军赛在首都经济贸易大学举行，学校游泳队获得男子团体和女子团体两项第一。

6月8日，2014年全国大学生三对三男子篮球联赛在学校举行，人大RUC代表队获得季军。

6月9日，伊志宏副校长会见来访的英国伦敦国王学院（King's College London）新任国际事务副校长乔安娜·纽曼博士（Joanna Newman）一行。

6月9日，学校举行仪式，聘任中国银联股份有限公司党委书记、副董事长、总裁时文朝担任兼职教授，陈雨露校长出席并颁发聘书。

6月9日，“真之如·李铁军显微摄影艺术展”在校开幕。杨慧林副校长，中国油画协会副主席、著名油画艺术家尚扬等参加开幕式。

6月9日，武警总部政治部组织的优秀大学生干部先进事迹巡回报告会在校举行。报告团成员都是近年来武警部队涌现出来的优秀大学生干部代表，包括《心中有兵情自真》的报告者武警63师188团机炮连政治指导员、哲学院校友景浩等5位同志。

6月9日，东盟与中日韩宏观经济研究办公室（AMRO）代表团访问国际货币研究所。

6月9—10日，靳诺书记赴安徽省黄山市中国人民大学黄山教学科研实习基地考察。

6月11日，尼泊尔媒体代表团一行15人访问新闻学院，并与新闻学院师生举行座谈。

6月12日，伊志宏副校长会见率团来校参加新媒体发展高级研修的尼泊尔前信息通讯部、教育部、总行政部部长马哈德·普拉萨德·鲍德尔一行。

6月12日，学校2013—2014学年春季学期本科教学期末工作会议召开。

6月12日，学校正式启动“百名海归挂职计划”。首批30名教师将被派往国家发展和改革委员会、中国保险监督管理委员会、中国银行、神华集团等16个合作单位，分别以联合培养博士后、挂职行政岗位、受聘经济学家或研究员等形式进行实践锻炼。

6月13日，中央政治局委员、国务院副总理刘延东走进国家博物馆，观看“中国梦·少年梦”人大附小师生美术作品展。国务院副秘书长江小涓，文化部副部长杨志今，中国人民大学党委书记靳诺、校长陈雨露，国家博物馆馆长吕章申陪同观看。

6月13日，法国教育系统补充医疗保险局局长达维先生访问中国社会保障研究中心。

6月14日，财政金融学院承办的“全国金融专业学位研究生教育指导委员会暨培养单位院长（系主任）2014年度工作会议”在京召开。

6月15日，爱尔兰都柏林大学孔子学院新教学楼奠基仪式暨欧洲新建孔子学院联席会议开幕式在都柏林大学校园内举行，中共中央政治局常委、中央书记处书记刘云山同志出席。爱尔兰教育和技能部部长罗里·奎因（Ruairi Quinn），孔子学院总部总干事、国家汉办主任许琳，中国驻爱尔兰大使徐建国，都柏林大学校长安德鲁·迪克斯（Andrew Deeks），中国人民大学校长陈雨露，副校长杨慧林，孔子学院总部副总干事、国家汉办副主任王永利，孔子学院总部副总干事、国家汉办副主任静炜等参加奠基仪式及联席会议开幕式等活动。

6月15—16日，美国管理学会（AOM）人力资源管理分会（HR Division）首届国际会议于在劳动人事学院召开。

6月16日，北京市海淀区政协主席彭兴业、副主席刘恪一行来校调研。

6月16日，全国哲学社会科学规划办公室公布2014年国家社会科学基金项目评审结果，学校获得53个项目。

6月17日，江苏省苏州市委常委、苏州工业园区工委书记王翔一行来校调研，靳诺书记、陈雨露校长分别会见王翔书记一行。

6月17日，中国经济社会理事会四届一次会议在北京举行，劳动人事学院教授郑功成当选为常务理事。

6月18日，陈雨露校长会见了来访的俄罗斯教育科技部副部长亚历山大·克里莫夫（Alexander Klimov）一行。

6月18日，“走进高校预防乳腺疾病科普系列活动”启动仪式及义诊筛查活动在校举行，中国癌症基金会理事长、原卫生部副部长彭玉，校领导靳诺、马俊杰等出席。

6月19日，伊志宏副校长来到国际文化交流中心和留学生公寓，实地察看留学生公寓住宿环境，检查暑期学校住宿接待准备工作。

6月19日，英国《泰晤士报》发布2014年亚洲百强大学排行榜，13个国家和地区的大学上榜。中国内地共有18所高校入围，中国人民大学位居排行榜第32位，比去年上升9名。

6月20日，学校召开教师干部大会，宣布教育部党组、教育部关于学校领导职务任免的通知。马俊杰任中共中国人民大学纪律检查委员会书记，吴付来任校党委副书记，洪大用任校党委常委、副校长；免去中国人民大学常务副校长王利明兼任的党委副书记职务，因年龄原因，免去杨慧林中国人民大学副校长职务。

6月20日，王利明常务副校长会见来访的伊朗前外交部长、伊朗国家利益委员会战略研究中心主任、伊朗最高领袖阿里·哈梅内伊国际事务顾问阿里·阿克巴尔·韦拉亚提博士一行。

6月20日，外国语学院教授、澳大利亚研究中心主任张勇先著作《英语发展史》发布，伊志宏副校长出席发布会。

6月21日，“最美的人大”中国人民大学2014年毕业生文艺晚会举行，吴付来副书记出席。

6月21日，“纪念《宗教事务条例》颁布十周年”学术研讨会在校召开。

6月21日，中国当代艺术巡礼丁秋发作品展开幕式在校举行。

6月22日，“慈善税制、慈善组织、慈善服务立法专题研讨会”在校召开。

6 月 22—25 日，第 38 届 ACM 国际大学生程序设计竞赛世界总决赛（ACM-ICPC World Finals）在俄罗斯叶卡捷琳堡举行，学校 ACM 队参赛。

6 月 25 日，奥地利驻华大使艾琳娜（Irene Giner-Reichl）在官邸为奥地利学者、学校文学院雷立柏教授（Leopold Leeb）举行招待会。

6 月 26 日，学校 2014 届毕业生毕业典礼在世纪馆举行。

6 月 27 日，“丝绸之路经济带的建设与未来”十二国智库论坛在学校开幕。陈雨露校长，巴基斯坦驻华大使马苏德·哈立德，伊朗驻华大使马赫迪·萨法里，前中国驻伊朗大使华黎明，俄罗斯联邦外交部外交学院副院长亚历山大·卢金作开幕式致辞与主旨演讲。开幕式由伊志宏副校长主持。来自中国、俄罗斯、哈萨克斯坦、乌兹别克斯坦、吉尔吉斯斯坦、土库曼斯坦、塔吉克斯坦、阿富汗、伊朗、巴基斯坦、印度、美国等 12 个国家的 40 余名智库代表和专家学者参加论坛。论坛设有“丝绸之路经济带与欧亚时代”“丝绸之路经济带的难点与障碍”“丝绸之路经济带与各国关系”“丝绸之路经济带与中国未来”四个主旨论坛。同时，论坛还发布了中国首份关于丝绸之路经济带的智库报告《建设丝绸之路经济带：愿景与途径》。

6 月 27 日，学校召开来校挂职干部座谈会，校领导靳诺、张建明出席。

6 月 28 日，和平共处五项原则发表 60 周年纪念大会在北京人民大会堂隆重举行。靳诺书记应邀参加大会。

6 月 28 日，以“全球化进程中的现代中国学”为主题的纪念爱知大学“国际中国学研究中心”（ICCS）中国分中心成立暨爱知大学·中国人民大学·南开大学双重学籍博士生联合培养十周年学术成果汇报会在校举行。

6 月 28 日，由学校残疾人事业发展研究院、北京市残疾人联合会联合主办的“残障与发展论坛（2014）”在校举行。

6 月 29 日，“永远的丰碑——庆七一‘百位共产党人百篇小传’朗诵会”在校举行。

6 月 30 日，学校举行 2014 年国防生分配命令宣布大会。

6 月 30 日，学校举行名师沙龙建设研讨会。校领导陈雨露、洪大用出席会议，与“名师沙龙”主讲教师以及师生代表共同探讨本科人才培养制度的建设发展。

6 月 30 日—7 月 25 日，首届“人民大学—芝加哥大学”暑期学期在校举行，来自世界名校的近 20 位经济、金融学大家集聚汉青经济与金融高级研究院，为该项目授课。

6 月，北京市委教育工作委员会公布了北京高校先进基层党组织、优秀共产党员和优秀党务工作者评选结果，马克思主义学院马克思主义理论教研室张雷声教授和附属中学联合总校党委常务副书记兼副校长、附属中学副校长周建华教授获评北京高校优秀共产党员。

7 月 1 日，学校与北京国双科技有限公司签订战略合作协议，支持“人大—国双大数据科学联合实验室”的发展。

7 月 1 日，中国人民大学校友、四川大学教授、中国苏轼研究学会名誉会长曾枣庄向中国人民大学文库捐赠所著 47 种共计 400 余册图书。

7 月 2 日，学校 2014 年国际小学期开学，来自 48 个国家和地区的 399 名海外高校学生、30 名中国高校学生和 3 000 多名本校学生将参加核心课程学习。

7 月 4 日，第七届中学生“汉语桥”比赛津巴布韦赛区选拔赛在津巴布韦大学孔子学院教学点罗斯福女中举行，来自津巴布韦大学孔子学院教学点丘吉尔男中、罗斯福女中等学校的 16 名学习汉语的学生参加了此次比赛。

7 月 4—5 日，靳诺书记访问福建省，与福建省主要领导座谈，进一步推进省校战略合作。在福建期间，靳诺书记先后会见了福建省委书记尤权，福建省委副书记于伟国，福建省委常委、福建省委秘书长叶双瑜，福建省委组织部副部长杨国豪，福建省妇联主席吴洪芹，福建省委常委、福州市委书记杨岳，福州市市长杨益民等省市主要负责人及中国人民大学福建校友会会长陈武等。

7月5日，“新型城镇化与流动人口社会融合论坛2014”在校举行。

7月6日，靳诺书记、陈雨露校长前往原党委书记张腾霄家中，祝贺张腾霄老书记百岁寿诞。

7月7日，吴付来副书记率队对贤进楼、汇贤大厦、西区食堂、品园5楼、品园6楼、理工楼、图书馆以及公共教学4楼施工工地等重点场所进行安全检查。

7月7日，世界银行前首席经济学家兼高级副行长、北京大学经济学教授林毅夫访问汉青经济与金融高级研究院，并主讲了题为《解读中国经济》的学术讲座。

7月7日，中国共产党优秀党员，著名哲学史家、宗教学家，中国人民大学一级教授方立天同志因病在北京逝世，享年82岁。

7月7—8日，靳诺书记赴陕西咸阳访问西藏民族学院，与西藏民族学院主要领导就进一步推进对口支援工作做了深入交流。

7月8日，汉青经济与金融高级研究院2014年全国经济学、金融学优秀大学生夏令营开营仪式在校举行。

7月9日，中共中国人民大学第十三届委员会第108次常委会审议通过《中共中国人民大学委员会关于加强和改进新形势下党外代表人士队伍建设的意见》，并于7月23日以人大校党字〔2014〕57号文件下发各基层党组织。

7月10日，中央电视台七套《聚焦三农》节目以“泔水桶大发现：告别青春‘剩宴’”为题，对高校开展“光盘行动”做了专题报道，人民大学作为典型高校之一，以生产环节为切入口采取了一系列举措，持续有效推进“光盘行动”。

7月10日，由学校“985工程”专项资金重点支持的长期调查项目——“中国雇主—雇员匹配数据追踪调查”首期数据应用研讨会在劳动人事学院召开。

7月10日，学校与中国电信集团公司签署战略合作框架协议，在企业发展、人才培养、智慧校园等领域进行广泛合作。

7月10日，北京市委常委、市委统战部部长牛有成一行到学校考察调研统战工作，对学校党委统战工作取得的成绩表示充分肯定和高度评价，并就进一步做好新时期新形势的高校党委统战工作发表了意见。

7月11日，中国就业研究所在校举办2014年第二季度中国就业季度分析会。

7月11—12日，首届“全球化时代中西方媒体文化比较研究”国际论坛在校召开。

7月12日，由学校和中国浦东干部学院联合主办的“中国宏观经济论坛（2014年中期）”（总第30期）在上海中国浦东干部学院举行。陈雨露校长参加论坛并致辞。

7月13日，第11届中国保险精英圆桌大会（CMF）暨2013中国保险年度人物颁奖典礼在四川成都开幕，劳动人事学院教授郑功成当选2013中国保险年度人物。

7月14日，由新闻学院和美国宾夕法尼亚大学安尼伯格传播学院联合举办的“大数据·建模方法与传播学研究”暑期工作坊启动。

7月14日、15日，靳诺书记、陈雨露校长先后视察学校本科生招生录取工作，看望慰问暑期坚守岗位的工作人员。洪大用副校长等一同视察看望。

7月15日，靳诺书记、陈雨露校长、查显友副校长赴北京市通州区会见通州区委书记王云峰、区长岳鹏，双方就加快推进东校区筹备工作召开专题会。

7月15日，学校首次举行本科生招生录取现场开放日活动，4名本科生招生社会监督员和13家媒体代表实地了解了高考招生录取过程。

7月16日，学校发出第一份新版录取通知书，对象为宁夏回族自治区中宁县中宁中学“圆梦计划”考生何佳玲。

7月16日，学校2014年度教师以外专业技术职务评审与岗位聘用、管理职员岗位聘用会议召开。靳诺书记、陈雨露校长及王利明、查显友、马俊杰、吴付来、洪大用等校领导与学院、部（处）、直附属单位和教代会主席团等方面的代表组成的学校教师以外专业技术职务评审与岗位聘用委员会、学校管理职员聘用委员会委员出席会议。会议由陈雨露校长主持，靳诺书记讲话。

7月16—22日，学校举办2014年“两岸学子·彩虹计划”活动。

7月17—21日，学校2014国际小学期书法班师生一行赴我国历史文化名城杭州和浙南著名国家级风景区仙都参观考察。

7月18日，由文学院、外国语学院、人大出版社联合主办的“创意写作国际论坛（2014）”在校召开。百余名中外专家学者、知名作家、高校教师及媒体记者到会参加论坛。

7月18日，历时五天的由新闻学院和美国宾夕法尼亚大学安尼伯格传播学院联合举办的“大数据·建模方法与传播学研究”暑期工作坊结业仪式在校举行。

7月19日，学校主办的英文学术刊物《经济与政治研究》（*Economic and Political Studies*，*EPS*）在京召开“经济与政治：中国与世界经济中的交叉问题”小型国际学术研讨会。

7月19日，由商学院主办、商学院高层管理教育（EE）中心承办的“2014成长中国大讲堂第四场”在校举办。原吉林省省长、中国职业经理人协会会长洪虎以“中国职业经理人制度的思考”为主题发表演讲。

7月20日，国际货币研究所（IMI）与韩国对外经济政策研究院（KIEP）谅解备忘录签字仪式在校举行。

7月20—22日，洪大用副校长赴四川省自贡市参与“千人百村”社会调研活动。

7月21日，2014年全国大学生信息安全竞赛（第七届）在武汉海军工程大学结束，由信息学院组织的参赛队获得一等奖（最高奖）。

7月21日，物理学系季威教授研究组的论文《多层黑磷中的高迁移率各向异性电导和光线性二色性》发表在《自然》子刊《自然·通讯》杂志上。

7月22日，学校组织召开“1420行动计划”落实情况中期检查会，张建明常务副书记出席，查显友副校长主持。

7月22日，陈雨露校长会见美国麦格劳-希尔教育出版公司总裁大卫·莱文（David Levin），就推进网络教育和出版合作事宜交换意见。

7月23日，由中关村管委会主办，中国人民大学留学人员创业园、中关村雍和航星留学人员创业园承办，中关村留学人员创业园协会协办的“中关村留学人员企业精品项目推介会（三三会）人大、雍和航星留创园专场”在文化科技园举行。

7月23—24日，学校2014年学院工作会议召开。会议就深化教育领域综合改革，推进世界一流大学建设进行讨论并作动员部署。校党委书记靳诺做大会讲话，校长陈雨露做主旨报告。校领导张建明、王利明、马俊杰、查显友、吴付来、洪大用出席会议，校长助理、校务委员会委员、教代会主席团代表和各院系、部处、直（附）属单位及科研机构负责人参加会议。

7月23—25日，全国高校校园网站建设与发展高级研修班在京举办。全国高校校园网站联盟理事长、靳诺书记出席开班仪式并讲话。

7月24日，国家发展与战略研究院举行“反腐败与国家治理”研讨会。

7月25日，吴付来副书记到苏州校区调研，听取苏州校区的办学工作汇报。

7月25日，学校和腾讯公司以及英国牛津大学、香港科技大学等单位共同举办的“大数据连接的未来”高峰论坛在北京召开，王利明常务副校长到会致辞。

7月25日—8月8日，首期“求是思源”优秀学生培养计划团队一行34名师生踏上南下的旅途，“以双脚丈量祖国大地，以双手循迹中国崛起”，进行了为期半个月的广州、深圳调研之行。

7月26—27日，陈雨露校长、吴付来副书记一行赴江苏省南通市看望参与“千人百村”社会调研活动的学生，随后前往宿迁市看望校友、“中国网事 感动2013”第三季度感动人物、大学生“村官”亓俊先等人，慰问参加暑期社会实践的人民大学学子，并与在宿迁工作的校友座谈。座谈会后，学校与宿迁市人民政府签订战略合作框架协议。

7月28日，最高人民法院原院长、首席大法官、法学院兼职教授肖扬在校会见来校访问的美国耶鲁大学中国法中心主任、耶鲁大学法学院保罗·葛维茨（Paul Gewirtz）教授。

7月28—29日，王利明副校长应邀出席在巴西里约召开的第三届世界大学校长论坛。

7月30日，为期4周的国际小学期（2014）校级核心课程全部结束。

7月30日，学校公益科考队一行13人在西藏那曲地区索县进行教育物资捐赠活动。

7月31日—8月3日，吴付来副书记率教授考察团赴福建宁德考察调研经济社会发展情况，推进以学校与福建省共建的“新型城镇化协同创新中心”为平台的省校合作项目落实情况。

7月31日—8月18日，第二期“求是思源”优秀学生培养计划团队师生34人赴云南省临沧市耿马县、昆明市等地开展了为期19天、以“关爱与社会责任”为主题的支教和调研活动。

7月，接教育部、国家外国专家局《关于下达2014年度外国文教专家聘请计划的通知》（教外监〔2014〕35号），学校在此次计划中共获得648万元资助，较2013年度增加117万元。

7月，学校被评为“2013年度教育部人防工作目标管理先进单位”，继2012年度后再次获得这一称号。

7月，中共北京市委教育工作委员公布了2012—2013年北京高校党的建设和思想政治工作优秀成果、创新成果表彰名单，学校“千人百村”社会调研活动荣获北京高校党的建设和思想政治工作优秀成果一等奖。

7月，《知识产权管理》（*Managing Intellectual Property*）杂志发布《2014年全球50位最具影响力知识产权人物榜单》，中国知识产权法学研究会会长、法学院刘春田教授作为中国学界的唯一代表，继2013年后连续第二年入选该榜单。

7月，北京市教育委员会公布了第十届北京市高等学校教学名师奖获奖名单，学校信息学院龙永红教授、法学院黄京平教授、财政金融学院瞿强教授获此殊荣。

8月1日，人大校友北京羽毛球协会在校成立。

8月2日，国家发展与战略研究院举办“城镇化中的撤村并居与耕地保护”研讨会。

8月3—4日，伊志宏副校长赴贵州省黔西南布依族苗族自治州看望慰问“千人百村”社会调研团队。

8月5日，吴付来副书记会见著名歌唱家、声乐教育家、金铁霖中国声乐艺术研究院院长金铁霖教授。

8月5—7日，张建明常务副书记赴黑龙江省五常市营城子满族自治乡计家村和绥化市庆安县新胜乡新升村，看望慰问开展实践活动的“千人百村”调研团队。

8月6—11日，亚太学生事务协会（APSSA）第14届国际大会在日本京都举行，学校派出代表团参加会议并做专题报告。

8月7日，吴付来副书记赴解放军防化学院，看望慰问正在进行军政基础训练的2013级武警国防生。

8月8日，福建省2014年引进生座谈会在福州召开，福建省委书记尤权出席座谈会并讲话，副校长洪大用出席会议。

8月12日，国家统计局和统计学院联合组织专家讨论会，就“反映提质增效转型升级统计指标体系”问题展开专项讨论，国家统计局李强副局长、鲜祖德总统计师出席会议并发言，来自学术研究机构、政府相关部委的专家参加了座谈。

8月12—15日，校领导靳诺、吴付来一行赴西藏自治区考察调研，看望西藏人大校友，与自治区政府续签合作备忘录，慰问“千人百村”社会调研团队并参加“千人百村”社会调研座谈会。

8月13日，亚太经济合作组织（APEC）投资专家小组公私部门对话“通过公私合作制（PPP）促进亚太地区基础设施投资”在京举行，学校发布报告倡议。

8月17日，由法学院、亚太法学研究院共同举办的“未来领袖：第二届中国国际法律精英夏令营”开幕。

8月19日，安徽省蚌埠市委常委、组织部长周勇一行来校访问，张建明常务副书记会见，双方就进一步推动校市合作事宜进行了会谈。

8月19日，汉青经济与金融高级研究院反垄断与竞争政策研究所举行“两岸竞争政策执法交流座谈会”，陈雨露校长出席会议并致辞。

8月19日，陈雨露校长、查显友副校长考察中区食堂施工现场。

8月20—21日，由汉日对比语言学研究（协作）会主办，外国语学院和日本人文社会科学研究中心联合承办的第六届汉日对比语言学研讨会在校举行。

8月22日，由学校和高丽大学共同举办的2014年全球领导力项目结业仪式暨高丽大学北京中心揭牌仪式在校举行。校长陈雨露、副校长伊志宏，高丽大学校长金炳喆、副校长廉载镐及高丽大学校友代表等出席活动。

8月22日，靳诺书记、查显友副校长检查暑期修缮工程进展情况，慰问学校承担修缮管理、服务任务的干部职工。

8月22日，校领导靳诺、吴付来一行走访九三学社中央，全国政协副主席、九三学社中央主席、中科院院士韩启德，全国政协常委、全国妇联副主席、九三学社中央副主席兼秘书长印红等会见了靳诺书记一行。

8月23—24日，由历史学院主办，北京大学中国古代史研究中心协办的“制度与权力——第八届中国中古史青年学者国际会议”在校召开。

8月24日，受中国民主促进会中央办公厅的委托，由培训学院承办的“民进全国宣传部门负责人培训班”举行开班仪式。民进中央副主席王佐书、民进中央宣传部副部长黎晓英、校党委副书记吴付来等出席开班仪式。

8月24日，由学校中国社会保障研究中心、中国慈善联合会主办的“慈善组织与慈善服务立法专题研讨会”在校召开。

8月24—25日，2014年中国社会发展高层论坛在西北民族大学举办。本届论坛以“民族团结与社会治理”为主题，由学校社会学理论与方法研究中心、西北民族大学民族学与社会学学院、北京郑杭生社会发展基金会联合举办，人大出版社协助举办。

8月25日，学校2013级本科生军训开营式在承训部队举行。吴付来副书记出席开营式并做讲话。

8月25日，吴付来副书记走访看望了在田径场、世纪馆、拳道馆进行暑期集训的学校田径队、男篮代表队、女篮代表队、男排代表队、女足代表队以及武术队的队员们。

8月25日，人民网首届高校校长论坛暨战略合作签约仪式举行，洪大用副校长出席论坛。

8月26日，校领导陈雨露、查显友来到学校西区食堂调研，详细了解暑期学生食堂的运营情况，动员部署新学期校园餐饮的各项准备工作，并与学生共进早餐。

8月27日，学校出版社与日本侨报社联合为《人民币读本》（陈雨露）、《大国的责任》（金灿荣）日文版在北京国际展览中心举办新书首发仪式。

8月31日，首个“烈士纪念日”，学校举行系列主题教育活动，全校师生共同缅怀烈士功绩，学习烈士精神，激发立志报效祖国的情怀。

8月31日，在中秋节到来之际，校领导查显友、洪大用来到承训部队驻地看望并慰问2013级本科生军训团全体师生。

8月31日，由学校主办的首届长江公共外交高峰论坛在江西省九江市举行。

8月，美国卡内基梅隆大学的阿伦·布莱克（Alan W. Black）教授做客信息学院2014年首场“学科国际前沿教师培训”，担任讲课教师。

8月，国家自然科学基金委员会公布了2014年度集中受理部分项目的评审结果。在已经公布结果的项目中，学校共获得69项资助。

8月，第十九届全国大学生网球锦标赛暨“校长杯”网球赛在浙江师范大学落下帷幕。校网球队共获得男子丁组（专业组）和女子甲组两个团体冠军，以及男子乙组单打、男子丁组单打、女子乙组单打、女子甲组双打四个单项冠军。

9月1日，学校2014年新教职工岗前培训开班，靳诺书记代表学校欢迎新教职工的到来并做第一讲，王利明副校长主持开班仪式。

9月2日，由法学院与英国牛津大学法学院、英国协会协商决定共同建设的普通法中心启动。

9月3日，中共中央、国务院、中央军委在人民大会堂举行座谈会，纪念中国人民抗日战争暨世界反法西斯战争胜利69周年。中共中央总书记、国家主席、中央军委主席习近平，中共中央政治局常委、国务院总理李克强出席座谈会，中共中央政治局常委、中央书记处书记刘云山主持座谈会。靳诺书记应邀出席座谈会。青年学生代表、中国人民大学2013级博士研究生、全国学联驻会执行主席杨子强发言。

9月3日，第二届20国（G20）智库论坛在校开幕。本次论坛以“大金融与综合增长的世界”为主题，来自G20成员国的30多名智库学者就“G20与综合增长战略”“金融改革与全球治理”“G20与中国”等三大议题展开讨论。来自中国、俄罗斯、美国、印度、日本、欧盟等20国集团成员重要智库与世界银行、国际货币基金组织、联合国等国际组织的专家学者，以及政界、业界、学界代表和中国人民大学在校领导等100余人出席。美国前总统吉米·卡特，全球中小企业联盟主席、联合国工业发展组织前总干事、重阳金融研究院外籍高级研究员卡洛斯·马格里诺斯做论坛主旨演讲，陈雨露校长做开幕式致辞，副校长伊志宏主持开幕式。

9月3日，陈雨露校长会见美国前总统吉米·卡特和夫人一行，双方就学校举行第二届20国智库论坛交换意见。

9月3日，张建明常务副书记会见了来访的白俄罗斯教育部第一副部长博古石·瓦季姆·阿纳托里耶维奇。

9月3日，学校2014级国际学生来校报到。共651人，包括本科生286人，研究生135人，非学历留学生230人。

9月4日，第二届20国智库论坛发表共同声明，呼吁中国举办2016年20国集团（G20）领导人峰会，促进全球经济分享中国发展“高速列车”带来的机遇。这是继2014年通过全球首个20国智库共同声明之后，重阳金融研究院领衔的又一个重大倡议，是全球首个“20国智库年会机制”开启运行后形成的第一份重要共识。

9月4—5日，学校举行“中国能源国际合作论坛2014”，伊志宏副校长与国家能源局国际合作司司长邹逸桥、土库曼斯坦驻华大使齐纳尔·鲁斯捷莫娃做开幕式致辞。来自中国、美国、韩国、菲律宾、泰国等多个国家的专家学者，以及政界、业界、学界代表和APEC 21个经济体的能源代表等100余人出席论坛。

9月5日，陈雨露校长会见了来访的比利时欧洲学院校长莫奈教授（Jörg Monar）一行。

9月5日，学校2013级本科生军训闭营仪式暨2014年参军入伍学生欢送大会在中国人民解放军66459部队举行。陈雨露校长，吴付来副书记等出席大会。

9月6日，由学校与孔子学院总部共同主办的第四届世界汉学大会在校开幕，中共中央政治局委员、国务院副总理刘延东出席开幕式并会见海外汉学家代表。本届大会主题为“东学西学·四百年”，意在继续扩展汉学的外延，跨越传统文化和政治经济等学科主题，从多角度回顾东西方交流400多年的学术传统。教育部部长袁贵仁、国务院副秘书长江小涓、教育部副部长郝平、孔子学院总部总干事许琳、校党委书记靳诺等出席开幕式。校长陈雨露主持开幕式。

9月6日，以“东西文明交流互鉴”为主题的中欧学生学者文明担当对话在钓鱼台国宾馆举行，人民大学等四校共建布鲁塞尔中国与欧洲问题研究院。

9月7日，第四届世界汉学大会在校闭幕。世界汉学大会理事会宣布成立，常设在中国人民大学。原全国人大常委会副委员长、世界汉语教学学会会长许嘉璐，国务院参事、孔子学院总部总干事、中国国家汉办主任许琳，德国国家科学院院士阿冯斯·腊碧士为闭幕式致辞，校领导靳诺、陈雨露以及海内外高等院校和科研机构的专家学者出席闭幕式。

9月9日，学校2014级本科新生入学报到。包括2 500多名本科生和4 700多名海内外研究生。

9月9日，新学期第一天，校靳诺书记、陈雨露校长在课前来到教学楼，了解课堂教学情况，看望开始新学年的师生们。常务副校长王利明、副校长洪大用等陪同巡视。

9月9日，陈雨露校长到中区食堂查看施工进展以及清真餐厅营业情况。

9月10日，学校举行2014—2015学年开学典礼，靳诺书记出席典礼并致辞，陈雨露校长主持开学典礼。开学典礼上，一批优秀教师以及从事教育工作三十年的教职工受到学校表彰。同时，学校宣布因病辞世的著名哲学史家、宗教学家、中国人民大学一级教授方立天先生荣获“2014年全国模范教师”称号，全体教职员工共同缅怀方立天先生。

9月10日，校领导靳诺、陈雨露亲切看望罗国杰教授、陈先达教授、鲍威教授，并致以节日的问候与祝愿。

9月10日，艺术学院举办“陈传席画展”，中央文史研究馆副馆长、中国文联副主席、中国美术家协会副主席冯远，副校长洪大用等出席开幕式。

9月10—12日，英国剑桥大学土地经济系相关人士访问公共管理学院。

9月10—14日，日本岛根大学关耕平和渡边英俊两位老师带领六名学生访问经济学院。

9月10日，心理健康教育与咨询中心为2014级新生家长举办“新生适应与家长角色转换”专题讲座。

9月11日，学校召开2014—2015学年第一学期全校工作部署会，校党委书记靳诺主持大会，校长陈雨露做工作部署。全体校领导、校长助理，学校党委委员、纪委委员，校务委员会委员，民主党派负责人、无党派人士代表，教代会主席团成员，校学术委员会正、副主任，校学位评定委员会正、副主席与各分会负责人，一级、二级教授，全体中层干部参加会议。

9月11日，美国普林斯顿大学本杰明·艾尔曼教授（Benjamin A. Elman）访问学校并做题为《朝鲜鸿儒金正喜与清朝乾嘉学术》的学术报告。

9月11日，中宣部、教育部、共青团中央在部分高校开展“百位共产党人百篇小传”朗诵活动，首场朗诵活动于学校举行。

9月11日，学校党委理论学习中心组召开（扩大）会议，认真学习贯彻习近平总书记教师节重要讲话精神。靳诺书记主持会议，陈雨露校长传达了习近平总书记考察北京师范大学及出席师生座谈会时的重要讲话精神，校领导张建明、王利明、马俊杰、查显友、洪大用等各部门负责人和师生代表参加会议。

9月11—12日，在华澳大利亚研究基金会第二届会议“大景观：中澳艺术中的生活、自然与故土”在校举行。

9月12日，苏州校区（国际学院、中法学院）开学典礼举行，伊志宏副校长，巴黎索邦大学副校长阿兰·达龙（Alain Tallon），KEDGE商学院执行副校长、国际发展合作部主任雅克·奥利维·贝斯姆（Jacques-Olivier Pesme），保罗-瓦莱里大学副校长伊安·毕祖（Yann Bisiou）等出席。

9月12日，《蒙古游牧图——日本天理图书馆所藏手绘蒙古游牧图及研究》新书发布会在校举行，副校长查显友、原常务副校长冯惠玲等出席发布会。该书由国学院乌云毕力格教授等编著、北京大学出版社出版。

9月12日，由太空探索者协会主办、中国载人航天工程办公室和学校共同承办的第27届太空探索者协会年会走进人大活动举办。

9月12日，学校2014—2015学年秋季学期本科教学工作部署会议召开，洪大用副校长主持会议并讲话。

9月12日，2014级新生入学教育报告会在校举行，吴付来副书记为全体2014级本科新生做入学导航专题报告。

9月12日，第九期爱国宗教界人士研修班暨第二届爱国宗教界人士硕士研究生班开学典礼在校举行。

9月12—13日，学校举行2014级新生举办“大学学习生活导航”系列讲座。

9月13日，“货币金融圆桌会议·2014秋”在学校举行。本次会议以“金砖国家开发银行与国际货币新格局”为主题，深入探讨了后金砖国家开发银行时期的国际货币体系新变局。

9月13—14日，由中国社会保障30人论坛、韩国社会政策学会、日本社会政策学会东亚部会主办，中国人民大学中国社会保障研究中心承办的第十届社会保障国际论坛在京举行，校长陈雨露、中国社会科学院副院长蔡昉、中国医疗保险研究会会长王东进等出席论坛并为论坛致辞。

9月14日，由中国民法学研究会主办的中国民法典编纂学术研讨会在校召开。

9月15日，美国圣何塞州立大学社会工作学院的爱德华·科恩（Edward Cohen）和韩米云（Meekyung Han）两位教授来校访问中国社会保障研究中心。

9月15日，学校举行大数据分析应用统计专业硕士首届实验班开学典礼。

9月16日，国家发展与战略研究院社会转型与治理研究中心举行《立法法》修订研讨会。

9月16—17日，日本东京大学综合文化研究科刈间文俊教授率领学生访华团访问文学院，与文学院师生进行为期两天的交流互动。

9月17日，河北省原人大常委会主任、河北省原政协主席、学校校友吕传赞，河北经贸大学党委书记、学校校友王莹，河北经贸大学党委副书记、校长纪良纲率团访问学校。靳诺书记会见代表团，校领导陈雨露、洪大用与代表团座谈。

9月17日，外国语学院召开外语教师暑期口语培训项目座谈会。校领导陈雨露、伊志宏、洪大用出席座谈会。

9月17日，劳动人事学院举办以“跨国公司人力资源实践与启示——基于制度理论的视角”为主题的学术讲座。

9月17日，学校党委举办学习贯彻《中国共产党发展党员工作细则》培训班。校党委常务副书记张建明出席并讲话。

9月18日，陕公联大老校友敬老祝寿会举行，靳诺书记出席大会致辞祝寿，伊志宏副校长等相关部门负责人与会。

9月18日，由新闻与社会发展研究中心与中国传媒大学新闻传播学部、俄罗斯莫斯科大学新闻系联合主办的“第十届中俄大众传媒发展国际学术研讨会”在中国传媒大学召开。

9月18—21日，中国比较文学学会第11届年会暨国际学术研讨会在延边大学举行。期间，文学院、基督教文化研究所在延边大学举办第十届“神学与人文学”暑期国际研讨班。

9月19日，靳诺书记会见了来访的国际行政科学学会吉尔特·波科特主席及中国机构编制管理研究会黄文平会长一行。

9月19日晚，仁川亚运会正式开幕，学校学生郑赛赛、王楚涵、柏衍作为此次中国网球队的主力队员参加网球比赛的各项角逐。

9月19日，中国—东盟劳动就业论坛在四川成都举办。中国劳动学会副会长、劳动人事学院院长曾湘泉教授应邀主持本次论坛。

9月21日，1990级校友论坛在校举行。

9月21日，学校举办互联网金融论坛，“高礼英才直通车”金融学专业（互联网金融方向）双学位实验班揭牌启动。此次论坛以“互联网与未来：跨越鸿沟　重塑未来”为主题，来自互联网和金融领域的政府部门、学界、业界代表和北京大学、清华大学、中国人民大学师生参加论坛。校领导陈雨露、王利明、洪大用，高瓴资本董事长、高礼研究院理事长张磊等出席论坛，并共同为互联网金融方向本科双学位项目揭牌。

9月21日，国家教育行政学院第46期高校领导干部进修班部分学员来学校考察。校领导靳诺、陈雨露、吴付来、洪大用会见。

9月21日，国家教育部“春晖计划”德国AE论坛博士代表团访问经济学院。

9月22日，“生命北极：王建男环北极摄影观察作品展”北京高校巡展第六站在学校开幕。

9月22—23日，由教育部主办，中国教育国际交流协会、天津市人民政府和天津市教委承办的“第二届中国—中东欧国家教育政策对话”在天津举行。伊志宏副校长应邀参加了会议，并作为分组讨论的主持人在闭幕式上做小组总结发言，伊志宏副校长代表学校在《联合会成立宣言》上签字。

9月22—26日，张建明常务副书记率学校代表团访问朝鲜金日成综合大学。

9月24日，陈雨露校长会见来访的保加利亚索菲亚大学校长伊万·伊尔切夫（Ivan Iltchev）教授一行。

9月24日，学校CIO研究中心2014年研究员聘任仪式暨CIO讲座举行。

9月24日，靳诺书记会见烟台大学党委书记崔明德一行。双方就房绍坤校长的挂职安排、加强两校干部教师交流、开展多领域合作交换意见。

9月24日，“新丝路·新驱动　银川人才发展高峰论坛”在宁夏银川举办，论坛邀请全国知名专家学者聚集一堂，共同探讨丝绸之路经济带驱动银川发展的大趋势和西部地区人才发展的相关问题。查显友副校长应邀率学校代表团出席会议并做论坛发言。

9月24日，2014级博士生大会在校召开。校党委书记靳诺、校长陈雨露寄语全体博士研究生新生，践行“实事求是”的校训，发扬优良校风、学风，努力成长为厚重人才。常务副校长兼研究生院院长王利明主持大会，各学院主管研究生工作副院长、教务秘书和全校900多名2014级博士研究生参加大会。

9月24—25日，华北地区高校图协第二十八届学术年会在学校召开。

9月25日，津巴布韦大学孔子学院与米德兰基督学院共建汉语教学点合作备忘录签署仪式在津巴布韦大学校长会议室隆重举行。

9月25日，美国麻州大学波士顿孔子学院“孔子学院日”活动在麻州萨维奇高中开启。国家汉办“三巡”演出团为当地900余名师生奉献了一场精彩绝伦的文艺演出。

9月25日，由信息资源管理学院与《中国学术期刊（光盘版）》电子杂志社、泰达图书馆档案馆联合主办的中国信息资源管理论坛在天津市泰达工业园召开。

9月25日，校领导靳诺、陈雨露、王利明、伊志宏会见国家留学基金委秘书长刘京辉，双方就学生国际交流、教师海外研修等进行座谈。

9月26日，河北大学副校长杨学新一行访问苏州校区，就中外合作办学工作进行调研。

9月27日，2014学校国际文化节暨孔子学院日开幕，伊志宏副校长为开幕式致辞。

9月27日，中国人民大学波士顿校友会在麻州大学波士顿校区举行联欢会，庆祝65周年国庆和77周年校庆。

9 月 27 日，庆祝孔子学院建立 10 周年暨首个全球“孔子学院日”启动仪式在孔子学院总部举行。陈雨露校长应邀出席启动仪式。

9 月 28 日，学校党委举办党外代表人士“国庆”座谈会，畅谈共和国建设、发展、改革的伟大历程和辉煌成就，并就党外代表人士在学校工作中如何更好地“围绕中心、服务大局”发挥自身独特作用的问题征求意见。

9 月 28 日，“梦启人大”中国人民大学 2014 年新生文艺汇演在校举行。张建明常务副书记与现场 1 000 余名新生共同观看演出。

9 月 28 日，2014 祭孔大典在孔子故里山东曲阜举行，本年度祭孔大典祭文由哲学院张立文教授执笔。

9 月 28 日，庆祝中华人民共和国成立 65 周年外国专家招待会在人民大会堂举行，学校 18 位外籍教师及家属应邀出席招待会。

9 月 29 日，学校“平安校园”创建工作部署会召开，创建工作正式启动。党委书记靳诺出席会议并讲话，常务副书记张建明主持会议，党委副书记吴付来做具体工作部署。各院（系）、机关部（处）及直附属单位负责人参加会议。

9 月 29 日，由国家商务部主办、经济学院承办的“加勒比及南太地区贸易与相互投资研修班”举行结业典礼，伊志宏副校长参加。

9 月 30 日，陈雨露校长、哲学院陈先达教授、马克思主义学院王易教授应邀出席在人民大会堂举行的国庆招待会。

9 月，中共中央组织部、中共中央宣传部、人力资源社会保障部、科学技术部联合下发了《关于表彰全国杰出专业技术人才和专业技术人才先进集体的决定》（人社部发〔2014〕63 号），学校人口与发展研究中心获评全国专业技术人才先进集体。

9 月，《长江商报》报道：中南财经政法大学金融学院通过调研，发布“中国高校校友在上市公司任职排行榜”，学校以 816 位上市公司高管校友高居榜首。

9 月，农业与农村发展学院院长唐忠教授、副院长朱信凯教授受聘担任农业部第六届软科学委员会委员。

9 月，教育部发布《关于批准 2014 年国家级教学成果奖获奖项目的决定》（教师〔2014〕8 号文件），学校共有 3 项教学成果获得第七届国家级教学成果奖，其中一等奖 1 项，二等奖 2 项。

10 月 3 日，学校 77 周年校庆日，1980 级、1984 级、1990 级校友再聚校园，校领导陈雨露、伊志宏出席活动。

10 月 4 日，美国新英格兰地区中文教师协会在麻州大学波士顿校区召开第三届年会。

10 月 6 日，卫兴华教授 90 华诞暨政治经济学创新与发展研讨会举行。中共中央政治局委员、国务院副总理马凯校友专门发来贺信，并亲自手书了《七绝——诗贺卫兴华老师九十华诞》，以表祝贺。校党委书记靳诺教授出席活动并致辞。来自中宣部、教育部、商务部、北京大学、清华大学、中国人民大学，人民日报社、光明日报社等的学界友人及卫兴华老师师门弟子和家人等出席研讨会。

10 月 8 日，党的群众路线教育实践活动总结大会在北京召开，靳诺书记参加大会。

10 月 8 日，学校正式开始启用公共教学区域音乐铃声系统，取代了传统机械铃声。此次采用的音乐铃声由艺术学院副院长、作曲家赵方教授编配。

10 月 9 日，靳诺书记主持召开常委会，传达并学习习近平总书记在党的群众路线教育实践活动总结大会上的讲话精神。

10 月 9 日，学校召开座谈会，欢送即将赴中国残联挂职的师生。靳诺书记出席座谈会并讲话，张建明常务副书记主持座谈会。

10 月 9 日，中法学院法方院长魏让方荣获法国国家荣誉军团骑士勋章。授勋仪式在苏州校区中法学院举行。

10 月 9 日，中央统战部研究室副主任夏畦一行到学校进行调研，张建明常务副书记会见。

10 月 10 日，德国艾伯特基金会发展合作部部长克里斯蒂安娜·卡斯佩尔一行五人来校访问中国社会保障研究中心。

10 月 10—15 日，来自 90 个国家的近千名与会者参加了在西班牙吉罗那召开的第二届国际档案理事会年会、第九届欧洲档案大会以及第十三届影像研究研讨会，信息资源管理学院冯惠玲教授一行五人出席会议。

10 月 11 日，靳诺书记会见安徽省黄山市黄山区方文辉区长一行。

10 月 11 日，中国就业研究所举办 2014 年第三季度中国就业季度分析会。

10 月 11 日，陈雨露校长会见来访的九江学院党委书记郑翔一行，副校长伊志宏陪同会见。

10 月 12 日，“人大老博士论坛”正式成立，毕业于 20 世纪 80 年代后期及 90 年代初期的博士校友会聚首届论坛，以“中国经济：反思与前瞻”为主题展开研讨。校领导陈雨露、伊志宏出席论坛成立仪式。

10 月 12 日，由文化部、北京市政府主办的“北京国际摄影周 2014”在校开幕，学校博物馆承办了该活动分展区展览。

10 月 12 日，中俄大学生艺术联欢节（2014 中国）开幕式暨文艺演出在校举办，吴付来副书记出席开幕式。

10 月 12—13 日，2013—2014 中国大学生网球联赛（北京）在校举行。人大网球队取得女子甲组冠军、男子丙组冠军，男子乙组亚军、男子甲组第五名和女子乙组第五名的好成绩。

10 月 14 日，税收法治建设研讨会暨《税收法治通论》发布会在校举行。国家税务总局原副局长郝昭成，北京市地方税务局局长、《税收法治通论》作者杨志强，北京市地方税务局党组书记刘江平，北京市地方税务局副局长王炜，中国税务出版社副总编辑朱承斌，中国人民大学副校长查显友出席会议。

10 月 14 日，宁夏回族自治区副主席、中卫市委书记、市人大常委会主任马廷礼来校访问，校领导靳诺、陈雨露会见，双方就推进区校、市校合作进行交流。

10 月 14 日，武警总部干部部选培办崔俊旭主任来校检查调研国防生“五个认同”教育开展情况。

10 月 14 日，学校召开学生党员先锋工程推进会，张建明常务副书记出席会议并讲话。

10 月 14 日，美国政治学家、哥伦比亚大学教授韦爱德（Edwin Winckler）来马克思主义学院交流。

10 月 15 日，学校开展培育和践行社会主义核心价值观主题宣传日活动，靳诺书记出席。

10 月 15 日，学校 2014 年新入职教师岗前培训第二阶段首场专题报告举行，洪大用副校长做主题为《坚持立德树人，促进研究性学习》的报告。

10 月 15 日，“位移——密歇根大学艺术与设计学院作品展”在艺术学院开幕。

10 月 15 日，“求是先锋”党建实务论坛暨学生党支部书记培训班首讲举行。

10 月 15 日，学校举行学习贯彻习近平总书记系列讲话精神专题培训第六讲，中央统战部副部长、学校兼职教授、兼职博士生导师陈喜庆做了题为《关于统一战线的几个基本问题》的学术报告。党委书记靳诺与陈喜庆副部长会见并出席报告会。党委常务副书记张建明主持报告会。

10 月 15 日，故宫博物院与中国人民大学、北京外国语大学签署框架合作协议，共同推进宫廷戏曲研究及传播，故宫研究院宫廷戏曲研究所同时成立。

10 月 15 日，学校举办高级专家对谈，德国著名宗教学家尤根·莫尔特曼与中国学者围绕“政治神学及当代中国”“盼望神学与中国未来”两个主题，探讨了生命、宗教、和平、生态与希望等哲学话题。

10 月 15 日，“通识教育大讲堂·原典重温”系列公开讲座的首场报告举行，哲学院龚群教授以《正义的追求——〈正义论〉解读》为题做演讲，洪大用副校长主持开讲仪式并讲话。

10 月 15 日，2014 年学生社团集体招新活动——“百团大战”举行，吴付来副书记视察活动现场。

10 月 16 日，学校与上海市奉贤区人民政府青年人才战略培养实践基地协议签订仪式暨奉贤区储备人才计划人民大学专场招聘活动举行。副校长洪大用，上海市奉贤区区委常委、组织部长王观宝出席活动。

10 月 16 日，新疆察布查尔锡伯自治县政府副县长佟金玉率满文档案研究考察团访问学校。校领导靳诺、马俊杰会见考察团，就加强满文档案研究合作进行交流。

10 月 16 日，常务副书记张建明教授会见了来访的卢森堡大学副校长弗兰克·莱普沃斯特（Franck Leprévost）教授一行。

10 月 16 日，2013 级新生团校结业仪式暨 2014 级新生团校开学典礼举行，吴付来副书记出席活动并讲话。

10 月 17 日，校工会组织学校青年教师前往北京鲜花港投资发展中心开展社会实践活动。

10 月 17 日，原副校长、学校关心下一代工作委员会常务副主任陈一兵一行到苏州校区调研。

10 月 18 日，由信息资源管理学院、《档案学通讯》杂志社、中国档案学会共同举办的第三届中国档案学博士论坛在校开幕，吴付来副书记出席并致辞。

10 月 18 日，学校第三届体育文化节开幕式暨 2014 年新生运动会举行。校领导张建明、王利明、吴付来等出席开幕式。

10 月 18 日，学校举行第六届“黄达—蒙代尔经济学奖”颁奖仪式暨“2014 年中国财政金融青年学者论坛”。经评选，中国人民大学马勇博士（获奖论文《金融稳定与宏观审慎：理论框架及在中国的应用》）、复旦大学刘瑞明博士（获奖论文《国有企业的双重效率损失与经济增长：理论和中国的经验证据》）、上海财经大学孙楚仁博士（获奖论文《异质性企业组织与贸易的若干研究》）获得第六届“黄达—蒙代尔经济学奖”。

10 月 18 日，学校举行 2000 级本科生毕业 10 周年返校活动，张建明常务副书记出席活动。

10 月 18 日，由学校与北京市公安局举办的第五届全国“我最喜爱的人民警察”北京地区候选人推介会在校举办。

10 月 18—19 日，由学校《经济理论与经济管理》编辑部和山东财经大学联合主办、《光明日报》理论部协办的“市场的决定性作用与公共政策创新专题暨第八届中国经济理论与管理前沿论坛”在山东济南举行。

10 月 18—19 日，由教育部、科技部联合主办的第七届全国大学生创新创业年会在西安交通大学举行。学校获评 2012—2014 年度国家级大学生创新创业训练计划实施工作先进单位。

10 月 19 日，计划统计系 1964 级校友入校 50 周年聚会在校友之家举行。

10 月 19 日，受九三学社中央和湖南省委的委托，由培训学院承办的“九三学社湖南省骨干社员培训班”开班仪式举行。九三学社中央常务副主席邵鸿，九三学社湖南省委主委、湖南省政协副主席张大方，校党委常务副书记张建明等出席开班仪式。

10 月 19 日，学校五名校友西藏电视台李森、解放军报社李靖、中央人民广播电台姜保红、中央电视台梁建增、深圳广播电影电视集团苏荣才获第十三届长江韬奋奖，还有多名校友的新闻作品获第二十四届中国新闻奖。“长江韬奋奖”是经中央批准常设的全国优秀新闻工作者最高奖，每两年评选一次，每届评选 20 名获奖者。

10 月 19 日，2014—2015 年全国拉拉操联赛暨中国拉拉之星争霸赛（北京站）在校举行。校拉拉操队以 615 分的成绩夺得普通院校组花球和街舞两个冠军。

10 月 20 日，英国《金融时报》发布了 2014 年全球商学院 EMBA 项目排名，我校商学院 EMBA 项目名列全球 50 强第 43 位。

10 月 21 日，中国农工民主党 2014 年全国参政议政业务骨干培训班开班仪式在校举行。

10 月 21—31 日，学校就全面推进综合改革工作连续召开五次专题讨论会，分别围绕本科人才培养改革、本科招生选拔机制改革，研究生人才培养改革、学生思想政治教育改革，人事制度改革、科研体制改革，资源配置与管理模式改革，深化党政管理与服务改革等主题进行了深入讨论。

10 月 22 日，卡夫卡文学奖组委会在捷克首都布拉格举行颁奖典礼，文学院教授阎连科获 2014 年弗兰茨·卡夫卡（Franz Kafka）文学奖。

10 月 22 日，著名作家宁肯新作《三个三重奏》研讨会在校举行。

10 月 22 日，由学生就业指导中心主办的“中国人民大学 2014 模拟求职大赛决赛暨颁奖典礼”举办，洪大用副校长出席。

10 月 22 日，学校召开 2014 年博士生导师大会，就继续推进研究生教育综合改革做了动员。校党委书记靳诺、校长陈雨露出席大会，常务副校长、研究生院院长王利明主持会议。

10 月 22 日，“中国人民大学博士生主文献数字化资源库”正式向北京高校开通，“北京高校文献资源统一检索平台”同时启动。国务院学位办副主任黄宝印、校长陈雨露、常务副校长兼研究生院院长王利明等出席启动仪式。

10 月 22 日，学校举行“统战理论与政策前沿系列学术讲座”第二讲，中央统战部研究室主任张健做了题为《新时期统一战线基础理论》的学术报告，吴付来副书记主持报告会。

10 月 22 日，应历史学院邀请，国际著名但丁研究专家、哈佛大学意大利文艺复兴研究中心主任利诺·佩尔蒂莱（Lino Pertile）教授在校做题为《但丁、尤利西斯与人类智慧的危机》的学术演讲。

10 月 22 日，由研究生院、人事处和中国社会科学案例中心主办，商学院承办的首期专业学位研究生授课教师案例教学能力培训班开班。

10 月 23 日，陈雨露校长会见了来访的澳大利亚西澳大利亚大学校长保罗·约翰森（Paul Johnson）一行。

10 月 23 日，陈雨露校长会见了来访的美国哈佛大学负责战略及项目的副校长莉亚·罗索夫斯基（Leah Rosovsky）女士。

10 月 23 日，巴黎一大副校长让-马克·伯尼索（Jean-Marc Bonisseau）教授来校访问中国社会保障研究中心。

10 月 24 日，学校党委理论学习中心组召开（扩大）会议，传达学习党的十八届四中全会精神。校党委书记靳诺主持会议，校长陈雨露、党委副书记吴付来、副校长洪大用等出席会议。

10 月 24 日，洪大用副校长会见来访的英国伦敦大学玛丽女王学院负责科研事务的副校长比尔·斯彭斯（Bill Spence）教授一行。

10 月 25 日，哲学院与孔子研究院联合举办“张立文教授执教 55 周年暨和合学与中国哲学创新”学术研讨会。

10 月 26 日，中国人民大学民商事法律科学研究中心、企业法治研究所、中国集团公司促进会共同举办的“中国企业法治论坛（2014）”在校举行。

10 月 26 日，捷克共和国总统米洛什·泽曼访问学校并发表演讲，与师生就捷克、欧洲与中国在政治、文化和经济方面的经验分享进行交流。校长陈雨露主持交流会，副校长伊志宏、党委副书记吴付来、副校长洪大用等出席。米洛什·泽曼此次是应中国国家主席习近平邀请，在纪念中捷建交 65 周年之际，于 24—27 日对中国进行国事访问。

10 月 27 日，国际前沿学术讲座“展望未来：推动世界经济的无形力量”在校举行。

10 月 27—28 日，公共管理学院与国际土地联盟（ILC）、中国土地学会和中国土地勘测规划院联合举办了新兴发展中国家土地治理国际研讨会暨严金明教授、温铁军教授等与国际土地联盟（ILC）合作的《中国的土地治理研究报告》（英文版）成果发布会。

10 月 29 日，学校第十七届“创新杯”学生课外学术科技作品竞赛首场培训会举行。

10 月 29 日，苏州校区举办“职海引航”计划启动仪式。

10 月 29 日，中国校友会网发布《2014 中国大学研究生教育评价报告》，学校继去年入选 2014 中国顶尖大学后，再次以人文社会科学领域的显著优势入选 2014 中国顶尖大学研究生院，荣膺“2014 中国六星级大学研究生院”美誉。

10 月 29 日，劳动人事学院与壳牌（中国）有限公司签署合作备忘录，并启动科研课题研究。

10 月 29 日—11 月 1 日，第二届国家级文化和科技融合示范基地负责人高级研修班在南京举办。该研修班由科技部高新司和中宣部文改办主办，中国人民大学科技园国家级文化和科技融合示范基地管理办公室与南京市科学技术委员会、南京市委宣传部、南京市文化广电新闻出版局、南京新城科技园管委会共同承办。

10 月 30 日，为庆祝中法建交 50 周年，首届巴黎卢浮宫东西方美术年展在法国卢浮宫卡鲁斯厅开幕。艺术学院教授陈传席当选展览会总评委，并被授予巴黎荣誉市民称号。

10 月 31 日，陈雨露校长会见来访的荷兰阿姆斯特丹自由大学校长贾普·温特教授（Jaap Winter）一行。

10 月 31 日，中国社会科学院语言研究所研究员、中国辞书学会会长曹广顺教授，浙江大学“求是”特聘教授汪维辉在苏州校区分别做题为《汉语语法史中的语言接触和语法变化》《从文言到白话、从繁体到简体——近代转型期中国的书面语和文字》的学术讲座。

10 月 31 日，文学院与中国科普作家协会联合举行“王晋康科幻创作 20 年学术研讨会”。

10 月 31 日，2014 年“研而立德，筑梦之约”中国人民大学研究生迎新晚会举行。

10 月 31 日，台湾天主教辅仁大学中国文学系李添富教授访问文学院，并做题为《正异之间——谈异体字字典的编纂》的学术讲座。

10 月 31 日—11 月 3 日，靳诺书记率学校代表团赴以色列，访问特拉维夫大学、耶路撒冷希伯来大学。

10 月 31 日，中共中央委员、国家统计局局长、学校兼职教授马建堂在校做报告，就我国政府统计的基本架构、公众关注的几个主要统计指标、建设现代化服务型统计等做了介绍和解读。

10 月，首届“中国人民大学文艺复兴沙龙”在北京艾忒堡公馆“罗斯洛克艺术俱乐部”举办。来自艺术学院、哲学院的专家学者以及国内资深艺术活动家、著名媒体策划人等嘉宾共同出席了沙龙。

10 月，日本一桥大学经济学部师生一行访问学校，并与经济学院国际经贸专业师生共同举办 2014 年中国经济社会问题学术论坛。

11 月 1 日，“党建新风劲吹起，先锋实践梦飞扬”中国人民大学 2014 年“先锋杯”学生党建知识竞赛初赛开幕。

11 月 1 日，校友武术队在校成立。

11 月 1 日，北京市大学生第三十一届田径精英赛（室外部分）在北京建筑大学举行，学校中长跑队获得第一个比赛项目女子 5 000 米金牌。

11 月 1—2 日，中国特色残疾人事业研讨会暨第八届中国残疾人事业发展论坛在武汉理工大学举行，吴付来副书记出席。

11 月 2 日，由学校教育基金会、商学院、招生就业处与文化科技园发起，人大校友创办的北京世青创新咨询中心主办的“为美好而创造·中国创业先锋会”在校举行。

11 月 2 日，教育部公布第二批“十二五”普通高等教育本科国家级规划教材书目，其中，学校有

53种58本教材入选，入选教材（种）总数居全国高校首位。

11月2—4日，由教育部法制办主办，救助儿童会和学校法学院、亚太法学研究院承办的“残疾人教育与学校法治培训研讨会”在北京举办。

11月3日，校长助理、研究生院常务副院长、金融与证券研究所所长吴晓求教授应邀参加李克强总理主持召开的经济形势座谈会，并就“中国金融的现状、问题及未来深化改革的基本思路”做了发言。

11月3日，学校与江苏省宿迁市校市对接合作座谈会在校召开。

11月3日，洪大用副校长会见来访的联合国人类住区规划署拉斐尔·塔茨（Rafael Tuts）先生。

11月3日，江苏大学副校长张济建来校访问，查显友副校长会见。

11月4日，2015年广西壮族自治区定向中国人民大学选调生招录座谈会在校举行。广西壮族自治区党委组织部副部长曾艳到学校宣讲选调政策，与学校领导和毕业生座谈。

11月4日，美国康奈尔大学图书馆副馆长李欣访问学校图书馆。

11月5日，2014年高阶团校结业，吴付来副书记出席并讲话。

11月5日，由马克思主义学院、马克思主义研究院、马克思主义与中国道路协同创新中心及马克思主义理论学科青年学者论坛主办的“中国人民大学马列主义发展史研究所成立五十周年系列学术活动之名家讲座”在校举行。

11月5日，校领导张建明、查显友、吴付来带领相关部门负责人检查校园安全工作，并看望慰问工作人员。

11月5日，学校召开学习“全国优秀共产党员”事迹座谈会，开展“学模范事迹　做求是先锋”教育活动。校领导张建明、马俊杰、吴付来出席座谈会。

11月6日，学校和光明日报社在京联合举行“党的十八届四中全会与全面推进依法治国”学术研讨会。校党委书记靳诺、《光明日报》总编辑何东平出席研讨会并致辞。

11月6日，哥伦比亚大学全球中心东亚区主任高芙曼（Joan Kaufman）、金砖国家研究所（BRICLab）联席主席马可斯·特洛吉（Marcos Troyjo）等一行四人来校访问国际货币研究所并举行经济座谈会。

11月6日，第七届中国日本学研究“CASIO杯”优秀硕士论文奖颁奖典礼在北京外国语大学北京日本学研究中心举行。外国语学院硕士生吴文钦获“社会文化组”一等奖（只设1名），指导教师钱昕怡荣获优秀论文指导奖。

11月6日，经国务院学位委员会第三十一次会议讨论，学校18位专家被聘为国务院学位委员会第七届学科评议组成员，包括：王子今、王利明、冯惠玲、伊志宏、杨瑞龙、杨慧林、吴晓求、何家弘、张法、张成福、张雷声、陈雨露、袁卫、黄嘉树、喻国明、温铁军、翟振武、魏坚。陈雨露校长作为第七届国务院学位委员会委员，是本届学科评议组的当然成员。

11月7日，法学院举行第二届“亚太食品安全治理圆桌会议”。

11月8日，陈雨露校长会见来访的俄罗斯圣彼得堡国立大学外事副校长果戈列夫斯基（Alexander Gogolevsky）教授一行。该校副校长兼发言人扎瓦尔津（Alexei Zavarzin）等陪同来访。

11月8日，吴付来副书记到国家会议中心看望慰问服务在APEC会议现场第一线的中国人民大学青年志愿者。

11月8日，2014年度全国大学生数学建模竞赛成绩公布，学校共有55支参赛队伍获奖，数量再创新高。其中3支队伍获全国一等奖，4支队伍获全国二等奖，20支队伍获北京市一等奖，28支队伍获北京市二等奖。

11月8日，国际学院金融风险管理学科全球顾问委员会（GAB）与风险建模全球专家委员会（GEC）2014年度会议在苏州校区举办，与会嘉宾包括来自银行、证券等金融机构的业界专家和国内外知名高校学者等。

11 月 8—9 日，由商学院和《管理世界》杂志联合主办的“中国企业管理案例与质性研究论坛(2014)”在南京大学召开。

11 月 9 日，陈雨露校长应邀出席 2014 年亚太经合组织全球工商领导人峰会。

11 月 9 日，中共中央政治局委员、国务院副总理刘延东来到世纪坛医院，看望住院治疗的郑杭生教授，为郑杭生教授送上祝福和慰问。

11 月 13 日，由校图书馆和纪宝成国学教育基金合作主办的“求是园国学讲坛”在校开讲，作家王蒙做了题为《中国传统文化的特色》的开篇讲座。

11 月 13 日，国际货币研究所（IMI）举行“新型国际开发机构的前景与展望”研讨会。

11 月 13 日，1979 级本科校友、福建省地税局杨隽副局长来校访问。

11 月 13 日，中共中央党校王长江教授做客胡华大讲堂第 6 期，做题为《执政党建设研究若干问题》的学术演讲。

11 月 13 日，四川省委组织部副部长戴允康率团访问学校，靳诺书记会见代表团，张建明常务副书记与代表团座谈。

11 月 13—15 日，由国家对外文化贸易基地主办的 2014 中国（上海）自由贸易试验区文化授权交易会在上海举行。开幕式当天，即 11 月 13 日，为中国人民大学“艺术品金融日”。

11 月 14 日，中国统一战线理论研究会政党理论北京研究基地在京举办“当代中国政党制度与国家治理”学术研讨会。靳诺书记出席研讨会开幕式并致辞。

11 月 14 日，国家节能中心在京组织召开推动节能事业发展、促进生态文明建设研讨会，国家发展和改革委员会副主任解振华出席会议并讲话，王利明常务副校长应邀参加会议。

11 月 15 日，苏州校区举行学习大讲堂第十四讲，法学院朱力宇教授为苏州校区全体师生党员带来题为《关于建设中国特色社会主义法治体系的若干思考——学习十八届四中全会〈决定〉的体会》的报告。

11 月 15 日，郑杭生教授学术追思会在校举行。来自全国社会学教学和研究机构的专家学者、社会与人口学院师生代表、郑杭生教授的亲友以及学生 180 余人，怀着悲痛的心情，共同缅怀郑杭生教授光辉的一生，追思他对中国社会学事业和社会学学科建设发展的杰出贡献。同日，郑杭生教授遗体告别仪式在北京市八宝山革命公墓举行。11 月 9 日，郑杭生教授因病医治无效，在北京逝世，享年 79 岁。

11 月 15 日，“2014 年中国资本市场法治论坛：依法治国背景下的国有企业改革与国有资产保护”在校举行。

11 月 15 日，吴付来副书记赴深圳出席深圳虚拟大学园成立十五周年暨第 16 届联席会议。

11 月 15 日，国家标准“非结构化数据管理系统参考模型”项目启动会在校召开。

11 月 15—16 日，由中国人力资源开发研究会劳动关系分会主办、劳动人事学院承办的第三届全国高校模拟集体谈判大赛在校举行。

11 月 15—16 日，第 39 届 ACM-ICPC 国际大学生程序设计竞赛亚洲区北京赛区现场赛在北京师范大学举行，来自信息学院的两支队伍分别获得金牌和银牌。

11 月 15—16 日，由中国人民大学伦理学与道德建设研究中心与中国经济伦理学专业委员会共同举办的第八次全国经济伦理学学术研讨会在校召开。

11 月 16 日，文学院举行“电影学学科建设研讨会”。

11 月 16 日，由学校中国社会保障研究中心、中国慈善联合会举办的“慈善事业立法关键议题研讨会”在校召开。

11 月 17 日，国家税务总局副局长张志勇做客财政金融学院“税收大讲堂”暨税务专业硕士系列讲座，并发表演讲。

11月18日，第十届“你的舞台”歌手大赛总决赛举行。

11月19日，国家档案局原副局长，第九、第十届全国政协委员，中国老教授协会常务理事刘国能研究馆员为信息资源管理学院师生做题为《国家档案事业的中国特色——纪念国家档案局成立60周年》的学术报告。

11月19日，中国人民大学“先锋杯”学生党建知识竞赛决赛暨2014年学生党支部书记培训班结业仪式举行，张建明常务副书记出席。

11月19日，“通识教育大讲堂·原典重温”系列公开讲座第三讲举行，国际关系学院时殷弘教授以“帝国的病变、中兴和衰毁：对《汉书》的政治/战略解读”为主题进行了演讲。

11月19日，中国社会科学院副院长张江教授受聘文学院兼职教授，并做主题为“强制阐释——对当代西方文论的反思性认识”的演讲。靳诺书记会见张江教授并颁发聘书。

11月20日，中共中央委员、农业部部长兼党组书记、学校兼职教授韩长赋在农业与农村发展学院作学术报告，校党委书记靳诺、常务副书记张建明会见韩长赋部长。

11月20—22日，王利明常务副校长访问日本，并在早稻田大学比较法研究所发表了题为《中国制定民法典的有关问题》的学术演讲。

11月21日，由国际关系学院东亚研究中心主办的“东亚合作论坛2014：东亚秩序转型与中日韩关系”在校举行。

11月22日，由国家发展与战略研究院、经济研究所、中国诚信信用管理有限公司联合主办的“中国宏观经济论坛（2014—2015）”在校举行。

11月22—23日，第五届中国经济安全论坛“新形势下我国粮食安全的现状、挑战及对策”在校举办。中央农村工作领导小组副组长、办公室主任陈锡文，中国社会科学院副院长蔡昉，中国粮食学会会长、国家粮食局原局长聂振邦，教育部高等学校社会科学发展研究中心主任杨河，中国人民大学校长陈雨露、党委常务副书记张建明等600多位特邀嘉宾及师生、校友代表出席论坛。

11月22—23日，历史学院举行“什么是世界史：跨越国界的思考”学术研讨会。

11月23日，中国人文社会科学论坛2014举行。论坛的主题是“法治中国：推进国家治理体系和治理能力现代化”，旨在进一步落实十八届四中全会精神，推进国家治理体系现代化。最高人民法院原院长肖扬教授，中国法学会副会长、学术委员会主任张文显教授，国务院法制办公室副主任袁曙宏教授，教育部社会科学司副巡视员陈矛，北京大学常务副校长吴志攀教授，中国人民大学校长陈雨露、常务副校长王利明，全国人大常委、劳动人事学院郑功成教授，国际关系学院杨光斌教授等专家学者和学生400余人参加。

11月24—28日，靳诺书记率学校代表团赴法国、瑞士访问。期间，靳诺书记访问了中法学院三所合作院校，即法国蒙彼利埃保罗·瓦莱里大学、Kedge商学院以及巴黎索邦大学（巴黎第四大学）。靳诺书记此行还访问了学校合作共建孔子学院伙伴院校——瑞士日内瓦大学，并参加了日内瓦大学孔子学院理事会。

11月25日，2014年生态金融讨论会暨中国人民大学生态金融研究中心成立仪式在学校举行，标志着中国首家生态金融智库正式诞生。德国前总统、国际货币基金组织前总裁霍斯特·克勒，中国人民银行副行长潘功胜，中国人民大学校长陈雨露等出席并做开幕致辞。

11月26日，第六届欧洲万像国际华语电影节颁奖盛典举行，由艺术学院副院长赵方教授作曲参与主创的作品《拐杖》获得优秀原创故事片奖。

11月27日，学校举行“马克思主义发展的历史、现实和未来”主题论坛，纪念中国人民大学马列主义发展史研究所成立50周年。陈雨露校长出席。

11月27日—12月2日，“第七届中国高等院校中外歌剧及艺术歌曲演唱比赛”在北京举行，艺术学院2012级本科声乐专业学生李秉璇荣获金奖。

11月28日，中国人民大学应急志愿服务队成立，标志着全国首支“高校应急管理师队伍”正式诞生。

11月28日，英国谢菲尔德大学信息学院院长吉列特（ Val Gillet）一行访问信息资源管理学院。

11月29日，首都高校第十五届传统养生体育比赛在北京建筑大学举行。学校传统养生队获得本届比赛团体总分第一名。

11月29日，2014年度“中国专家邀请演讲会”在韩国釜山举行。经济学院副院长陈彦斌教授应邀做了题为《中国宏观经济与韩国经济》的专场演讲。

11月29—30日，由学校电子文件管理研究中心、中国档案学会联合主办的第五届中国电子文件管理论坛在校举行。

11月，物理学系季威教授研究组与加拿大多伦多大学诺贝尔奖得主约翰·波拉尼（John C. Polanyi）教授研究组合作的研究论文以“How Adsorbate Alignment Leads to Selective Reaction”为题发表在美国化学学会*ACS NANO*杂志上。

11月，第二届世界俄语节在俄罗斯圣彼得堡举行，外国语学院俄语系教师黄晓敏获得教师组第二名。

12月1日，中国人民大学法学院与瓦赫宁根大学及研究中心签署合作协议，伊志宏副校长会见了瓦赫宁根大学及研究中心总裁兼董事会主席路易斯·弗雷斯科（Louise O. Fresco）一行。

12月1日，财政部税政司司长王建凡做客财政金融学院“税收大讲堂”暨税务专业硕士系列讲座第二期，并做税制改革专题讲座。

12月2日，北京市第十三届哲学社会科学优秀成果奖揭晓，学校27项成果获奖，其中特等奖1项，一等奖5项，二等奖21项，获奖总数与北京大学并列第一。青年教师张世明独著的五卷本著作《法律、资源与时空建构：1644—1945年的中国》获得特等奖，学校继北京市第八届哲学社会科学优秀成果奖之后，时隔10年再次获此殊荣。

12月3日，学校宣布成立“应急志愿服务队”，这是全国首支高校应急志愿服务队，校领导查显友、吴付来出席成立仪式。

12月4日，由司法部、全国普法办与中央电视台共同主办，中央电视台社会与法频道承办的“宪法的精神法治的力量——CCTV2014年度法治人物颁奖礼”落下帷幕，著名法学家、中国宪法学奠基人之一许崇德教授当选“年度致敬人物”，法学院周珂教授作为环境保护法立法修法的积极推动者之一入选“2014年度法治人物”。

12月4日，中国职业经理人协会会长、吉林省原省长洪虎一行访问劳动人事学院。

12月4日，党委统战部举办党外代表人士征求意见座谈会，靳诺书记出席座谈会并听取党外代表人士的意见和建议。

12月4日，首个国家宪法日。学校积极开展以“明宪立德”为主题的宪法学习宣传教育活动，形式多样、内容丰富，进一步深入开展普法教育。

12月4—10日，学校校级领导班子2014年度民主生活会征求意见座谈会陆续召开，听取师生员工对学校领导班子和学校各项工作的意见与建议。

12月5日，第四届“感动人大”十佳志愿服务项目颁奖晚会举行。吴付来副书记，全国妇联副主席、北京市第三中级人民法院副院长宋鱼水校友，中国舞蹈家协会副主席陈爱莲等出席晚会。

12月5日，2014年中欧社会论坛巴黎气候变化大会举行，讨论通过了由郑保卫教授主持起草的《中欧社会应对气候变化共识文本》，这是此次会议最重要的成果之一。

12月6日，由中国金融学会、中国人民大学主办，《金融研究》杂志社、中国人民大学经济学院、中国人民大学国际货币研究所共同承办的2014中国金融论坛暨第五届《金融研究》论坛在校举行。

12月6日，首届校友“紫辰院杯”羽毛球团体赛在校举行。

12月6—7日，中国人民大学中国共产党历史与理论研究院与首都师范大学马克思主义教育学院在北京联合召开“中国共产党与传统文化学术研讨会”。

12月6—7日，“第三届首都大学生科技创新作品与专利成果展示推介会”在北京建筑大学举行，学校有《拼途（中国）有限责任公司创业计划书》《惠行有限责任公司企划书》等8件作品受邀参展。

12月7日，第四届“华泰经纪杯”全国保险模拟法庭八校联赛在对外经济贸易大学举行，学校代表队获大赛冠军。

12月7日，由团中央学校部、全国学联秘书处主办的“全国百佳体育公益社团”创建活动落下帷幕。校学生社团剑道社入选首批“全国百佳体育公益社团”。

12月8日，教育学院、亚洲研究中心举办“中日韩高等教育国际学术研讨会”。

12月10日，澳大利亚墨尔本大学助理副校长西蒙·伊文斯教授（Simon Evans）一行来校访问，伊志宏副校长会见，双方就校长奖学金项目、国际小学期以及互派教师短期讲学等事宜交换了意见。

12月10日，学校第三届体育文化节闭幕式暨“一二·九”接力跑比赛举行。

12月10日，由国务院国资委研究中心和中国人民大学中国社会保障研究中心联合主办，中华薪酬网承办的第四届国民收入分配与企业薪酬制度改革高峰论坛在校举行。论坛顾问、中国人民大学原党委书记程天权教授，原全国人大常委、全国人大财经委员会副主任贺铿教授，全国人大常委、中国人民大学中国社会保障研究中心主任郑功成教授，国务院国资委研究中心主任楚序平，国务院国资委企业分配局局长李燕斌等出席了本次论坛。

12月10日，北京市委教育工委、市教委、市人力社保局组织的2013—2014年度北京高校德育工作表彰评选中，学校3个集体、15名教工分别获得2013—2014年度北京高校优秀德育工作者、德育工作先进集体和优秀辅导员荣誉称号。

12月11日，河北科技大学副校长宋景华一行来校访问，吴付来副书记会见。

12月11日，美国乔治·华盛顿大学商学院院长琳达·列文斯通（Linda Livingstone）一行访问学校苏州校区。

12月11日，学校召开合作共建海外孔子学院中方院长工作会议。张建明常务副书记、伊志宏副校长出席会议。

12月12日，财政金融学院关心下一代工作委员会成立仪式暨首场报告会举行。党委书记靳诺、党委副书记兼校关工委主任吴付来、老校长黄达等出席会议。

12月12日，美国萨斯奎哈纳大学（Susquehanna University）副校长玛德琳·雷尼尔（Madeleine Ryhneer）一行来校访问，伊志宏副校长会见。

12月12—13日，全国留学工作会议在京召开。中共中央总书记、国家主席、中央军委主席习近平做出重要指示，中共中央政治局常委、国务院总理李克强做出重要批示，中共中央政治局委员、国务院副总理刘延东出席会议并发表重要讲话。陈雨露校长、伊志宏副校长参加会议。

12月13日，由中国人民大学与文化部文化产业司共同主办的“文化中国：中国文化产业指数发布会”在校举行。中国人民大学校长陈雨露，文化部党组成员、部长助理、北京文博会组委会副主席刘玉珠，文化部文化产业司司长吴江波、巡视员孙若风，北京市委宣传部副部长、北京文博会组委会副秘书长张淼，中国人民大学副校长查显友等出席发布会。发布会公布了本年度“中国省市文化产业发展指数”和“中国文化消费指数”两大编制结果。

12月13日，第二届中国大数据技术创新大赛落下帷幕，信息学院数据库与智能信息检索实验室（DBIIR）的DBIIR参赛队和多媒体计算实验室（MMC）的RUC Navigator参赛队分别以赛题第一名和第二名的优异成绩获得二、三等奖。

12月13日，日本同志社大学经济学部师生一行11人访问经济学院。

12月13日，北京高校思想政治理论课培育和践行社会主义核心价值观专题教学论坛在校召开。

教育部社科司副司长徐艳国、北京市委教育工委副书记郑萼、中国人民大学党委副书记吴付来致辞。北京高校思想政治理论课名师工作室负责人王易教授主持，来自北京市50多所高校的150多位专家学者、思想政治理论课教师参加了论坛。

12月13日，“国际汉语课堂教学资源建设”研讨会暨第二届“北语社杯”国际汉语教学资源大赛颁奖礼在京举行。文学院教师潘晨婧的作品获得“独立作品竞赛单元——综合课型组”三等奖。

12月13日，由农业与农村发展学院与北京农业经济学会联合主办的2014学术年会举行。80多位来自北京地区高校、科研机构和政府部门的专家学者及青年学生围绕我国农业与农村发展的理论和现实问题，进行了深入的交流讨论。

12月13—14日，由信息学院和中央财经大学统计与数学学院共同主办的第二届金融与计算论坛（2nd Finance and Computing Forum，FCF）在学校黄达—蒙代尔讲堂举行。

12月13—14日，由清史研究所、《清史研究》编辑部主办的“清史研究百年学术史”国际研讨会在校召开。

12月13—14日，由国家社科基金决策咨询点、学校中国社会保障研究中心主办的全面深化养老保险制度改革专家研讨会在北京召开。

12月14日，由共青团贵州省委主办、中国人民大学艺术学院东方艺术研究所协办的“托举希望——郑晓华翰墨中华系列书法展暨捐赠作品公益拍卖会”在贵阳举行。贵州省副省长陈鸣明出席捐赠活动，并向艺术学院郑晓华教授颁发“贵州希望工程爱心大使”聘书。

12月15日，校学生艺术团民族乐团“西行漫·忆”专场音乐会举行。

12月15—24日，2014年全国大学生女子足球锦标赛在北京理工大学珠海学院举行。学校女子足球队夺得比赛第三名，这是人大女足建队以来的最佳成绩。

12月16日，哲学院举行“人的实践与实践的人”学术研讨会暨夏甄陶教授追思会。12月12日，中国人民大学荣誉一级教授、哲学院博士生导师夏甄陶教授因病医治无效在北京逝世，享年84岁。

12月16日，“2014中国最具国际影响力学术期刊”和“2014中国国际影响力优秀学术期刊”榜单发布，《清史研究》《人口研究》再次入选“中国国际影响力优秀学术期刊”。

12月18日，第三届吴玉章人文社会科学终身成就奖在校颁奖。本届终身成就奖分别授予著名伦理学家、中国人民大学罗国杰教授，著名教育学家、北京师范大学顾明远教授，著名经济学家、中国人民大学黄达教授。

12月18日，韩国文化遗产局局长田起光（Jeon Gi-Sun）一行访问信息资源管理学院。

12月18日，马克思主义学院举行“中国人民大学马列主义发展史研究所成立五十周年系列学术活动之青年学者论坛”。

12月19日，第九期爱国宗教界人士研修班结业典礼在中央统战部综合楼多功能厅举行。中央统战部二局局长赵学义，国家宗教事务局四司副司长赵忠海，中国人民大学党委副书记、纪委书记马俊杰等出席结业典礼。

12月19日，河北经贸大学副校长武建奇一行来校访问，伊志宏副校长会见。

12月19日，陈雨露校长、王利明副校长到书报资料中心调研，了解书报资料中心改革发展情况。

12月19—20日，学校举行第三届教工“1+1”羽毛球团体联谊赛，共230余名教职工参加。

12月19—24日，洪大用副校长先后到法学院、文学院、财政金融学院、理学院心理学系、劳动人事学院开展调研活动。此次调研旨在追踪本科人才培养路线图运行情况，持续改进相关工作，推动本科教育综合改革。

12月20日，学校举行“分税制改革二十周年与现代财政制度建设”学术研讨会。

12月21日，深圳校友会2014会员大会暨第七届校友理事会换届选举大会举行，会议选举周小雄校友继续担任深圳校友会会长，施小军校友担任副会长兼秘书长。

12 月 21 日，中国法学会律师法学研究会成立大会在校召开，并举行了首届“法治国家和律师”研讨会。中国法学会党组书记、常务副会长陈冀平，最高人民法院副院长景汉朝，最高人民检察院检委会副部级专职委员陈连福，司法部副部长赵大程，中国法学会副会长、中国法学会民法学研究会会长、中国人民大学常务副校长王利明等出席会议并讲话。120 多位来自全国各地的会员代表参加会议。

12 月 21 日，由书报资料中心和国家行政学院文化政策与管理研究中心共同主办的第一届中国文化创意产业优秀论文颁奖典礼暨“十三五”文化创意产业展望主题研讨会在国家行政学院召开。

12 月 22 日，由教育部思政司指导、中国大学生在线网站主办的“第七届全国高校百佳网站评选”结果揭晓，学校主页获得“全国高校百佳网站”称号。这是学校主页及新闻网自 2012 年改版以来第二次参评并获奖。

12 月 23 日，北京市委教育工委、市教委、市教育工会联合开展的 2014 年师德先进个人（标兵）选树工作评选结果揭晓。人大附属小学李峥老师被评为 2014 年北京市师德标兵，公共管理学院叶裕民教授、文学院孙郁教授、国际关系学院时殷弘教授、商学院赵西卜教授以及人大附属中学周建华老师被评为 2014 年北京市师德先进个人。

12 月 23 日，2014 大学生保险责任行活动成果汇报会暨 2015 活动启动仪式在校举行。

12 月 23—25 日，吴付来副书记赴四川荣县、重庆长寿两地，看望慰问第十六届研究生支教团志愿者。

12 月 24 日，靳诺书记前往宁夏回族自治区中卫市看望挂职干部，与宁夏回族自治区副主席、中卫市委书记马廷礼，市长徐立群等进行座谈。

12 月 24 日，北京市园林绿化局来校指导东校区园林绿化规划调整事宜，查显友副校长出席。

12 月 25 日，靳诺书记、王利明常务副校长到苏州校区考察工作。

12 月 26 日，信息资源管理学院、知识管理中心和数据工程与知识工程教育部重点实验室共同主办“2014 中国知识管理论坛”，来自政府、企业、媒体和高校的 100 多名知识管理专业人士参加了论坛。本届论坛的主题是“知识管理实施的路径与动力”。

12 月 26 日，第 9 期吴玉章青年学术沙龙举行，主题为“网络舆情与文本分析”。

12 月 26 日，学校举行 2014—2015 学年西部受援高校本科交流学生座谈会。

12 月 27 日，北京市大学生第三十一届田径精英赛在先农坛体育馆举行。学校田径队取得了女子团体总分第三名的好成绩，实现了历史性突破。

12 月 27—28 日，由马克思主义学院和马克思主义与中国道路协同创新中心共同主办的《马克思主义发展史（多卷本）》编写讨论会在京召开。该书编委会主任、靳诺书记参加会议。

12 月 28 日，中国哲学社会科学学术话语体系创新研讨会暨教育部重大攻关项目“哲学社会科学学术话语体系创新研究”开题报告会在校举行。

12 月 28 日，金融与证券研究所所长吴晓求教授应邀在十二届全国人大常委会第十二次会议闭幕之际为常委会全体组成人员做了题为《深化改革　扩大开放　促进中国证券市场的健康发展》的讲座。全国人大常委会委员长张德江主持讲座。

12 月 28 日，第九届中国人力资源管理新年报告会在校召开。报告会围绕“法治中国：人力资源管理制度化与一体化”这一主题，邀请学术界、企业、政府的人力资源管理专家和学者做专题演讲及讨论。校党委常务副书记张建明、中共北京市委组织部副部长闫成出席报告会并致开幕词。

12 月 28 日，姑苏弦歌——中国人民大学苏州校区 2015 新年晚会在苏州校区上演。

12 月 28—29 日，第二十三次全国高等学校党的建设工作会议在京召开。中共中央总书记、国家主席、中央军委主席习近平做出重要指示强调，中共中央政治局委员、中央组织部部长赵乐际主持会议并宣读了习近平总书记重要指示。中共中央政治局委员、国务院副总理刘延东在会上做主报告。中共中央政治局委员、中央宣传部部长刘奇葆出席会议。党委书记靳诺、校长陈雨露参加会议。

12月29日，中国人民大学校友会第六届会员代表大会在校举行，经选举产生第六届理事会并召开第一次会议。校领导靳诺、陈雨露、王利明、伊志宏、洪大用，校友会第五届理事会常务理事、原副校长陈一兵，以及来自美国、英国等5个国家和全国30多个省市的海内外各类校友组织代表、热心校友代表、学校各院系负责人、部分机关部处负责人出席会议。

12月29日，学校举行医院管理研究中心"2014年专家委员会工作会暨医院绩效管理研讨会"，来自国家卫生和计划生育委员会、北京市医管局，中国人民大学、北医三院、天坛医院、地坛医院、安贞医院、肿瘤医院、北京口腔医院、北京老年医院等单位的领导和专家参加会议。

12月29日，中共党史学科第15期青年教师工作坊在马克思主义学院举行，本期工作坊以"1950—1960年代的中国社会"为主题。中共党史学科青年教师工作坊是马克思主义学院中共党史系、中国共产党历史与理论研究院共同主办的一项面向校内外青年学人的学术活动，2014年共计举办12期。

12月30日，学校举行2014年费孝通奖教金、奖学金颁奖仪式，教育部原副部长、北京中国高校校友海外联谊会会长张保庆，校领导靳诺、吴付来等出席仪式并为获奖代表颁奖。

12月30日，"读史读经典"项目阶段总结会在校召开，靳诺书记、项目特邀顾问杨慧林出席会议。

12月31日，靳诺书记、陈雨露校长等校领导参加系列元旦学生活动，向全校师生致以新年问候。

附录二　2014 年中国人民大学党发、校发文件目录

2014 年校党字文件

人大校党字〔2014〕2 号	中国人民大学关于开展廉政风险防控管理“三个体系”建设试点工作的总结
人大校党字〔2014〕3 号	中国人民大学关于开展 2013 年党风廉政建设责任制专项检查工作的总结
人大校党字〔2014〕8 号	关于印发《中国人民大学教职工代表大会规定》的通知
人大校党字〔2014〕14 号	关于印发《中国人民大学领导干部谈心谈话工作实施办法》的通知
人大校党字〔2014〕15 号	关于印发《中国人民大学 2014 年党风廉政建设和反腐败工作主要任务分工》的通知
人大校党字〔2014〕16 号	关于印发《中国人民大学关于深入推进廉政风险防控管理“三个体系”建设工作的实施方案》的通知
人大校党字〔2014〕17 号	关于印发《中国人民大学 2014 年学生党员先锋工程实施计划》的通知
人大校党字〔2014〕18 号	关于印发《中国人民大学学生党员“服务先锋”行动计划活动方案》的通知
人大校党字〔2014〕26 号	关于进一步做好领导干部报告个人有关事项工作的通知
人大校党字〔2014〕28 号	关于印发《中国人民大学第三十一次学生代表大会安排》的通知
人大校党字〔2014〕29 号	关于评选表彰北京高校先进基层党组织、优秀共产党员和优秀党务工作者的通知
人大校党字〔2014〕32 号	中国人民大学关于组织开展 2014 年党风廉政建设宣传教育月活动的意见
人大校党字〔2014〕33 号	关于学习贯彻习近平总书记五四重要讲话精神的通知
人大校党字〔2014〕34 号	关于印发《中国人民大学研究生支教团管理办法》的通知
人大校党字〔2014〕35 号	关于印发《关于加强关心下一代工作委员会工作的意见》的通知
人大校党字〔2014〕36 号	关于印发《中国人民大学关心下一代工作委员会工作规定（试行）》的通知
人大校党字〔2014〕52 号	关于印发《中国人民大学领导干部问责实施办法（试行）》的通知
人大校党字〔2014〕57 号	中共中国人民大学委员会关于加强和改进新形势下党外代表人士队伍建设的意见

人大校党字〔2014〕62 号	关于印发《中国人民大学建立健全惩治和预防腐败体系 2013—2017 年实施细则》的通知
人大校党字〔2014〕64 号	关于在中秋国庆期间加强廉洁自律工作禁止奢侈浪费行为的通知
人大校党字〔2014〕65 号	关于印发《中国人民大学学生骨干培养计划实施办法（试行)》的通知
人大校党字〔2014〕66 号	关于印发《中国人民大学特邀党建组织员管理办法》的通知
人大校党字〔2014〕67 号	关于印发《中国人民大学“平安校园”创建工作方案》的通知
人大校党字〔2014〕69 号	关于印发《中国人民大学关于进一步加强管理人才队伍建设的意见》的通知
人大校党字〔2014〕78 号	关于开展 2014 年党风廉政建设责任制落实情况专项检查的通知
人大校党字〔2014〕79 号	关于表彰 2013 级本科生军训工作先进个人的决定

2014 年校政字文件

2013—2014 学年校政字 11 号	关于印发《中国人民大学研究生教育综合改革方案》的通知
2013—2014 学年校政字 12 号	关于印发《中国人民大学博士生指导教师选用和考核指导意见》的通知
2013—2014 学年校政字 13 号	关于印发《关于加强本科课程教学大纲制定和使用工作的规定》的通知
2013—2014 学年校政字 14 号	关于印发《中国人民大学本科学生副修制度实施办法（修订)》的通知
2013—2014 学年校政字 15 号	关于调整党委学生工作部（学生处）与招生就业处职能的决定
2013—2014 学年校政字 16 号	关于印发《中国人民大学学术委员会章程》的通知
2013—2014 学年校政字 17 号	关于引导和鼓励我校 2014 届毕业生面向西部、面向基层就业的意见
2013—2014 学年校政字 18 号	关于成立中国人民大学数学科学研究院的决定
2013—2014 学年校政字 20 号	关于成立中国人民大学公共外交研究院的决定
2013—2014 学年校政字 21 号	关于印发《中国人民大学 2013—2014 学年第二学期工作计划要点》的通知
2013—2014 学年校政字 22 号	关于印发《中国人民大学关于专业技术职务外语水平的规定》的通知
2013—2014 学年校政字 23 号	关于印发《中国人民大学“1420 行动计划”工作方案》的通知
2013—2014 学年校政字 25 号	关于印发《中国人民大学教师职务评审和岗位聘用组织工作规程》的通知

2013—2014 学年校政字 26 号	关于印发《中国人民大学知识产权（专利）管理办法》的通知
2013—2014 学年校政字 27 号	关于印发《中国人民大学教职工退休管理办法》的通知
2013—2014 学年校政字 28 号	关于印发《中国人民大学离退休工作责任制》的通知
2013—2014 学年校政字 29 号	关于印发《中国人民大学教学优秀奖评选办法》的通知
2013—2014 学年校政字 30 号	关于印发《中国人民大学宝钢教育奖优秀教师奖评选办法（修订）》的通知
2014—2015 学年校政字 1 号	关于印发《中国人民大学 2014—2015 学年第一学期工作计划要点》的通知
2014—2015 学年校政字 2 号	关于调整中国人民大学东校区（通州新校区）筹备领导小组成员及筹备顾问的通知
2014—2015 学年校政字 3 号	关于印发《中国人民大学本科生学籍管理规定（修订）》的通知
2014—2015 学年校政字 4 号	关于印发《中国人民大学研究生学籍管理规定（修订）》的通知
2014—2015 学年校政字 5 号	关于变更人大资产经营管理公司法定代表人的通知
2014—2015 学年校政字 6 号	关于同意附属中学变更分校校长及法定代表人的批复
2014—2015 学年校政字 7 号	关于设立中国人民大学学生资助管理中心的通知
2014—2015 学年校政字 12 号	关于调整中国人民大学汉语国际推广领导小组组成人员的通知

2014 年校长字文件

2013—2014 学年校长字 92 号	关于杨连明等任职的通知
2013—2014 学年校长字 93 号	关于孔然、彭翊职务任免的通知
2013—2014 学年校长字 94 号	关于李霞、宋东霞职务任免的通知
2013—2014 学年校长字 95 号	关于牟锋任职的通知
2013—2014 学年校长字 96 号	关于旋天颖任职的通知
2013—2014 学年校长字 97 号	关于宋东霞任职的通知
2013—2014 学年校长字 98 号	关于李红宇任职的通知
2013—2014 学年校长字 99 号	关于刘京建免职的通知
2013—2014 学年校长字 100 号	关于武继山免职的通知
2013—2014 学年校长字 101 号	关于赵永奎免职的通知
2013—2014 学年校长字 105 号	关于黄朴民、刘大椿职务任免的通知
2013—2014 学年校长字 106 号	关于纪宝成等职务任免的通知
2013—2014 学年校长字 107 号	关于张建明、牛维麟职务任免的通知
2013—2014 学年校长字 108 号	关于王志丹职务任免的通知
2013—2014 学年校长字 109 号	关于王利明、冯惠玲职务任免的通知
2013—2014 学年校长字 110 号	关于王利明、冯惠玲职务任免的通知
2013—2014 学年校长字 113 号	关于表彰 2013 年度安全稳定综合治理工作先进集体和先

	进个人的决定
2013—2014 学年校长字 114 号	关于李繁任职的通知
2013—2014 学年校长字 115 号	关于王大立等试用期满任职的通知
2013—2014 学年校长字 116 号	关于郑水泉、纪红波职务任免的通知
2013—2014 学年校长字 117 号	关于贾亚男任职的通知
2013—2014 学年校长字 118 号	关于王凤香任职的通知
2013—2014 学年校长字 119 号	关于周爱玲任职的通知
2013—2014 学年校长字 120 号	关于彭尚先任职的通知
2013—2014 学年校长字 121 号	关于朱彧任职的通知
2013—2014 学年校长字 122 号	关于批准 2013 年中国人民大学优秀博士学位论文的决定
2013—2014 学年校长字 130 号	关于赵首辰任职的通知
2013—2014 学年校长字 131 号	关于李海彬试用期满继续任职的通知
2013—2014 学年校长字 132 号	关于顾涛免职的通知
2013—2014 学年校长字 133 号	关于蒋利华试用期满任职的通知
2013—2014 学年校长字 134 号	关于李贞实试用期满任职的通知
2013—2014 学年校长字 135 号	关于田野任职的通知
2013—2014 学年校长字 136 号	关于安志伟、赵潇职务任免的通知
2013—2014 学年校长字 137 号	关于汪昌云、陶然任职的通知
2013—2014 学年校长字 138 号	关于文继荣、楼元任职的通知
2013—2014 学年校长字 139 号	关于杨开峰任职的通知
2013—2014 学年校长字 140 号	关于张伟任职的通知
2013—2014 学年校长字 141 号	关于周文霞任职的通知
2013—2014 学年校长字 156 号	关于郑小敏任职的通知
2013—2014 学年校长字 157 号	关于朱冠明、徐楠试用期满任职的通知
2013—2014 学年校长字 158 号	关于韩东晖等职务任免的通知
2013—2014 学年校长字 159 号	关于田宏杰试用期满任职的通知
2013—2014 学年校长字 160 号	关于王轶试用期满任职的通知
2013—2014 学年校长字 161 号	关于秦惠民任职的通知
2013—2014 学年校长字 162 号	关于王志成试用期满任职的通知
2013—2014 学年校长字 163 号	关于张旭、陈崎试用期满任职的通知
2013—2014 学年校长字 164 号	关于刘在波试用期满任职的通知
2013—2014 学年校长字 165 号	关于乔鹏任职的通知
2013—2014 学年校长字 166 号	关于吕捷、石佳友职务任免的通知
2013—2014 学年校长字 167 号	关于任国强免职的通知
2013—2014 学年校长字 170 号	关于王帆任职的通知
2013—2014 学年校长字 171 号	关于张雁、曾彤任职的通知
2013—2014 学年校长字 172 号	关于乌云毕力格等职务任免的通知
2013—2014 学年校长字 173 号	关于丁方等职务任免的通知
2013—2014 学年校长字 174 号	关于刘雨霖任职的通知
2013—2014 学年校长字 175 号	关于张建平等试用期满任职的通知
2013—2014 学年校长字 176 号	关于孙水试用期满任职的通知
2013—2014 学年校长字 177 号	关于卢仲毅、李涛试用期满任职的通知

2013—2014 学年校长字 178 号	关于李军林试用期满任职的通知
2013—2014 学年校长字 179 号	关于贾铁英试用期满任职的通知
2013—2014 学年校长字 180 号	关于黄粤涛试用期满任职的通知
2013—2014 学年校长字 181 号	关于胡平试用期满任职的通知
2013—2014 学年校长字 182 号	关于同意王孝群辞职的通知
2013—2014 学年校长字 184 号	关于杜小勇任职的通知
2013—2014 学年校长字 188 号	关于郭庆光、倪宁职务任免的通知
2013—2014 学年校长字 189 号	关于孟林任职的通知
2013—2014 学年校长字 190 号	关于张建明、杨慧林职务任免的通知
2013—2014 学年校长字 191 号	关于王利明、冯惠玲职务任免的通知
2013—2014 学年校长字 192 号	关于查显友等职务任免的通知
2013—2014 学年校长字 193 号	关于冯惠玲免职的通知
2013—2014 学年校长字 194 号	关于庄毓敏免职的通知
2014—2015 学年校长字 1 号	关于王志丹试用期满任职的通知
2014—2015 学年校长字 3 号	关于表彰 2014 年本科生招生工作先进集体和先进个人的决定
2014—2015 学年校长字 4 号	关于王建平、刁克利试用期满任职的通知
2014—2015 学年校长字 5 号	关于吴健任职的通知
2014—2015 学年校长字 6 号	关于焦若薇任职的通知
2014—2015 学年校长字 7 号	关于郭锋任职的通知
2014—2015 学年校长字 8 号	关于房绍坤任职的通知
2014—2015 学年校长字 9 号	关于郑小九任职的通知
2014—2015 学年校长字 10 号	关于杜焕芳任职的通知
2014—2015 学年校长字 11 号	关于李建平任职的通知
2014—2015 学年校长字 12 号	关于李晓华任职的通知
2014—2015 学年校长字 41 号	关于张宇等职务任免的通知
2014—2015 学年校长字 44 号	关于洪大用免职的通知
2014—2015 学年校长字 45 号	关于龙永红职务任免的通知
2014—2015 学年校长字 46 号	关于陈奇佳、徐建委任职的通知
2014—2015 学年校长字 47 号	关于郭杰等职务任免的通知
2014—2015 学年校长字 48 号	关于李海彬、陈兴滨职务任免的通知
2014—2015 学年校长字 49 号	关于杨瑞龙等职务任免的通知
2014—2015 学年校长字 50 号	关于郑水泉、沈晓春任职的通知
2014—2015 学年校长字 51 号	关于张永青免职的通知
2014—2015 学年校长字 55 号	关于表彰 2014 年毕业生就业工作先进集体和先进个人的决定
2014—2015 学年校长字 56 号	关于蔡雯等职务任免的通知
2014—2015 学年校长字 57 号	关于冯诗松任职的通知
2014—2015 学年校长字 58 号	关于刘晓梅任职的通知
2014—2015 学年校长字 59 号	关于杨伟国、曾湘泉职务任免的通知
2014—2015 学年校长字 60 号	关于伊志宏、何其莘职务任免的通知
2014—2015 学年校长字 61 号	关于朱信凯、杨伟国职务任免的通知

2014—2015 学年校长字 62 号	关于朱信凯等职务任免的通知
2014—2015 学年校长字 63 号	关于朱信凯免职的通知
2014—2015 学年校长字 64 号	关于表彰 2013—2014 学年优秀班主任、优秀辅导员和先进班集体的决定
2014—2015 学年校长字 66 号	关于表彰 2013—2014 学年“十佳宿舍”“文明宿舍”和“十佳宿舍长”“优秀宿舍长”的决定
2014—2015 学年校长字 67 号	关于白连永试用期满任职的通知
2014—2015 学年校长字 68 号	关于陈忠阳、陈叙试用期满任职的通知
2014—2015 学年校长字 69 号	关于李明试用期满任职的通知
2014—2015 学年校长字 70 号	关于林媛试用期满任职的通知
2014—2015 学年校长字 71 号	关于时延安、杨东试用期满任职的通知
2014—2015 学年校长字 72 号	关于王鹏试用期满任职的通知
2014—2015 学年校长字 73 号	关于伍聪职务任免的通知
2014—2015 学年校长字 74 号	关于辛呈凤免职的通知
2014—2015 学年校长字 75 号	关于杨保军任职的通知

2014 年校办字文件

2013—2014 学年校办字 37 号	关于表彰“中国人民大学后勤保障系统精细化管理试点工作标兵”的决定
2013—2014 学年校办字 38 号	关于人才工作领导小组办公室成立科级机构的通知
2013—2014 学年校办字 39 号	关于印发《关于加强本科生课程作业管理暂行办法》的通知
2013—2014 学年校办字 40 号	关于印发《中国人民大学本科学生社会研究和创新训练学分认定办法（修订）》的通知
2013—2014 学年校办字 41 号	关于印发《中国人民大学本科学生社会实践和志愿服务学分认定办法（修订）》的通知
2013—2014 学年校办字 42 号	关于印发《中国人民大学本科新生研讨课课程规范（修订）》的通知
2013—2014 学年校办字 43 号	关于贯彻落实《中央和国家机关会议费管理办法》的通知
2013—2014 学年校办字 44 号	关于做好我校 2014 年毕业生就业工作的通知
2013—2014 学年校办字 48 号	关于撤销部分院属科研机构的决定
2013—2014 学年校办字 49 号	关于成立中国人民大学古典文明研究中心的决定
2013—2014 学年校办字 50 号	关于成立中国人民大学 CIO 研究中心的决定
2013—2014 学年校办字 51 号	关于成立中国人民大学医院管理研究中心的决定
2013—2014 学年校办字 52 号	关于成立中国人民大学财富管理研究中心的决定
2013—2014 学年校办字 53 号	关于成立中国人民大学《资本论》教学与研究中心的决定
2013—2014 学年校办字 54 号	关于成立中国人民大学中华茶文化研究中心的决定
2013—2014 学年校办字 55 号	关于成立中国人民大学生物医学统计研究中心的决定
2013—2014 学年校办字 56 号	关于成立中国人民大学中国艺术品金融研究所的决定
2013—2014 学年校办字 57 号	关于招生就业处增设科级机构的通知

2013—2014 学年校办字 59 号	关于成立中国人民大学中旭老龄科学研究院的决定
2013—2014 学年校办字 60 号	关于开展办公用房清理工作的通知
2013—2014 学年校办字 61 号	关于成立新一届本科生招生工作委员会的通知
2013—2014 学年校办字 62 号	关于成立本科生招生宣传工作委员会的决定
2013—2014 学年校办字 63 号	关于全面启动公文流转无纸化工作的通知
2013—2014 学年校办字 64 号	关于 2014 年清明节、春假、劳动节及端午节放假安排的通知
2013—2014 学年校办字 65 号	关于硕士、学士学位授予仪式相关事项的通知
2013—2014 学年校办字 67 号	关于启动《中国人民大学年鉴》（2014）编纂工作的通知
2013—2014 学年校办字 68 号	关于做好教职工退休谈话工作的通知
2013—2014 学年校办字 69 号	关于评选 2013 年度中国人民大学先进集体和先进工作者的通知
2013—2014 学年校办字 71 号	关于梳理各类人才项目及重要奖项等评选情况的通知
2013—2014 学年校办字 72 号	关于印发《中国人民大学离退休工作责任制实施细则》的通知
2013—2014 学年校办字 74 号	关于信息技术中心调整科级机构的通知
2013—2014 学年校办字 75 号	关于转发《关于 2014—2015 年中央国家机关定点印刷工作有关事宜的通知》和《关于加强公务机票购买管理有关事项的通知》的通知
2013—2014 学年校办字 77 号	关于印发《中国人民大学“通鼎奖教金”评选暂行办法》的通知
2013—2014 学年校办字 79 号	关于 2014 年国际小学期有关工作安排的通知
2013—2014 学年校办字 81 号	关于做好 2014 年国际小学期及暑假期间安全稳定工作的通知
2013—2014 学年校办字 83 号	关于 2013—2014 学年暑期放假的通知
2013—2014 学年校办字 84 号	关于印发《中国人民大学防汛应急预案》的通知
2013—2014 学年校办字 85 号	关于调整中国人民大学维护稳定工作领导小组成员的通知
2013—2014 学年校办字 86 号	关于对深入开展贯彻执行中央八项规定严肃财经纪律和“小金库”专项治理工作进行自查自纠的紧急通知
2014—2015 学年校办字 1 号	关于图书馆增设科级机构的通知
2014—2015 学年校办字 2 号	关于 2014 年国庆节放假安排的通知
2014—2015 学年校办字 3 号	关于进一步做好 2014 年信息公开工作的通知
2014—2015 学年校办字 4 号	关于印发《中国人民大学学生公寓空调使用管理办法（试行）》的通知
2014—2015 学年校办字 5 号	关于印发《中国人民大学学生注册管理办法》的通知
2014—2015 学年校办字 6 号	关于印发《中国人民大学学生证管理办法（修订）》的通知
2014—2015 学年校办字 7 号	关于印发《中国人民大学在校学生因私出国（境）的规定（修订）》的通知
2014—2015 学年校办字 8 号	关于印发《中国人民大学 2014 年新生入学资格复查工作方案》的通知
2014—2015 学年校办字 9 号	关于印发《中国人民大学文明宿舍评审办法》的通知

2014—2015 学年校办字 10 号	关于印发《中国人民大学海外留学归国教师挂职锻炼实施办法（试行）》的通知
2014—2015 学年校办字 11 号	关于转发《教育部直属高校直属单位差旅费管理实施细则》《教育部直属高校直属单位会议费管理实施细则》和财政部《关于印发〈中央和国家机关差旅费管理办法有关问题的解答〉的通知》的通知
2014—2015 学年校办字 12 号	关于《中国人民大学加快创建中国特色世界一流大学综合改革方案》起草工作方案的通知
2014—2015 学年校办字 13 号	关于成立中国人民大学埃博拉出血热防控领导小组的通知
2014—2015 学年校办字 14 号	关于在 2014 年亚太经济合作组织会议期间调休放假的通知
2014—2015 学年校办字 15 号	关于国际交流处增设科级机构的通知
2014—2015 学年校办字 16 号	关于在校全日制本科生体质健康测试相关工作的通知
2014—2015 学年校办字 17 号	关于在历史学院设立考古文博系的通知
2014—2015 学年校办字 18 号	关于加强信息安全风险防范的通知
2014—2015 学年校办字 19 号	关于调整用水价格的通知
2014—2015 学年校办字 20 号	关于印发《研究生校际交换生项目选派管理办法（试行）》的通知
2014—2015 学年校办字 22 号	关于组建中国人民大学教材建设委员会的通知
2014—2015 学年校办字 23 号	关于 2015 年元旦、寒假（含春节）放假安排的通知

2014 年校办人字文件

2013—2014 学年校办人字 18 号	关于印发《2013 年第四季度人事任免简报》的通知
2013—2014 学年校办人字 19 号	关于印发《2014 年第一季度人事任免简报》的通知
2013—2014 学年校办人字 20 号	关于印发《2014 年第二季度人事任免简报》的通知
2014—2015 学年校办人字 1 号	关于 2014 年教师以外专业技术职务评审结果的通知
2014—2015 学年校办人字 2 号	关于 2014 年教师职务评审结果的通知
2014—2015 学年校办人字 3 号	关于 2014 年教师岗位聘用结果的通知
2014—2015 学年校办人字 4 号	关于 2014 年教师以外专业技术职务代评结果的通知
2014—2015 学年校办人字 5 号	关于 2014 年教师以外专业技术岗位聘用结果的通知
2014—2015 学年校办人字 6 号	关于 2014 年管理职员岗位聘用结果的通知
2014—2015 学年校办人字 7 号	关于 2014 年工勤技能岗位聘用结果的通知
2014—2015 学年校办人字 8 号	关于印发《2014 年第三季度人事任免简报》的通知
2014—2015 学年校办人字 9 号	关于印发《2014 年第四季度人事任免简报》的通知

2014 年校聘字文件

2013—2014 学年校聘字 1 号	关于楼元职务聘任的通知
2014—2015 学年校聘字 1 号	关于杨立雄职务聘任的通知
2014—2015 学年校聘字 2 号	关于宋华、徐京悦职务聘任的通知

2014—2015 学年校聘字 3 号	关于顾海良职务聘任的通知
2014—2015 学年校聘字 4 号	关于张建明职务聘任的通知
2014—2015 学年校聘字 5 号	关于郝立新职务聘任的通知
2014—2015 学年校聘字 6 号	关于彭翊职务聘任的通知

附录三　2014年报刊报道中国人民大学的部分文章目录索引

一月

中国人民大学发布2013中国发展指数	光明日报，2014.01.02
2013年中国发展指数结果　民生领域进步显著	光明日报，2014.01.02
2013年中国发展指数发布　海南环境指数全国居首	海南日报，2014.01.03
姚思宇：对国学投入百分百的爱	中国青年报，2014.01.06
朱信凯：农业“全食物链”顶层设计迫在眉睫	光明日报，2014.01.09
新京报进高校免费送学子	新京报，2014.01.09
张杰：美国包容中国崛起，前提是经济利益	环球时报，2014.01.15
这一年，我参加的中纪委座谈会——专访中国人民大学教授周淑真	解放日报，2014.01.15
“从书法看中国系列活动”在以色列掀起中国热	汉办新闻中心，2014.01.17
朱信凯：中国粮食安全亟须顶层设计	新京报，2014.01.22
郑水泉：积极传播践行社会主义核心价值观	人民日报，2014.01.24
周诚：以学术为生命之魂而始终不渝	世界农业，2014.01.29
人民大学：拈花寺是划拨而非“占用”	新京报，2014.01.30

二月

人大修订办法堵自主招生“漏洞”	新京报，2014.02.13
人大完善招生制度	人民日报，2014.02.13
人民大学：多管齐下确保招生公正	光明日报，2014.02.13
郑水泉、韩宇：实现中国梦：当代中国青年的庄严责任	光明日报，2014.02.13
李义平：非公经济理论发展与新的历史征程	中华工商时报，2014.02.25
人民大学成立公共外交研究院	中国青年报，2014.02.27
人民大学成立公共外交研究院　戴秉国任名誉院长	中国新闻网，2014.02.27
人民大学成立国内高校首个公共外交智库	新京报，2014.02.27
中国人民大学成立公共外交研究院	腾讯网，2014.02.27
中国人民大学成立公共外交研究院	光明日报，2014.02.27
人大成立国内首所公共外交研究院　戴秉国任名誉院长	人民网，2014.02.27
人大成立“公共外交智库”：为国内高校首次尝试　戴秉国任名誉院长	法制晚报，2014.02.28
人民大学成立公共外交研究院　戴秉国任荣誉院长	香港文汇报，2014.02.28

人民大学成立公共外交研究院　赵启正任院长　新华网，2014.02.28

三月

周淑真：人民政协为世界民主形态添彩　光明日报，2014.03.03
雾霾天供“润肺汤”　人大食堂被点赞　新京报，2014.03.07
吴易风：坚守马克思主义经济学理论阵地　中国社会科学报，2014.03.09
郝立新：文化建设的价值维度　光明日报，2014.03.10
郝立新：培育和践行社会主义富强理念　人民日报，2014.03.10
郝立新：全面辩证地看待历史和历史人物　光明日报，2014.03.11
高放：治学关键在于勤　人民日报，2014.03.11
张宇：更多市场，更多社会主义　人民日报，2014.03.11
李义平：中国经济学的时代使命　人民日报，2014.03.14
陈雨露：服务国家战略贡献中国智慧　中国社会科学报，2014.03.17
人民大学千余师生观看西柏坡精神报告会　中国新闻网，2014.03.19
“中国梦　赶考行”西柏坡精神情景报告会在人民大学举行　新华网，2014.03.19
赵锡军：金融期货有效降低市场波动率　中国证券网，2014.03.20
张杰：米歇尔访华，开创中美外交新模式　环球时报，2014.03.20
炼坚强意志著道德文章——记罗国杰教授　人民日报，2014.03.20
人民大学建议：设立大部制金融委员会和非官方咨询机构　经济参考报，2014.03.21
“复印报刊资料”转载学术论文指数排行榜发布　光明日报，2014.03.26
人大书报中心发布转载学术论文指数排名　中国新闻网，2014.03.26
2013年度“复印报刊资料”转载学术论文指数排行榜发布　中国网，2014.03.26
人大法学院与大阪大学法学院签署协议　法制日报，2014.03.26
李勇：立法确认大数据是一种财产　环球时报，2014.03.27
郑新业：“铁总”改革之路　南方都市报，2014.03.31

四月

人大推“诚信刷卡”可赊账就餐　法制日报，2014.04.01
王利明：多从法律共同体中选拔法官　人民日报，2014.04.02
欧洲学院与中国人民大学等三所中国高校建立战略合作伙伴关系　新华网，2014.04.02
卫兴华：经济学理论的清道夫　中国经济时报，2014.04.04
人民大学首次在京招收国防生　新京报，2014.04.04
基层村官圆梦高等学府——首届中国人民大学村官专属高级研修班结业　农民日报，2014.04.04
博鳌亚洲论坛成中国新时期的又一外交主场　中国新闻网，2014.04.08

中国人民大学出版《千人百村调查手记》	人民网，2014.04.08
博鳌成中国特色外交试验田	大公网，2014.04.08
调查指：中国农户年均消费近4万元	中国新闻网，2014.04.08
陈雨露：中国可积极申办2016年G20峰会	环球时报，2014.04.08
人大“圆梦计划”扩容　加大农村户籍招生	新京报，2014.04.08
周濂：以好制度对抗失德的社会	北京青年报，2014.04.08
人大“圆梦计划”2014面向农村生扩招50%	新浪，2014.04.09
北京8所中学入围人大“圆梦计划”	新京报，2014.04.09
农村娃有望过一本线就上人大	法制晚报，2014.04.09
王鸿生：清除利益固化之害	光明日报，2014.04.09
方汉奇：“好记者不是一锤子打出来的”	光明日报，2014.04.10
“公共外交时代”要学会讲故事	经济日报，2014.04.10
高校应成为公共外交的引擎	光明日报，2014.04.10
郑风田：北京不妨先把大学搬出去	环球日报，2014.04.10
博鳌：向世界讲好中国故事	香港文汇报，2014.04.10
人民大学“圆梦计划”定向录取百名农村学子	光明日报，2014.04.11
陈雨露：中国的经济繁荣稳定将会创造亚洲美好的未来	光明日报，2014.04.11
陈雨露解读李克强总理博鳌演讲	环球日报，2014.04.11
陈雨露：资本市场的自由化	央视网，2014.04.11
博鳌亚洲论坛“公共外交与国家形象”分论坛举行	央广网，2014.04.11
博鳌论坛研讨公共外交	人民日报，2014.04.12
博鳌热议：什么是公共外交和国家形象	海外网，2014.04.12
博鳌对话：公共外交与国家形象	光明日报，2014.04.12
赵启正：领导人出访是非常有效的公共外交	新京报，2014.04.12
中国公共外交将有更大作为	经济日报，2014.04.12
“公共外交与国家形象”分论坛举行	新华网，2014.04.12
陈雨露：传递多项经济改革和开放信号	中央电视台，2014.04.12
各国外交家聚首博鳌：公共外交提升国家形象	凤凰卫视，2014.04.12
赵启正：现在正是中国公共外交最好的时机	中国新闻网，2014.04.12
陈雨露：海峡两岸文化交流应向纵深发展	人民网，2014.04.12
公共外交要展示真实的中国	中国青年报，2014.04.13
确立“公共外交思维”先从“学术”着手	新京报，2014.04.13
王宏伟：“稳评”机制如何不再失灵	北京日报，2014.04.13
Concept of diplomacy expands to people-to-people connections	中国日报，2014.04.14
王莉丽：从“智库公共外交”看智库多元功能	中国社会科学报，2014.04.15
卫兴华：“我还正在燃烧呢”	中国社会科学报，2014.04.15
陈雨露：开拓对外交往的蓝海	人民日报，2014.04.15
“2014年助推女大学生就业创业行动”发布会在中国人民大学举行	人民网，2014.04.15
“2014年助推女大学生就业创业行动”在中国人民大	中国新闻网，2014.04.15

学启动
王利明：从本土法治经验中汲取法学思想灵感　中国社会科学报，2014.04.16
杨建顺：设置“弃婴岛”应当有法律明确授权　检察日报，2014.04.16
李义平：更深刻地理解市场经济　光明日报，2014.04.16
刘振天：大学应克服“转型恐惧症”　新华日报，2014.04.16
彭兰：移动互联网，一场思维与市场的变革　新华日报，2014.04.16
王利明：推行负面清单制度，是政府治理模式的重大转变　人民日报，2014.04.16
德国社会史展览亮相中国人民大学　海外网，2014.04.16
他一生都在关怀劳动者——追记新中国劳动法奠基人关怀教授　人民日报，2014.04.16
焦墨竞走：丁方 2014 画展在南京艺术学院美术馆举行　光明日报，2014.04.17
王义桅：中国新安全观为全球换版本　人民日报海外版，2014.04.17
陈雨露：国际金融危机后金融学的发展与创新　人民日报，2014.04.18
中德社会保障发展研讨会暨德国社会史展览在京举行　中国经济网，2014.04.21
人大等高校举行校园开放日　招生政策向考生倾斜　中国新闻网，2014.04.21
中国佛学与经营之道　光明日报，2014.04.22
吴晓求：通过建立战略新兴产业板完善多层次资本市场体系　第一财经日报，2014.04.22
方立天：佛学智慧是中国文化传统不可分割的部分　中国社会科学报，2014.04.23
大学生阅读，应做“深呼吸”　人民日报，2014.04.24
兰永海、温铁军：中国城镇化战略的历史意义　中国社会科学报，2014.04.29

五月

张风雷：七塔禅寺举办佛学讲座　凤凰网，2014.05.05
人民大学“圆梦计划”上午开考　“单独二孩”“送礼风气”入考题　北京晚报，2014.05.05
农村考生人大面试　新京报，2014.05.05
人大“圆梦计划”新增心理测试　北京青年报，2014.05.05
孙郁：批评家应当是一个美文家　南方都市报，2014.05.05
中法学院：“五年三学位”模式　光明日报，2014.05.06
宋科：金融在经济波动中作用凸显　中国社会科学报，2014.05.07
陶文昭：更加自觉推行社会主义核心价值观　中国教育报，2014.05.07
杨建顺：“失独家庭”和“国家责任”什么关系　新京报，2014.05.08
倪宁：培养适应时代需求的新闻传播人才　人民网，2014.05.08
人大通州校区近期规划招生 2 万　新京报，2014.05.08
朱信凯：重新认识农业　中国科学报，2014.05.09
张杰：重返亚太是美重大战略误判　环球时报，2014.05.12
葛晨虹：当代青年价值观透视五大特征凸显自我　人民日报，2014.05.13

中国人民大学博物馆展出“两岸家书”	中国新闻网，2014.05.13
陈雨露：走出去，须重视国际商务规则	人民日报，2014.05.14
陈独秀致胡适信札人大博物馆首公开	新京报，2014.05.14
上千封传统家书集体亮相人大博物馆　时间跨度达四五百年	新华网，2014.05.15
首届中国家书文化论坛举行	光明日报，2014.05.15
家书已老，家国情常青	光明日报，2014.05.15
张立文：回到孔子那里去寻找智慧	人民论坛，2014.05.15
中国人民大学在福州一中开展“人大周”活动	海峡都市报，2014.05.16
冯惠玲：开发利用信息资源，不能再等了	光明日报，2014.05.19
中国人民大学在榕举办人大周活动	福建日报，2014.05.19
“中国人民大学周”活动在我校举行	福州一中校网，2014.05.19
鸣阳讲坛中国人民大学副校长杨慧林为我校师生带来专题讲座	福州一中校网，2014.05.19
首都高校第52届学生田径运动会在人民大学开幕	新华网，2014.05.19
人大协同五校启动大数据分析硕士培养创新平台	人民网，2014.05.19
中国首份国际商务反腐败规则报告出炉	人民网，2014.05.20
吴晶妹、薛凡：为何要高度重视信用建设	人民日报，2014.05.20
人民大学等五校组建协同创新平台联合培养大数据分析硕士	新华网，2014.05.20
北京五高校联合培养大数据分析硕士	中国新闻网，2014.05.20
大数据分析硕士首批招生	京华时报，2014.05.20
五高校联合培养大数据分析硕士	光明日报，2014.05.20
五校联培大数据分析硕士	法制晚报，2014.05.20
五高校联合培养大数据硕士	北京日报，2014.05.20
人大“圆梦计划”纳入农村专项招生	新京报，2014.05.23
大型原创聂耳音乐剧《国之歌》走进中国人民大学	凤凰网，2014.05.28
京剧海外推广大使孙萍：中国传统文化的传播者	新华网，2014.05.28
中国人民大学成立“创业联盟”	中国新闻网，2014.05.30
百余团队参加人大“创业之星”大赛	人民网，2014.05.30

六月

四高校学子角逐健康达人	京华时报，2014.06.01
北京高校研究生思政课研究会成立	光明日报，2014.06.01
四高校参与“健康达人”展示	光明日报，2014.06.02
全国首个研究生思想政治理论课研究会成立	中国新闻网，2014.06.03
北京市高等教育学会研究生思想政治理论课研究会成立	新华网，2014.06.03
全国首个研究生思想政治理论课研究会在京成立	人民网，2014.06.03
首都四高校选出学生“健康达人”	人民日报，2014.06.03

中央政治局92次集体学习　高校专家学者授课人大最多	京华时报，2014.06.03
人大附小国博首办美术展　优秀作品将赴俄美参展拍卖	中国青年报，2014.06.03
怀念吴小如先生	光明日报，2014.06.03
王义桅：亚洲安全建构如何知行合一	海外网，2014.06.03
人民大学举行首都四校“健康达人”展示活动	新华网，2014.06.04
民族复兴中国梦的文化根基与价值支撑	光明日报，2014.06.04
金铁霖弟子郝丹丹人大唱响“最美中国”	中国青年报，2014.06.04
唱响“最美中国”　郝丹丹举办毕业独唱音乐会	人民网，2014.06.04
中方参与以色列2014年龙舟赛	光明日报，2014.06.04
五旬节里赛龙舟　以民众通过体育了解中国传统文化	国际在线，2014.06.04
以色列特拉维夫大学孔子学院举行“龙舟节”	中国新闻网，2014.06.05
龙舟竞渡庆双节——记2014年以色列龙舟赛	新华网，2014.06.05
中国人民大学附属小学校长郑瑞芳：我这个校长是“笑长”	中国青年报，2014.06.05
国家博物馆首次举办小学生美术展	新华网，2014.06.05
中国人民大学附属小学师生美术作品展亮相国家博物馆	中国网，2014.06.06
《中国哲学思潮发展史》在人民大学首发	光明日报，2014.06.06
赵启正：民间自发的公共外交更有效	国际在线，2014.06.09
赵启正详解公共外交：以舆论赢“国缘”	中国新闻网，2014.06.09
中国人民大学启动“百名海归挂职计划”	北京晚报，2014.06.12
中国人民大学启动百名海归挂职计划	新浪，2014.06.12
中国人民大学启动“百名海归挂职计划”	中国新闻网，2014.06.12
人大30名海归教师校外挂职“接地气”	人民网，2014.06.12
人大30名海归教师校外挂职“接地气”	人民网，2014.06.12
人民大学启动“百名海归挂职计划”	光明日报，2014.06.12
中国人民大学在全国率先启动百名海归挂职计划	中国教育报，2014.06.12
人民大学启动“海归挂职计划”	北京日报，2014.06.13
中国人民大学启动“百名海归挂职计划”	经济日报，2014.06.13
人民大学新举措，助力人才培养	京华时报，2014.06.13
学界追忆国学大家吴小如　名家叶金援忆往事落泪	中国网，2014.06.16
戏剧名角儿齐聚人大　追思国学名家吴小如	人民网，2014.06.16
齐鹏飞：正本清源明辨是非	人民日报海外版，2014.06.17
“衷曲知音——吴小如先生剧学成就研讨会”在京召开	中国社会科学网，2014.06.17
学界追忆国学大家吴小如　他带走了京剧史论研究的一个时代	南国都市报，2014.06.17
周淑真：从中西比较看中国政党制度的优势	人民网，2014.06.23
人大社：精品战略推进重要项目	中国新闻出版报，2014.06.24
李义平：“看不见的手”和“看得见的手”都要用好	深圳特区报，2014.06.24

七月

田宏杰：中国法学创新人才的培养 光明日报，2014.07.02
方立天：著述五十载　名利淡处之 人民日报，2014.07.14
方立天：不争而争 北京日报，2014.07.14
方立天：佛学泰斗潜心向学五十载 京华时报，2014.07.15
高校招生，请你来监督——中国人民大学“录取现场开放日”上，10名社会监督员观察招录流程 人民日报，2014.07.15
中国人民大学录取通知书全新亮相 人民网，2014.07.15
周石：招聘教师应尊重单位用人自主权 中国教育报，2014.07.16
报告：2020年前人民币将成为第三大国际货币 新京报，2014.07.20
中国研究机构称人民币离岸市场建设亟需解决三大问题 中国新闻网，2014.07.20
研究报告称2020年前人民币有望成第三大国际货币 中国新闻网，2014.07.20
学术报告称，2020年前人民币将成第三大国际货币 新华网，2014.07.20
津巴布韦小伙马正桦的中国梦 国际在线，2014.07.20
人民币有望成第三大国际货币 人民日报，2014.07.21
报告称人民币有望3年左右成为第三大国际货币 中国经济网，2014.07.21
“实事求是”：人民大学的精神特质 光明日报，2014.07.21
5年内人民币有望成第三大国际货币 法制晚报，2014.07.21
中国智库，迎来春天 人民日报，2014.07.24
中国智库正走向国际化 国际商报，2014.07.24
“实事求是”的影响 中国青年报，2014.07.29
何增科、周淑真、聂辉华：反腐，从书记挂帅到党内法治 凤凰网，2014.07.29
武宝瑞：学术期刊在刊网融合中披沙沥金 中国新闻出版报，2014.07.29
毅勇深沉的学人品格：忆方立天教授 光明日报，2014.07.30
读书，为了健康、快乐、有意义地活着 人民日报，2014.07.31

八月

米卡拉：一个南非姑娘的中国缘 光明日报，2014.08.04
何家弘：反腐可分“打虎拍蝇灭蟑螂”三部曲 腾讯网，2014.08.07
齐鹏飞：“大历史”中观港澳“人心回归”是关键 香港文汇报，2014.08.07
人大讲师李萌昀：上一堂“活色生香”的国学课 人民日报，2014.08.12
人民大学举办APEC主题论坛 首开中国高校先河 人民网，2014.08.12
人民大学举办APEC主题论坛 首开中国高校先河 中国日报，2014.08.12
中国人民大学将举办APEC主题论坛 新浪，2014.08.12
人民大学举办APEC主题论坛　首开中国高校先河 腾讯网，2014.08.12
亚太经合组织代表议公私合作制　促基础设施投资 中国新闻网，2014.08.13

公私金融合作促进亚太基础设施投资 光明日报，2014.08.14
中国人民大学举办 APEC 主题论坛 香港文汇报，2014.08.14
中国人民大学举办亚太经合组织论坛 央广网，2014.08.14
中国人民大学举办 APEC 主题论坛 中国社会科学网，2014.08.14
亚太经合组织主题论坛举办 中国教育报，2014.08.14
人民大学：公私金融合作推动亚太基础设施投资 凤凰网，2014.08.14
人民大学校长陈雨露：加强金融创新以 A-ppp 模式促基础设施投资 经济参考报，2014.08.15
靳诺：改革真问题 拨动大众心 求是，2014.08.15
专家：创新金融合作模式促进亚太地区基础设施投资 新华网，2014.08.17
人民大学本科生出书描绘互联网时代成长历程 新华网，2014.08.17
青少年体验“政协委员”——一堂别具一格的政治课 光明日报，2014.08.18
人大办 APEC 主题论坛 京华时报，2014.08.19
经济学人刘元春：国企利益集团化是改革最大阻碍 新京报，2014.08.19
齐鹏飞：挺港迈向“双普选” 中央立场坚定不移 香港文汇报，2014.08.20
人大学子对话学生家长 新书探讨互联网时代教育 中国新闻网，2014.08.25
人大学子对话学生家长 应试教育与素质教育完美结合 人民网，2014.08.25
人大附中创新远程教学模式 让优质教育资源惠及贫困学生 新华网，2014.08.27
许勤华：中国能源革命将惠及整个世界 人民网，2014.08.28
走基层求真知——中国人民大学新闻学院学生江苏泰州学习实践纪实 光明日报，2014.08.29
专题：首届长江公共外交高峰论坛 人民网，2014.08.31

九月

中国人民大学普通法中心成立 前首席大法官肖扬出席 中国新闻网，2014.09.02
分享学习方法 人大学生“猫姐”乐在其中 北京晚报，2014.09.04
齐鹏飞：中央政府是香港民主发展最坚定的“扛旗者” 人民日报，2014.09.04
孙久文：中国将进入县域经济时代 凤凰网，2014.09.06
中国人民大学新生手持“电子护照”报到 北京青年报，2014.09.10
陈先奎：爱国和爱党在中国是一致的 环球时报，2014.09.10
人民大学发布《中国能源国际合作报告》 人民网，2014.09.10
张宇：更好坚持和完善基本经济制度 人民日报，2014.09.11
“百位共产党人百篇小传”首场朗诵活动在人民大学举办 新华网，2014.09.11
人大留学生张少白：中国行·长城梦 光明日报，2014.09.11
汉学往事让汉学与中国发生关系 新京报，2014.09.13
社会保障，如何克服利益固化 人民日报，2014.09.18

陈雨露：2015 年金融改革将有实质性进展 金融时报，2014.09.18
从世界看中国从中国看世界：汉学家眼中的中国 人民日报，2014.09.18
汉学，中国人认识自己的一面镜子 人民日报，2014.09.18
人民大学：真的学问源于深入生活 中央电视台，2014.09.19
王利明：推动管理与法治的根本转变 经济日报，2014.09.22
洪大用：在大力推进社会经济深刻变革中摆脱贫困 福建日报，2014.09.22
陈彦斌：适应新常态 关键在于摆脱高增长依赖 光明日报，2014.09.24
王利明：全面推进依法治国的着力点 光明日报，2014.09.24
王利明：法治现代化需要一部“百科全书” 人民日报，2014.09.25
吴付来：将社会主义核心价值观教育融入人才培养全过程 新华网，2014.09.29
人大学生社团为校工办夜校 称教育绝非少数精英专有品 中国广播网，2014.09.30

十月

张杰：印对外战略两面性值得关注 环球时报，2014.10.10
“人大老博士论坛”成立 博士校友集体返校纵论中国经济 中国广播网，2014.10.12
学者：中国收入差距已达本世纪最高 亟待改革 中国新闻网，2014.10.12
“人大老博士论坛”成立仪式暨首届论坛举行 中国经济网，2014.10.14
人大社团招新无纸化 百团大战报名直接扫码 法制晚报，2014.10.15
德国神学家：反恐短期靠军事长期考教育 中国新闻网，2014.10.15
韩大元：树立宪法权威建设法治中国 新华网，2014.10.16
一名中国劳工与哥大东亚系之间的情缘 新华网，2014.10.17
胡锦光：习近平法治思想内涵解读 人民网，2014.10.17
王利明：依法治国需要科学“路线图” 新华网，2014.10.17
陈卫东：统筹配套推进以法院为突破口的司改 经济观察网，2014.10.18
韩大元：宪法有尊严人民才有尊严 法制晚报，2014.10.20
孙郁：鲁迅在托尔斯泰与陀思妥耶夫斯基之间的选择 光明日报，2014.10.20
陈卫东：尊重和保障人权是法治的追求 新华网，2014.10.20
王利明：应制定不动产登记法而不是法规 经济参考报，2014.10.21
汤维建：司法改革是依法治国突破口 法制晚报，2014.10.21
陈雨露：抓住能源产品人民币计价结算重大机遇 中国证券报，2014.10.21
王利明：重视法治在国家治理体系中的重要作用 经济日报，2014.10.21
杨建顺：四中全会应是“法外之地”转折点 南方都市报，2014.10.22
冯惠玲：重视“信息资源”的战略价值 人民日报，2014.10.23
冯玉军：法治中国的历史回顾与模式特征 人民论坛，2014.10.23
周淑真：官员带头守法将为“依法治国”提供原动力 人民网，2014.10.24
捷克总统泽曼说捷方愿在多个领域与中方加强合作 新华网，2014.10.26
捷克总统泽曼访问中国人民大学并发表演讲 人民日报，2014.10.26

韩大元：维护宪法法律权威　北京日报，2014.10.27
刘俊海：依法治国是大国崛起的必要前提　中国青年报，2014.10.27
姚海放：将法治精髓融入点滴生活　人民日报，2014.10.28
韩大元：依法治国是国家治理现代化根本保障　中国网，2014.10.28
王利明：民法典编纂制定进程将加速　新京报，2014.10.29
张宇：学好用好马克思主义政治经济学　光明日报，2014.10.29
王利明：全会决定将有力推进我国民法典的编纂进程　新华网，2014.10.29
汤维建：审判权和执行权分离有望攻克“执行难”　新华网，2014.10.29
王利明：完善法规体系以良法保善治　中国社会科学报，2014.10.30
韩大元：设立国家宪法日维护宪法权威　光明日报，2014.10.30
王利明：依法治国方略是怎样形成和发展的？　求是，2014.10.30
吴付来：凝魂聚气立德树人　中国教育报，2014.10.31
王利明：民法典主体部分基本完备编纂条件成熟　每日经济新闻，2014.10.31
朱景文：公民参与立法应平衡利益争端　财新网，2014.10.31
周淑真：党规党纪严于国法法律底线不可触碰　人民网，2014.10.31
王旭：让宪法尊严成国家荣光　人民日报，2014.10.31

十一月

林岗：“马克思主义，永远不过时”　人民日报，2014.11.01
许光建：《决定》勾画出法治政府框架　中国网，2014.11.02
冯玉军：中国法治建设的几个特征　北京日报，2014.11.03
人大学者解读：四中全会触及哪些司法热点　人民法院报，2014.11.04
张翔：宪法教育应成为公民教育核心　经济日报，2014.11.04
刘俊海：契约精神是市场经济法治的灵魂　光明日报，2014.11.05
黄文彬：科研人员学术不端行为分析　中国教育报，2014.11.05
吴晶姝：全面协调推进社会信用体系建设　新华网，2014.11.05
雷立柏：下辈子做个中国人　北京青年报，2014.11.06
坚定不移走中国特色社会主义法治道路　光明日报，2014.11.08
刘英：APEC 北京峰会成果丰硕中国展现大国责任　环球网，2014.11.09
贾晋京：亚太梦想面向未来为亚太合作提供价值观支撑　中国网，2014.11.09
庞中英：APEC 亟待转型升级　华夏时报，2014.11.09
人民大学郑杭生教授逝世　生前办公室设吊唁处供缅怀　中国社会科学网，2014.11.13
社会学家、中国人民大学原副校长郑杭生去世　光明日报，2014.11.13
冯玉军：让改革与法治良性互动　人民日报，2014.11.13
王利明：稳步推进法治建设　人民日报，2014.11.13
新时期中国社会学理论的重要开拓者：怀念郑杭生教授　光明日报，2014.11.13
杨建顺：以良法求善治　人民网，2014.11.15
人民大学智库首部 G20 蓝皮书：全球治理新阶段中　中国青年网，2014.11.15

国智库不能失语	
朱景文：党的领导与社会主义法治是一致的	人民日报，2014.11.17
王利明：虚假陈述司法解释应进行大修	法制网，2014.11.17
庞中英：G20站在十字路口	环球时报，2014.11.17
中国智库推动中国全球治理话语设置力　人民大学发布中国首部G20智库蓝皮书	中国社会科学网，2014.11.17
郑杭生：“仁者无忧、勇者不惧”	光明日报，2014.11.17
郝立新：在教学和研究中贯彻《决定》精神	光明日报，2014.11.18
刘建军：实现中国梦必须走中国道路	求是，2014.11.18
王义桅：中等强国成我外交重要一环	环球时报，2014.11.19
郑晓华：让书法成为文化交流的生动名片	中国新闻网，2014.11.21
官员：中国六大农产品需进口粮食安全不容忽视	中国新闻网，2014.11.22
农村建设用地试点方案年内有望出炉	京华时报，2014.11.23
吴志攀：用法治保障经济新常态需打破特权思想	中国新闻网，2014.11.23
“中国人文社会科学论坛2014”举行	京华时报，2014.11.23
王利明：明确保护个人隐私权和信息权	法制日报，2014.11.24
陈雨露：建设强大的人民币离岸市场	人民日报，2014.11.24
“中国人文社会科学论坛2014”在人民大学	人民网，2014.11.24
深化体制改革保障粮食安全：第五届“中国经济安全论坛”暨中国人民大学农业与农村发展学院60周年院庆在京举行	农民日报，2014.11.24
第五届“中国经济安全论坛”探讨粮食安全问题	人民网，2014.11.25
中国人文社科论坛2014在京举行	法制日报，2014.11.25
人大国学院：从原典出发	光明日报，2014.11.27
第五届“中国经济安全论坛”举行　粮食安全成关注焦点	中国经济网，2014.11.27
中国人民大学预测：2015年房地产回调趋势不会变化	经济参考报，2014.11.28
中国人民大学庆祝马列所成立50周年	中国新闻网，2014.11.28
马克思主义学术论坛召开　多位专家教授参与研讨	人民网，2014.11.28
中国人民大学马列所成立50周年	中国教育报，2014.11.28
马克思主义学术论坛召开多　位专家教授参与研讨	中国日报，2014.11.28
中国人民大学马列所成立50周年	中国社会科学网，2014.11.28
马克思主义学术论坛召开　多位专家教授参与研讨	中国网，2014.11.28

十二月

核心价值观书法巡展走进中国人民大学	人民网，2014.12.03
中国人民大学发布《中国财富管理报告2014》	中国经营网，2014.12.03
韩大元：五四宪法是全体人民共同意志的体现	法制日报，2014.12.03
韩大元：国企改革须限定在宪法和法律框架内	光明日报，2014.12.03

人民大学放映《黄克功案件》宣传“国家宪法日”	中国新闻网，2014.12.04
郑晓华：翰墨传递中国精神	人民日报，2014.12.04
张宇：改革离不开“宪法经济观”	人民日报，2014.12.04
韩大元：宪法实施需要民众的信仰	经济日报，2014.12.04
发出时代的“青年好声音”	人民日报，2014.12.04
冷成金：从传统文化中汲取前进力量	人民日报，2014.12.04
张杰：亚洲正在形成“中国秩序”?	环球时报，2014.12.05
首个国家宪法日　周淑真谈“宪法与治国”	人民网，2014.12.05
中国人民大学教授解读宪法的权威来自何处	新华网，2014.12.05
陈先达：批评、抹黑及其他	光明日报，2014.12.05
第四届“感动人大”十佳志愿服务项目颁奖晚会举行	光明日报，2014.12.07
张宇：经济学研究的中国气派	人民日报，2014.12.08
中国人民大学国家发展与战略研究院：中国宏观经济步入新常态攻坚期	经济日报，2014.12.08
“靠近你，温暖我”传递青春正能量	人民日报，2014.12.08
莫于川：尽快制定法治政府建设实施规划	人民日报，2014.12.11
李义平：提高按经济规律治理经济的能力	人民日报，2014.12.12
陈雨露纵论“新常态”：结构性改革政策框架成必然选择	大公报，2014.12.12
人大重阳解读2015年中国经济改革重点	新浪，2014.12.13
中央歌剧院《金陵祭》国家公祭日音乐会在京举行	新华社，2014.12.13
中国人民大学举行国家公祭日纪念演出	中国新闻网，2014.12.13
中国人民大学举行国家公祭日纪念音乐会	新浪，2014.12.14
范愉：法与情、理关系辨识	北京日报，2014.12.15
人民大学召开“建设法治中国进程中的国家安全和社会稳定”公共政策研讨会	人民网，2014.12.15
第九届文博会举行“中国文化产业指数发布会”	央广网，2014.12.15
中国人民大学与中央歌剧院联合举行南京大屠杀死难者国家公祭日纪念演出	中国青年报，2014.12.15
人民大学指数报告：中国文化消费整体优于去年	经济参考网，2014.12.17
齐鹏飞：“一国两制”为澳门带来更加美好的明天	光明日报，2014.12.17
王旭：宪法凝聚共识——从设立国家宪法日谈起	求是，2014.12.18
人民大学举行国家公祭日演出	光明日报，2014.12.18
罗国杰顾明远黄达获第三届吴玉章终身成就奖	人民网，2014.12.18
罗国杰、顾明远、黄达获颁第三届吴玉章终身成就奖	中国新闻网，2014.12.18
罗国杰顾明远黄达获吴玉章终身成就奖	法制晚报，2014.12.18
罗国杰顾明远黄达获吴玉章终身成就奖	新浪，2014.12.18
第三届吴玉章人文社科终身成就奖揭晓	光明日报，2014.12.19
第三届“吴玉章人文社会科学终身成就奖”颁奖	中国教育报，2014.12.19
罗国杰顾明远黄达获吴玉章终身成就奖	京华时报，2014.12.19
齐鹏飞：开创澳门经济发展新纪元	人民日报，2014.12.19
王利明：实事求是永无止境	光明日报，2014.12.22

第二届吴玉章人文社科终身成就奖揭晓　经济日报，2014.12.22
人大学者：应协力构建生态新金融　光明日报，2014.12.24
马少华、涂光晋：教师更应重视学生素质和能力的培养　科技日报，2014.12.26
雷立柏：最怕拉丁文在中国死掉　中国教育报，2014.12.29
雒树刚校友被任命为文化部部长　新华网，2014.12.30
向松祚：用中国哲学解决西方思想缺陷　北京晨报，2014.12.30
人民大学学生给身边"人民"办学校　中国青年报，2014.12.30

专题部分

1. 学习贯彻十八届四中全会精神

王利明：推动管理与法治的根本转变　经济日报，2014.09.22
王利明：法治现代化需要一部"百科全书"　人民日报，2014.09.25
王利明：全面推进依法治国的着力点　光明日报，2014.09.25
王利明：依法治国需要科学"路线图"　新华社，2014.10.17
韩大元：树立宪法权威建设法治中国　新华社，2014.10.17
陈卫东：统筹配套推进以法院为突破口的司改　经济观察网，2014.10.18
胡锦光：习近平法治思想内涵解读　人民网，2014.10.18
韩大元：宪法有尊严人民才有尊严　法制晚报，2014.10.20
王利明：应制定不动产登记法而不是法规　经济参考网，2014.10.21
王利明：重视法治在国家治理体系中的重要作用　经济日报，2014.10.21
汤维建：司法改革是依法治国突破口　法制晚报，2014.10.21
陈卫东：尊重和保障人权是法治的追求　新华网，2014.10.22
杨建顺：四中全会应是"法外之地"转折点　南方都市报，2014.10.22
冯玉军：法治中国的历史回顾与模式特征　人民论坛网，2014.10.23
朱景文：公民参与立法应平衡利益争端　财新网，2014.10.24
韩大元：维护宪法法律权威　北京日报，2014.10.27
姚海放：将法治精髓融入点滴生活　人民日报，2014.10.28
刘俊海：依法治国是大国崛起的必要前提　中国青年报，2014.10.28
王利明：全会决定将有力推进我国民法典的编纂进程　新华网，2014.10.29
王利明：民法典编纂制定进程将加速　新京报，2014.10.29
韩大元：依法治国是国家治理现代化根本保障　中国网，2014.10.29
周淑真：党规党纪严于国法　法律底线不可触碰　人民网，2014.10.29
周淑真：官员带头守法将为"依法治国"提供原动力　人民网，2014.10.29
汤维建：审判权和执行权分离有望攻克"执行难"　新华网，2014.10.29
王利明：完善法规体系以良法保善治　中国社会科学报，2014.10.30
韩大元：设立国家宪法日维护宪法权威　光明日报，2014.10.30
王利明：民法典主体部分基本完备编纂条件成熟　每日经济新闻，2014.10.31
王利明：依法治国方略是怎样形成和发展的　求是，2014.10.31
许光建：《决定》勾画出法治政府框架　中国网，2014.10.31

王旭：让宪法尊严成国家荣光　人民日报，2014.10.31
人大学者：四中全会触及哪些司法热点？　人民法院报，2014.11.01
冯玉军：中国法治建设的几个特征　北京日报，2014.11.03
张翔：宪法教育应成为公民教育核心　经济日报，2014.11.04
刘俊海：契约精神是市场经济法治的灵魂　光明日报，2014.11.05
冯玉军：让改革与法制良性互动　人民日报，2014.11.11
王利明：稳步推进法治建设　人民日报，2014.11.12
杨建顺：以良法求善治　人民网，2014.11.15
郝立新：在教学和研究中贯彻《决定》精神　光明日报，2014.11.17
朱景文：党的领导与社会主义法治是一致的　人民日报，2014.11.17
胡锦光：法治是核心价值观的重要组成部分　光明日报，2014.11.22
王利明：明确保护个人隐私权和信息权　法制日报，2014.11.24

2. 核心价值观百场讲坛

"核心价值观百场讲坛"首场活动在京举行　新华网，2014.05.30
叶小文：根治信用缺失症　核心价值观要接地气　中国新闻网，2014.05.30
核心价值观百场讲坛举行首场报告　人民日报，2014.05.31
"核心价值观百场讲坛"工程启动　中央电视台，2014.05.31
核心价值观助力"中国梦"　经济日报，2014.05.31
"核心价值观可以这样谈"："核心价值观百场讲坛"首讲侧记　光明日报，2014.05.31
民族复兴中国梦的文化根基与价值支撑："核心价值观百场讲坛"首场报告　光明日报，2014.06.04
"一个人若没了根，再富也是浮萍"："核心价值观百场讲坛"首讲活动引热议　光明日报，2014.06.06
"核心价值观百场讲坛"第二讲在京举行　光明日报，2014.06.25
全民修身践行核心价值观　光明日报，2014.07.23
核心价值观与中华民族的崛起　光明日报，2014.08.10
"核心价值观百场讲坛"在广西南宁举行　光明日报，2014.08.28
核心价值观从人心中来　光明日报，2014.09.04
"百位共产党人百篇小传"首场朗诵活动在京举办　新华社，2014.09.11
北京10所高校举办"百位共产党人百篇小传"朗诵活动　党建网，2014.09.12
"百位共产党人百篇小传"首场朗诵活动成功举办　央视网，2014.09.12
核心价值观百场讲坛：核心价值观既看得见也摸得着　光明日报，2014.09.18
吴付来：将社会主义核心价值观教育融入人才培养全过程　新华网，2014.09.29
学习优秀共产党员　践行社会主义核心价值观——首都高校开展"百位共产党人百篇小传"朗诵活动综述　人民日报，2014.09.30
吴付来：凝魂聚气立德树人　中国教育报，2014.10.30
锻造中华民族的精神品格　光明日报，2014.11.10
胡锦光：法治是核心价值观的重要组成部分　光明日报，2014.11.22

法治是核心价值观的重要组成部分	光明日报，2014.11.22
“两弹一星”是怎么搞成的?	光明日报，2014.11.27
应优先建设“三大人伦关系”	光明日报，2014.12.06
核心价值观百场讲坛：宪法跟每一个公民息息相关	光明日报，2014.12.18
“核心价值观百场讲坛”第十三场：弘扬“两路”精神忠诚神圣使命	光明日报，2014.12.31

3. “实事求是校训”系列报道

“实事求是”：人民大学的精神特质	光明日报，2014.07.21
阚红柳：“实事求是”的影响	中国青年报，2014.07.29
中国人民大学：“实事求是”传承代代学子	经济日报，2014.07.30
靳诺：让“实事求是”成为精神底色	光明日报，2014.09.12
陈雨露：弦歌浩荡，坚守质朴的精神底色	人民日报，2014.10.27
校训是什么中国人民大学：实事求是	朝闻天下，2014.10.27
靳诺：“实事求是”与核心价值观同频共振	人民日报，2014.10.28
王利明：实事求是永无止境	光明日报，2014.12.22

4. 许崇德教授逝世

著名法学家、政治学家、杰出法学教育家许崇德病逝	新华网，2014.03.04
中国宪法学泰斗许崇德去世　终年 85 岁	凤凰网，2014.03.04
我国著名宪法学家、中国人民大学教授许崇德逝世	法制网，2014.03.04

5. 2014 全国“两会”

郑功成：2014 年中国社会救助制度会有重大突破	人民网，2014.02.25
郑功成：深化社保改革化解三大风险	经济参考报，2014.02.25
陈雨露：未成年人的保护需在国家治理体系现代化框架下推动	中国青年报，2014.02.26
郑功成：养老保险改革就是要去掉“身份标识”	光明日报，2014.03.03
汤维建：遏制伤害未成年人的“四宗罪”	新华网，2014.03.03
郑功成：我国社保面临三大风险	中工网，2014.03.04
郑功成：解决养老难题需多管齐下	人民网，2014.03.04
汤维建：建立和完善司法人员分类管理制度	光明日报，2014.03.04
汤维建：法官不宜年轻化	法制晚报，2014.03.04
孙萍：韩剧横行应加强传统文化构建	人民网，2014.03.04
陈雨露：推动互联网金融规范发展	新华网，2014.03.05
陈雨露：推动互联网金融规范发展	新华网，2014.03.05
陈雨露：非公有制经济的潜力巨大	中国广播网，2014.03.05
郑功成：公平性不足导致社会矛盾与社会冲突加剧	人民日报海外版，2014.03.05
郑功成：“改革”是贯穿整个政府工作报告主基调	人民网，2014.03.05
郑功成谈十二届全国人大常委会开局之年的“新”	光明日报，2014.03.05
郑功成：谈养老——政府兜底市场发力	经济日报，2014.03.05
孙萍：以文化人以文育人	成都日报，2014.03.05
两会连环画：追访陈雨露代表	新华网，2014.03.06
郑功成：1 000 万人就业目标六年首次上调	人民日报，2014.03.06
郑功成：加快立法进程将有助于房产税的推开，最终	北京晨报网，2014.03.06

有利于稳定房价
汤维建：完善监督法律体系 民主与法制时报，2014.03.06
陈雨露："中国梦"要跨"三个坎儿" 新华网，2014.03.07
郑功成：应适当提高基层公务员工资报酬 正义网，2014.03.07
庄毓敏：存款保险制不能让银行甩包袱 新华日报，2014.03.07
庄毓敏谈建立混合所有制经济混合 新华日报，2014.03.08
陈雨露：圆梦计划今年将扩招50% 中央电视台，2014.03.09
郑功成：建议完善相关立法　确保老有所养 法制网，2014.03.09
汤维建：制定诉讼收费法　让弱势群体打得起官司 中国新闻网，2014.03.09
陈雨露：没有文化传承，城镇就没有灵魂 环球时报，2014.03.10
陈雨露：孔子学院越来越受欢迎，是中国文化升温的表现 人民网，2014.03.11
郑功成：慈善事业立法正在进行时 中国社会报，2014.03.11
汤维建：检察机关在惩治腐败方面，既打"苍蝇"又打"老虎" 光明日报，2014.03.11
汤维建：法官判错案终身追责 法制晚报，2014.03.11
汤维建：检察院提起公益诉讼势在必行 网易，2014.03.11
郑功成谈政府工作创新 新华网，2014.03.12
郑功成：创新立法机制提高立法质量 国际在线，2014.03.12
汤维建谈核心价值观：制度支撑践行有力 经济日报，2014.03.12
汤维建：法院工作亮点颇多 人民法院报，2014.03.12
张风雷：文理不分科利于均衡发展　应给予肯定 中国网，2014.03.12
张风雷：对于留守儿童来说更紧迫的是关爱 中国网，2014.03.12
张风雷：不能单看高分低能　需要看综合比例 中国网，2014.03.12
孙萍：让优秀传统文化深入人心 经济日报，2014.03.13
陈雨露：服务国家战略贡献中国智慧 中国社会科学报，2014.03.14

6. 博鳌亚洲论坛"公共外交与国家形象"分论坛

博鳌亚洲论坛成中国新时期的又一外交主场 中国新闻网，2014.04.07
"公共外交时代"要学会讲故事 经济日报，2014.04.08
高校应成为公共外交的引擎 光明日报，2014.04.08
博鰲成中国特色外交试验田 大公报，2014.04.08
新媒体与公共外交：运用好民间的声音 中国青年报，2014.04.09
赵锡军：寻找亚洲经济增长新动力之路 海外网，2014.04.09
陈雨露：资本市场的自由化 中央电视台，2014.04.10
博鳌：向世界讲好中国故事 香港文汇报，2014.04.10
陈雨露：传递多项经济改革和开放信号 中央电视台，2014.04.11
"公共外交与国家形象"分论坛举行 新华社，2014.04.11
陈雨露：中国的经济繁荣稳定将会创造亚洲美好的未来 光明日报，2014.04.11
陈雨露解读李克强总理博鳌演讲 环球时报，2014.04.11
赵启正：现在正是中国公共外交最好的时机 中国新闻网，2014.04.11
博鳌亚洲论坛"公共外交与国家形象"分论坛举行 央广网，2014.04.11

博鳌论坛研讨公共外交 人民日报，2014.04.12
博鳌对话：公共外交与国家形象 光明日报，2014.04.12
中国公共外交将有更大作为 经济日报，2014.04.12
Concept of diplomacy expands to people-to-people connections 中国日报，2014.04.12
各国外交家聚首博鳌：公共外交提升国家形象 凤凰卫视，2014.04.12
赵启正：领导人出访是非常有效的公共外交 新京报，2014.04.12
确立“公共外交思维”先从“学术”着手 新京报，2014.04.12
陈雨露：海峡两岸文化交流应向纵深发展 人民网，2014.04.12
博鳌热议：什么是公共外交和国家形象 海外网，2014.04.12
公共外交要展示真实的中国 中国青年报，2014.04.13

7. 方立天教授逝世

一代巨擘方立：天沉痛悼念当代佛学泰斗方立天教授 凤凰网，2014.07.07
佛学泰斗辞世　方立天止于至善 搜狐，2014.07.07
中国人民大学一级教授著名学者方立天教授因病医治无效逝世 光明网，2014.07.07
佛学泰斗方立天辞世　享年81岁 搜狐，2014.07.07
著名佛教学者方立天因病医治无效在北京逝世 中华佛光文化网，2014.07.07
方立天：他为“成功”做了最透彻的诠释 光明日报，2014.07.08
方立天：中国的文明观 光明日报，2014.07.08
著名学者方立天教授逝世 中国教育报，2014.07.08
方立天宗教学泰斗仙逝 北京晨报，2014.07.08
宗教学家方立天离世 北京晨报，2014.07.08
方立天：工作自强不息生活淡然处之 新京报，2014.07.08
他将自己的成就归因于“不争而争” 东方早报，2014.07.08
方立天教授遗体告别仪式11日将于八宝山举行 大公网，2014.07.08
著名佛教学者方立天教授与世长辞 居士网，2014.07.08
著名学者方立天教授逝世 深圳特区报，2014.07.09
立身专一学有专长 慈济基金会，2014.07.09
沉痛悼念著名佛教学者方立天教授 佛教在线，2014.07.11
各界人士纷纷致发唁电沉痛悼念方立天教授逝世 中华佛光文化网，2014.07.11
北京学界、宗教界送别知名宗教学家方立天 中国新闻网，2014.07.11
北京学界、宗教界送别知名宗教学家方立天 中国宗教学术网，2014.07.11
著述五十载名利淡处之 人民日报，2014.07.14
不争而争 北京日报，2014.07.14
佛学泰斗潜心向学五十载 京华时报，2014.07.15

8. 本科招生“录取现场开放日”活动

中国人民大学举办本科生招生录取现场开放日 人民网，2014.07.15
中国人民大学录取通知书全新亮相 人民网，2014.07.15
人大高考录取现场首次对外开放 北京晚报，2014.07.15
中国人民大学2014年“录取现场开放日”活动 中国日报，2014.07.15
人大首次“开放”录取现场 法制晚报，2014.07.15

人民大学举办招生“录取现场开放日”活动 中国新闻网，2014.07.15
人大首次开放本科生录取现场 北京青年报，2014.07.16
人民大学“录取现场开放日”高校招生请你来监督 人民日报，2014.07.16
记者直击中国人民大学招录现场 中央电视台，2014.07.16
Universities to Guarantee Admission Equality 中国日报，2014.07.16
人民大学开放录取现场 光明日报，2014.07.16
人民大学 100%复查特长生 北京日报，2014.07.16
人大首次开放录取现场 北京晨报，2014.07.16
人民大学首次开放网上录取现场 新京报，2014.07.16
人民大学首开放本科生招录现场 京华时报，2014.07.16
录取通知书看学校特色　人大磁石封印送“捷报” 京华时报，2014.07.22
录取通知书人大最先进 法制晚报，2014.07.22

9. 2014 国际货币论坛暨《人民币国际化报告》发布会

陈雨露：人民币有望三年后成为第三大国际货币 人民网，2014.07.20
陈雨露：人民币离岸市场未来发展面临四个主要挑战 人民网，2014.07.20
韩文秀：人民币国际化需要三个支撑跨越三个门槛 人民网，2014.07.20
魏建国：中国 20 年内有可能实现人民币国际化 人民网，2014.07.20
2014 国际货币论坛暨《人民币国际化报告》发布会 新华网，2014.07.20
学术报告称，2020 年前人民币将成第三大国际货币 新华网，2014.07.20
2014 国际货币论坛暨《人民币国际化报告》发布会 和讯网，2014.07.20
弃锚美元进行时 经济观察报，2014.07.20
人民币有望成为世界第三大国际货币 香港文汇报，2014.07.20
中国研究机构称人民币离岸市场建设亟需解决三大问题 中国新闻网，2014.07.20
研究报告称 2020 年前人民币有望成第三大国际货币 中国新闻网，2014.07.20
报告：2020 年前人民币将成为第三大国际货币 新京报，2014.07.20
人民币三五年内或冲刺前三 第一财经日报，2014.07.21
报告称 2020 年前人民币将成第三大国际货币 经济参考报，2014.07.21
人民币国际化中国梦的货币诠释 金融时报，2014.07.21
人民币将成国际货币三强 大公报，2014.07.21
人民币离岸市场存三问题 香港文汇报，2014.07.21
RMB to be third largest international currency by 2020 中国日报，2014.07.21
RMB developing quickly as major world currency 中国日报，2014.07.21
5 年内人民币有望成第三大国际货币 北京日报，2014.07.21
5 年内人民币将成第三大国际货币 北京晚报，2014.07.21
2020 年前人民币有望成第三大国际货币 北京青年报，2014.07.21
人民币有望成第三大国际货币 中国经济网，2014.07.21
国际化步入快车道有望成第三大国际货币 中国经济网，2014.07.21
人民币或成世界第三是浮夸还是实力 东方财富网，2014.07.21
魏建国：中国力争 15—20 年实现人民币国际化 中研网，2014.07.21

国际货币论坛：2020 年前人民币将成第三大国际货币　汇通网，2014.07.21
陈雨露：人民币有望在未来三年成为第三大货币　大智慧阿思达克通讯社，2014.07.21
魏建国：中国 20 年内可能实现人民币国际化　大智慧阿思达克通讯社，2014.07.21
外汇局官员：组建新国际货币体系时机尚未成熟　大智慧阿思达克通讯社，2014.07.21
最快 3 年内人民币有望成为第三大国际货币　中国之声，2014.07.21
魏建国：人民币完全有可能成国际化基础货币　中国之声，2014.07.21
报告称 2020 年前人民币将成第三大国际货币　经济参考网，2014.07.21
陈雨露：对人民币国际化应持冷静态度　经济参考报，2014.07.21
《人民币国际化报告 2014》发布建设离岸市场推进人民币国际化　中国社会科学报，2014.07.21
2014 国际货币论坛暨《人民币国际化报告》发布会　人民网，2014.07.21
经济聚焦：人民币有望成第三大国际货币　人民日报，2014.07.21
人民币有望成为世界第三大货币　光明日报，2014.07.22

10. 第二届 20 国智库论坛

“G20：大金融与综合增长的世界”第二届 20 国智库论坛专题　人民网，2014.09.03
陈雨露：各国智库加强沟通协调有助实现全球治理　人民网，2014.09.03
全球中小企业联盟主席：G20 应增强全球公共产品供给　人民网，2014.09.03
卡特：中美两国相互协作实现经济繁荣　人民网，2014.09.03
第二届 20 国智库论坛专题　中国经济网，2014.09.03
陈雨露 20 国智库论坛致辞：“凝聚共识万人操弓”　中国经济网，2014.09.03
陈雨露：G20 不应该被弱化而应当常态化　中国经济网，2014.09.03
卡特：单靠美国解决世界问题不可行　中国经济网，2014.09.03
人民大学发起建立 G20 智库年会机制　中国新闻网，2014.09.03
陈雨露：全球金融治理应有更多新兴市场参与　中国新闻网，2014.09.03
陈雨露：全球金融治理应有更多新兴市场参与　中国新闻网，2014.09.03
第二届 G20 智库论坛开幕　美国前总统卡特发表主旨演讲　中国青年网，2014.09.04
第二届 20 国智库论坛在京开幕　新华网，2014.09.04
陈雨露：智库层次建立常规化协调网络有助全球治理目标实现　新华网，2014.09.04
第二届 20 国智库论坛在京开幕　中国经济导报，2014.09.04
第二届 20 国智库论坛在京开幕　环球网，2014.09.04
G20：中美新型合作的大平台　海外网，2014.09.04
美国前总统卡特：我和邓小平有一个共同梦想　中国网，2014.09.04
全球首个“G20 智库年会机制”建成　中国发展门户网，2014.09.04
美国前总统卡特访华出席第二届 20 国智库论坛开幕仪式　东方卫视，2014.09.04

11. 第四届汉学大会

陈雨露：东学西学四百年文化交流与互鉴中的“汉　人民网，2014.09.03

学”世界
第四届世界汉学大会开幕式直播　人民网，2014.09.05
第四届世界汉学大会在京开幕　刘延东出席并致辞　中国政府网，2014.09.06
第四届世界汉学大会开幕　刘延东出席并致辞　新华网，2014.09.06
刘延东出席第四届世界汉学大会开幕式　中国新闻网，2014.09.06
200多名中外学者汇聚第四届世界汉学大会　中国新闻，2014.09.06
第四届世界汉学大会开幕　香港文汇报，2014.09.06
第四届世界汉学大会在京开幕　法制晚报，2014.09.06
新闻联播：第四届世界汉学大会在北京召开　中央电视台，2014.09.06
国际频道：第四届世界汉学大会在北京召开　中央电视台，2014.09.06
综合频道：第四届世界汉学大会开幕　刘延东出席开幕式并致辞　中央电视台，2014.09.07
新闻频道：第四届世界汉学大会召开　中央电视台，2014.09.07
200多位汉学研究学者在京参加世界汉学大会　新华网，2014.09.07
第四届世界汉学大会开幕　刘延东出席并致辞　人民日报，2014.09.07
第四届世界汉学大会开幕　刘延东出席并致辞　光明日报，2014.09.07
第四届世界汉学大会开幕　经济日报，2014.09.07
第四届世界汉学大会在京举行　中国青年报，2014.09.07
第四届世界汉学大会在京开幕　“当代马可波罗”齐聚人民大学　中国青年网，2014.09.07
第四届世界汉学大会在京闭幕　世界汉学大会理事会成立　中国青年网，2014.09.07
刘延东冀汉学成跨文化交流载体　香港文汇报，2014.09.07
世界汉学大会开幕　傅高义谈“汉学梦”　北京青年报，2014.09.07
“汉学家也有自己的‘中国梦’”　东方早报，2014.09.07
新闻频道：第四届世界汉学大会落幕　中央电视台，2017.09.08
傅高义：毛泽东为邓小平改革开放打开了一条缝　国家人文历史，2014.09.09
汉学研究呈融中外跨学科趋势　第四届世界汉学大会在京举行　中国社会科学报，2014.09.10
当代马可波罗在京话汉学　第四届汉学大会闭幕　新浪，2014.09.10
让西方人了解中国、了解自己　迄今为止规模最大汉学家大会在京举行　南方都市报，2014.09.10
“当代马可波罗”畅谈“汉学梦”　香港文汇报，2014.09.11
与一个真实的中国打交道　光明日报，2014.09.12
汉学往事让汉学与中国发生关系　新京报，2014.09.13
许嘉璐：200年河东，200年河西，未来康庄　光明日报，2014.09.22

12. 2014亚太经合组织（APEC）会议

人民大学举办APEC主题论坛首开中国高校先河　人民网，2014.08.12
人民大学举办APEC主题论坛首开中国高校先河　中国日报，2014.08.12
中国人民大学将举办APEC主题论坛　新浪，2014.08.12
人民大学举办APEC主题论坛首开中国高校先河　腾讯网，2014.08.12
亚太经合组织代表议公私合作制促基础设施投资　中国新闻网，2014.08.13

公私金融合作推动亚太基础设施投资　光明日报，2014.08.14
中国人民大学举办 APEC 主题论坛　香港文汇报，2014.08.14
中国人民大学举办亚太经合组织论坛　央广网，2014.08.14
中国人民大学举办 APEC 主题论坛　中国社会科学网，2014.08.14
亚太经合组织主题论坛举办　中国教育报，2014.08.14
人民大学：公私金融合作推动亚太基础设施投资　凤凰网，2014.08.14
中国人民大学校长陈雨露：加强金融创新以 A-ppp 模式促基础设施建设　经济参考报，2014.08.15
专家：创新公私合作制模式促进亚太地区基础设施投资　新华网，2014.08.17
人大办 APEC 主题论坛　京华时报，2014.08.19
刘英：APEC 北京峰会成果丰硕　中国展现大国责任　环球网，2014.11.09
贾晋京：亚太梦想面向未来为亚太合作提供价值观支撑　中国网，2014.11.09
庞中英：APEC 亟待转型升级　华夏时报，2014.11.09

13. 郑杭生教授逝世

中国人民大学社会学教授郑杭生逝世　财新网，2014.11.10
人民大学社会学教授郑杭生逝世　终年 78 岁　中国网，2014.11.10
社会学界泰斗郑杭生逝世　享年 78 岁　个人资料回顾　齐鲁晚报，2014.11.10
78 岁社会学界泰斗郑杭生逝世　曾开创社会运行流派　凤凰网，2014.11.10
社会学家郑杭生教授病逝　享年 78 岁　网友纷纷留言悼念　中国社会科学网，2014.11.10
社会学家、中国人民大学原副校长郑杭生去世　光明日报，2014.11.11
人民大学郑杭生教授逝世　生前办公室设吊唁处供缅怀　中国社会科学网，2014.11.11
人民大学原副校长郑杭生去世　15 日举行遗体告别　新京报，2014.11.11
社会学泰斗郑杭生病逝　北京晨报，2014.11.11
悼念郑杭生逝世　共识网，2014.11.11
新时期中国社会学理论的重要开拓者——怀念郑杭生教授　光明日报，2014.11.13
郑杭生："仁者无忧、勇者不惧"　光明日报，2014.11.16

14. G20 峰会官方分论坛

中国智库将首次承办 G20 峰会官方分论坛　中国新闻网，2014.11.03
中国智库首次参与承办 G20 峰会官方分论坛　中国网，2014.11.03
中国智库首次参与承办 G20 峰会官方分论坛　环球网，2014.11.03
中国智库首次参与承办 G20 峰会官方分论坛　新华网，2014.11.04
中国智库首次参与承办 G20 峰会官方分论坛　人民网，2014.11.04

15. 国家公祭日系列主题活动

中央歌剧院《金陵祭》国家公祭日音乐会在京举行　新华社，2014.12.13
中国人民大学举行国家公祭日纪念演出　中国新闻网，2014.12.13

中国人民大学举行国家公祭日纪念音乐会　新浪，2014.12.14
中国人民大学与中央歌剧院联合举行南京大屠杀死难者国家公祭日纪念演出　中国青年报，2014.12.15
人民大学举行国家公祭日演出　光明日报，2014.12.18

16. 夏甄陶教授逝世

架起哲学与诗歌之桥　光明日报，2006.11.28
中国人民大学教授夏甄陶在北京逝世　中国社会科学网，2014.12.12
夏甄陶教授讣告　光明日报，2014.12.13
夏甄陶逝世　人民网，2014.12.13

17. 第三届吴玉章人文社会科学终身成就奖

罗国杰顾明远黄达获第三届吴玉章终身成就奖　人民网，2014.12.18
罗国杰、顾明远、黄达获颁第三届吴玉章终身成就奖　中国新闻网，2014.12.18
罗国杰顾明远黄达获吴玉章终身成就奖　法制晚报，2014.12.18
罗国杰顾明远黄达获吴玉章终身成就奖　新浪，2014.12.18
第三届吴玉章人文社科终身成就奖揭晓　光明日报，2014.12.19
第三届“吴玉章人文社会科学终身成就奖”颁奖　中国教育报，2014.12.19
罗国杰顾明远黄达获吴玉章终身成就奖　京华时报，2014.12.19
第二届吴玉章人文社科终身成就奖揭晓　经济日报，2014.12.22

图书在版编目（CIP）数据

中国人民大学年鉴．2015/《中国人民大学年鉴》编委会编．—北京：中国人民大学出版社，2016.10
ISBN 978-7-300-23469-4

Ⅰ.①中… Ⅱ.①中… Ⅲ.①中国人民大学-2015-年鉴 Ⅳ.①G649.281-54

中国版本图书馆 CIP 数据核字（2016）第 237360 号

中国人民大学年鉴（2015）
《中国人民大学年鉴》编辑委员会
Zhongguo Renmin Daxue Nianjian (2015)

出版发行	中国人民大学出版社		
社　　址	北京中关村大街 31 号	**邮政编码**	100080
电　　话	010－62511242（总编室）		010－62511770（质管部）
	010－82501766（邮购部）		010－62514148（门市部）
	010－62515195（发行公司）		010－62515275（盗版举报）
网　　址	http://www.crup.com.cn http://www.ttrnet.com(人大教研网)		
经　　销	新华书店		
印　　刷	涿州市星河印刷有限公司		
规　　格	210 mm×285 mm　16 开本	**版　　次**	2016 年 10 月第 1 版
印　　张	34.25 插页 26	**印　　次**	2016 年 10 月第 1 次印刷
字　　数	1 029 000	**定　　价**	168.00 元

版权声明

编辑部地址： 北京市中关村大街59号
中国人民大学学校办公室
邮 政 编 码： 100872
电　　话： 86-10-62511084
传　　真： 86-10-62515263
电 子 信 箱： xxk@ruc.edu.cn